思想會

MIND TALK

Originally published as:

Hans Tietmeyer: Ein Leben für ein stabiles Deutschland und ein dynamisches Europa

by Joachim Algermissen

思想會

汉斯·蒂特迈尔

Hans Tietmeyer

构建德国和欧洲经济秩序的一生

Ein Leben für ein stabiles Deutschland und ein dynamisches Europa

[德] 约阿辛姆·阿尔格米森 —— 著
Joachim Algermissen

胡琨
周旺旺
钟佳睿
李梦璐
译

社会科学文献出版社
SOCIAL SCIENCES ACADEMIC PRESS (CHINA)

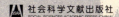

中文版前言

这是一部值得推荐的传记。“在解释社会现象的理论中，经济学家不太关注个人及其偏好。”这是拉尔斯·P. 菲尔德（Lars P. Feld）教授在德文版前言中一针见血的评论，我完全赞成这一观点。经济和社会政策的制定不仅仅取决于经济规律和社会规范，还在很大程度上取决于制定及执行这些政策的重要人物。这些人物（特别是在关键历史时期、重大历史进程中占据重要位置的人物）的出现和作为既带有历史的必然性，也创造了历史的偶然性，是我们理解经济社会发展进程不可或缺的一个研究角度。

在德国当代经济史中，汉斯·蒂特迈尔（Hans Tietmeyer）就是这样一个对历史进程产生影响的人物。之所以这样说，不仅因为他在任职德国联邦财政部和担任德国联邦银行（也称德国央行）行长期间参与了如市场经济改革、两德货币统一和欧洲货币联盟建设这些重大事件，并在其中扮演了关键或领导的角色，也因为他曾经师从米勒-阿尔玛克这样的德国社会市场经济先贤，经历过凯恩斯政策的过渡期，还因为他的成长和取得成就时期与二战后德国的逐步崛起和欧洲史无前例的一体化时期高度重合。个人作为与时代变迁相互作用。诚如蒂特迈尔所言，作为德国人和欧洲人的特殊经历“已经自然而然地深刻塑造了德国人的精神气质”。蒂特迈尔的个人经历与学识作用于他后来起草的、开拓了德国新经济时代的“拉姆斯多尔夫文件”（Lambsdorff-Papier），作用于他担任联邦德国代表团团长的两德统一的货币联盟谈判过程，作用于他作为德国联邦银行行长对欧洲货币联盟的建设。因此他的传记为充满数字、表格和逻辑推理的德国经济社会史增添了鲜活、丰富、真实和可信的故事。

对各种历史资料的充分利用，以及对历史学和经济学方法的严谨、灵活的运用，是这部传记的一大特征。但这部传记的更显著特征是作者将传记主人公的故事融入欧洲和德国的时代变迁，用时代变迁展示个人的态度与作为，用个人的立场与原则反衬重大的历史事件。在入微的描述和侃侃而谈中，传记主人公的远见卓识跃然纸上，而能够洞察他人远见的人自身也必有远见。

现在，蒂特迈尔的故事、作为和远见卓识都通过胡琨博士及其团队流畅的译笔而得以呈现在中国读者面前，使我们可以从一位重要历史人物的视角，将以往对于德国乃至欧洲的经济社会的片段认识连接成一段生动、真实而深刻的历史。为此，我们应当感谢作者和译者！

让·莫内讲席教授
周弘博士
2021 年 3 月

译者序

2019 年 12 月，我受拉尔斯·P. 菲尔德教授邀请，去弗莱堡（Freiburg）访学。作为“五贤人会”时任主席及弗莱堡欧肯研究所所长，菲尔德教授是德国经济研究领域的顶级专家，更是德国经济基本制度理论基础之一——弗莱堡学派的掌门人。我到的第一天，甫一落座，他就递给我一本基于博士论文完成的学术传记，它记述的人物是德国经济学家及官员汉斯·蒂特迈尔。1962 年蒂特迈尔博士加入德国联邦经济部，历任副处长、分司司长、经济政策司司长，联邦财政部常务副部长，德国联邦银行副行长、行长，2000 年退休，退休后活跃于经济界。

汉斯·蒂特迈尔被视为德国市场经济复兴的真正核心人物。20 世纪 70 年代，德国全面调控过度，凯恩斯主义恶果逐渐显现，滞胀问题突出，蒂特迈尔是使德国经济政策从凯恩斯主义转向供给导向且重新回归市场经济的重要文件“拉姆斯多尔夫文件”的实际起草人。“拉姆斯多尔夫文件”在联邦德国经济史上具有重要地位，甚至至今仍被视为德国经济政策的准绳。因为目前德国推行的所有政策和措施都未超出这一文件给出的行动建议。作为联邦财政部常务副部长，他更是 20 世纪 80 年代财政整顿和减税等一系列改革措施的实际操盘手；担任德国联邦银行副行长和行长后，又在两德统一和欧洲货币联盟的秩序政策架构中留下深刻的印记；而欧债危机中暴露的问题更让人惊讶于蒂特迈尔的远见。

蒂特迈尔是幸运的，作为经济学家与官员，他极好地平衡了这两个角色，凭借他的学识与能力，进入联邦经济部短短七年，就晋身为经济政策司司长，从此，无论任职于联邦经济部、联邦财政部还是联邦银行，他在所有相关问题的决策上都掌握了事实上的“最后话语权”。无论在什么岗位，他都凭着对市场经济和经济逻辑的信念，坚定地推进市场化改革。他既意志坚定，又长袖善舞，使改革稳步推进。社会市场经济这一“年轻”的经济模式最终能在德国落地生根，成为一种信念，蒂特迈尔功不可没。

本书细致地梳理了汉斯·蒂特迈尔的一生，记述了蒂特迈尔作为政府官员的职业生涯、每一个政策出台前的基本形势以及他对基本形势的评估。此外，本书涉及很多重要问题，例如他如何实践他的市场经济理念？实践过程中出现什么问题？他又如何思考与应对这些问题？形势如何发展以及结果如何？相信每一位参与过或者立志投身经济建设与改革事业的知识分子，都曾思考过类似问题。

感谢中国社会科学院欧洲研究所和社会科学文献出版社对本书出版的大力支持，也感谢翻译团队其他三位成员。

胡　琨

2021 年 10 月 10 日

目　录

序　一

在解释社会现象的理论中，经济学家不太关注个人及其偏好，贝克与斯蒂格勒[1]这一表现最为明显，个人偏好如洛基山脉一样被视为不变的。尽管当代经济学不再如此极端，但一些经济学家至今仍然认为，个人偏好变化滞后于影响个人决定的约束条件变化。

社会现象，尤其是经济现象，首先是经济史本身，多借助变化的约束条件或者框架条件来解释，而不是由个人偏好来解释。个人偏好包括特定社会化塑造的品质、性格（如意志力、理性和感性）和信仰等。这一分类亦适用于政治经济学，即尝试用约束条件的变化，而非特定政治家的影响来解释现实中被观察到的经济政策。

因此，约阿辛姆·阿尔格米森（Joachim Algermissen）在本书中选取的路径乍一看显得异乎寻常。作者在这本关于汉斯·蒂特迈尔的传记中勾勒出德国经济史与欧洲统一的轮廓，蒂特迈尔及其在德国经济政策中的作用成为研究的焦点，本书作者以此探究汉斯·蒂特迈尔对德国经济政策的影响。

如果了解第二次世界大战（以下简称二战）后德国经济政策

① Gary S. Becker, und George J. Stigler (1977). „De gustibus non est disputandum“, *American Economic Review* 67 (2), 76 – 90.

的发展轨迹，就不会对这个乍看上去非常棘手的冒险尝试感到奇怪。通常来说，公众认知中占主导地位的观点认为，政府首脑，或者至少是有影响力的部长，是国家政策的主要推动者。但在德国，公共行政部门以及部委各级官员对政策有重要的影响力。至于是源于威廉·尼斯坎南（William Niskanen）①所指的官僚部门利益多一些，还是马克斯·韦伯（Max Weber）② 提到的法理性权威多一些，并不是本书的关注点。不过，作者还是恰当地将一位来自部委官僚体系的重要人物拉入视野，并考察其重要性。

在战后德国，几乎没有人拥有能和汉斯·蒂特迈尔相提并论的影响力。政治爱好者或许知道他是一位有权势的人物，显然是因为他曾经官至德国联邦银行行长，并在之前担任联邦财政部常务副部长③。还有一些人或许还记得“红军旅”（Rote Armee Fraktion）针对他的暗杀行动，或者关于他是不是所谓“拉姆斯多尔夫文件”实际起草人的争论，该文件使“社会自由执政联盟”解体，从而导致赫尔穆特·科尔（Helmut Kohl）入主联邦政府。然而，蒂特迈尔的所有贡献并不为公众所知，至今可能也只有少数知情人了解。

这一状况被约阿辛姆·阿尔格米森借助其博士学位论文改变了。汉斯·蒂特迈尔作为德国经济政策核心人物的贡献将更广为人知，同时本书填补了德国经济史在这方面的空白。如果脱离蒂特迈尔对秩序政策的影响分析经济政策环境，人们就无法理解目前德国的经济形势。

---

① Niskanen, William A. (1971). Bureaucracy and Representative Government, Chicago.

② Weber, Max (1925). Wirtschaft und Gesellschaft, Tübingen.

③ 副部长也称国务秘书，本书为方便起见，这一职务统称为副部长。——译者注

汉斯·蒂特迈尔出生于1931年8月18日，是乡镇会计与客栈老板女儿的儿子。他成长于明斯特兰（Münsterland）的天主教环境，二战后辗转于明斯特（Münster）、波恩（Bonn）和科隆（Köln）上大学，先习神学，后改学经济学，是库萨努斯促进机构（Cusanus-Werk）[①] 首位奖学金生。天主教影响贯穿他的一生。在明斯特，他跟随瓦尔特·欧肯（Walter Eucken）的学生、后来任科隆大主教的约瑟夫·霍夫纳（Joseph Höffner）学习神学，并因此进入经济学大门，尤其是在科隆，阿尔弗雷德·米勒－阿尔玛克（Alfred Müller-Armack）让他对经济学有了更深入的了解。在米勒－阿尔玛克指导下，他在大学毕业论文中对“天主教社会教义和秩序自由主义中的秩序（Ordo）概念”进行了论述。不过，他的博士学位论文则偏向于社会学主题，由格哈尔德·维瑟尔（Gerhard Weisser）与列纳·柯尼希（René König）指导，题目为“联邦德国与西柏林技术学校学生之社会状况及公共扶持措施”，但这次实证社会科学领域的跨界尝试并未减弱蒂特迈尔鲜明的秩序经济学印记。

1962年，蒂特迈尔进入联邦经济部，从政策司副处长一直干到司长。刚开始工作他就作为助手参与《专家委员会法》[②] 的制定，随后他与卡尔·席勒（Karl Schiller）一起经历了《稳定与增长法》带来的向凯恩斯经济政策的过渡。席勒离职后，短暂扮演超级部长角色的赫尔穆特·施密特（Helmut Schmidt）将联邦经济

---

① 库萨努斯促进机构为德国十三大奖学金机构之一，资助对象为有天赋的天主教大学生或博士生。——译者注

② 《专家委员会法》即1963年通过的《设立宏观经济评估专家委员会法》（*Gesetz über die Bildung eines Sachverständigenrates zur Begutachtung der gesamtwirtschaftlichen Entwicklung*），专家委员会也被称为“五贤人会”。——译者注

部的货币与信贷政策权限并入联邦财政部。德国从固定汇率体系转向浮动汇率体系，在货币政策领域采用货币主义理念，而在经济政策领域则遵循供给导向政策思路。供给导向政策和需求导向政策在社会自由执政联盟内部引发争论，最终以“拉姆斯多尔夫文件”的出台和通过建设性不信任票选举赫尔穆特·科尔为新联邦总理而收场。蒂特迈尔参与了“全面调控”（Globalsteuerung）的设计，推动联邦经济部部长汉斯·弗里德里希斯（Hans Friderichs）转向支持供给导向政策，并且他还是“拉姆斯多尔夫文件”的实际起草者。

特别是鉴于“拉姆斯多尔夫文件”的重要性，所有这一切都有重要历史意义，约阿辛姆·阿尔格米森将之娓娓道来。尽管许多人对“拉姆斯多尔夫文件”有贡献，至少包括沃尔夫冈·斯杜泽尔（Wolfgang Stützel）、赫伯特·吉尔施（Herbert Giersch）以及“五贤人会”① 等，但汉斯·蒂特迈尔仍然是为奥托·格拉夫·拉姆斯多尔夫（Otto Graf Lambsdorff）起草这份经济政策纲领的人，而这份纲领导致了赫尔穆特·施密特领导的社会自由执政联盟的瓦解。

1982 年，蒂特迈尔结束了在联邦经济部二十年的任职，进入联邦财政部并担任常务副部长，并在世界经济峰会（Weltwirtschaftsgipfel）上扮演赫尔穆特·科尔的“夏尔巴人”② 角色，约阿辛姆·阿尔格米森对此有过精彩论述。而蒂特迈尔在 20

---

① Feld, Lars P.（2013）. „Zur Bedeutung des“ Manifester der Marktwirtschaft, „oder: das Lambsdorff-Papier im 31. Jahr“, *Zeitschrift für Wirtschaftspolitik* 62（3）, 227－243.

② Sherpa，也可译作苦力，代指在各类国际会议中代替国家领导人进行各类国际峰会筹备的政治人物。——译者注

世纪 80 年代私有化政策中的角色得以清晰呈现，读者将会收获颇丰。总体而言，阿尔格米森的研究着重突出私有化政策及“拉姆斯多尔夫文件”核心内容的意义，并分析了紧缩政策和格哈尔德·斯托尔滕贝格（Gerhard Stoltenberg）的税务大改革。作为联邦财政部的常务副部长，汉斯·蒂特迈尔是联邦德国市场经济复兴的真正“建筑师”。

要了解这一时期蒂特迈尔的影响力，考察财政政策是最好的方式。不过，他没把工作重点放在劳动力市场与社会政策领域，尽管这是“拉姆斯多尔夫文件”的重要组成部分之一。更具灵活性的工资制度、社会救助和失业救助的合并、兼顾人口结构变化的养老金改革都还要等到格哈尔德·施罗德（Gerhard Schröder）上台后才得以落实。20 世纪 80 年代德国的失业率仍然继续攀升。诺伯特·布吕姆（Norbert Blüm）推行了一些劳动力市场政策措施，花费巨大却又毫无目标，并且损害紧缩政策。直到科尔执政末期，养老金政策改革才姗姗来迟，在这之前科尔政府甚至引入了社会护理保险。而社会救助和失业救助的合并则要等到哈尔茨改革（Harz-Reformen）第四阶段才实现。

1989 年，蒂特迈尔从联邦财政部转至联邦银行，并担任董事。在履新初期，他仍为联邦政府服务，并在两德统一期间担任两德货币联盟谈判的联邦德国代表团团长。他就两德统一条约中货币联盟的内容与民主德国对手讨价还价，并接受了一些从经济政策角度来看并不合理的政治决定，例如东西德马克原则上按照 1 比 1 兑换。

随后，作为联邦银行董事的蒂特迈尔，又与同僚一起致力于修正上述货币政策的失误。欧洲货币联盟的相关利率政策问题则印证了他之前支持建立欧洲货币联盟的观点。1993 年，蒂特迈尔升任联邦银行行长，在这一岗位上，他必须面对欧洲货币联盟一系列谈判的挑战。他为德国的谈判立场做了大量关键准备工作，因此深刻塑造了欧洲货币联盟的秩序政策架构。而对后来在欧债危机中暴露的问题，借助阿尔格米森的论述，人们会更惊讶于蒂特迈尔的远见。

我在此只是简要地表述一下阅读心得，深入分析和理解蒂特迈尔的影响是值得的。此外，我们还能体认到这一影响至今仍在，他在“拉姆斯多尔夫文件”中所提及的改革措施，在格哈尔德·施罗德主导的经济政策改革阶段都成为现实。尽管存在各种争议，但毫无疑问，没有这些改革，德国的情况会更糟。目前人们仍然对欧洲货币联盟的架构争论不休。欧洲货币联盟的问题仍未解决，就此而言，了解蒂特迈尔对这一议题以及德国产业政策讨论的想法，当是非常有趣的。

汉斯·蒂特迈尔于2016年12月27日去世。

拉尔斯·P. 菲尔德

2019年6月于弗莱堡

序　二

人物传记是史学著作的桂冠，对于史学家来说，它涉及人物的出身、出生地、环境、家庭背景、成长经历、基础教育、师生关系、学术训练、人生与政治经验、亲戚关系、职业生涯、各类社会关系及其变化，以及性格等，当然，更离不开广阔的历史政治背景及其变化。

约阿辛姆·阿尔格米森以20世纪下半叶德国财经史上最有影响力的人物之一——汉斯·蒂特迈尔教授（1931—2016）为例，承担起撰写人物传记这一复杂却又诱人的任务。在一些重要历史人物［例如路德维希·艾哈德（Ludwig Erhard）、卡尔·席勒、奥托·格拉夫·拉姆斯多尔夫及格哈尔德·斯托尔滕贝格］领导下，蒂特迈尔先后任职于联邦经济部和联邦财政部，其职业生涯的巅峰是1993～1999年担任德国联邦银行行长。此外，蒂特迈尔不仅参与了两德“货币、经济与社会联盟”的设计方案，并发挥关键性作用，而且是欧元的主要设计师之一。

阿尔格米森先生有针对性地探讨了他的选题、目标、定性方法、研究对象和文献，对蒂特迈尔从童年到大学毕业的生活（1931～1961年）进行了细致、深入且敏锐的考察。蒂特迈尔是明斯特兰人，来自被称为威希特小城（Vechtestädtchen）的梅特伦

(Metelen)。基于可靠的信息，他的童年与青少年时代，例如学前和学校岁月，将被细致地描述。他先后在明斯特、波恩接受大学教育，短暂中断大学学习后又在科隆继续学业，并接着攻读博士学位，直至1961年。他的这些经历本书作者都将一一阐述。

蒂特迈尔起初在联邦经济部（1962～1982年）担任副处长，并于1966年晋升为经济政策基本问题处处长，这一时期将被作者深入分析。进入大联合政府时代后，他开始与卡尔·席勒共事，这一时期（1966～1969年）他的主要工作是制定和落实当时的新经济政策理念——“全面调控”。

卡尔·席勒辞职后，蒂特迈尔在波恩的官僚体系中继续上行，1973年他升任一司（经济政策司）司长，这一时期的重要事件包括布雷顿森林体系崩溃、第一次石油危机（1973～1974年）、关于结束全面调控的讨论（1974～1982年），以及万众瞩目的“拉姆斯多尔夫文件”出台（1982年），这一文件是最终导致联邦总理赫尔穆特·施密特下台的根本原因。

随后蒂特迈尔转任联邦财政部常务副部长，并充当联邦总理赫尔穆特·科尔的“夏尔巴人”（1982～1989年），这是本书主人公最激动人心的职业生涯的片段之一。这一时期的标志性事件是经济政策转向供给导向政策，如阿尔格米森形象生动且细致的描述所展现的，这是一个事态复杂的多事之秋。此外，作者也额外说明蒂特迈尔是如何幸运地从德国恐怖组织“红军旅”的刺杀中逃生。

在最后一章，阿尔格米森把蒂特迈尔视为“20世纪90年代货币政策挑战中的核心人物”。他从欧洲货币联盟的推动力入手，对一团迷雾般的欧元引入过程做了精彩概述。针对两德货币联盟（1989～1990年）前出现的问题，阿尔格米森都从蒂特迈尔的视角进行了细致的研究。阿尔格米森的研究涉及如下问题：欧盟如何在海牙峰会（1969 年）前走上“舒曼计划”（1950 年）提及的统一货币之路？20 世纪 70 年代初期“维尔纳小组”（Werner-Gruppe）的计划（蒂特迈尔也对此有所贡献）是什么？欧洲如何在其中发现建立货币共同体（1970～1979 年）的首次机会？所谓“欧洲硬化症”（1971～1978 年）时期是如何发展的？如何评价随后进行的建立“欧洲货币体系”（1978～1989 年）尝试？

因为蒂特迈尔作为两德货币联盟谈判联邦德国代表团团长亲自参与了两德统一全过程，所以作者还考察了民主德国的经济和政治崩溃情况，他的核心关切是联邦银行的货币政策权限、保障西德马克稳定以及东西德马克之间合理的兑换率等问题。

之后本书又从蒂特迈尔的视角（1990～1999 年）分析欧洲货币联盟，指出蒂特迈尔希望以德国联邦银行为典范建立一个独立的、稳定导向的欧洲中央银行，而要实现欧洲货币联盟的成功，长远来看，政治联盟落地是题中之意。“经济趋同”是口号之一，在蒂特迈尔看来，这是欧洲货币联盟成功的主要要素。

阿尔格米森研究的最后部分是一个全面性总结以及一份广泛的资料与文献索引，其中包括从蒂特迈尔遗物中获得的档案、私人文件、讲话稿和报纸文章，还有大量的专著与论文集。除了首次使用蒂特迈尔原始私人档案和文件之外，资料中最引人瞩目的是作者亲自对欧洲金融与经济界众多头面人物所做的一系列访谈，这些人物包括马里奥·德拉吉（Mario Draghi）、洛塔尔·德梅齐埃（Lothar de Maizière）、沃尔夫冈·朔伊布勒（Wolfgang Schäuble）、特奥·魏格尔（Theo Waigel）、严斯·魏德曼（Jens Weidmann），当然最重要的是和汉斯·蒂特迈尔本人真诚的彻日交谈。

约阿辛姆·阿尔格米森借助令人印象深刻的研究推出汉斯·蒂特迈尔首部学术传记，对其各类活动的研究显示，辅助性和团结是蒂特迈尔思想的核心。他可被视为联邦德国“供给导向转折”的带头人，是20世纪80年代市场经济复兴的“理论先行者”“财政政策紧缩主张者”“实际政策支持者”，其目标是给予经济更多自由，以促进投资活动，并降低国有经济比例。两德统一在蒂特迈尔看来是一场经济冒险，此外他还是一名欧洲联邦主义者，在他眼里，稳定经常是压倒一切的优先考量因素。

尽管作为德国基督教民主联盟（简称基民盟）党员，但蒂特迈尔这一深受天主教和普鲁士文化塑造的明斯特兰人或者说威斯特拉法伦人首先是一名货币、金融及经济专家，而非真正的政党战士。1989年与1990年之交的两德统一货币政策设计期间，他遵循“德国政策”原则；而在引入欧元的过程中，他作为联邦银行行长则更着眼于“稳定政策”。

与在德国国内的印象截然不同，蒂特迈尔在德国之外常被描述为夸张的德国稳定文化的“教条主义者”“守财奴”“狂热主义者”或者“化石”。鉴于银行、金融市场以及经常项目赤字以及主权债务等危机的出现，他的态度和立场而今看来并不过分，而是尤有必要，约阿辛姆·阿尔格米森关于汉斯·蒂特迈尔的这本书无疑印证了这一点，也是本书许多部分研究内容的根本切入点。就此而言，作者希望这本书能被翻译为英文，被更多人阅读。

让·莫内讲席教授

米歇尔·格勒尔（Michael Gehler）

2019年5月于希尔德斯海姆（Hildesheim）

序　三

本书是希尔德斯海姆大学数学、自然科学、经济与信息学院约阿辛姆·阿尔格米森博士学位论文的公开出版版本，是兼顾政治科学视角的经济学与历史学跨学科研究。尽管研究主题属于经济学范畴，但约阿辛姆·阿尔格米森先生的研究主要基于经济学较少使用的定性研究方法，即在对时代见证人主线访谈的定性分析的基础上，结合经济学相关文献，分析于2016年12月27日去世的联邦银行前行长汉斯·蒂特迈尔博士对当代德国与欧洲经济史的个人贡献。阿尔格米森先生的研究也因此不仅跨越科学学科界限，在方法上也是多元的。

我非常乐意与我所在的希尔德斯海姆大学尊敬的同事米歇尔·格勒尔教授一并担任这一充满吸引力且相当跨学科的博士学位论文导师，因为这一尝试是非同寻常的挑战。如果一个人，包括我的许多同事，还没有从事过个人传记及档案整理工作，或者还未采访过时代见证人，也许不能真正理解，这些工作的过程中会遇到何种困难。阿尔格米森先生克服了所有困难，对呈现在我们面前的这部著作感兴趣的显然不只有学界。

在撰写博士学位论文的过程中，阿尔格米森先生受益于一个年轻博士生所能尊享的非同寻常的特权，即与世界上最重要的中央银行行长之间有一个非正式的约定，同意接受他们的前任的个人传记作者的访谈。除此之外，还有许多政治人物、当事人的家庭成员以及同僚接受了阿尔格米森先生的访谈。拜访访谈对象和进行访谈占据了其研究工作的大量时间。不仅如此，和蒂特迈尔及其家人共事还需要优秀的沟通和共情能力，尤其是已届八十高龄的蒂特迈尔不断恶化的健康状况，更是带来巨大挑战，留给阿尔格米森先生的时间并不多。

尽管存在这些非同寻常的要求，但是阿尔格米森先生挖掘了足够的资料，包括许多书籍、极有意义且具有重大历史价值的结论（例如“拉姆斯多尔夫文件”著作权的澄清）以及许多当代感兴趣且信息量巨大的轶事，例如询问君特·克劳瑟（Günther Krause）向莫斯科运送现金的情况。他的论述使人们对于那些不寻常的事情心领神会。但是，如果仅仅是罗列这些资料，读者的收获将会很有限，阿尔格米森先生必须制订一个计划，组织和落实对蒂特迈尔及其他时代见证人的访谈、处理和分析访谈内容并了解其相关背景。将人物传记叙述与当时的经济和政治环境相结合，并抽丝剥茧，与具体的经济事件相联系，同时还要确保必要的批判性与客观性，这是一个挑战。

在此，没有必要对阿尔格米森先生这一代表作的具体章节进行总结和评论，读者们将会有自己的评判。基于可靠资料系统地考察和评估汉斯·蒂特迈尔对当代德国与欧洲经济史的个人贡献，这一工作是开创性的，也是读者们所期待的。在此我只想强调三点。首先，涉及蒂特迈尔在形成所谓“拉姆斯多尔夫文件”中的核心作用，这一文件最终导致了赫尔穆特·施密特主导下的社会自由政府的垮台。无论是蒂特迈尔在其备忘录中将这一文件描述为“碰撞计划”，还是奥托·格拉夫·拉姆斯多尔夫书面肯定与他的合作，在我看来，文章最终印证了长久以来的猜测，即蒂特迈尔本身致力于推动执政联盟的分化，当然，他肯定不仅出于意识形态考虑，而且有对个人职业前途的考虑。

其次，蒂特迈尔在两德货币联盟中发挥了重要作用，即负责与德梅齐埃政府就两德货币联盟进行谈判。阿尔格米森先生非常精彩地叙述如下内容：谈判是在何种不寻常的政治经济形势下进行的，蒂特迈尔在这一过程中如何逐渐掌握民主德国的经济状况，蒂特迈尔的核心诉求以及谈判双方的博弈。

最后则是对于欧洲货币联盟的实现，蒂特迈尔作为联邦银行行长扮演“德国马克最后守护者”角色，同时紧密参与共同货币欧元的引入。蒂特迈尔出于对秩序政策的坚定信念而致力于使欧洲中央银行以德国联邦银行为典范，至少在前总理施密特看来，蒂特迈尔在严格遵守“马斯特里赫特标准”方面非常固执己见，阿尔格米森先生的相关叙述非常值得一读。在欧债危机的背景下思考蒂特迈尔宣称的“政府和中央银行必须清楚，国家努力的目标不应该是尽可能早地加入经济和货币联盟，而是使联盟长期存在”，这种观点充满预见性。而关于重新评估黄金和外汇储备争论以及特奥·魏格尔和蒂特迈尔之间的公开矛盾等传闻的描述，本书也饶有趣味。而关于蒂特迈尔如何越来越谨慎应对推迟货币联盟建立要求的叙述也同样很有意思。作为德国联邦银行行长，蒂特迈尔显然陷于某种困境，因为他必须考虑其态度对市场的影响，最终，在这一问题上蒂特迈尔遵从了前文提到的政治优先目标。

在此结束我的总结，并且衷心向对蒂特迈尔或者当代德国与欧洲经济史感兴趣的读者推荐阿尔格米森先生的这本书。当然，这本书不是一本易懂的通俗专业书籍，而是一本学术专著，很精彩且值得一读。

阿坦纳斯欧斯·皮宙里斯
(Athanassions Pitsoulis)
2019 年 5 月于希尔德斯海姆

第一章　引言

第一节　研究对象、目标及其重要性

本书填补了德国当代经济与金融政策史的一个研究空白，涉及20世纪60年代至80年代的德国经济政策曾经出现的剧烈调整、1990年的德国统一以及1999年的欧元引入。对这些重要经济历史事件的分析都将依托出生于1931年8月18日的联邦银行退休行长汉斯·蒂特迈尔的学术传记一一展开。他的一生以及职业贡献在学术文献中至今仍未得到适当的重视。

蒂特迈尔参与了20世纪60年代至90年代大量经济与货币政策决策，这些政策对德国乃至欧洲经济与货币体系产生了深远影响。蒂特迈尔的职业生涯始于1962年任职于联邦经济部经济政策司，随后他逐级晋升，直至1973年升任经济政策司司长。1982～1989年，蒂特迈尔担任联邦财政部常务副部长，同时在世界经济峰会上充当联邦总理赫尔穆特·科尔的“夏尔巴人”[①]，1990年，转任德国联

---

① 夏尔巴人是代表国家首脑参与世界经济峰会筹办的人员，其任务是在峰会召开前协调不同国家的相关立场，并分析峰会上存在的谈判空间——“就如登山向导，对外交领域的风险有更灵敏的嗅觉”，见 Heribert Klein, Können in Karos. Das Anti-Nietenbuch, Köln 1995, S. 25。

邦银行董事，并于1993年升任行长。1999年，蒂特迈尔退休，于2016年12月27日去世。

在“五贤人会”的设立（1963年）、“维尔纳小组”关于欧洲经济和货币联盟的草案（1963年）、所谓的“拉姆斯多尔夫文件”（1982年）、两德货币联盟的设想和安排（1990年）以及欧洲单一货币的引入（1999年）等历史事件中，蒂特迈尔无论是在理念还是实践上都一再做出决定性贡献。

本研究基于跨学科的工作，是兼顾政治科学视角的经济学与历史学跨学科研究。一方面，蒂特迈尔是经济专家型政治人物，研究者应具备对其职业活动进行评估的经济学专业素养；另一方面，他应掌握必要的历史学与政治学知识，尤其是了解当代德国和欧洲经济与货币史，才能将独立的历史事件及其发展嵌入整体背景进行考察。此外，长期以来被关注的两个趋势也得到考虑。第一，在经济学领域尽管研究者一般进行定量研究，但是引入更多定性研究，以拓宽研究领域的声音不断增强；第二，因为不同学科知识的融合，糅合多学科的跨学科研究越来越受到重视。

本书致力于细致描述汉斯·蒂特迈尔对稳定的德国及生机勃勃的欧洲的影响，并对其贡献进行批判性分析。基于其职业生涯，尤其是在与蒂特迈尔本人就其职业生涯进行访谈、深入的文献搜集和材料分析的基础上，作者提出下面几个主导问题，分别对应蒂特迈尔的不同人生阶段，并把它们作为本书的结构框架。这些问题之所以尤为重要，是因为它们都涉及当代德国和欧洲经济史中最重要的经济与政治事件，而蒂特迈尔均参与其中，但学术界自始至终并没有对此盖棺定论。对蒂特迈尔进行的访谈，以及他没有对外开放的私人档案（见第二章）会给读者带来全新甚至爆炸性和令人惊讶的认知。主导问题具体如下。

1. 童年与青少年时期相关问题

在蒂特迈尔童年与青少年时期，家庭环境对他有何影响？这一时期形成的哪些性格特征对他今后的行为产生重要影响？

2. 1962～1982 年联邦德国[①]的经济变迁相关问题

作为联邦经济部经济政策司司长（尤其是 1973 年以后），在 1982 年之前，蒂特迈尔对联邦德国经济政策及其调整方案的形成有何影响？作为“拉姆斯多尔夫文件”的起草者，他有何贡献？

3. 1982 年以来的市场经济改革相关问题

如何评价 1982 年以来基督教－自由执政联盟的所谓市场经济改革，尤其是私有化政策和财政整顿这两大核心内容的成就？作为联邦财政部常务副部长，蒂特迈尔有何贡献？

4. 德国统一与欧洲货币联盟相关问题

作为两德货币联盟谈判中联邦德国代表团团长，蒂特迈尔的立场是什么？谈判结果的中短期经济后果是什么？两德货币联盟谈判是不是存在失败的可能？德国统一是不是可被视为欧洲单一货币引入的前奏？

5. 欧洲单一货币引入的相关问题

1993～1999 年，作为联邦银行行长的蒂特迈尔如何影响欧元的设计？他在欧元落实过程中表现如何？他的核心诉求是什么？站在今天的角度如何评价他的这些诉求？

引言的第一节主要介绍研究主题、研究目标和贯穿全文的主导问题，接下来的第二节是文献综述，探索研究空白和主要资料来源，第三节则是明确获取信息和分析问题的方法。

---

① 本书中联邦德国也称西德，民主德国也称东德。——编者注

第二节　研究现状与资料来源

与研究主题和主导问题相关的学术文献汗牛充栋，接下来作者将罗列与前述主导问题相关的最重要文献（蒂特迈尔童年与青少年时期[①]除外）。在具体问题上，作者还参考更多文献，总计超过千种。

有关1962~1982年联邦德国的经济变迁，有两部新近的著作可供参考。其中一部为2005年历史学家亚历山大·内策纳德尔（Alexander Nützenadel）的教授资格论文——《经济学家的时代：1949~1974年联邦德国的学术、政治与专家文化》。[②]内策纳德尔主要借助考察二战以来的经济政策的发展，表明经济学家如何在德国政治生活中获得越来越大的影响力（尤其是在1966年卡尔·席勒成为联邦经济部部长以后），以及以所谓“魔力四角”为核心的《稳定与增长法》如何成为德国经济政策的典范。他的研究截至1974年，在席勒的领导下，依托“全面调控”这一经济政策原则而启动的政策学术化并未取得预期的效果。[③]另一部文献则是提姆·山内茨基（Tim Schanetzky）2007年出版的《大觉醒：1966~

---

① 因为与其他主题相比，蒂特迈尔童年与青少年时期并不涉及经济学和政治学议题，所以本书将只基于其自传进行论述。

② Alexander Nützenadel, Stunde der Ökonomen. Wissenschaft, Politik und Expertenkultur in der Bundesrepublik 1949-1974 (Kritische Studien zur Geschichtswissenschaft), Göttingen, 2005.

③ Alexander Nützenadel, Stunde der Ökonomen. Wissenschaft, Politik und Expertenkultur in der Bundesrepublik 1949-1974 (Kritische Studien zur Geschichtswissenschaft), Göttingen, 2005.

1982年联邦德国的经济政策、专业知识与社会》[1]，山内茨基的研究对象与内策纳德尔的十分接近，他详细论述了20世纪60年代末以来，社会-自由执政联盟政府是如何逐渐意识到凯恩斯主义主导的经济政策并不是最有效率的，而最终大失所望。山内茨基比内策纳德尔更进一步，还对1974～1982年社会-自由执政联盟因经济政策基本原则问题最终解体进行了考察（关键词："拉姆斯多尔夫文件"）。[2]本书在上述两本著作的基础上，从蒂特迈尔的角度来分析这一进程。蒂特迈尔1962年任职于联邦经济部经济政策司，并自1973年开始担任司长。尤为重要的是，蒂特迈尔作为"拉姆斯多尔夫文件"的起草者，为那些年的经济政策讨论画下了句号。与现存文献不同，本书还从作为经济政策司司长（1973年）的蒂特迈尔的视角，对整件事情的来龙去脉、决定性的转折点以及联邦经济部部长、司长以及经济界的互动进行了梳理。

关于1982～1989年的市场经济改革，则不能回避维尔纳·佐恩赫夫（Werner Zohlnhöfer）与莱姆特·佐恩赫夫（Reimut Zohlnhöfer）的贡献，他们于2001年出版的《1982～1989/1990年科尔时代的经济政策：以社会市场经济为名的转折》[3]对1982～1989/1990年的关键经济政策决策进行了分析，重点关注财政紧缩、私有化和劳动力市场政策等领域。他们的问题是，在联邦总理

① Tim Schanetzky, Die große Ernüchterung. Wirtschaftspolitik, Expertise und Gesellschaft in der Bundesrepublik 1966 bis 1982 (Wissenskultur und gesellschaftlicher Wandel), Berlin , 2007.

② Tim Schanetzky, Die große Ernüchterung. Wirtschaftspolitik, Expertise und Gesellschaft in der Bundesrepublik 1966 bis 1982 (Wissenskultur und gesellschaftlicher Wandel), Berlin , 2007.

③ Werner Zohlnhöfer/Reimut Zohlnhöfer, Die Wirtschaftspolitik der Ära Kohl 1982 - 1989/90. Eine Wende im Zeichen der Sozialen Marktwirtschaft, in: Historisch-Politische Mitteilung 8 (2001), Heft 1, S. 153 - 174.

科尔领导下的基督教-自由执政联盟是否真正实现了所计划的市场经济改革？在他们看来，尽管换届后政府引入了经济政策改革，但是并不彻底，因为受十三年的凯恩斯主义经济政策影响，基民盟/基社盟①（CDU/CSU）内部强大的左派（倾向于雇员利益）使彻底的经济政策转向无法落实。②本书从佐恩赫夫著作的结论出发，借助蒂特迈尔（时任联邦财政部常务副部长）的私人档案，并结合他本人的观点，对这一市场经济改革进程进行评估，尤其是关于私有化和财政整顿这两个关键政策的进展。

而关于德国统一问题，尤其是两德货币联盟，作者则首先参考特奥·魏格尔和曼弗雷德·谢尔（Manfred Schell）于 1994 年主编的文集《改变德国和世界的那些日子》③，这一文集收录了许多参与德国统一进程人物的文章。例如，特奥·魏格尔作为时任联邦财政部部长描述他关于统一进程的政治回忆；蒂特迈尔则讲述他作为两德货币联盟谈判联邦德国代表团团长参与谈判的具体过程和谈判结果；作为货币联盟首份草案起草者，提罗·萨拉辛（Thilo Sarrazin）则从经济和数据角度解释草案的形成；布鲁诺·施密特-布雷伯特瑞（Bruno Schmidt-Bleibtreu）则分析《国家条约》带来的法律挑战。④该文集为从蒂特迈尔的视角进一步对两德货币联盟进行分析提供了绝佳的基础。但至于蒂特迈尔在谈判中的核心

---

① 德国基督教社会联盟，简称基社盟。——编者注

② Werner Zohlnhöfer/Reimut Zohlnhöfer, Die Wirtschaftspolitik der Ära Kohl 1982 - 1989/90. Eine Wende im Zeichen der Sozialen Marktwirtschaft, in: Historisch-Politische Mitteilung 8 (2001), Heft 1, S. 153 - 174.

③ Theo Waigel/Manfred Schell, Tage, die Deutschland und die Welt veränderten, München 1994.

④ Theo Waigel/Manfred Schell, Tage, die Deutschland und die Welt veränderten, München 1994.

诉求是什么，以及是不是被民主德国代表团接受，仍然不甚明确。而由于文集出版于1994年，因此它没有涉及谈判导致的经济后果。此外，还有一系列问题需要解答，例如统一之外的其他选项、统一失败的可能性问题以及统一对后来引入欧元的影响等。本书在对当年谈判关键人物访谈以及未出版文献的基础上尝试解答这些问题。

引入欧洲单一货币的问题主要涉及两份文献。第一份文献是历史学家米歇尔·格勒尔于2010年出版的著作《欧洲：理念-制度-统一》，该书描绘了从古代到当代欧洲一体化历史的全景。对于本书来说，格勒尔对1945年以来欧洲各类制度落实的梳理尤为重要。格勒尔的研究表明欧洲的理念是如何在想象和现实中游走，结合各类访谈和蒂特迈尔的文献，格勒尔的著作是本书在货币政策一体化问题上不可多得的基础文献。第二份文献是汉斯·蒂特迈尔本人于2005年出版的《欧元挑战》[①]，主题是欧洲货币联盟的产生，即二战以来德国和欧洲的政治与经济发展。蒂特迈尔更多地以一个叙述者的身份讲述引入欧元充满挑战的谈判，以及国家财政3%赤字上限的产生等。[②]而他在引入欧洲单一货币事务上的核心诉求，以及站在今天的角度如何对此进行评价，则是本书的关切点。

尽管关于德国和欧洲当代经济史的文献汗牛充栋，但是对蒂特迈尔生平及其对德国和欧洲当代金融、经济和货币政策影响的研究屈指可数。如果检索“汉斯·蒂特迈尔”个人相关文献，仍然只显示维尔纳·本科霍夫（Werner Benkhoff）2010年关于他的简短传记。这一传记基于蒂特迈尔的访谈以及媒体文章，主要涉及他的

---

① Hans Tietmeyer, Herausforderung Euro. Wie es zum Euro kam und was er für Deutschlands Zukunft bedeutet, München 2005.

② Hans Tietmeyer, Herausforderung Euro. Wie es zum Euro kam und was er für Deutschlands Zukunft bedeutet, München 2005.

职业生涯，对他的生平，包括一些里程碑式的事件，例如“五贤人会”、两德货币联盟以及欧元的引入，都只是一笔带过。

除蒂特迈尔2005年出版的著作之外，德国中央银行理事会还于1996年出版了《汉斯·蒂特迈尔－为欧洲货币稳定－四十年来欧洲货币一体化的文章、发言和文献》[①]，该文集选编蒂特迈尔关于欧洲政策的文章与发言文本。

总而言之，目前仍然缺乏对蒂特迈尔个人和职业生涯进行深入学术分析的研究，本书填补了这一空白。

此外，大量政治家、经济与金融专家的传记与回忆录有助于还原蒂特迈尔的生平以及他对很多事务的影响。例如，格哈尔德·斯托尔滕贝格的传记表明蒂特迈尔在秩序政策的基本导向上保持极度的清醒，与斯托尔滕贝格一样，他主张国家对经济的干预必须保持在必要的范围，并致力于在20世纪80年代推动财政整顿。[②] 而在霍斯特·科勒尔（Horst Köhler）[③] 和赫尔穆特·科尔[④]的传记中，蒂特迈尔被描述为一位享有极高声望的经济专家。在科尔的传记中他被称为“强有力的副部长”，并且科尔对他在那些年的所作所为及忠诚不吝赞誉之辞，而科勒尔的传记尽管对他的评价并不负面，但是两位人物的紧张关系若隐若现。[⑤] 1990年成为蒂特迈尔在联邦财政部继任者的科勒尔，常常因蒂特迈尔的固执不悦，双方可能对

① Hans Tietmeyer-Währungsstabilität für Europa-Beiträge, Reden und Dokumente zur Europäischen Währungsintegration aus vier Jahrzehnten.

② Wolfgang Börnsen, Fels oder Brandung? Gerhard Stoltenberg, der verkannte Visionär, Sankt Augustin 2004.

③ Gerd Langguth, Horst Köhler. Biografie, München 2007.

④ Hans-Peter Schwarz, Helmut Kohl. Eine politische Biographie, Stuttgart 2012.

⑤ Hans-Peter Schwarz, Helmut Kohl. Eine politische Biographie, Stuttgart 2012, S. 335.

对方都有许多不满。[1]此外，对蒂特迈尔尖锐的批评出现在赫尔穆特·施密特的传记中，他被形容为“联邦经济部的唯上主义者”和“社会自由主义改革立法的刹车者”[2]，而正如本书所展现的一样，这些形容恰恰切合前面提及的蒂特迈尔秩序政策的基本理念。

而除了特奥·魏格尔关于德国统一的回忆录之外[3]，还有格哈尔德·斯托尔滕贝格从1947年至1990年[4]、赫尔穆特·科尔从1982年至1990年[5]和从1990年至1994年[6]，以及约翰纳斯·路德维希（Johannes Ludewig）关于“落实统一”[7] 的回忆录可资参考。这些作者多半从自己的视角出发，在回忆录中很少详述蒂特迈尔的贡献。例如赫尔穆特·科尔讲述了统一的进程，只是在文章最后赞扬蒂特迈尔为促成统一条约签订发挥了决定性作用，而这一条约是科尔对德国现代经济史做出的最大贡献之一。[8]在对这些传记和回忆录进行了细致分析的基础上，本书作为一本学术传记，作者尝试了解他人对蒂特迈尔的认知，从而有针对性地回答想研究的问题。

关于蒂特迈尔生平的文献还有很多，就不在此一一罗列。最棘手的问题是，如何从中选取文献，使之能够有助于回答本书的主导问题。此外，还有蒂特迈尔本人亲自编撰的出版物以及对他的报道

---

① Langguth, Köhler, S. 91.

② Klaus Bölling, Die letzten 30 Tage des Kanzlers. Helmut Schmidt: Ein Tagebuch, Reinbek 1982.

③ Theo Waigel/Manfred Schell, Tage, die Deutschland und die Welt veränderten, München 1994.

④ Gerhard Stoltenberg, Wendepunkte. Stationen deutscher Politik 1947 bis 1990, Berlin 1997.

⑤ Helmut Kohl, Erinnerungen 1982 – 1990, München 2005.

⑥ Helmut Kohl, Erinnerungen 1990 – 1994, München 2007.

⑦ Johannes Ludewig, Unternehmen Wiedervereinigung. Von Planern, Machern, Visionären, Hamburg 2015.

⑧ Kohl, Erinnerungen 1990 – 1994, S. 117 f.

和采访，类似的文献超过 500 份。[1]这些文献在本书的框架结构下被筛选与分析，对于本书来说，对这些文献的评估与比较是整体理解蒂特迈尔立场的基础。

而至今没有被触及的蒂特迈尔浩瀚的私人文献（PAT），包括从未公开的 1962～1990 年的原始文件，则必定是最重要的资料来源，这些文献为从不同角度考察德国和欧洲经济、金融与货币史打开了新的大门。基于和蒂特迈尔的私人联系，作者和希尔德斯海姆大学历史学研究所得以接触这些文献，并从 2013 年 2 月至 2016 年 6 月分阶段并按时间顺序对它们进行了整理，随后讨论方法的章节会详细介绍这些文献。

另外，作者还查阅了科布伦茨（Koblenz）联邦档案局的一些文献，以完善和印证蒂特迈尔私人文献中出现的一些缺失或存疑信息；最后，作者还联系了柏林联邦“斯塔西”（Stasi）[2] 材料专署，感谢它邮寄给作者的蒂特迈尔的相关文件。

---

① 在汉斯·蒂特迈尔的个人网页上可以找到他所有出版物的目录，见 http://www.hans-tietmeyer.de/files/pdfdokumente/literaturliste_ tietmeyer.pdf。

② Stasi，即民主德国国家安全部（Ministerium für Staatssicherheit）。——译者注

第二章　方法问题

第一节　传记研究的基本特点

在传记研究中，研究对象（汉斯·蒂特迈尔）被直接嵌入研究过程，作者尝试对其在特定情境下的个人行为进行解释。本传记不仅论述人物的个人处境，还聚焦对人物经历产生影响的各种重要情况，从而能够从特定研究对象的视角出发，去理解当时的社会、政治和经济问题，展现个人对当时重要事务的观点。威尔特鲁德·吉塞克（Wiltrud Gieseke）和鲁特·西伯斯（Ruth Siebers）在他们关于传记研究的著作中持以下观点："现代传记研究借助亲历者对社会变迁进程进行更细致考察。"[①]吉塞克和西伯斯认为，人与社会、政治和经济之间存在相互关系，也就是说，个人不仅经历一个既定的世界，也对社会、政治和经济发展产生具体的影响，而这些影响又反过来重塑当事人的人生。[②]这一点也在本书得到明确印证，

---

① Wiltrud Gieseke/Ruth Siebers, Biographie, Erfahrung und Lernen, in: NQ-Materialien Handbuch Erwachsenenbildung, hrsg. V. Christinae Brokmann-Noreen/Ina Grieb u. a., Weinheim/Basel 1995, S. 311 – 357, hier S. 323.

② Wiltrud Gieseke/Ruth Siebers, Biographie, Erfahrung und Lernen, in: NQ-Materialien Handbuch Erwachsenenbildung, hrsg. V. Christinae Brokmann-Noreen/Ina Grieb u. a., Weinheim/Basel 1995, S. 311 – 357, hier S. 323.

例如蒂特迈尔对“拉姆斯多尔夫文件”产生影响，这一文件促成社会－自由执政联盟的解体（1982 年）和新政治环境的形成。

传记研究可追溯至“诠释学循环”。一般来说，诠释学是“了解与理解的过程”，致力于“不仅从文本，而且从有意义的现实来阐述”这一学术目标。①政治学者维尔纳·雷（Werner Reh）认为，诠释学“从部分到整体”，“再从整体到部分”，如此循环往复，使研究者对研究对象有更全面的理解。②但心理学家加布里埃莱·弗尔斯特－普法菲尔（Gabriele Fürst-Pfeifer）认为“诠释学循环”并非“恶性循环”，因为在逻辑上当下的理解并不基于先前的理解自动得出。在“诠释学循环”中，先前的理解会不断因为新的认识而加深从而不断调整。③与一开始就设定具体且不可更改前提的定性证明方法不同，传记研究在研究过程中可更改其前提。因此弗尔斯特－普法菲尔认为，传记理解不是一个循环，而是一个不断发现文本意义的过程。④

传记研究的重要方法可分为反应性方法和非反应性方法。⑤反应性方法是研究者借助访谈和讨论获取新的数据材料，而非反应性

---

① Philipp Mayring, Qualitative Inhaltsanalyse. Grundlagen und Techniken, Weinheim/Basel 2010, S. 29.

② Werner Reh, Quellen-und Dokumentenanalyse in der Politikfeldforschung: Wer steuert die Verkehrspolitik?, in: Politikwissenschaftliche Methoden, hrsg. V. Ulrich von Alemann, Wiesbaden 1995, S. 201 –246, hier: S. 209.

③ Gabriele Fürst-Pfeifer, Biographie und unbewusste Berufswahlmotive von Psychotherapeuten, Münster 2013, S. 154.

④ Gabriele Fürst-Pfeifer, Biographie und unbewusste Berufswahlmotive von Psychotherapeuten, Münster 2013, S. 154.

⑤ Winfried Marotzki, Forschungsmethoden der erziehungswissenschaftlichen Biographieforschung, in: Erziehungswissenschaftliche Biographieforschung, hrsg. v. Heinz-Hermann Krüger/Winfried Marotzki u. a., Opladen 1996, S. 55 –89, hier S. 60 –66.

方法则是研究者利用现有材料，例如档案材料、相片或者既有文献等。历史资料考证在非反应性方法中占据关键地位，尤其是对于无法直接与之沟通的研究对象来说，尤为重要。本书结合两种方法，因为一方面可以直接对研究对象蒂特迈尔以及众多其他相关人物进行访谈（使用反应性方法），另一方面也在研究中使用来自蒂特迈尔私人档案的资料以及其他文献。无论是反应性方法还是非反应性方法，都可被理解为接下来将要详细论述的定性研究的一部分。

第二节　作为定性实证分析特例的传记研究

鉴于传记研究的性质、主题以及主导问题，本文特采用定性研究方法，利用之前提及的蒂特迈尔私人档案，分析与他有关或者他本人的出版物、新闻文本和访谈，并批判性地参考之前提及的文献。

在此首先需要明确定性研究方法与定量研究方法的区别，以界定本书的内容边界。[①]大体来说，这两种方法体现截然不同的世界观。[②]定性研究方法聚焦认识的语言化和诠释，通常不用数字表现事实，而是通过基于访谈和观察获得的非数字或者定性资料呈现可被理解的真相意见。研究对象可以是文本、电影、图片、照片、漫

---

① Thomas Wrona/Sebasitan Wappel, Mixed Methods in der Strategieforschung. Eine Analyse der Verwendung und Indikation methodenintegrativer Forschungsdesigns, in: Mixed Methods in der Managementforschung, hrsg. v. Thomas Wrona/Günter Fandel (Zeitschrift für Betriebswirtschaft, Sepcial Issue 5/2010), Wiesbaden 2010, S. 1–30, hier S. 2.

② Hans Oswald, Was heißt qualitativ forschen? Eine Einführung in Zugänge und Verfahren, in: Handbuch: Qualitative Forschungsmethoden in der Erziehungswissenschaft, hrsg. v. Barbara Friebertshäuser/Annedore Prengel, Weinheim/München 1997, S. 71–88, hier S. 75.

画或访谈。例如，访谈为研究者提供了一定目标以引导其对某些陈述做出反应。通过精准的询问来印证特定的调查结论，从而使具体研究问题的复杂性得到适当处理。通常来说，访谈无法进行标准化比较[①]，而是只能诠释。与许多定量研究方法不同，诠释不仅立足于普遍的“归纳与结论”，而且还兼顾个案[②]，就如定性分析方法专家汉斯·奥斯瓦尔德（Hans Oswald）所论述的“在个案诠释的基础上……归纳与分类”。[③]

而定量研究方法则相反，致力于逐步将观察量化，狭义上来说就是对采集数据的统计分析，通常来说这些数据包含的信息不如定性研究方法使用的信息丰富。定量数据通常被视为更客观（行为解释），具有代表性；而定性数据则更主观（经验理解），不具有代表性，因为其反映的是来自不同陈述者的意见组合。事实证明，定性数据采集适用于相对来说较小的抽样。[④]

第三节 数据采集工具

下文介绍各种数据采集工具，包括整理蒂特迈尔的相关文献和结构式专家访谈。

为整理蒂特迈尔的私人档案，作者先制作一份包含 185 个文件夹的文件索引。其中第一类文件是 1961 ~ 1999 年蒂特迈尔的个人笔记和手稿，包括会议记录、发言稿、出版物草稿、对各种事件的

---

① 结构式访谈是例外。

② Hans Oswald, Was heißt qualitativ forschen?, S. 75.

③ Hans Oswald, Was heißt qualitativ forschen?, S. 73.

④ Thomas Angerer/Thomas Foscht u. a., Mixed Methods: Ein neuer Zugang in der empirischen Marketingforschung, in: *Der Markt* 45 (2006), Heft 3, S. 115 - 127, hier S. 117 - 119.

记录和备忘录等。第二类文件则是他任职于不同部门，即 1967～1982 年在联邦经济部、1982～1989 年在联邦财政部以及 1995～1998 年在联邦银行的私人文件，尤其是他与联邦总理、部长、工作人员、同事或者联邦公民之间的通信。第三类文件则包括蒂特迈尔的演讲、文章和采访，以及他在 1972～1982 年任职于联邦经济部、1982～1989 年在联邦财政部以及 1990～1999 年在联邦银行的官方文件。第四类文件则是 20 世纪 80 年代世界经济峰会的相关材料，当时蒂特迈尔扮演“夏尔巴人”角色，随时接受联邦总理科尔咨询，相关材料包括他作为“夏尔巴人”关于峰会准备工作的来往信件以及峰会讨论的记录。第五类文件则是涉及蒂特迈尔的新闻档案（1971～2002 年），使人了解他在国内与国际场合的公众形象与表现。作者在蒂特迈尔的私人档案中还发现许多有关特定主题的材料，例如关于“拉姆斯多尔夫文件”的材料（1982 年）以及联邦银行就重新评估黄金和外汇储备的讨论（1997 年）。此外，还有他求学期间的资料，特别是其中有关于他人格养成重要的信息。这些资料作为“其他类别”，被归入私人档案的第六类。

通过档案和文献获取的认知，将借助单个的结构式专家访谈得到印证和补充。利博尔德（Liebold）与特林克泽克（Trinczek）将专家访谈归入充满诠释性和主观性的“开放程序”。[①]依托访谈的访问指南，作者将对于研究对象重要的个别复杂情况进行重构，这种访谈的重要特征是开放性与灵活性，使研究者就具体问题做进一步询问，从而可能使研究者自发地获得更多研究认知。[②]社会学

---

① Liebold/Trinczek, Experteninterview, S. 35.

② Rainer Schnell/Paul Hill u. a., Methoden der empirischen Sozialforschung, München 2011, S. 353.

家约亨·格雷泽（Jochen Gläser）和格利特·劳德尔（Grit Laudel）认为"纯粹从表面上看……像自然的谈话就如同日常生活中经常出现的那样"①。但需要补充的是，和日常谈话不同，结构式访谈是研究者为了获取特定的信息，且不能偏离特定题目的访问指南。②

社会学家米歇尔·莫泽尔（Michael Meuser）和乌尔里克·纳格尔（Ulrike Nagel）强调，这一访问指南是灵活的，"并且没有标准化的流程"，从而不妨碍访谈对象呈现研究者预期之外且与主题相关的内容，而这些内容对于访谈对象来说具有"特殊价值"。③在核心问题之外，将与潜在背景问题有关的材料纳入谈话也是重要的。定性导向的教育学家芭芭拉·弗里波特侯泽尔（Barbara Friebertshäuser）认为对访问指南和背景问题进行更详细的设计很有用，因为不仅可实现"不同访谈一定程度的标准化"，而且还有助于研究者进行比较。④根据这一观点，无论是访问指南还是与单个专家有关的背景问题，作者都在访谈之前进行精心设计，以达成访谈的可比性。毫无疑问，运用这个方法访谈者需要在访谈之前对相关主题进行细致的研究，获得足够的储备知识，从而能在访谈中识别新的情况。有鉴于此，本文的文献研究始于 2013 年 2 月，约

① Jochen Gläser/Grit Laudel, Experteninterviews und qualitative Inhaltsanalyse, Wiesbaden 2010⁴, S. 111.

② Jochen Gläser/Grit Laudel, Experteninterviews und qualitative Inhaltsanalyse, Wiesbaden 2010⁴, S. 112.

③ Michael Meuser/Ulrike Nagel, Experteninterview, in: Hauptbegriffe Qualitativer Sozialforschung, hrsg. v. Ralf Bohnsack, Winfried Marotzki u. a. Opladen 2003, S. 57-58, hier S. 58.

④ Barbara Friebertshäuser, Interviewtechniken-ein Überblick, in: Handbuch-Qualitative Forschungsmethoden in der Erziehungswissenschaft, hrsg. v. Barbara Friebertshäuser/Annedore Prengel, Weinheim/München 1997, S. 371-395, hier S. 376.

一年之后，即 2014 年 1 月之后作者才启动第一次专家访谈。①

在社会科学中，根据标准化程度的不同，访谈可分为三类，即非结构式访谈、半结构式访谈和结构式访谈。②非结构式访谈（叙述访谈）没有访问指南，访谈对象完全自由地回答谈话中自发出现的问题，访谈对象主导谈话和主题，畅所欲言，这类访谈的内容不但千差万别，而且无法直接进行比较。半结构式访谈则被事先设计包括开放式问题的访问指南限定在一个特定框架，呈现一定程度的结构，但是在谈话过程中，在不影响访问指南中的问题都得到回应的前提下，根据访谈情况容许一定的偏离和调整，从而使谈话顺利进行，并且研究者可以获取更多相关信息。与非结构式访谈相比，在半结构式访谈中访谈双方可以有针对性地就相关问题展开对话，并且研究者可以对访谈进行比较评估。而结构式访谈则和非结构式访谈完全相反，问题和回答都事先设计好，研究者可轻松借助统计辅助方法进行量化，但也有忽视重要情况的风险，因为这些情况事先无法识别。最后，值得一提的是，通常来说，非结构式访谈与半结构式访谈都有录音，转录后的访谈内容可用于评估。③

显然，对于本书的研究来说，半结构式访谈最为合适。具体原因如下：第一，本书研究对象内容极其复杂，对个人的访谈一般持续一个半小时，而访谈内容包括一些跨越数十年的主题，需要一种访谈方法，可以让访谈对象在谈话中自发地进入特定的主题。第

---

① 不包括为了解背景而与蒂特迈尔进行的谈话。

② Nicola Döring/Jürgen Bortz, Forschungsmethoden und Evaluation, Berlin/Heidelberg 2016^5, S. 358 – 365.

③ Nicola Döring/Jürgen Bortz, Forschungsmethoden und Evaluation, Berlin/Heidelberg 2016^5, S. 358 f.

二，被采访的专家从个人经历出发，可从不同视角阐述特定主题，而一些视角是访谈者事先所不了解的，半结构式访谈使引入这些视角成为可能，从而显著完善数据质量。第三，其他两种标准化程度的访谈并不合适，因为开放式访谈无法比较，对于回答本书的研究问题作用有限，而结构式访谈则会从一开始就限定相关信息的获取。

非结构式访谈使用的访问指南则分为普遍性问题和个人开放问题。普遍性问题只针对蒂特迈尔本人，分为他的为人和性格、作为部长级高官和联邦银行行长工作的评价、他在公众场合的形象以及对欧洲单一货币设计的影响。这些问题作为研究中重要主题的基础，有助于访谈对象就单个问题进行深入的对话，而具体问题取决于具体专家。这些问题被提供给每一位访谈对象，具体如下。①

1. 您何时、因何与蒂特迈尔相识？您能回忆起你们首次见面的情形吗？

- 背景：蒂特迈尔给其他人何种第一印象？初次打交道时他是犹豫克制，还是活跃积极？从中可以推断出他何种性格？

2. 您和蒂特迈尔在职业上有何交集？

- 背景：通过这一问题可对专家进行分类，还可掌握之前未知的信息，从而就特定主题进行交流。

3. 您如何对蒂特迈尔进行个人评价？您是不是同意他被描述为“威斯特法伦橡树”？您能就此举一个具体例子吗？

- 背景：他人如何评价蒂特迈尔？“威斯特法伦橡树”经常被

① 值得一提的是，在一些访谈中，专家在回答某一个问题时，也同时回应了另一个问题。在这种情况下，为确保谈话顺利进行，相关问题将不再提出。

用来描述他，这一比喻具体对应他个人的何种特质？

4. 蒂特迈尔是否更多地扮演德国经济与金融政策的“幕后导演”，而非公众视野中的部级官员角色？

- 背景：蒂特迈尔参与了经济史上众多的重要事件，例如草拟“拉姆斯多尔夫文件”或引入欧洲单一货币。这些事件大多被公众认为是台前政治家的贡献，尽管大部分工作由其他幕后人物落实。蒂特迈尔参与了哪些特殊的事件，并比台前人物发挥了更大作用吗？

5. 蒂特迈尔的公众形象如何？

- 背景：尤其是作为联邦银行行长，蒂特迈尔特别受公众瞩目。只需只言片语，他就可以在资本市场掀起轩然大波。他如何扮演这一角色？

6. 蒂特迈尔对德国和欧洲经济与货币史有多大影响？

- 背景：对于蒂特迈尔对经济与货币史的影响，专家的总体评价是什么？这一问题特意设计得非常开放，以获得更为丰富的答案。这一问题也可导向事先未知的新主题，从而有助于体现访谈的开放性。

7. 您如何评价蒂特迈尔作为联邦银行行长的时代？他有何里程碑式的贡献？

- 背景：被任命为联邦银行行长是蒂特迈尔职业生涯的巅峰，他留下了什么遗产？通过与他的前任及继任者比较，如何评价他？

8. 如何评价蒂特迈尔对欧洲单一货币设计的贡献？

- 背景：蒂特迈尔经常被称为欧元之父之一，专家对此如何评价？他对欧元引入有何实质影响？

这些问题部分具有叙述性质，因为被询问者被要求回忆特定事件，并自由讲述，随后要回答具体的主导问题。下文会论述访谈最终是否有助于访谈对象回答相应的问题，以及如何评估访谈。

而对不同的人物圈子，个人问题也不相同，例如汉斯·弗里德里希斯在 20 世纪 70 年代作为联邦经济部部长担任蒂特迈尔上司，对他提的问题就与 20 世纪 90 年代和蒂特迈尔共事的让－克劳德·特里谢（Jean-Claude Trichet）不同。不过，这些问题可以因其内容归入以下不同主题领域：童年与青少年时期、20 世纪 70 年代与 80 年代的经济政策转型、德国统一和欧洲货币联盟。

接下来的问题是，哪些人物可被视为专家访谈的对象。社会学家雷纳特·利博尔德（Renate Liebold）与瑞纳尔·特林克泽克（Rainer Trinczek）认为，专家访谈的对象是重要现实事件中具有特定作用、可全方位反映事件发生的主导力量、结构和决策过程的精英或者重要领域的知情者。[①]根据这一定义，作者选择一些重要人物作为汉斯·蒂特迈尔叙述传记的专家。[②]莫泽尔与纳格尔认为确定专家人选是研究者的重要任务，[③] 因此，在研究计划制订前期，作者与蒂特迈尔进行了多次对话，并查阅了大量文献资料，以确定与蒂特迈尔一生有重要交集的人物。辅助访问指南的专家访谈并非多多益善，研究者应选取一些有代表性的专家，从而能得到众多与

---

① Renate Liebold/Rainer Trinczek, Experteninterview, in: Handbuch Methoden der Organisationsforschung. Quantitative und Qualitative Methoden, hrsg. v. Stefan Kühl/Petra Strodtholz u. a., Wiesbaden 2009, S. 32 –57, hier S. 35.

② 专家的概念也参考 Meuser und Nagel 的定义，即专家是“对特定群体和决策过程的信息拥有优先知情权”的人，见 Michael Meuser/Ulrike Nagel, ExpertInneninterviews-vielfach erprobt, wenig bedacht: ein Beitrag zur qualitativen Methodendiskussion, in: Qualitativ-empirische Sozialforschung: Konzepte, Methoden, Analysen, hrsg. v. Detlef Garz/Klaus Kraimer, Opladen 1991, S. 441 –447, hier S. 443。

③ Michael Meuser/Ulrike Nagel, ExpertInneninterviews-vielfach erprobt, wenig bedacht: ein Beitrag zur qualitativen Methodendiskussion, in: Qualitativ-empirische Sozialforschung: Konzepte, Methoden, Analysen, hrsg. v. Detlef Garz/Klaus Kraimer, Opladen 1991, S. 441 –447, hier S. 443.

主导问题相关的观点与意见。作者总共遴选出最可能就主导问题给出答案的26位关键人物，这些人物应借助标准化问题（结合具体情况也部分采用个人问题方式）进行访谈，最终，其中的23位接受了访谈，详情请见表2－1。[①]

作者在访谈的过程中发现，前期的访谈标准化程度较低，原因是研究对象在访谈前期还未全面呈现，而标准化程度较低的访谈将有助于发现研究空白和掌握细节。[②]问卷将逐步完善，最终形成一个半标准化问卷，从而能够兼顾前期访谈的各种意见。访谈的沟通和落实情况将在下文的内容定性分析中说明。

表2－1　访谈对象

米歇尔·康德苏（Michel Camdessus）	国际货币基金组织前总裁（1987～2000年）
洛塔尔·德梅齐埃（Lothar de Maizière）	民主德国末任总理（1990年）
马里奥·德拉吉	欧洲中央银行[③]行长（2011～2019年）
汉斯·弗里德里希斯	联邦经济部前部长（1972～1977年）
约翰·威廉·加杜姆（Johann Wilhelm Gaddum）	联邦银行前副行长（1993～1998年）
沃尔夫冈·格隆布（Wolfgang Glomb）	原蒂特迈尔私人代表（1986～1987年）
英格堡·哈布伦纳（Ingeborg Habrunner）	原蒂特迈尔秘书（1986—1999）
奥特玛·伊辛（Otmar Issing）	欧洲中央银行前首席经济学家（1998～2006年）
君特·克劳瑟	两德经济、货币和社会联盟谈判民主德国代表团团长（1990年）
路德格尔·门辛（Ludger Mensing）	蒂特迈尔的同学

① 只有霍斯特·科勒尔、赫尔穆特·科尔与安格拉·默克尔（Angela Merkel）很遗憾地谢绝了访谈。

② Schnell/Hill u. a. Methoden, S. 322.

③ 欧洲中央银行也称欧洲央行。——编者注

续表

库尔特·诺伊德克(Kurt Neudeck)	蒂特迈尔的司机
沃尔夫冈·朔伊布勒	联邦财政部前部长(2009～2017年)
赫尔穆特·施莱辛格(Helmut Schlesinger)	联邦银行前行长(1991～1993年)
于尔根·施塔克(Jürgen Stark)	欧洲中央银行前首席经济学家(2006～2012年)
霍斯特·特尔奇克(Horst Teltschik)	原赫尔穆特·科尔顾问
海恩兹·特沃兹(Heinz Tewes)	梅特伦国民银行前董事长
阿尔伯特·蒂特迈尔(Albert Tietmeyer)	蒂特迈尔兄长
汉斯·蒂特迈尔	曾任职于联邦经济部、联邦财政部和联邦银行
玛利亚－特蕾泽·蒂特迈尔(Maria－Therese Tietmeyer)	蒂特迈尔夫人
让－克劳德·特里谢	欧洲中央银行前行长(2003～2011年)
特奥·魏格尔	联邦财政部前部长(1989～1998年)
严斯·魏德曼	联邦银行行长(2011年至今)
伯恩哈德·齐泽(Bernhard Ziese)	原蒂特迈尔私人代表(1987～1989年)

在此，也不应忽视专家访谈的方法局限，因为信息的可信度存在不足之处，由于专家演绎和立场的局限，相关认知不可避免会带有主观色彩。罗伯特·D.普特南（Robert D. Putnam）和尼克拉斯·拜纳（Nicholas Bayne）在他们关于1985年世界经济峰会转型的研究过程中，也遇到过类似的问题。就此，他们认为："在与那些政治上有分量的人物的谈话过程中，相互竞争、个人声誉、政治目的、心理感受、记忆空白与谨慎考量这些因素结合在一起，形成一个充满各种色调的画面。每个人都有一些不愿意提及的话题。"[①] 普特南和拜纳精准地将作者所面临的困难描述出来。此外，作为研究资料来源的媒体报道同样也存在这一问题，因为新闻稿多半是由

① Robert D. Putnam/Nicholas Bayne, Weltwirtschaftsgipfel im Wandel (Schriften des Forschungsinstituts der Deutschen Gesellschaft für Auswärtige Politik), Bonn 1985, S. IX.

当事人起草，因此也充满主观性，甚至带有一定政治倾向。作者尽可能考虑这一因素。如果两个或者更多文献（访谈、新闻、蒂特迈尔私人档案或者文献）说法不一，且可信度相差不大，那么作者就会在文中点明，并尝试论证哪一种说法更合理。尤其是在结论背离现有文献和研究的情况下，作者将辅以充分的材料予以佐证。

此外，还有一个挑战，就是如何对访谈进行周密的安排，政治学家赫尔曼·施密特（Hermann Schmitt）认为社会交往过程会导致“访谈对象的回答可能更多地与他们对当下社会诉求的感知有关，而非取决于对当时情况的回忆与感受”①。这种情况就对访谈者提出了极高要求，在这种情况下访谈者应做到高度敏感和灵活，即一方面访谈者要提出合适的问题，另一方面也要给访谈对象留出足够的时间回答问题。

第四节 迈林（Mayring）定性内容分析法

最后的问题是，为得出研究结论，如何结合前文提及的“诠释学循环”和半结构式访谈，形成一个系统的方法。政治学家约阿辛姆·布拉特尔（Joachim Blatter）与弗兰克·詹宁（Frank Janning）等建议分以下三步形成一个系统的方法：第一步，梳理访谈对象们对问题的回答表述，以考察其隐藏观点；第二步，在具体问题上比较访谈对象的不同表述并对不同的观点进行系统化整理；第三步，形成核心观点。在布拉特尔和詹宁看来，观点的选择与表述不存在确定的标准，因为这取决于研究者在多大程度上受访

① Hermann Schmitt, Befragung, in: Lexikon der Politikwissenschaft, hrsg. v. Dieter Nohlen/Rainer-Olaf Schultze, München 2010^{4}, S. 68 f.

谈对象对当时情景解释的影响。①

本书具体的研究方法是与布拉特尔与詹宁的三步法相近的菲利普·迈林（Philipp Mayring）定性内容分析法②，确保系统性和方法上的可靠性，尤其是系统的研究路径使这一方法区别于诠释学方法。系统性得以保证，是因为在研究产生的数据资料基础上建立了一个分类体系。定性内容分析法的核心前提条件是详细记录研究的每一个步骤以及明确定义分析规则，使外界可以对方法进行精确的理解和验证。一条标准化的主线在此并不存在，因为研究方法不仅要依托主线，还需要数据材料。确定分析规则的目的在于确保其他内容分析者使用同样的方法和数据材料能够得出类似的结论。

为实现以上目标，迈林设计了十个具体步骤，这些步骤应用于本研究，具体如下：③

第一步：选定材料；

第二步：分析初始形势；

第三步：材料的形式特征；

第四步：分析方向；

第五步：问题的理论区分；

第六步：确定分析技巧和具体流程模式（总结、解释与结构化）；

第七步：定义内容分析单位；

第八步：借助分类体系的分析步骤；

第九步：基于理论与材料对分类体系进行再检验；

第十步：就主要问题阐述研究结论。

---

① Joachim Blatter/Frank Janning u. a., Qualitative Politikanalyse, Wiesbaden 2007, S. 43.

② 此处参考 Mayring, Qualitative Inhaltsanalyse。

③ 此处参考 Mayring, Qualitative Inhaltsanalyse, S. 60。

最先两个步骤（选定材料与分析初始形势）主要是对数据材料进行定义，在本书中则是汇总前述23位专家访谈所获得的数据材料。[①] 分析初始形势流程如下：通过邮件方式，与专家建立联系，信件内容包括个人介绍、研究目的以及求见请求，并让专家了解，访谈将以半结构式的方式进行，并且访谈对象会事先获得主线信息。随信附带一份蒂特迈尔本人的书面问候，以证明访谈的真实性。访谈通常持续一个半小时，安排在专家办公室或者住处。

访谈基本上在主导问题下展开，这些问题根据不同主题得以区分，并逐步得到回应。例如，一开始访谈聚焦蒂特迈尔的家人和家乡故交（路德格尔·门辛、阿尔伯特·蒂特迈尔和海恩兹·特沃兹），与他们的谈话主要是为了回答第一个研究内容，即蒂特迈尔的童年与青少年时期。在随后的访谈中这一路径被严格遵循，直至关于最后一个内容（德国统一与欧洲货币联盟）研究者采访马里奥·德拉吉、约翰·威廉·加杜姆、奥特玛·伊辛、沃尔夫冈·朔伊布勒、于尔根·施塔克（除曾为欧洲中央银行前首席经济学家，还担任过联邦银行前副行长）、特奥·魏格尔和严斯·魏德曼，这些人物不是对当时的形势发展有重要影响，就是必须面对当初决定导致的后果。这种精心的安排可以让人不但获悉高层官员（如朔伊布勒和魏格尔）和货币政策官员（如德拉吉和魏德曼）的观点，而且能了解参与的部委官员（如加杜姆和施塔克）的想法。这样安排的原因是在一些众说纷纭的事情上，研究者可综合各种不同的观点与看法，以回答研究的主导问题。但是，在整个研究期间，作

---

① 在定性内容分析法中，作者一开始并不考虑其他文献以及从蒂特迈尔私人档案中获得的认知，而是随后对访谈结果进行比较，对其进行补充。本质上两者之间存在一个相互关系，因为访谈所依托的主导问题，本身就是形成于对文献和档案的梳理。

者和蒂特迈尔的对话一直持续，以了解相关背景，从而甄别出可信的事实，并就此做进一步探讨。本书作者与蒂特迈尔的相关谈话的时长共约 25 个小时。

第三个步骤（材料的形式特征）则是分析数据材料以何种方式呈现，这一步也很重要，因为数据材料是之后研究工作的基础。本书进行的访谈都有录音并随后转录为文字，并被提交给访谈对象，以防止错误的理解出现，并且访谈者让访谈对象进行可能的增补修订。此外，还要考虑联邦银行与政府高官言辞谨慎，因此访谈记录无法公开。

第四个与第五个步骤（分析方向和问题的理论区分）涉及前文提到的研究主导问题，即为分析获取的数据材料设定方向。主导问题可被分为不同的子问题，使问题更加具体化，最后再总结归纳，因为研究的目的是通过总共二十个单独问题，借助蒂特迈尔的传记描绘一幅德国与欧洲经济史的全景。

迈林把第六个步骤（确定分析技巧和具体流程模式）划分为三种基本分析法：总结方法、解释方法与结构化方法。第一个总结方法立足于从材料中提炼最关键内容，从而最终抽象地获取一个直观的资料库，但“仍然能反映基础材料”①。第二个解释方法则是针对单个问题，例如一些特殊的概念，挖掘更多的材料，以加深对具体研究对象的了解。第三个结构化方法则是在之前定义的标准基础上从产生的材料中过滤出具体的观点，从而“掌握材料的横断面或者基于特定的标准对材料进行评估”②。

第一种总结式定性内容分析法非常适合本书的研究工作，因为

① Mayring, Qualitative Inhaltsanalyse, S. 65.

② Mayring, Qualitative Inhaltsanalyse, S. 65.

其目的是将浩繁的材料系统性地压缩至核心内容，考虑到前文所述的汗牛充栋的研究主题的相关文献与资料，选择这一方法的理由显而易见。迈林阐述道：压缩工作，即提炼和形成访谈核心观点、汇总类似观点和去除不相干内容是一个归纳过程。① 在分析过程中不使用任何统计方法，因为获取的数据无法直接量化，研究者应对各种转录文字进行总结并分类。

这些类别依托研究主导问题而设计，在此要再次强调，主线访谈是关键的数据获取工具，而由于访谈回答的标准化不足，分类只能在访谈结束之后落实。因此，所有转换为文字的访谈陆续被仔细研究，并分别归入新设计的类别中，无法归类的文字将被删除。最终，形成一个经过归纳的分类体系，每一个类别都源于数据材料并对应访谈中的特定文字。②第八个和第九个步骤会基于这一方法获得的文字片段对类别内容进行处理（转录文字、概括与压缩），使其更直观。

第七个步骤（定义内容分析单位）则是确定编号、文本和分析单位。编号单位是每一个类别下的最小文本单位，在本书中则被定义为在访谈中提及的词语，最少一个词。而文本单位则比编号单位更大一些，在本书中定义为最多两段话。而分析单位则是确定多少文本可以被放在一起分析，本书在此不做限制。③

第八个和第九个步骤（借助分类体系的分析步骤和基于理论与材料对分类体系进行再检验）则是基于研究主导问题，先选定重要的文本（编号单位与文本单位），以建立分类体系。然后细致地梳理每一个访谈，寻找与单个研究主导问题有关的回答，并以表

① Mayring, Qualitative Inhaltsanalyse, S. 67.

② Mayring, Qualitative Inhaltsanalyse, S. 83.

③ Mayring, Qualitative Inhaltsanalyse, S. 83.

格的形式进行录入。在此迈林建议分成六列：案例号（访谈名称）、页码（原始文本出处）、号码（转录文字文本编号）、访谈转录文字文本、概括转录文字文本和压缩（在某个类别下总结）。被分析的编号单位和文本单位中不重要的文本将被忽略，留下体现关键内容的所谓转录文字文本。这些转录文字文本将被归纳，以便比较或者再次删除不重要的内容。归纳出来的观点在最后将被压缩归入特定的类别，所有内容相似的观点都将被纳入这一类别。单个类别最终将对应一个特定的主题，内容来源于各个访谈。最后，将这些类别进行比较并进行必要的汇总。[①]希尔德加德·莫卡（Hildegard Macha）与莫妮卡·克林克哈默尔（Monika Klinkhammer）就结合不同方法的研究有恰当的表述，这一方法最大的挑战在于打乱访谈文本，却不丧失对整体背景的认知。要做到这一点，迈林主张的交叉引用有不可或缺的重要性，以避免“其他领域的观点被忽视”。[②]表2-2以研究过程中的一个摘录来示范如何进行分类，整个分类体系可在电子附件中查阅。

这些类别以及从中概括出的认知为回答研究主导问题奠定了基础。这些认知将在分析蒂特迈尔私人档案和重要文献的基础上进行调整和补充，落实迈林方法的第十个也是最后一个步骤（就主要问题阐述研究结论），从而最终能够借助蒂特迈尔传记简练且全面地勾勒出德国与欧洲当代经济史全景。分类体系摘录示例如表2-2所示。

---

① Mayring, Qualitative Inhaltsanalyse, S. 69 f.

② Hildegard Macha/Monika Klinkhammer, Auswertungsstrategien methodenkombinierter biographischer Forschung, in: Handbuch Qualitative Forschungsmethoden in der Erziehungswissenschaft, hrsg. v. Barbaba Frieberthäuser/Annedore Prengel, Weinheim/München 1997, S. 569-583, hier S. 577 f.

表 2－2　分类体系摘录示例

案例号	号码	访谈转录文字文本	概括转录文字文本	首次压缩	再次压缩
A	1	他的形象、出场和影响容易令人印象深刻	蒂特迈尔的形象与影响令人印象深刻	K1 蒂特迈尔被描述为： －形象与影响令人印象深刻； －学识渊博，经验丰富； －解决复杂问题； －现实且精明	K’1 蒂特迈尔的特征如下： －令人印象深刻的形象与影响； －学识渊博，经验丰富； －可解决复杂问题； －现实且精明； －坦率真诚； －公道，有人情味； －讲原则，但是乐于沟通； －才华横溢的经济学家； －基督教徒； －有责任心； －不信任他人； －背景简单； －不是机会主义者； －总是庄重，不亲切； －勤奋； －理解力强； －严谨； －可预测； －可信任； －执行力； －精确； －执着； －直率
A	1	人们与他打交道，就会立刻被他吸引和感染	人们会立刻被他吸引和感染		
A	1	这一影响力源于两个特定特征，即与我们这片土地命运息息相关的他的学识与经验	他的学识与经验是两个关键特征		
A	1	他对于自己解决问题的能力深信不疑，作者还没有在其他人那里看到过这种特征	能解决复杂问题		
A	1	凡事都想得到一定回报，他不会白白付出	现实且精明		
A	2	他以他的方式获得这一地位	他以独特的方式获得成功		

续表

案例号	号码	访谈转录文字文本	概括转录文字文本	首次压缩	再次压缩
B	2	我认为高级官员之间这种私人关系是国际关系的财富，尤其对于德国与法国来说	促进私人关系是国际关系的关键因素	K2 国际关系： －维护私人关系是关键因素； －理解人物关系是理解经济史的基础	K'2 经济政策转型(20 世纪 70 年代)： －蒂特迈尔是奥托·施莱希特(Otto Schlecht)之外,联邦经济部最直率的人物； －尽管是基民盟党员,但蒂特迈尔在社会－自由执政联盟政府步步高升； －联邦经济部部长施密特三心二意； －经济专家； －在联邦经济部部长弗里德里希斯领导下,经济学家发挥更大作用； －集中化政策在 20 世纪 70 年代逐渐失去合理性； －社会－自由执政联盟的瓦解引发赫尔穆特·施密特冲动和不理性的反应
B	2	我认为如果不了解私人之间的密切关系与相互信任关系,就很难理解经济史的发展	信任与密切的私人关系是理解经济史的基础		
B	2	是的,这是没错的,但我想说的是,这个友好协定始于汉斯与我，以及德洛尔(Delors)与斯托尔滕贝格这一层面	德国与法国密切的合作(友好协定)始于德洛尔与康德苏、斯托尔滕贝格与蒂特迈尔(20 世纪 80 年代)	K3 20 世纪 80 年代： －德国与法国新的友好协定始于德洛尔与康德苏、斯托尔滕贝格与蒂特迈尔	

资料来源：作者自制。

第三章　童年到大学毕业时期（1931～1961年）

第三章考察1931～1961年，即汉斯·蒂特迈尔的童年和青少年时期，主要聚焦以下问题：蒂特迈尔这些年受到家庭和环境的影响是什么？二战及战后初期的经历如何促进他的个人成长？他因此形成了什么性格，性格又如何影响他的行为与工作？

在描述其个人成长时作者同时考察当时的社会、政治和经济环境，包括家乡这一最低的层面和更高的德国和欧盟层面，从而展现与蒂特迈尔个人传记有关联的核心社会、政治与经济关系。由此明确表明，蒂特迈尔是如何在年少时就已成为一位沉稳的、稳定与增长导向的、注重自由以及雄心勃勃的，有时候乐观的人，还表明他后来如何作为联邦银行行长成为德国金融与经济界最有权势的人物。

第一节　来自“威希特小城”的明斯特兰人

本书研究过程中，作者对蒂特迈尔职业生涯中的同僚进行了大量采访，其中一个标准化的问题涉及他的性格。他们几乎一致认为他可以被比喻为威斯特法伦橡树，它的树干粗壮有力，根深叶茂，在狂风中都能屹立不倒。蒂特迈尔就像威斯特法伦橡树一样，沉稳、脚踏实地又雄心勃勃，且具有极强的毅力和执行力。蒂特迈尔本人也承认这一点，他说道："威斯特法伦橡树是有一定承受力的。"[①]此外，他的家乡明斯特兰的梅特伦[②] 1993 年授予他荣誉市民称号，当地人对他的性格描述也印证了这一说法。[③] 1999 年，家乡协会组织人员前往法兰克福联邦银行，赠予他一棵威斯特法伦橡树幼苗，由他亲手种在联邦银行的花园之中。在这个对于蒂特迈尔来说特别的一天，他说："如果人们想短期收获，那么可以栽种胡萝卜和沙拉；如果人们有抱负，则应该种植橡树，并且可以说，我的后人乘凉时会感谢我。"[④]蒂特迈尔珍视他与家乡的联系，就连赫尔穆特·科尔 1996 年也在一次发言中提到："从他身上我学会了欣赏爱家庭和家乡的人。"[⑤]

农业与天主教堂是他的家乡梅特伦的主要特点，小城中心的纪念碑表明，这个地区的民众一直到 19 世纪仍在贫瘠的土地上辛苦劳作，贫穷艰苦的生活塑造了当地的民风。[⑥]今天人们仍然能在小城出口看到一个写有蒂特迈尔名字的小商铺，这是由汉斯·蒂特迈尔的祖父约瑟夫·蒂特迈尔（Joseph Tietmeyer）经营的铁器铺。他

---

① Heiko Martens/Christian Reiermann, Maßgebend ist die Stabilität, Bundesbankpräsident Hans Tietmeyer über den Abschied von der Mark, die Risiken des beginnenden Eurozeitalters und die Finanzpolitik der neuen Bonner Regierung, in: *Der Spiegel*, Nr. 53, 28. Dezember 1998, S. 30 – 33.

② 梅特伦是西明斯特兰地区的一个镇，离德国与荷兰边境约 20 公里。

③ 海恩兹·特沃兹访谈，2014 年 1 月 6 日。

④ Werner Benkhoff, Hans Tietmeyer, Münster 2010, S. 17.

⑤ Helmut Kohl, Rede anlässlich des Empfangs zum 65. Geburtstag des Präsidenten der Deutschen Bundesbank, Prof. Dr. Dr. h. c. Hans Tietmezer, im Gästehaus der Deutschen Bundesbank in Frankfurt am Main, in: *Bulletin der Bundesregierung* 69 (1996), o. S.

⑥ 阿尔伯特·蒂特迈尔访谈，2014 年 1 月 6 日。

是一个铁匠，为本地的伐木业提供削切工具。[①]在工业化和全球化浪潮的冲击下，许多小企业逐渐陷入困境，大部分至今已经不存在了。[②]

梅特伦周边地区景色秀丽，离此最近更大的城镇是12公里外的新教孤岛布格斯坦因福（Burgsteinfurt），该城与梅特伦在1815年之前都归明斯特主教区，直至普鲁士王国取得对整个地区天主教徒和新教徒的统治权。新教的普鲁士不信任天主教的明斯特兰，因此直至战后，天主教的城镇一般会安排一名新教警察。[③]

梅特伦与整个明斯特兰地区历史悠久，此处简单的介绍仅让人对蒂特迈尔家族的家乡有一个大致了解，因此不再展开描述。

第二节　家族起源

汉斯·蒂特迈尔的祖父约瑟夫·蒂特迈尔是一名铁匠，于20世纪20年代早期从条顿堡森林附近的雷克/梅廷根（Recke/Mettingen）地区迁居至梅特伦，在此组建家庭，养育了三个孩子，并经营自己的铁匠铺。他的作坊很快就声名鹊起，日益壮大，据蒂特迈尔兄长阿尔伯特·蒂特迈尔说，他的祖父白手起家，雇用了大概十个伙计。[④]

蒂特迈尔的外祖父约瑟夫·皮佩尔（Joseph Pieper）来自邻近的诺恩基辛（Neuenkirchen），完成商人培训后，他在20世纪初入赘梅特伦的兰普（Lampen）家族，并成为当地的会计，管理梅特

① Hans Tietmeyer, Einige persönliche Daten und Erinnerungen (Rückblick aus 2010), Königstein im Taunus 2010 (unveröffentliches Manuskript), S. 1.

② Seim, Metelen, S. 46.

③ Benkhoff, Tietmeyer, S. 18 f.

④ 阿尔伯特·蒂特迈尔访谈，2014年1月6日。

伦镇的财务。此外，婚后他还接手了兰普家族的旅馆生意，出于离家近的考虑，他将会计办公室从政府办公楼迁至兰普－皮佩尔旅馆，这一举动对于蒂特迈尔父母的缘分有重要影响。①

汉斯的父亲伯恩哈德·蒂特迈尔（Bernhard Tietmeyer）在布格斯坦因福的阿尔诺德努文理高中（Grymnasium Arnoldinum）完成一年制学业后，就跟着未来岳父约瑟夫·皮佩尔进行出纳和会计的学徒训练，并在约瑟夫·皮佩尔退休后，继承了梅特伦镇会计的公职。②教育学家玛格丽特·克劳尔（Margret Kraul）将那个时代的阶层分为上等阶层（如地主）、上中等阶层（如文理中学教师）、中等阶层（如农夫或药剂师）、下中等阶层（如手工业者）和下等阶层（如工厂工人）。她的研究表明，会计当时属于中等阶层。③因此，伯恩哈德·蒂特迈尔并不是特别富裕，更接近中产阶级。

伯恩哈德·蒂特迈尔在他位于兰普－皮佩尔旅馆的办公室邂逅了他师父的女儿海琳娜·皮佩尔（Helene Pieper）。作为旅馆老板的女儿，她同样来自当时的中等阶层家庭，并在 1929 年与伯恩哈德·蒂特迈尔结婚。在实际生活中海琳娜的执行力惊人，她还积极参与妇女和社会组织的活动。④鉴于她的社会贡献，后来她甚至还获颁联邦十字勋章。⑤在汉斯的兄长阿尔伯特看来，他遗传了父亲的一丝不苟和母亲精力旺盛与雷厉风行的性格特征。⑥

---

① 阿尔伯特·蒂特迈尔访谈，2014 年 1 月 6 日。

② Benkhoff, Tietmeyer, S. 19 – 22.

③ Margret Kraul, Gymnasium und Gesellschaft im Vormärz: Neuhumanistische Einheitsschule, städtische Gesellschaft und soziale Herkunft der Schüler. Studien zum Wandel von Gesellschaft und Bildung im neuzehnten Jahrhundert, Göttingen 1980, S. 179 – 193.

④ Benkhoff, Tietmeyer, S. 19 – 22.

⑤ 阿尔伯特·蒂特迈尔访谈，2014 年 1 月 6 日。

⑥ 阿尔伯特·蒂特迈尔访谈，2014 年 1 月 6 日。

1930年，他们的第一个孩子阿尔伯特降生，阿尔伯特后来成为一名面包师，并在父母家旁边开了一间自己的面包房。[①]一年后，即1931年8月18日，汉斯·蒂特迈尔作为这个家庭的第二个孩子出生，按照传统，外祖父约瑟夫·皮佩尔成为他的教父。汉斯本应该取和教父一样的名字，但是因为在梅特伦叫约瑟夫的人实在太多了，所以，外祖父约瑟夫便到一个古老的教区教堂中去寻找灵感，一眼看到传教士约翰内斯（Johannes）的塑像，从而最终给汉斯确定了名字。[②]

伯恩哈德与海琳娜夫妇后来还生育了六个男孩与三个女孩，从而组成一个拥有十一个孩子的家庭。汉斯·蒂特迈尔就此说道："这一点儿也不奇怪，当时许多家庭有这么多孩子。"他补充道："但是，在整个村子里，我们明显是兴趣更广泛的家庭。在其他人按部就班生活的同时，我们各行其是，并且乐在其中。我想强调，我的兄弟姐妹们都选择了自己的人生道路。"[③]这一说法也得到事实印证，他的兄弟姐妹，除一位弟弟不幸夭折外，有三位教师、两位牧师、一位面包师，一位在红十字会工作（是两家养老院的股东），一位镇长，一位负责照顾两位牧师中某一位的家庭。[④]

阿尔伯特·蒂特迈尔对此也谈道："我们在家充满普鲁士式纪律性，每个人各负其责。"[⑤]此外，在他的母亲海琳娜于2003年以99岁高龄去世之前，整个家族被紧紧聚拢在一起。她给每一个孩子分配一项具体的职责，例如负责院子里的蔬菜或者照应炉子里的

---

① 此外，他还是市议员、调解员、家乡协会会长以及威斯特法伦新闻的标准德语专家，见阿尔伯特·蒂特迈尔访谈，2014年1月6日。

② Seim, Metelen, S. 47.

③ 汉斯·蒂特迈尔访谈，2013年2月12日。

④ 阿尔伯特·蒂特迈尔访谈，2014年1月6日。

⑤ Seim, Metelen, S. 46.

炭火。他补充道："没有兴趣？没有这样的事儿！[①]"因为经常有必要与他人合作或者服从他人，汉斯·蒂特迈尔在父母身边学会了如何与其他孩子和平相处。[②]

第三节 童年与青少年时期（1931～1952年）

一 童年与学前时期（1931～1938年）

蒂特迈尔出生那年，梅特伦正遭受世界经济危机带来的巨大冲击。纺织业是当地的重要支柱产业，提供了大量工作岗位。经济衰退导致梅特伦一个大型丝织作坊于20世纪30年代初期破产，当地失业率剧增，类似情况在西明斯特兰地区层出不穷。[③]

整个德意志帝国也是如此。1931年，德国失业率上升至14.1%，许多企业缩短工作时间，却没有进行相应的工资补偿，导致工资标准急剧下降，实际工资甚至达到1925年以来的最低水平。人均国民生产总值只有889帝国马克，为十年来最低，实际经济产出萎缩7.7%。次年，即1932年，危机达到高潮，失业率升至17.4%，实际国民生产总值继续缩减7.5%。德意志帝国经济形势堪忧：出口、工业生产和收入急剧下降。[④]帝国总理海因里希·布鲁宁（Heinrich Brüning）试图通过降薪、冻结价格和废除工资协商等反通胀式经济政策来应对经济问题，这些措施是被当时德国主

---

① Seim, Metelen, S. 46.

② 汉斯·蒂特迈尔访谈，2013年2月12日。

③ Benkhoff, Tietmeyer, S. 19.

④ Karl-Dietrich Bracher/Gehard Schulz u. a., Die nationalsozialistische Machtergreifung. Studien zur Errichtung des totalitären Herrschaftssystems in Deutschland 1933/34, Bde. 2992, 2993, 2994, Frankfurt/M. -Berlin-Wien 1974, S. 38.

流经济学家视为对长期发展有利的工具。然而，工会志不在此，它们建议实施创造就业措施和发展国有化银行及大企业。而在当时形势下，政府无力负担这一要求所产生的支出，内政压力不断累积，最终导致海因里希·布鲁宁于1932年5月30日辞职。随后上台的两届政府执政时间都极短：弗兰兹·冯·帕潘（Franz von Papen）于1932年6月至12月担任帝国总理，库尔特·冯·施莱谢尔（Kurt von Schleicher）随后接任，执政至1933年1月，两人都致力于延续反通胀式经济政策。

大部分人境遇并没有改变，导致越来越多的民众对民主不再有好感并被极端口号所吸引，极端左派和右派因此能够动员规模越来越大的选民。1932年11月6日的帝国议会选举，国家社会主义德国工人党（NSDAP）[①] 最终获得33%的选票，成为德意志帝国最强大的政治力量［可资对比的是，德国共产党（KPD）和中央党分别得到17%和12%的选民支持］[②]，成为决定德国命运的势力。1933年1月30日，阿道夫·希特勒（Adolf Hitler）出任帝国总理。[③]

经济周期研究所的研究表明，早在1932年12月，即希特勒被任命为帝国总理之前，德国经济就已探底。[④]经济史学家克里斯托弗·布赫海姆（Christoph Buchheim）甚至认为，经济不仅探底，而且已经开始复苏，1932年冬天机械制造业增加订单的数据可被

① 国家社会主义德国工人党即纳粹党。——译者注

② Statistisches Reichsamt, Statistisches Jahrbuch für das Deutsche Reich 1934, Berlin 1934, S. 539.

③ Sebastian Haffner, Geschichte eines Deutschen: Die Erinnerungen 1914 – 1933, München 2000.

④ Institut für Konjunkturforschung, Die Weltwirtschaft Ende 1932. Die Wirtschaftslage in Deutschland, in: *Wochenbericht des Instituts für Konjunkturforschung* (1932), S. 151.

视为先导指标。[①]用于评估工商联合会单个行业经济形势的商业环境指数也表明，1932 年 9 月经济已经显著复苏。因此，布赫海姆的观点是，德国经济复苏并非后来纳粹政权的景气政策所致。事实上，纳粹政权反而受惠于前一届政府执政时期的经济政策措施及形势好转。[②] 德意志帝国实际国民生产总值增长率和失业率（1931～1938 年）如图 3－1 所示。

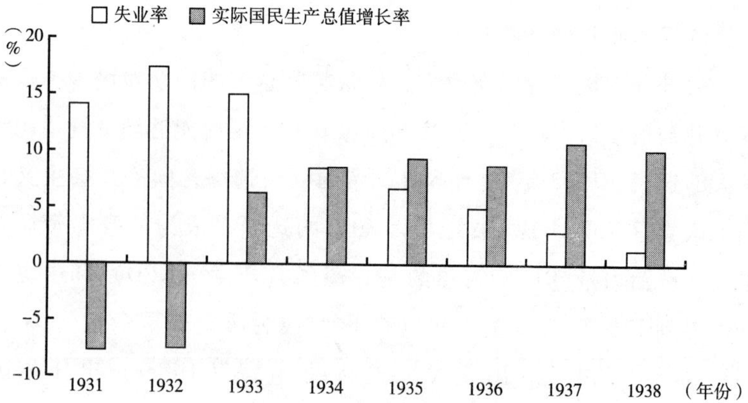

图 3－1 德意志帝国实际国民生产总值增长率和失业率（1931～1938 年）

资料来源：作者自制，数据来源于 Statitisches Reichsamt, Statistisches Jahrbuch für das Deutsche Reich 1938, Berlin 1938, S. 24, 371, 422 - 425; Statistisches Bundesamt, Wirtschaft und Statistik, Wiesbaden 2009, S. 206。

① Christoph Buchheim, Das NS-Regime und die Überwindung der Weltwirtschaftskrise in Deutschland, in: *Vierteljahrshefte für Zeitgeschichte* 56 (2008), Heft 3, S. 381 - 414, Hier S. 385.

② Christoph Buchheim, Das NS-Regime und die Überwindung der Weltwirtschaftskrise in Deutschland, in: *Vierteljahrshefte für Zeitgeschichte* 56 (2008), Heft 3, S. 381 - 414, Hier S. 383 - 387.

图3－1表明，1933年德意志帝国经济开始复苏，失业率从1932年的最高峰降至1938年的1.3%。借助几乎完全集中于军备产业并由国家信贷支撑的创造就业政策，德意志帝国实现了完全就业。为消除失业，纳粹党在最初两年支出约50亿帝国马克，其中大量部分投入了公共基础建设，例如高速公路、机场设施与兵营。此外，还于1935年引入义务兵役制，使许多人在统计上免于被归入失业者行列。最后，政府不顾后果举债维持的军备产业迅速扩张也导致失业率降低。[①]

同期（1933～1938年）实际经济增长表现同样也非常抢眼，年均增长率达6%至11%，两个因素对此起决定性作用。其一，失业率降低产生的乘数效应提升了私人消费，导致宏观经济需求增加。[②]这一点在零售行业表现得尤为明显，1933年，零售业销售额还萎缩4.5%，到第二年却增长11%。[③] 其二，促进经济增长的关键因素是公共需求的上升，尤其是在军备产业领域。得益于危机，工业企业获得了更多闲置产能，成本也大幅下降，总需求的增加推动了工业生产的扩张（约30%），企业利润率也得到极大提高。[④]

纳粹政权对经济发展的贡献有限，市场回归繁荣更多应归功于危机后的经济发展过程自身。纳粹政权的政策最多就是对经济发展

---

① Torsten Körner/Silke Henßel, Die Geschichte des Dritten Reiches, Frankfurt/M. 2000, S. 63－66.

② Torsten Körner/Silke Henßel, Die Geschichte des Dritten Reiches, Frankfurt/M. 2000, S. 402.

③ Ernst Wagemann, Die Industriewirtschaft, in: *Vierteljahreshefte zur Konjunkturforschung* 37 (1935), S. 78, hier S. 78.

④ Reichs-Kredit-Gesellschaft, Deutschlands wirtschaftliche Lage in der Jahresmitte 1939, Berlin 1939, S. 4.

进行中短期刺激，并且以触目惊心的新增负债为代价。[①]亚尔马·沙赫特（Hjalmar Schacht）于1933年3月被任命为帝国银行行长，他致力于使货币政策成为政治目标的工具。[②]公共债务占国内货币资产的比例从1932年的15%骤增至1939年的43%[③]，即从120亿帝国马克上升至450亿帝国马克。[④]

德国的经济复苏在国际上并不是特例。图3－2表明，英国1936年的经济增长明显比德国稳健，关键原因在于，英国受世界经济危机冲击较小，如要回升至1928年水平英国经济只需要适度增长。而美国和德国一样，经济在危机下急剧衰退，但美国经济也在1933年开始强劲回暖。1932年以来德国的经济复苏亦遵循同样脉络。因此，经济史学家阿尔布雷希特·里奇尔（Albrecht Ritschl）认为德国经济增长并非源于纳粹党人的特殊经济政策，而是国际经济周期变化的一部分。[⑤]

英国、德国与美国名义国民生产总值体现的经济危机与复苏形势（1925～1938年，1928＝100）如图3－2所示。

总而言之，无论是从国内经济指标还是国际经济发展轨迹来看，经济危机（1929～1932年）之后的经济复苏必然到来，而非

① Buchheim, NS-Regime, S. 404.

② Tilla Siegel, Leistung und Lohn in der nationalsozialistischen „Ordnung der Arbeit", Schriften des Zentralinstituts für Sozialwissenschaftliche Forschung der Freien Universität, Bd. 57, Opladen 1989, S. 22.

③ 1945年战争结束前，公共债务甚至达到了国内货币资产的95%，见Roland Sturm, Staatsverschuldung：Ursachen, Wirkungen und Grenzen staatlicher Verschuldungspolitik, Opladen 1993, S. 32。

④ Roland Sturm, Staatsverschuldung：Ursachen, Wirkungen und Grenzen staatlicher Verschuldungspolitik, Opladen 1993, S. 32.

⑤ Albrecht Ritschl, Hat das Dritte Reich wirklich eine ordentliche Beschäftigungspolitik betrieben?, in：*Jahrbuch für Wirtschaftsgeschichte* 1（2003）, S. 125－140, hier S. 138.

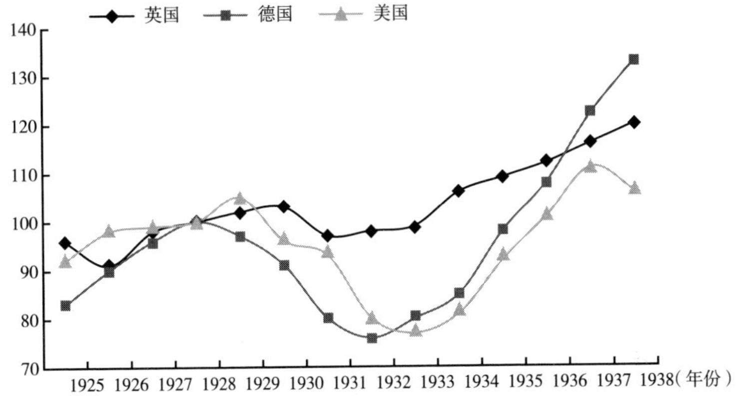

图3－2　英国、德国与美国名义国民生产总值体现的经济危机与复苏形势（1925～1938年，1928＝100）

资料来源：Kendrick，1961，Table A-Ⅲ，S. 298。

纳粹政权的功劳。[①]里奇尔总结道："无法证明德国经济在纳粹上台前夜濒于崩溃，恰恰相反，不管有没有希特勒，1932年底经济回暖已蓄势待发。"[②]

蒂特迈尔成长于经济与政治发生巨大变迁的时代，德国国民经济从经济危机中复苏，而纳粹党在积极备战。但童年的蒂特迈尔自然不会察觉这些事情。德国的经济与政治问题没有在他童年留下任何负面印记，他只有和兄弟姐妹在一起玩耍相处的愉快记忆。[③]

然而，不得不提的是，蒂特迈尔父母的战前生活并不轻松，在如此困顿的经济与政治环境下，他们含辛茹苦地抚养孩子们长大。

① Buchheim, NS-Regime, S. 382.

② Buchheim, NS-Regime, S. 139.

③ Tietmeyer, Daten, S. 3－4.

因此，蒂特迈尔的童年不仅受到天主教乡村环境熏陶，而且深受父母普鲁士式的纪律性影响，他必须做到在一个拥有十一个孩子的大家庭里被他人接受的同时还常常为他人着想。[①]这些因素无疑对他以后的人生有举足轻重的影响，使他既上进、守纪、负责，又注重稳定。

二　战争期间的青少年与学生时光（1938～1945年）[②]

第一次世界大战（以下简称一战）结束约二十年后，德国于1939年9月1日入侵波兰，从而再次卷入战争，拉开人类历史上最大规模军事冲突的序幕。尽管战争初期德意志帝国并没有出现如1914年8月德国青年踊跃参军那般的狂热情绪，但希特勒青年团（Hitler-Jugend）的洗脑仍卓有成效。[③]教育系统是洗脑的重要工具，其目标是向学生灌输纳粹思想和种族主义理论，而统一行动与服从、冷酷无情、忠诚于党的路线、没有批判性思维从而易于控制是教育系统的主要原则，教育系统尤其强调不能强化个人意识。[④]

1938年夏天，在战争爆发前的美好一年，蒂特迈尔踏入梅特伦小学（Volksschule）的校门，开始了他为期四年的第一次求学经历（1938～1943年）。他强调，他的老师们都是虔诚的天主教徒，因此尽可能和纳粹党的思想与行动保持足够距离，而他的父母也是如此，因此在他学生时代，纳粹的影响微乎其微。[⑤]

1942年夏天，他转入17公里之外的阿豪斯（Ahaus）只招男

---

① Klein, Könner, S. 13.

② 为方便起见，尽管战争发生于1939～1945年，但本节从1938年开始论述。

③ Hans-Joachim Noack, Helmut Schmidt. Die Biograohie, Berlin 2008, S. 36.

④ Kurt-Ingo Flessau, Schule der Diktatur. Lehrpläne und Schulbücher des Nationalsozialismus, Frankfurt/M. 1984, S. 10 f.

⑤ Tietmeyer, Daten, S. 4.

生的中学（Oberschule），每天和梅特伦其他男生一起乘坐威斯特法伦州铁路的火车通勤。①这些年，家庭之外的自立能力尤为重要，蒂特迈尔对那个时期的经历记忆犹新，因为同学之间偶尔会发生打斗和争吵。一部分同路的学生是希特勒青年团的拥护者，并受一个德国少年团（Deutsches Jungvolk）少尉②领导；而另一部分学生则属于由神父阿方斯·韦弗林（Alfons Wevering）带领的辅祭③组，蒂特迈尔也在此列。韦弗林在战争初期来到梅特伦，积极从事青少年工作，蒂特迈尔兄长阿尔伯特提到，韦弗林对他弟弟影响巨大。一方面，他和蒂特迈尔进行过多次深谈，在谈话中，蒂特迈尔时常坦率地表达对纳粹政权的反感，而这也是蒂特迈尔一家人经常私下谈论的话题。④另一方面，韦弗林神父为了开展青少年工作还建立了一个乒乓球兴趣小组，这是梅特伦1946乒乓球协会（TTV Metelen 1946 e. V.）的前身。蒂特迈尔在那些年对乒乓球的爱好与日俱增，后来甚至还夺得了德国大学团体比赛的冠军。⑤

经济发展对民众满意度至关重要，自然在战争时期也占据非常重要的地位。首先可以断定，尽管纳粹政权实施的经济政策路线并不清晰，但是就争夺新的生存空间和实现自给自足来说，纳粹政权显然有其明确的目标。⑥毫无疑问，纳粹经济政策从一开始就服务

---

① Tietmeyer, Daten, S. 4.

② 德国少年团是希特勒青年团面向10～14岁男孩设置的下属组织，成员分十个等级，少尉为S. 八级。——译者注

③ 辅祭，也称圣坛司事。在大公教会（如罗马天主教会）和东正教的崇拜礼仪，如弥撒，辅祭是协助主礼的司铎（如主教）举行圣祭的神职人员。——译者注

④ Seim, Metelan, S. 48.

⑤ Tietmeyer, Daten, S. 7.

⑥ Dietmar Petzina, Autarkipolitik im Dritten Reich: Der nationalsozialistische Vierjahresplan von 1936 (Schriftenreihe der Vierteljahrshefte für Zeitgeschichte), Stuttgart 1968, S. 20.

于军备政策目标，所有的公共创造就业措施也有利于保障兵役，纳粹首要关注如何通过公共财政为军备目的融资。用经济学家卡尔－海因里希·汉斯麦尔（Karl-Heinrich Hansmeyer）与罗尔夫·卡尔萨（Rolf Caesar）的话说，就是他们没有明确的经济政策理念，就是简单地致力于“扩张性措施”。[①] 德意志帝国军民两项政府支出（1939～1944年）如图3－3所示。

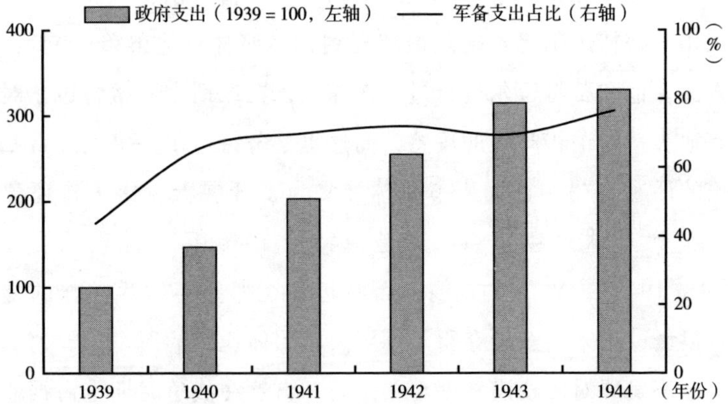

图3－3 德意志帝国军民两项政府支出（1939～1944年）

资料来源：作者自制，数据来源于 Richard Overy, War and economy in the Third Reich, Oxford-New York, 1994, S. 269。

战争期间，政府支出增长了约2倍，大量资金流入军备行业。图3－3表明，战争爆发初期军备支出仍只占总政府支出的44%，而战争结束时已攀升至76%，与此对应的是，用于民生的政府支出从56%显著下降至24%。私人消费被压缩至最低限度，政府为

① Karl-Heinrich Hansmeyer/Rolf Caesar, Währung und Wirtschaft in Deutschland 1876－1975, Frankfurt/M. 1976, S. 370.

此实行了食品配额制度，以避免一战时出现的国民营养不良风险。[①]此外，政府为获取更多战争资源，总税负几乎倍增，1940 年与 1941 年甚至出现了一半军事支出来源于税收的情况。毫无疑问，这些措施对德国民众的消费行为有影响，但基本需求和刚性支出（房租或保险）仍能得到保障。德意志帝国相关经济指标（1939～1944 年）如表 3－1 所示。

表 3－1　德意志帝国相关经济指标（1939～1944 年）

经济指标	1939 年	1940 年	1941 年	1942 年	1943 年	1944 年
人均消费支出(指数,1938＝100)	95.0	88.4	81.9	75.3	75.3	70.0
军工部门劳动力比例(%)	21.9	50.2	54.5	56.1	61.0	无数据
战争支出占国民生产总值比例(%)	32.2	48.8	56.0	65.6	71.3	无数据
国内女性劳动力比例(%)	37.3	41.4	42.6	46.0	48.8	51.0

资料来源：Richard Overy, War and economy in the Third Reich, Oxford-New York, 1994, S. 312。

表 3－1 显示的战争期间的一些经济指标可印证以上观点。在整个战争期间，人均消费支出缩减了约 26%。国民经济学家奥托·纳坦（Otto Nathan）认为，低端食物消费量有所增加，例如土豆和黑麦面包的消费量分别增加了 4% 和 20%，而高级食品，如肉类和小麦面包的消费量则分别减少了 18% 和 44%。[②]一位英国商人如此描述他的德国之旅：“和我国相比，该国生活水平显然更低。让人印象深刻的是，当地穷苦阶层只能得到稍微超出果腹需求的食

① Richard Overy, War and economy in the Third Reich, Oxford-New York, 1994, S. 269 f.

② Otto Nathan, The Nazi Economic System. Germany's Mobilization for War, Durham 1944, S. 358.

品，更谈不上取得任何高级营养品。"[①]

军工部门劳动力比例和战争支出占国民生产总值比例也体现出战争经济的影响。在战争后期，最多的时候高达61%的劳动力供职于军工部门，战争支出占国民生产总值约71%，而女性劳动力比例则达到了国际最高水平。尽管如此，就业女性的绝对数量却相对稳定，1939年和1944年分别有14626000人和14897000人，因为女性工作并不符合纳粹意识形态，国内女性劳动力比例上升只是男性劳动力不断被抽调上战场、劳动力人数持续减少的结果，经济需求还是无法超越意识形态的心理障碍。[②]劳动力市场形势越来越严峻，因此来自被征服地区的强制劳工在生产中被大量使用，到1944年数量多达750万人。[③]总而言之，整体经济形势被国家扩张性政策措施主导，即优先服务于战争经济，同时为国民提供满足基本需求的必要物资。

战争在经济上对蒂特迈尔家乡父老的影响并不显著，因为农户和商人虽然需要面对战争导致的劳动力短缺问题，但是借助战俘可以在很大程度上缓解这一短缺问题。此外，供应环境也有所变化，早在1939年8月28日就已引入食品配额制度，随着战争的进行，配给食品的数量不断缩减，质量也越来越差。[④]蒂特迈尔表示，尽管他生活简朴，但是并没有体验过真正的匮乏，如饥

---

① Richard Overy, Blitzkriegswirtschaft. Finanzpolitik, Lebensstandard, und Arbeitseinsatz in Deutschland 1939 - 1942, in: *Vierteljahrshefte für Zeitgeschichte* 36 (1988), Heft 3, S. 379 - 435, hier S. 384.

② Dörte Winkler, Frauenarbeit im „Dritten Reich" (Historische Perspektiven), Hamburg 1977, S. 201.

③ Martin Humburg, Das Gesicht des Krieges. Feldpostbriefe von Wehrmachtssoldaten aus der Sowjetunion 1941 - 1944, Opladen/Wiesbaden 1998, S. 32.

④ Sigrid Howest, Metelen. Unsere Heimat, Metelen 1989, S. 103 - 107.

饿，这也可能与当时任何时候都有可能从当地农民处获得食物有关系。[1]

战争虽然对蒂特迈尔最初的学生生涯有所冲击，但是对农村地区的负面影响毕竟仍然有限。据蒂特迈尔自己说，小学期间他有幸遇到如他父母一样和纳粹思想保持距离的老师。由于缺乏见证人和充足的文献资料，这一描述在多大程度上符合当时的实际情况，或者仅仅是蒂特迈尔的事后说辞，无法得到验证。

蒂特迈尔对在阿豪斯的中学时光印象深刻，因为战争结束前的1945年初，蒂特迈尔曾面临险境。由于不断增加的空袭危险，学校迁移到位于阿豪斯和梅特伦之间的黑克（Heek）。[2]他遭遇空袭的主要原因是黑克附近的森林里隐藏着火箭发射平台，夜间向英国发射V1与V2火箭。[3]有一天，他和同学骑车去学校的路上，还遭到英美空军扫射，这些梅特伦年轻人跳入路边的掩体才得以幸免。[4]

显然，蒂特迈尔属于被二战深深影响的一代，对于谁是“现实世界中真正的英雄”这一问题，他后来回答道：“马克西米利安·科尔伯（Maximilian Kolbe）。”这是一位第三帝国时期的抵抗运动战士。[5]这一代人在战争中经受的痛苦与恐惧，比他们的晚辈一生中经历的都要多，他们必须承受对家人的担心、为自身境遇所感到的恐惧、在防空洞中等待的煎熬、对敌人的憎恶以及对纳粹党人日益增长的抵触情绪，此外，他们还要生活在严格的纳粹主义和

① 汉斯·蒂特迈尔访谈，2013年2月12日。

② 汉斯·蒂特迈尔访谈，2013年2月12日。

③ Benkhoff, Tietmeyer, S. 20.

④ Tietmeyer, Daten, S. 4 f.

⑤ O. A., Fragebogen-Hans Tietmeyer, in: *Frankfurter Allgemeine Magazin*, 12.5.1989.

抵抗口号之下。①尽管如此，与其他德国民众家庭相比，出于两个重要原因，蒂特迈尔一家明显较少受到战争波及。一是所谓的“晚生恩典”，使蒂特迈尔本人及其兄弟姐妹无须被征召入伍，因为他们实在太小了。②这也意味着，蒂特迈尔作为战争儿童不用承受道德指责，这一点也得到卢修斯·D. 克莱（Lucius D. Clay）将军于 1946 年 7 月 2 日正式颁布的“青年大赦”所确认，即所有 1919 年 1 月 1 日之后出生的德国国民不被视为纳粹政权罪行的共犯。③二是因为蒂特迈尔的家乡梅特伦没有被直接卷入战火，蒂特迈尔只是在战争末期看到过轰炸机联队或几次空战，战争快结束时，他才被征召去修建路障。④他提到入驻梅特伦的英美军队非常友好，关键是所有居民都在自己房前挂起了白色床单，以示投降。⑤ 1945 年 5 月 31 日，蒂特迈尔的母亲在日记中写道：“教堂塔楼上升起白旗，每一个家人都能看到，我们走进地下室，约六点，第一辆坦克驶近了。”⑥蒂特迈尔描述道：“盟军占领梅特伦的过程中总共只有几声枪响；我个人没有看到任何伤亡。”⑦

---

① Schwarz, Kohl, S. 40.

② Schwarz, Kohl, S. 43.

③ Walter Thorun, Jugendhilfe und Sozialarbeit im lebensgeschichtliche Rückblick. Erinnerungen, Perspektiven, Norderstedt 2006, S. 43.

④ Hans Tietmeyer, „Der Euro ist nicht nur ein Ergebnis, sondern auch eine Herausforderung für alle“, in: Banken, Finanzen und Wirtschaft im Kontext europäischer und globaler Krisen, hrsg. v. Michael Gehler/Marcus Gonschor u. a., Hildesheim, Zürich, New York 2015, S. 122 – 162, hier S. 123.

⑤ Hans Tietmeyer, „Der Euro ist nicht nur ein Ergebnis, sondern auch eine Herausforderung für alle“, in: Banken, Finanzen und Wirtschaft im Kontext europäischer und globaler Krisen, hrsg. v. Michael Gehler/Marcus Gonschor u. a., Hildesheim, Zürich, New York 2015, S. 122 – 162, hier S. 123.

⑥ Seim, Metelen, S. 47 f.

⑦ Tietmeyer, Daten, S. 5.

三 战后的少年与求学时期（1945～1952年）

1945年5月8日，德国所有军队无条件投降，战争结束，无数城市变成废墟，纳粹党人留下的是政治与经济一片混乱，公共秩序崩溃，基础设施损毁严重。[①]在随后的几年里，德国民众在食物与住房短缺的困境中苦苦挣扎。德国在战前就无法在粮食领域自给自足，在战后损失了大片土地（1937年版图中约25%的土地），包括大量农业用地，加上化肥短缺导致产量降低，1948年农业总产值比1939年减少约28%。因此，国内生产的粮食只能满足35%的日常食品供应量，饥饿游行此起彼伏，类似的惨状同样也出现在住房市场。约1200万来自德国东部和欧洲东部的难民涌入版图严重缩水的西德。[②] 1945年秋的一次联合人口普查显示，当时约有6530万人生活在德国。在后来属于联邦德国的版图上，由于难民涌入，人口增长了约18%，导致住房市场状况急剧恶化。战前德国国民生活水平还可划入西欧的最高水平之列，战争结束之时德国国民则陷入最为贫困的境地。[③]

图3－4展示20世纪初以来德国人均实际国民生产总值的变化，可清晰显现当时财富损失的规模。1913年之前，财富缓慢但持续地增长，每年增长率约为1.9%。一战期间（1914～1918年）陷入每年约5.1%的衰退，并在1919年触底。随后经济开始强劲复苏，直至1929年因世界经济危机重新开始走低。1933年希特勒

---

① Thomas Biedermann, Deutschland in der Nachkriegszeit 1945－1949, Neubeginn oder Restauration?, Hamburg 2011, S. 12 f.

② Jörg Echternkamp, Die Bundesrepublik Deutschland 1945/1949－1969, Paderborn 2013, S. 37.

③ Helga Grebing/Peter Pozorski u. a., Die Nachkriegsentwicklung in Westdeutschland, 1945－1949 (Studienreihe Politik), Stuttgart 1980, S. 39－45.

掌权后至战争后期，在信贷推动下，每年增长率达到约7%。但1944年以后经济形势急转直下，1945年人均国民生产总值已降至1901年以来最低水平。

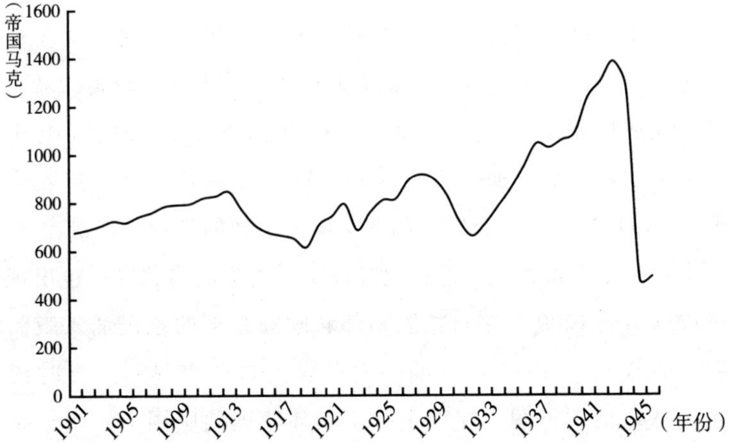

图3-4 德国人均实际国民生产总值变化（1901~1945年）

资料来源：作者自制，数据来源于 Albrecht Ritschl/Mark Spoerer, Das BSP in Deutschland nach den amtlichen Volkseinkommens-und Sozialproduktstatistiken 1901-1995, in: *Jahrbuch für Wirtschaftsgeschichte* 2 (1997), S. 27-54, hier S. 53 f。

蒂特迈尔的家乡也陷入了战后困境之中，其中一个重要原因是难民潮引发了一连串其他问题。1939~1950年，梅特伦居民数量增加约45%，除导致住房短缺之外，工作岗位和食物的分配也出现了问题。①据史料记载，难民的到来让当地居民感到不安，因为社会问题越来越严重。②此外，大部分难民是新教徒，对于一直信

① Howest, Metelen, S. 115.

② Peter Wulf, Die Flüchtlinge in Schleswig-Holstein 1945-1955. Belastung und Chance, in: Kriegsende im Norden: Vom heißen zum kalten Krieg, hrsg. v. Robert Bohn/Jürgen Elvert, Stuttgart 1995, S. 95-104, hier S. 101.

奉罗马天主教的当地民众来说也不同寻常。不过，这个过程也让这个封闭的农村社区得以开放与松动。①

毫无疑问，这一悲惨的社会、经济与政治状况只能借助外力得以改善。早在战争结束之前，1943年召开的德黑兰会议和1945年2月召开的雅尔塔会议就已讨论过如何划分德国，最后决定将德国划分为四个占领区（美国、英国、法国和苏联），并在全德国建立一个履行政府职能的共同管制委员会。此外，德国必须进行战争赔偿，并割让领土给波兰，以补偿波兰被苏联割让领土的损失。②占领国享有正式主权，因此有权安排政治、社会和军事事务，德国从此不再是具有独立行动权限的国家。③

占领国首先致力于削弱德国经济，破坏德国未来发动侵略战争的基础。④但是德国工业还应保留，以保障德国民众的基本生存需求、确保战争赔偿及促进欧洲经济复苏。早就唇齿相依的欧洲经济非常重要，而盟国一直认为，没有德国的参与，欧洲经济的复兴无从谈起。

德国投降后，占领区的学校暂时关闭，因为首先需引入去纳粹化程序，以使德国的体制转向民主体制。但四个占领区对纳粹的定义各不相同。英美占领军进行“再教育、再定位、重建”，法国人

① 汉斯·蒂特迈尔访谈，2013年2月12日。

② Arthur Imhof/Hans-Ulrich Kamke, Lebenserwartungen in Deutschland, Norwegen und Schweden im 19. und 20. Jahrhundert, Berlin 1994, S. 269.

③ Thomas Armbruster, Rückerstattung der Nazi-Beute. Die Suche, Bergung und Restitution von Kulturgütern durch die westlichen Alliierten nach dem Zweiten Weltkrieg (Schriften zum Kulturgüterschutz), Berlin 2008, S. 382 - 384.

④ Hagen Rudolph, Die verpassten Chancen. Die vergessene Geschichte der Bundesrepublik (Goldmann Stern Bücher), München 1982, S. 112.

实施“文明任务”，苏联则致力于“反法西斯民主改造”。[①]而如果梅特伦没有位于英国占领区，蒂特迈尔的余生将截然不同。在“再教育”政策下，英国占领区引入统一的教育标准，包括对所有六至十五岁的孩子实行义务教育，并免费提供教科书和学习材料。对于拮据的蒂特迈尔大家庭来说，这无疑是受欢迎的措施。此外，教育的焦点在于培养民主生活方式和公民责任感，学校的教学计划、教材和组织都以此为出发点，以使学生们学会对其他民族理解、尊重与重视。[②]

在蒂特迈尔看来，无所事事是巨大的挑战[③]，英国占领区的学校一直关闭至 1945 年夏。公众生活的重点首先是严格落实人员的去纳粹化，对所有学校的全部老师都进行甄别，有纳粹背景的老师被解聘。[④]此外，教材和课本也被严格审查，1933 年之前即魏玛时代的旧教科书被再版，以替代纳粹时代的教科书。[⑤]据蒂特迈尔回忆，在其学生时代，现代欧洲历史无足轻重。[⑥]英国人的教育政策总体来说非常偏向实用主义，德国学校对教学计划拥有很大自主

① Gudrun Hentges, Staat und politische Bildung. Von der Zentrale für Heimatdienst zur Bundeszentrale für politische Bildung, Wiesbaden 2013, S. 29.

② Hans-Ulrich Grunder/Friedrich Schweitzer, Texte zur Theorie der Schule. Historische und aktuelle Ansätze zur Planung und Gestaltung von Schule (Grundlagentexte Pädagogik), Weinheim-München 1999, S. 167 f.

③ 汉斯·蒂特迈尔访谈，2013 年 2 月 12 日。

④ Walter Gagel, Geschichte der politischen Bildung in der Bundesrepublik Deutschland 1945 – 1989/1990, Wiesbaden 2005, S. 38.

⑤ Florian Huber, Re-education durch Rundfunk-Die Umerziehungspolitik der britschen Besatzungsmacht am Beispiel des NWDR 1945 – 1948, in: Nordwestdeutsche Hefte zur Rundfunkgeschichte, hrsg. v. Peter Rüden/Hans-Ulrich Wagner, Hamburg 2006, S. 1 – 140, hier S. 97.

⑥ 汉斯·蒂特迈尔访谈，2013 年 11 月 12 日。

权。[①]英国人只是提供相应支持，而非出台具体的改革方案，历史学家弗洛里安·胡贝尔（Florian Huber）认为，德国的落实过程尽管有时显得杂乱无章，但是最终能与英国的“再教育”政策一致。为此，他引用英国外交部一位教育官员的话：“目的应该是鼓励德国人在自己和整个国家的良好基础上，对建立民主国家的能力表现出充分自信心。”[②]

1945年夏天，学校的教学活动重新启动，蒂特迈尔先到他以前在梅特伦的小学上了几个月，因为阿豪斯的中学在空袭中被摧毁了，但他父母很快努力给他及其兄弟姐妹找到了继续学业的新出路。他们从邻居处听说有位叫吕克（Lücke）的教区主任，在西明斯特兰建了一所私立学校，主要教授拉丁语和希腊语，为男生插班进入古典语言文理高中中年级做准备。[③]蒂特迈尔抱有学习神学的想法，因此决定申请这个私立学校。[④]他于1946年初被录取，但遇到一个小小的挑战，因为学校位于距离梅特伦约25公里远的斯塔特隆（Stadtlohn）的布尔伦（Büren）。要每天在如此远的距离通勤，在当时极其困难，因此他在当地租了一个小卧室居住。[⑤]他当时14岁，第一次从家里搬出来，只有在周末才有机会返家。[⑥]这也是他第一次较长时间离开村庄，他需要适应，对日常生活也有了一种完全不同的视角。[⑦]蒂特迈尔在这个私立学校总共待了大概两年半，

① Wolfgang Sander, Politik in der Schule. Kleine Geschichte der politischen Bildung in Deutschland, Marburg 2004, S. 89.

② Huber, Re-education, S. 97.

③ Tietmeyer, Daten, S. 5.

④ 汉斯·蒂特迈尔访谈，2013年2月12日。

⑤ Tietmeyer, Daten, S. 5.

⑥ 汉斯·蒂特迈尔访谈，2013年11月12日。

⑦ 汉斯·蒂特迈尔访谈，2013年2月12日。

受学校的去纳粹化运动影响较小，用他的话说，私立学校的人对政治事务没有兴趣，尽管报纸和收音机时有报道，但是他们不为所动。对于大家来说，更重要的事情是为参加德国最古老的文理高中之一——位于明斯特的保利努文理高中（Gymnasium Paulinum）——的入学考试做准备。

他在私立学校读书期间，德国经济和政治形势发生了巨大变化。首先，战胜国之间在德国政策方面出现了巨大意见分歧，尤其是三个西方占领国（美国、英国与法国）的观点与苏联的观点南辕北辙。①因此，美国和英国决定于1946年将双方的占领区合并，建立所谓的双占区（Bizone），其中一个重要原因是希望借助合并实现规模效应以应对单个占领区糟糕的经济形势。②

在双占区，英美的德国与欧洲政策导向逐渐显现，它们开始大力推进德国重建，以遏制共产主义在欧洲的影响，这一目标得到乔治·C. 马歇尔（George C. Marshall）于1947年6月5日在哈佛大学宣布的欧洲复兴计划（European Recovery Program，ERP）的支持，即改善联邦德国粮食供应，并支持其经济发展。③因为美国将联邦德国视为抵御苏联的桥头堡，这一冷战前线反而最终受惠于马歇尔计划。④经过一段长时间的踌躇，法国也决定加入双占区，三占区（Tri-Zone）建立。与此相反，苏占区还在一心落实赔偿与拆卸政策。⑤约瑟夫·斯大林（Josef Stalin）反对一个政治与经济上

---

① Lucius Clay, Entscheidung in Deutschland, Frankfurt/M. 1950, S. 10.

② Marie-Luise Recker, Geschichte der Bundesrepublik Deutschland (Beck'sche Reihe), München 2009, S. 15 f.

③ Marie-Luise Recker, Geschichte der Bundesrepublik Deutschland (Beck'sche Reihe), München 2009, S. 17.

④ Michael Gehler, Europa. Ideen-Institutionen-Vereinigung, München 2010, S. 182.

⑤ Armbruster, Rückerstattung, S. 386 f.

统一但非社会主义的德国，因此将工作重心放在苏占区的独立自主发展上。[①]

1948年的货币改革是德国经济史上的里程碑之一。纳粹政权借助惊人的债务为战争融资，但是因为在战争期间引入了价格和工资冻结措施以及消费品凭证配给制度，通货膨胀（简称通胀）风险还未暴露。[②]战争结束后，纳粹债务经济政策的后果开始显现，流通中的货币总数达3000亿帝国马克，但商品供应相应不足。此外，政府负债率[③]约高达480%。[④]西方盟国保留了旧的货币和配给证，但是无法遏制这些票据的不断贬值。因为有些生活必需品在合法市场上无法获得，民众只能涌向黑市，香烟成为黑市最重要的支付手段，德国经济逐渐沦入自然经济状态。[⑤]历史学家曼弗雷德·戈尔特马克尔（Manfred Görtemaker）引用一位在1947年周游德国的美国出版家与经济学家的话，以加深人们对当时德国经济形势的印象："大部分黑市交易是旧货的物物交换，从名贵皮草大衣到厨具，都被用来交换香烟、巧克力、土豆或面粉，尤其是在西部的大城市，有组织的交换市场日夜不息，一切都可以直接交换。"[⑥]

---

① Ulrich Schallmoser, Statik und Dynamik der deutschen Frage, Marburg 1994, S. 22 - 24.

② Willi Boelcke, Der Schwarzmarkt 1945 - 1948. Vom Überleben nach dem Kriege, Braunschweig 1986, S. 88.

③ 政府负债率的计算方式是债务规模/名义国民生产总值×100%，债务规模约为4000亿帝国马克，而当年名义国民生产总值约为840亿帝国马克，见Ritschl & Spoerer, Burttosozialprodukt, S. 53 f。

④ Bernd Sprenger, 50 Jahre Währungsreform. 1948 und die wirtschaftspolitischen Folgen, in: *Historisch-Politische Mitteilungen* 5 (1998), S. 201 - 218, hier S. 203.

⑤ Christoph Buchheim, Die Währungsreform 1948 in Westdeutschland, in: *Vierteljahrshefte für Zeitgeschichte* 36 (1988), Heft 2, S. 189 - 231, hier S. 195.

⑥ Manfred Görtemaker, Geschichte der Bundesrepublik Deutschland. Von der Gründung bis zur Gegenwart, Frankfurt/M. 1999, S. 41.

一个健康的货币经济体系必须重建，这是经济重启的基石。[①]美国为了预防可能的市场力量集中出现，希望德国的货币与银行体系分散化，因此首先在西方占领区的每一个联邦州都成立一家州中央银行，总共十一家。[②]另外，英国和美国于1948年3月1日成立德意志各邦银行，以协调独立的各州中央银行。[③]值得一提的是，一直到货币改革之前，德意志各邦银行无权发行纸币，但是中央银行相对于德国政府的独立性当时已被确定。[④]

因为四大占领国对在所有占领区实施共同货币改革没有达成共识，西方盟国决定将苏联排除在外。西方盟国货币改革方案立足于所谓“科尔莫-道奇-戈德史密斯计划”（Colm-Dodge-Goldsmith-Plan），即将货币存量缩减到十分之一，同时保持工资和价格不变。苏联则在其占领区致力于建立中央经济体系，因此反对建立各州中央银行。[⑤]

1948年6月20日，星期天，货币改革在除西柏林之外的西方占领区启动，这是德国分裂为两个国家的关键一步。[⑥]每个在西德的自然人都可用40帝国马克换取40西德马克[⑦]，并在1948年8月还可获得20西德马克。企业则根据每位雇员60西德马克的标准领

① Hans Tietmeyer, 50 Jahre Deutsche Mark. Festakt der Deutschen Bundesbank, Frankfurt am Main 1998.

② Sprenger, 50 Jahre, S. 204.

③ Eckard Wandel, Die Entstehung der Bank deutscher Länder und die deutsche Währungsreform 1948. Die Rekonstruktion des westdeutschen Geld-und Währungssystems 1945 - 1949 unter Berücksichtigung der amerikanischen Besatzungspolitik (Schriftenreihe des Instituts für Bankhistorische Forschung), Frankfurt/M. 1989, S. 68.

④ Sprenger, 50 Jahre, S. 204 f.

⑤ Sprenger, 50 Jahre, S. 204 f.

⑥ Biedermann, Deutschland, S. 42.

⑦ 德国统一前，联邦德国（西德）使用西德马克，民主德国（东德）使用东德马克；德国统一后，使用德国马克。——编者注

取新货币。旧债权按照100∶6.5的比例转换，政府存款则直接注销。[①]货币供应由此大幅减少。货币量从以前的1445亿帝国马克转变为132亿西德马克。[②]毫无疑问，贵重资产（如黄金、不动产）的所有者以及债务人成为货币改革的大赢家，因为贵重资产相对保值，而债务则缩减为之前的1/10。储户成为输家，他们的存款一夜之间大幅缩水。[③]

但国民作为一个整体则应该在货币改革中受益。改革次日，市场上就出现许多价格适当且稳定的产品。而1948年6月24日《指导原则法》（*Leitsätzegesetz*）取消价格管制也与此息息相关，根据这一法律，许多商品的价格管制被取消，而商品由自由市场来定价，只有一些生活必需品，例如基本食物、原材料和租金的价格在一定期限内还没有放开。[④]货币改革与《指导原则法》的组合打开了通向市场经济和德国巨大经济繁荣的大门。[⑤]对于蒂特迈尔来说，

---

① Manfred Borchert, Geld und Kredit. Einführung in die Geldtheorie und Geldpolitik, München 2008, S. 14.

② Bernd Sprenger, 60 Jahre Währungsreform – 1948 und die wirtschaftspolitischen Folgen, in: Währungsreform und Soziale Marktwirtschaft, hrsg. v. Konrad-Adenauer-Stiftung (Weichenstellungen in die Zukunft), Berlin-Sankt Augustin 2008, S. 7–29, hier S. 16.

③ Sprenger, 50 Jahre, S. 210.

④ Gesetz über Leitsätze für die Bewirtschaftung und Preispolitik nach der Geldreform vom 24. Juni 1948 („Leitsätzegesetz"), in: Wettbewerbsordnung und Monopolbekämpfung. Zum Gedenken an Leonhard Miksch (1901–1905), hrsg. v. Lars P. Feld/Ekkehard A. Köhler (Untersuchung zur Ordnungstheorie und Ordnungspolitik), Tübingen 2015, S. 127–131.

⑤ Nils Goldschmidt, Leonhard Mikschs Beitrag zur Ordnungstheorie und-politik. Einsichten in sein Tagebuch, in: Wettbewerbsordnung und Monopolbekämpfung. Zum Gedenken an Leonhard Miksch (1901–1950), hrsg. v. Lars. P. Feld/Ekkehard A. Köhler (Untersuchungen zur Ordnungstheorie und Ordnungspolitik), Tübingen 2015, S. 37–52, hier S. 41.

这“差不多好比战后重生”①。

如此一来，就业也变得重新具有吸引力，因为人们可以获得以稳定货币发放的报酬。放开价格则增加了供应，几个月之后，价格稳定下来，黑市寿终正寝。②此外，货币供应量和公共债务也得以缩减，其中公共负债率显著下降至20%，这主要归功于大部分国内公共债务在货币改革中以10∶1的比例被转换。③几乎与此同时，苏占区也引入了新的货币，除兑换比例和实施方式之外，与西方占领区相比，苏占区的货币改革还将整个柏林包括在内。西方占领国针锋相对，于同一天在西柏林引入西德马克，并宣称苏联的措施无效。④

1948年夏天对蒂特迈尔来说很重要，一方面西德马克的发行对他后来担任联邦银行行长仍有深远影响；另一方面他必须去赚取更多零花钱。由于紧张的金融形势，他从家里得到的生活费非常有限。尽管形势因货币改革而不断改善，但蒂特迈尔一家人仍在忍饥挨饿。⑤因此蒂特迈尔在1948年暑假加入林木工人行列，因为在他家乡大量森林被砍伐，作为“木材赔款”偿还荷兰在战争中的损失。他的工作是重新种植杉树，并赚取了人生中第一笔正式酬劳⑥，而他的雄心也开始一点点显露。

此外，这一年他的注意力主要放在明斯特的保利努文理高中的录取考试，保利努文理高中是一所纯粹的男校，在明斯特天主教受

---

① Hans Tietmeyer, 50 Jahre Deutsche Mark.

② Sprenger, 50 Jahre S. 211 –213.

③ Deutsche Bundesbank, Deutsches Geld-und-Bankwesen in Zahlen, 1876 – 1975, Frankfurt/M. 1976, S. 7 u. 314.

④ Sprenger, 50 Jahre, S. 212.

⑤ Benkoff, Tietmeyer, S. 21 –23.

⑥ 汉斯・蒂特迈尔访谈，2013年11月12日；汉斯・蒂特迈尔访谈，2013年12月19日。

教育阶层中享有良好声誉。[①]蒂特迈尔提到，这一艰难的考试包括大量习题与翻译题，持续一整天。私立学校吕克教区主任的授课是卓有成效的，蒂特迈尔通过了考试，并被分到六年级。[②]从这一刻起，蒂特迈尔迎来新生，每天早晨六点他必须乘坐威斯特法伦州铁火车前往布格斯坦因福，并在那里换乘联邦铁路火车前往明斯特。他每天路过明斯特的一片片废墟，前往保利努文理高中的临时授课地——城市北部的席勒文理中学（Schillergymnasium）。保利努文理高中的老楼在空袭中被摧毁，并在后来得到重建。他至今还能回忆起他每天上学路能看到残存的兰伯提教堂（Lamberti-Kirche）和老布登塔（Budden-Turm）。[③]

每天八点准时上课，因为选择这所学校，他得以与来自各个社会阶层和不同城市的人相逢，从而认识不同的世界，这是令他最为印象深刻的。他很快不再仅关注他所在的乡村社区，而是打开通向世界的大门。[④]放学后，他大概下午三点回到梅特伦，这样他平时就能留出半个下午和傍晚以及周末的时间，来参加教区青少年劳动和梅特伦乒乓球协会活动。蒂特迈尔被该协会创立者韦弗林神父纳入青年旅行的组织和领导工作，对于他来说，距离梅特伦约45公里的利斯特鲁普（Listrup）的夏令营最为激动人心。一辆老旧履带式拖拉机被改装成牵引车，用于旅行，并在当地建立起宿营地。[⑤]他们从英国士兵那里获得帐篷，这也印证了占领军和占领区当地民众的良好关系。在宿营期间，学生们徒步、唱歌和运动，并有足够

① Benkhoff, Tietmeyer, S. 21.
② 汉斯·蒂特迈尔访谈，2013年11月12日。
③ Tietmeyer, Daten, S. 5 f.
④ 汉斯·蒂特迈尔访谈，2013年2月12日。
⑤ Tietmeyer, Daten, S. 6.

的时间休闲和思考新的活动方案。蒂特迈尔自己还成立了一个圣米歇尔（St. Michael）青年小组，经常举行持续多日的徒步活动。[①]他们在熟悉周边环境的同时，也对自然有了更深刻的认识。蒂特迈尔和波恩的首次联系，正是源于和他的青年小组参加的一次集体自行车远足。他对德国政治发展的兴趣在此时就已有迹可循，因为他产生了走遍每一个对联邦德国有政治意义的机构的想法。因此他参观新的议会和政府大楼，不仅见证了政治的发展，而且有机会理解这一进程。[②]

除了青年小组活动，蒂特迈尔很快还在乒乓球领域展现出实力，韦弗林神父对取得大量比赛胜利的青少年进行强化训练。尽管蒂特迈尔 1948 年从私立学校回到梅特伦之后才开始参与乒乓球协会的活动，水平和队友一开始有一定差距。但为了能够赶上其他人，他在第一年凭借坚强斗志和毅力艰苦训练，很快就在顶级比赛中获胜，并且为梅特伦 1946 乒乓球协会凭借良好战绩在联邦德国声名鹊起做出了巨大贡献。[③]《明斯特报》（*Münstersche Zeitung*）把他描述为“金发汉斯”“受人欢迎的运动员”“球队的定海神针”，拥有一颗“伟大的战士之心”，是梅特伦乒乓球协会杀入顶级联赛的重要功臣。[④]用历史学家安德里亚斯·卓恩（Andreas Sohn）的话来说，体育运动让他拥有“铁的纪律”和使他“浑身散发着团队精神”。[⑤]蒂特迈尔成长为一名雄心勃勃的年轻人，在学校教育之外还积极参加社会和体育活动，他很早就担起责任，并为梅特伦青年

---

① Tietmeyer, Daten, S. 6.

② Tietmeyer, Daten, S. 7.

③ Benkhoff, Tietmeyer, S. 22.

④ Münstersche Zeitung, 1952.

⑤ Andreas Sohn, Ein Westfale im Dienst von Politik, Wirtschaft, Finanz und Kirche, in: *Die Politische Meinung* 56 (2011), Heft 500/501, S. 117 – 122, hier S. 118.

的成长投入很多心血。

下一个对全体德国国民有重要影响的历史里程碑事件发生在一年以后。1949年5月23日与10月7日，联邦德国与民主德国分别成立，两个德意志国家的统一似乎短期内不再可能发生。德国的分裂并非因为经济因素，而是“世界范围内政治分裂为东西方体系的结果”。[①]联邦德国首任总理联盟党人康拉德·阿登纳（Konrad Adenauer）倒向西方，从而使联邦德国获得主权，并立即成为“北大西洋公约组织”（NATO）的成员。蒂特迈尔当时只能通过媒体了解阿登纳，但对他的好感不断增强。[②]

联邦德国面临的问题是应施行何种经济制度，市场经济与计划经济是政治讨论中主要的两种选择。市场经济要和自由社会结合在一起，计划经济则与社会主义集体主义密不可分。[③]历史学家伯恩哈德·勒夫乐（Bernhard Löffler）认为，在1949年8月第一次联邦议会大选时，选民要不选择社民党牵头的联邦政府，实行计划经济体系，要不就是选择基民盟/基社盟，实行市场经济体系。在联邦总理阿登纳领衔的基民盟/基社盟联邦政府成立后，基民盟/基社盟内部的左翼也倾向于引入更多国家计划与统制，最终社会市场经济（Soziale Marktwirtschaft）作为第三种可能的选择成为经济政策的基本路线。

社会市场经济首先作为基民盟的标志，然后成为联邦政府标

---

① Hans Tietmeyer, Die deutsche-deutsche Währungsunion: zehn Jahre danach, in: Le commerce de l'esprit. Economie et culture en Allemagne aujourd'hui, hrsg. v. Jean-Marie Valentin/Catherine Robert (Histories et cultures), Paris 2005, S. 29 –47, hier S. 29.

② 汉斯·蒂特迈尔访谈，2013年2月12日。

③ Bernhard Löffler, Soziale Marktwirtschaft und administrative Praxis. Das Bundeswirtschaftsministerium unter Ludwig Erhard, Wiedbaden 2002, S. 469.

志，并在20世纪60年代最终成为整个联邦德国的典型特征。[①]其理念形成可追溯至弗莱堡大学（Universität Freiburg）的瓦尔特·欧肯，他在战前和战争期间做了大量相关工作。其理念被路德维希·艾哈德[②]和阿尔弗雷德·米勒－阿尔玛克[③]进一步发展，并在具体政策中落实。米勒－阿尔玛克不仅是社会市场经济这个概念的创造者，也对社会市场经济的发展有巨大影响。[④]他属于科隆学派，在欧肯弗莱堡学派主张的基础上，要求建立有效运行的社会系统，对于他来说，市场经济体系哪怕运行良好，也需其他兼容的系统来补充。[⑤]最终，联邦德国应建立一个经济政策秩序框架，在保证每个人经济自由的同时，把个体行为与整体利益结合起来。联邦经济部部长艾哈德认为，市场经济中决定性的社会要素是与其紧密相连

---

① Hans-Peter Schwarz, Die Bundesrepublik Deutschland. Eine Bilanz nach 60 Jahren, Köln 2008, S. 425.

② 路德维希·艾哈德在联邦德国成立后于1949年9月15日被任命为首任联邦经济部部长，而在此之前他已经在引入西德马克后，借助1948年6月大范围的价格松绑为市场经济打开了大门，20世纪50年代的巨大经济成功在很大程度上归功于其坚持不懈的自由化努力，联邦德国得以参与日益繁荣的世界经济发展。1963～1966年，他接任康拉德·阿登纳的职位，成为联邦德国第二任总理，见 Patricia Commun, Zur Einführung: Ludwig Erhard（1897－1977）, in: Grundtexte zur Freiburger Tradition der Ordnungsökonomik, hrsg. v. Nils Goldschmidt/Michael Wohlgemuth, Tübingen 2008, S. 497－504。

③ 阿尔弗雷德·米勒－阿尔玛克于1939年成为明斯特大学教授，1950年转而执教于科隆大学，1952～1963年在路德维希·艾哈德领导下的联邦经济部担任高级官员，包括政策司司长，以及稍后担任负责欧洲经济共同体事务的国务秘书，之后他到科隆大学继续执教，被视为社会市场经济的思想创造者，见 Christian Wartin, Zur Einführung: Alfred Müller-Armack, in: Grundtexte zur Freiburger Tradition der Ordnungsökonomik, hrsg. v. Nils Goldschmidt/Michael Wohlgemuth, Tübingen 2008, S. 451－452。

④ 汉斯·蒂特迈尔访谈，2013年2月12日。

⑤ Tietmeyer, Euro ist nicht nur ein Ergebnis, S. 124；关于欧肯弗莱堡学派与米勒－阿尔玛克科隆学派的具体比较可见第三章第四节四。

的自由。他坚信市场经济这一概念同时兼顾自由与社会（公平），即经济越自由，社会越公平。[①]蒂特迈尔补充道，与个人自我负责相结合的自由可通过尽可能的完全竞争得以保障，因为竞争会削弱经济和社会强权出现的潜在风险。[②]

社会市场经济的核心原则，简要来说就是：首先所有经济主体适用市场原则，并对自身行为负责（消费者主权与企业自主）。供求关系是决定价格的基础，利润、亏损、收益和成本是经济运行的关键指标。垄断必须被遏制（由合并控制与卡特尔局执行）。政府还应落实一系列权利与义务，包括私有产权、立约与经营自由，以及择业、消费、生产和贸易的自由。独立的中央银行实施以价格稳定为目标的自主货币政策也必不可少。此外，国家负有确保竞争的责任，而不干预商品生产和定价。国家的任务在于借助二次分配，即扶持低收入家庭以实现社会平衡，相关的重要工具是社会政策。对于蒂特迈尔来说，社会市场经济的引入是德国历史上最为令人赞叹的政治改革。[③]

联邦德国的建立、新的经济政策理念形成以及1948年实施的货币改革，这些措施在克服社会市场经济启动初期的困难后，使经济与政治局面逐渐稳定。此外，在马歇尔计划的资金助力下，联邦德国经济开始腾飞。

图3－5直观反映了联邦德国经济腾飞的情况。很明显，首先是工业生产有了长足进步，历史学家约阿辛姆·肖尔提塞克（Joachim

---

① Ludwig Erhard, Wirken und Reden, Ludwigsburg 1966, S. 320.

② Hans Tietmeyer, Soziale Marktwirtschaft-Erbe und Auftrag. Cognos Banken-und Assekuranztag in Wiesbaden, 24. 6. 2003. PAT, Ordner 5, S. 4.

③ O. A., Fragebogen-Hans Tietmeyer in: Frankfurter Allgemeine Magain, 12. 5. 1989, o. S.

Scholtyseck）认为这应归功于和睦的劳资关系、早已实现的价格稳定以及促进投资的税法。另外，1950 年 6 月爆发的朝鲜战争也使国外对德国原材料和资本品的需求急剧增长。[①]借助外贸，联邦德国经济第一次实现了快速增长，其最大的优势在于相对低廉的生产成本，并且还是发达国家中唯一具有闲置产能的国家。[②]这个所谓"朝鲜景气"导致联邦德国经济腾飞，并在 1952 年中实现自力维持的增长。[③]

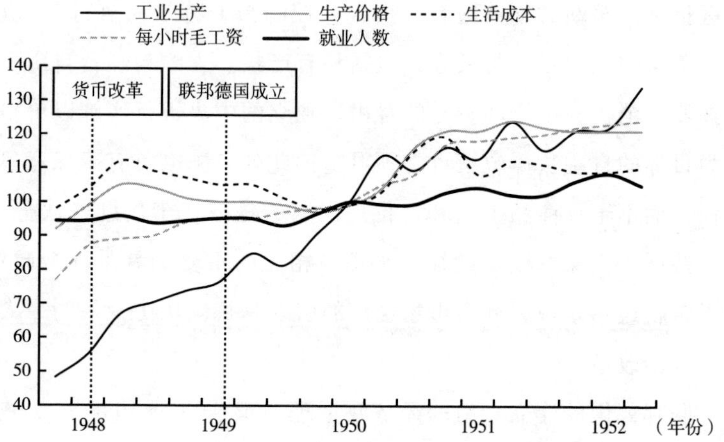

图 3-5　联邦德国的重要经济指标（1948～1952 年，1950=100）

资料来源：作者自制，数据来源于 Abelshauser，Wirtschaftsgeschichte，S. 153。

1950～1952 年，联邦德国工业生产增长约 34%，每小时毛工资也提高约 24%，而生活成本同期只上涨约 10%。此外，就业人

① Joachim Scholtyseck, Der Aufstieg der Quandts. Eine deutsche Unternehmersdynastie, München 2011, S. 783 f.

② Werner Abelshauser, Deutsche Wirtschaftsgeschichte seit 1945, Bonn 2004, S. 156.

③ Scholtyseck, Aufstieg, S. 784.

数增加约5%。[①]这一点很重要，因为货币改革以来，失业者数量一开始急剧增加，甚至在1948年11月12日爆发一次总罢工，其诉求是取消1944年以来引入的工资冻结。1950年，失业率达到11%的最高点，然后在经济快速增长推动下开始下降。[②]

在蒂特迈尔家乡，货币改革带来的经济繁荣同样也随处可见，尤其是纺织业发展迅速。1948年与1949年，在梅特伦建立了一家制衣厂B. Rawe & Co.，给当地带来就业与经济增长。[③]社会状况改善的证据可在明斯特市的市政委员会找到，直到1948年6月20日，食品问题都是会议日程上的重要议题，而货币改革之后就不再被关注了。[④]

那些年蒂特迈尔的学业尤其紧张，他从七年级一直读到九年级，并于1952年最终通过保利努文理高中的毕业考试。蒂特迈尔的主课是拉丁语和希腊语，此外，为将来学习神学做准备，他还修习了希伯来语。尤其需要强调的是，1951年，他和欧洲一体化思想有了交集。他的地理老师是一位坚定的欧洲主义者，而蒂特迈尔的一篇课堂论文则是评估“舒曼计划”（Schuman-Plan）。[⑤]“舒曼计划”于1950年5月9日由法国外交部部长罗伯特·舒曼（Robert Schuman）通过广播公布，其设计者是法国规划专员让·莫内（Jean Monnet）。根据计划，德国与法国的钢铁生产应被置于

---

① Abelshauser, Wirtschaftsgeschichte, S. 153.

② Statistisches Bundesamt, Arbeitsmarkt 1950 bis 2017, Wiesbaden 2018.

③ Linda Braunschweig, Geschichte quillt aus der Dose, in: *Tageblatt für den Kreis Steinfurt*, 8. September 2010.

④ Thomas Abeler, Von der Not zur Normalität: Ernährungssituation und Gesundheitszustand von Kindern und Jugendlichen im Westfalen der Nachkriegszeit mit Beispielen aus den Städten Gütersloh und Münster 2009, S. 13.

⑤ 汉斯·蒂特迈尔访谈，2013年11月12日。

一个最高共同监管机构管理之下。历史学家约翰·基林汉姆（John Gillingham）后来把“舒曼计划”描述为历史性的宣传手段，因为这一计划不仅涉及煤钢共同生产，更关乎欧洲长久和平。[①]一个经济、政治和军事统一的欧洲并非全新的图景，早在20世纪20年代，所谓的泛欧运动就致力于推动欧洲统一。而1929年前后的世界经济危机首先让德国的纳粹运动发展壮大，其他的各类思潮则被压制。[②] 1945年，这一念头再次进入欧洲人的脑海，因为法国决定未来将联邦德国纳入一个欧洲的政治与经济体系之中[③]，法国因此选择了与一战后让德意志帝国独自承担战争损失（《凡尔赛条约》第231条）大相径庭的路径。[④]法国接受教训，明白没有德国就无法重建欧洲。[⑤]

舒曼在法国国民议会外交政策委员会上解释，经济与政治视角应同等重要。经济目标包括克服保护主义、确保良性竞争、合理化与扩大生产以及协调煤钢工业的负担。而政治目标则是解决德国问题和欧洲统一。[⑥]“舒曼计划”启动了一个适应与和解进程，1951

---

① John Gillingham, Die französische Ruhrpolitik und die Ursprünge des Schuman-Plans. Eine Neubewertung, in: *Vierteljahrshefte für Zeitgeschichte* 35 (1987), Heft 1, S. 1 - 21, hier, S. 17.

② Anita Ziegerhofer-Prettenthaler, Europäische Christdemokraten und die Paneuropa-Bewegung von Richard Nikolaus Coudenhove-Kalergie, in: Christdemokratie in Europa im 20. Jahrhundert, hrsg. v. Michael Gehler/Wolfram Kaiser u. a., Wien/Köln/Weimar 2001, S. 574 - 604, hier S. 579 - 583.

③ Gillingham, Ruhrpolitik, S. 17 u. 23.

④ Pit Pietersen, Kriegsverbrechen der alliierten Siegermächte. Terroristische Bombenangriffe auf Deutschland und Europa 1939 - 1945, Norderstedt 2006, S. 179.

⑤ Gehler, Europa, S. 168.

⑥ Constantin Goschler/Christoph Buchheim u. a., Der Schumanplan als Instrument französischer Stahlpolitik, in: *Vierteljahrshefte für Zeitgeschichte* 37 (1989), Heft 2, S. 171 - 206, hier S. 171 f.

年 4 月 18 日，《欧洲煤钢共同体条约》（EGKS）签订，并于 1952 年 7 月 23 日生效。这一德、法间不成文的和平条约为今天的欧洲政治秩序奠定了基础。①重要的是，其他国家也可以加入欧洲煤钢共同体，因此，比利时、意大利、卢森堡和荷兰也成为这一欧洲超国家组织的创始成员国。②

对于蒂特迈尔来说，有关“舒曼计划”的课堂论文是他首次深入了解欧洲一体化。他强调，他特别注意到，边界开放是未来的一个机会。③他的老师弗兰兹－约瑟夫·克雷辛（Franz-Josef Kresing）对该文印象深刻，他在蒂尔迈尔的毕业评语中写道：“很遗憾荷比卢联盟和一个新欧洲没有足够前人智慧可以借鉴，人生路上一切走好。”④这一课堂论文可被视为蒂特迈尔为确保欧洲长久和平寻找政治与经济解决方案热情的首次展现，对于这一解读，蒂特迈尔本人是同意的。

第四节 在明斯特、波恩与科隆的大学时光（1952～1961 年）

一 明斯特的新生（1952～1953 年）

高中毕业后，蒂特迈尔实现多年以来的愿望。他想成为一名神甫，因此决定 1952 年冬季学期进入明斯特大学学习哲学与天主教神学。⑤选择这一专业的决定性原因多半是他父母言传身教下回报

① Gillingham, Ruhrpolitik, S. 1.

② Goschler/Buchheim u. a., Schumanplan, S. 172.

③ Tietmeyer, Euro ist nicht nur ein Ergebnis, S. 123.

④ Liederbuch von Hans Tietmeyer-Abiturientia Paulina, 1952. PAT, Ordner 185, S. 1 f.

⑤ Benkhoff, Tietmeyer, S. 24.

集体的情怀。[①]在学习神学专业前两个学期，学生主要学习希腊语和希伯来语，而蒂特迈尔拥有明显的优势，他在上大学之前就已经掌握这两门语言，因此比大学同学有更多时间去听其他课。[②]他提到，他尤其中意约瑟夫·霍夫纳[③]的社会科学讲座。在他那里，蒂特迈尔不仅接触了天主教社会学说，还越来越体认到，社会与经济问题对整个社会生活有越来越大的意义。他提到："在那里我明白经济学知识是多么重要，而且更重要的是，我们不仅要进行抽象思考，还需按照经济逻辑去行事。"[④]自那以后，蒂特迈尔认定，单凭好的意愿是不够的，因为"那些相信水可以托起山的人，无论他们说得多么天花乱坠，人们都不会相信。人们必须清楚如何让水的力量展现出来，才能让水为人造福"[⑤]。

在霍夫纳的影响下，蒂特迈尔越来越怀疑神学是否是正确的选择，他因此开始考虑换专业。在和当时的朋友维尔纳·雷默斯（Werner Remmers）[⑥] 深谈后，蒂特迈尔决定放弃学习神学，并在1953年冬季学期转入科隆大学学习经济与社会科学。[⑦]蒂特迈尔自己就这一关键决定进行过总结："霍夫纳把我带上了经济学的道路，我想改变世界。但是我很快就明白，我首先得学习，以知道世

---

① 汉斯·蒂特迈尔访谈，2013年2月12日。

② Tietmeyer, Daten, S. 8.

③ 约瑟夫·霍夫纳于1951年至1962年任明斯特大学基督教社会科学教授，并在许多学术委员会任职。1962年他成为明斯特主教，1967年至1987年10月16日去世前一直担任科隆大主教。他对德国的社会国家特征有重要贡献，并对教皇关于社会秩序的观点有很大影响，见 Benkhoff, Tietmeyer, S. 24。

④ 汉斯·蒂特迈尔访谈，2013年2月12日。

⑤ Benkhoff, Tietmeyer, S. 26.

⑥ 维尔纳·雷默斯是国民经济学博士，曾任下萨克森州文化与环境部部长，后来在埃莫斯兰（Emsland）成立了天主教学院弗兰兹-希兹之家（Franz-Hitze-Haus），见 Tietmeyer, Daten, S. 8。

⑦ Tietmeyer, Daten, S. 8.

界到底是如何构成和运作的，那还有什么比学习经济学更合适的选择呢？”[1] 霍夫纳的两个核心观点对他影响至深，即辅助性（Subsidiarität）和团结。他深知每个人都对社会负有责任，但是人们在要求获得其他人帮助之前，首先应尝试自救。如果自救不成功，那么可以尝试向家人、朋友或者社区寻求支持，国家则履行最后社会救助机关的角色。[2]

对于蒂特迈尔来说，天主教社会学说有明显的局限性。他在联邦经济部担任司长时曾于 1976 年 3 月写信给明斯特大主教海因里希·滕洪贝格（Heinrich Tenhumberg），批判他关于世上财富属于所有人的观点。蒂特迈尔写道，他完全理解这一观点的基本思想，但是对此必须有不同观点，因为大部分财富是由个人或者集体创造的，因此不自动属于那些没有付出劳动的人。在蒂特迈尔看来，海因里希·滕洪贝格的观点“没有为私有产权留下任何位置”。[3]蒂特迈尔的这一立场也凸显他对辅助性理念的认同，即自我负责和自我决定应置于首位，同时也表明，他已成为市场经济的捍卫者，因为在他看来，只有基于绩效的报酬才是理所当然的。

自我负责与绩效导向伴随着蒂特迈尔的青少年时代，为了补贴微薄的零花钱，他假期常去打工。他的父亲伯恩哈德很早就意识到汉斯要走自己的路，但也因此感到特别沮丧，因为他无法为蒂特迈尔的学业提供更多资金支持，他还需扶养其他子女，所以汉斯只能自力更生，去工厂打工。[4] 1953 年他有两份特殊的勤工俭学工作，

---

① Benkhoff, Tietmeyer, S. 25.

② Benkhoff, Tietmeyer, S. 25.

③ Brief von Tietmeyer an den Bischof von Münster Heinrich Tenhumberg, 8. 3. 1976. PAT, Ordner 23, S. 2.

④ Seim, Metelen, S. 48.

第一份工作是在鲁尔区马尔－许尔斯（Marl-Hüls）奥古斯特·维克多利亚矿区（Zeche Auguste Viktoria）六号矿井做计件的地下采矿学徒。[①]这是他一生都引以为荣的经历。[②]这段全新的经历让他对井下的矿工同事们的思维与表达方式有所了解。蒂特迈尔说道："我们的交谈真的很热烈，我从这些直爽的矿工那里学到了很多，尤其是学会了如何与鲁尔区的人打交道。"[③]

他当时还不知道，这一经验对于他后来担任联邦财政部常务副部长大有裨益。20 世纪 80 年代，他和钢铁企业领导层及工会干部就焦炭和煤补贴进行谈判，午饭时他问了一圈，谁真正在矿井下工作过，并知道那里怎么回事。在座的人都不敢承认。蒂特迈尔回忆："于是我马上说道，我曾经做过矿工。"[④]几周后，他收到一封信，来自奥古斯特·维克多利亚矿区的一位时任高管，他也参加了谈判。这位高管在信中表示，他不相信蒂特迈尔的话，于是委托一位同事进行核实，在 1953 年计件工作簿上看到当时是矿工的蒂特迈尔的名字。蒂特迈尔还随信收到写有他名字的计件工作簿摘录。不久以后，他受邀再次进入矿区，蒂特迈尔心怀感激地接受了这一邀请，因为他很好奇，采矿技术到底发生了多大变化。[⑤]因为这一经历，他被授予荣誉矿工称号，并受赠一个令他终生引以为豪的矿灯，这个矿灯陈列在他家乡梅特伦的汉斯·蒂特迈尔农舍故居里。[⑥]

在蒂特迈尔担任联邦财政部常务副部长时，他的矿工经历还曾

---

① 汉斯·蒂特迈尔访谈，2013 年 2 月 12 日。

② Benkhoff, Tietmeyer, S. 28.

③ 汉斯·蒂特迈尔访谈，2013 年 2 月 12 日。

④ 汉斯·蒂特迈尔访谈，2013 年 2 月 12 日。

⑤ 汉斯·蒂特迈尔访谈，2013 年 2 月 12 日。

⑥ Benkhoff, Tietmeyer, S. 28.

引发另一段趣闻。萨尔矿业股份公司（Saarbergwerke AG）在萨尔布吕肯（Saarbrücken）举办活动，表彰有突出贡献的矿工。蒂特迈尔作为联邦财政部常务副部长应邀在时任萨尔州（Saarland）州长奥斯卡·拉方丹（Oskar Lafontaine）之后致辞。拉方丹的精彩演讲赢得在场者阵阵掌声，而蒂特迈尔后来表示"难以与之匹敌"。[1]因此，他在演讲中讲道，在此发言他深感荣幸，因为从青少年时代以来，他就感觉自己和采矿及矿工息息相关。他说道："因为作为勤工俭学的计件采矿工，我在50年代不仅对井下的工作条件有直接认知，而且体会到矿工之间的友情和共命运的决心。"[2]蒂特迈尔因此赢得如雷的掌声，拉方丹只能相形见绌。[3]

蒂特迈尔的第二份工作是在明斯特兰的维特林根（Wettringen）天主教会所属的圣约瑟夫楼做护理员。这是一个孤儿院，孩子们被分成不同类型安顿在里面，而其中一些是少年犯，被关在一个封闭的建筑里。1953年夏天，蒂特迈尔作为这些青少年的护理员在此工作数周，他不比他们大多少，因此用他自己的话来说，他必须树立威信。他考虑过一些策略，并在楼里发现了一张乒乓球桌，鉴于他认为自己的球技最好，也因为他已经赢过一些比赛，于是他挑战那些球打得最好的人，并战胜了他们。从中他学到的最重要的是，需要运用创造性的手段去应对挑战，人们只能被说服，而无法被强迫。[4]通过勤工俭学蒂特迈尔不仅赚到了钱，个人还获得成长，他的职业由此受益良多。

---

① Benkhoff, Tietmeyer, S. 29.

② Hans Tietmeyer, Ansprache von Staatssekretär Dr. Hans Tietmeyer anlässlich der Barbara-Feier der Saabergwerke AG am 4. Dezember 1985 in Saarbrücken, 4. 12. 1985. PAT, Ordner 64, S. 2.

③ Benkhoff, Tietmeyer, S. 29.

④ 汉斯·蒂特迈尔访谈，2013年11月12日。

而在对于蒂特迈尔日益重要的经济层面，1952 年初的联邦德国已经实现自力维持的增长。人们对联邦德国的经济表现又重新充满信心。①康拉德·阿登纳于 1953 年 9 月 6 日再次当选，也体现出国民的满意度。②除经济改革之外，德国战后赔偿政策也是重要政策议题，其目的是对纳粹在国际上造成的物质损毁进行赔偿。③

联邦德国形势的好转也对 1953 年 2 月 27 日的《伦敦债务协定》产生重要影响。④这可被视为联邦德国与欧洲经济史上的里程碑，并在 2015 年希腊危机时作为解决公共债务危机的历史经验做出贡献，即缩减德国战争前后的债务，以重建德国的信用。二战期间，纳粹政府停止支付外国债权人本息，1939 年首先对英国与法国宣战，然后 1941 年对美宣战，相关债务也随之勾销。此外，在一战战争赔偿的基础上，德国的债务还需累加战后的经济援助。从一开始联邦总理阿登纳就在 1951 年 3 月表态承认德意志帝国的所有战前债务、战争损失及相关利息以及 1945 年 5 月 8 日后的债务。作为回应，占领当局调整对联邦德国的占领状态，同意联邦德国建立外交部，授权联邦德国政府与外界建立外交关系，并放松之前一

---

① Hans Pohl, Zwischen Kreditnot und Kapitalerhöhung: Zum Finanzierungsverhalten eines Unternehmens der metallverarbeitenden Investitionsgüterindustrie nach der Währungsreform, der Felten & Guileaume Carlswerk AG, in: Bankpolitik, finanzielle Unternehmensführung und die Theorie der Finanzmärkte. Festschrift für Hans-Jacob Krümmel zur Vollendung des 60. Lebensjahres, hrsg. v. Bernd Rudolph/Jochen Wilhelm, Berlin 1988, S. 337 – 350, hier S. 347.

② Görtemaker, Geschichte, S. 315.

③ Peter Recihel/Harald Schmid u. a., Der Nationalsozialismus-die zweite Geschichte: Überwindung-Deutung-Erinnerung, München 2009, S. 62 – 64.

④ Bundeswertpapierverwaltung, Gastbeitrag: 27. Februar 2003 – 5 Jahre Londoner Schuldenabkommen, in: *Monatsbericht Bundesministerium der Finanzen* 2 (2003), S. 91 – 95.

直被置于盟军管制之下的外汇交易。[①]

债务得到联邦德国承认后，在伦敦成立了一个盟国“三国委员会”，比利时、意大利以及荷兰等其他债权国也参与其中，联邦德国方面代表团由赫尔曼·约瑟夫·阿布斯（Hermann Josef Abs）领导。面对债权人压力，阿布斯表示，尽管联邦德国经济正在重建，但能力仍有限。虽然联邦德国经济形势不断改善，但在偿还债务问题上仍然面临巨大问题。阿登纳就此在1952年10月18日谈道：“《伦敦债务协定》对于重建我们在国外的信用，以及我们经济的继续发展具有关键意义。”[②]因此，阿布斯要求联邦德国债务能“缩减至一个可以承受的规模”。[③]

这本应是一场平等的谈判，但在国家债务问题上显然并非如此。通常来说，债权国会给债务国设置许多限制，因此债务国很少能有机会在谈判中落实自身诉求。[④]就此而言，经济史学家克里斯托弗·布赫海姆称德国毫不妥协，在谈判期间出现激烈争执，例如应债权国要求，如何给被没收的德国境外资产计价的问题。鉴于不久前德国还被“钉在耻辱柱”上，而今却这样坚定地要求其他国

① Bundeswertpapierverwaltung, Gastbeitrag: 27. Februar 2003 – 5 Jahre Londoner Schuldenabkommen, in: *Monatsbericht Bundesministerium der Finanzen* 2 (2003), S. 92.

② Kordula Kühlem, Wie die Bundesrepublik kreditwürdig wurde. Das Londoner Schuldenabkommen 1953, in: *Die Politische Meinung* 58 (2013), Heft 520, S. 62 – 68, hier S. 66.

③ Ursula Rombeck-Jaschinsik, Das Londoner Schuldenabkommen. Die Regelung der deutschen Auslandsschulden im Zweiten Weltkrieg (Veröffentlichungen des Deutschen Historischen Instituts London), München 2005, S. 356.

④ Jürgen Kaiser, 60 Jahre Londoner Schuldenabkommen. Hintergründe und Aktionen zum Jubiläum, 1. 2. 2013, [http://www.erlassjahr.de/cms/upload/2013/london/Broschre_60_Jahre_London_web.pdf], 15. 3. 2014.

家妥协，无疑是特别令人惊讶的。①

阿布斯的这一策略取得了成功：谈判结果是给联邦德国减债约50%，债务余额缩减为144.5亿德国马克。此外，利息也得到减免，进一步减轻偿债负担，德国经济繁荣减速风险也不复存在。历史学家于尔根·凯泽尔（Jürgen Kaiser）则认为，这一结果主要是出于政治考量，如果没有冷战，《伦敦债务协定》可能无法实现如此大幅度的债务减免。联邦德国的稳定尤其关乎美国利益，因为联邦德国是与东方集团对峙的所谓前线，同时也拟作为固定组成成员纳入北大西洋联盟。②在政治学家科尔杜拉·库伦（Kordula Kühlem）看来，尽管德国的经济奇迹不应归因于《伦敦债务协定》，但是如果没有这个协定，德国经济回归世界经济几乎没有可能。此外，《伦敦债务协定》不仅重建德国经济信用，也重塑德国的政治和道德信誉。③

二 科隆的大学时光（1953～1954年）

在学习了两个学期神学之后，蒂特迈尔于1953年冬季学期转到尤以经济学闻名的科隆大学。因为他哥哥阿尔伯特此时正在科隆

---

① Christoph Buchheim, Rezension zu: Rombeck-Jaschinski, Ursula: Das Londoner Schuldenabkommen. Die Regelung der deutschen Auslandsschulden nach dem Zweiten Weltkrieg, 11. 4. 2005, [http://hsozkult. Geschichte. hu-berlin. de/rezensionen/2005-2-020], 15. 3. 2014.

② Christoph Buchheim, Rezension zu: Rombeck-Jaschinski, Ursula: Das Londoner Schuldenabkommen. Die Regelung der deutschen Auslandsschulden nach dem Zweiten Weltkrieg, 11. 4. 2005, [http://hsozkult. Geschichte. hu-berlin. de/rezensionen/2005-2-020], 15. 3. 2014.

③ Kühlem, Bundesrepublik, S. 67 f.

做面包师，帮助他先在科尔平之家（Kolpinghaus）[①] 一个三人间落脚。但是他很快就搬出来了，因为他被同学选为天主教大学生协会（KSG）的负责人，从而在天主教大学生协会的学生宿舍得到一间离大学近的住房。蒂特迈尔提及，提名他的是他刚报名参加的所谓新德国联盟[②]。虽然他一开始就需要参加许多讲座和研究班，但也积极参与了天主教大学生协会的许多活动。[③] 在这期间，蒂特迈尔还参与所谓"凯特勒圈子"（Kettler-Kreis）的成立，该圈子的成员在一起讨论问题，并经常邀请名人来演讲，比如奥斯瓦尔德·冯·内尔－布洛宁（Oswald von Nell-Bruning）[④]。"凯特勒圈子"成员的政治偏好多元，蒂特迈尔作为负责人经常需要居中调解。[⑤]可以想象，他的调解能力、组织天赋以及领袖能力早在大学期间就已得到锻炼。

蒂特迈尔是幸运的，因为1954年德国的政治基调不错，这是一个理想的时代，他可以做各种尝试和锻炼自身能力。如果社会中弥漫不满情绪，比如仅仅五年前，要协调不同观点的群体可能会困

---

① 科尔平之家最早可追溯到19世纪出现的天主教的手工业者医院，首个科尔平之家于1853年4月17日在林茨（Linz）建立，其出发点是为旅途中的手工业者提供基本的食宿。——译者注

② 新德国联盟（Der Bund Neudeutschland）被划分为天主教大学生青年协会和天主教成年协会，是一战后由热心的基督教大学生建立的学生协会，成员们致力于与教会、政界与社会各界互动，并承担社会责任，见 Ronald Warloski, Neudeutschland. German Catholic Students 1919－1939, Den Haag 1970, S. 77－86。

③ Tietmeyer, Daten, S. 8 f.

④ 奥斯瓦尔德·冯·内尔－布洛宁是耶稣会教士、大学老师、作家、超越党派的顾问以及天主教社会学说的重要思想领袖及代表。此外，他还被视为1931年"四十年社会通谕"之父，要求建立财富的社会纽带和发展辅助性原则，见 Benjamin Wasner, Oswald von Nell-Breuning. Eine biographische Übersicht, München 2009, S. 3; Walter Schöpsdau/Martin Schuck, Angenommenes Leben: Beiträge zu Ethik, Philosophie und Ökumene, Göttingen 2006, S. 162－178。

⑤ 汉斯·蒂特迈尔访谈，2013年2月12日。

难得多。民众满意度显然与德国的经济发展形势有关，自力维持的经济增长决定着事态变化，整个国家处于腾飞状态，高企的经济增长率也吸引外国机构前来投资。①实际经济增长率是可以体现经济良好形势的指标，1954 年达到 7.8%。而失业率也有良好表现，1950 年还在 11% 的最高点，1954 年就降至 7.6%。②高品质工业产品的生产和出口突然成为经济重心，而战后重建不再是经济重心。国际收支也呈现欣欣向荣的景象，1954 年实现贸易盈余 40 亿西德马克。③这一切也对西德马克过渡到事实可兑换④货币产生有利影响。联邦德国对于外国投资者来说越来越安全和有吸引力。还有一个不可忽视的因素是不期而至的体育上的成功，给德国带来更多声誉。1954 年，联邦德国足球队在伯尔尼（Bern）惊喜地赢得世界杯冠军，德国人再次欢呼起来。经历过艰难的战后重建岁月，这一成功提升了德国人的自身价值感和民族凝聚力。⑤

不仅联邦德国呈现一片欣欣向荣，到 1954 年底，蒂特迈尔也处在人生转变的特殊关头。1954 年冬季学期，他参加在美茵河畔

---

① Kühlem, Bundesrepublik, S. 67.

② Statistisches Bundesamt, Arbeitsmarkt 1950 bis 2017; Statistisches Bundesamt, Wirtschaft und Statistik, S. 204.

③ Alexander Nützendel, Stunde der Ökonomen. Wissenschaft, Politik und Expertenkultur in der Bundesrepublik 1949 – 1974 (Kritische Studien zur Geschichtswissenschaft), Göttingen 2005, S. 247.

④ 事实可兑换是指一种货币可持续地被兑换为其他货币。如果一种货币的可兑换性受到限制（例如引入国际资本流动管制），使用这种货币的国家对投资者的吸引力就会下降，因为资产的配置自由会受到限制，见 Michael Heine/Hansjörg Herr, Volkswirtschaftslehre. Paradigmenorientierte Einführung in die Mikro-und Makroökonomie, München 2012[3], S. 699。

⑤ Detlef Wienecke-Janz/Ute Becker u. a., Die Chronik. Geschichte des 20. Jahrhunderts bis heute, Gütersloh/München 2006, S. 393.

罗腾菲尔斯堡（Burg Rothenfels am Main）举行的社区负责人和大学生全国大会，即所谓“小天主教德国大学生节”，它要为位于波恩的天主教德国大学生联合会（KDSE）选出新秘书长。蒂特迈尔参与持续几天的讨论，他非常惊讶于自己被提名为秘书长候选人，并最终当选，这是他人生的一个全新转折点。秘书长是一个全职职位，在波恩办公，他因此得从科隆搬往波恩，并暂时中断学业。①

三　波恩休学期间（1955～1956 年）

蒂特迈尔到波恩后，首先经历了生活水平的变化，他有了自己的办公室、400 西德马克工资、一位秘书和一辆公务用车，从此不再需要父亲接济。②他需要频繁到国内外出差，国内工作主要聚焦拜访联邦德国和西柏林形形色色的天主教大学生协会，在这些协会他能经常与来自民主德国的天主教大学生协会代表会面和组织活动。他也因此第一次有机会出国，例如前往英国参加一个天主教大学生国际会议，从而开始积攒国际经验。③

与此同时，联邦德国在经济层面的繁荣仍然持续，二战结束十年以后，联邦德国再次跃升为领先工业国家，钢产量排在美国与苏联之后，位列世界第三。④就业岗位不断增加和工资收入持续上升，也让许多民众感到生活上实实在在的改善。1955 年，联邦德国工人每小时毛工资相比上一年增加 6.8%，而生活成本同期却只上涨

① 汉斯·蒂特迈尔访谈，2013 年 2 月 12 日。
② 汉斯·蒂特迈尔访谈，2013 年 12 月 19 日。
③ 汉斯·蒂特迈尔访谈，2013 年 12 月 19 日。
④ Wienecke-Janz/Ute Becker u. a., Chronik, S. 403.

了1.6%。[①]生活成本的稳定和不断增加的平均小时工资让联邦德国民众拥有更多可支配收入，生活水平稳定提升。蒂特迈尔回忆道："我们当然能感受到，20世纪50年代人们是非常积极的，我们对未来非常乐观。"[②]

此外，1955年2月27日，《巴黎条约》（*Pariser Verträge*）在德国联邦议会以2/3多数通过，联邦德国于1955年5月5日重获正式主权，并得以加入北大西洋公约组织（简称北约，NATO）。[③]几乎与此同时，民主德国也于1955年5月14日加入华沙条约组织，成为冷战中西方北约集团的东方对手。[④]到1955年秋，当北约不会解散的态势已经明显，苏联开始推动两个德意志国家的进一步分裂。[⑤]

不过，一直至1955年，苏联仍尝试过几回按其条件统一德国，但是均被西方拒绝。在斯大林看来，联邦德国融入西欧显然比一个重新被武装、中立和完整的德国更为危险。[⑥]历史学家米歇尔・雷默克（Michael Lemke）认为，对于苏联来说，一个贸易政策开放

---

① Carl-Ludwig Holtfrerich, Monetary Policy under Fixed Exchange Rates (1948 – 70), in: Fifty years of the Deutsche Mark, Central Bank and the currency in Germany since 1948; with 41 tables, hrsg. v. Deutsche Bundesbank, Oxford 1999, S. 310.

② 汉斯・蒂特迈尔访谈，2013年12月19日。

③ Kurt Sontheimer, Die Adenauer-Ära. Grundlegung der Bundesrepublik (Deutsche Geschichte der neuesten Zeit vom 19. Jahrhundert bis zur Gegenwart), München 1991, S. 48.

④ Vojtech Mastny, Learning from the enemy. NATO as a model for the Warsaw Pact (Züricher Beiträge zur Sicherheitspolitik und Konfliktforschung), Zürich 2001, S. 9f.

⑤ Christian Nünlist, Die westliche Allianz und Chruscevs Außenpolitik im Jahr 1955, in: Der Warschauer Pakt. Von der Gründung bis zum Zusammenbruch: 1955 bis 1991, hrsg. v. Torsten Diedrich/Winfried Heinemann u. a. (Militärgeschichte der DDR), Berlin 2009, S. 9 – 26, hier S. 9 f.

⑥ Eckart Lohse, Östliche Lockerung und westliche Zwänge. Paris und die deutsche Teilung 1949 bis 1955 (Studien zur Zeitgeschichte), München 1995, S. 144.

的完整德国是连接东西方的重要纽带，并可为苏联带来西方技术。[①]尤其是所谓“斯大林照会”（Stalin-Note），就是苏联统一倡议的一个例证。斯大林向西方盟国提出就德国统一进行谈判的基本条件，即德国中立化，但是被西方拒绝。[②]苏联这些尝试的内容和诚意至今都颇具争议，历史学家罗尔夫·施泰因宁格（Rolf Steininger）与英格丽特·伯勒尔（Ingrid Böhler）认为德国统一的机会被错过了。[③]而历史学家赫尔曼·格拉莫尔（Hermann Graml）与格哈尔德·维提克（Gerhard Wettig）则持相反观点，认为这是苏联阻止《巴黎条约》的宣传策略。[④]尽管争议无法平息，但人们不禁要追问，为何阿登纳没有在谈判中认真考虑苏联的提议。毕竟他多次提到，德国统一有高度优先级。[⑤]在历史学家阿尔努尔福·巴林（Arnulf Baring）看来，联邦德国总理更关注融入西欧，而非德国统一。[⑥]

1955～1956年，西欧一体化的又一块基石亦被奠定。1955年6月1日至3日，欧洲煤钢共同体六国外长在意大利墨西拿（Messina）会面。荷兰外长扬·威廉·贝恩（Jan Willem Beyen）提议建立一个经济联盟，并应先引入一个关税联盟为此做准备。而

---

① Lemke, Einheit, S. 208 f.

② Lemke, Einheit, S. 207.

③ Rolf Steininger/Ingrid Böhler, Der Umgang mit dem Holocaust. Europa-USA-Israel (Schriften des Instituts für Zeitgeschichte der Universität Innsbruck und des Jüdischen Museums Hohenems), Wien 1994, S. 20.

④ Hermann Graml, Die Legende von der verpassten Gelegenheit. Zur sowjetischen Notenkampagne des Jahres 1952, in: *Vierteljahrshefte für Zeitgeschichte* 29 (1981), Heft 3, S. 307 – 341, hier S. 340 f; Gerhard Wettig, Bereitschaft zur Einheit in Freiheit? Die sowjetische Deutschland-Politik 1945 – 1955, München 1999, S. 72.

⑤ Egon Bahr, Zu meiner Zeit, München 1996, S. 72.

⑥ Arnulf Baring, Machtwechsel: Die Ära Brandt-Scheel, Stuttgart 1982^2, S. 249.

比利时外长保罗－亨利·斯巴克（Paul-Henri Spaak）则致力于推动行业一体化，即把欧洲煤钢共同体权限扩展到其他能源、交通和核能的共同利用领域。[①]卢森堡外长约瑟夫·伯克（Joseph Bech）认同经济一体化，但前提条件是各国农业特殊性应得到兼顾。[②]三国外长将他们的提案汇总于所谓的“荷比卢备忘录”（Benelux-Memorandum）中，呼吁通过发展共同的机制成立一个统一的欧洲、逐步融合各国经济、建立一个全面的共同市场并让各国社会政策逐步兼容。[③]

1955年5月20日，“荷比卢备忘录”被送往欧洲煤钢共同体其他三国。欧洲煤钢共同体还召开一个会议，除了欧洲煤钢共同体成员国之外，还邀请与欧洲煤钢共同体签订联系国协议（Assoziierungsabkommen）[④] 的国家，尤其是英国，但是英国拒绝这一邀请。[⑤]该备忘录的导言写道：“荷比卢政府一致认为，在欧洲一体化道路上迈出新一步的时刻如今到来了，而这一步首先应该发生在经济领域。”[⑥]这一备忘录被视为所谓“欧洲复兴”（relance

---

① Wilfried Loth, Der Weg nach Europa: Geschichte der europäischen Integration 1939－1957, Göttingen 1990, S. 115.

② Vincent Fally, Le Grand-Duché de Luxembourg et la construction européenne, Luxembourg 1992, S. 198.

③ CVCE, Memorandum der Beneluxstaaten an die sechs Länder der Montanunion, S. 2, 18. 5. 1955, [http://www.cvce.eu/content/publication/2004/3/1/69a6f717－1c7b－4491－a820－54540fa93ec7/publishable_de.pdf], 25. 4. 2014.

④ 联系国协议是一国与超国家或国际共同体组成条约伙伴的国际法条约，但协议国并非该共同体的完全成员，目前欧盟签订该协议的法律基础是EGVS. 310条，许多地中海国家与欧盟签订这类条约，例如埃及、阿尔及利亚、摩洛哥、突尼斯及土耳其，见Tobias Woltering, Die europäische Energieaußenpolitik und ihre Rechtsgrundlagen, Frankfurt am Mainz 2010, S. 79。

⑤ 汉斯·蒂特迈尔访谈，2013年12月19日。

⑥ CVCE, Memorandum, S. 2.

européenne）时代（从 1955 年到 1957 年《罗马条约》签订这个时期）的基础。[1]在建立欧洲防卫共同体（EVG）项目于 1954 年因法国反对而夭折后，这是欧洲一体化努力的再一次尝试。[2]墨西拿会议之所以有突破，是因为建立经济共同体是众望所归。[3]为此一个由比利时外长斯巴克牵头的委员会成立，于 1956 年 4 月 21 日提交一份所谓《斯巴克报告》，成为《罗马条约》的基础。这一报告的核心是设计一个全面的共同市场（欧洲经济共同体）和原子能一体化（欧洲原子能共同体）。在蒂特迈尔看来，艾哈德反对欧洲经济共同体，他认为，如果共同体只是纳入六七个国家，那么外部边界仍然存在。[4]艾哈德更倾向于全球自由贸易。蒂特迈尔表示，阿登纳并不认同艾哈德的反对意见。[5]

蒂特迈尔的个人际遇在 1956 年再一次出现了重要变化。在天主教德国大学生联合会担任秘书长一年多以后，他对这份差事越来越充满疑虑。他认识许多大学生，他们醉心于扮演大学生干部的角色，却错过了“人生的真正任务”。[6]在波恩期间，他愈发意识到这个风险：“我不想长期在那里耽误，尽管有人尝试挽留我。”[7]他在该联合会的工作开始后不久，结识了后来的首任妻子玛莉路易斯（Marieluise），她是莱茵兰人，担任天主教德国大学生联合会秘书，帮助蒂特迈尔重拾学业。蒂特迈尔在晚年仍然感激她，因为她在

① Ralph Dietl, Emanzipation und Kontrolle. Europa in der westlichen Sicherheitspolitik 1948－1963：eine Innenansicht des westlichen Bündnisses（Historische Mitteilungen Beihefte），Stuttgart 2006，S. 247.

② Gehler, Europa, S. 171.

③ 汉斯·蒂特迈尔访谈，2013 年 12 月 19 日。

④ 汉斯·蒂特迈尔访谈，2013 年 12 月 19 日。

⑤ 汉斯·蒂特迈尔访谈，2011 年 11 月 8 日。

⑥ Benkhoff, Tietmeyer, S. 27.

⑦ 汉斯·蒂特迈尔访谈，2013 年 12 月 19 日。

1956年劝说他拒绝该联合会的再三挽留，继续在科隆大学的学业。① 1956年夏季学期，蒂特迈尔从天主教德国大学生联合会离职，回到校园。②

四 科隆硕士毕业（1956～1958年）

刚回到校园的蒂特迈尔，好运不期而至。天主教会考虑建立一个奖学金机制，并以维利格斯特新教学习中心协会（Evangelisches Studienwerk Villigst）③ 为参考，优先为有工作经验的大学生提供奖学金。④天主教会发现自身有潜力并可能帮助那些在经济与社会结构领域坚持不懈的天主教徒，以克服他们的自卑感。⑤由此引申出三个计划：科隆计划（Kölner Plan）、林堡计划（Limburger Plan）及帕德博恩计划（Paderborner Plan）。科隆计划着眼于大学入学前阶段，帮助候选人在工作中熟悉职业生涯，为大学学习做准备。而同期的林堡计划则可以一直资助学生到教授资格训练阶段，以顾问和假期活动形式出现的思想与精神扶持也在此首次出现。尽管上述两个计划的重点不同，但都致力于资助合格的天主教学术新秀。⑥ 1955年4月，基于这两个计划，一个主教委员会出台帕德博恩计划，首次提出“库萨努斯圈子”（Cusanus-Kreis）这一概念。其目标是，为受资助者提供精神生活方面的支持，不仅

---

① Tietmeyer, Daten, S. 10.

② 汉斯·蒂特迈尔访谈，2013年12月19日。

③ 维利格斯特新教学习中心协会是新教的奖学金机制，设立于1948年，为联邦教育与研究部曾经的德国十一个奖学金机制之一，见 Knut Berner/Almuth Hattenbach, Individualität in Russland und Deutschland, Münster 2003, S. Ⅶ。

④ 汉斯·蒂特迈尔访谈，2013年2月12日。

⑤ Maria Dörnemann/Ruth Jung u. a., Historia Cusanorum – 50 Jahre Bischöfliche Studienförderung Cusanuswerk, Bonn 2006, S. 2.

⑥ Cusanuswerk e. V., Ein neuer Weg der Begabtenförderung, Bonn 1963, S. 4.

推动未来的奖学金生在学术与职业层面前行，还促进其性格和宗教信仰成长。①

1955 年 11 月，所谓的“库萨努斯圈子”成立，但很意外没有建立在上述任何一个计划基础之上。主教们同意委托时任斯图加特教区神父伯恩哈德·汉斯勒（Bernhard Hanssler）作为精神导师负责设计方案，并由主教们来把关。他的任务是建立一个奖学金生的小圈子，因此他招募可信赖的老师，作为遴选委员会成员在假期学院中亲自辅导奖学金生。②

天主教会的奖学金机制，即“库萨努斯”由此建立。③蒂特迈尔密切关注这一进程，并在与汉斯勒谈话之后顺利通过第二轮遴选程序。④那一年共有 85 位大学生获得该奖学金，在随后几年，奖学金生人数不断增加，至 1962 年已有超过 300 人受“库萨努斯”资助。⑤蒂特迈尔说道：“这对于我来说真的是非常有利，因为之前的工作已经让我对钱麻木了，接下来几年我想专注于学业。”⑥他每个月有 280 西德马克奖学金，尽管比天主教德国大学生联合会时期的收入少得多，但是他不用因此承担任何义务。对于来他说，最关键的是，他无须再依靠父亲的资金支持，可全身心投入学习。⑦

大学最后两年，阿尔弗雷德·米勒－阿尔玛克的经济政策讲座逐渐引起蒂特迈尔关注，并对他的经济政策基本倾向产生重大影响。米勒－阿尔玛克在当时不但是联邦经济部政策司司

---

① Maria Dörnemann/Ruth Jung u. a., Historia, S. 3－4.

② Maria Dörnemann/Ruth Jung u. a., Historia, S. 2－4.

③ Benkoff, Tietmeyer, S. 27.

④ 汉斯·蒂特迈尔访谈，2014 年 2 月 6 日。

⑤ Cusanuswerk e. V., Weg, S. 19.

⑥ 汉斯·蒂特迈尔访谈，2013 年 2 月 12 日。

⑦ 汉斯·蒂特迈尔访谈，2013 年 12 月 19 日。

长以及路德维希·艾哈德在许多国际谈判中的代表，而且在科隆大学还拥有一个教席，在这里他和他的学生以所谓科隆学派而为人所熟悉。①

在学术文献中，秩序自由主义可被划分为两个学派：以瓦尔特·欧肯为中心的弗莱堡学派②（狭义的秩序自由主义）与以米勒-阿尔玛克为中心的科隆学派（广义的秩序自由主义）。③弗莱堡学派秩序自由主义是亚当·斯密（Adam Smith）古典自由主义的继承和发展。④它保留了古典自由主义的基本自由理念，但是与自由放任原则保持一定距离。欧肯坚信，不干预市场而聚焦游戏规则制定的国家竞争秩序是必不可少的，如此方能实现个人与集体利益的平衡。欧肯批评自由放任下个人受自身利益激励的行为方式，会对其他人产生负面影响，从而危及社会的共同生活。⑤

根据欧肯的秩序自由主义，国家的任务是实施积极的秩序政策，以避免单个或多个经济主体形成垄断，从而保障竞争秩序。⑥

---

① Tietmeyer, Euro ist nicht nur ein Ergebnis, S. 124.

② 弗莱堡学派指20世纪30年代与40年代在弗莱堡大学围绕瓦尔特·欧肯、弗兰兹·伯姆（Franz Böhm）和汉斯·格罗斯曼-德尔特（Hans Großmann-Doerth）等人身边的研究与教学共同体，学派也因此得名，见 Gerold Blümle/Nils Goldschmidt, Zur Aktualität der Euckenschen Ordnungsethik für eine Erneuerung der Sozialen Marktwirtschaft, in: Freiburger Schule und die Zukunft der sozialen Marktwirtschaft, hrsg. v. Viktor J. Vanberg/Thomas Gehring u. a., Berlin 2010, S. 13-33, hier S. 15。

③ Heinz Grosskettler, Kritik der Sozialen Marktwirtschaft aus der Perspektive der Neuen Institutionenökonomik, in: Soll und Haben - 50 Jahre Soziale Marktwirtschaft, hrsg. V. Knut Nörr/Joachim Starbatty, Stuttgart 1999, S. 53-82, hier S. 53.

④ Walter Eucken, Grundlagen der Nationalökonomie, Berlin/Heidelberg 1959, S. 24 ff.

⑤ Walter Eucken, Grundlagen der Nationalökonomie, Berlin/Heidelberg 1959, S. 50 ff. u. S. 238 ff.

⑥ Hans Jörg Thieme, Soziale Marktwirtschaft: Ordnungskonzeption und wirtschaftspolitische Gestaltung, München 1994, S. 16.

具体来说，欧肯的秩序自由主义就是规定“私人竞争的国家秩序”，因为自发的竞争秩序不足以保证经济健康运行。[①]因此，欧肯认为需要有一个“促进完全竞争市场发展的经济宪法政策”，[②]国家应聚焦经济秩序的建构，为经济主体的行动设定框架。在此框架之内，经济过程依据其自身规律运行。欧肯提出了七大立宪原则，作为国家保障自由竞争秩序的前提条件，即健康运行的价格体系、货币政策的优先地位（法定货币的稳定）、开放的市场、保障私有产权、立约自由、责任自担原则和经济政策的稳定。这些原则必须被视为一个整体，因为只有全部贯彻这些原则，方能实现竞争和最终保障自由。不过，即使这些立宪原则都得到完美落实，也无法避免垄断等对经济总体秩序产生危害。因此，欧肯补充了必要的调控原则，例如反卡特尔等，以确保竞争秩序的良好运行。[③]

与以欧肯为中心的弗莱堡学派相反，以米勒－阿尔玛克为中心的科隆学派强调社会视角，即社会的市场经济。[④]米勒－阿尔玛克不认为结构性问题可以借助经济秩序来解决，因此要施行比欧肯更灵活的国家干预政策。[⑤]经济学家吕德尔·格尔肯（Lüder Gerken）认为，在米勒－阿尔玛克看来，仅仅有竞争秩序是不够的，还需要另一个“社会政策支柱”。与欧肯不同，米勒－阿尔玛克仅把竞争秩序政策视为实现经济目标的工具，而要实现社会目标则需要独立

---

① Karl Farmer/Ingeborg Stadler, Marktdynamik und Umweltpolitik: ein Beitrag zur gleichgewichts-und ordnungstheoretischen Fundierung umweltorientierter Volkswirtschaftslehre, Wien 2005, S. 232; Walter Eucken, Grundsätze der Wirtschaftspolitik, Tübingen 1960, S. 373.

② Farmer/Stadler, Marktdynamik, S. 255.

③ Farmer/Stadler, Marktdynamik, S. 233 f.

④ 汉斯·蒂特迈尔访谈，2011 年 11 月 8 日。

⑤ 汉斯·蒂特迈尔访谈，2013 年 2 月 12 日。

的社会政策。[①]特别是经济与社会政策的关系问题，可被视作欧肯的秩序自由主义与米勒-阿尔玛克社会市场经济理念的关键分野。[②]不同于米勒-阿尔玛克赋予过程政策重要意义，欧肯相信完全竞争的完美市场经济不应出现周期性波动，因此也无须过程政策，社会政策也只有在最极端困境下才能实施。[③]欧肯拒绝通过调控干预来建立经济秩序，米勒-阿尔玛克则不但接受，甚至认为干预是矫正竞争扭曲趋势的必要手段。[④]

蒂特迈尔在米勒-阿尔玛克的科隆学派中浸染，之后在联邦经济部又受弗莱堡学派影响。米勒-阿尔玛克当时也是参加《罗马条约》以及《欧洲经济共同体条约》谈判的联邦德国代表团成员。蒂特迈尔仍对米勒-阿尔玛克在课堂上经常通报的谈判进展及相关细节记忆犹新。[⑤]据蒂特迈尔自己讲述，他最迟是从米勒-阿尔玛克那里将视野扩展到整个欧洲层面。[⑥]

1957年3月25日，比利时、法国、卢森堡和荷兰四国的外长与德国和意大利两国政府首脑在罗马国会大厦签订《罗马条约》，这一条约以墨西拿会议催生的《斯巴克报告》为基础。随着《罗马条约》于1958年1月1日生效，欧洲原子能共同体和欧洲经济

① Lüder Gerken, Walter Eucken und sein Werk: Rückblick auf den Vordenker der sozialen Marktwirtschaft, Tübingen 2000, S. 25.

② Jürgen Lange-von Kulessa/Andreas Renner, Die soziale Marktwirtschaft Alfred Müller-Armacks und der Ordoliberalismus der Freiburger Schule: zur Unvereinbarkeit zweier Staatsauffassungen, in: *Ordo: Jahrbuch für die Ordnung von Wirtschaft und Gesellschaft* 49 (1998), S. 79-104, hier S. 95-100.

③ Karl Georg Zinn, Soziale Marktwirtschaft. Idee, Entwicklung und Politik der bundesdeutschen Wirtschaftsordnung, Mannheim 1992, S. 25 f.

④ Blümle/Goldschmidt, Aktualität der Euckenschen Ordnungsethik, S. 15.

⑤ Blümle/Goldschmidt, Aktualität der Euckenschen Ordnungsethik, S. 15.

⑥ Tietmeyer, Euro ist nicht nur ein Ergebnis, S. 124.

共同体建立。政治学家汉斯·于尔根·库斯特斯（Hanns Jürgen Küsters）写道，与落空的欧洲防卫共同体不同，所谓的《罗马条约》没遇到批准困难。[①]欧洲原子能共同体延续欧洲煤钢共同体理念，因为走的仍然是行业一体化的老路，致力于原子能的共同和平利用。[②]历史学家米歇尔·格勒尔表示，因为成员国不能达成广泛一致，欧洲原子能共同体曾遭遇巨大困难，尤其是法国禁止联邦德国方面生产和持有核武器，因此根据《欧洲原子能共同体条约》，联邦德国不具有与法国同等的核能伙伴地位。[③]

欧洲经济共同体显然意义更为重大，这一共同体的目标是逐步减少六个成员国之间的关税和其他贸易障碍，从而建立一个欧洲共同市场[④]，遵循的是横向原则而非行业原则。法学家斯特凡·霍伯（Stefan Hobe）和安德里亚·恩德（Andrea End）分析，跨行业的国家边界开放是《欧洲经济共同体条约》的真正创新，他们将《罗马条约》描述为跨国和整体合作的重要里程碑，因为《罗马条约》以独一无二的方式将经济利益、和平及财富结合起来。[⑤]《欧洲经济共同体条约》第二条表示要逐步实现经济政策趋同以及各国之间更紧密的关系。[⑥]因此，欧洲经济共同

① Hanns Jürgen Küsters, Die Gründung der Europäischen Wirtschaftsgemeinschaft, Baden-Baden 1982, S. 472.

② Stephan Hobe/Andrea End, 50 Jahre Römische Verträge. Vorreiter einer modernen Rechtsentwicklung, in: Integration: Vierteljahreszeitschrift des Instituts für Europäische Politik in Zusammenarbeit mit dem Arbeitskreis Europäische Integration 30 (2007), Heft 2, S. 140 – 149, hier S. 141.

③ Gehler, Europa, S. 199.

④ Wienecke-Janz/Ute Becker u. a., Chronik, S. 413.

⑤ Hobe/End, 50 Jahre, S. 140 f.

⑥ Europäische Wirtschaftsgemeinschaft, Vertrag zur Gründung der Europäischen Wirtschaftsgemeinschaft, Rom 1957, S. 169.

体也可以被视为通往政治共同体的一步。[①]蒂特迈尔回忆，瓦尔特·哈尔斯坦（Walter Hallstein）[②] 在20世纪60年代对此深信不疑，认为从长远来看，关税同盟迟早会出现困境，从而走向政治一体化。[③]实现共同体目标的具体举措被写入《欧洲经济共同体条约》第三条，例如内部关税应取消，引入对外统一关税，人员、服务和资本流动自由，共同农业政策，协调经济政策以及实现各国国内法律法规的趋同等。[④]

格勒尔批评道，《欧洲经济共同体条约》几乎没有就普遍的经济和货币政策做出立场表述，外交政策也仍保留在成员国层面。[⑤]蒂特迈尔也持同样观点，他认为尽管《欧洲经济共同体条约》关于经常项目收支的法条涉及各国货币政策的协调，但货币政策权限仍属于成员国主权。1957年《罗马条约》签订时，布雷顿森林体系[⑥]仍是覆盖全世界的固定汇率体系，因此欧洲经济共同体成员国

---

① Gehler, Europa, S. 213 f.

② 瓦尔特·哈尔斯坦常被认为是一位欧洲主义者，1951～1958年任联邦外交部国务秘书，1958年任欧洲经济共同体首任主席，在这一职位上他一直待到1967年，随后他成为“欧洲运动”的主席。他是《罗马条约》的设计师，并作为国务秘书与阿登纳总理一起代表联邦德国签字，见 Thomas Freiberger, Der Friedliche Revolutionär：Walter Hallsteins Epochenbewusstsein, in：Entscheidung für Europa. Erfahrung, Zeitgeist und politische Herausforderungen am Beginn der europäischen Integration, hrsg. v. Volker Depkat/Piero Graglia, Berlin 2010, S. 205 f。

③ Tietmeyer, Herausforderung Euro, S. 23.

④ Europäische Writschaftsgemeinschaft, Vertrag, S. 169 f.

⑤ Gehler, Europa, S. 199.

⑥ 布雷顿森林体系为固定汇率制的国际货币体系，于1945年生效。所有成员国有义务让其货币与黄金或美元挂钩，《布雷顿森林协定》规定美元随时可以可与黄金以每盎司35美元的价格无限量兑现，而其他货币则以固定汇率与美元兑换。美元成为主导货币，各国对美元汇率只能在正负最多1%的幅度内震荡，见 Hermann Geiger, Das Währungsrecht im Binnenmarkt der Europäischen Union (Beiträge zum Privat-und Wirtschaftsrecht), Karlsruhe 1996, S. 14。

无法就共同货币政策展开讨论，货币政策领域的合作主要聚焦如何便利欧洲内部的支付结算，《罗马条约》第三条的资本流动自由化强调了这一点。[①]

尽管如此，随着《罗马条约》的签署，欧洲一体化的进程大大超出了经历过《欧洲防卫一体化条约》落空的人们的预期。欧洲被赋予一个“组织核心”，具备了在许多领域的进一步发展的潜力。[②]随着《罗马条约》的签订，三个共同体（欧洲煤钢共同体、欧洲原子能共同体和欧洲经济共同体）有了一个法院、一个委员会、一个部长理事会以及一个议会。《罗马条约》最终应被视为我们至今仍处于其中的西欧一体化的一个阶段。[③]

而在联邦德国，关于未来欧洲经济政策的讨论如火如荼。一个拥有调控权限和对外关税的六国共同市场在联邦经济部部长艾哈德看来“于国民经济毫无意义”，因为对其他欧洲经济共同体成员国的出口只占德国出口 25%。[④]艾哈德主张一个世界自由贸易体系，因为这一体系符合德国的出口利益，而局限于六国的关税联盟反而阻碍了联邦德国经济。[⑤]因此历史学家提姆·盖格尔（Tim Geiger）

---

① Tietmeyer, Währungsunion, S. 20 – 22.

② Wilfried Loth, Experiencing Europe. 50 years of European construction 1957 – 2007 (Veröffentlichungen der Historiker-Verbindungsgruppe bei der Kommission der Europäischen Gemeinschaften), Baden-Baden 2009, S. 130.

③ Gehler, Europa, S. 215.

④ Wilfried Loth, Der Weg nach Rom-Entstehung und Bedeutung der Römischen Verträge, in: Integration: Vierteljahreszeitschrift des Instituts für Europäische Politik in Zusammenarbeit mit dem Arbeitskreis Europäische Integration 1 (2007), S. 36 – 43, hier S. 42.

⑤ Wilfried Loht, Europas Einigung: Eine unvollendete Geschichte, Frankfurt/M. 2014, S. 59.

认为艾哈德是一位今天仍可被称为拥有全球视野的政治家。[①]蒂特迈尔也确认，艾哈德希望尽可能开放内外边界。[②]路德维希－艾哈德基金会档案部主任福尔克哈德·莱滕贝格尔（Volkhard Laitenberger）用一个公式总结艾哈德对欧洲的观点：6＋7＋5＝1，即欧洲由六个共同体国家、七个欧洲自由贸易联盟（EFTA）国家（丹麦、英国、挪威、奥地利、葡萄牙、瑞典与瑞士）以及五个当时还没有任何结盟关系的国家（希腊、爱尔兰、冰岛、西班牙和土耳其）组成。[③]艾哈德担心，尽管六个国家内部的合作会越发紧密，但是成员国可能对欧洲经济共同体项目产生分歧。此外，他还对法国所谓“经济计划”的中央集权传统会通过共同体导致德国出现国家中央集权主义表示忧虑。[④]

在艾哈德看来，除了可能导致更多国家中央集权之外，制度主义的一体化方式推动的越来越多超国家规则和机制也存在风险。在德国这边，联邦总理康拉德·阿登纳和瓦尔特·哈尔斯坦都赞同通过共同机制建立“欧洲”。[⑤]尤其是阿登纳，希望借助超国家机制建设一个以法国－德国为核心的“经济欧洲”和“有政治行动能力的欧洲”。[⑥]而以艾哈德为代表的功能一体化拥趸们则针锋相对地主张：共同机制只有通过各国国民经济的日益合作方能实现。在艾哈

---

① Tim Geiger, Ludwig Erhard und die Anfänge der Europäischen Wirtschaftsgemeinschaft, in: 40 Jahre Römische Verträge: der deutsche Beitrag. Dokumentation der Konferenz anlässlich des 90. Geburtstages von Dr. h. c. Hans von der Groeben, hrsg. v. Rudolf Hrbek/Hans von der Groeben, Baden-Baden 1998, S. 50–64, hier S. 50.

② 汉斯·蒂特迈尔访谈，2011年11月8日。

③ Volkhard Laitenberger, Ludwig Erhard, der Nationalökonom als Politiker (Persönlichkeit und Geschichte), Göttingen 1986, S. 145.

④ Geiger, Erhard, S. 50.

⑤ Geiger, Erhard, S. 51.

⑥ Gehler, Europa, S. 215.

德看来，“自上而下设定的超国家机制与一个自由的经济秩序不兼容”①。

艾哈德始终对制度主义道路持保留意见，也因此导致欧洲伙伴对德国一体化态度的疑虑。②阿登纳不乐见外界的这一观感，尝试清晰阐述德国对墨西拿决议的立场，他认为，那些专业性质应被置于更高的政治目标之下。③阿登纳与艾哈德之间因此产生冲突，艾哈德甚至计划促成墨西拿项目落空，最终，阿登纳的政治理念压倒艾哈德，得以落实。④

《罗马条约》生效之年（1958年）正逢蒂特迈尔写作硕士毕业论文，一个重要问题是为硕士学位论文选择一个适当题目。他决定到经济政策研究所写硕士学位论文，这一决定对他今后的人生路也有影响。⑤米勒－阿尔玛克就其选题建议道：蒂特迈尔应关注天主教社会教义中的奥尔多（Ordo）概念。尽管米勒－阿尔玛克并非天主教徒，但是他知道蒂特迈尔学过神学，熟悉天主教社会教义。此外，经济政策与天主教社会教义的关联也切合蒂特迈尔的基本理念，即“人们不仅需行善，而且需要一个稳定的体系，这个体系是社会可持续的、公平的、均衡且面向未来的”⑥。

蒂特迈尔的硕士学位论文最后立足天主教社会教义与秩序自由

① Geiger, Erhard, S. 51; Ludwig Erhard, Deutsche Wirtschaftspolitik, Düsseldorf 1962, S. 60 u. 253.

② Ulrich Lappenküper, Die deutsch-französischen Beziehungen 1949－1963 (Quellen und Darstellungen zur Zeitgeschichte), München 2001, S. 241 f.; Geiger, Erhard, S. 52.

③ Konrad Adenauer, Erinnerungen 1955－1959, Frankfurt/M. 1969, S. 253－255.

④ Gehler, Europa, S. 215.

⑤ 汉斯·蒂特迈尔访谈，2013年2月12日。

⑥ 汉斯·蒂特迈尔访谈，2013年12月19日。

主义中奥尔多概念的比较。[①]他尝试梳理其经济政策理念与信仰之间的差别，并认识到，两者之间有一系列共同点，但在细节处存在重要差异。两者都要求一系列固定的秩序原则及其明确定义，拒绝任何形式的相对主义，除此之外在秩序结构的论述方面两者也有许多共通之处。但是，蒂特迈尔认为两者有三个关键差异：第一，与竞争的关系。自由竞争被视为秩序自由主义的化身，但在天主教社会教义里竞争只是工具，而非立宪原则。[②]第二，两者的差别涉及作为社会秩序一部分的经济秩序，秩序自由主义视经济秩序为总体秩序的一个特定面向，而天主教社会教义则将其归入总体秩序的一部分。在秩序自由主义看来，经济包含特定的秩序结构，即市场的自发秩序。第三，两者的差别在于超越性[③]的意义，秩序自由主义对忽视实证研究的超越性持抵制态度，而天主教社会教义则同时关注经验无法证明的视角。[④]米勒－阿尔玛克给蒂特迈尔的硕士学位论文打出了"非常好"的高分，他也因此于 1958 年夏季学期从科隆大学获得国民经济硕士学位（Diplom-Volkswirt）。[⑤]

这篇论文对他的人格影响深远，他后来成为一位经常严格按原则行事的人物，并多次参与秩序政策学说的讨论。在他的论文中，他对既能在经济政策又能在天主教社会教义中得到应用的固定秩序原则及其明确定义进行了论述。这表明，最迟在其硕士学位论文撰写期间，

① Hans Tietmeyer, Diplomarbeit-Der ORDO-Begriff in der katholischen Soziallehre, 1957. PAT, Ordner 1, S. 129.

② Hans Tietmeyer, Diplomarbeit-Der ORDO-Begriff in der katholischen Soziallehre, 1957. PAT, Ordner 1, S. 129.

③ 超越性（Transzendenz）这一概念源于哲学与神学，即超出有限领域，例如超出对有限或经验事物的客观观察，也就是说，不聚焦实证研究，而是意义给赋框架，见 Primin Stekeler-Weithofer, Sinn, Berlin 2011, S. 43。

④ Tietmeyer, Diplomarbeit, S. 129 – 133.

⑤ Tietmeyer, Daten, S. 10.

这些理念就已内化于心。借助硕士学位论文的写作，他还体认到经济政策理念与信仰之间的巨大差异。在今后的岁月中，他一方面基于经验事实论证其经济政策，但是另一方面他又清楚，他的信仰本身无法被经验证明。这并未让他放弃天主教信仰，恰恰相反，他致力于在工作中非常理性行事的同时，可能因天主教信仰的影响，他信仰的热忱可以说是非理性的。他并非一个线性理性行事的人物，经常也会在被说服的情况下赞同非理性。因此，他在论文结论中提到“相互坦率、精神交流的热情”。[①]在今后的职业生涯中，当由于一些政治非理性但必要的措施而需放弃经济理性时，时常可见他这一坦率的品质。

五　科隆攻读博士学位（1958～1961 年）

大学期间，蒂特迈尔有时以大学生助理的身份在位于巴德哥德斯堡（Bad Godesberg）的德国联邦大学生联合会[②]社会部勤工俭学，在这里工作期间他的博士学位论文题目逐渐成形。德国联邦大学生联合会的一些工作人员做过一个问卷调查，即所谓霍内夫模式（Honnefer Modell）[③]在多大程度上可适用于高等专科学校（Fachhochschule）。他们有兴趣对结果进行统计分析并出版。[④]蒂特

---

① Tietmeyer, Diplomarbeit, S. 129 - 133.

② 德国联邦大学生联合会（Der Deutsche Bundesstudentenring）成立于 1952 年，当时一些德国大学生联合会决定合并，以维护其共同利益，尤其是在社会层面，见 Thomas Oppermann, Kulturverwaltungsrecht: Bildung, Wissenschaft, Kunst, Tübingen 1969, S. 402。

③ 1957 年以来，在研究型高校就读、有需求且成绩超常的大学生可通过霍内夫模式得到经济资助，而 1958 年，针对高等专科学校的隆多夫模式（Rhöndorfer-Modell）也出台了，但是这一方案由联邦州而非联邦资助，这两种模式是 1971 年生效至今的《联邦教育促进法》（*Bundesausbildungsförderungsgesetz*）的前身，见 Tobias Arens, Inter-und Intragenerative Umverteilung im deutschen Steuer-Transfer-System: langfristige Wirkungen im Lebenszyklus, Frankfurt am Main 2009, S. 97。

④ 汉斯·蒂特迈尔访谈，2013 年 12 月 19 日。

迈尔从中看到在博士学位论文框架下对此进行分析的可能性，因此，他就此与母校愿意指导他的格哈尔德·维瑟尔①教授和列纳·柯尼希②沟通，论文具体题目为“联邦德国与西柏林技术学校学生之社会状况及公共扶持措施”。这一选题更侧重于社会科学，使蒂特迈尔暂时偏离了其经济政策的核心研究领域。③蒂特迈尔觉得他当时在一定程度上有志于从事社会政策研究，因此选择了这个题目。④

蒂特迈尔的博士课题的明显有利之处就是节约时间，因为数据早已采集，他得以从德国联邦大学生联合会获取了相关材料。⑤他分析针对西柏林技术学校贫困学生既有的以及可能的救助措施⑥，对此发出质疑，找出各种不足，并在实证数据基础之上提出改革国家救助措施的建议。⑦蒂特迈尔论文的字里行间流露出他

---

① 格哈尔德·维瑟尔在战后担任英占区委员会秘书长，1948 年任北威州财政部副部长，1950 年任科隆大学社会政策及合作社教授，1959 年任社会民主党项目委员会委员，是哥德斯堡纲领（Godesberger Programm）的重要设计者，社会民主党在 1959 年至 1989 年秉承这一纲领，见 Rolf Prim, Praktische Sozialwissenschaft, Lebenslagenforschung und Pädagogik bei Gehard Weisser, Weingarten 2000, S. 5。

② 列纳·柯尼希为德国战后最有影响力的社会学家之一，他致力于对德国战后社会进行实证社会研究，1949 年任科隆大学经济与社会科学学院社会学教授，直至 1974 年退休，其最有名的著作是《费舍尔社会学词典》（*Fischer Lexikon Soziologie*），该书至 1979 年售出超过 40 万册，见 Richard Albrecht, Einmal Emigrant-Immer Emigrant, in: *Soziologie heute* 3（2010）, S. 36 – 39。

③ 汉斯·蒂特迈尔访谈，2013 年 2 月 12 日。

④ 汉斯·蒂特迈尔访谈，2014 年 2 月 6 日。

⑤ 汉斯·蒂特迈尔访谈，2013 年 12 月 19 日。

⑥ Hans Tietmeyer, Inaugural-Dissertation-Die soziale Lage der Studierenden an den Ingenieurschulen in der Bundesrepublik und Berlin-West und Förderungsmaßnahmen der öffentlichen Hand, 23. 2. 1961. PAT, Ordner 2, S. 11.

⑦ Hans Tietmeyer, Inaugural-Dissertation-Die soziale Lage der Studierenden an den Ingenieurschulen in der Bundesrepublik und Berlin-West und Förderungsmaßnahmen der öffentlichen Hand, 23. 2. 1961. PAT, Ordner 2, S. 11.

对贫困学生社会状况的同情，例如他呼吁将父母用于供养受教育子女的支出从税收中扣除。[①]蒂特迈尔本人来自普通家庭，依靠家庭经济资助，他希望“父母的社会阶层与经济条件原则上不应限制年轻人的选择机会”[②]。他经常在学业之余打工，当时如果能扩展资助措施，他必定是非常乐见的。因此，他认为社会的一个重要任务就是提供足够的教育机会，促进年轻人能力的发挥与展现。阅读蒂特迈尔的博士学位论文，也不难发现他的认真细致。有鉴于此，他的导师们给出了“优秀”（summa cum laude）这一最高分。[③]

蒂特迈尔的博士学位论文与他将来的职业没有实质关系，因为他不久后就重新投身经济政策领域，但是这一社会科学议题可能对他的秩序政策思考下的社会政策有所启发。例如在后来进行的两德关于货币联盟的谈判中，他在社会政策领域就做好妥协准备，尽管这与纯粹的秩序政策理论并不兼容。

在读博士期间，蒂特迈尔还于 1959 年初期从“库萨努斯”促进机构的精神领袖——高级教士伯恩哈德·汉斯勒那里获得担任“库萨努斯”领导职位的机会。蒂特迈尔说道：“我必须以某种方式资助自己的博士学习。”[④]蒂特迈尔和汉斯勒搭档，致力于推动

---

① Hans Tietmeyer, Inaugural-Dissertation-Die soziale Lage der Studierenden an den Ingenieurschulen in der Bundesrepublik und Berlin-West und Förderungsmaßnahmen der öffentlichen Hand, 23. 2. 1961. PAT, Ordner 2, S. 11.

② Hans Tietmeyer, Inaugural-Dissertation-Die soziale Lage der Studierenden an den Ingenieurschulen in der Bundesrepublik und Berlin-West und Förderungsmaßnahmen der öffentlichen Hand, 23. 2. 1961. PAT, Ordner 2, S. 14.

③ 汉斯·蒂特迈尔访谈，2013 年 2 月 12 日。

④ 汉斯·蒂特迈尔访谈，2014 年 2 月 6 日。

“库萨努斯”蓬勃发展。[①]他的核心任务是与全德国的教授、大学生及大学生神父进行联系和沟通，包括在国内外组织假期培训，与政府和教会机构进行合作等。[②]组织假期培训对他来说毫无难度，因为早在梅特伦时，他就参与组织了神父韦弗林的青年旅行，而与政府和教会机构合作则早在担任天主教德国联邦大学生联合会秘书长时期就已驾轻就熟。这一角色让他继续成长：“我的收获在于我在假期培训和与高校师生的海量沟通中学到许多，使我在看待事物与问题时有了超越个人专业领域的宏大视角。”[③]

尽管他很快就意识到，“库萨努斯”的领导职位并非其最终职业归宿，但出于个人原因这份工作他还是干到了 1962 年。硕士毕业后他就与从天主教德国联邦大学生联合会时期就一直陪伴并支持他的玛莉路易斯结婚。他们在巴德哥德斯堡租了一套公寓，并在 1960 年迎来第一个孩子的降生。[④]作为年轻的父亲，蒂特迈尔出于经济原因还指望在“库萨努斯”的工作养家糊口。

从经济角度看，蒂特迈尔在联邦德国战后经济起飞阶段接受了学术训练，这一主线伴随着他整个大学生涯。而这一时期也是德意志民族在经历了痛苦的战后岁月后重塑自我的阶段。那些在童年或青少年时代经历过战争的大学生从战后的繁荣中受益，因此也对未来充满希望，当时的形势从 1952 年至 1961 年的经济数据指标可见一斑。联邦德国实际国内生产总值增长率与失业率（1952～1961 年）如图 3－6 所示。

---

① Andreas Sohn, Ein Westfale im Dienst von Politik, Wirtschaft, Finanz und Kirche, in: Laien gestalten Kirche. Diskurse-Entwicklung-Profile; Festgabe für Maximilian Liebmann zum 75. Geburtstag, hrsg. v. Michaela Sohn-Kronthaler/Rudolf Höfer (Theologie im kulturlen Dialogl), Innsbruck-Wien 2009, S. 423－433, hier S. 425.

② Tietmeyer, Daten, S. 10 f.

③ Sohn, Westfale, S. 118.

④ Tietmeyer, Daten, S. 10.

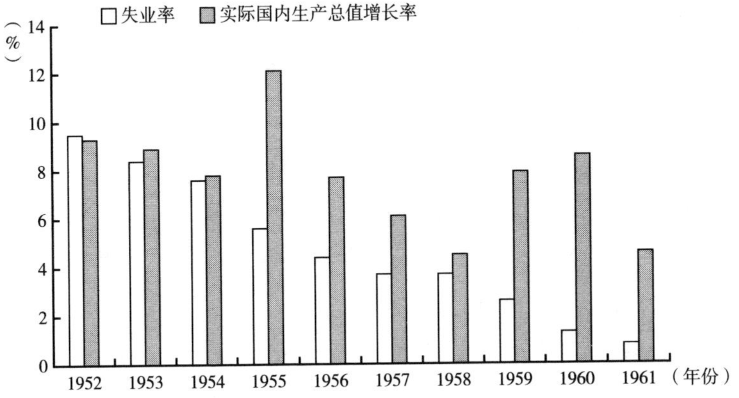

图 3－6　联邦德国实际国内生产总值增长率与失业率（1952～1961 年）

资料来源：作者自制，数据来源于 Statistisches Bundesamt，Arbeitsmarkt 1950 bis 2017，Wiesbaden 2018；Statistisches Bundesamt，Wirtschaft und Statistik，Wiesbaden 2009，S. 204。

实际国内生产总值增长率的变化让人了解，为何 20 世纪 50 年代被称为创造德国经济奇迹的年代。除 1957 年与 1958 年这两年外，每年经济增长率都超过 6%，这一表现不仅在德国历史上空前，与同时期其他国家相比也是一枝独秀。德国经济在这一时期增速两倍于美国，甚至或许可以说德国创造了世界经济奇迹。[①] 失业率变化也可印证这一发展，1952～1961 年，失业率持续降低，从 9.5% 下降至 0.8%，[②]毫无疑问，这是联邦德国 20 世纪 50 年代成功历史的重要组成部分。1955 年，德国实现充分就业，而这在十年前是无法想象的。[③]关

① Wehler，Notizen zur deutschen Geschichte，München 2007，S. 136－138.

② Statistisches Bundesamt，Arbeitsmarkt 1950 bis 2017.

③ Bank deutscher Länder，Geschäftsbericht，Frankfurt/M. 1956，S. 1；Ludwig Erhard，Wohlstand für Alle，Düsseldorf 1957，S. 81 u. 249.

于德国的经济奇迹，有许多解释理论。[①]蒂特迈尔认为，战后经济起飞是战前增长趋势的延续（重构论），而这一趋势又得到德国在欧洲框架下向出口经济转型的加强（结构转型论）。然而，毫无疑问，经济扩张的基础是社会市场经济制度的落地。[②]

表3-2显示了经济发展对联邦德国民众态度的影响，是由EMNID研究所进行的民意调查，EMNID每年询问民众政府最重要的任务是什么，从而知晓这一时期民众的关切。

20世纪50年代，与失业率做斗争的优先性不断减弱，随着充分就业的实现，与失业率做斗争不再是紧急的任务，蒂特迈尔也正是在这一环境下完成其大学学业，呈现在他面前的是欣欣向荣的劳动力市场，每个人对前途都充满期待。劳动力市场需要蒂特迈尔这样的专业人才。此外，1955年以后，提高实际工资和控制通胀的任务越发凸显。

表3-2 EMNID关于联邦德国政府最重要任务占比的问卷调查（1952~1961年）

单位：%

年份	提高实际工资的任务占比	与失业率做斗争的任务占比	其他重要任务占比
1952	7	9	16（德国统一）
1953	7	6	14（和平）
1953	5	7	15（德国统一）
1954	5	6	16（生活水平）
1955	13	3	18（德国统一）
1956	13	1	23（德国统一）

① Hans-Ulrich Wehler, Deutsche Gesellschaftsgeschichte. Bd. 5: Bundesrepublik und DDR 1949-1990, München 2008, S. 49.

② Hans Tietmeyer, Grußwort des Herrn Minister für die Anzeigenbeilage zur New York Times, 23.9.1966. PAT, Ordner 15, S. 1.

续表

年份	提高实际工资的任务占比	与失业率做斗争的任务占比	其他重要任务占比
1957	8	0	27(德国统一)
1958	26	0	23(德国统一)
1959	16	0	27(德国统一)
1960	10	0	24(德国统一)
1961	15	0	21(德国统一)

资料来源：作者自制，数据来源于 Berger，1997，S. 27。

图 3－7 显示的是 1952～1961 年联邦德国通货膨胀率（简称通胀率）的变化。1955 年以后，民众对通胀的恐惧日益增加，随后的七年中联邦德国只有三年实现了价格稳定，即通胀率在 2% 以下。经济学家赫尔格·贝格尔（Helge Berger）写道："不应忽视实际经济增长与通胀率之间存在正相关关系，原则上，通胀率是实际经济增长的滞后表现，两者的相关系数反映，生产指数先行于价格指数 6 至 9 个月。"[①]考察 1955 年、1957 年以及 1960 年的实际经济表现，通胀率在这些年份的第二年都冲至最高点，可以印证这一说法，尤其是 1955 年与 1960 年，这一时期实际经济增长率最高的两年，经济增长指标分别达到 12.1% 与 8.6%。[②]此外，1955 年后，经济表现比较稳定，有助于减少民众对通胀的担心。那么问题则是为什么民众会认为控制通胀是政府的重要任务。蒂特迈尔对此解释道："我们在货币问题上比其他国家更为敏感，因为别人没有像我

① Helge Berger, Konjunkturpolitik im Wirtschaftswunder: Handlungsspielräume und Verhaltensmuster von Bundesbank und Regierung in den 1950er Jahren, Tübingen 1997, S. 11 f.

② Statistisches Bundesamt, Wirtschaft und Statistik, S. 204.

们一样，在 1923 年和 1948 年货币资产因通胀或货币改革损失惨重，这些经历已经自然而然地深刻塑造了德国人的精神气质。”①

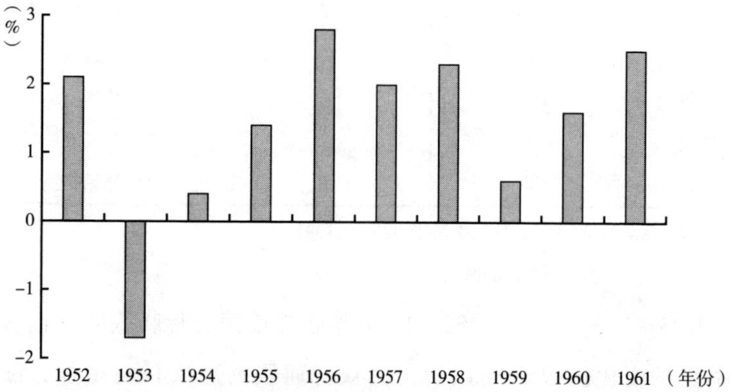

图 3－7　联邦德国通货膨胀率变化（1952～1961 年）

资料来源：作者自制，数据来源于 Statistisches Bundesamt, Verbraucherpreisindizes für Deutschland, Wiesbaden 2018, S. 4。

20 世纪 50 年代的一些讨论也对通胀恐惧有一定影响。当时，联邦德国出现了大量贸易盈余，艾哈德担心会因此导致通胀率的攀升。1951 年，海外的通胀势头若隐若现，在固定汇率的布雷顿森林体系下，联邦德国的贸易盈余并不完全是幸事，因为会引发输入型通胀。②蒂特迈尔提到，联邦银行已经无能为力，因为 20 世纪 50 年代末和 60 年代初美元和英镑走弱，而西德马克却不断走强。艾哈德主张西德马克主导货币升值，而阿登纳则持反对意见。1961 年 3 月，艾哈德的理念得到贯彻。③在布雷顿森林体系下，西德马

---

① 汉斯·蒂特迈尔访谈，2013 年 2 月 12 日。

② Carsten Herrmann-Pillath, Marktwirtschaft als Aufgabe: Wirtschaft und Gesellschaft im Übergang von Plan zum Markt, Frankfurt/M. 1994, S. 74.

③ Tietmeyer, Euro ist nicht nur ein Ergebnis, S. 126.

克与荷兰盾升值5%，这一举措在新成立的欧洲经济共同体内部第一次引发了货币政策矛盾，因为这会导致西德马克与荷兰盾相对共同体其他成员国货币的平价发生事实变化。随后，在欧洲经济共同体委员会内部引发关于平价变化是否与共同市场有冲突的讨论。[①]这一问题在20世纪60年代不断凸显，尤其是随着欧洲经济共同体内部关税的取消，货币问题得到越来越多的关注，首先则是固定汇率还是浮动汇率的问题。蒂特迈尔也正是在这一时期开始涉足德国经济与货币政策领域。

表3－2还反映出联邦德国民众关心的一个重要议题，即德国统一。1952～1961年的绝大部分年份，联邦德国民众都视德国统一为政府最重要的任务。阿登纳也体认到民众这一诉求，并称德国统一是最重要的政治目标之一。[②]但是随着柏林墙在1961年建立，德国统一难度越来越大，导致整整一代人在1961年8月13日后对统一不再抱有希望。1949年以来，因为感到缺乏个人尊严，数以百万计的年轻专业技术人员从民主德国逃往联邦德国。瓦尔特·乌尔布里希特（Walter Ulbricht）及统一社会党中央委员会其他成员对此甚为恼火。[③]大量逃亡以及由此引发的危机（从1960年秋开始）迫使苏联领导人中断与西方国家签订和平条约的政治攻势，而要求建立一个非军事化并中立的西柏林，同时将通往西柏林的过境道路置于民主德国控制之下。西方国家拒绝这一要求，并导致出现政治僵局，战争似乎一触即发。尽管双方的首脑均不让步，但都不想为柏林引爆战争，而从世界政策的角度来看，一堵墙是避免战

---

① Tietmeyer, Herausforderung, S. 23.

② Bahr, Zeit, S. 72.

③ Inge Bennewitz/Rainer Potratz, Zwangsaussiedlungen an der innerdeutschen Grenze. Analysen und Dokumenten (Forschung zur DDR-Geschichte), Berlin 2002, S. 2.

争的解决方案。人们慢慢察觉，苏联避免侵犯西柏林，而是聚焦民主德国与东柏林，这一和平的代价则是德国的长期分裂。[①]蒂特迈尔在“库萨努斯”假期学院从广播中听到柏林墙建成的消息，他提到当时人们的恐怖反应，因为没人知道事态接下来如何发展，是否会导致德国的永久分裂。[②]

分裂的柏林是分裂的象征，柏林是一座民族与国际问题交织在一起的城市。柏林墙在接下来的近三十年成为两个敌对体制及军事集团，即一个东西两极化世界的边界。[③]联邦政府也被封锁的边界震惊，处于竞选中的阿登纳也因此需对民众就此做出说明。他在柏林墙建立那天说道：“这个措施成为现实，是因为这一外部力量强加给德国中部人民的政权无法摆脱他们势力范围内出现的困境……我们与苏联占领区和东柏林的德国同胞始终血肉相连……联邦政府将继续坚定不移地致力于在自由中实现德国统一。”[④]阿登纳直到柏林墙建成九天后才前往柏林，导致其在柏林民众中声望大跌。尽管如此，在 1961 年 9 月 17 日的第四次联邦议会选举中，在自由民主党和基社盟支持下，阿登纳仍然赢得大选，在 85 岁高龄继续履职。但 1949 年以来，社民党首次超过基民盟，或许跟其德国政策有关。[⑤]

---

① Manfred Wilke, Die Berliner Mauer-das Symbol deutscher Teilung, in: *Die politische Meinung* 56 (2011), Heft 500/501, S. 5 - 12, hier S. 6 f.

② 汉斯·蒂特迈尔访谈，2014 年 2 月 6 日。

③ Ilko-Sascha Kowalczuk, Legitimation eines neuen Staates: Parteiarbeiter an der historischen Front. Geschichtswissenschaft in der SBZ/DDR 1945 bis 1961, Berlin 1997, S. 319.

④ Wilke, Berliner Mauer, S. 7 f.

⑤ Gregor Schöllgen, Willy Brandt. Die Biographie, Berlin 2001, S. 114.

第五节　小结

蒂特迈尔与十位兄弟姐妹一起成长于一个天主教家庭，深受“普鲁士式纪律性”影响，秉承各负其责的信条，[①] 集体生活以及在相对贫困状态下对他人的体谅塑造了他的品质。记者罗尔夫·列伯特（Rolf Lebert）就此描述道：“汉斯·蒂特迈尔作为十一个孩子中的一员，确实不是口中含着金汤匙出生的那类人。”[②]

天主教信仰在他人生中占据重要位置。良好的教育、在与兄弟姐妹共处和乡村集体中的紧密联系中形成的实用主义倾向以及强烈的社会参与意愿，都是被基督教价值观所主导的表现。这些特质对他后来的人生有重要影响，也是他被称为“威斯特法伦橡树”的原因。战争年代对他的成长也至关重要，尽管战争期间他居住的乡村没有直接遭受攻击，因而没有太多悲惨的经历，但是战争毫无疑问对刚上学的他有所影响。与比他晚出生的人相比，他是属于受二战影响更大，也有更多糟糕经历与回忆的人。这群人担心他们的亲人，为自己的状况及未来担忧；在输掉战争时，他们与巨大的不确定性进行过斗争。因此也毫不奇怪，蒂特迈尔这一代人中的许多人持有比较明确的个人立场：战争是灾难、德国决不许再成为战争策源地、国家社会主义是犯罪的思想学说。蒂特迈尔在一次访谈中也强调这一立场。面对“他想成为谁”这一问题时，他的回答是“任何一个能够阻止第三帝国的人”。[③]

年轻的蒂特迈尔很早就需要为自己赚取额外的零花钱，因为他

① 阿尔伯特·蒂特迈尔访谈，2014 年 1 月 6 日。

② Rolf Lebert, Tietmeyer kam aus dem „Untergrund“, in: *Reuters*, 27. 7. 1999.

③ O. A., Fragebogen-Hans Tietmeyer, o. S.

无法从捉襟见肘的父母那里得到足够的资助，一开始做过农活或者林业帮工。同时他也开始打乒乓球，并很快显示出这方面的天赋。凭借坚强斗志与毅力，他艰苦训练，很快就在比赛中取得第一次成功。[①]此外，他还积极参与辅导青年小组，是一个很早就肩负责任并雄心勃勃的年轻人，因此在学生时代就已具有欧洲视野。其中关于“舒曼计划”的课堂论文是重要原动力，蒂特迈尔就此强调，他在欧洲国家边界的开放中看到了未来。蒂特迈尔的竞争思想加上为大众谋福利的意愿，可能也对他成为欧洲主义者有所影响：战后许多人主张，为确保欧洲长久和平，将民族国家主权提升到超国家层面。这显然是一个巨大的政治挑战，落实这一主张始终要面对各种争议，蒂特迈尔因此深受影响。

蒂特迈尔在神学领域开启其学术训练，并因此接触天主教社会学说的两个观点：辅助性与团结。他默认每个人对社会都负有责任，然而每一个体在要求他人救助之前，首先要尝试自救。但是他对天主教社会学说的接受也有限度，他表示，大部分物品源于“个人或集体的产出”，因此，那些没有产出的人，不能得到和别人一样多的物品。[②]这一立场不仅表明他对辅助性概念的理解，即在自我负责之外，辅助性还包括自主决定，而且使人明了，为什么他后来会成为市场经济的捍卫者。

接下来，他换了专业，因为他发现经济问题对社会生活影响更大，他说道：“我想改变世界，并且很快意识到我需尽快了解世界如何形成和运行，那还有什么比学习经济学离这个目标更近呢？”[③]他在经济起飞时期进行学术训练，有理由乐观展望自己的未来，最

① Münstersche Zeitung, 1952, o. S.

② Brief von Tietmeyer an den Bischof von Münster, S. 2.

③ Benkhoff, Tietmeyer, S. 25.

终在科隆大学取得硕士与博士学位，在本科与硕士学习阶段，他被不变的社会秩序原理所吸引，以至于后来他的思想兼有非常理性的秩序政策学说和较为另类的天主教社会学说色彩。他的博士学位论文与社会政策有关，同时融入了秩序政策思考，这一风格贯穿其一生。

可以发现，蒂特迈尔身上有趣地融合了竞争导向与福利导向，他雄心勃勃，争强好胜，但立志为社会服务。他的哥哥阿尔伯特以下的话可以印证上述特质："他雄心勃勃，争强好胜，在学校就是这样……他的长处是意志力和执行力……他从不放弃……哪怕沿路布满荆棘，他都义无反顾。'威斯特法伦橡树'是如此倔强又刚强，永不倒下。[①]"

① 阿尔伯特·蒂特迈尔访谈，2014 年 1 月 6 日。

第四章　在联邦经济部的仕途（1962～1982年）

1962年蒂特迈尔开始他的职业生涯。虽然管理“库萨努斯”对他来说是个挑战，但他没有将其视为具有长久吸引力的终身事业。[①] 蒂特迈尔在其硕士和博士毕业论文中便展现了他对于学术研究的兴趣和才华，但他对学术职业生涯不感兴趣。此外，流动性也是职业成功的前提。刚成立的大众汽车基金会（Volkswagen-Stiftung）正在招募主任。蒂特迈尔提出了申请，虽然需要搬到汉诺威办公，但对他来说这一职位极具吸引力。[②]

与此同时，一位联邦议员在“库萨努斯”的假期学院问蒂特迈尔，为何不申请到位于波恩的联邦经济部就职，他回忆道：“我当时没有那么多想法，只是认为这个主意不错。”[③] 于是他决定申请联邦经济部的职位，并被邀请参加选拔面试，面试在与路德维希·艾哈德关系密切的同事罗尔夫·戈赫特（Rolf Gocht）的主导下进行，当晚他便得到了一个经济政策司副处长的职位。[④] 如第三章所述，他回到科隆学习，并在聆听米勒－阿

---

① Tietmeyer, Daten, S. 11.

② Tietmeyer, Daten, S. 11.

③ 汉斯·蒂特迈尔访谈，2014年2月6日。

④ 汉斯·蒂特迈尔访谈，2013年2月12日。

尔玛克的讲座后，对经济政策产生浓厚兴趣。因此，他非常喜欢从事这个领域的工作。最终，蒂特迈尔决定入职联邦经济部，尽管工资不高，但有三个原因促使他做出这一决定。[①] 第一，他可以和家人一起留在波恩；第二，联邦经济部的回复非常快，而大众汽车基金会的回复仍遥遥无期；第三，他在大学期间就对经济政策产生浓厚兴趣，而在联邦经济部工作便是一个深入接触这个领域的机会。[②]

蒂特迈尔在接下来的二十年一直留在联邦经济部，处理经济政策问题。只是在1969年至1972年，他短暂离开经济政策司，到欧洲政策司就职。他步步高升，1972年升任经济政策司司长。同时，他对德国经济政策的影响也越来越大。本章聚焦他这二十年历程，除了联邦德国经济政策的设计之外，还重点考察蒂特迈尔的影响。

第一节　担任经济政策司副处长（1962～1966年）

1962年9月1日，蒂特迈尔履新，他以雇员身份成为IA1处（经济政策基本问题处）[③] 的一名年轻副处长，在波恩杜伊斯多夫（Duisdorf）的一个旧兵营里办公。从等级上讲，该部门是IA分管司（经济政策和国际经济合作基本问题分管司）的下属部门，隶

① Tietmeyer, Daten, S. 11.
② 汉斯·蒂特迈尔访谈，2013年2月12日。
③ Tietmeyer, Daten, S. 11.

属于Ⅰ司（经济政策司）①。②

统计调查的所有数据、企业和科学界的宏观经济讨论以及其他部委的主要政府政策考虑都在经济政策司交汇，其任务是预测经济过程的发展，并向联邦政府建议最佳的经济政策方向。③它是“所有部门的核心，就如部里的老人们闲谈时所说的，纯粹市场经济学说的守护者们就坐在这里”④。它的行政任务较少，但业务任务较多，经济政策司在联邦经济部各司中最接近政治领导层。⑤ 经济政策司的组织结构（1966年5月）如图4－1所示。

IA分管司被认为是“宏观经济的核心”，下设六个处，主要分析宏观经济发展情况。⑥IA分管司1处被称为“自由主义智囊团”

---

① Ⅰ司是德国联邦经济部内的八大司之一。此外，联邦经济部还设有Ⅱ司，即中小企业、营销与绩效改进司，Ⅲ司负责矿业、能源与水经济、钢铁、石油、欧洲煤钢共同体，Ⅳ司为工业经济司，Ⅴ司为对外贸易与发展援助司，Ⅵ司为货币与信贷司，E司为欧洲政府间经济合作和中央司。见Edgar Randel, Das Bundesministerium für Wirtschaft, Ämter und Organisationen der Bundesrepublik Deutschland, Frankfurt/M. -Bonn 1966, S. 200－208。

② Edgar Randel, Das Bundesministerium für Wirtschaft, Ämter und Organisationen der Bundesrepublik Deutschland, Frankfurt/M. －Bonn 1966, S. 38 f.

③ Edgar Randel, Das Bundesministerium für Wirtschaft, Ämter und Organisationen der Bundesrepublik Deutschland, Frankfurt/M. －Bonn 1966, S. 38.

④ O. A., In Bonn hat ein Schlachtfest begonnen: Das Bundesministerium für Wirtschaft, unter Erhard und Schiller Hochburg der Marktwirtschaft, wird aufgeteilt, in: *Welt am Sonntag*, 25. 11. 1972.

⑤ Bernhard Löffler, Personelle und institutionelle Strukturen des Bundeswirtschaftsministeriums 1945/49 bis 1990, in: Das Bundeswirtschaftsministerium in der Ära der Sozialen Marktwirtschaft. Der Deutschen Weg der Wirtschaftspolitik (Wirtschaftspolitik in Deutschland 1917－1990, Band 4), hrsg. v. Werner Abelshauser/Stefan Fisch u. a., Berlin/Boston 2016, S. 95－192, hier S. 178.

⑥ Randel, Bundesministerium, S. 39.

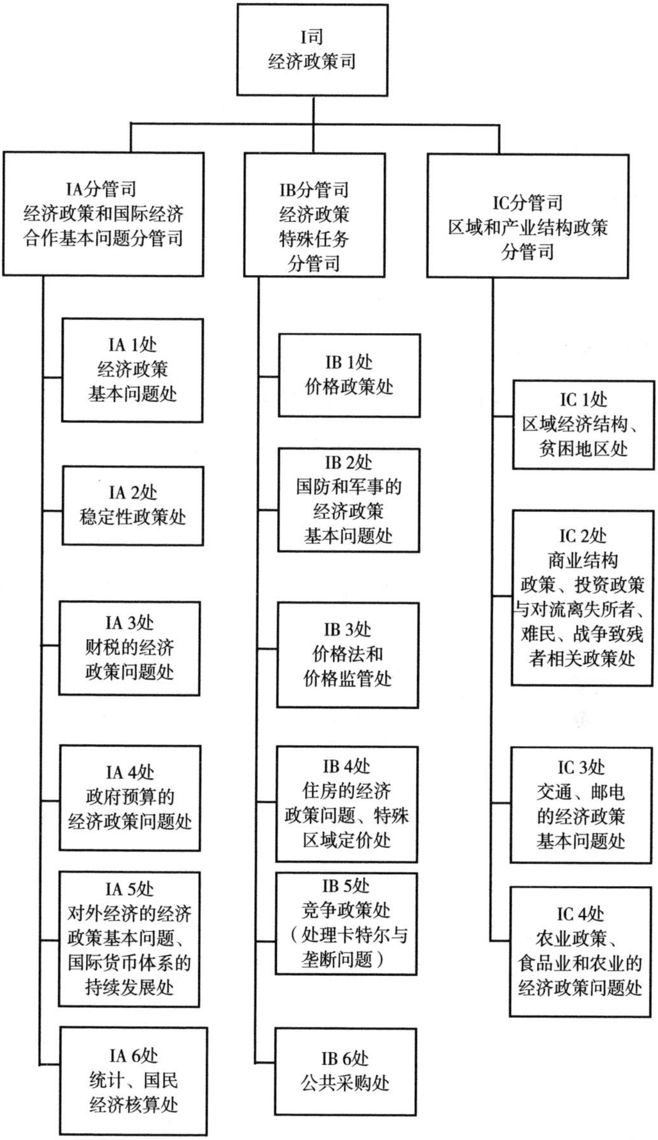

图4－1　经济政策司的组织结构（1966年5月）

资料来源：Randel, Bundesministerium, S. 202。

和“政府部门的战略中心”。[①] 曾在经济政策司任组织处长多年的埃德加·兰德尔（Edgar Randel）在谈到这个部门时写道：“这个部门要就经济干预是不是合理、新任务是不是应该完全纳入国家经济政策，以及从哪个方向和哪个重点来推进做出最终决定。”[②]

蒂特迈尔一开始担任经济政策司副处长，其资质远超这一职位要求。然而，波恩当时的官僚机构被法学家主导，尽管情况正日益改变。公共职位在20世纪50年代就已经向经济学家开放，因此，联邦各部委成立越来越多的专门经济委员会。[③]后来成为联邦经济部部长的卡尔·席勒把这一过程描述为“合理化和知识化”。[④]他列举这一趋势有两个原因：其一，数学形式化和计量经济学方法的增加使专业讨论对政治家来说越来越复杂；其二，经济学的技术语言拉开了“外行”与“专家”之间的距离，从而增加了对中间人的需求。[⑤]

蒂特迈尔从这一趋势中获利，以雇员身份进入联邦经济部，因

① Jan-Otmar Hesse, Wissenschaftliche Beratung der Wirtschaftspolitik, in: Das Bundeswirtschaftsministerium in der Ära der Sozialen Marktwirtschaft. Der Deutschen Weg der Wirtschaftspolitik (Wirtschaftspolitik in Deutschland 1917 - 1990, Band 4), hrsg. v. Werner Abelshauser/Stefan Fisch, Berlin/Boston 2016, S. 390 - 481, hier S. 397.

② Jan-Otmar Hesse, Wissenschaftliche Beratung der Wirtschaftspolitik, in: Das Bundeswirtschaftsministerium in der Ära der Sozialen Marktwirtschaft. Der Deutschen Weg der Wirtschaftspolitik (Wirtschaftspolitik in Deutschland 1917 - 1990, Band 4), hrsg. v. Werner Abelshauser/Stefan Fisch, Berlin/Boston 2016, S. 390 - 481, hier S. 397.

③ Löffler, Soziale Marktwirtschaft, S. 111; Walter Rau, Der Wirtschaftswissenschaftler als ständiger Mitarbeiter in Ministerien, in: Probleme der normativen Ökonomik, hrsg. v. Erwin von Beckerath/Herbert Giersch u. a., Berlin 1963, S. 325 - 339.

④ Karl Schiller, Der Ökonom und die Gesellschaft. Rede anlässlich der Feier zum Beginn des neuen Amtsjahres des Rektors am 9. November 1955, Hamburg 1955, S. 9.

⑤ Karl Schiller, Der Ökonom und die Gesellschaft. Rede anlässlich der Feier zum Beginn des neuen Amtsjahres des Rektors am 9. November 1955, Hamburg 1955, S. 25.

为只有法学家才能一开始以公务员身份入部。[①]然而，他从中看到良好的发展机会，尤其是上述趋势的带动。之前几年的情况表明，联邦德国在经济、社会和政治方面都具有很大活力，而联邦经济部是最重要的部门之一，权限巨大，尽管其中一些权力后来被转移到联邦财政部。[②]联邦经济部做出的社会选择，如实行社会市场经济，不仅影响战后德国发展，而且对未来影响深远。这样一个充满活力的环境必然能给一个年轻员工参与政治决策和证明自己的机会。[③]正如蒂特迈尔所说："对于我的职业发展来说，我在 1962 年的决定被证明是正确的，总体上是面向未来的。"[④]

此外，从经济角度来看，1962 年和 1963 年的情况有助于他在联邦经济部中任职，联邦德国正处于低失业的经济增长期。[⑤]由于当时没有紧迫的结构性挑战，蒂特迈尔能够在一个安定环境中适应新的工作。前联邦劳动和社会事务部部长赫伯特·埃伦贝格（Herbert Ehrenberg）这样描述当时的情况："对于回顾这个时期的历史学家来说，1962 年和 1963 年财政年度似乎是经济繁荣的延续，而增长率则受到不再扩张的劳动力市场自然瓶颈的限制。"[⑥]如果人们看一下这两年的失业率，便会发现，联邦德国的失业率甚至在 1962 年达到 0.7% 的历史低点，并在 1963 年达到与之接近的 0.8%。由于经济持续活跃增长（1962 年经济增长率为 4.7%；1963

---

① 法学家之外的人，只有满足 35 岁以上以及拥有相应实践经验才能以公务员身份晋升，而蒂特迈尔此时才 31 岁，因此他不满足公务员的正式要求，见 2014 年 2 月 6 日的汉斯·蒂特迈尔访谈。

② 汉斯·蒂特迈尔访谈，2011 年 8 月 11 日。

③ Benkhoff, Tietmeyer, S. 29－31.

④ Tietmeyer, 2010, S. 11.

⑤ Holtfrerich, Monetary Policy, S. 310.

⑥ Herbert Ehrenberg, Lohnpolitik, in: *Gewerkschaftliche Monatshefte* 8 (1963), S. 454－460, hier S. 454.

年经济增长率为2.8%），劳动力短缺的危险后果也很明显。①为满足需求，联邦职业介绍和失业保险署（Bundesanstalt für Arbeitsvermittlung und Arbeitslosenversicherung）被赋予从国外招聘工人的任务。许多行业与希腊、西班牙（均在1960年）、土耳其（1961年）、葡萄牙（1964年）或突尼斯和摩洛哥（均在1965年）等国签订招聘协议。仅在十年内，联邦德国的劳动力就从迁出变为流入。②有鉴于此，也出于对未来停滞的担忧，联邦经济部内部对实施稳定政策和经济增长的长期基础存在一些争议。而其关注的焦点是收入和财富的分配以及社会保障制度的设计。③这些议题主导了蒂特迈尔在联邦经济部初期的工作。

一 首次设计雇员持股方案（1962年）

蒂特迈尔在联邦经济部的第一个上级是同一年接任经济政策基本问题处的处长④——“注重实际”的奥托·施莱希特⑤。施莱希特是弗莱堡学派的一员，在他们还是学生的时候，就受到了伟大老

---

① Statistisches Bundesamt, Wirtschaft und Statistik, S. 204; Statistisches Bundesamt, Arbeitsmarkt 1950 bis 2017.

② Frank Kalter, Migration und Integration, Wiesbaden 2008, S. 112.

③ Hans Tietmeyer, Der deutsche Sachverständigenrat und sein Einfluss auf die Wirtschafts-, Finanz-und Währungspolitik, in: *Vierteljahrshefte zur Wirtschaftsforschung* 80 (2011), Heft 1, S. 35-43, hier S. 36。

④ 汉斯·蒂特迈尔访谈，2014年2月6日。

⑤ 奥托·施莱希特在1953年7月，即博士毕业之前便获得了联邦经济部社会政策处副处长职位。1958年他成为时任副部长路德格尔·韦斯特里克（Ludger Westrick）的私人秘书。1962年他晋升为经济政策基本问题处处长，自1967年起任经济政策司司长。1973年他成为联邦经济部副部长，当时的联邦经济部部长为汉斯·弗里德里希斯，直至1991年。随后，他担任了将近11年的路德维希-艾哈德基金会理事长。见Reinhold Veit, Zur Einführung: Otto Schlecht, in: Grundtexte zur Freiburger Tradition der Ordnungsökonomik, hrsg. v. Nils Goldschmidt/Michael Wohlgemuth, Tübingen 2008, S. 588。

师欧肯的“蛊惑”。[①]蒂特迈尔本人则受到科隆学派影响，但他后来表示他把自己置于两派之间。更何况，弗莱堡学派是他上级为他树立的榜样。[②]他认为与奥托·施莱希特的合作建立在充分信任的基础上，因为他们“总有共同的立场”。[③]

施莱希特一开始就把具有挑战性的任务交给蒂特迈尔。刚上班几周，他便要准备草拟雇员持股方案，这是一个引起公众激烈辩论的话题。这一工作的基础是艾哈德对20世纪50年代中期以来联邦德国日益突出的社会和分配问题的关注。[④]艾哈德希望纠正50年代的财富集中问题，让雇员分享企业的财富。为此，1961年7月12日颁布所谓的《312西德马克法》（*312－Mark-Gesetz*），推动将雇主的资本收益转移给雇员，以此来促进雇员的资产形成。这些福利可以由雇主自愿提供，前提是必须以一定的资本形式提供，且每年不能超过312西德马克。这些福利不需要雇员缴纳社保，他们只需缴纳8%的工资税。[⑤]

而今，这一政策将由蒂特迈尔进一步发展，并使雇员分享企业经营成就和资产成为可能。他在方案中提出了投资性工资[⑥]与“公

① Otto Schlecht, Der Freiburger Imperativ-Wirtschaftspolitische Erfahrungen und Perspektive für Deutschland und Europa, in: Ordnung in Freiheit. Symposium aus Anlaß des 100. Jahrestages des Geburtstages von Walter Eucken am 17. Januar 1991: mit Walter Eucken-Biographie, hrsg. v. Walter-Eucken-Institut (Wirtschaftswissenschaftliche und wirtschaftsrechtliche Untersuchungen), Tübingen 1992, S. 89－103, hier S. 90.

② 汉斯·蒂特迈尔访谈，2013年2月12日。

③ 汉斯·蒂特迈尔访谈，2014年4月3日。

④ Tietmeyer, Sachverständigenrat, S. 37.

⑤ Wilhelm Krelle/Johann Schunck u.a., Überbetriebliche Ertragsbeteiligung der Arbeitnehmer am Produktivkapital, Tübingen 1978, S. 358.

⑥ 投资性工资的想法如下：一部分工资不直接支付给雇员，而是作为股权投资给企业。股份制企业的员工股便是一个鲜明的例子。这种工资对于雇主的好处在于提高雇员的积极性和认同感，完善成本意识。对于雇员来说，他们可以直接参与企业分红。见 Thomas Hutzschenreuter, Allgemeine Betriebswirtschaftslehre, Wiesbaden 2011[4], S. 278。

司相关解决方案的支持措施"[①]，得到上级极大认可，因此，他有幸第一次在艾哈德面前表述自己的想法。需要强调的是，蒂特迈尔当时还是副处长，能够向经济部部长表达自己的想法，并不是一件寻常的事。为此，他说道："有时候，职场新人不仅要能干，还需要在正确的时间出现在正确的地点、做正确的事、说正确的话。"[②]蒂特迈尔回忆说："从那次汇报开始，艾哈德就认识了我，我顿时从 1000 名员工中脱颖而出。从此，高层们都知道：啊哈，就是他……在我的职业生涯中，我遇到过很多有能力的人，他们从来没有机会崭露头角。生活就是这样……有时不公平。"[③]

二　关于规划（Planification）的争论（1963～1964 年）

可能也是由于他的成功亮相，蒂特迈尔接到更多有意思的任务。蒂特迈尔认为，那些年最有意思的任务是关于欧洲共同经济政策的讨论。法国欧洲政策学家罗伯特·马若兰（Robert Marjolin）经欧共体（EWG）委员会主席瓦尔特·哈尔斯坦同意，提出欧洲共同经济政策的概念。他希望欧共体成员国执行法国的经济政策，即所谓规划。[④]在二战后的法国，企业家精神发展不足，领导人选择了国家经济规划体系。这个体系的核心概念是所谓的经济联合体、政府、私人企业和工会协同工作，协调经济政策。此外，这个体系还鼓励集中力量办事，因为这有利于计划的协调和执行，而竞争并不被视为维持秩序的手段。

对私人企业来说，法国的规划有四个主要特点：第一，政府投

① Benkhoff, Tietmeyer, S. 33.

② Benkhoff, Tietmeyer, S. 32.

③ Benkhoff, Tietmeyer, S. 33；此时联邦经济部甚至有超过 1600 名公务员、职员和工人（Randel, Bundesministerium, S. 5）。

④ Tietmeyer, Herausforderung, S. 25.

资比重高，从而掌控国民经济；第二，私人企业由国家控制的银行业通过选择性信贷投放进行管理；第三，政府直接向私人企业提供补贴和税收优惠，以实现计划目标；第四，允许国家直接干预，如定价或限制信贷，以完成计划。自 1947 年实施规划以来，法国无疑取得了短期成功。然而，通货膨胀风险依然存在，国际收支问题持续存在，在 1964 年之前，引发两次货币贬值和计划调整。①

从艾哈德的消极反应中可以看出，实施欧洲共同经济政策不是一件容易的事。②艾哈德抵制法国人的理念。对于艾哈德来说，国家计划和调控经济过程的思想与市场经济水火不容。③他认为，不管是“采用法国的规划，还是采用其他任何量化的宏观经济计划体系”都没有用。④艾哈德认为，这种国家计划不仅“不当地限制了经济中的自由”，而且危及私人企业的活力。⑤本研究以下的分析表明，蒂特迈尔赞同艾哈德的基本立场。

不过，法国经济政策却获得越来越多的支持，尤其在社民党和工会，甚至雇主协会、一些内阁成员以及学术界也赞同该政策。⑥阿登纳和艾哈德领导下的德国政府密切注意这一发展，因为法国代表不仅在欧共体，而且在与联邦德国政府代表会谈中也强烈地传播规划理念。时任联邦经济部副部长的沃尔夫拉姆·朗格（Wolfram

---

① Hans Tietmeyer/Rolf Schreiber, Planung in der Sozialen Marktwirtschaft, in: *Vortrags/ und Lehrunterlage der wirtschafts-und sozialpolitischen Grundinformationen* 7 (1964), S. 1－28.

② 2019 年欧洲政策学家依然致力于研究此协调问题。

③ Benkhoff, Tietmeyer, S. 32.

④ Nation's Business. 斯特林·G. 斯拉皮（Sterling G. Slappey）对联邦总理的访谈，1966 年 9 月 12 日，PAT, Ordner 15，S. 3。

⑤ Nation's Business. 斯特林·G. 斯拉皮（Sterling G. Slappey）对联邦总理的访谈，1966 年 9 月 12 日，PAT, Ordner 15，S. 3。

⑥ Vgl. hierzu und im Folgenden: Nützenadel, Stunde, S. 218－220.

Langer）就建议不再接待法国代表团，以免给人留下他们对这种经济政策感兴趣的印象。

蒂特迈尔在谈到规划理念时，这样描述道："这不仅仅是有利益诉求的协会代表或誓死反对市场经济秩序者的要求，在学术界对规划理念的呼声也越来越高。"[①]法国经济的积极发展是法国经济政策被认可的原因，法国人均国内生产总值增速高于其他西方工业国家平均水平。[②]即使公开反对规划的人也不得不承认这一成功，但他们认为，法国的增长主要是由于私人企业的蓬勃发展，而非政府规划的作用。[③]然而，这种说法越来越失去说服力，所以，联邦经济部不得不绞尽脑汁遏制规划理念。[④]

原则上，规划这一基本问题属于蒂特迈尔所属的司的管辖范畴。在内部意见形成阶段，蒂特迈尔就法国的理论写了一篇文章，并对此进行了强烈的批判，他把国家经济统制描述为"对我们整个理念体系的冲击"。[⑤]他认为，对规划的支持在联邦德国来自所谓市场经济的拥护者，"随着迅猛增长进入后期，以及欧洲背景下的结构性变化，他们呼吁国家整体规划"[⑥]。但是，经济计划不能等同于中央集权经济体制下的国家计划。计划在每个经济秩序中都是必要的，唯一的问题是谁来规划经济过程。在市场经济中，这个问题

---

① Hans Tietmeyer, Staatliche Planung in der Marktwirtschaft, in: *Ordo Socialis. Carl-Sonnenschein-Blätter. Zeitschrift für christliche Soziallehre und -arbeit* 11 (1963), Heft 2, S. 61 – 69, hier, S. 61。

② Ludger Lindlar, Das mißverstandene Wirtschaftswunder: Westdeutschland und die westeuropäische Nachkriegsprosperität, Tübingen 1997, S. 19, 31, u. 89.

③ Horst Möller/Klaus Hildebrand u. a., Die Bundesrepublik Deutschland und Frankreich. Dokumente 1949 – 1963, München 1997, S. 553 – 560.

④ Nützenadel, Stunde, S. 222.

⑤ Tietmeyer, Euro ist nicht nur ein Ereignis, S. 125; Tietmeyer, Planung, S. 61.

⑥ Tietmeyer, Euro ist nicht nur ein Ereignis, S. 61 – 69.

一般是由企业和个人来决定的。[①]此外，市场经济是由竞争驱动的，而不是由政府规划驱动的。[②]国家只需细致地制定框架条件，并及时公开，如此才能实现“国家框架的可靠性”和“政策的充分效率”。[③]

经过激烈讨论，欧共体委员会最终拒绝了规划的建议，艾哈德取得了成功。但是，该委员会仍然在成员国经济政策更紧密且长期协调方面达成了一致。[④]

三　“五贤人会”建立（1963～1964 年）

除欧洲层面的规划问题外，联邦德国就社会和分配政策也在激辩。艾哈德希望公众能对宏观经济和监管情况有专业且客观的了解。因此，他想设立一个机构，定期分析经济形势，从而将政治决策和分配矛盾客观化。[⑤]

1957 年联邦德国就西德马克的重新定价问题进行公开讨论后，开始讨论成立专家委员会。[⑥]早在 1958 年，艾哈德就曾提议建立类似经济和社会政策专家委员会的机构。[⑦]这一机构的目标非常明确，即首先是在必要的特定经济政策实施时说服公众。[⑧] 但是，阿登纳和议会党团都没有采纳他的提议。直到后来，联邦德国经济在 1960 年再次增长，物价上升，艾哈德越来越担心物价不稳定，又

---

① Tietmeyer, Euro ist nicht nur ein Ereignis, S. 61 – 69.

② Tietmeyer, Herausforderung, S. 25.

③ Tietmeyer, Herausforderung, S. 25.

④ Tietmeyer, Herausforderung, S. 26.

⑤ Tietmeyer, Sachverständigenrat, S. 37 f.

⑥ Hesse, Wissenschaftliche Beratung, S. 428.

⑦ Ernst Helmstädter, Die Vorgeschichte des Sachverständigenrates und ihre Leben in: Grundlagen und Erneuerung der Marktwirtschaft, hrsg. v. Volker Nienhaus/Ulrich van Suntum, Baden-Baden 1988, S. 155 – 184, Hier S. 182.

⑧ Hesse, Wissenschaftliche Beratung, S. 182.

重提此议。[①]随后，他成功游说了自由民主党和基社盟的国会议员，委托他们向联邦议会提交建立宏观经济发展评估专家委员会（“五贤人会”，也称专家委员会）的议案。[②]至此，在设立中立学术机构以客观评估经济政策上有了显著进步。[③]

随后，蒂特迈尔参加联邦议会经济委员会的咨询，他一直列席并协助委员会书记撰写会议报告。[④]因此，他不仅要跟踪讨论动向，还为专家咨询[⑤]工作做准备[⑥]。当时，蒂特迈尔最重要的工作就是根据议员的设想对法案提出修改建议。[⑦]据他回忆，成立“五贤人会”的法案中几乎每一段都有他的参与。[⑧]

这次讨论结束后，多数联邦议会经济委员会成员开始认可就建立独立专家委员会进行立法的必要性。[⑨]专家委员会的使命是为宏

---

① Tietmeyer, Sachverständigenrat, S. 38.

② Tietmeyer, Sachverständigenrat, S. 38.

③ 汉斯·蒂特迈尔访谈，2014 年 2 月 6 日。

④ Hans Tietmeyer, Arbeiten für und mit Ludwig Erhard, Königstein 2009, S. 1.

⑤ 蒂特迈尔谈及专家咨询时说：“不知何时，大家终于达成一致，认为也应该听听外部专家的意见。联邦议会经济委员会秘书处成员因此拜托我向他们推荐一两位教授。我们最后决定向弗里茨·诺玛克（Fritz Neumark）与奥斯瓦尔德·冯·内尔-布吕宁（Oswald von Nell-Breuning）咨询。”见 2014 年 2 月 6 日的汉斯·蒂特迈尔访谈。

⑥ Hans Tietmeyer, Die Gründung des Sachverständigenrates aus Sicht der Wirtschaftspolitik, in: 40 Jahre Sachverständigenrat, 1963 – 2003, hrsg. V. Sachverständigenrat zur Begutachtung der gesamtwirtschaftlichen Entwicklung, Wiesbaden 2003, S. 22 – 23, Hier S. 22.

⑦ Tietmeyer, Arbeiten, S. 1.

⑧ 汉斯·蒂特迈尔访谈，2014 年 2 月 6 日。

⑨ 为了确保政治独立性，“五贤人会”办事机构从一开始就被设在威斯巴登（Wiesbaden）的联邦统计局，而不是首都波恩。阿登纳曾希望其秘书处能够设在波恩的部委，但蒂特迈尔坚持，即使是秘书处也需要政治独立性，同样也应归属到独立的联邦统计局里。蒂特迈尔说：“对我来说，独立性永远都是头等大事。”最终，专家委员会落地威斯巴登。见 2014 年 2 月 6 日的汉斯·蒂特迈尔访谈。

观经济发展趋势提供一年一度的评估报告。该评估报告涉及如下内容：政府应如何在考虑当前经济状况并保证预期增长的前提下，实现政治经济目标，这些目标后来被称为“魔力四角”（价格稳定、充分就业、外贸平衡和稳定而适度的经济增长）。在这一背景下，联邦议会经济委员会还讨论这四个目标的优先顺序，并研究增长和稳定能否兼得。蒂特迈尔认为，应在保证经济合理、持续增长的同时，实现价格稳定、充分就业和外贸平衡这三个目标。当时，联邦议会经济委员会的主要争执点在于，经济增长与其他三个目标的关系是互为前提（bei）关系，还是并列（und）关系。讨论的结果是，联邦经济部的代表并不主张另辟蹊径，坚持稳定导向的增长方式，也就是选择了连词 bei。[①]

此外，专家委员会的职责还有指明如何避免宏观经济发展走上歧路。但是，专家委员会的建议不应以具体的经济和社会政策措施的形式出现。因为专家委员会的定位不是解决问题，而是要促进经济政策评估客观化。[②]也就是说，专家委员会的使命是：让经济问题透明化、决策问题简单化。[③]

关于专家委员会的法案由执政联盟议会党团提交，并由联邦议会经济委员会修订，最后于 1963 年 6 月 26 日在联邦议会一致通过。这是德国进入政治经济新阶段的里程碑，因为从今以后，联邦政府不得不“沐浴”在学界和公众批评之中。[④]也正因如此，该法案需要明确专家委员会的权限和边界。另外，还要确保专家委员会

---

① 汉斯·蒂特迈尔访谈，2014 年 2 月 6 日。

② Tietmeyer, Sachverständigenrat, S. 39.

③ Hans Tietmeyer, Objektivierung der Wirtschaftspolitik, in: Ordo Socialis. Carl-Sonnenschein-Blätter. Zeitschrift für christliche Soziallehre und -arbeit 11 (1963), Heft 6, S. 283 – 285, hier S. 283.

④ Hesse, Wissenschaftliche Beratung, S. 430.

受到公众接纳，成员选拔过程公平公正。当时看来，公众已经对专家委员会有很高的接受度。例如，专家委员会法案在投票环节获得了广泛支持，工会、雇主联盟和媒体界都积极支持该法案。[①]接下来的任务就是要在1964年1月1日对专家委员会成员进行提名。“五贤人会”的选拔标准是：成员要具有卓越的经济学专业背景和实践经验，但不能属于任何经济联合会、雇主联合会和工会。[②]

但是，专家委员会成员正式提名之前，阿登纳已卸任总理职务。为方便读者理解，在此补叙一下卸任事件：阿登纳正式卸任的时间是1963年4月23日，起因是基民盟/基社盟党团决定让更年轻的候选人接替阿登纳。对于阿登纳来说，这个决定让他“苦不堪言”。[③]历史学家汉斯-彼得·施瓦茨（Hans-Peter Schwarz）总结促成这个决议的三个重要原因：首先，阿登纳当时已87岁高龄，常被人抱怨“年龄太大，固执不堪”[④]。时任党团主席海因里希·克罗内（Heinrich Krone）[⑤] 1962年3月在日记里写道，联邦总理变

---

① Tim Schanetzky, Die große Ernüchterung. Wirtschaftspolitik, Expertise und Gesellschaft in der Bundesrepublik 1966 bis 1982 (Wissenskultur und gesellschaftlicher Wandel), Berlin 2007, S. 68 ff.

② Tietmeyer, Sachverständigenrat, S. 38 – 40.

③ Volker Schütterle, Vor 50 Jahren-Das Ende der Ära Adenauer, in: *Wissenschaftliche Dienste-Deutscher Bundestag 32 (2013)*, Heft 13, S. 1 – 2, hier S. 1.

④ Hans-Peter Schwarz, Das Gesicht des 20. Jahrhunderts. Monster, Retter, Mediokritäten, München 2010, S. 44.

⑤ 海因里希·克罗内是基民盟的共同创立者之一，从1949年开始在波恩投身于联邦政治事务。1951～1955年他出任基民盟干事长，1955～1961年担任基民盟/基社盟联邦议会党团主席，1961～1966年担任阿登纳和艾哈德手下的专门部长。除了当时的国务秘书汉斯·格洛布克（Hans Globke）以外，他是阿登纳的另一位顾问，也是关系最紧密的政治知己。见 Ulrich von Hehl, Der Politiker als Zeitzeuge. Heinrich Krone als Beobachter der Ära Adenauer, in: Historisch-Politische Mitteilungen 5 (1998), Heft 1, S. 83 – 104, hier S. S. 84。

得越来越“呆板和烦躁”，而且“情绪变化无常又固执己见”。[①]其次，阿登纳越来越不信任与英美两国的关系，开始与法国走近，政策上也与法国总统查尔斯·戴高乐（Charles de Gaulle）更加接近。但这一外交政策定位与当时的时代精神（促进跨大西洋关系）背道而驰。德国政坛内，不仅基民盟/基社盟、自由民主党，甚至社民党都支持发展跨大西洋关系。[②]最后，阿登纳自视“不可取代”，否定广受欢迎的继任者，即基民盟的路德维希·艾哈德。他认为艾哈德过于“情绪化”，并且从其过往经历来看，也不适合出任总理。[③]此外，阿登纳还认为艾哈德缺乏对“欧洲一体化意识形态的坚定信念”，也没有足够的外交经验。[④]尽管阻碍重重，艾哈德还是于1963年10月16日接替阿登纳，出任联邦德国第二任总理。[⑤]

这意味着，库尔特·施穆克（Kurt Schmücker）将接任联邦经济部部长。[⑥]蒂特迈尔对此的评论是，与经验丰富的艾哈德相比，库尔特需要更多支持。[⑦]他认为，库尔特是优秀的议员，“一个和学术不沾边的实践者”。[⑧]库尔特上任后的第一项工作，就是要任命首届“五贤人会”成员。原则上，为了保证独立性，候选人应从经

---

① Schwarz, Gesicht, S. 44.

② Schwarz, Gesicht, S. 44.

③ Schwarz, Gesicht, S. 44.

④ Christian Gillessen/ Ulrich Eith, Ludwig Erhard-parteiLOSER Berufspolitiker und gescheiterter Volkskanzler, in: Seiteneinsteiger, hrsg. V. Robert Lorenz/ Matthias Micus, Wiesbaden 2009, S. 390－401, hier S. 396.

⑤ Christian Gillessen/ Ulrich Eith, Ludwig Erhard-parteiLOSER Berufspolitiker und gescheiterter Volkskanzler, in: Seiteneinsteiger, hrsg. V. Robert Lorenz/ Matthias Micus, Wiesbaden 2009, hier S. 396 f.

⑥ 此外，蒂特迈尔获得路德维希·艾哈德此前的私人办公室。见 Tietmeyer, Daten, S. 11。

⑦ Tietmeyer, Daten, S. 12.

⑧ 汉斯·蒂特迈尔访谈，2014年2月6日。

验丰富的学者和实干家中产生，不能由任何协会提名。关于这一点，《专家委员会法》第一条第三款有明文规定。具体表述是，专家委员会成员不应“是任何经济联合会、雇主联合会或工人组织的代表，或与上述组织和个人有经常性业务或商业往来关系”。[①]

蒂特迈尔参与了首届“五贤人会”成员的选拔。[②]他的处室在草案中推荐了两位候选人：一家咨询公司的前工会主席和总经理。两位候选人都符合法案的要求，不违反《专家委员会法》第一条第三款中提及的规定。[③]但施穆克又擅自增加了一个条件，这个附加条件被蒂特迈尔评价为既损害独立性，又违反法案。[④]施穆克的新条件是：“五贤人会”成员应有一位来自工会组织，一位来自雇主联合会。[⑤]据蒂特迈尔回忆，德国公众一直被告知，这个后加的新规定是法案的一部分。然而，这个解读与《专家委员会法》的初衷背道而驰。借助这一新规，施穆克创造了一项原法案没有的惯例。[⑥]从此以后，每次任命“五贤人会”新成员之前，政府都要先询问工会和雇主联合会，哪位候选人是它们信任的。蒂特迈尔明确表示：“德国公众从来没有真正理解‘五贤人会’的本质。”[⑦]“五贤人会”的使命是科学和客观地解读经济数据，指出发展中的问题。[⑧]

---

① Bundesministerium der Justiz und für Verbraucherschutz, Gesetz über die Bildung eines Sachverständigenrates zur Begutachtung der gesamtwirtschaftlichen Entwicklung, o. O. 1963, S. 1.

② Tietmeyer, Daten, S. 12.

③ 汉斯·蒂特迈尔访谈，2014 年 2 月 6 日。

④ 施穆克对于建立专家委员会持批判性意见，在法案决议的时候也踌躇许久才投票赞成。汉斯·蒂特迈尔访谈，2014 年 2 月 6 日。

⑤ Tietmeyer, Sachverständigenrat, S. 38 - 40.

⑥ 汉斯·蒂特迈尔访谈，2014 年 2 月 6 日。

⑦ 汉斯·蒂特迈尔访谈，2014 年 2 月 6 日。

⑧ 汉斯·蒂特迈尔访谈，2014 年 2 月 6 日。

但无论如何，“五贤人会”的建立仍旧是巨大的成功。即使争议不断，但专家委员会依然为经济政策的具体化做出了不可小觑的贡献。[1]

四　重要性不断增长的经济政策稳定理念（1963～1966年）

入主总理府后，艾哈德承担起超过担任联邦经济部部长时期的职责，他虽然没有颠覆之前的执政路线，但也在德国政坛掀起了“风云剧变”。[2]尤其在欧洲政策上，艾哈德与阿登纳的政策有明显区别：艾哈德认为，抛弃保护主义的自由贸易体系是全球问题的解药，而这样的自由贸易体系必须建立在“自由国家间开放的伙伴关系”的基础上。[3]就此而言，德国与法国的外交关系存在许多问题。自从戴高乐1959年上任之后，法国开始主张民族主义和反美政策，这使联邦德国在外交政策上陷入了在德法关系和跨大西洋关系中选择的两难困境。艾哈德是法国社会主义式（经济）计划的坚定反对者，他明确表示了自己支持跨大西洋关系。戴高乐批评艾哈德这种“亲美路线”，并警告他这是想让“欧洲陷入受保护国地位”。[4]戴高乐还威胁，德法如果不能尽快统一意见，法国将向苏联寻求帮助。[5]

---

① Tietmeyer, Erhard, S. 1.

② Ulrich Lappenküper, Den Bau des „europäischen Hauses“ vollenden. Die Europapolitik Ludwig Erhards, in: *Historisch-Politische Mitteilungen* 7 (2000), S. 239－267, Hier S. 239 f.

③ Ulrich Lappenküper, Den Bau des „europäischen Hauses“ vollenden. Die Europapolitik Ludwig Erhards, in: *Historisch-Politische Mitteilungen* 7 (2000), S. 239－267, Hier S. 239 f.

④ Ulrich Lappenküper, Den Bau des „europäischen Hauses“ vollenden. Die Europapolitik Ludwig Erhards, in: *Historisch-Politische Mitteilungen* 7 (2000), S. 239－267, Hier S. 251 f.

⑤ Alain Peyrefitte, C'était De Gaulle, Paris 1997, S. 260－263.

由于德法关系降温，艾哈德在党内受到尖锐批评。与阿登纳在外交政策方面树立的“高大形象”相比，艾哈德的外交政策在国际上和党内引发争议。[①]艾哈德认为，只有德法联盟的欧洲是“多余的”。[②] 联邦德国与法国的合作必须以牺牲与其他欧洲经济共同体国家或者与美国的关系为代价，这对于艾哈德来说是不可接受的。[③]阿登纳批评艾哈德是“一个丝毫不懂外交政策的空想家”[④]。

此外，在艾哈德任期内，联邦德国还出现了经济景气程度降温的现象，这更让批评者们有机可乘。自从联邦德国战后经济腾飞之后，这是首次出现经济衰退。在此之前，尽管出现过一些轻微的经济波动，但也只是影响经济增速而已。在艾哈德任期，就业和生产情况不乐观。联邦德国实际国内生产总值增长率、通货膨胀率和整体经济产能利用率（1963～1966 年）如图 4－2 所示。

如图 4－2 所示，艾哈德上任第一年，联邦德国实际国内生产总值增长率比上一年翻了一番。1965 年之后，实际国内生产总值增长率才有所下降。当时联邦德国通货膨胀率达到了令人担心的水平。1963～1966 年，通货膨胀率一直维持在 2% 以上，1966 年甚至达到 3.3%。[⑤]在 1923 年和 1948 年经历两次（货币）“极端崩溃”后，德国人民还未完全从“通货膨胀创伤”中完全恢复，因此通货膨胀尤其引人担忧。[⑥]此外，图 4－2 也显示，这期间整体经

---

① 汉斯·蒂特迈尔访谈，2014 年 2 月 6 日。Franz Josef Strauß, Die Erinnerungen, Berlin 19892, S. 418 - 422 u. 424 - 434.

② Lappenküper, Bau, S. 255.

③ Lappenküper, Bau, S. 264.

④ Horst Osterheld, Außenpolitik unter Bundeskanzler Ludwig Erhard, 1963 - 1966. Ein dokumentarischer Bericht aus dem Kanzleramt (Forschungen und Quellen zur Zeitgeschichte), Düsseldorf 1992, S. 273.

⑤ Statistisches Bundesamt, Verbraucherpreisindizes, S. 4.

⑥ 汉斯·蒂特迈尔访谈，2013 年 2 月 12 日。

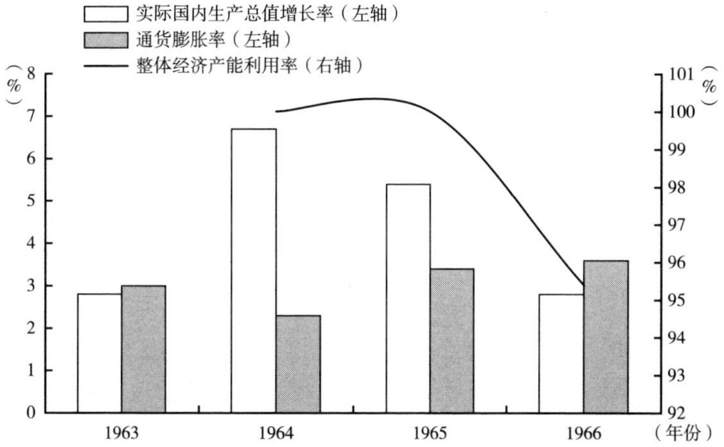

图4－2　联邦德国实际国内生产总值增长率、通货膨胀率和整体经济产能利用率（1963～1966年）

资料来源：作者自制，数据来源于 Joachim Fels，1966/67：Anatomie einer Rezession，in：*Kiel Working Papers* 320（1988），S. 1－21，hier S. 4；Statistisches Bundesamt，Wirtschaft und Statistik，S. 204；Statistisches Bundesamt，Verbraucherpreisindizes für Deutschland，Wiesbaden 2018，S. 4。

济产能利用率①下降了5%。可以推断，1966～1967年的经济衰退很有可能是由国内需求萎缩造成的。②

生产萎缩迅速影响劳动力市场。1965～1966年，联邦德国名义失业人口数量增幅达到约9.5%。经济史学者君特·舒尔茨（Günther Schulz）的研究显示，这次衰退是联邦德国“自作自受”，因为导致衰退的主要诱因是“国家财政、货币、工资政策方面的

① Fels将经济波动定义为“产能利用水平的变化”。他使用的是双峰法（Peak-to-Peak-Verfahren），该方法假设国民经济的产能在繁荣时期得到了完全利用。见Fels，Anatomie einer Rezession，S. 3。

② Fels，Anatomie einer Rezession，S. 3.

决策失误”。[①]他给出的解释是，由于联邦议会选举在1965年举行，因此联邦德国政府在1964年经济繁荣期间，延续了顺周期、扩张性政策。[②]当时政府社会支出增长和投资减少都能佐证这一说法。[③]同时，联邦德国经常账户也出现了赤字，政府预算赤字持续增长，这些说明国家支出保持在较高水平。再加上生产萎缩和失业增加，国家财政收入也在累进式减少，“种种迹象表明，联邦德国正处于经济走势逆转的关头”[④]。

路德维希·艾哈德进入总理府后，联邦经济部逐渐失去政治影响力。虽然库尔特·施穆克作为艾哈德心腹担任联邦经济部部长，但事实证明，他“既无政治组织能力也无远见”，因此没有能力带领联邦德国度过这场内生的经济危机。[⑤]施穆克能当上联邦经济部部长，本身也是妥协的结果。艾哈德的传记作者福尔克·亨切尔（Volker Hentschel）曾写道，艾哈德本意是提拔前联邦经济部副部长路德格尔·韦斯特里克接任联邦经济部部长。[⑥]但是，他这一意图遭到基民盟/基社盟80%的议员的反对，他们不希望无党派人士

---

① Günther Schulz, Die große Koalition 1966 - 1969, in: Petersberger Perspektiven. „Plisch und Plum“. Karl Schiller und Franz Josef Strauß-Ein Streit über Wirtschaft und Finanzen (Rhöndorfer Hefte), hrsg. v. Stiftung Bundeskanzler-Adenauer-Haus; Bad Honnef 2004, S. 11 -30, hier S. 15.

② Günther Schulz, Die große Koalition 1966 - 1969, in: Petersberger Perspektiven. „Plisch und Plum“. Karl Schiller und Franz Josef Strauß-Ein Streit über Wirtschaft und Finanzen (Rhöndorfer Hefte), hrsg. v. Stiftung Bundeskanzler-Adenauer-Haus; Bad Honnef 2004, S. 11 -30, hier S. 15.

③ Reinhard Schmoeckel, Von der Rezession zur Hochkonjunktur, in: Die vergessene Regierung, Die große Koalition 1966 bis 1969 und ihre langfristigen Wirkungen (Bouvier Forum), hrsg. v. Reinhard Schmoeckel/Bruno Kaiser, Bonn 1991, S. 291 -312, hier S. 293.

④ Nützenadel, Stunde, S. 304.

⑤ Nützenadel, Stunde, S. 286.

⑥ Volker Hentschel, Ludwig Erhard. Ein Politikerleben, München 1996, S. 434.

韦斯特里克进入内阁。此外，阿登纳早就扬言，韦斯特里克胜任不了经济领域的事务。这才轮到作为备选的施穆克出场。[①]蒂特迈尔回忆，联邦经济部因此大大丧失影响力，此后很长一段时间没有再现往日风采。[②]

施穆克领导下联邦经济部力量的衰退意味着其他力量在政治舞台上的崛起。在议会中，这股上升力量是基民盟/基社盟和自由民主党的议会党团。此外，州与地方政府的影响力也在提升。其主要原因是，联邦政府在日益复杂的财政政策和税收政策问题上，需要争取州和地方的支持。此外，新成立的专家组织——包括上文所提及的“五贤人会”——的政治话语权也有显著提升。[③]这样一来，政治讨论的声音就开始多元化，反对派们也重新获得参与讨论的机会。相比之下，政府之前几乎主导了行动权，社民党等反对派只能在经济政策上施加微小的影响。20世纪60年代，这种形势就开始有所变化。1961年阿登纳连任后，我们就能从经济和财政政策中隐约看到大联合政府的架构。因为在当时的情况下，如果不实现党派联合，许多政策改革根本无法推行。[④]改革无法推行的根本原因是，这些改革之间存在紧密的联系，例如稳定和增长政策改革。相互关联的改革措施只有在议会获得跨党团的多数支持时才能得以执行。此外，“联邦德国联邦制的多级问题”也是原因之一，反对党

① Franz Walter, Charismatiker und Effizienzen. Proträts aus 60 Jahren Bundesrepublik, Frankfurt am Main 2009, S. 307.

② 汉斯·蒂特迈尔访谈，2014年2月6日。

③ Nützenadel, Stunde, S. 287.

④ Michael Ruck, Ein kurzer Sommer der konkreten Utopie-Zur westdeutschen Planungsgeschichte der langen 60er Jahre, in: Dynamische Zeiten, Die 60er Jahre in den beiden deutschen Gesellschaften (Hamburger Beiträge zur Sozial-und Zeitgeschichte), hrsg. v. Axel Schildt / Detlef Siegfried u. a.; Hamburg 2000, S. 362 - 401.

社民党在许多联邦州和地方一级是影响力最大的政党，[①]导致所有联邦有意推行的重要改革都必须经过社民党的同意。最后，自由民主党的影响力也在日益增强，对基民盟的决策空间构成了更多的限制。理解了这些局势变化，我们才能真正理解“库尔特·施穆克领导下改革失败”的原因。[②]

尽管如此，1963～1966年这段时期依然为1967年以后大执政联盟落实的诸多改革打下基础。例如，这一时期地方政府准备好起草反周期财政政策方案，它算得上一座重要里程碑，成为1967年《稳定与增长法》的基础。而这一法案在历史书中被称为“一流的宪法经济创新”。[③]该法案的出台不意味着与之前政策的割裂，而是体现了“近十年探索的成果”。[④]关于这一时期为后来打下基础的说法，在蒂特迈尔的个人档案中也能够找到佐证。在他的一份1966年的设想草稿中，他反复提及了稳定这一概念，要求对此提高重视。[⑤]查阅蒂特迈尔在这一时期的个人档案，我们能发现稳定这个概念的影响力明显提升。例如，在一份材料里，蒂特迈尔就曾为“以稳定政策为工作重点”这一议题写过一个提纲。[⑥]他提到，在过去20年里，人们享受了持续高水平的经济增长率，实现了完全就

① Nützenadel, Stunde, S. 287.

② Nützenadel, Stunde, S. 288.

③ Heinz Grossekettler, 40 Jahre Stabilitäts-und Wachstumsgesetz. Theoretische Analyse und statistische Evolution einer verfassungsökonomischen Innovation, in: Arbeit im Lebenszyklus/Work in the Life-Cycle, hrsg. v. Josef Ehmer/Toni Pierenkemper, Berlin 2008, S. 227－256, hier S. 227.

④ Stoltenberg, Wendepunkte, S. 172.

⑤ Hans Tietmeyer, Gedankenskizze zur aktuellen Wirtschaftslage, 1966. PAT, Ordner 16, S. 1－4.

⑥ Hans Tietmeyer, Stichworte zum Thema „Stabilitätspolitik als zentrale Aufgabe“, 1966. PAT, Ordner 15, S. 1.

业甚至超额就业，大众福利也不断提升，这让大家对未来产生了乐观预期，认为增长会永不止步。但是后来整体形势发生了改变，人们必须学着适应正常化的增长速度。蒂特迈尔认为，只有技术进步和要素合理配置才是未来增长的基础。结构调整和提高企业家、劳动力和资本的灵活性迫在眉睫。蒂特迈尔的这个观点其实是对以前理念的一次颠覆。他警告："在这个变革的时期，最岌岌可危的并不是增长或就业，而是稳定。"①下文将讲述蒂特迈尔上述对稳定的看法逐渐被接受，这让他不仅在国内发声，也开始登上国际舞台。

在这份设想草稿中，蒂特迈尔还提出应对 1966 年经济形势的行动方针建议。他写道，1964 年和 1965 年经济明显过热，价格持续上涨，这种趋势隐藏了巨大的风险。当时西德马克购买力下降，导致联邦德国的经济竞争力进一步减弱。在这种情况下，联邦德国必须实行稳定性政策。蒂特迈尔将他提出的行动方针命名为"戒毒指南，远离通货膨胀和过量需求这些甜蜜的毒药"②。他写道：1966 年惨淡的经济形势正是稳定政策追求的目标，它也是改革必须付出的代价。这一年，经济增速下行，部分工业生产下滑，某些产业甚至陷入结构性困难。但 1966 年这些经济衰退迹象绝不是危机，更不是 1929 年和 1930 年那样的大萧条。除了如煤矿和纺织等个别产业出现结构性衰退外，联邦德国经济总体来说还是健康的。但蒂特迈尔仍然警告，所有增长减速都有失控的风险，尤其是当增长进入长期下降通道后。他建议，政府必须确保联邦德国民众对经济稳定的信心。经济发展无法脱离民众的信心，所以政府有必要对

---

① Hans Tietmeyer, Stichworte zum Thema „Stabilitätspolitik als zentrale Aufgabe", 1966. PAT, Ordner 15, S. 1.

② Tietmeyer, Gedankenskizze, S. 2.

不负责任的“危机和通胀言论”做“坚定反驳”。[①]

一年之后，这波经济衰退触底，蒂特迈尔又重申上述观点。他写道：经济紧张的局势被一些政治批评家用来佐证一些悲观言论，这些言论即使没有直接造成危机，也必定会使局势恶化。[②]联邦德国社会习惯了长期经济增长，对危机迹象格外敏感。蒂特迈尔关于民众缺乏信心的警告很快得到广泛认可。[③]放到今天来看，1966 年底的经济形势并不值得大惊小怪，至少民众不需要像当时那样胆战心惊，当时民众被 20 世纪 50 年代的增长惯坏了。然而，历史无法逆向评判：“对于那个年代的人来说，失业人数增加和公共负债率增长已经足以被当作不祥之兆了。”[④]

1966 年夏天，短暂且轻微的经济衰退还是让艾哈德“跌倒”，尽管在今天这种程度的衰退“最多只能称得上是小波折”。[⑤]但艾哈德政府因为没有足够准备而失去支持。[⑥]在一份手稿中，蒂特迈尔批评道：如果领导政府足够强势，这场衰退根本就不会发生。他认为，如果政府能在 1965 年就提出稳定性政策，衰退和执政联盟下台可能根本就不会发生。[⑦]不过，这场经济衰退是不是导致艾哈德下台的直接原因，文献中没有明确的记载。但仍然可以肯定的是，经济发展形势的逆转使艾哈德的处境更加恶化。[⑧]例如，内策

---

① Tietmeyer, Gedankenskizze, S. 1 – 4.

② Hans Tietmeyer, Die wirtschaftliche Lage in der Bundesrepublik Deutschland (Anfang November 1967), 10. 11. 1967. PAT, Ordner 17, S. 7.

③ Karin Hunn, „Nächstes Jahr kehren wir zurück …“: die Geschichte der türkischen “Gastarbeiter” in der Bundesrepublik, Göttingen 2005, S. 188.

④ Schulz, Koalition, S. 15 f.

⑤ Schulz, Koalition, S. 11.

⑥ Abelshauser, Deutsche Wirtschaftsgeschichte, S. 409.

⑦ Tietmeyer, Die wirtschaftliche Lage (Anfang November 1967), S. 7.

⑧ Fels, Anatomie, S. 1.

纳德尔认为，如果没有这场衰退，艾哈德大概率会执政到任期结束。[①]

也正是由于衰退，基民盟/基社盟与自民党执政联盟在危机应对策略上产生了分歧。基民盟/基社盟认为应该提高税收，而自民党认为应该减少财政支出。两方的意见难以调和，这场辩论最终演变成了对执政联盟本身和总理的质疑。1966年10月27日，自民党党团让步，该党四位联邦部长埃尔里奇·门德（Erich Mende）、罗尔夫·达尔格林（Rolf Dahlgrün）、埃瓦尔德·布赫尔（Ewald Bucher）和瓦尔特·谢尔（Walter Scheel）同时请辞。[②]总理艾哈德受到的公共压力也随即增大。由于政府提出的危机应对策略在公开讨论中没有得到认可，社民党提倡的“全面调控”开始获得广泛支持，这个转折对1967年之后的经济政策产生了巨大的影响。[③]

自民党四位部长辞职后，艾哈德与基民盟/基社盟组成的少数内阁又继续执政了大约一个月。[④]但这期间，基民盟/基社盟已经直接无视联邦总理，开始越过艾哈德直接与社民党协商。当然，艾哈德的遭遇也是他自己的执政风格（“不具权威的克里斯玛”）造成的。[⑤]此外，在例如财富分配和工资增长等很多现实问题上，艾哈德也没有提出解决方案，导致他在民间的支持率

---

① Nützenadel, Stunde, S. 303.

② Christine Fabian/Uta Rössel, Die Kabinettsprotokolle der Bundesregierung, München 2009, S. 31 f.

③ Nützenadel, Stunde, S. 304.

④ Daniel Koerfer, Kampf ums Kanzleramt. Erhard und Adenauer, Stuttgart 1987, S. 753 – 759.

⑤ Geoffrey Pridham, Christian democracy in Western Germany. The CDU/CSU in Government and Opposition 1945 – 1976, London 1977, S. 145.

也逐渐走低。①

艾哈德在政治上的失势，如他此前得势一样，都是德国经济史上浓墨重彩的一笔。②由于局势不明朗，基民盟/基社盟、自民党和社民党正式组成了联邦德国历史上绝无仅有的合法协商委员会。原则上来说，艾哈德下台后存在三种组阁方式：一是延续此前的基民盟/基社盟－自民党执政联盟；二是组建大联合政府；三是由社民党和自民党组建执政联盟。但延续基民盟/基社盟－自民党执政联盟是不可能的，因为自民党坚决不同意提高税收，所以难与基民盟/基社盟达成和解。③组建大联合政府的选项也面临重重困难，因为社民党向基民盟/基社盟提出了名目众多的合作条件，例如要摆脱当前联邦德国与美国和法国外交关系的困境，整顿公共财政，改革联邦、州与地方之间的财政关系等。④社民党主席维利·勃兰特（Willy Brandt）倾向于组建社民党－自民党联盟，但副主席赫伯特·韦纳（Herbert Wehner）以及议会党团主席赫尔穆特·施密特都坚决支持组建大联合政府。他们认为，社民党和自民党组建联盟是不现实的，存在程序性的问题。如果社民党和自民党组成联盟，这个组合虽然能够在总理选举时获得必要的绝对多数选票，但只有三票优势，而自民党当时处于内部分裂状态，与其组建联盟对社民党来说风险太大。⑤一位年轻的社民党新任联邦议员汉斯·阿佩尔（Hans Apel）补充说，社民党其实很清楚，这场危机很快就会过

---

① 汉斯·蒂特迈尔访谈，2014 年 2 月 6 日。

② Thomas Ellwein, Krisen und Reformen. Die Bundesrepublik seit den sechziger Jahren, München 1993, S. 43.

③ Heinrich August Winkler, Der lange Weg nach Westen: Deutsche Geschichte vom „Dritten Reich“ bis zur Wiedervereinigung, München 2002, S. 238 – 240.

④ Gert-Joachim Glaessner, Politik in Deutschland, Wiesbaden 2006^2, S. 109.

⑤ Winkler, Weg nach Westen, S. 239 f.

去。社民党党员认为："如果我们现在不先进入大联合政府，把战胜经济衰退的机会留给基民盟，那么未来二十年社民党就只能待在反对派阵营里。为了年轻一代，我们应该支持组建大联合政府。"① 如此一来，韦纳和施密特的想法得以落实。至少，加入大联合政府可被当作"通往由社民党领导的联邦政府的一个过渡"。②

艾哈德穷途末路，于 1966 年 11 月 30 日卸任总理一职。③ 他下台后仅一天，新的继任者就被选出来了。基民盟/基社盟党团早在 1966 年 11 月 10 日的内部投票中就选定了前纳粹党党员库尔特·格奥尔格·基辛格（Kurt Georg Kiesinger），认为此人能镇住外交部部长格哈尔德·施罗德、瓦尔特·哈尔斯坦，以及联邦议会党团主席瑞纳尔·巴泽尔（Rainer Barzel）等人。④当然，基辛格能当选的根本原因还是他担任巴登－符腾堡州（Baden-Wüttemberg）州长时政绩斐然，并展示出了过人的外交能力。⑤历史学家曼弗雷德·戈尔特梅克（Manfred Görtemaker）评论，基辛格的优势还包括他之前在"斯图加特任职，因此远离了波恩的风风雨雨"，所以在议会党团中"虽然没有追随者，但也少有敌对者"⑥。

---

① Hans Apel, Podiumsgespräch, in: Petersberger Perspektiven. „Plisch und Plum". Karl Schiller und Franz Josef Strauß-Ein Streit über Wirtschaft und Finanz (Rhöndorfer Hefte), hrsg. v. Stiftung Bundeskanzler-Adenauer-Haus, Bad Honnef 2004, S. 31－45, hier S. 34.

② Glaessner, Politik, S. 109.

③ Görtemaker, Geschichte, S. 436.

④ Fabian/Rössel, Kabinettsprotokolle, S. 32.

⑤ Otto Rundel, Kurt Georg Kiesinger: Sein Leben und sein politisches Wirken, Stuttgart 2006, S. 55.

⑥ Görtemaker, Geschichte, S. 437.

第二节　晋升为经济政策基本问题处处长（1966～1969年）

一　向大联合政府转变以及与卡尔·席勒合作的开始（1966年）

基辛格接替艾哈德之后，政府内部很快迎来了一次部长级的人员大调整。[①]社民党中，维利·勃兰特出任外交部部长兼副总理，卡尔·席勒出任经济部部长，赫伯特·韦纳出任全德事务部长。基民盟/基社盟中，格哈尔德·施罗德就任国防部部长，格哈尔德·斯托尔滕贝格就任科学研究部部长，弗兰茨·约瑟夫·施特劳斯（Franz Josef Strauß）就任联邦财政部部长。[②]新上任的部长中共有七位来自基民盟，三位来自基社盟，九位来自社民党。[③]从新任命部长的党派归属就可以看出，大联合政府的经济政策将偏社会民主主义。[④]

库尔特·格奥尔格·基辛格在1966年12月13日的政府宣言中，将基民盟/基社盟与社民党即将组建的大联合政府称为“联邦德国历史上的里程碑，牵系德国人民的希望与担忧”。[⑤]他认为，大联合政府在联邦议会拥有2/3席位的优势，有利于政府克服当下的

---

① Rundel, Kiesinger, S. 55.

② Rundel, Kiesinger, S. 55 f.

③ Klaus Hildebrand, Von Erhard zur Großen Koalition 1963 - 1969 (Geschichte der Bundesrepublik Deutschland in fünf Bänden), Stuttgart 1984, S. 257.

④ Nützenadel, Stunde, S. 308.

⑤ Kurt Georg Kiesinger, Regierungserklärung vor dem Deutschen Bundestag am 13. Dezember 1966, in: Sonderdruck aus dem Bulletin des Presse-und Informationsamtes er Bundesregierung (Nummer 157/1966), Bonn 1966, S. 1.

困难，他提出“整顿公共财政，提倡经济且节约的管理，保证经济增长和货币稳定”等措施。[①]政府还宣布了其他措施，例如通过中期财政计划维持财政稳定等。这些措施需要有稳定政策护航。实际上，有关稳定法案的讨论，早在施穆克任联邦经济部部长时就已开始。[②]这次政府声明表明，新的大联合政府把执政重心放在经济政策上。与往届总理不同，基辛格的声明从头到尾都在详细阐述财政与经济政策议题。在这个约60分钟的声明中，基辛格用了整整40分钟来谈论经济政策，论证了兼具扩张性和稳定导向特征的财政政策以及整顿国家财政在抵御经济衰退中的重要作用。[③]新任联邦经济部部长卡尔·席勒有关“全面调控”的理念也呼应了基辛格的观点，他在其手稿中写道，经济政策中“全面调控”的重点应是，在管理市场需求的同时，保障市场经济秩序。[④]

政府换届给经济和蒂特迈尔个人都带来显著变化。蒂特迈尔认为席勒是能重新引领联邦经济部的人选。[⑤]经济史学者提姆·山内茨基认为，席勒带着他信仰的凯恩斯主义，告别了艾哈德做联邦经济部部长和总理时期推崇的秩序自由主义。[⑥]经济学家马克·汉斯曼（Marc Hansmann）也持相似观点，他写道，席勒和弗兰茨·约瑟夫·施特劳斯都是马克思主义信徒。他们都坚信，宏观经济是可

① Kurt Georg Kiesinger, Regierungserklärung vor dem Deutschen Bundestag am 13. Dezember 1966, in: Sonderdruck aus dem Bulletin des Presse-und Informationsamtes er Bundesregierung (Nummer 157/1966), Bonn 1966, S. 1.

② Rundel, Kiesinger, S. 56 f.

③ Nützenadel, Stunde, S. 307.

④ Kiesinger, Regierungserklärung, S. 14; Heiko Körner, Globalsteuerung heute, in: *Wirtschaftsdienst* 84 (2004), Heft 12, S. 798－804, hier S. 798.

⑤ 汉斯·蒂特迈尔访谈，2014年4月3日。

⑥ Schanetzky, Ernüchterung, S. 35－40.

以调控的。[①]

蒂特迈尔对这些说法持保留意见，因为他认为席勒本身是彻底的市场经济拥趸。[②]席勒认为，仅采用凯恩斯式的政策站不住脚，但艾哈德的理念也需革新，他的观点是必须保留市场经济，但是要确保市场经济正常运行，在此基础上实行合理的社会和经济政策。因此，席勒"并没有使经济政策思想的基础发生转变"。[③]他只是在弗莱堡学派的根基中加入了凯恩斯主义精神。[④]政治学家罗迪格·罗伯特（Rüdiger Robert）有一句对席勒信仰的评价很到位："尽可能竞争，必要时计划！"[⑤]

除了席勒的经济政策路线以外，其个人性格也对蒂特迈尔产生了重要影响，因此也值得一提。席勒到波恩之前，是理论经济学教授，担任汉堡大学校长。[⑥]此外，从 1948 年起，他开始在联邦经济部顾问委员会任职，在波恩享有"才智卓越者"的美誉。[⑦]席勒属于战后德国经济政策制定者中少有的实干家，能将经济政策措施与丰富的经济理论分析结合起来，被认为是自信、智慧、勇气和审慎的结合体。[⑧]历史学家克劳斯·舍恩霍芬（Klaus Schönhoven）形容他闪耀着"国民经济专业知识、专家自信与能言善辩的光芒"[⑨]。

---

① Marc Hansmann, Vor dem dritten Staatsbankrott? Der deutsche Schuldenstaat in historischer und internationaler Perspektive, München 2012, S. 49.

② 汉斯·蒂特迈尔访谈，2014 年 4 月 3 日。

③ 汉斯·蒂特迈尔访谈，2014 年 4 月 3 日。

④ 汉斯·蒂特迈尔访谈，2013 年 2 月 12 日。

⑤ Rüdiger Robert, Konzentrationspolitik in der Bundesrepublik, Berlin 1976, S. 201.

⑥ Stefan Grüner, Geplantes „Wirtschaftswunder"? Industrie-und Strukturpolitik in Bayern 1945 bis 1973, München 2009, S. 259.

⑦ Tietmeyer, Podiumsgespräch, S. 37.

⑧ Schulz, Koalition, S. 17.

⑨ Klaus Schönhoven, Wendejahre. Die Sozialdemokratie in der Zeit der Großen Koalition 1966 – 1969 (Die deutsche Sozialdemokratie nach 1945), Bonn 2004, S. 132 f.

蒂特迈尔对他的评价是："他不仅能够胜任学者角色，还能在电视上给普通民众进行科普。"[①]此外，"他还是位隐喻大师，总有令人印象深刻的表述，这一能力在引领经济政策上非常关键。在政策讨论时，他能做到言辞委婉，不轻易伤害他人"[②]。

但蒂特迈尔也补充道：席勒经常被描述成"戏子"，因为人们总能从他身上嗅到虚荣的气息。[③]例如，有一次在布鲁塞尔，开会前席勒先派一名工作人员去会场，看他的法国同事吉斯卡·德斯坦（Giscard d'Estaing）是不是已到场，因为席勒非常重视此人。即使在其他场合，席勒也每次都待在代表团房间里，直到所有部长到场后才登场。[④]除此之外，席勒也被评价为"难相处"，他总是"专横地贬低"一部分同事，打断他们说话。[⑤]据蒂特迈尔回忆，这些不幸的人主要是那些听不懂席勒经济学术语的工作人员。[⑥]蒂特迈尔和席勒相处愉快，尽管蒂特迈尔有基民盟背景，但席勒崇尚就事论事。[⑦]因此，两人建立了紧密互信的合作关系。[⑧]文献记载，蒂特迈尔称得上联邦经济部在经济政策方面的思想领袖之一，这些思想先驱者"与席勒一起共同实践他的'全面调控'理念"[⑨]。

---

① 汉斯·蒂特迈尔访谈，2014年4月3日。

② Hans Tietmeyer, Staatsakt für Prof. Karl Schiller, 12. 1. 1995. PAT, Ordner 130, S. 3.

③ Hans Tietmeyer, Podiumsgespräch, in: Petersberger Perspektiven. „Plisch und Plum". Karl Schiller und Franz Josef Strauß-Ein Streit über Wirtschaft und Finanzen (Rhöndorfer Hefte), hrsg. v. Stiftung Bundeskanzler-Adenauer-Haus, Bad Honnef 2004, S. 31 – 54, hier S. 37.

④ 汉斯·蒂特迈尔访谈，2014年4月3日。

⑤ Benkhoff, Tietmeyer, S. 36.

⑥ Tietmeyer, Podiumsgespräch, S. 38.

⑦ 汉斯·蒂特迈尔访谈，2014年4月3日。

⑧ Tietmeyer, Euro ist nicht nur ein Ergebnis, S. 142.

⑨ Nützenadel, Stunde, S. 306.

在政府换届之前的几周，蒂特迈尔特意熟悉了席勒的“全面调控”理念。1966年夏天，席勒在哥德斯堡宴会厅举办的一个活动上做报告。①蒂特迈尔回忆，席勒当时阐述了他的“全面调控”理念，并有不少深刻见解。在报告后的提问环节，坐在最后一排的蒂特迈尔举起了手，他在做出一两个批评性评论后，提了一个让席勒印象深刻的问题。②因此，活动结束后席勒专门找到他，想知道他是谁。③席勒显然没有忘了他。④几个月后，席勒就任联邦经济部部长，在欢迎部领导的活动中，他还特意和蒂特迈尔打了招呼。⑤据蒂特迈尔回忆，席勒对他说的话应该是：“蒂特迈尔先生，我们此后必须紧密合作，即使您在政治上与基民盟站得更近。”⑥实际上，他期待蒂特迈尔做他的秘书，负责给他撰写发言稿。⑦蒂特迈尔把这段经历形容为巨大的挑战，因为他得为此日夜待命，但也是个莫大的激励。席勒为人严肃且要求严格。⑧但蒂特迈尔认为，他与席勒的私交相当好，这种友好关系甚至延续到这段工作关系结束以后。例如，蒂特迈尔1994年在明斯特被授予首个荣誉博士时，席勒专程从汉堡赶往明斯特到场祝贺。⑨

---

① Benkhoff, Tietmeyer, S. 35.

② Tietmeyer, Podiumsgespräch, S. 37.

③ Benkhoff, Tietmeyer, S. 35.

④ Tietmeyer, Daten, S. 12.

⑤ 汉斯·蒂特迈尔访谈，2014年4月3日。

⑥ Tietmeyer, Daten, S. 12.

⑦ Tietmeyer, Euro ist nicht nur ein Ergebnis, S. 127; O. A., Erfahrung dämpft, in *Wirtschaftswoche*, Nr. 12, 21. 5. 1980.

⑧ Hans Tietmeyer, Staatsakt für Prof. Karl Schiller, 12. 1. 1995. PAT, Ordner 130, S. 6.

⑨ Tietmeyer, Podiumsgespräch, S. 37.

此外，席勒就任也让蒂特迈尔在部里火速晋升。蒂特迈尔的领导奥托·施莱希特先是被提拔为经济政策和国际经济合作基本问题分管司的司长。仅四个月之后，1967年6月8日，施莱希特又升任经济政策司司长。[①]蒂特迈尔说，自己也"随着处长升迁被提拔"，[②]事实也是如此。蒂特迈尔从经济政策基本问题处副处长升任处长，接替了施莱希特之前的位置。[③]但总的来说，席勒并无意在联邦经济部内进行大规模人事调整，只是尝试给讨论增加一些多样性。他的一些工作人员强烈建议他支持凯恩斯的立场，而另一些人，如蒂特迈尔，则支持他站在供给导向阵营一边。[④]

二　"全面调控"的设计（1967年）

大联合政府执政的里程碑之一就是通过了经济方面的《稳定与增长法》。[⑤]该法案给予四个目标（价格稳定、充分就业、外贸平衡和稳定而适度的经济增长）同等的重要性。这四个目标后来被称为"魔力四角"，原因是这些目标之间存在冲突，难以同时实现。但"魔力四角"并非《稳定与增长法》首创，而是在艾哈德时期就被写入"五贤人会"法案中。[⑥]

蒂特迈尔认为，将四个目标列于同等重要的位置是有问题的，

① Übersicht-Abteilungsleiter I und Unterabteilungsleiter IA, 8. 3. 1973. PAT, Ordner 24, S. 1.

② Tietmeyer, Podiumsgespräch, S. 37.

③ 汉斯·蒂特迈尔访谈，2014年4月3日。

④ 汉斯·蒂特迈尔访谈，2014年4月3日。

⑤ Alexander Rossnagel, Die Änderungen des Grundgesetzes. Eine Untersuchung der politischen Funktion von Verfassungsänderungen, Frankfurt/M. 1981, S. 228.

⑥ Hesse, Wissenschaftliche Beratung, S. 429.

因为价格稳定是人和经济预期形成的基础，所以它是最重要的。[①]但席勒在1967年1月起草法案时，蒂特迈尔没能说服他。[②]最终，对四个目标一视同仁的《稳定与增长法》于1967年6月14日出台。[③]该法案成为新经济政策纲领（“全面调控”）的政策工具箱和“大宪章”。[④]

“全面调控”的目标是，通过短期的需求调控，使整体经济达到均衡状态。[⑤]“全面调控”理念所包含的经济调控是“直接从源头上调节需求，以此作为（联邦银行）货币数量调控措施的补充”[⑥]。经济调控的主要着手点是国家财政政策，目的是放大联邦银行货币政策的影响。因此，经济调控方案可以影响政府的收入和支出，但调控重心主要在整体需求上，其理念与“凯恩斯式需求管理”一脉相承。[⑦]以下规定也凸显这一特征：联邦、州和地方有义务在未来的预算管理中，实行反周期财政政策，即在经济繁荣时期将财政盈余存放在联邦银行，经济衰退时期支出这些累积盈余，扩充需求。理论上说，在一个完整的经济周期内，

---

① Hans Tietmeyer, Die soziale Marktwirtschaft als Leitbild einer Wirtschaftsordnung (Zusammenfassung eines Referates in einem Seminar für genossenschaftliche Führungskräfte aus Süd-Amerika am 2. September 1969 in der Jugendakademie Walberberg), 2. 9. 1969. PAT. Ordner 17, S. 4.

② Änderungen und Ergänzungen zum Entwurf eines Gesetzes zur Förderung der Stabilität und des Wachstums der Wirtschaft, 31. 1. 1967. BAK, B 102/93258.

③ Bundesministerium für Wirtschaft, Wirtschaftspolitik in Daten-von Dezember 1966 bis Mai 1968 (BMWi-Texte), Bonn 1968, S. 3.

④ Schanetzky, Ernüchterung, S. 88.

⑤ Gehard Mammem, Grundzüge differenzierter Stabilisierungspolitik in der Bundesrepublik Deutschland, Göttingen 1978, S. 1.

⑥ Hans Tietmeyer, „Konzertierte Aktion“ – Konzept, Praxis und Erfahrungen, in: *Kredit und Kapital* 2 (1969), Heft 2, S. 179 – 198, hier S. 184.

⑦ Nützenadel, Stunde, S. 310.

财政不同时期的预算盈余与赤字应相互抵销。[1]从此，政府将“全面调控”当成影响宏观经济的一个工具，凯恩斯主义在联邦德国从此合法化。[2]

但学术界对于反周期财政政策还存在很大质疑。其中一个令人担心之处是，反周期财政政策在政治层面上根本难以实行。另外，从短期来看，政府很难调整除了投资性活动以外的其他短期支出，因为通常来说，消费性支出都是刚性的法定支出。如果政府减少投资性支出，例如对教育投资，这又会损害长期经济增长。但即便如此，财政政策作为宏观调节手段也不是一无是处。例如，政府活动可以让投资人产生积极预期。当周期性赤字出现时，政府能够自信地宣布对衰退进行干预，用预算盈余来平衡当前赤字。[3]

席勒并非只拘泥于凯恩斯主义，而是将其与弗莱堡学派的市场经济理念结合起来。他坚持认为，由欧肯提出、艾哈德推行的市场经济导向的秩序政策，应该作为经济“全面调控”的补充。[4]席勒认为：“新自由市场经济（微观关系调节）理念、凯恩斯（宏观经济总量的调控）政策与现代福利政策，三者相结合，才是经济和社会变迁问题唯一可信的解决方案。”[5]施莱希特称席勒的观念为“欧肯和凯恩斯的综合体”。[6]理论上，这两个学派有本质的不同。欧

---

① Wolfgang Franz, Arbeitsmarktökonomik, Berlin/Heidelberg 2013. S. 415.

② Nützenadel, Stunde, S. 308－310.

③ Franz, Arbeitsmarktökonomik, S. 416.

④ Tietmeyer, Podiumsgespräch, S. 40.

⑤ Bundesministerium für Wirtschaft, Reden zur Wirtschaftspolitik 2 – von Professor Dr. Karl Schiller-Bundesminister für Wirtschaft (BMWi-Texte), Bonn 1967, S. 10.

⑥ Otto Schlecht, Hat die Globalsteuerung versagt? In: Wirtschaftspolitik, Wissenschaft und politische Aufgabe. Festschrift zum 65. Geburtstag von Karl Schiller (Beiträge zur Wirtschaftspolitik), hrsg. v. Heiko Körner/Peter Meyer-Dohm u. a., Bern/Stuttgart 1976, S. 297－318, hier S. 298.

肯的弗莱堡学派否定国家对经济过程的干预，认为国家的任务只限于给市场力量提供细致的约束框架。凯恩斯学派却认为，国家应该积极干预经济过程。席勒认为，即使在这样一个综合体中，竞争也应处于主要位置。[①]

席勒不仅实践了凯恩斯主义，而且开始利用《稳定与增长法》中的工具来规范稳定导向的政策行为。[②]为此，联邦经济部就一个自愿协调经济政策、财政政策以及工资与价格政策行为的机制工具进行了商讨。[③]其根本思想是，“全面调控”只有在大的政治和社会团体都自愿合作的情况下才能成功，而前提条件是公开所有关于经济局势、可能威胁稳定的事件以及政府保障稳定措施的信息。只有如此，经济循环才能透明，稳定导向的政策行为才能使政治和社会团体信服。如此就形成了“全面调控”的核心，即所谓联合行动。对于席勒来说，联合行动就像一个圆桌讨论，“人们围坐而谈”。[④]定期参与这个圆桌讨论的有经济部长、工会、企业联合会、联邦银行、“五贤人会”，以及对经济政策有重要影响的部委代表。圆桌讨论的目的是要促成各团体采取联合行动，共同达成经济稳定目标。[⑤]蒂特迈尔在一份有关经济政策及其工具的秩序目标的文件中这样批注：国家“全面调控”的主要着力点，例如国家的财政政策或联邦银行的货币政策，要得到劳资双方自主协调行动的配合。[⑥]席勒

---

① Schulz, Koalition, S. 21.

② Körner, Globalsteuerung, S. 799.

③ Tietmeyer, Aktion, S. 184.

④ 汉斯·蒂特迈尔访谈，2014 年 4 月 3 日。

⑤ Hans Tietmeyer, Die Wirtschaftspartner und die Verwaltung, 1968. PAT, Ordner 17, S. 22 – 23.

⑥ Hans Tietmeyer, Ordnungspolitische Ziele der amtliche Wirtschaftspolitik und ihre Instrumente, 13. 5. 1970. PAT, Ordner 17, S. 18.

想借助这一工具，淡化政府是经济政策唯一主管机构的刻板印象。[①]采取这种多方合作机制的另一个考虑是，不仅经济政策可以影响劳资双方，反过来看，劳资双方集体谈判结果也能对经济政策产生影响。[②]

席勒多次邀请蒂特迈尔参与联合行动的讨论。[③]根据蒂特迈尔讲述，这些讨论并非一直像“莫扎特作品《魔笛》中欢快的节日气氛”那样令人愉快，也有针锋相对的时候。[④]讨论一般是由联邦经济部部长主持，来自大型经济和社会团体的责任代表（每类团体大约九位[⑤]），与联邦财政部部长、联邦劳动部部长和联邦银行行长等（大约八位）以及“五贤人会”委员（三至五位），在两到三个月内对准备好的议题进行讨论。[⑥]议题的准备工作由专家组或经济与社会团体代表们负责。[⑦]蒂特迈尔认为，联合行动不应只在紧急情况出现时召开，而应该定期组织。然而，这一点却因为

---

① Karl Schiller, Der Ökonom und die Gesellschaft. Das freiheitliche und das soziale Element in der modernen Wirtschaftspolitik; Vorträge und Aufsätze, Stuttgart 1964, S. 58.

② Bundesministerium für Wirtschaft, Überwindung der Rezession und zwei Jahre kräftiger, stetiger Aufschwung. Rede von Bundeswirtschaftsminister Professor Dr. Karl Schiller am 19. Juni 1969 im Deutschen Bundestag und Sonderdruck aus dem Jahresbericht 1968 der Bundesregierung (BMWi-Texte), Köln 1969, S. 20.

③ 汉斯·蒂特迈尔访谈，2014年4月3日。

④ Tietmeyer, Aktion, S. 189.

⑤ 工会一方由七位工会领导人和两位联邦德国雇员协会代表出席，其中工会领导人主要是负责重要工业分支的工会主席。雇主一方的代表是联邦德国零售业总工会的主席、联邦德国批发与外贸总会的主席、联邦德国手工业总会的主席以及来自三大顶尖联合会的总经理，这三大联合会分别是联邦德国雇主协会、联邦德国工商协会和联邦德国工业协会。见 Hans Tietmeyer, Die Wirtschaftspartner und die Verwaltung, 1968. PAT, Ordner 17, S. 27－28。

⑥ Hans Tietmeyer, Die Wirtschaftspartner und die Verwaltung, 1968. PAT, Ordner 17, S. 28。

⑦ Tietmeyer, Aktion, S. 189.

《稳定与增长法》第三条的表述被误解了（“当目标……受到威胁时，联邦政府应提供经济发展数据，以同时促成联合行动……”）。蒂特迈尔写道：“如果管弦乐队只在登台亮相时集合，是无法完成演奏的。”[①] 此外，他也提到，大家在讨论时，时刻都能感受到席勒在秩序政策方面的基本立场。蒂特迈尔回忆，席勒几乎反驳了所有反对市场经济的言论。这些言论通常来自工会的代表，这些代表在联合行动讨论中经常遭到席勒激烈的回应。[②]

对于新的政策工具箱，社会各界反响大相径庭。例如，一直对波恩政策持不同意见的记者弗里茨-乌尔里希·法克（Fritz-Ulrich Fack）就对此表示肯定。他在1968年6月8日的《法兰克福汇报》（*FAZ*）中写道，联合行动将“有助于弱化过去不可撼动的坚定立场”，能够“拓宽视野，使应该被注意的利益得到关注”[③]。“五贤人会”也对此做出积极评价。《1967～1968年宏观经济年度评估报告》第232段如此表述“经济衰退……的原因：一方面，信贷和财政政策之间缺少有计划的协调；另一方面，政府机构和非政府机构之间没有联合行动”[④]。蒂特迈尔也认为这是正确的选择。在一份手稿中，可以明显发现蒂特迈尔与席勒意见一致。蒂特迈尔写道：“如果政府不想让德国的经济政策再次陷入危险的自由主义或是临时干预主义，就绝对不能放弃系统和适度的‘全面调控’。”[⑤]

---

① Hans Tietmeyer, Die Wirtschaftspartner und die Verwaltung, 1968. PAT, Ordner 17, S. 24.

② 汉斯·蒂特迈尔访谈，2014年4月3日。

③ Fritz-Ulrich Fack, Herrschen die Verbände? In: *Frankfurter Allgemeine Zeitung*, 8.6.1968, S. 17.

④ Sachverständigenrat zur Begutachtung der gesamtwirtschaftlichen Entwicklung, Jahresgutachten 1967/68. Stabilität im Wachstum, Stuttgart-Mainz 1967, S. 122.

⑤ Hans Tietmeyer, Das Konzept der Globalsteuerung in der Schußlinie, 1968. PAT, Ordner 18, S. 5.

但与此同时，“全面调控”纲领也受到尖锐批评。例如，记者汉斯·罗珀（Hans Roeper）与汉斯－奥托·韦斯曼（Hans-Otto Wesemann）就认为，“自由企业将因大量国家干预措施而受到威胁”[①]。“全面调控”甚至被形容为“严格的秩序政策判决”和走上“计划经济之路”的第一步。[②] 1969年6月26日，基民盟的库尔特·比登科普夫（Kurt Biedenkopf）也做出类似批评。他认为，“全面调控”与联合行动损害了社会市场经济的基础。这些举措使大企业成为经济政策共同决策者，进而导致市场集中程度提高，市场垄断势力壮大。所谓联合行动，其实无非是“国家和有组织的团体之间公开的合谋”。[③]

针对以上批评，蒂特迈尔阐述了自己的立场，那些声称联合行动会助长经济权力和国家与大型企业合谋的言论，本质上是对政策的错误解读。新的政策措施的目的主要是要保障竞争的正常运行，尽管国家与大企业间的合作看似冲击了竞争法，但国家对处于市场垄断地位的企业滥用市场支配地位行为的监管也得到了加强。虽然蒂特迈尔也承认，联合行动确实带来“秩序政策的窘境”，但他认为，联合行动应该被看成一个讨论小组，其使命只是讨论经济发展形势而已。[④]在后来的一次采访中，蒂特迈尔补充道：“‘全面调控’并不是让我们服从某些具体的目标或者指标。一些人认为，我们以后就要服从事无巨细的量化计划。对此我要说，不是

---

① Hans Tietmeyer, Die Wirtschaftspolitik der Großen Koalition-Analyse der ordnungspolitischen Struktur der Wirtschaftspolitik, 1969. PAT, Ordner 17, S. 2 f.

② Tietmeyer, Konzept der Globalsteuerung, S. 1.

③ O. A., Kritik and Prof. Schillers Wirtschaftspolitik, in: *Hamburger Abendblatt*, 27.6.1969.

④ Tietmeyer, Die Wirtschaftspolitik der Großen Koalition, S. 4－20.

的！”[①]尤其是联合行动，其中所谓的讨论，无非就是一个共同学习过程罢了。[②]

席勒知道，经济权力增加会减少合作意愿，也会“提高私有部门向经济政策制定者施压的能力”。[③]因此，在1968年6月28日的一次讲话中，他着重强调了“理性的市场经济”。[④]联合行动应该是通往这个理想路上的特殊一步。席勒表示，国家虽然是实行“全面调控”的主体，但大的团体影响力不会越过联合行动机制。对于席勒来说，联合行动是通向“理性信息的道路”。[⑤]蒂特迈尔后来评价，“全面调控”是经济秩序进步的结果，它进一步保留了经济秩序的基本结构。同时，选择性干预也被严令禁止，因为此类对经济过程的选择性调控很可能会损害市场经济的运行能力。[⑥]

三 新经济政策的短期经济影响（1967～1969年）

1966～1967年的经济大幅衰退迫使新政府不得不采取迅速的行动，将“全面调控”和联合行动立即付诸实践。[⑦]然而，实践过程和短期效果都有些不尽如人意。1966年初，联邦银行采取的紧缩性货币政策甚至加重了经济衰退。1966年5月27日，联邦银行

---

① 汉斯·蒂特迈尔访谈，2014年4月3日。

② 汉斯·蒂特迈尔访谈，2014年4月3日。

③ Körner, Globalsteuerung, S. 800.

④ Bundesministerium für Wirtschaft, Reden zur Wirtschaftspolitik 4-von Professor Dr. Karl Schiller-Bundesminister für Wirtschaft (BMWi-Texte), Hameln 1968, S. 204 u. 217.

⑤ Bundesministerium für Wirtschaft, Reden zur Wirtschaftspolitik 4-von Professor Dr. Karl Schiller-Bundesminister für Wirtschaft (BMWi-Texte), Hameln 1968, S. 204, 217.

⑥ Tietmeyer, Die Wirtschaftspolitik der Großen Koalition, S. 4－28.

⑦ Schanetzky, Ernüchterung, S. 94.

将贴现率从4%提高到5%。与此同时，通货膨胀率也上升到3.3%，工资成本压力开始上升。[①]随着企业投资倾向减弱，利润也开始降低。工业企业接到的订单数常被视为宏观经济发展趋势的先行指标，而1967～1969年经济明确显现出衰退趋势。1966年第四季度，工业企业接到的订单数减少6.6%，1967年第一季度又继续缩减10.1%。[②]

私人消费更是明显萎缩。蒂特迈尔表示："现在经济显然正在下坡路上。"[③] 1967年1月，大联盟政府上台后仅一个多月，就不得不采取措施，抑制经济衰退。随后，联邦总理基辛格发表政策声明，要采取"受约束的扩张政策"，并且坚信，联合行动只有在"自主的劳资双方与政府协作的情况下才能成功"。[④]

然而，这种协作被证明并非易事。根据新的"全面调控"框架，政府应提高公共支出，推出德国二战后首个经济刺激计划，以结束经济衰退。1967年1月，联邦政府开始商讨，决定出台总价值25亿西德马克的救市计划。[⑤]但很快人们就意识到，救市计划只有在联邦银行货币政策放松的情况下才能实施。于是，1967年2月14日召开的联合行动会议就有了决定性意义。[⑥]两天以后，1967年2月16日，好消息传来，政府首个投资计划获得联邦银行支持，

① Statistisches Bundesamt, Verbraucherpreisindizes für Deutschland, S. 4.

② Tietmeyer, Die wirtschaftliche Lage (Anfang November 1967), S, 5ff.; Holtfrerich, Monetary Policy, S. 310.

③ Tietmeyer, Die wirtschaftliche Lage (Anfang November 1967), S. 6.

④ Kiesinger, Regierungserklärung, S. 14.

⑤ Bundesministerium für Wirtschaft, Wirtschaftspolitik in Daten-von Dezember 1966 bis Juli 1969 (BMWi-Texte), Würzburg 1969, S. 9.

⑥ Bundesministerium für Wirtschaft, Wirtschaftspolitik in Daten-von Dezember 1966 bis Juli 1969 (BMWi-Texte), Würzburg 1969, S. 9.

中央银行理事会（Zentralbankrat）同意将贴现率降低，[①]在1967年5月之前将其逐步降到3%。同时，联邦银行也承诺，货币政策将配合政府的下一个刺激计划。[②]联合行动策略首战告捷。然而，在一份报告经济状况的文稿中，蒂特迈尔写道："这次公共部门和政策的观念转变……浪费了太多时间……由于公共部门此前刚决心要开源节流，而这个方向放到一年前应是正确的。"[③]他还写道："经济衰退已经很严重了，形势不太可能短期内被逆转。"[④]正如蒂特迈尔所预言的那样，经济衰退的趋势确实没有被遏止，甚至还加速恶化。实时反映经济繁荣的指标——工业总产值——可以佐证蒂特迈尔的观点：尽管工业总产值在1966年第三季度增加0.9%，但到第四季度就减少1.0%，1967年第一季度和第二季度的萎缩幅度更是分别高达4.9%和6.2%。[⑤]

1966年底出现的征兆，到1967年上半年继续恶化，生产衰退最终也殃及1967年的其他经济指标。联邦德国实际国内生产总值增长率、通货膨胀率和失业率（1966~1969年）如图4-3所示。

1967年，实际国内生产总值增长率为-0.3%，这是战后德国宏观经济首次萎缩。回望20世纪50年代，经济年均实际增速还高达8.2%。即使到了60年代，至1967年以前，经济年均实际增速也达到3.8%。失业率也是类似的走势。1967年，失业率上升到

① Bundesministerium für Wirtschaft, Wirtschaftspolitik. Dezember 1966 bis Mai 1968, S. 9.

② Nützenadel, Stunde, S. 323.

③ Tietmeyer, Die wirtschaftliche Lage (Anfang November 1967), S. 7.

④ Tietmeyer, Die wirtschaftliche Lage (Anfang November 1967), S. 10.

⑤ Tietmeyer, Die wirtschaftliche Lage (Anfang November 1967), S. 7f.

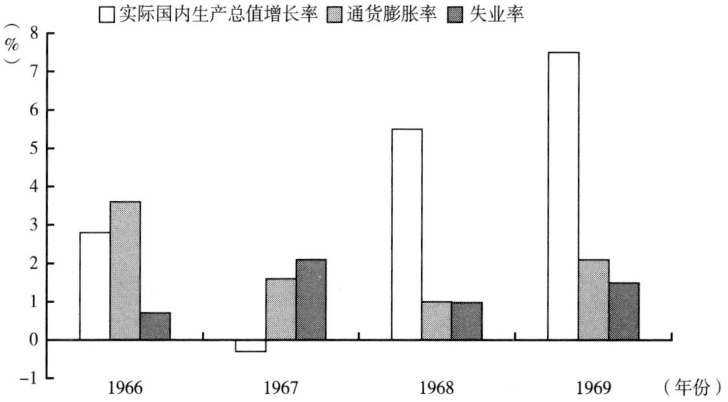

图 4－3 联邦德国实际国内生产总值增长率、通货膨胀率和失业率（1966～1969 年）

资料来源：作者自制，数据来源于 Statistisches Bundesamt, Verbraucherpreisindizes für Deutschland, S. 4; Statistisches Bundesamt, Arbeitsmarkt 1950 bis 2017; Statistisches Bundesamt, Wirtschaft und Statistik, S. 204。

2.1%，民众开始感到不安。[①]这种不安使极右翼的德国国家民主党（NPD）的支持率迅速上扬。1966～1968 年，该党以 6% 至 10% 的得票率进入了七个联邦州议会。[②]极右翼政党在这种情况下之所以能获得支持，是因为每当经济发展形势不明朗，许多德国人就会将外国务工者视为对自己工作岗位的威胁。[③]好在物价水平并未飙升，作为联邦银行实施紧缩货币政策的结果，1968 年德国通货膨胀率仅为 1.4%。这是联邦德国战后经济史上一个空前

① Statistisches Bundesamt, Arbeitsmarkt 1950 bis 2017; Statistisches Bundesamt, Wirtschaft und Statistik, S. 204.

② Ulrich Herbert, Geschichte der Ausländerpolitik in Deutschland. Saisonarbeiter, Zwangsarbeiter, Gastarbeiter, Flüchtlinge, München 2001, S. 220.

③ Hunn, Jahr, S. 188.

的时期，物价从未如此稳定，“尽管经济增长为此付出了巨大代价”[①]。

总体而言，宏观经济基本面有所改善，“全面调控”也算首战告捷。1967 年夏天，政府尝试出手稳住经济下滑的势头，结果并不尽如人意，经济没有出现上升趋势。于是，1967 年 9 月，联邦议会又通过第二个刺激计划。[②]该计划向市场投入 53 亿西德马克，“如果考虑利率补贴效果，此次总投入规模高达 80 亿至 100 亿西德马克”[③]。在一份手稿中蒂特迈尔写道，这些扩张性政策是“宏观经济发展的结果”。[④]相关措施得到广泛支持，迅速重建了公众对德国经济发展的信心。工会和雇主协会在联合行动中的配合就是这种信心的体现。这种信心也来自席勒和施特劳斯相互尊重的合作，二人常常共同露面，公众形象地把他俩比喻为故事书中的角色普利希（Plisch）和普鲁姆（Plum）[⑤] 而载入史册。[⑥]

席勒与施特劳斯共同解决问题，紧密合作，在重要的问题上总是站在统一战线，“虽然一人更善于坐而论道，另一人倡导务实、明确的财政政策”，但他们能充分利用这种差异，形成蒂特迈尔所称的“领导力”。[⑦]他俩持续相互呼应，在社会各界产生巨大影响。[⑧]此外，席勒总是能用浅显易懂的语言，向公众解释复杂的经济现

---

① Tietmeyer, Die wirtschaftliche Lage (Anfang November 1967), S. 10.

② Bundesministerium für Wirtschaft, Wirtschaftspolitik. Dezember 1966, S. 6.

③ Tietmeyer, Die wirtschaftliche Lage (Anfang November 1967), S. 12.

④ Hans Tietmeyer, Klare Wirtschaftspolitik stärkt die Marktwirtschaft, 1967. PAT, Ordner 18, S. 1.

⑤ 漫画家威廉·布什（Wilhelm Busch）漫画故事书中两只可爱、机智又忠诚的小狗。——译者注

⑥ Görtemaker, Geschichte, S. 449.

⑦ Tietmeyer, Podiumsgespräch, S. 44.

⑧ Benkhoff, Tietmeyer, S. 36.

象。一时间，社会各界似乎都对经济运行机制了然于胸，“突然明白了现在德国正处在经济周期低谷”[①]。尽管席勒与施特劳斯本质上是完全不同的人，但是至少在大联合政府执政的两年里，他们从未公开有过意见不合，这无疑提高了各界对经济政策的信任。蒂特迈尔对这两年的评价是：“我们可以从普利希和普鲁姆身上学到，不仅专业能力很重要，令人信服的坚定立场也不可或缺。”[②]

1967 年 11 月，刺激计划的效果（首先是计划出台的效果）开始显现。[③]刺激计划实施后，经济渡过了难关。[④]1967 年秋天起，工业订单数和销售额明显回升，失业率也开始降低，临时工的数量显著减少。对席勒来说，这意味着他的经济政策取得了成功。[⑤]

德国三大经济研究机构预计，1968 年联邦德国经济增长将达到约 5%。[⑥]联邦政府对此则较为悲观，只定下 4% 的经济增长目标。[⑦]实际上，经济景气状况不仅在 1968 年有明显改观，在 1969 年也显示出向好势头。如图 4－3 所示，1968 年和 1969 年，联邦德国实际国内生产总值增长率分别达到 5.5% 和 7.5%，通货膨胀率

① Görtemaker, Geschichte, S. 499.

② Tietmeyer, Podiumsgespräch, S. 45－47.

③ Tietmeyer, Die wirtschaftliche Lage（Anfang November 1967）, S. 12.

④ Claus-Martin Gaul, Konjunkturprogramme in der Geschichte der Bundesrepublik Deutschland: Einordnung und Bewerbung der Globalsteuerung von 1967 bis 1982, in: Deutscher Bundestag-Wissenschaftliche Dienste, 22. 1. 2008. [http://www.bundestag.de/blob/190470/cdd58467a0b827cc6cd3dd366fe963883f/konjunkturprogramme-data.pdf], 31. 5. 2015.

⑤ Bundesministerium für Wirtschaft, Reden zur Wirtschaftspolitik 3-von Professor Dr. Karl Schiller-Bundesminister für Wirtschaft（BMWi-Texte）, Hameln 1968, S. 152.

⑥ Tietmeyer, Die wirtschaftliche Lage（Anfang November 1967）, S. 15.

⑦ Bundesministerium für Wirtschaft, Wirtschaftspolitik 4, S. 15.

分别为1%和2.1%，失业率分别仅为0.9%和1.5%。联邦经济部称，这些指标的搭配是“梦幻组合”，认为这是“新经济政策”的功劳。①这些指标与德国20世纪50年代经济奇迹时期的经济指标类似。②德国宏观经济再次开始强势增长。据席勒说，德国“再次振兴了工业，并在这些有真实经济竞争力和国际竞争力的工业”陪伴下，走进20世纪70年代。③1969年3月以后，联邦德国经济增长势头如此强劲，政府已不需要通过刺激计划来创造多余需求，此后，公共部门债务水平开始降低，因为政府收入的增加迅速抹平了此前刺激计划产生的赤字。公共财政在1969年5月以后甚至开始出现盈余，这些资金被存放在联邦银行。④

四　汇率之争与大联合政府的终结（1968～1969年）

经济复苏两年后，始于1968年秋季的利率之争让席勒与施特劳斯之间开始出现一些分歧。⑤1968年，联邦德国遭遇严重的国家货币危机和国际货币政策困境。⑥联邦德国沐浴在经济强劲复苏、物价稳定、失业率低下和西德马克需求走高中的同时，法国却始终

---

① Bundesministerium für Wirtschaft, Überwindung, S. 5 u. 17; Statistisches Bundesamt, Verbraucherpreisindizes für Deutschland, S. 4; Statistisches Bundesamt, Arbeitsmarkt 1950 bis 2017; Statistisches Bundesamt, Wirtschaft und Statistik, S. 204.

② Gaul, Konjunkturprogramme, S. 13.

③ Bundesministerium für Wirtschaft, Überwindung, S. 5 u. 7.

④ Gaul, Konjunkturprogramme, S. 11－13.

⑤ Tietmeyer, Podiumsgespräch, S. 45.

⑥ 当时主张固定汇率的布雷顿森林体系尚占主导地位，但欧洲国家货币间的汇率可以上下浮动。即期汇率（马上购买货币的价格）只允许在一定区间内浮动，但远期汇率和外汇牌价则完全不实行固定汇率，可以自由浮动。见 Hans Tietmeyer, Internationales Währungssystem in der Krise?, 24.6.1969. PAT, Ordner 18, S. 3。

在1968年5月学生暴乱引发的“法郎危机”中挣扎①。②此外，美元也在不断贬值，主要原因是美国为越南战争融资导致公共预算出现赤字，美国国内也出现通货膨胀趋势。于是西德马克成为欧洲当时最坚挺的货币。1968年，距离西德马克上次升值七年之后，西德马克升值的问题又重新回到人们的视线里。但这次情况的特殊之处在于，西德马克这次升值不仅是相对于美元，而且是相对于欧洲经济共同体几乎所有其他货币。③而如果西德马克币值不提升，联邦德国国内货币数量会增加，国内通货膨胀风险会增加。④就此，“五贤人会”、中央银行理事会的大多数成员以及席勒主张西德马克升值。⑤不过，1968年6月28日，席勒仍在慕尼黑一次公开演讲中明确反对西德马克升值，因为他担心西德马克升值会损害国内经济复苏的成果。⑥但1968年初秋，席勒的想法有了变化。据蒂特迈尔讲述，在看到大量热钱涌入之后，席勒在一次“与极其信任的同事的谈话中”，开始转而为西德马克升值辩护。⑦蒂特迈尔回忆道：“我们当时认为，1968年就应该让西德马克升值，但当时没有这么做。”⑧而没有这么做的原因，主要是政府内部出现了意见分

---

① 1968年5月发生的危机是法国战后经历最汹涌的政治经济反抗浪潮。它始于一场学生暴乱，随后向别的领域蔓延，并迅速波及整个法国，“几乎导致了一场国家灾难”。见 Joachim Schild/Henrik Uterwedde, Frankreich. Politik, Wirtschaft, Gesellschaft. Wiesbaden 2006², S. 146。

② Tietmeyer, Internationales Währungssystem in der Krise?, S. 3.

③ Tietmeyer, Herausforderung, S. 30 f.

④ Tietmeyer, Podiumsgespräch, S. 45.

⑤ Sachverständigenrat zur Begutachtung der gesamtwirtschaftlichen Entwicklung, Jahresgutachten 1968/69. Alternativen außenwirtschaftlicher Anpassung, Stuttgart 1968, S. 68f.; Nützenadel, Stunde, S. 340.

⑥ Bundesministerium für Wirtschaft, Wirtschaftspolitik 4, S. 211.

⑦ Tietmeyer, Herausforderung, S. 31.

⑧ 汉斯·蒂特迈尔访谈，2014年4月3日。

歧。弗兰茨·约瑟夫·施特劳斯、德意志银行董事会发言人赫尔曼·约瑟夫·阿布斯和德国工业联合会（BDI）的主席弗里茨·贝格（Fritz Berg）一同发声反对西德马克升值。他们主要的理由是西德马克升值会损害联邦德国的经济竞争力。蒂特迈尔对此的评价是“短视和没有在宏观经济层面充分考虑的结果”。[①]

但由于联邦总理基辛格站在施特劳斯那一边，西德马克升值最终还是被否决了。[②]作为补偿，政府决定提高税收，对联邦德国出口货物加征4%的税，对进口货物减免4%的税。国际社会也对联邦德国政府做出的决定表示惊讶。蒂特迈尔写道：“在这个决定出台之前，卡尔·布莱辛（Karl Blessing）肯定已在巴塞尔对其他央行做出承诺，‘是的，联邦德国方面已对调整汇率做好准备’，随后却被联邦德国内阁决议而正式‘否决’了。”[③]最后，外汇平价保持不变。蒂特迈尔回忆，“席勒部长当时大发雷霆”，在他看来，这样的结果既无说服力，也缺乏远见。从那时起，蒂特迈尔意识到，从长远来看，欧洲内部货币合作必须探寻其他道路与解决方案。[④]

提高税收的替代方案应该没有起什么作用，从1969年起，西德马克价格被低估，而法郎与大西洋和欧洲区域内的其他几种货币价格被高估的情况越来越严重。[⑤] 1969年4月27日，法国总统戴高乐在学生暴乱压力下下台，市场汇率又再一次经历猛烈调整，法郎被大量抛售，资本涌向西德马克。1966～1969年欧洲经济共同体内国家价格水平变化（与联邦德国价格水平比较）如表4－1所示。

---

① Tietmeyer, Podiumsgespräch, S. 45.

② Tietmeyer, Euro ist nicht nur ein Ergebnis, S. 128.

③ Tietmeyer, Euro ist nicht nur ein Ergebnis, S. 128.

④ Tietmeyer, Herausforderung, S. 32.

⑤ Hans Tietmeyer, Europa-Währung eine Fata Morgana?, S. 12.

表4-1　1966～1969年欧洲经济共同体内国家价格水平变化（与联邦德国价格水平比较）

意大利	比利时/卢森堡	荷兰	法国
+1.7%	+5.5%	+7.0%	+8.4%

资料来源：作者自制，数据来源于Hans Tietmeyer, Europa-Währung eine Fata Morgana?, S. 12。

表4-1显示，当时，与联邦德国稳定的价格水平相比，其他欧洲经济共同体国家的物价水平都显著上升，进而导致国家间的经常账户失衡。据估计，1969年之后的五年里，各国经常账户失衡的趋势有增无减。例如，联邦德国与法国之间经常账户失衡超过20%。[①]由于经常账户赤字只能通过外汇、黄金和国际信用来弥补，而这些支付手段往往是有限的。理论上，经常账户失衡会倒逼赤字国采取措施降低物价，以重获本国产品的市场竞争力。但在实际中，这种调整机制并不一定会发生，因为顺差国通常会持续向逆差国提供信用，从而降低逆差国调整的必要性。[②]

蒂特迈尔还补充道："在一个没有关税、配额和资本流动限制的共同市场，如果实行固定汇率，其他国家物价的强劲上涨早晚会导致输入性通胀。"[③]这很可能会干扰欧洲经济共同体内商品、服务和资本往来，因为当时"国际贸易和资本流动都达到史无前例的规模"。[④]这种效应又因1968年7月1日建立关税同盟而得到加强，欧洲经济共同体内部关税被取消，共同体内部实行自由贸易。

① Tietmeyer, Europa-Währung, S. 12.

② Tietmeyer, Internationales Währungssystem in der Krise?, S. 7.

③ Tietmeyer, Europa-Währung, S. 12.

④ Tietmeyer, Internationales Währungssystem in der Krise?, S. 3.

从这以后，联邦德国要想在面临输入性通胀压力的情况下保持物价稳定，更是难上加难。蒂特迈尔于1969年6月总结道："如果（联邦德国）不主动升值西德马克，联邦德国最终无法避免适应性通货膨胀。"①

西德马克升值的问题变得愈加紧迫，席勒开始重新研究这个问题。施特劳斯和基辛格却始终坚定地不同意西德马克升值。施特劳斯甚至在联邦议会选举中将自己定位为"西德出口利益的维护者"。② 1969年8月，法国出人意料地将法郎贬值11%，尽管这对法国国内经济起到了一定促进作用，但仍旧没有完全消除法郎对西德马克比价的失衡。③随后，席勒开始在竞选中公开讨论汇率问题，使汇率在竞选中获得了更多关注。④蒂特迈尔坚信："尽管选民对汇率问题不甚了解，但有关该议题的讨论依旧对1969年选举结果产生了巨大甚至决定性的影响。"⑤

在1969年9月28日联邦议会的选举中，相比上次选举，社民党获得更多支持，得到42.7%的选票。尽管社民党仍然只是位居基民盟/基社盟（46.1%）之后的第二大党，但它借助与自民党联合，组建了联邦德国第一个社会-自由执政联盟政府。随后，维利·勃兰特于1969年10月21日当选联邦德国第四任总理。⑥后来的选举分析认为，汇率之争是影响选举结果的一大因素。⑦蒂特迈尔甚至坚信，社民党在1969年是因为获得大量席勒支持者的选票，

---

① Tietmeyer, Internationales Währungssystem in der Krise?, S. 8.
② Schanetzky, Ernüchterung, S. 108.
③ Tietmeyer, Herausforderung, S. 33f.
④ Schanetzky, Ernüchterung, S. 110.
⑤ Tietmeyer, Podiumsgespräch, S. 45.
⑥ Schöllgen, Brandt, S. 160.
⑦ Tietmeyer, Herausforderung, S. 34.

才使维利·勃兰特坐上总理之位。[1]随后的民意调查也显示席勒人气高涨，民众将联邦德国战胜经济衰退的功劳首先归功于联邦经济部。[2]此外，社会各界早就对西德马克在大选后升值抱有预期，这在后来也得到证实。1969年10月24日，新政府上任仅仅三天以后，西德马克升值9.3%。[3]

基辛格执政的三年可被视为“德国历史上承上启下的关键时期”。[4]这是此后长达十三年社会-自由政策和新经济政策的开端。从此之后，经济政策不再处于战后经济增长的特殊背景之中，而是必须适应经济波动为常态的新阶段。在联邦经济部部长席勒的领导下，经济政策开始变得科学化，经济衰退成为引入新的“全面调控”理念的契机。“全面调控”应是当时战胜经济危机的手段。[5]但这个问题在研究中至今都没有得出一致结论。一些人认为，“全面调控”实施时，经济早已走出最困难时期。例如，历史学者曼弗雷德·戈尔特马克尔对“全面调控”结束衰退的贡献做出如下评论。他认为，一方面，席勒和施特劳斯赶上好时候，因经济危机只对本国有影响，在利率偏低、国外经济增长强势和公共负债率低的情况下，经济衰退更易于得到控制；另一方面，能够在正确的时间点有效地实施经济政策调控手段，也反映施政者自身的能力。[6]历史学家埃德加·沃尔夫鲁姆（Edgar Wolfrum）对新经济政策出台与经济复苏之间的因果关系表示怀疑。他认为，经济复苏的关键因素有三个：一是联邦银行政策方向转变，将贴现率从5%降到3%；

① Tietmeyer, Euro ist nicht nur ein Ergebnis, S. 128.

② Baring, Machtwechsel, S. 137 u. 146.

③ Tietmeyer, Herausforderung, S. 34.

④ Schulz, Podiumsgespräch, S. 11.

⑤ Bundesministerium für Wirtschaft, Überwindung, S. 17.

⑥ Görtemaker, Geschichte, S. 449.

二是外部需求复苏，经济危机范围仅限于德国内部，并非世界经济危机；三是心理因素，即“席勒传递出的乐观精神”。[①]当然，也有许多人认为，“全面调控”对遏止经济衰退是有效的。[②]

常被提及的问题还有政府换届是否会引起经济政策的重大转折？还是仅仅延续和实践了上任政府已经设好的路线？一些研究认为，新政府实现了稳定和增长（被艾哈德认为是对立的两个目标）的平衡。1966～1967 年危机的结束不仅标志着经济发展的转折，而且标志着“对经济政策理解的重大转变”。[③]但也有一些经济史学者认为，这次政府换届并没有导致以上转折，“最多只算得上创造了适当的政治环境，全面推进早已出现苗头的政策理念”[④]。这些研究提醒人们要辩证地看待这个问题。尤其是“全面调控”这个概念由席勒创造，这本身就是一个重大转折，因为这个概念将凯恩斯思想引入德国经济政策之中，尽管联邦政府中很多先驱之前为此做了大量工作。例如追求稳定的理念和与此相关的《稳定与增长法》，一般被认为是大联合政府的政绩，但在艾哈德和施穆克分别担任总理和联邦经济部部长时就已经打下基础。大联合政府采纳了这个想法，并以前述所未有的行动力将之落实。

第三节　在波恩官僚体系内进一步晋升与卡尔·席勒下台（1969～1973 年）

社会－自由联盟政府上台没有引发联邦经济部领导层剧烈的人

① Edgar Wolfrum, Die geglückte Demokratie: Geschichte der Bundesrepublik Deutschland von ihren Anfängen bis zur Gegenwart, Stuttgart 2006, S. 232.

② Gaul, Konjunkturprogramme, S. 13.

③ Görtemaker, Geschichte, S. 449 f.

④ Nützenadel, Stunde, S. 306.

事变动。[①]但蒂特迈尔得到升迁机会。基于此前与蒂特迈尔亲密无间的合作，席勒希望提拔蒂特迈尔担任经济政策、景气与增长政策基本问题分管司司长，但这个任命需得到总理府部长的同意。时任总理府部长霍斯特·埃姆克（Horst Ehmke）自诩“勃兰特的左膀右臂”，但上任仅几个月之后就被戏称为“波恩政治圈内的冒失鬼”。[②]蒂特迈尔恰巧又不幸地体会到这位总理府部长令人不悦的一面。大概是出于党派政治的动机，埃姆克阻挠了蒂特迈尔的提拔，他认为蒂特迈尔和基民盟走得太近。[③]这个事件也表明蒂特迈尔职业生涯也受到政治影响。[④]于是，蒂特迈尔不得不暂时离开经济政策司，被调到主管欧洲政策协调的欧洲政策司，从工作角度来说算是走了一段弯路，但在级别上，蒂特迈尔还是得到了晋升，被调到其他司作分管司司长，即欧洲市场及与第三国家关系分管司。

由于蒂特迈尔在20世纪60年代末参与过几次欧洲货币政策合作文件的起草，又在波鸿大学（Universität Bochum）和科隆大学教授过经济和货币政策的课程，因此他在新部门的工作倒也得心应手。[⑤]例如，蒂特迈尔在1969年8月29日发表一篇《欧洲货币是海市蜃楼吗?》的文章。[⑥]当时正值欧洲货币政策合作讨论方兴未艾之际，蒂特迈尔因此认为，这份工作“不是太糟”。[⑦] 1969～1972年，蒂特迈尔离开经济政策领域，而一直忙于欧洲问题。有趣的

---

① 汉斯·蒂特迈尔访谈，2014年4月3日。

② Franz Walter, Ludger Westrick und Horst Ehmke-Wirtschaft und Wissenschaft an der Spitze des Kanzleramts, in: Seiteneinsteiger, hrsg. b. Robert Lorenz/Matthias Micus, Wiesbaden 2009, S. 303 – 319, hier S. 314.

③ 汉斯·蒂特迈尔访谈，2014年4月29日。

④ Löffler, Personelle und institutionelle Strukturen, S. 184.

⑤ Tietmeyer, Daten, S. 11 u. 13.

⑥ Tietmeyer, Europa-Währung, S. 11 – 13.

⑦ 汉斯·蒂特迈尔访谈，2014年4月3日。

是，著名的“维尔纳小组”也正是在这一时期成立，这个小组致力于起草一个分步建立经济和货币联盟的方案。蒂特迈尔是该组织的副代表（见第六章第二节一）。G10（十国集团）国家通货膨胀率（不含加拿大）（1950～1973年，年均）如表4－2所示。

表4－2 G10国家通货膨胀率（不含加拿大）（1950～1973年，年均）

1950～1960年	通货膨胀率	1960～1970年	通货膨胀率	1970～1973年	通货膨胀率
比利时	1.9%	联邦德国	2.7%	美国	4.6%
联邦德国	1.9%	美国	2.8%	比利时	5.6%
美国	2.1%	比利时	3.0%	联邦德国	5.7%
荷兰	3.2%	意大利	4.0%	法国	6.2%
意大利	3.7%	瑞士	4.0%	瑞士	6.7%
日本	4.9%	英国	4.1%	意大利	7.1%
英国	4.1%	法国	4.2%	日本	7.4%
瑞士	4.7%	荷兰	4.3%	荷兰	7.9%
法国	5.6%	日本	5.9%	英国	8.6%
算术平均值	3.5%	算术平均值	3.9%	算术平均值	6.6%

资料来源：作者自制，数据来源于Tietmeyer, Ergebnisse, S. 1; inflation. eu。

1971年与1972年，世界范围内发生一系列极具戏剧性的事件，包括1971年的国际货币危机（尼克松冲击）和1972年在华盛顿签订的所谓《史密森协议》（*Smithsonian Agreement*）。就在这些事件发生之后，蒂特迈尔在欧洲市场及与第三国家关系分管司走的职业弯路也告一段落。1972年初，他被调回经济政策司，并于1972年2月25日就任经济政策、景气与增长政策基本问题分管司的司长。①蒂特迈尔之所以能获此机会，是因为他此前与席勒的密

① Übersicht-Abteilungsleiter I und Unterabteilungsleiter IA, 8.3.1973. PAT, Ordner 24, S. 1.

切合作，以及在“全面调控”实施过程中所做的贡献。这些经历证明，经济政策领域才是最能体现他能力之处，也铺就他以后在联邦经济部尤其是经济政策司的仕途。

这一年，世界外汇市场波动牵动每个经济体的神经，联邦德国却在这时一枝独秀地实现了经济增长，并保持明显稳定，使市场对联邦德国货币的需求再次井喷。①

1950～1973年，联邦德国通货膨胀率一直在相对低位运行，西德马克币值能保持稳定的重要原因之一是联邦银行极为谨慎地控制贴现率，以此抵御大量资本“跨越大西洋流向联邦银行”带来的影响。②但蒂特迈尔警告道，尽管联邦德国处在“国际通货膨胀大部队的末端”，但也没有“任何理由自满”，因为每一个百分点的通货膨胀对联邦德国来说都是难以承受的。③

20世纪50年代到70年代，通货膨胀在所有大工业国中都显现出了抬头趋势。具体来说，工业国家通货膨胀率的算术平均值在50年代尚保持在3.5%，到了60年代，这一数值上升到3.9%，到了70年代初已经提高到6.6%。此后，通货膨胀率继续攀升。这样的通货膨胀趋势几乎可以在每个G10国家都有所显现，即通货膨胀率在50年代还算稳定，到60年代和70年代都有明显提高。④

这一波通货膨胀现象的主要原因是20世纪60年代末各国央行开始增加货币供应量，到1973年3月布雷顿森林体系⑤解体，市场上美元货币量已经增加了一倍。美国在60年代采用低利率政策

① Tietmeyer, Ergebnisse, S. 1; inflation. eu.

② Marsh, Bundesbank, S. 245 f.

③ Hans Tietmeyer, Ergebnisse des Systems der Sozialen Marktwirtschaft, 27. 9. 1974. PAT, Ordner 25, S. 1.

④ John Singleton, Central Banking in the Twentieth Century, New York 2011, S. 184.

⑤ 详细内容参见第四章第一节一。

来刺激疲软的经济，加上越南战争和一系列社会改革，美国国内通货膨胀率持续走高。低利率政策强烈刺激了需求，导致物价和工资上涨，带来所谓输入性通货膨胀。①文献常把 1965 年描述为强劲增长结束和通货膨胀开始的年份。②美国扩张性货币政策是 1971 年国际货币危机的原因之一（见第六章），导致各国央行不得不为稳定汇率而增强本国货币市场流动性。总体来说，各国出现的通货膨胀压力有本国原因，又因货币从美国流出而增大。③

1960～1973 年，随着通货膨胀率持续走高，G10 国家经济增长却陷入停滞，甚至负增长，如图 4－4 所示。

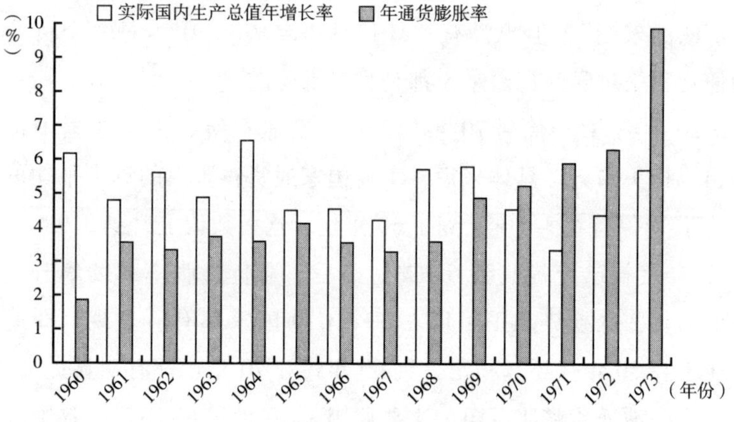

图 4－4 世界各国实际国内生产总值年增长率和年通货膨胀率（1960～1973 年）

资料来源：作者自制，数据来源于 Angus Maddison, Historical Statistics for the world Economy: 1－2003 AD, Stockholm 2003, Table 2。

---

① Deutsche Bundesbank, Inflation-Lehren aus der Geschichte, Frankfurt am Main 2012.

② Allan Meltzer, Origins of the Great Inflation, in: *Federal Reserve Bank of St. Louis Review* 87 (2005), Heft 2, S. 145－175, hier S. 158.

③ Singleton, Central Banking, S. 184.

图4－4显示的结果出乎当时许多凯恩斯主义者的意料。通货膨胀通常被认为是凯恩斯经济政策用来复苏经济的工具。经济学家毛里西奥·巴尔加斯（Mauricio Vargas）对此的表述是："根据实证经验，价格上涨在短期内和经济周期之间有很强的相关性。"①然而，20世纪60年代的经济发展却不符合凯恩斯主义的理论，平均通货膨胀率持续上涨，增长却停滞不前。格哈尔德·威尔克（Gerhard Wilke）在他有关凯恩斯主义的著作中评论道："滞胀现象使凯恩斯主义范式面临一个无法解决的问题。"②

滞胀形势在20世纪70年代进一步强化，尤其是1973年第一次石油危机之后。经济增长停滞和通货膨胀共存，成为凯恩斯主义无法解释的现象。经济增长停滞意味着失业率上升，然而在凯恩斯需求导向的模型中，失业率和通货膨胀率是不可能同时上升的。因为根据凯恩斯的分析，失业将导致收入降低，从而使消费和价格下降。但是，20世纪60年代和70年代的新现象带来新问题，应该也是70年代经济政策范式转变的导火索。③于是，在战后颇受欢迎的凯恩斯主义，最迟从1973年石油危机之后开始备受批评。④60年代和70年代，经济学家米尔顿·弗里德曼（Milton Friedman）主张，国家干预长远来说并不能促进经济增长，而只会刺激通货膨胀，使相关讨论走向高潮。后来，获得诺贝尔奖的罗伯特·卢卡斯（Robert Lucas）对弗里德曼的论据进行补充。罗伯特·卢卡斯解释

---

① Mauricio Vargas, Bedeutung der finanziellen Entwicklung im Aufholprozess von Entwicklungs-und Schwellenländern: Eine vergleichende Analyse der chilenischen und mexikanischen Erfahrungen, Stuttgart 2012, S. 109.

② Gerhard Wilke, John Maynard Keynes: Eine Einführung, Frankfurt 2012^2, S. 120.

③ Schanetzky, Ernüchterung, S. 132.

④ Angelo Maiolino, Politische Kultur in Zeiten des Neoliberalismus. Eine Hegemonieanalyse, Bielefeld 2014, S. 214.

道：人们可以识别宏观经济什么时候处在萧条期（假设完全理性），这时他们会调整行为，从个体层面推动宏观经济重新回到完全就业的平衡点。此外，无论是消费者还是生产者，都会观察和预测国家干预，并通过调整行动来中和国家干预产生的影响。最终，国家干预的效果只剩下加重经济萧条。①

当时的经济走势显然支撑卢卡斯和弗里德曼的观点，这也使联邦德国有关经济政策重新定向的讨论愈演愈烈。“五贤人会”在其1975年和1976年的年度报告中，首次提到“全面调控”的危机和国家行为的调整。②需求导向在德国经济学界也逐渐失去支持。下文将详细介绍这一情况。

总的来说，20世纪70年代初期，联邦德国通货膨胀率在国际比较中尚处于下游，与此同时，宏观经济也保持增长。在20世纪70年代这个宏观经济充满不确定性的时期，投资人更加迫切寻找经济稳定、能维持适当增长的国家，于是，就出现了前文提到的大量资本流向联邦德国的现象，给外汇市场带来极大动荡。

在这一过程中，英镑承受着巨大压力，英国政府和爱尔兰政府于1972年6月23日决定退出所谓汇率“蛇形浮动”，该汇率机制规定，所有欧洲经济共同体国家货币对美元汇率的波动幅度只能在±1%到±2.25%（见第六章）。英国和爱尔兰从此开始允许货币汇率自由浮动。但是，英镑汇率自由浮动立刻引发投机狂潮，尤其对西德马克，使德国外汇市场在1972年6月不得不闭市多日。③

---

① Eric Beinhocker, Die Entstehung des Wohlstands, Landsberg am Lech 2007, S. 186.

② Sachverständigenrat zur Begutachtung der gesamtwirtschaftlichen Entwicklung, Jahresgutachten 1975/76. Vor dem Aufschwung, Bonn 1975, S. 9 u. 155.

③ Tietmeyer, Herausforderung, S. 63.

对此，时任联邦银行行长的卡尔·克拉森（Karl Klasen）在1972年6月28日建议采取措施保护外汇。他建议的措施之一就是规定向外国人出售德国有价证券时有报批义务。[①]这个建议让蒂特迈尔大吃一惊，因为联邦银行此前从未支持过资本管制。他也确信，克拉森的建议在联邦银行内并未获得多数支持，很有可能是他和赫尔穆特·施密特协商的结果。据蒂特迈尔描述，克拉森和施密特之间的关系相当紧密且活跃。[②]施密特当时是国防部部长，却是资本管制的关键支持者之一。[③]席勒当时兼任联邦经济部和联邦财政部部长，是这类资本管制措施的反对者，他认为，这些措施本质上是汇率管制，违背市场经济原则，因此建议逐渐过渡到灵活汇率制度，让欧洲货币对美元共同浮动。[④]

政府最终采纳克拉森的建议，选择实行资本管制，克拉森之所以获得支持，除了因为这是克拉森和施密特的约定外，还由于克拉森向政府承诺，该措施至少能在1972年11月19日大选之前稳定联邦德国对外经济。[⑤]席勒递交了辞呈，因为他无法接受这个决议，一直以来，他坚持竞争在经济秩序中的主导地位，认为资本管制绝不可能与市场兼容。[⑥]他在辞呈中指责勃兰特没有顶住个别部长个人利益的压力，给予他足够支持，他绝不可能为一个不顾将来洪水滔天的政策负责。[⑦]席勒不愿再担此责任。但是当勃兰特毫不犹豫

---

① Marsh, Bundesbank, S. 246.

② 汉斯·蒂特迈尔访谈，2013年3月1日。

③ Marsh, Bundesbank, S. 247.

④ Marsh, Bundesbank, S. 246f.

⑤ Marsh, Bundesbank, S. 422.

⑥ Schlecht, Globalsteuerung, S. 304 f.

⑦ Harald Scherf, Enttäuschte Hoffnungen-vergebene Chance. Die Wirtschaftspolitik der Soziale-Lineralen Koalition 1969 – 1982, Göttingen 2002, S. 34.

地准辞时，席勒还是大为震惊。显然，他在党内已经失去部分支持，因为他“爱吵架且为人傲慢”，并主持大幅削减1973年联邦预算，他在内阁中很不受欢迎。[①]

蒂特迈尔对这位和谐共事多年的部长从始至终保持忠诚，席勒的离任也令他震惊。他回忆道：“我们此前当然关注这些紧张局势，内部也有很多讨论，席勒对市场导向的坚持也一向得到认可，但离任这件事，我事先真的毫不知情。”[②]

1972年，社民党“王储”赫尔穆特·施密特临时接过卡尔·席勒的棒，[③] 同时担任联邦财政部和联邦经济部部长，因此也成为蒂特迈尔的领导。[④] 当时，社民党内经济学家屈指可数，而财政与经济两部必须由强有力的人领导，且这个人还得在经济问题上具有媲美席勒的威信。因此，勃兰特做出了其政治上可能最合理的决定，将既有决断力又是经济专家的施密特提拔成部长。[⑤]

蒂特迈尔讲到：“施密特在内部很开明，尤其是当大家摆出充分论据时……但到后来，他变得有些难以相处，不愿意参与讨论。”[⑥]施密特在这两个部待了大约五个月。虽然他在汉堡大学（Universität Hamburg）跟随席勒研修过国民经济学和政治学，但他和席勒之间有几个明显不同之处。例如，施密特缺乏有远见的架构能力，而席勒在这方面非常出色。施密特视政治如日常事务，因此

---

① Marsh, Bundesbank, S. 247.

② 汉斯·蒂特迈尔访谈，2013年3月1日。

③ Scherf, Enttäuschte Hoffnungen, S. 67.

④ 根据这些叙述可以推断，施密特早在和克拉森约定时就已经预见自己被提拔到联邦财政部和联邦经济部，但实际上不是这样，现有的文献并未给出结论，由于这并非本书研究对象，在此不多深究。

⑤ Scherf, Enttäuschte Hoffnungen, S. 67.

⑥ Benkhoff, Tietmeyer, S. 37.

尤其钟爱实用的解决方案。他不喜欢讨论学术模型，认为它过于理论化，日常政策中根本用不到。前部长秘书克劳斯·沃尔莱本（Klaus Wohlleben）曾提及，施密特觉得联邦经济部坚持的学术导向根本“无足轻重”，只向“厨房内阁”[①] 听取意见。[②]施密特的继任者汉斯·弗里德里希斯也说道：“施密特总说‘联邦经济部的人都是些极端无政府主义者，联邦财政部的人才是实干家’。”[③]沃尔莱本还补充，在那六个月里，国民经济学家都得在领口上挂上“国民经济学家”的标牌，以便大家能够识别他们。施密特领导期间，这些“国民经济学家”都成了部里多余的人，因此感到“大失所望”。[④]如此，在席勒领导下实现的经济政策科学化，到施密特主政期间又变回实用导向，追求短期的灵活可操作性。[⑤]蒂特迈尔认为，这种实用主义是“对社会市场经济的暗自否定”。由此可见，蒂特迈尔不一定认可提拔施密特的决定。[⑥]

1972 年 11 月 19 日联邦议院进行选举，社会－自由执政联盟的地位得以确认，联邦财政部与联邦经济部的联合领导也重新分离。施密特将联邦经济部交予汉斯·弗里德里希斯（来自自民党），蒂特迈尔形容此人“十分和蔼可亲”。[⑦]自民党认为得到联邦经济部领导权意义重大。[⑧]沃尔莱本评价，弗里德里希斯接手联

---

① 指亲密但非正式的小圈子。——译者注

② 克劳斯·沃尔莱本访谈，2014 年 10 月 28 日。

③ 汉斯·弗里德里希斯访谈，2014 年 10 月 28 日。

④ 克劳斯·沃尔莱本访谈，2014 年 10 月 28 日。

⑤ Nützenadel, Stunde, S. 348f.

⑥ Hans Tietmeyer, Die Soziale Marktwirtschaft erneuern. Soziale Sicherung, Vermögen, Familie. Eröffnungsrede von Staatssekretär Dr. Tietmeyer auf dem Fachkongress der Konrad-Adenauer-Stiftung am 22. November 1984 in Bonn, PAT, Ordner 63, S. 43.

⑦ Benkhoff, Tietmeyer, S. 37.

⑧ 汉斯·蒂特迈尔访谈，2014 年 6 月 18 日。

邦经济部，让整个部门的人都舒了一口气，因为他重视同事们的专业知识，也坚信“要重新恢复自由主义的经济政策，像路德维希·艾哈德曾经和诸位先生们尝试过的那样”[①]。施密特此后虽然身在联邦财政部，却继续对经济政策讨论施加影响。整个20世纪70年代，有关终结“全面调控”的讨论从未停息，并愈演愈烈。但这并不是政府有意通过从席勒到施密特或弗里德里希斯的过渡来削弱“全面调控”的重要性，而是一个多层次变化的过程，也受到全球思潮的影响。同一时期，凯恩斯主义在全球开始失去其引领地位，受到来自弗里德曼货币主义越来越多的质疑。[②]

于是，经济政策方向的改革成为整个20世纪70年代的重点，也是下一阶段的工作重心。1973年，经济政策开始转向。这一年也是蒂特迈尔职业的关键转折点，1973年11月22日，弗里德里希斯将他提拔成经济政策司司长。于是，蒂特迈尔又成为奥托·施莱希特的手下。此时施莱希特已经是联邦经济部副部长。[③]蒂特迈尔因此承担起联邦经济部最重要的工作之一。[④]

然而，蒂特迈尔此次提拔也受到社民党的阻碍，方式与1969年霍斯特·埃姆克所使用的手段如出一辙。克劳斯－彼得·施密特（Klaus-Peter Schmid）在《时代周报》的文章写道，社民党的同志们又一次提醒蒂特迈尔和基民盟的关系，想借此阻拦这次任命。[⑤]

---

① 克劳斯·沃尔莱本访谈，2014年10月28日。

② Nützenadel, Stunde, S. 348.

③ Übersicht-Abteilungsleiter I und Unterabteilungsleiter IA, 7. 3. 1973. PAT, Ordner 24, S. 1.

④ Tietmeyer, Daten, S. 13.

⑤ Klaus-Peter Schmid, Hans Tietmeyer-Fast ein Überminister. Der Bonner Staatssekretär wechselt zur Deutschen Bundesbank, in: *Die Zeit*, Nr. 51, 15. 12. 1989.

社民党与“这位基民盟党员的理念显然不同”，但“在联邦经济部所有公职人员中，他明显是施莱希特接班人的最佳人选”[①]。弗里德里希斯对蒂特迈尔的能力深信不疑，也在勃兰特面前为他说话。[②]为避免进一步争执，据说勃兰特在随后的内阁会议中做了以下发言：“下一个议程是人事调动，我看没有人要发言，那就这么定了吧。”[③]弗里德里希斯事后评价，蒂特迈尔成了第一个被匿名提拔的政府官员，在整个任命过程中，他的名字都没出现过。弗里德里希斯还询问蒂特迈尔，如何看待可能的忠诚性问题。据他回忆，蒂特迈尔的回答是：“弗里德里希斯先生，只要您出台的经济政策符合我对您的期望，并且是我所了解的，我们之间就不会存在忠诚性问题。”[④]

社会各界对这次提拔蒂特迈尔的决定反响良好，例如《世界报》称赞了弗里德里希斯的决定并写道：这是根据“专业能力和个人品质”做出的决定，蒂特迈尔上任可确保“经济政策的一致性……将延续路德维希·艾哈德、阿尔弗雷德·米勒－阿尔玛克和瓦尔特·欧肯等人所推崇的经济政策”。[⑤]蒂特迈尔并未因为过早加入某个党派而仕途受阻，恰恰相反，倒是其他党派的政治家，例如分别来自社民党和自民党的席勒和弗里德里希斯，对他的事业提供了帮助，他本身的党派关系只起到次要作用。蒂特迈尔为自己赢得了独立专家的声誉。

---

① O. A., Feuertaufe für Friderichs, in: *Wirtschaftswoche*, 19. 1. 1973.

② 汉斯·弗里德里希斯访谈，2014年10月28日。

③ 汉斯·弗里德里希斯访谈，2014年10月28日。

④ 汉斯·弗里德里希斯访谈，2014年10月28日。

⑤ O. A., Johann B. Schöllhorn und seine Nachfolter, in: *Die Welt*, 24. 2. 1973.

第四节　蒂特迈尔领导经济政策司——危机时期的经济政策（1973～1982年）

新岗位让蒂特迈尔得以参与联邦政府更高层的经济政策问题讨论，经常与国内外各类委员会共事。这样一来，尽管他工作和生活的重心仍在波恩，但是经常需要出差，去位于布鲁塞尔的欧洲经济共同体总部，以及位于巴黎的经济合作与发展组织（简称经合组织）总部。此外，他更频繁地去美国和其他G7（七国集团）国家。[①]这对于他的私人生活来说是巨大改变，升职让他工作的时间压力骤增。尽管他与家人一同搬到波恩的海德霍夫（Heiderhof），他的两个孩子在这附近上学，据他自述，他的家庭关系亲密无间，但蒂特迈尔因为长时间工作和频繁出差，经常不在家。下面这句话形象地描述了他当时的家庭状况："我充满多样性的工作与成功背后，是对家庭付出时间的骤减，给我造成极大困扰。"[②]就连公众也对这个情况略有所知。虽然他的私生活很少公开，但《明镜》周刊（*Der Spiegel*）的一篇文章中还是写道："他工作起来简直太野蛮。"[③]然而，在他日后的职业生涯中，这种情况并没有改变。

在工作方面，蒂特迈尔和联邦经济部部长弗里德里希斯倒是相处融洽。他称弗里德里希斯"并非狭义上的经济学家"。[④]弗里德里希斯与席勒有明显不同，席勒是国民经济学教授，在任期间主导了政策的科学化转变。同样的事情弗里德里希斯却做不到，尽管他有

---

① Tietmeyer, Daten, S. 13.

② Tietmeyer, Daten, S. 16.

③ O. A., Staatssekretäre. Das letzte Wort, in: *Der Spiegel*, Nr. 26, 24. 6. 1985.

④ 汉斯·蒂特迈尔访谈，2014年6月18日。

律师和国民经济学博士头衔，但也正因如此，蒂特迈尔和施莱希特这些专家的重要性才得以凸显。弗里德里希斯是一个重视同僚优点的部长，因为他坚信，人不能“知晓万物”，必须给自己“装配弹药”。[①]沃尔莱本回忆，弗里德里希斯给整个联邦经济部带来了一阵冲击和鼓舞。[②]当然，这也是由经济学家在施密特时期受轻视所导致。现在，这种局面有所改变，社会各界也感知到这个变化。这一时期，联邦经济部被称为“完美运行的机器”。因为有蒂特迈尔作为“经济部幕后指挥”和施莱希特作为有“传奇声誉”的副部长，联邦经济部才被调整至最佳状态。[③]

20世纪70年代，联邦德国经济政策的制定变得越发困难，由于国内与国际经济和财政政策的挑战不断加剧，社会－自由执政联盟内出现越来越多分歧。理念的不同，两党达成妥协的难度也越来越大。我们将在下文介绍这一变化。这一时期，因为蒂特迈尔在一以贯之地推进秩序政策基本路线，他获得“强硬派”的标签。[④]

一　布雷顿森林体系解体与第一次石油危机（1973～1974年）

1973年初，处于全球焦点的无疑是国际外汇市场。美元走弱导致大量资本流向西德马克的紧张局势再次出现，联邦政府，尤其是联邦财政部部长施密特不得不迅速做出决定，不再采用资本控制手段来应对外汇市场问题，而这是当初席勒选择辞职的主要原因。

---

① 汉斯·蒂特迈尔访谈，2014年10月28日。

② 克劳斯·沃尔莱本访谈，2014年10月28日。

③ Gerard Bökenkamp, Das Ende des Wirtschaftswunders. Geschichte der Soziale-, Wirtschafts-und Finanzpolitik in der Bundesrepublik 1959 – 1998, Stuttgart 2010, S. 193.

④ Tietmeyer, Daten, S. 13 f.

1971 年 8 月取消黄金兑换义务后，时任美国总统尼克松被迫在 1973 年 2 月让美元进一步贬值 10%，尽管当时《史密森协议》已经明显调整了外汇平价，但外汇市场愈发动荡。[①]

1973 年 3 月，全世界货币形势失控，布雷顿森林体系正式终结。[②]布雷顿森林体系是实行有限波动固定汇率和以美元为锚货币的国际货币体系。联邦德国从 1949 年该体系成立之初就加入其中，并从中受益匪浅。该货币体系曾大幅促进世界经济繁荣与增长。1969 年起，席勒就主张对这一体系进行改革，增强这个体系的“理性”与“适应能力”，减弱“刚性”。外汇平价调整的必要性总是在“投机危机的背景下”才出现，常带来政治上的严峻考验。[③]席勒到离任前都一直坚持向更加灵活的汇率体系改革，布雷顿森林体系随后就全面崩溃，给他的下台增添了一丝讽刺意味。[④]

布雷顿森林体系下，联邦银行的任务是保障西德马克对美元汇率稳定。由于存在直接价格关联，联邦银行对西德马克的国内价格没有影响力。[⑤]布雷顿森林体系的崩溃使联邦银行不得不突然改变政策方针，因为此前国际上商定的汇率目标已不复存在。随即，联邦银行选择实行“务实、约束型货币主义”，要求货币政策只遵循一个目标：稳定价格水平。[⑥]基础货币的增长幅度只能依据潜在生产率的增长水平以及无法避免的通货膨胀率来设定。从此以后，联邦银行开始实行货币数量导向的政策，通过调整利率间接达到调节

① Tietmeyer, Herausforderung, S. 63.

② Sven Kette, Bankenregulierung als Cognitive Govrnance, Wiesbaden 2008, S. 135 f.

③ Bundesministerium für Wirtschaft, Überwindung, S. 13.

④ Marsh, Bundesbank, S. 247.

⑤ Rudolf Richter, Deutsche Geldpolitik 1948 – 1998, Tübingen 1999, S. 78.

⑥ Rudolf Richter, Deutsche Geldpolitik 1948 – 1998, Tübingen 1999, S. 70.

货币数量的目标。这应该也是联邦德国随后向供给导向改革迈出的第一步。[1]

无独有偶，1973年还发生了另一件让所有石油输入国都陷入困境的大事：原油价格暴涨。当时，石油价格上涨到史无前例的价格，以至于联邦经济部开始讨论进行能源管制。例如，当时提到的措施有实行周日车辆禁行。据弗里德里希斯讲述，尽管这个措施本身可能节约的能源微不足道，但在讨论中大家一致认为，周日车辆禁行措施的出台将成为“改变社会意识的标志性时刻”。[2]石油危机的导火索是欧佩克（OPEC，石油输出国组织）国家对荷兰和美国实行禁运令，制裁这两个国家在以色列与阿拉伯国家的战争中支持以色列。于是，出于对石油危机的恐惧，许多国家开始囤积石油，导致油价暴涨。[3]贸易禁运和垄断价格在经济史上都不是新鲜事物，但它们在石油市场这样一个极度集中的市场上引发的结果还是令人震惊。一场供给侧冲击被引爆了。[4]

许多工业国的通货膨胀率因此暴涨，很快就突破两位数。虽然油价冲击并不是这次通货膨胀的根本原因，但起到了推波助澜的作用。[5]蒂特迈尔当时警告道：“实行通货膨胀政策虽然……一开始会带来精神快感，但每次用量都必须加大，直到成瘾并威胁生命……现在的通货膨胀趋势如果持续下去，必然将导致经济全面崩溃，造

① Rudolf Richter, Deutsche Geldpolitik 1948 - 1998, Tübingen 1999, S. 77 f.

② 汉斯·弗里德里希斯访谈，2014年10月28日。

③ Gehler, Europa, S. 251.

④ Hans Tietmeyer, Konjunktursteuerung 1974 - Trend und Möglichkeiten, 4. 3. 1974. PAT, Ordner 25, S. 1.

⑤ Hans Tietmeyer, Wirtschaftspolitik im Spanungsfeld zwischen Globalsteuerung und sektoraler Wirtschaftspolitik (Vortrag bei der IHK in Mönchengladbach am 5. Dezember 1974), 5, 12, 1974. PAT, Ordner 25, S. 2.

成大量失业。”[①] 1972 年世界各大工业国的平均通货膨胀率尚为 4.1%，1973 年就涨到约 7.3%，到 1974 年则已经上升到 14%。[②]

1974 年联邦德国通货膨胀率相比 G10 其他国家水平较低，仅为6.9%[③]，其他 G10 国家平均通货膨胀率几乎是联邦德国的两倍，高达 14%，其中美国为 11%，英国为 15.5%，日本甚至达到 24%。社会各界普遍认为一场大规模全球危机已经“不可避免”。[④] 但在联邦德国，这种悲观情绪“既没有统计意义上的基础，也没有显示在经济晴雨表中”。[⑤]尽管全球经济已经进入增长停滞时期，但联邦德国在国际横向比较中有相对较好的表现。而这正是因为联邦德国自始至终都坚持稳定政策，并且比其他工业国更早开始引入更严格的限制政策，遏制通货膨胀带来的价格上涨。[⑥]除此之外，联邦德国更是拥有一些早在 20 世纪 50—60 年代就已打好的稳定政策基石：劳动力数量（1951 年：2050 万就业人口；1973 年：2650 万就业人口）和投资率（1951 年：投资率为 19.3%；1972 年：投资率为 26.5%）一直在持续增加。此外，联邦德国当时也能创造更好的社会政策框架条件，例如建立了工会建设性与合作性行动、引入共同投票制度（1952 年）和建立激励性社会保障体系等。

尽管上述数据表明，联邦德国没有完全达成其经济政策目标，但也说明联邦德国正凭借其经济政策而在全球比较中表现抢眼。这

---

① Hans Tietmeyer, Stabilisierung als Aufgabe der Wirtschaftspolitik (Vortrag aus Anlaß der 750 - Jahr-Feier der Stadt Ahlen am 10. September 1974), 10.9, 1974. PAT, Ordner 25, S. 6 f.

② Tietmeyer, Stabilisierung als Aufgabe der Wirtschaftspolitik, S. 6 f.

③ Statistisches Bundesamt, Verbraucherpreisindizes für Deutschland, S. 4.

④ Tietmeyer, Konjunktursteuerung 1974, S. 2.

⑤ Tietmeyer, Konjunktursteuerung 1974, S. 3.

⑥ Hans Tietmeyer, Inflationsbekämpfung in der Bundesrepublik Deutschland, 13.11.1974. PAT, Ordner 25, S. 1 - 8.

些经济政策也包括“联邦银行优秀的货币政策”为“德国稳定政策的相对成功”做出的卓越贡献。[①]于是，西德马克在1961年、1969年、1971年和1973年共升值四次。当时，其他G10国家都雄心勃勃地以就业目标为导向，大多实施扩张性货币政策。联邦银行应对通货膨胀冲击的措施却有所不同。联邦银行实行的是“严格限制，但理念有所调整的货币和信贷政策”，通过提高利率和降低货币存量遏制了货币扩张。[②]这些都是联邦德国通货膨胀率没有涨到两位数的决定性因素。[③]蒂特迈尔是联邦银行政策的拥护者，支持尽早并严厉打击通货膨胀，因为通货膨胀会危害民主和自由。他说：“相应措施的出台拖延越久，力度就必须更大，对经济的副作用和危害性也就越大。”[④]尽管全球性的稳定政策可能导致“增长暂停”，甚至引发全球“衰退危机”，但蒂特迈尔依然主张用严格的稳定政策应对全球性通货膨胀。[⑤]

于是，全球经济陷入一次“深刻的转型进程”，且对这次转型的“终点和结果人们都无法预知”。[⑥]对宏观经济的预测也因为这种“巨大不确定性”而有所保留。[⑦]除通货膨胀以外，全球还面临其他经济难题。首先是国际收支失衡，油价暴涨使国际收支在石油输出国和输入国之间发生重新分配。1973年，经合组织中七个大国（联邦德国、法国、英国、意大利、日本、加拿大和美国）对欧佩

① Hans Tietmeyer, Inflationsbekämpfung in der Bundesrepublik Deutschland, 13. 11. 1974. PAT, Ordner 25, S. 2－9.

② Hans Tietmeyer, Inflationsbekämpfung in der Bundesrepublik Deutschland, 13. 11. 1974. PAT, Ordner 25, S. 7－10.

③ Tietmeyer, Wirtschaftspolitik im Spannungsfeld, S. 10.

④ Tietmeyer, Stabilisierung als Aufgabe der Wirtschaftspolitik, S. 7.

⑤ Tietmeyer, Stabilisierung als Aufgabe der Wirtschaftspolitik, S. 13.

⑥ Tietmeyer, Wirtschaftspolitik im Spannungsfeld, S. 1.

⑦ Tietmeyer, Konjunktursteuerung 1974, S. 1.

克组织十个大国（阿尔及利亚、伊拉克、伊朗、卡塔尔、科威特、利比亚、尼日利亚、沙特阿拉伯、委内瑞拉和阿联酋）尚有约23亿美元经常账户盈余，而到1974年则有387亿美元经常账户逆差。[①]其次，经合组织成员国之间也出现巨大失衡，且并非石油价格所导致。蒂特迈尔在1974年12月把经合组织国家分为三类：过度负债的逆差国（丹麦、意大利和英国）、油价导致的逆差国（法国、日本和美国）以及盈余国（联邦德国和荷兰）。当时的情况相当危急，由于各国具有不同的出口结构和竞争力，油价危机可能导致经合组织内部失衡加剧。最后，油价暴涨和全球不确定性使全球经济衰退趋势进一步加剧（经合组织七个大国平均经济增长率从1973年的6.5%降到1975年的1%）。[②]

联邦德国经济此时也处在关键过渡阶段，“尽管与其他国家相比尚处于领先地位”。[③]但受“联邦政府与联邦银行稳定政策的影响”，前些年联邦德国“经济扩张的速度”已经慢下来。[④]总的来说，国内需求尚稳定，生产活动也处于一个较高的，“但增速有所放缓的水平”。[⑤]当时，联邦政府内部十分明确，坚信没有保留的扩张性政策虽然会在短期内带来增长，“但同时，通胀带来的成本与价格增长也会失控”。[⑥]实际上，稳定政策追求的就是增长减速。最后，全球各国在经济和政治发展上的差异都在汇率中得到体现。由于当时联邦德国宏观经济趋势向好，蒂特迈尔对西德马克做出如下

---

① Tietmeyer, Wirtschaftspolitik im Spannungsfeld, S. 2.

② Tietmeyer, Wirtschaftspolitik im Spannungsfeld, S. 3–5.

③ Tietmeyer, Wirtschaftspolitik im Spannungsfeld, S. 5.

④ Hans Tietmeyer, Jetzt Durchstarten? – Beitrag für den Wirtschaftsdienst Hamburg, 4.2.1974. PAT, Ordner 25, S. 2.

⑤ Tietmeyer, Konjunktursteuerung 1974, S. 3 f.

⑥ Tietmeyer, Jetzt Durchstarten?, S. 5 f.

判断："西德马克会是全球最坚挺、需求最大的货币之一。"[①]蒂特迈尔是正确的，因为在接下来的岁月里，其他货币对西德马克贬值的情况时有发生。西德马克持续走强，并最终成为欧洲实质上的主导货币。[②]

二　"全面调控"的终结（1974～1982年）

1974年5月7日，时任联邦总理维利·勃兰特因所谓的"纪尧姆事件"（Guilaume-Affäre）[③] 辞去总理职位，该事件堪称联邦德国战后最严重的间谍事件。勃兰特因此在党内和政府内部都失去威信。[④]除此之外，全球经济危机导致的联邦德国经济增长速度放缓和不确定性增大，也是勃兰特辞职的原因之一。许多历史学家认为1973～1974年发生了"重大转折"，它以油价危机和德国经济政策的调整为标志。[⑤]总理府这次巨变也是这次转折的标志性事件之一。

在这场政治危机中，"实干家"赫尔穆特·施密特很快站稳脚跟。[⑥]对蒂特迈尔而言，随着"政治强人"施密特上台，经济和财政政策的科学化进程也终止了。[⑦]如上文所提到的，施密特认为科学模型过于理论化，不适用于日常行政事务。他形容政策是事无巨

---

① Tietmeyer, Ergebnisse des Systems der Sozialen Marktwirtschaft, S. 2.

② Tietmeyer, Herausforderung, S. 65－67.

③ 纪尧姆夫妇是打入联邦德国政界高层的民主德国情报人员，于1974年被捕，这一事件引发联邦德国政坛地震，直接导致总理勃兰特下台。——译者注

④ Wolfgang Benz/Michael Scholz, Deutschland unter alliierter Besatzung 1945－1949, Die DDR 1949－1990, Stuttgart 2009, S. 487.

⑤ Bernd Faulenbach, Das sozialdemokratische Jahrzehnt. Von der Reformeuphorie zur Neuen Unübersichtlichkeit. Die SPD 1969－1982 (Die deutsche Sozialdemokratie nach 1945), Bonn 2011, S. 416.

⑥ Andreas Rödder, Die Bundesrepublik Deutschland 1969－1990, München 2004, S. 54.

⑦ 汉斯·蒂特迈尔访谈，2014年7月8日。

细的日常事务，而施政者应做的是妥善运用短期的行动回旋余地。[①]因此，学术型政策专家在他的内阁中没有一席之地，而被“经典的雇主和工会导向的社会民主主义或者实用主义右翼”拥趸取代。[②]科学导向的政策咨询时代（从经济形势理事会到教育理事会）至此告一段落。[③]

这些变化也对蒂特迈尔产生了影响。蒂特迈尔的经历已显示，他站在学术阵营里，且至少从与席勒密切合作开始，就成了政策科学化的拥护者。据蒂特迈尔回忆，他总是尝试建构一个客观的经济政策理念，而施密特对经济学论据并不总是能持足够的接纳态度。[④]因此，两人在专业问题上分道扬镳也就不足为奇了。《明镜》周刊甚至称两人相互厌恶，据称，弗里德里希斯当时想在奥托·施莱希特之外再提拔一名副部长，并有意提名蒂特迈尔，这一提议遭到施密特反对。他说：“请您千万别跟我蒂蒂特迈尔这个人。”[⑤]然而，施密特对蒂特迈尔的反感到底造成多大影响，各种访谈和文献都没有给出清晰答案。只是从蒂特迈尔一句短评“可能吧”之中，我们能隐约感觉到《明镜》周刊的报道不一定有误。[⑥]

从经济政策的角度来看，20 世纪 70 年代也是充满挑战的时期。主要原因是，经济政策范式在这期间发生转变，凯恩斯主义“全面调控”逐渐失去支持者。在 60 年代末期还被认为是经济繁荣标志的“全面调控”，到 70 年代就开始广受质疑。[⑦]“全面调控”

---

① Nützenadel, Stunde, S. 348.

② Rödder, Bundesrepublik, S. 54.

③ Rödder, Bundesrepublik, S. 50.

④ 汉斯·蒂特迈尔访谈，2014 年 7 月 8 日。

⑤ O. A., Staatssekretäre. Das letzte Wort, in: *Der Spiegel*, Nr. 26, 24. 6. 1985.

⑥ 汉斯·蒂特迈尔访谈，2014 年 7 月 8 日。

⑦ Nützenadel, Stunde, S. 349.

原本是为了抚平经济发展波动，但从1967年以后，“魔力四角”的四个目标没有在一年里同时实现过。1967年经济增长和就业受到威胁，1968年贸易失衡出现，1969年物价问题又雪上加霜。这一问题一直存在，到70年代成为联邦德国经济政策关注的“问题儿童”。①

“全面调控”理念在实践中显示出越来越多弱点，它似乎“并不能应对严重的经济与货币动荡”。②蒂特迈尔从三个方面（预测的准确性问题、决策的及时性问题与联邦德国经济政策的变化）做出解释：第一，预测的准确性问题是指，原则上来说，“全面调控”必须在某一个极端情况发生之前进行干预，但经验证明，指标分析、措施执行和效果显现之间存在所谓的时滞。③当时的宏观经济模型还处于初期阶段，预测能力很弱，尽管已经有时间序列分析，但在70年代主要被用来研究消除不规律性、季节性或偶然波动。④而且，当时如何将模型理论基础转化到应用经济学中也是一个问题。⑤第二，决策的及时性问题。考虑到民主决策结构的特点，从经济、政治行动必要性得到认可再到政治决策落实往往存在时间差。有时候，从行动必要性明确到政治决策落实常常存在几个月的滞后。第三，联邦德国经济政策出现了整体变化，比如1967年实行“全面调控”期间，占主导地位的经济政策原则与70年代初期

① Hans Tietmeyer, Konjunktursteuerung-Erfahrung-Lehren-Referat anlässlich der Tagung der Berufsrichter des Bundessozialgerichts in Kassel am 25.10.1972, 25.10.1972. PAT, Ordner 25, S. 15－17.

② Rödder, Bundesrepublik, S. 49.

③ Tietmeyer, Konjunktursteuerung-Erfahrungen-Lehren, S. 24.

④ Hans Tietmeyer, Stabilisierungspolitik: Von der Diagnose zum Programm, in: Probleme der Wirtschaftspolitik. Zwei Bände, hrsg. v. Ulrich Teichmann (Wege der Forschung), Darmstadt 1978, S. 91－111, hier S. 96 f..

⑤ Tietmeyer, Konjunktursteuerung-Erfahrungen-Lehren, S. 25.

就有所不同。60年代末期出现的经济增长停滞是借助反周期财政政策、联邦银行预支协调的量化宽松政策以及联合行动协调克服的。其中，联合行动为1967年工资收入政策调整做出了杰出贡献。许多研究认为，如果没有上述工具，联邦德国根本无法在如此短时间内就走出停滞期。[①]

但到了70年代初，"结构与增长政策的必要性"开始占据主导地位，[②]"全面调控"理念显得有些不合时宜。1967年，价格稳定还没有受到任何挑战，但70年代形势就大不相同。战胜经济萧条之后，联邦德国经济政策的最大挑战成了"及时控制经济繁荣，尤其是要应对爆发性增长"。当时通货膨胀率的走势证明了这一政策的必要性。[③]联邦德国在二战后首次出现了滞胀现象。[④] 联邦德国实际国内生产总值增长率与通货膨胀率（1967~1974年）如图4-5所示。

1967年，借助"全面调控"走出经济增长停滞期后，联邦德国在随后两年出现温和通货膨胀趋势。1967年，两个经济刺激方案显现效果。到1973年，经济增长率都保持在一个较低但始终为正的区间内。由于国内需求和出口增长，联邦德国经济总需求显著提高。然而，通货膨胀也呈现类似趋势，其中也有西德马克价值被低估的影响。[⑤] 1969年，联邦德国错过了西德马克充

① Tietmeyer, Konjunktursteuerung-Erfahrungen-Lehren, S. 17-26.

② Tietmeyer, Konjunktursteuerung-Erfahrungen-Lehren, S. 30.

③ Tietmeyer, Konjunktursteuerung-Erfahrungen-Lehren, S. 18.

④ 滞胀这一宏观经济现象描述的是经济增长停滞和通货膨胀现象在某一经济体内同时存在的现象，是经济政策中的一大困境。当经济陷于滞胀期时，经济产能无法通过提高货币量扩张，也就是说，无法通过降低增长速度来降低通货膨胀率，见 Gaul, Konjunkturprogramme, S. 15。

⑤ Gaul, Konjunkturprogramme, S. 13.

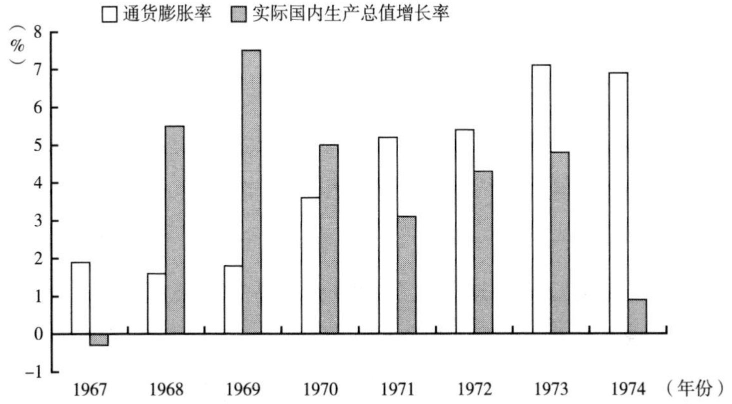

图4－5　联邦德国实际国内生产总值增长率与通货膨胀率（1967～1974年）

资料来源：作者自制，数据来源于 Statistisches Bundesamt, Verbraucherpreisindizes für Deutschland, Wiesbaden 2018, S. 4; Statistisches Bundesamt, Wirtschaft und Statistik, Wiesbaden 2009, S. 204。

分升值的良机，很快就显现出“由于国内经济夸张的稳健和低估对外经济成本与价格水平的上涨，西德马克的升值幅度远远不够”。①于是，西德马克价值的低估，加上需求过量与经济繁荣，导致价格上涨压力。根据凯恩斯理论，国家应该在经济繁荣期需求过量的时候减少支出，以避免通货膨胀的发生。②于是，20世纪70年代初联邦德国出台不少反周期措施，但都没有成功。即使在削弱购买力的情况下，联邦德国的通货膨胀率在1973年与1974年还是提高到约7%。③直到1974年石油价格突然暴涨，带来新一波供给侧冲击，联邦德国反周期政策的效果才有所显现。“全面

① Tietmeyer, Konjunktursteuerung-Erfahrungen-Lehren, S. 18 f.

② Klaus Schrüfer, Allgemeine Volkswirtschaftslehre, Berlin 2010[3], S. 346.

③ Statistisches Bundesamt, Verbraucherpreisindizes für Deutschland, S. 4.

调控”效果的时滞性在此也就显现出来。短期内，外部冲击的出现又促成理念转变，复苏需求成为新的目标。但是，受1973年实施的反周期政策与巨大的油价冲击影响，1974年经济增长还是没有起色。①

这些整体局势的改变给“全面调控”带来新的挑战。结论越来越清晰，由于“全面调控”这一理念具有时滞性，又缺乏计划安全性，因此它经不起外部冲击的考验。蒂特迈尔甚至认为，缺乏对冲外部冲击的能力是“全面调控”唯一的致命弱点。他认为：“如果不解决这个问题，长远来看，‘全面调控’不可能在国家层面起到很好效果。”②这时距离欧洲建构经济和货币联盟还有很长一段时间，因此迫切需要一个灵活的货币汇率体系。蒂特迈尔倡导增加汇率体系弹性，尤其是强化国际收支平衡调整机制。③但1972年人们仍在尝试继续执行“全面调控”。直到1974年和1975年，蒂特迈尔的工作重心还是优化这一政策工具。他在一篇文章中写道：“至少目前，稳定性政策除了‘全面调控’之外，别无他法”。④

然而，等到20世纪70年代中期，在与通胀做斗争的过程中，“全面调控”理念开始松动。尤其是在石油危机时期，联邦德国不仅需应对输入性高通货膨胀率，同时还遭遇经济零增长（如图4－5所示）。此外，至少从石油危机开始以后，国内外都

---

① Gaul, Konjunkturprogramme, S. 13.

② Tietmeyer, Konjunktursteuerung-Erfahrungen-Lehren, S. 31.

③ Tietmeyer, Konjunktursteuerung-Erfahrungen-Lehren, S. 31.

④ Hans Tietmeyer, Stabilisierungspolitik: Von der Diagnose zum Programm, in: Stabilisierungspolitik in der Marktwirtschaft. Verhandlungen auf der Tagung des Vereins für Socialpolitik, Gesellschaft für Wirtschafts-und Sozialwissenschaften in Zürich 1974, hrsg. v. Hans Schneider/Waldemar Wittmann u. a. (Schriften des Vereins für Socialpolitik), Berlin 1975, S. 503－520, hier S. 520.

出现深刻的结构性变化。蒂特迈尔描述当时的情况："所有经济政策制定者都必须清楚，我们现在所面对的不只是普通经济周期的萧条时期，也是在亲历未来一国经济乃至世界经济增长条件的深刻变革。"[①]这场结构性变化并不只限于能源领域，也有例如工资领域成本结构和联邦德国区位质量的变化。这些变化是怎么让人感知到的？蒂特迈尔对此的回答是：就在1974年，联邦政府出台扩张性工资政策，将公务员工资提高10%以上。[②]经济学家哈拉德·谢尔夫（Harald Scherf）也对当时情况有类似的描述，并认为扩张性工资政策导致工资涨幅超过设备投资价格上涨，使投资更多用于改进设备，最终引起失业率增高。[③]联邦德国经济陷入更深层次困境，经济增长滞胀伴随着结构改革，这些改革又牵涉成本结构和工资结构。

这就提出了新的问题，即"如何"才能走出困境。[④]临时实施"全面调控"反向调节，在当时看起来不再是德国经济政策的长期解决方案。1976年，蒂特迈尔确定"全面调控"不只是在指令上出现一些问题，而且其时断时续的干预会破坏"经济系统负责自我调节的土壤，且使其失去经济增长和就业的纠错能力"。[⑤]他写

---

① Hans Tietmeyer, Ordnungspolitische Probleme bei der Bewältigung des Strukturwandels und der Sicherung der Ressourcen-Vortrag von Ministerialdirektor Dr. Tietmeyer im Rahmen des XIV. Kolloquiums der Walter-Raymond-Stiftung „Wohlstand und Stabilität bei begrenztem Wachstum" am 29. Oktober 1975 in Neu-Isenburg bei Frankfurt/Main, 29. 19. 1975, PAT, Ordner 26, S. 6.

② 汉斯·蒂特迈尔访谈，2014年4月3日。

③ Scherf, Enttäuschte Hoffnungen, S. 52.

④ Tietmeyer, Ordnungspolitische Probleme, S. 10.

⑤ Hans Tietmeyer, Die Grenzen zwischen systemkonformer und dirigistischer Staatsintervention-Referat beim IX. FIW-Symposium am 4. März 1976 in Innsbruck, 4. 3. 1976. PAT, Ordner 26, S. 6.

道："在一块每天被翻耕的土地上，麦子不可能茂盛生长。"[①]人们也终于明白："虽然从统计上来说，微观数据易于汇总在一起，但要想在宏观层面对市场经济系统进行精准和迅速调节，只能在极为有限的范围内实现。"[②]此外，对于暂时性波动的迅速反应往往还会增加市场不确定性。蒂特迈尔因此在1975年10月说道，"'全面调控'的润滑功能"迟钝不堪，"经济政策实施的制动距离和启动距离太长了"。[③]联合行动的失败可以说是最好的例子，据蒂特迈尔描述，联合行动已经逐渐演变成了"壁炉闲谈"。[④]

联合行动没能有效地改变工资决策。1969年和1970年战胜经济衰退后，联邦德国经济就处于高度繁荣期，各团体间利益冲突更加凸显，降低了合作意愿。在衰退期间，联合行动尚能取得一些预期效果，因为无论是工会还是雇主都希望赶紧摆脱1967年的经济低谷。但是，在此之后，圆桌讨论就没能再创辉煌，因为劳资双方在市场形势不确定的背景下都迟疑不决。[⑤]因此，联合行动在20世纪70年代逐渐失去了影响力，联邦经济部也愈加意识到，联合行

---

① Hans Tietmeyer, Aktuelle wirtschaftspolitische Fragen. Referat von MD Dr. Hans Tietmeyer vor der Siebten Bankwirtschaftlichen Tagung der Volksbanken und Raiffeisenbanken am 22. Oktober 1976 in Augsburg, 22. 10. 1976. PAT, Ordner 27, S. 30.

② Tietmeyer, Stabilisierungspolitik: Von der Diagnose zum Programm, S. 92.

③ Tietmeyer, Ordnungspolitische Probleme, S. 12.

④ Wolfgang Bonss, Gewerkschaftliches Handeln zwischen Korporatismus und Selbstverwaltung: die Konzertierte Aktion und ihre Folgen, in: Am Staat vorbei; Politik der Selbstregulierung von Kapital und Arbeit, hrsg. v. Volker Ronge, Frankfurt/M. 1980, S. 125 - 169, hier S. 125; Hans Tietmeyer, Der Einfluss wirtschaftspolitischer Instanzen auf die Willensbildung im Unternehmen-Vortrag im Rahmen der Arbeitstagung 1975 der Gesellschaft für Wirtschafts-und Sozialwissenschaften-Verein für Socialpolitik-in Aachen (25. bis 27. Septembeer 1975), Arbeitskreis C. 25. -27. 9. 1975. PAT, Ordner 26, S. 24.

⑤ Schulz, Koalition, S. 25.

动可能已经不合时宜了。时任联邦经济部部长弗里德里希斯从1972年11月开始主导联合行动，这位部长评论道："我从来没见过哪次具体问题的讨论是有建设性的，联合行动不该是这样，但它应有的样子在我的任期内也从来没有出现过。我对这个机制感到深深的失望。"[①]

蒂特迈尔对联合行动失败的解释是，在联合行动的协商过程中，人们应"考虑到，在一个价格自由、劳资协定具有自主权的体系中，想让各个独立团体根据量化经济发展数据事先协调好行动的可能性并不大"[②]。此外，由于20世纪70年代经济环境框架发生了变化，事实越来越显而易见，劳资双方的行为并不是战胜通货膨胀最关键的因素，中央银行和政府的行为才是。于是，对联合行动的批评随即出现，有人认为联合行动在严格经济政策缺失的情况下并没有用处，而在货币政策明朗的情况下又显得多此一举。[③]

政治学家安德里亚·贝森塔尔（Andrea Besenthal）也评论道，席勒想要建立和谐合作劳资谈判的初心没有实现。除了利益冲突以外，政府无力使劳资双方达成妥协也是联合行动失败的原因之一。[④]法学家汉斯－约阿辛姆·门泽尔（Hans-Joachim Menzel）在其研究中汇总各方研究结果支持上述观点。席勒主要是低估了社会利益冲突的效力。[⑤]

---

① 汉斯·弗里德里希斯访谈，2014年10月28日。

② Tietmeyer, Stabilisierungspolitik: Von der Diagnose zum Pragramm, S. 505.

③ Schönhoven, Wendejahre, S. 140 f.

④ Andrea Besenthal, Tripartistische Bündnisse im Deutschen Modell, in: *WSI Mittelungen* 57 (2004), Heft 10, S. 555－560, hier S. 557.

⑤ Hans-Joachim Menzel, Legitimation staatlicher Herrschaft durch Partizipation Privater? Dargestellt am Beispiel der Beteiligung von Gewerkschaften in Gremien der Wirtschaftsverwaltung (Schriften zum Öffentlichen Recht), Berlin 1980, S. 187.

联合行动最后一次达成共识是在 1974 年 1 月 10 日的第 30 次会议上。尽管此后还召开了数十次会议，但人们的意见分歧越来越大，联合行动也就逐渐"衰败"了。[①] 1974 年 1 月之后，每个工会日都有人申请退出联合行动。到了 1977 年 7 月 5 日，退会申请终于首次得到批准，工会一方就立即退出了。[②]这标志着联合行动的终结，联邦经济部对此表示接受。弗里德里希斯本人甚至为这个"终结"感到高兴。[③]

20 世纪 70 年代中期之后，有关联邦德国经济政策未来的讨论引发上文提及的范式变更。查阅"五贤人会"在 1973～1974 年和 1974～1975 年出具的评估报告，可以发现币值的稳定性受到更多关注，前些年实行的凯恩斯式经济政策也逐渐被抛弃。[④]例如，1974～1975 年的评估报告提到，中期的货币政策应一方面维持稳定的物价水平，另一方面要服务就业目标。[⑤]

据蒂特迈尔讲述，最晚到 1976 年 5 月，"一场新的关于秩序政策原则的辩论就要展开，甚至已经开始"[⑥]。危机发酵所形成的经济压力促使人们开始急迫地讨论经济政策转向的必要性。蒂特迈尔支持市场的自我调节，赞成联邦德国经济政策应彻底转变理念。他

① 汉斯·弗里德里希斯访谈，2014 年 10 月 28 日。

② Menzel, Legitimation, S. 188.

③ 汉斯·弗里德里希斯访谈，2014 年 10 月 28 日。

④ Sachverständigenrat zur Begutachtung der gesamtwirtschaftlichen Entwicklung, Jahresgutachten 1973/74. Mut zur Stabilisierung, Bonn 1973, S. 68 f.; Sachverständigenrat zur Begutachtung der gesamtwirtschaftlichen Entwicklung, Jahresgutachten 1974/95. Vollbeschäftigung für morgen, Bonn 1974, S. 152 ff.

⑤ Sachverständigenratt zur Begutachtung der gesamtwirtschaftlichen Entwicklung, Jahresgutachten 1973/75, S. 158.

⑥ Tietmeyer, Grenzen zwischen systemkonformer und dirigistischer Staatsintervention, S. 1.

形容这次有关秩序政策原则的辩论不仅是“无法避免的”，也是“有益的、必要的”。[①]

如果进一步挖掘1974～1982年有关经济政策的讨论，就会发现在这一经济困难时期有三种基本立场并行，即维持、扩大或减少“全面调控”。主张维持“全面调控”的呼声主要来自凯恩斯学派拥趸，他们不喜欢变化，但在石油危机期间也正视事实，认为可以做适当调整以阻止通货膨胀的发展。社民党就属于为维持“全面调控”辩护的一方，从社民党当时的定位来看，这一主张并不令人意料。对于执政的社民党来说，“全面调控”这个经济政策概念，只要与社会平衡目标相兼容即可。它的这一立场在1973年到1975年展现得淋漓尽致。一方面，联邦德国当时的失业率从1.2%上升到4.7%，[②]经济面临严峻挑战；另一方面，社民党与工会关系紧密，在这样的情况下，社民党认为自己几乎不得不出台积极的就业政策，以应对失业率的上升趋势。在这种情况下，接受凯恩斯主义改造后的“全面调控”，无疑是完成这一目标最理想的手段。[③]

但是，社民党内部也存在社会主义一派，宣扬市场失灵，主张扩大“全面调控”范围，其核心诉求是生产和积累过程的政治化，并建议政府直接引导投资。[④]蒂特迈尔对此反驳道：“我们说过，首先得做蛋糕。但现在社民党左派想先把蛋糕分完再开始做。”[⑤]这些

① Tietmeyer, Grenzen zwischen systemkonformer und dirigistischer Staatsintervention, S. 2.

② Faulenbach, Das sozialdemokratische Jahrzehnt, S. 419; Scherf, Enttäuschte Hoffnungen, S. 8 f; Statistisches Bundesamt, Arbeitsmarkt 1950 bis 2017.

③ Schanetzky, Ernüchterung, S. 168.

④ Elmar Altvater/Kurt Hübner u. a., Alternative Wirtschaftspolitik jenseits des Keynesianismus-Wirtschaftspolitische Optionen der Gewerkschaften in Westeuropa, Opladen 1983, S. 25.

⑤ 汉斯·弗里德里希斯访谈，2014年4月3日。

左派的主张在党内虽然没有得到认真对待，但仍然棘手。经济学家迪特·辽什（Dieter Lösch）和海恩兹-迪特里希·奥尔特里布（Heinz-Dietrich Ortlieb）警告，要警惕左派危害联邦德国经济政策，因为社民党可能会开启“不现实的倾斜”，被打为“右派”的领导人决策空间将会严重被压缩。①哈拉德·谢尔夫甚至把这一群左派描述为“多数派强大的对手”，威胁许多项目的实施。②这些情况在社民党内引发强烈不安。

持第三个基本立场的人主张减少“全面调控”，并指责国家干预才是经济困境的始作俑者（错误调控）。蒂特迈尔认为这是供给学派的反击，该学派“刚在学术界重新获得认可”。③供给导向的经济政策是凯恩斯式需求管理的对立面，其重点不在于反周期财政政策，而在于稳定的货币政策，国家的角色应是确立制度框架，给市场经济自身动力提供更多空间。自民党就属于这一派，支持减少“全面调控”。④但出人意料的是，自民党在几年前（1968 年 1 月）的弗莱堡党代会上才刚决定左转。⑤该党宣称支持国家对经济政策的干预，才得以进入社会-自由执政联盟。⑥但1972 年联邦议会选举之后，自民党就开始改变立场。汉斯·弗里德里希斯进入联邦经济部之后，联邦经济部从此开始有了不支持“全面调控”的关

① Dieter Lösch/Heinz-Dietrich Ortlieb, Die Sozialdemokratie und die Zukunft der sozialen Marktwirtschaft in: Der SPD-Staat, hrsg. v. Frank Grube/Gerhard Richter (Serie Piper), München 1977, S. 36 -47, hier S. 45.

② Scherf, Aktuelle wirtschaftspolitische Fragen (22. Oktober 1976), S. 32.

③ Tietmeyer, Aktuelle wirtschaftspolitische Fragen (22. Oktober 1976), S. 32.

④ Uwe Andersen/Wichard Woyke, Handwörterbuch des politischen Systems der Bundesrepublik Deutschland, Opladen 2003^5, S. 484.

⑤ Winkler, Weg nach Westen, S. 257.

⑥ Bökenkamp, Ende des Wirtschaftswunders, S. 192.

键人物。[①]他希望能将经济政策从需求导向变为供给导向。[②]在一次采访中，弗里德里希斯表达了自己的立场："其实，我的基本立场从始至终都是站在弗莱堡学派那一边……我从没设想过'全面调控'被大幅运用。"[③]从 1 974 年起，社会－自由执政联盟内就经济政策定位出现意见分歧，之后，这些分歧又引发了更激烈的辩论。

在这场有关经济政策基本立场的辩论中，蒂特迈尔作为经济政策司司长也参与其中。[④]他明确支持减少"全面调控"，赞成重新以市场经济为导向。[⑤]显然，他站在联邦经济部部长弗里德里希斯这边，鉴于他是米勒－阿尔玛克的学生，又有路德维希·艾哈德秩序自由主义的背景，这一立场并不令人意外。正因如此，《经济周刊》（*Wirtschaftswoche*）曾形容他是"深入骨髓的市场经济学家"。[⑥]蒂特迈尔对弗里德里希斯产生的影响究竟有多大，今天我们只能靠猜测。《经济周刊》1980 年 5 月的一篇文章称："无论是汉斯·弗里德里希斯还是奥托·格拉夫·拉姆斯多尔夫，所有人都靠蒂特迈尔出主意。"[⑦]从对蒂特迈尔和弗里德里希斯的访谈、蒂特迈尔的档案以及能查到的报道来看，我们可以得出以下结论，即蒂特迈尔既为弗里德里希斯提供经济政策咨询，也坚定地支持供给导向改革。因此，蒂特迈尔在公众中赢得长久的良好声

---

① 汉斯·弗里德里希斯访谈，2014 年 6 月 18 日。

② Bökenkamp, Ende des Wirtschaftswunders, S. 193.

③ 汉斯·弗里德里希斯访谈，2014 年 10 月 28 日。

④ O, A, „Ich bin hier das federführende Ressort". Freidemokrat Hans Friderichs-der selbsternannte Nebenkanzler in Bonn, in: *Der Spiegel*, Nr, 23, 31. 5. 1976.

⑤ O. A., Erfahrung dämpft, in: *Wirtschaftswoche*, Nr. 12, 21. 5. 1980.

⑥ O. A., Erfahrung dämpft, in: *Wirtschaftswoche*, Nr. 12, 21. 5. 1980.

⑦ O. A., Erfahrung dämpft, in: *Wirtschaftswoche*, Nr. 12, 21. 5. 1980.

誉。也正因如此，从 1979 年 7 月起，蒂特迈尔被《商报》（*Handelsbaltt*）等多次报道为联邦银行董事海因里希·伊尔姆勒（Heinrich Irmler）可能的接班人。[①]在联邦经济部内，他再次让“所有司长唯他马首是瞻”，任何经济政策文件的起草都必须有他参与。[②]这些事例都表明他对联邦德国 20 世纪 70 年代经济政策的塑造有巨大影响力。

蒂特迈尔在 1974 年以后发表的报告中，明确阐释了他的经济政策理念，也是在这些报告中，他着重强调政府不应采用刺激需求的措施。[③] 1975 年 12 月的《时代周报》写道：“蒂特迈尔坚决抗拒任何形式的需求刺激措施……”[④]他也因此与联盟伙伴中的左翼保持距离。他在 2014 年 4 月曾表示：“我们乐于出台合理的公共投资方案，但绝不考虑在工资政策上采取扩张性措施。”[⑤]他还批评了一贯支持需求调控的左派，理由是“所有经验……都说明，在运作良好的市场经济体系中，整个经济体系中不良投资水平要比在集体调控体系下低得多”[⑥]。为进一步阐明这一点，他还说道：“在市场经济中，只有当市场（竞争）而非权力成为真正的支配力量时，市场经济在社会政治领域才算得上合法，并能够促进增长。”[⑦]

① O. A. , Emminger-Nachfolge. Pöhl gewinnt an Boden, in: *Handelsblatt*, 17. 7. 1979.

② O. A. , „Ich bin hier das federführende Ressort“. Freidemokrat Hans Friederichs-der selbsternannte Nebenkanzler in Bonn, in: *Der Spiegel*, Nr. 23, 31. 5. 1976.

③ Hans Tietmeyer, Exportüberschüsse als Herausforderung an die Wirtschaftspolitik-Kurzfassung des Referates von Ministerialdirektor Dr. Tietmeyer vor dem Außenwirtschafts-und Integrationsausschuss des DIHT am 20. 9. 1974. PAT, Ordner 19, S. 8.

④ O. A. , Bonner Kulisse, in: *Die Zeit*, 5. 12. 1975.

⑤ 2014 年 4 月 3 日对汉斯·蒂特迈尔的采访。

⑥ Tietmeyer, Aktuelle wirtschaftspolitische Fragen (22. Oktober 1976), S. 21.

⑦ Tietmeyer, Aktuelle wirtschaftspolitische Fragen (22. Oktober 1976), S. 25.

从此之后，联邦德国的经济政策开始接近“欧肯所谓经济政策稳定的假设”，追求能自力维持的繁荣。①经济政策应保持持续性，具有可预测性，以期获得公众的信任，尽可能确保置身于竞争之中的企业计划的可靠性。②这与刺激需求政策的本质不同之处在于，稳定政策改善了经济政策架构，激发出经济增长过程的内生动力。③也就是说，短期经济政策干预不应该再出现在任何议程里，更应得到关注的是可持续的经济政策。欧肯认为，实验性的、变幻莫测的经济政策只会放大市场现有的不确定性，他希望通过经济政策的稳定性将之减少，例如借助长期不变的税收政策和长期商业合同。④蒂特迈尔对此深信不疑，因为一个“有令人紧张不已的月度数据的政策”是无法令人信任的。⑤但这需要一次“深呼吸”，并且“对政府的能力要求也极高，因为国内和国际层面累积多年的错误发展”不是短期能纠正过来的。⑥

新的经济政策让人们建立了信心，经历两年低迷期（1974年和1976年）后，联邦德国经济开始进入复苏阶段。实际经济增长

① Tietmeyer, Aktuelle wirtschaftspolitische Fragen (22. Oktober 1976), S. 29; Tietmeyer, Einfluss wirtschaftspolitischer Instanzen auf die Willensbildung im Unternehmen, S. 33.

② Eucken, Grundsätze, S. 288 f.

③ Hans Tietmeyer, Analyse der Wirtschaftssituation-Perspektiven für die deutsche Wirtschaft. Referat auf dem 31. Deutschen Betriebswirtschaftertag in Berlin am 19. September 1977, 19. 9. 1977. PAT, Ordner 27, S. 32.

④ Eucken, Grundsätze, S. 288 f.

⑤ Hans Tietmeyer, Droht uns eine Stagnation? Referat im Rahmen der Mitgliederversammlung des Wirtschaftsberbandes der Kautschukindustrie e. V. in Hamburg am 3. Mai 1978, 3. 5. 1978. PAT, Ordner 28, S. 40.

⑥ Hans Tietmeyer, Wirtschaftspolitische Herausforderungen heute. Referat im Rahmen der Jahrestagung der Lebensmittel-Filialbetriebe am 9. Juni 1978 in Timmendorf/Ostsee, 9. 6. 1978. PAT, Ordner 28, S. 30.

率提高到1976年的4.9%和1977年的3.3%，通货膨胀率到1977年也降到3.7%，美中不足的是1977年失业率上升到了4.5%。[①]这表明“所追求的繁荣内生动力”尚未实现。[②]前任联邦经济部部长兼财政部部长施密特曾在1972年的联邦议会选举中表示，对他来说，5%的通货膨胀率好过5%的失业率，他因此受到压力，而这些压力又传导到联邦经济部。[③]

对于蒂特迈尔来说，有一点是明确的：当时的形势比实行短期刺激政策时要好得多，因为根据经济学理论，后者在引起失业的同时还导致通货膨胀。[④]蒂特迈尔认为，市场内在动力还没有完全形成，才导致新的衰退（“壁炉还差个通风管”）。[⑤]那么，新的问题出现了，即采用中期稳定策略是不是合适。蒂特迈尔评价新理念是“不完善的”，但也补充道，这只是因为现在还存在一些特殊因素，这些因素“显然不在经济政策能直接影响的范围之内”。[⑥]他特别提到了对外经济领域。20世纪70年代，联邦德国并不是唯一需要应对油价冲击的国家，在欧共体内部也有一些国家出现政治动荡。这些动荡打击了人们对联邦德国经济的信心，损害了经济和财政政策

① Statistisches Bundesamt, Verbraucherpreisindizes für Deutschland, S. 4; Statistisches Bundesamt, Arbeitsmarkt 1950 bis 2017; Statistisches Bundesamt. Wirtschaft und Statistik, S. 204.

② Statistisches Bundesamt, Verbraucherpreisindizes für Deutschland, S. 4; Statistisches Bundesamt, Arbeitsmarkt 1950 bis 2017; Statistisches Bundesamt. Wirtschaft und Statistik, S. 12.

③ Scherf, Enttäuschte Hoffnungen, S. 67.

④ Tietmeyer, Analyse der Wirtschaftssituation-Perspektiven für die deutsche Wirtschaft, S. 13.

⑤ Tietmeyer, Analyse der Wirtschaftssituation-Perspektiven für die deutsche Wirtschaft, S. 6.

⑥ Tietmeyer, Analyse der Wirtschaftssituation-Perspektiven für die deutsche Wirtschaft, S. 15.

的实施效果。虽然蒂特迈尔不想为经济政策辩解，但对于他来说，不“忽视和无视”这些情况也有必要。①

这一时期，来自“五贤人会”、政党、机构、工会和企业联合会的经济政策措施建议前所未有的多。由于没有理念能立竿见影，相应的反对者又立即跳出来阻碍理念进一步落实。可以想象，对于蒂特迈尔来说，这段时期是逆势而行的时期。自民党内部经济自由和社会自由两派也出现激烈争论。这涉及自民党的长期定位：是继续忠于需求调控，与社民党保持一致，还是转向供给导向，更接近基民盟？②

经济学家拉尔斯·P. 菲尔德认为，自民党的供给侧转向直到 1977 年 10 月 2 日萨尔州党代会才真正开启。州主席团成员沃尔夫冈·斯杜泽尔在其提案的第一段阐述引发结构性问题的原因，然后给出明显具有供给导向特征的解决方案。除此之外，他还批评损害就业的工资政策、过于慷慨的社会政策以及国家对价格结构的干预，这些政策和手段都不符合市场经济精神。他主张在调整社会政策的同时，出台更严格的工资政策。③

斯杜泽尔的方案被纳入 1977 年 11 月自民党在基尔召开的联邦党代会提案。这份以供给为导向的提案，虽然得到弗里德里希斯的有力支持，但在该党的社会民主派那里仿佛石沉大海。批评者们认为，在这个新经济政策道路上，丝毫看不到对“人民需求的关注，

---

① Tietmeyer, Analyse der Wirtschaftssituation-Perspektiven für die deutsche Wirtschaft, S. 16.

② Bökenkamp, Ende des Wirtschaftswunders, S. 193.

③ Lars P. Feld, Zur Bedeutung des Manifests der Marktwirtschaft oder das Lambsdorff-Papier im 31. Jahr, Freiburger Diskussionspapiere zur Ordnungsökonomik 13 (2013), Heft 9, S. 8.

只剩下市场经济”。[①]本质上来说，这份提案反映出蒂特迈尔建议的发展方向：通过中期稳定策略来促进自力增长，这样市场和就业就可以通过内在动力调整，不再需要国家干预。[②]这份提案标志着自民党正式开始与社民党对抗。但是，自民党内社会自由派还坚持追随社民党，并且起初这一派占多数。[③]因此，1977 年自民党并没有完全准备好接受明确的市场经济导向政策。[④]

就在社会自由派和市场经济派的争执进入白热化阶段时，汉斯·弗里德里希斯于 1977 年 9 月 9 日辞职，接任刚被恐怖组织“红军旅”刺杀的于尔根·蓬托在德累斯顿银行董事会的职位。1977 年 9 月 12 日的《明镜》周刊如此报道：“实际上，这位自民党首席经济学家的告别亮相近乎尴尬。”他“因起草了一份本质上很保守的自民党经济方案，得罪了该党所有左派”。[⑤]自民党社会自由派将他的辞职形容成“临阵逃跑”。[⑥]

接任弗里德里希斯的是奥托·格拉夫·拉姆斯多尔夫，后者上任后没有宣布任何政策方向的改变。蒂特迈尔认为，拉姆斯多尔夫比弗里德里希斯思路更清晰和直接。[⑦]历史学家伯恩哈德·勒夫乐描述，拉姆斯多尔夫具有某种魅力，能“撑住场面”并提出明确的理念和方针，他认为这些特质在弗里德里希斯身上较少体现。[⑧]拉姆斯多尔夫的直接和贯彻力很快就显示出来，与弗里德里希斯正

---

① Bökenkamp, Ende des Wirtschaftswunders, S. 193.

② Bökenkamp, Ende des Wirtschaftswunders, S. 194.

③ O. A., FDP. Salat geliefert, in: *Der Spiegel*, Nr. 29, 11. 7. 1977.

④ Feld, Zur Bedeutung des Manifests der Marktwirtschaft, S. 3.

⑤ O. A., Minister: Hör auf. Wirtschaftsminister Hans Friederichs nutzte einmal mehr eine Chance zum eigenen Fortkommen, in: *Der Spiegel*, Nr. 38, 12. 9. 1977.

⑥ Bökenkamp, Ende des Wirtschaftswunders, S. 194.

⑦ Benkhoff, Tietmeyer, S. 37.

⑧ Löffler, Personelle und institutionelle Strukturen, S. 190.

相反，他可以在讨论中面对自民党社会自由派坚持自己的要求，这预示未来社会－自由执政联盟在经济政策方面的合作将遭遇重重困难。[①]在拉姆斯多尔夫看来，自民党想与基民盟/基社盟的经济和财政政策划清界限相当困难。[②]蒂特迈尔解释，这就决定了当时的工作重心是使经济政策框架更加清晰和明确。[③]“五贤人会”用下面一段话描述联邦德国这一时期经济政策的方向：“如果说需求调控的目标主要是使当前的生产潜力被尽可能均衡且充分地利用，那么供给导向政策的任务就是要优化投资和经济结构转型的框架条件，从而保证经济能够以适当速度增长，同时保持高水平就业。”[④]联邦经济部对市场拥有自我修复能力深信不疑，遭到社民党大肆批评，也从而导致“执政联盟不得不就经济宪法的核心问题达成紧急协议”。[⑤]蒂特迈尔认为“采取这一策略是唯一正确的路”。[⑥]

1978年，蒂特迈尔展示了一份德国经济研究所（DIW）的未来五年预测报告。该报告认为联邦德国经济将会经历一段缓慢增长期，国民生产总值年实际增长率预计将减少到2.5%，而实际失业

---

① Bökenkamp, Ende des Wirtschaftswunders, S. 196.

② Bökenkamp, Ende des Wirtschaftswunders, S. 196.

③ Hans Tietmeyer, Analyse der Wirtschaftssituation-Perspektiven für die deutsche Wirtschaft. Kurzfassung des Referates im Rahmen der betriebswirtschaftlichen Unternehmenstagung der GROHAG am 28. 11. 1977 in Berlin, 28. 11. 1977. PAT, Ordner 27, S. 7.

④ Sachverständigenrat zur Begutachtung der gesamtwirtschaftlichen Entwicklung, Jahresgutachten 1976/77. Zeit zum Investieren, Bonn 1976, S. 127.

⑤ Axel Schildt, „Die Kräfte der Gegenreform sind auf bereiter Front angetreten“. Zur konservativen Tendenzwende in den Siebzigerjahren, in: *Archiv für Sozialgeschichte* 44 (2004), S. 449 – 478, hier S. 464.

⑥ Hans Tietmeyer, Konjunkturlage und Konjunkturpolitik in Deutschland. Referat im Rahmen de s Seminars des privaten Bankgewerbes am 3. November 1977 in Frankfurt/Main, 3. 11. 1977. PAT, Ordner 27, S. 44.

人口会上升到260万人（1978年约为100万人）。若这一预测为真，联邦德国经济将处于一场严峻的压力测试之下。[1]蒂特迈尔解释道："对于联邦德国来说，目前改善就业水平所需的经济增长率应在4%～4.5%。"[2]这意味着，联邦德国将面临"多年衰退风险，以及由衰退导致的国内与国际层面更剧烈的分配冲突"[3]。随后发生的事不仅证实了蒂特迈尔有关于经济衰退的预言，而且其程度较之前更有过之而无不及。联邦德国实际国内生产总值增长率、通货膨胀率与失业率（1978～1982年）如表4－3所示。

表4－3 联邦德国实际国内生产总值增长率、通货膨胀率与失业率（1978～1982年）

	1978年	1979年	1980年	1981年	1982年
实际国内生产总值增长率(%)	+3.0	+4.2	+1.4	+0.5	-0.4
通货膨胀率(%)	2.7	4.1	5.4	6.3	5.2
失业率(%)	4.3	3.8	3.8	5.5	7.5

资料来源：作者自制，数据来源于Statistisches Bundesamt, Verbraucherpreisindizes für Deutschland, S. 4; Statistisches Bundesamt, Arbeitsmarkt 1950 bis 2017; Statistisches Bundesamt, Wirtschaft und Statistik, S. 204。

德国经济研究所这份五年预测报告后来被证明过于乐观，联邦德国的经济增长情况比预期还要差。媒体描述当时的氛围有些"狂躁抑郁"。[4] 1979年实际国内生产总值增长率为4.2%，通货膨胀率还算"温和"，失业率甚至有所降低，经济形势相对不错，但20世纪80年代初经济形势开始显著恶化，1980年实际国内生产总

① Tietmeyer, Droht uns eine Stagnation?, S. 11.

② Tietmeyer, Droht uns eine Stagnation?, S. 4.

③ Tietmeyer, Droht uns eine Stagnation?, S. 33.

④ Scherf, Enttäuschte Hoffnungen, S. 57.

值增长率只有 1.4%，1982 年甚至为负增长。通货膨胀率从 1980 年起就持续保持在 5% 以上，失业率到 1982 年也上升到了 7.5%。除此之外，公共财政赤字率也越来越高，仅 1981 年一年，联邦层面新增负债就超过了 1950～1964 年的总和。[①]联邦德国明显感受到动荡的 70 年代产生的影响。这个欧洲经济常年的“优等生”一次又一次陷入困境。《金融时报》写道：“这个经常账户顺差、强势西德马克和勤劳工人就像啤酒、香肠一样常见的经济童话王国，究竟发生了什么？”[②]不得不提的是，当时社会－自由执政联盟宣布的官方目标是每年要实现 5% 的实际经济增长率。[③]但是，种种迹象表明，德国经济显然走向相反方向，德国经济当时面临的问题是滞胀。

三 蒂特迈尔在起草“拉姆斯多尔夫文件”中的作用（1982 年）

由于经济形势糟糕，20 世纪 80 年代初期联邦德国关于经济政策导向的讨论莫衷一是。蒂特迈尔在 1981 年 5 月强烈“呼吁采取经济政策行动”。[④]他主张实行“简单的市场经济政策，要长期稳定，避免各种手忙脚乱”。[⑤]但仍有不少人支持继续扩大公共开支、

① Statistisches Bundesamt, Verbraucherpreisindizes für Deutschland, S. 4; Statistisches Bundesamt, Arbeitsmarkt 1950 bis 2017; Statistisches Bundesamt, Wirtschaft und Statistik, S. 204; Statistisches Bundesamt, Schulden des Öffentlichen Gesamthaushalts beim nicht-öffentlichen Bereich insgesamt, Wiesbaden 2018.

② Hans Tietmeyer, Mehr Markt statt mehr Staat-Vortrag bei 17. Bankwirtschaftlichen Tagung der Volksbanken und Raiffeisenbanken 1981 in Garmisch-Partenkirchen, 4. 11. 1981. PAT. Ordner 19, S. 5.

③ Scherf, Enttäuschte Hoffnungen, S. 57.

④ Hans Tietmeyer, Wirtschaftsentwicklung und Wirtschaftspolitik-Konzepte, Konflikte, Krisen. Referat am 13. März 1981 in Bad Dürkheim beim Wochenendkolleg der Daimler-Benz AG, 13. 3. 1981. PAT, Ordner 29, S. 15.

⑤ Scherf, Enttäuschte Hoffnungen, S. 40.

减少工作时间、引导投资和实行扩张性工资政策，这些人有的也来自学术界。[①]此外，社会民主主义者始终坚定不移地怀疑市场功能。这些人站在蒂特迈尔的对立面，也逐渐地站到了自民党对立面。[②]

蒂特迈尔和联邦经济部部长早就知道，反周期财政政策虽然短期会产生扩张性影响，但是在一个联邦制国家，想要协调财政政策几乎不可能。他补充道："马儿今天都知道，从景气政策里喝到的水只能临时解渴，但不是长期的饲料。与之相反，马儿们为止渴付出的代价是以后得背负更高的利息和债务。"[③]国家通过扩大公共支出来刺激需求的做法，还会继续推高本已高居不下的公共债务水平，公共部门强劲扩张，并不会促进经济增长，反而会对经济增长起抑制作用。[④]

此外，80 年代初的衰退还表明，当时存在的一些明显结构性缺陷需尽快消除。因此，自民党再次受到社民党批评，社民党认为自民党"对'市场自我修复能力'的信念已经僵化为意识形态"[⑤]。自民党从 1977 年开始逐渐接受学术界的供给导向理念。[⑥] 1979～1980 年，在宏观经济形势受石油危机影响逐渐恶化的背景下，自民党和社民党在经济政策方面的意见分歧达到顶峰。联邦德国实际国内生产总值增长率、通货膨胀率、失业率与公共债务（1969～1982 年）如图 4－6 所示。

---

① Tietmeyer, Droht uns eine Stagnation?, S. 26 ff.

② Scherf, Enttäuschte Hoffnungen, S. 58.

③ Tietmeyer, Mehr Markt statt mehr Staat, S. 5.

④ Hans Tietmeyer, Aktuelle wirtschaftspolitische Fragen-Vortrag anläßlich der Eröffnung des Sommersemesters 1981 der mittelrheinischen Verwaltungs-und Wirtschafts-Akademie Bonn, 30. 4. 1981. PAT, Ordner 29, S. 10.

⑤ Schildt, Kräfte der Gegenreforms, S. 472.

⑥ Feld, Zur Bedeutung des Manifests der Marktwirtschaft, S. 3.

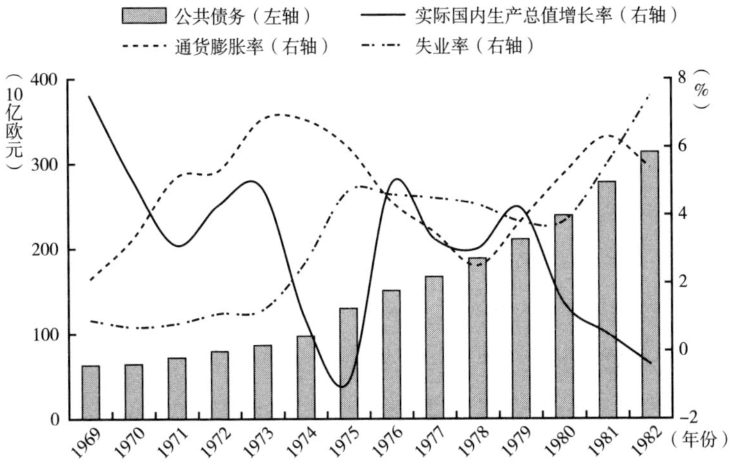

图4-6 联邦德国实际国内生产总值增长率、通货膨胀率、失业率与公共债务（1969～1982年）

资料来源：作者自制，数据来源于 Statistisches Bundesamt, Schulden des Öffentlichen Gesamthaushalts beim nicht-öffentlichen Bereich insgesamt, Wiesbaden 2018；Statistisches Bundesamt, Verbraucherpreisindizes für Deutschland, Wiesbaden 2018, S. 4；Statistisches Bundesamt, Arbeitsmarkt 1950 bis 2017, Wiesbaden 2018；Statistisches Bundesamt, Wirtschaft und Statistik, Wiesbaden 2009, S. 204。

正如图4-6所示，1969年秋社会-自由执政联盟接管政府时，联邦德国经济数据还算不错：实际国内生产总值增长率为7.5%、通货膨胀率为1.8%、失业率为0.9%、公共债务为630亿欧元。1969年对未来前景的预期在当时看来“似乎有着无限希望”。[①]再对比一下1982年执政联盟结束时的经济数据，情况大相

① Statistisches Bundesamt, Verbraucherpreisindizes für Deutschland, S. 4；Statistisches Bundesamt, Arbeitsmarkt 1950 bis 2017；Statistisches Bundesamt, Wirtschaft und Statistik, S. 204 页；Statistisches Bundesamt, Schulden des Öffentlichen Gesamthaushalts beim nicht-öffentlichen Bereich insgesamt；Scherf, Enttäuschte Hoffnungen, S. 5.

径庭。实际国内生产总值增长率在联盟整个执政期间没有再达到过 1969 年的 7.5%，1982 年甚至降到 -0.4%。与此同时，失业率上升到令人担忧的 7.5%。通货膨胀率虽然有些年份控制在一定范围之内，但 1982 年又重新上升到 5.2%。最后，公共债务还出现了爆炸式增长，创下 3317 亿欧元的历史纪录。公共债务年平均增长率高达 14.2%，出现近乎戏剧性的扩张。[①]勃兰特和施密特政府当时为应对石油危机，均采用反周期财政政策与一系列债务融资支撑的刺激政策。这种对称使用的工具（公共债务与经济同时增长）却失败了，并导致不对称结果，即只有公共负债率激增，经济增长率却上不来。[②]时任“五贤人会”主席奥拉夫·西维特（Olaf Sievert）在 1978 年的一个演讲中讲道：“客观上来说，高额公共债务长期存在无益。”[③]

此外，还有很多指标可以证明，联邦德国在 20 世纪 70 年代的发展是以牺牲下一代发展为代价的。例如，联邦德国社会总投资率从 1970 年的 26.5% 降到 1982 年的 21.5%，与此同时，政府支出占国内生产总值的比例从 1970 年的 38.5% 上升到 1982 年的 47.5%；又例如公共部门人员的薪酬急剧增加，仅 1974 年就平均上升了 12%。[④]蒂特迈尔形容这些年的政策是“分配和赐福政策”，

---

① Statistisches Bundesamt, Schulden des Öffentlichen Gesamthaushalts beim nicht-öffentlichen Bereich insgesamt; Statistisches Bundesamt, Arbeitsmarkt 1950 bis 2017.

② Jutta Hinrichs, Die Verschuldung des Bundes 1962 – 2001, Sankt Augustin 2002, S. 6.

③ Olaf Sievert, Die Steuerbarkeit der Konjunktur durch den Staat, in: Staat und Wirtschaft, hrsg. v. Carl Christian von Weizsäcker, Berlin 1979, S. 809 – 846, hier S. 811.

④ Sachverständigenrat, Jahresgutachten 1974/75, S. 138; Hans Tietmeyer, Neue Perspektiven für den Mittelstand im Bereich der Wirtschaftspolitik durch die neue Bundesregierung, 22. 1. 1983, PAT Ordner 59, S. 5 f.; Statistisches Bundesamt, Volkswirtschaftliche Gesamtrechnung. Inlandsproduktberechnung, Lange Reihen ab 1970, Wiesbaden 2018, S. 43.

虽然短期刺激了消费，但长远来看，削弱德国经济，并且给公共部门的未来增添沉重债务负担。①创造一个福利和幸福国家，对他来说，从来都只是政府“被误解的辅助性功能”。②

不能忽视，施密特政府经历了两次充满动荡的石油危机，联邦德国国民经济遭受极大挑战。但下面两个事实显而易见：一方面，社会-自由执政联盟越来越难就经济发展的诊断与药方达成统一，这导致了后来执政联盟内部分歧不断扩大；另一方面，想通过零成本来提供福利和社会保障的政策逐渐被证明是不可行的。消费导向的债务政策和过度官僚主义的边界清晰可见，蒂特迈尔确信，“70 年代留下的抵押贷款”还会对后世产生长远影响。③

1981 年末，经济萧条不仅使工会开始与政府公开作对，也让企业家对联邦德国国民经济的未来普遍产生消极情绪。④这导致 80 年代初期个体经营者数量比十年前减少约 20%，而这是创业的激励环境恶化所导致的。⑤专门调查宏观经济预期的“阿伦斯巴赫问卷调查”（Allensbach-Umfrage）结果与上述观点一致，蒂特迈尔称，过去三十年里只有出现过两次类似的悲观情绪：“一次是 1950 年朝鲜战争爆发时，另一次则是 1973 年第一次石油危机开始后。”⑥这次称

---

① Sachverständigenrat, Jahresgutachten 1974/75, S. 138; Hans Tietmeyer, Neue Perspektiven für den Mittelstand im Bereich der Wirtschaftspolitik durch die neue Bundesregierung, 22. 1. 1983, PAT Ordner 59, hier S. 5; Statistisches Bundesamt, Volkswirtschaftliche Gesamtrechnung. Inlandsproduktberechnung, Lange Reihen ab 1970, Wiesbaden 2018, S. 43.

② Tietmeyer, Die Soziale Marktwirtschaft erneuern, S. 12.

③ Tietmeyer, Die Soziale Marktwirtschaft erneuern, S. 4 – 10.

④ Scherf, Enttäuschte Hoffnungen, S. 58.

⑤ Tietmeyer, Neue Perspektiven für den Mittelstand, S. 2.

⑥ Tietmeyer, Wirtschaftsentwicklung und Wirtschaftspolitik-Konzepte, Konflikte, Krisen, S. 1.

得上战后最严重的一次衰退。当时世界经济研究所（Institut für Weltwirtschaft）所长赫伯特·吉尔施担忧，“1929～1930年的世界经济危机可能会再次出现”[①]。

1981年预算案的草拟过程也暴露了执政联盟内部的问题。两个不同政策导向的联盟搭档不得不在紧张气氛中共同设计预算方案。[②]蒂特迈尔提前与总理府部长曼弗雷德·拉恩施泰因（Manfred Lahnstein）进行了沟通，拉恩施泰因受到来自施密特极大的压力。蒂特迈尔希望调整联邦财政部提交的扩张性新预算案、压缩社会福利、降低政府支出在经济中比例或修正疯涨的负债率，但没有成功。蒂特迈尔无可奈何地批评道：“（施密特）无法忍受我们联邦经济部提出的不同意见。”[③]但施密特这种处理方式并没有解决问题，只是将矛盾拖到下一年。

大约一年以后，社民党1982年4月19日至23日在慕尼黑召开党代会时，大家已经心知肚明，两个执政联盟的成员间已经不存在共同战线了。这次社民党党代会明确反对供给导向，并反对改变扩张性预算政策。施密特虽然警告这有可能威胁本届政府，但党代会表示，社民党宁愿退出执政联盟也不愿为妥协而违背自己的真实理念。于是，党代会决定将以国家“投资引导、继续深化共同决议机制”以及“生产资料再分配”来应对持续上升的失业率。[④]这些措施也意味着提高税费，根据党代会的决议，企业和富裕阶层将

---

① Tietmeyer, Wirtschaftsentwicklung und Wirtschaftspolitik-Konzepte, Konflikte, Krisen, S. 1.

② 汉斯·蒂特迈尔访谈，2013年2月12日。

③ 汉斯·蒂特迈尔访谈，2013年2月12日。

④ Scherf, Enttäuschte Hoffnungen, S. 59.

首当其冲。[①]但实际上，党代会这个决议意味着更多的国家干预和官僚主义。施密特因此又朝着扩张性、凯恩斯式的政策方向前进了一步。1980年绿党成立后，社民党又向“左”迈出了一大步。[②]蒂特迈尔认为，这次党代会决议是“使赫尔穆特·施密特处境越来越艰难”的决定性因素。[③]这次党代会后，社民党内部也出现批评声，认为党代会非但没有促使执政联盟和解，反而火上浇油。[④]

果不其然，自民党很快就明确表示它比以往任何时候都不愿意做出妥协。在自民党1982年4月25日的汉堡党代会上，汉斯－迪特里希·根舍（Hans-Dietrich Genscher）宣布，社民党的提议不会成为政府和执政联盟的政策，这样做是“为了德国经济的投资热情和能力”。[⑤]拉姆斯多尔夫进一步明确了自民党和联邦经济部的立场：“我们的党、联邦议会党团、我们在联邦政府的成员绝不会参与这次从慕尼黑出发通往垃圾场的征途，包括投资引导、提高税收和大幅增加债务。”[⑥]蒂特迈尔还回忆道，拉姆斯多尔夫应该在上文提及的1982年自民党联邦党代会上，就与根舍谈过是不是考虑解散联盟。[⑦]经济政策越来越成为关系执政联盟本身存在的问题。

1982年7月，政府再一次进行公共预算咨询。[⑧]拉姆斯多尔夫按惯例于7月出访华盛顿，与美国政治人物进行交流。与此同时，

① Udo Leuschner, Die Geschichte der FDP. Metamorphosen einer Partei zwischen rechts, sozialliberal und neokonservativ, Münster 2005, S. 147.

② Feld, Zur Bedeutung des Manifests der Marktwirtschaft, S. 3.

③ 汉斯·蒂特迈尔访谈，2013年2月12日。

④ Scherf, Enttäuschte Hoffnungen, S. 60.

⑤ Leuschner, Geschichte der FDP, S. 147.

⑥ Werner Abelshauser, Deutsche Wirtschaftsgeschichte. Von 1945 bis zur Gegenwart, München 2011^2, S. 452.

⑦ 汉斯·蒂特迈尔访谈，2013年2月12日。

⑧ 汉斯·蒂特迈尔访谈，2014年10月6日。

1982 年 7 月 20 日在波恩则召开了一次联邦经济部司长会议，蒂特迈尔作为经济政策司司长出席会议。[①]由于拉姆斯多尔夫缺席，副部长施莱希特代替其主持会议。当时坐在他旁边的是自民党的议会国务秘书马丁·格鲁纳（Martin Grüner），格鲁纳在会议上通报，自民党议员在一次党团会议上对联邦经济部提出了严厉批评。[②]格鲁纳指责联邦经济部总有批评意见，但缺乏总体纲领。[③]连副总理根舍也批评说，联邦经济部给出的意见“大多缺乏进行必要政策决策的具体建议”。[④]格鲁纳因此要求联邦经济部到 8 月底前就如何应对当前经济下行给出具体建议。他特别强调，这份报告可不考虑政治可行性。[⑤]蒂特迈尔表示一定给出一份含有明确经济政策策略的原则性文件。[⑥]

蒂特迈尔在他 1982 年 7 月 20 日 17 时 30 分的备忘录中标注，“自民党委托的‘捷径’ = 解散计划”[⑦]。就此而言，他似乎早已明白，这份文件会导致执政联盟解散。这一发现出人意料，因为后来蒂特迈尔曾表示，这份文件起初并非为此目的而草拟。[⑧]就连施莱希特，一开始也只当这个文件是供“执政联盟……内部讨论”的“基准”。[⑨]但至少在蒂特迈尔看来，他早就很清楚，这份文件最

---

① Tietmeyer, Daten, S. 14.

② Terminkalender Hans Tietmeyer: Montag, 20. Juli 1982, 20. 7. 1982. PAT, Ordner 83, o. S.

③ 汉斯·蒂特迈尔访谈，2013 年 2 月 12 日。

④ Tietmeyer, Daten, S. 14.

⑤ Brief von Tietmeyer an Lambsdorff: Politik zur Überwindung der Wachstumsschwäche und zur Bekämpfung der Arbeitslosigkeit, 5. 8. 1982. PAT, Ordner 31, S. 1.

⑥ 汉斯·蒂特迈尔访谈，2014 年 10 月 6 日。

⑦ Terminkalender Hans Tietmeyer: Montag, 20. Juli 1982, 20. 7. 1982. PAT, Ordner 83, o. S.

⑧ Tietmeyer, Daten, S. 14.

⑨ Benkhoff, Tietmeyer, S. 38.

终会导致社会－自由执政联盟解体。那么问题就来了，为何蒂特迈尔后来坚称这份文件只是被用作商讨的基础，尽管它会导致执政联盟“崩溃”的事实如此显而易见？[①]针对个人的访谈和文献资料都没有就此给出答案。但许多文献显示，蒂特迈尔当时在文件中有意使用尽量明确的表达方式，因为他希望终结联邦德国经济政策的大讨论。此外，那时他已在联邦经济部担任经济政策司司长约十年，他看过太多执政联盟内部的激烈争论。他深知，他的经济政策理念绝不可能与社民党纲领相容，只有社民党内部发生彻底转变或政府更迭才可能解决问题。而且，他也深知自己有良好声誉，又很了解拉姆斯多尔夫的立场，因此不用过分担心拉姆斯多尔夫会反对这份文件。[②]这并不意味着蒂特迈尔迫使执政联盟解散，但显然，蒂特迈尔从一开始就明白他草拟的文件会产生怎样深远的影响。

司长会议结束后，蒂特迈尔就开始在他在巴德哥德斯堡的住所的书桌前起草文稿。[③]他大约花了一周时间完成初稿，并于1982年7月28日把初稿先寄给了四位同事。此时的这份初稿共19页。[④]随后，蒂特迈尔又花几周时间将其同事的建议纳入文本，1982年8月5日，他将草拟好的文稿寄给拉姆斯多尔夫，同时寄出的还有对自民党批评经济部意见的回应，内容是：“国务秘书格鲁纳先生转达了根舍先生的……愿望，请联邦经济部在8月底之前呈交一份材料，说明在当前经济形势下哪些政策是不可或缺的，且这些政策可

---

① Terminkalender Hans Tietmeyer: Montag, 20. Juli 1982, 20. 7. 1982. PAT, Ordner 83, o. S.

② Bökenkamp, Ende des Wirtschaftswunders, S. 193.

③ 汉斯·蒂特迈尔访谈，2014年10月6日。

④ Brief von Tietmeyer an Steinjen, Dick, Mühl und Zeppernick: Erster Entwurf für ein Programm zur Überwindung der Wachstumsschwäche und zur Bekämpfung der Arbeitslosigkeit (Königsweg), 28. 7. 1982. PAT, Ordner 31, S. 1－19.

‘不考虑政治可行性’。”蒂特迈尔在信中继续写道，他将这份文件命名为“克服增长乏力和战胜失业的政策”，它应该能够指出“捷径”所在。[①]

蒂特迈尔的提案分四部分：引言、信心危机的产生、经济政策讨论无法达成共识的后果以及对应对当前形势的详细解决方案。第一部分引言概述当时联邦德国的经济形势。蒂特迈尔认为经济迅速复苏的条件再次恶化，他不仅提到经济宏观数据的恶化，还特别指出经济不确定性的增加，这种不确定性增加的原因既有失业率提高，也有经济、财政、社会政策不清晰的定位。他批评过去短视且相互矛盾的经济政策，并警告可能会出现传染性的悲观情绪，而这“又会引发危险的恶性循环，并最终可能导致大萧条”。[②]

蒂特迈尔在第二部分中强调，信心危机是长期发展的结果，并阐述宏观经济四个方面的问题：全社会投资率的急剧下降，从60年代的25.5%降至70年代末的22.7%；政府支出占经济总量的比值显著提高了9个百分点；税费提高约5个百分点；政府赤字占国民生产总值份额提高约5个百分点。[③]这些问题导致德国经济失去国际适应能力、内生动力和自信心，这是对社民党政策的严厉批评。[④]在

---

① Brief von Tietmeyer an Lambsdorff, S. 1.

② Hans Tietmeyer, Konzept für eine Politik zur Überwindung der Wachstumsschwäche und zur Bekämpfung der Arbeitslosigkeit, 5. 8. 1982. PAT, Ordner 31, S. 1 f.

③ Tietmeyer, Konzept für eine Politik zur Überwindung der Wachstumsschwäche, S. 3; OECD, Revenue Statistics, Berlin/Paris 2012; Statistisches Bundesamt, Volkswirtschaftliche Gesamtrechnung, Inlandsproduktberechnung, Lange Reihen ab 1970, Wiesbaden 2018, S. 43.

④ Tietmeyer, Konzept für eine Politik zur Überwindung der Wachstumsschwäche, S. 3; OECD, Revenue Statistics, Berlin/Paris 2012; Statistisches Bundesamt, Volkswirtschaftliche Gesamtrechnung, Inlandsproduktberechnung, Lange Reihen ab 1970, Wiesbaden 2018, S. 4.

仅仅四个月前，社民党还在慕尼黑党代会上提出类似的扩张性凯恩斯式政策。[1]

他在随后的第三部分中对公共预算提出警告，认为就业和财政问题可能会继续恶化，要警惕“陷入系统性危机”。[2]因此必须为此找到解决方案，而这就是蒂特迈尔在第四部分写的内容。行文一开始，他继续影射社民党。他批评道：国家提振需求的政策被误读，因为这种政策非但无法改善结构问题，反而会使之更为严重，复苏的需求只会因悲观情绪蔓延而消失。他在文中写道：“短期、三心二意或没有体系的……妥协只会妨碍必要信心的建立；政府需求的缩减甚至会对经济产生直接的负面影响，从而又给私营部门增加新的不确定性。”[3]这句话简明扼要地表达了他对社民党经济政策理念的批评。自民党人格哈尔特·鲍姆（Gerhart Baum）——时任联邦内政部部长，后来在《商报》中评论道：蒂特迈尔“倾尽全力把一切能写的都写了，只要能够拉开与社民党人的距离”[4]。鲍姆的说法不无道理，因为这份文件彻底否定了社民党经济政策理念。关于经济政策供给导向还是需求导向的讨论，在社会－自由执政联盟内部已有多年。如今蒂特迈尔笔下的批评，几年前就已经公开发表过。但是经过这些年，形势已经恶化到极点，因此不难想象，为什么这份文件在后来被称为“联邦德国历史上最具毁灭性的‘信件炸弹’”。[5]

---

① 汉斯·蒂特迈尔访谈，2013年2月12日。

② Tietmeyer, Konzept für eine Politik zur Überwindung der Wachstumsschwäche, S. 5.

③ Tietmeyer, Konzept für eine Politik zur Überwindung der Wachstumsschwäche, S. 6.

④ Gerhart Baum, FDP feiert „Manifest der Sezession“, in: *Handelsblatt Online*, 10.9.2012, S. 2.

⑤ Sven Felix Kellerhoff, Wie ein „Gruselkatalog“ zum Jobwunder führte, in: *Die Welt Online*, 8.9.2012.

蒂特迈尔的提案逻辑严密，又考虑长远，这份提案可能解决结构性问题，优化投资环境，给联邦德国经济重新注入可持续的信心。[1]他的理念主要聚焦四个核心领域：放松管制、整顿财政、结构改革和调整社会保障体系。在放松管制领域，他要求实行严格的市场经济制度，明确取消多余的国家管制。在整顿财政领域，他提出需要一个中期计划，目的是减少开支和财政不确定性。同时必须杜绝提高税费，这样经济活力才不会被政府禁锢。在结构改革领域，公共支出应更多地用于投资而不是消费，这样做的目的是可持续地强化公共投资活动，从而在中长期对创造就业岗位的私人投资产生激励。最后，在调整社会保障体系领域，蒂特迈尔批评社民党扩张性的措施，希望遏制爆炸性增加的社保支出，[2]从而重塑民众自主性和增强其自食其力的意愿。鉴于这是一个“增加穷人负担的政策”，蒂特迈尔为可能的批评做好了准备。[3]他写道，只有这样的政策才能克服增长和就业市场的危机。任何其他政策只能使国家在再分配道路上走得更远，而“这将会进一步损害效率和自食其力的动力，助长向国家索取的风气，最终酿成一场政治系统危机”[4]。

这四个核心领域是蒂特迈尔提案的顶层目标，而实现这些目标的具体举措又被细化到四个行动领域：预算政策、税收政策、社会和就业市场政策以及促进市场经济、竞争和经济自立的政策。

预算政策包含以下几个方面：固定中期支出框架、通过更多信贷来短期平衡受经济周期影响而减少的财政收入、增加促进增长和

---

① Tietmeyer, Konzept für eine Politik zur Überwindung der Wachstumsschwäche, S. 6f.

② Tietmeyer, Konzept für eine Politik zur Überwindung der Wachstumsschwäche, S. 7.

③ Tietmeyer, Konzept für eine Politik zur Überwindung der Wachstumsschwäche, S. 8.

④ Tietmeyer, Konzept für eine Politik zur Überwindung der Wachstumsschwäche, S. 8.

就业的支出（如扩建公路网）、减少消费型支出（如限制公务员加薪、缩减失业金、取消产假津贴或减少补贴）。[①]

税收政策应致力于促进投资。蒂特迈尔建议，未来应该遏制税率进一步上升，税收系统必须调整，以更有利于投资。此外，他还希望未来能够降低与营业额无关的税收，并下调工资税。针对与营业额无关的税收，他建议逐步取消营业税、免除对商用资本征收的财产税。他希望通过降低工资税提高人们的劳动意愿，减少打黑工的动机。作为平衡，逐步增收营业税来补偿政府税收减少的部分。[②]

在社会和就业市场政策领域，蒂特迈尔建议大幅缩减社保支出。在鼓励雇员个人参股和自我保障的同时，未来还应巩固社会保障体系，放开进一步加强对企业行动自由的限制。蒂特迈尔对社会和就业市场政策的不同领域进行了详细阐述。例如，他建议，从长远来看，养老保险应提高丧失劳动力或就业能力者申请退休金的门槛，或者延长退休年龄，这样才能解决寿命增加带来的社保成本上升问题。在其他领域，蒂特迈尔都秉持类似的原则：鼓励个人承担更多责任，为公共财政减压，并引进激励机制。例如，他提出医疗保险应设置就医自费比例，《重度残疾人法》严格规范认证流程，实行退坡式社会救济，对为失业者提供合适的工作做出更严格的规范，不再加强工作和辞职保护，收紧外国人法的庇护权。[③]所有这些建议都服务于一个目标，即通过缩减社会支出份额来降低劳动力

---

① Tietmeyer, Konzept für eine Politik zur Überwindung der Wachstumsschwäche, S. 9－15.

② Tietmeyer, Konzept für eine Politik zur Überwindung der Wachstumsschwäche, S. 15－18.

③ Tietmeyer, Konzept für eine Politik zur Überwindung der Wachstumsschwäche, S. 20－26.

成本。蒂特迈尔想激励投资，以此对抗增长危机和失业潮。

第四个行动领域是促进市场经济、竞争和经济自立政策。这一领域总的指导方针是在所有经济领域减少官僚主义，逐渐将一些公共职能转移到私有部门，与企业垄断做斗争，大幅减少补贴，鼓励创业，促进企业进行更多的生产性投资来改革财产政策。蒂特迈尔一一给出具体建议，包括广泛进行宣传活动、提供咨询服务和带补贴的储蓄合同、限制共同决定权和消费者权利。①最后的行动领域完善了蒂特迈尔的提案，因为它重新聚焦便利化投资条件和减少官僚主义，从而给予经济体系理想的内生动力。

总体而言，蒂特迈尔的提案就是社民党 4 月慕尼黑党代会决议的对立面，它可以被看作经济政策从凯恩斯主义转向经济自由主义供给政策的标志。这份提案本质上包括蒂特迈尔、联邦经济部部长弗里德里希斯和拉姆斯多尔夫推崇的方方面面。蒂特迈尔称自己的材料并不是“新的”，只是“结合现存的想法”。②但他同时也强调，这份提案在政治上远超当时的可行性。宏观经济发展受到的威胁表明，联邦德国经济需要一个全新的未来前景。在这个前景中，国家不再拖经济发展的后腿，而是通过创造有利于投资的框架条件为经济提供支持。③蒂特迈尔利用对 1982 年和 1983 年的经济预测来支撑这份材料，这些预测都表明经济还会继续下行。总而言之，蒂特迈尔希望按他的方式，找到一个可持续的，但“可能也……不切实际”的经济解决方案，而不用顾及政治后果。④从一开始他就

① Tietmeyer, Konzept für eine Politik zur Überwindung der Wachstumsschwäche, S. 26 – 31.

② Brief von Tietmeyer an Lambsdorff, S. 1.

③ Tietmeyer, Konzept für eine Politik zur Überwindung der Wachstumsschwäche, S. 31 f.

④ Brief von Tietmeyer an Lambsdorff, S. 2.

知道，这份提案可能会引发混乱，但他只在意如何客观地改善经济形势。核心观点很明确，不是社民党建议的国家创造就业方案，而是大幅减少财政支出（尤其是社保支出），才能降低联邦德国的失业率。此外，国家应该通过减税来促进投资，并以此激励企业活动。社民党在这方面的主张也恰恰相反，他们希望提高税收并鼓励实行收入再分配。①

1982 年 8 月 5 日，星期四，蒂特迈尔将这份提案提交给拉姆斯多尔夫。那周还没结束，拉姆斯多尔夫便致电蒂特迈尔，希望能尽快与他面谈。②这份提案首次展现其爆炸性。③之后，该提案被稍加修改（“只修改少量细节”）。④ 1982 年 8 月 14 日至 27 日，蒂特迈尔开始休假，联邦议会也处于夏季休会期。⑤ 8 月 30 日，赫尔穆特·施密特休假归来。⑥直到这时，这份提案还没出现在任何公众媒体上，而只是在“内部论坛”范围内流转。⑦夏季休会期结束后，该提案引爆德国政坛，连蒂特迈尔自己后来都称，这是一段“非常怪异的历史”。⑧

施密特曾在休假期间的 8 月 25 日给根舍写过一封信，表达对联邦政府内部动荡的担忧。他一如既往地希望双方能够相互信任和坦诚相待。1982 年 8 月 30 日，根舍随即致电施密特，并与他预约

---

① Frankfurter Allgemeine Zeitung, Sterbehilfe für die Koalition, 17. 9. 1982. PAT, Ordner 100, S. 1；汉斯·蒂特迈尔访谈，2013 年 2 月 12 日。

② 汉斯·蒂特迈尔访谈，2014 年 10 月 6 日。

③ 汉斯·蒂特迈尔访谈，2013 年 2 月 12 日。

④ 汉斯·蒂特迈尔访谈，2014 年 10 月 6 日。

⑤ Terminkalender Hans Tietmeyer: Samstag, 14. August-Freitag, 27. August 1982, 14. – 27. 8. 1982. PAT, Ordner 83, o. S.

⑥ Bölling, Die letzten 30 Tage, S. 7.

⑦ 汉斯·蒂特迈尔访谈，2014 年 10 月 6 日。

⑧ 汉斯·蒂特迈尔访谈，2014 年 10 月 6 日。

见面。拉姆斯多尔夫也参加了这次会面，然而，这次谈话却没有让施密特获悉任何自民党打算的信息。[①]但施密特见面时批评了拉姆斯多尔夫，说他从来没有拿出过任何适合作为社会－自由执政联盟经济政策的备选方案。施密特批评拉姆斯多尔夫的消息，在会面那一周就不胫而走。《明镜》周刊将这一事件描述为对自民党“开诚布公”的要求。[②]拉姆斯多尔夫表示接受施密特的批评，并对他保证，过几天就提交给他一份这样的讨论纲要。[③]随后，他联系蒂特迈尔，通知他提案中的一些内容还得再润色一下。两人之后又进行了两次交流，文件才最终定稿。[④]

在拉姆斯多尔夫认可文件的内容之后，蒂特迈尔在最后一次沟通时告诉他，现在这份文件已完全属于联邦经济部，因此拉姆斯多尔夫必须为这份文件承担责任。他警告道，在接下来的几周或几个月拉姆斯多尔夫可能会异常艰难，因为要么执政联盟解体，要么拉姆斯多尔夫必须离职。蒂特迈尔回忆，他当时对拉姆斯多尔夫说：“这份文件具有爆炸性。”[⑤]拉姆斯多尔夫对后果也是心知肚明，彻底接受执政联盟可能会解散的结局，因为这个经济路线在左转后的社民党那里是不可能行得通的。[⑥]

在根舍知悉这份文件之前，拉姆斯多尔夫就指示他的发言人一定要在1982年9月9日星期四将这份文件立即公之于众。拉姆斯多尔夫成为“弑君者”。如果他星期五把这个文件寄到自民党联邦

---

① Bölling, Die letzten 30 Tage, S. 8－14.

② O. A., „Koalition: Der will da raus“, in: *Der Spiegel*, Nr. 37, 13. 9. 1982.

③ 汉斯·蒂特迈尔访谈，2014年10月6日。

④ 汉斯·蒂特迈尔访谈，2013年2月12日。

⑤ 汉斯·蒂特迈尔访谈，2014年12月16日。

⑥ Benkhoff, Tietmeyer, S. 39；汉斯·蒂特迈尔访谈，2014年10月6日。

办公室，那么在周末就会受到来自根舍的压力。[①]他深知，在如此临近 9 月 26 日黑森（Hessen）和 10 月 10 日巴伐利亚（Bayern）州议会选举的时刻，根舍并不想和他的联盟搭档一拍两散。[②]但这份文件曝光后，拉姆斯多尔夫让根舍处于压力之下，文件没法撤回了。蒂特迈尔当时认为，根舍估计没有“勇气终结联盟”，拉姆斯多尔夫应该“助他一臂之力”。[③]

“拉姆斯多尔夫文件”仿佛一枚被扔出的“炸弹”[④]，应作为社会－自由执政联盟的“离婚证”写入历史[⑤]。该文件一经公布，就在公众中引起轰动。施密特认为这份文件就是“对社民党人的一份经济和政治宣战书”，意味着双方经济政策共同点的终结。[⑥]他称这是一份站在企业利益角度的要求清单，并对中产阶级做出了让步，而“团结”这个词在其中无足轻重。[⑦]施密特说，这份文件光看内容倒很像是德国工业联邦联合会主席的手笔。[⑧]这种情况下，施密特也无法维持联盟。他虽然很想带着这份文件与联邦经济部细细商讨，但受到党内的巨大压力，他意识到经过这么多年激烈的经济政策辩论，联盟早该终结了。[⑨]“拉姆斯多尔夫文件”公开后不到一周，即 1982 年 9 月 15 日，施密特就决定，在两天后建议重新选举，届时还将开除四位自民党部长。他强调，他不想凸显拉姆斯多尔夫对此所起的作用，否则拉姆斯多尔夫就成功

---

① 汉斯·蒂特迈尔访谈，2013 年 2 月 12 日。

② O. A.，„Koalition：Der will da raus“，in：*Der Spiegel*，Nr. 27，13. 9. 1982.

③ 汉斯·蒂特迈尔访谈，2013 年 2 月 12 日。

④ Feld，Lambsdorff-Papier，S. 3.

⑤ Wolfrum，Die geglückte Demokratie，S. 354.

⑥ Bölling，30 Tage，S. 48.

⑦ 汉斯·蒂特迈尔访谈，2013 年 2 月 12 日。

⑧ Bölling，30 Tage，S. 48.

⑨ 汉斯·蒂特迈尔访谈，2013 年 2 月 12 日。

掩护了背后那个真正导致联盟破裂的人，他不想让拉姆斯多尔夫得逞。①

对于施密特来说，联盟破裂是“德国最新历史”的重大事件。②他的失望之情难以掩盖，施密特警告该文件可能会导致“肘关节社会”③ 和阶级斗争出现。他的一些言论，例如“格拉夫·拉姆斯多尔夫脑子有点不正常”，揭露了“赫尔穆特·施密特不开化的本质”，令很多人震惊。④与施密特在共同执政时期关系密切的弗里德里希斯认为，联盟破裂是不可避免的，但他也完全能够理解施密特的反应。他评价道：“我太难心平气和地接受联盟破裂，这时常让我想起婚姻破裂。”⑤总而言之，“拉姆斯多尔夫文件”的发布就是社会－自由执政联盟在赫尔穆特·施密特执政期间解体的标志，但也不要误以为这份文件是执政联盟解体的唯一原因。正如上文所述，执政联盟在共同执政期间内部矛盾持续累积，关系才逐渐疏远。因此，“拉姆斯多尔夫文件”最多只是联盟破裂的导火索，而非原因。⑥

对比一下蒂特迈尔 1982 年 8 月 5 日提交给拉姆斯多尔夫的提案，就会发现，拉姆斯多尔夫 1982 年 9 月 9 日给媒体的文件的核

---

① Bölling, 30 Tage, S. 61 – 69.

② Bölling, 30 Tage, S. 69.

③ “肘关节社会”指建立在自私、竞争、冷漠和自利基础上的社会。——译者注

④ Scherf, Enttäuschte Hoffnungen, S. 70.

⑤ 汉斯·弗里德里希斯访谈，2014 年 10 月 28 日。

⑥ Gerard Bökenkamp / Jürgen Frölich, Das „Lambsdorff-Papier“-entscheidende Wendemarke in der bundesdeutschen Wirtschafts-und Gesellschaftspolitik, in: 30 Jahre „Lambsdorff-Papier“: Text und Dokumente zum „Konzept für eine Politik zur Überwindung der Wachstumsschwäche und zur Bekämpfung der Arbeitslosigkeit“ (9. September 1982), hrsg. v. Gerard Bökenkamp / Detmar Doering u. a., Berlin 2012, S. 7 – 13, hier S. 12.

心内容几乎没有改动。蒂特迈尔草案中的四个核心领域与行动领域都得到保留，内容也只有微小的改动。例如，各项措施的优先顺序在最终版本中有所调整。难怪在文献中这份由蒂特迈尔起草、拉姆斯多尔夫负责的文件，除了被称为“拉姆斯多尔夫文件”外，也常常被称为“拉姆斯多尔夫－蒂特迈尔文件”。[①]拉姆斯多尔夫于1982年9月27日寄给蒂特迈尔的一封信可佐证这一说法，他寄给蒂特迈尔一张圆桌会议的照片并附言：“亲爱的蒂特迈尔先生，这张照片是您参与共谋的证据。”[②]

不得不问，为什么拉姆斯多尔夫要寄这张照片，他究竟想表达什么。联系上文，我们可以推测，拉姆斯多尔夫是在感谢蒂特迈尔，感谢他这些年来所表现出来的忠诚与给予的支持。但这封信想表达的内容又不限于感谢，可以推测，拉姆斯多尔夫还想暗示他将是新政府中更高职位的候选人。这个猜想可被下一章的内容证实。关于这份文件的著作权，拉姆斯多尔夫也一直承认蒂特迈尔是主要作者。[③]奥托·施莱希特甚至直接称这份文件为“蒂特迈尔文件”。[④]赫尔穆特·施密特也赞成这一点，只是他认为蒂特迈尔希望用这份文件终结当时对经济政策的讨论，目的在于“让基民盟/基社盟上台”。[⑤]而蒂特迈尔本人则至死都没否认过他“本质上是这份文件的主要作者”。他补充道：“这份由我提议并亲自书写的文件，毫无

---

① Michael Klundt, Von der sozialen zur Generationengerechtigkeit? Polarisierte Lebenslagen und ihre Deutung in Wissenschaft, Politik und Medien, Wiesbaden 2008, S. 146.

② Brief von Lambsdorff an Tietmeyer, 27. 9. 1982. PAT, Ordner 31, S. 1.

③ E-Mail von Alexandra Gräfin Lambsdorff, 20. 1. 2015.

④ 汉斯·蒂特迈尔访谈，2014年6月10日。

⑤ Helmut Schmidt, Die Bundesbank-kein Staat im Staate. Offener Brief an Bundesbank-präsident Hans Tietmeyer, in: *Die Zeit*, Nr. 46, 8. 11. 1996.

疑问，明显加速了社会－自由执政联盟的解体。”①对此没人能够否认，而且也没人能够反驳施密特的谴责。蒂特迈尔是基民盟的资深党员，很容易理解，经历这么多年艰难且激烈的经济政策讨论，他早就希望有个政府能认可并实施他的经济政策理念。

大概两周后，1982 年 10 月 1 日，联邦德国历史上首个建设性不信任投票通过，赫尔穆特·科尔被选为联邦总理，成为基民盟/基社盟－自民党执政联盟的最高领导人。拉姆斯多尔夫继续担任联邦经济部部长，得以实施蒂特迈尔的方案。然而，他只剩下两年时间，因为 1984 年他就在弗利克丑闻（Flick-Affäre）② 中因腐败和逃税下台。③政府换届后，联邦德国开启一轮市场经济复兴以及实行建立在新经济政策理念基础上的新财政纪律。④下一章将对此进行详细介绍。

综上所述，蒂特迈尔和拉姆斯多尔夫所拟的文件宣告了联邦德国经济政策供给导向深刻转型的来临。⑤凯恩斯主义从此失去影响力。“拉姆斯多尔夫文件”中的一些想法在科尔政府执政初期就得以实践。但一个关键问题，即削减长期失业者的福利，要等到多年以后格哈尔德·施罗德总理提出“2010 议程”时，才真正成为现实。⑥政治学家克里斯托弗·巴特韦格（Christoph Butterwegge）甚至将“拉姆斯多尔夫文件”称为德国经济政策的准绳，他论证道，

---

① 汉斯·蒂特迈尔访谈，2013 年 2 月 12 日。

② 弗利克丑闻是 20 世纪 80 年代联邦德国一起著名的政治丑闻。弗利克公司被揭露向多个党派捐款，尽管弗利克公司宣称这些捐款是为了维护政治环境，但是联邦经济部涉嫌向该公司及其高层输送利益。——译者注

③ Kartin Stein, Die Verantwortlichkeit politischer Akteure, Tübingen 2009, S. 388.

④ Tietmeyer, Herausforderung, S. 84.

⑤ Bökenkamp/Frölich, „Das Lambsdorff-Papier“, S. 12.

⑥ Sven Felix Kellerhoff, Wie ein „Gruselkatalog“ zum Jobwunder führte, S. 176.

在此之后推行的所有措施都是遵循“拉姆斯多尔夫文件”给出的行动建议，例如鉴于人口结构，缩减退休金金额，将失业金发放期限限定为12个月等。①蒂特迈尔也赞成这个说法，并称这些原则到今天都适用。他甚至认为，就连默克尔执政时期引入的经济政策改革，也都是立足于“拉姆斯多尔夫文件”的基本理念。②因此，“拉姆斯多尔夫文件”不仅是社会-自由执政联盟的“离婚证”，也让供给导向最终成为德国经济政策的优先考量。我们还可以从另外一个例子一窥该文件所具有的现实意义，即2015年7月希腊退出欧元区的讨论。当时，《南德意志报》刊登了社会学家斯特凡·莱森尼希（Stephan Lessenich）的一篇重要文章，评论联邦财政部部长朔伊布勒为希腊量身定做的据说是市场极端主义的战略，包括许多结构性措施，例如缩减社会福利、出售公共财产、扩大市场开放和使基础设施私有化。莱森尼希认为这一战略的历史榜样就是“拉姆斯多尔夫文件”中的“蒂特迈尔模式”，该模式本质其实就是提高竞争力、整顿财政政策、私有化和放松管制以及大幅降低社会支出。莱森尼希写道，蒂特迈尔的观点，尽管遭到许多人反对，“但此后被多次反复提及”。他因此得出结论：“‘蒂特迈尔模式’得到了贯彻。”③可以说，“拉姆斯多尔夫文件”是联邦德国历史上一份意义重大的文件，这份文件到今天都还不失其现实意义。

---

① Christoph Butterwegge, Krise und Zukunft des Sozialstaates, Wiesbaden 2012[4], S. 116 f.

② 汉斯·蒂特迈尔访谈，2015年12月16日。

③ Stephan Lessenich, Mexikaner Europas, Die Vorbilder der „Dr. Schäuble“ – Strategie und warum sie einen neuen Kolonialismus etabliert, in: *Süddeutsche Zeitung*, Nr. 170, 27. 7. 2015, S. 9.

第五节 小结

1962～1982年，蒂特迈尔对德国经济政策的影响力持续增大。仅仅用了七年时间，他就从副处长晋升到经济政策司司长，之后又迅速成为联邦经济部的幕后指挥。有约十年的联邦德国经济政策实际是由他塑造的。[①]专业媒体甚至如此定义蒂特迈尔当时的影响力，说他对每个经济政策议题都拥有“最后话语权”。[②]当然，他在20世纪70年代也遭到不少人反对，因为联邦德国有关经济政策的讨论在经济形势困难的大背景下十分激烈，但最终他还是突破了重重阻碍，也使社会－自由执政联盟走向破裂。他和拉姆斯多尔夫的合作引领了供给导向的深刻转型，终结了凯恩斯理念在联邦德国经济政策中的影响力。[③]他坚信，凯恩斯式的赤字消费与社会政策将导致公共支出暴增，最终使公共债务上升到一个不负责任的超高水平。而他的供给导向理念则在基民盟/基社盟－自民党执政联盟上台之后，给联邦德国带来了市场经济的复兴与财政纪律的变革。20世纪80年代德国重返增长道路以及公共财政的紧缩都可以看作新经济政策短期内取得的巨大成功。[④]下一章将重点考察上述事实和论断。从长远来看，蒂特迈尔的理念已成为德国经济政策的方针，沿用至今。

---

① Löffler, Personelle und institutionelle Strukturen, S. 184.

② O. A., Staatssekretäre. Das letzte Wort, in: *Der Spiegel*, Nr. 26, 24.6.1985.

③ Bökenkamp/Frölich, „Das Lambsdorff-Papier“, S. 12.

④ Feld, Lambsdorff-Papier, S. 17.

第五章　蒂特迈尔晋升为联邦财政部副部长（1982～1989年）

基民盟/基社盟－自民党执政联盟上台给蒂特迈尔带来重大变化。他这时已在德国政界赢得崇高声誉，被认为是具有坚定信念并一以贯之的经济专家。除了下萨克森（Niedersachsen）州州长恩斯特·阿尔布雷希特（Ernst Albrecht）邀请他担任州经济部部长之外，蒂特迈尔还收到几个来自波恩新政府的邀约，如担任联邦建设部副部长或者总理府部长等。但是，这些高层政治职位对他来说并没有足够的吸引力，其他的职位也没有能够打动他。[①]

直到1982年10月6日，新任联邦财政部部长格哈尔德·斯托尔滕贝格邀请他到石勒苏益格－荷尔斯泰因（Schleswig-Holstein）驻波恩代表处一叙，情况才有所变化。[②]斯托尔滕贝格当时仍是候任联邦财政部部长，尽管与他个人办公室的主任霍斯特·科勒尔沟通过，但他还想再找一位熟悉经济政策、在货币政策领域拥有国际视野的经济专家。在这两个领域，蒂特迈尔都享有崇高声誉。因此，斯托尔滕贝格邀请蒂特迈尔担任联邦财政部

---

① Tietmeyer, Daten, S. 14.

② Terminkalender Hans Tietmeyer: Mittwoch, 6. Oktober 1982, 6.10.1982. PAT, Ordner 83, o. S.

常任副部长（国务秘书），这个提议最终打动了蒂特迈尔。他知道常务副部长这一职位是波恩官僚体系中的最高等级职位，这将是他职业发展的关键一步。此外，斯托尔滕贝格坚定、直率与认真的性格也打动了他。[①]另外，斯托尔滕贝格与蒂特迈尔立场一致，他是坚定不移的秩序自由主义政治家，主张把国家限定在必要范围内，给个人提供尽可能多的发展机会。[②]双方都持市场经济基本立场，主张在发展市场力量的同时，兼顾基督教社会教义原则。两个人原则上都赞同绩效原则和竞争主导的经济秩序，但同时主张保证每个个体免于受剥削。[③]开始合作时，两人的惺惺相惜为之后的良好合作和相互信任奠定了基础。[④]

于是，在联邦经济部工作二十年后，蒂特迈尔于 1982 年 11 月 1 日正式到联邦财政部报到。他的核心职责是解决财政政策基本问题与欧洲货币问题。[⑤]此外，蒂特迈尔还获得了另一个重要岗位。他事先阅读科尔政府的声明草稿，察觉其中经济政策部分是由一些“在经济政策领域是外行”的工作人员所撰写的。[⑥]他说他不得不做大量更正。蒂特迈尔称科尔政府声明中的许多措辞是“他的思想成果”，例如“我们想要更少，而不是更多国家”“我们想拥有更多，而不是更少个人自由”以及“经济秩序越成功，国家就会越克制，个人就会越自由”等。[⑦]蒂特迈尔对这份政府声明做出的贡献，还

---

① 汉斯·蒂特迈尔访谈，2014 年 12 月 16 日。

② Börnsen, Fels oder Brandung, S. 100.

③ Börnsen, Fels oder Brandung, S. 102 f.

④ 汉斯·蒂特迈尔访谈，2014 年 12 月 16 日。

⑤ 汉斯·蒂特迈尔访谈，2013 年 2 月 12 日。Terminkalender Hans Tietmeyer: Montag, 1. November 1982, 1. 11. 1982. PAT, Ordner 83, o. S.

⑥ 汉斯·蒂特迈尔访谈，2014 年 12 月 16 日。

⑦ 汉斯·蒂特迈尔访谈，2015 年 2 月 18 日。

不是赫尔穆特·科尔邀请他在世界经济峰会上担任其“夏尔巴人”的唯一原因。[①]“夏尔巴人”是一种政府首席谈判代表，负责峰会的筹备工作，职责是事先与各个国家协调立场，分析首脑会议的谈判空间，“就如登山向导，对外交领域的风险有更灵敏的嗅觉”。[②]在峰会上，他还担任联邦总理的战术顾问与“会议记录员”。[③]“夏尔巴人”不仅要事先考察谈判空间，还要与国家各部委协商敲定具体的会议主题。因此，对于蒂特迈尔来说，“夏尔巴人”的准备工作甚至比经济峰会本身更为重要，因为这些准备工作最先确定全球经济的机遇和风险。[④]

在经济问题上，科尔十分信任蒂特迈尔，视他为专家。两人建立起良好的私人关系。蒂特迈尔回忆，科尔总能与人开诚布公地讨论。[⑤]但在此不得不提，蒂特迈尔并不属于科尔最亲密的顾问圈子。1983年成为总理府副部长的科尔政治问题顾问霍斯特·特尔奇克表示，科尔的核心圈子由总理府正副部长、新闻发言人及总理办公室主任组成，他们早上定期碰面交流。[⑥]蒂特迈尔的任务主要是为世界经济峰会提供经济咨询。20世纪80年代，蒂特迈尔对科尔的了解不断加深，他形容科尔是个乐观前进的坚定欧洲人。但蒂特迈尔认为，对于如何加深欧洲一体化，科尔并没有具体设想。蒂特迈尔说，一旦他认为某一问题的经济风险过大，总能依据事实说服科

---

① Brief von Gamerdinger an den Bundeskanzler, Benennung von St Dr. Tietmeyer, BMF, als Persönlichen Beauftragten für den Wirtschaftsgipfel 1983 in Williamsburg, 16. 11. 1982. PAT, Ordner 76, S. 1 f.

② Klein, Könner, S. 25.

③ O. A., Porträt der Woche: Hans Tietmeyer, in: *Stuttgarter Zeitung*, 4. 5. 1985.

④ Brief von Tietmeyer an Kurt Steves (Bundesverband der Deutschen Industrie), Thesen zum Weltwirtschaftsgipfel, 25. 7. 1989. PAT, Ordner 57, S. 6.

⑤ Tietmeyer, Euro ist nicht nur ein Ergebnis, S. 155.

⑥ 霍斯特·特尔奇克访谈，2014年6月25日。

尔，尽管科尔本人并不是经济学家。[1]科尔大学研修的专业是法律和历史，在政治领域拥有丰富经验，其优势主要集中在他的个性层面。[2]

联邦财政部常务副部长和“夏尔巴人”的岗位组合，让蒂特迈尔对德国20世纪80年代的经济和财政政策拥有重大影响，同时，他也成为国际货币政策领域有影响力的决策者。[3] 但这次晋升让他的私人生活再次受到影响。相关内容在第四章中有所提及，他作为司长全身心投入工作，“不时给他的家庭带来麻烦”。[4]他身兼两职，这种情况自然没有改善，甚至更加恶化。伯恩哈德·齐泽在1987年至1990年一直担任他的私人助理，他回忆，蒂特迈尔几乎全天候工作，时刻准备竭尽所能，周末也不休息。他还补充道：那几年，蒂特迈尔的工作安排得“非常紧凑”。[5]好像俗话说的，蒂特迈尔就是为事业而生的，为了工作，他不得不放弃许多其他事情。

那几年，蒂特迈尔重点关注国家经济和财政政策转向，因此下一章我们将主要阐述这个主题。新的联邦政府虽然想与上届政府的政策保持距离，承诺要对经济与财政政策进行彻底改革，[6]但这样的打算需转化成具体的计划，并在政策上落实，因为只有可衡量的成果才能满足人们对政府的期望。改革的重中之重是财

① 汉斯·蒂特迈尔访谈，2013年2月12日。

② 汉斯·蒂特迈尔访谈，2014年12月16日。

③ Tietmeyer, Daten, S. 14.

④ Tietmeyer, Daten, S. 16.

⑤ 伯恩哈德·齐泽访谈，2015年6月22日。

⑥ Hans Tietmeyer, Die Wirtschaftspolitik der Bundesregierung. Konzept und Realität. Rede vor dem 85. Verbandstag des bayerischen Raiffeisenverbandes in München am 19. Juli 1984, 19. 7. 1984. PAT, Ordner 62, S. 1.

政纪律和秩序政策基本方针的再次执行。摆在科尔政府面前的是“艰巨的任务”。[①]

第一节　科尔政府的市场经济复兴（1982～1989 年）

1982 年秋，科尔政府正式接手上届政府留下的一片经济、金融和经济政策残局。联邦德国当年实际国内生产总值下降 0.4%，通货膨胀率为 5.2%，失业率上升到令人担忧的 7.5%。[②]此外，社会－自由执政联盟政府还积累了大量债务，公共债务在 20 世纪 70 年代以每年约 14.2% 的速度增长到史无前例的高度。[③]第四章已对社会－自由执政联盟经济政策的结构性问题有所阐述。糟糕的宏观经济形势不仅是此前为解决结构性失业、借助扩张性支出政策实施的以需求为导向的政策的后果，也是政治因素导致的国家系统性过度承担责任的结果。这些政策在短期内增加了消费（在社会支出、公共服务或补贴等方面），但永久地削弱了德国经济的投资和生产能力，甚至还给未来增添沉重的债务负担。蒂特迈尔称这种政策为“再分配和赐福政策”，免费提供福利和社会保障。[④]以前出现过数次对上述政策“补妆”的尝试，但这些尝试远远不够，因为“反

---

① Hans Tietmeyer, Rede zur Einführung BMF-Staatssekretär, 3. 11. 1982. PAT, Ordner 59, S. 6; Hans Tietmeyer, Aktuelle Wirtschafts-und Finanzpolitik, Perspektiven zu Beginn der 10. Legislaturperiode, 28. 4. 1983. PAT, Ordner 59, S. 10.

② Statistisches Bundesamt, Verbraucherpreisindizes für Deutschland, S. 4; Statistisches Bundesamt, Arbeitsmarkt 1950 bis 2017; Statistisches Bundesamt, Wirtschaft und Statistik, S. 204.

③ Statistisches Bundesamt, Schulden des Öffentlichen Gesamthaushalts beim nicht-öffentlichen Bereich insgesamt.

④ Tietmeyer, Neue Perspektiven für den Mittelstand, S. 5 f.

经济政策”会“永久性地打击投资与生产能力”。[①]蒂特迈尔认为，经济、财政和社会政策不是“赐予”，而是“赋能”。[②]

德国经济政策领域的错误决策，对70年代经济发展产生了重要影响，但也不能只在德国层面寻找原因。这一时期，联邦德国还面临外部冲击，例如两次动荡的石油危机，此外，西德马克大幅升值，削弱了德国的外部需求，引发了企业销路问题。这些冲击不仅给联邦德国的经济政策，也给德国企业带来巨大变革需求。[③]但经济形势紧张的根本原因并非赫尔穆特·施密特所认为的越南战争和“通货膨胀式融资”，而是国内经济的结构性扭曲。[④]

蒂特迈尔在他的演讲和出版物中，多次提到这些结构性问题，最后在“拉姆斯多尔夫文件”里总结了自己的观点。蒂特迈尔认为，联邦德国经济政策应提高企业的决策自由度和适应能力，来应对外来的成本和调整压力。在“拉姆斯多尔夫文件”中，蒂特迈尔尤其强烈呼吁要促进市场经济、竞争和经济自立。而要实现这些目标，必须与官僚主义做斗争，大幅削减补贴，缩减国有股份，给予每个经济主体尽可能多的自我实现机会。[⑤]但70年代的经济政策与此背道而驰，消费性支出增加，国家债务上升，导致政府背负的

---

① Tietmeyer, Die Soziale Marktwirtschaft erneuern, S. 14 – 16.

② Hans Tietmeyer, Wirtschafts – , gesellschafts-und finanzpolitische Perspektiven. Eröffnungsrede von Staatssekretär Dr. Hans Tietmeyer auf der Geschäftsführerkonferenz der Bundesvereinigung der Deutschen Arbeitgeberverbände am 22. Mai 1986 in Berlin, 22. 5. 1986. PAT, Ordner 64, S. 17.

③ Werner Zohlnhöfer/Reimut Zohlnhöfer, Die Wirtschaftspolitik der Ära Kohl 1982 – 1989/90. Eine Wende im Zeichen der Sozialen Marktwirtschaft, in: *Historisch-Politische Mitteilungen* 8 (2001), Heft 1, S. 153 – 174, hier S. S. 155.

④ Tietmeyer, Wirtschafts – , gesellschafts-und finanzpolitische Perspektiven, S. 8.

⑤ Tietmeyer, Konzept für eine Politik zur Überwindung der Wachstumsschwäche, S. 26 – 31.

利息负担加重。在政府换届前，政府信贷融资还稳步扩张，由此产生的负担，以及随之而来超幅增加的利息支出，都显著压缩了联邦财政的预算空间。[①]直到 1977 年，联邦德国央行还一直尝试通过调整货币政策来应对不断增加的利息成本，但很快发现，公司利润的持续下降迟早会发生。高昂的融资成本减少了投资活动，从而遏制了工作岗位的出现。[②]最后，国家行为的扩张还会使社会行为发生长期变化。人们失去绩效与风险意识，只剩下索取和福利思维；不再推崇自我负责和自由市场行为，而是要求建立官僚主义的规章制度和“父亲国家”（Vater Staat）[③]；不主张生产要素的灵活性和流动性，而是希望“通过保护措施和补贴来维持结构性的错误配置”。[④]

对 1982 年秋联邦德国经济政策的简单复述，应足以表明新的基督教－自由联盟政府所面临的结构性挑战。当时，任何小幅调整或需求复苏都无法逆转局面，必须进行结构性的转向。财政政策改革是其中之一，以阻止 70 年代的经济螺旋式下行和债务状况恶化。[⑤]“社会政策的幻想期”必须被终结。[⑥]随着 1982 年秋政府换届，新的经济政策终于开始实施。新政策的目标是根据社会市场经济原理推进秩序政策复兴，并逐步且可持续地减少财政政策的信贷

---

① Hans Tietmeyer, Die Kreditaufnahmepolitik des Bundes in der Bundesrepublik Deutschland. Beitrag für die Quartalszeitschrift „Wirtschaftsanalysen“ der Ersten Österreichischen Sparkassen, 22. 8. 1983. PAT, Ordner 59, S. 1.

② Zohlnhöfer/Zohlnhöfer, Wirtschaftspolitik, S. 155.

③ 指国家如父亲一般为国民提供福利和公正的同时，也对个人的一切进行或多或少的干预。——译者注

④ Tietmeyer, Die Wirtschaftspolitik der Bundesregierung. Konzept und Realität, S. 12.

⑤ Zohlnhöfer/Zohlnhöfer, Wirtschaftspolitik, S. 156.

⑥ Tietmeyer, Die Soziale Marktwirtschaft erneuern, S. 14－16.

融资。[1]在《1985年年度经济报告》（*Jahreswirtschaftsbericht 1985*）中新战略被这样定义："联邦政府的长远理念建立在市场经济秩序框架的连续、可靠、稳定和坚固之上。"[2]但在长期转向正式开启之前，还要落实"清除和整理工作"。[3] 1984年5月，蒂特迈尔形容这些工作就是在"弥补民粹主义分配和配给政策所造成的损害"，借此直接表达对社会－自由执政联盟的不满。[4]

通过消除"社会－自由联盟执政的13年中形成的"障碍，恢复和重塑市场经济的功能性，使政策工具适应新的国际、技术和环境挑战。[5]科尔政府坚信，可持续增长的动力来自市场。如上一章内容所述，凯恩斯主义赤字消费的理念，特别是其全面的福利国家政策理念，在70年代走上了一条开支和公共债务扩张的不归路。[6]新一届联邦政府希望"国家回归其核心任务"。[7]要实现这一目标，就要回归社会市场经济的各项原则（竞争、绩效原则和责任自担），重建市场经济的基石，确保经济政策的可信度与连贯性。[8]个体的行动不应受到多余法规的阻碍，个人也不应承受过度的税费负担。蒂特迈尔认为，德国经济是被企业家与雇员的创造力和劳动意

---

① Tietmeyer, Die Kreditaufnahmepolitik des Bundes in der Bundesrepublik Deutschland, S. 1.

② Tietmeyer, Wirtschafts -, gesellschafts-und-finanzpolitische Perspektiven, S. 2 f.

③ Tietmeyer, Die Wirtschaftspolitik der Bundesregierung. Konzept und Realität, S. 5.

④ Tietmeyer, Aktuelle Fragen und Perspektiven der Finanzpolitik, S. 11.

⑤ Tietmeyer, Aktuelle Fragen und Perspektiven der Finanzpolitik, hier S. 1 f.

⑥ Flans Tietmeyer, Internationales Bankgeschäft und weltwirtschaftliche Entwicklungen. Vortrag von Staatssekretär Dr. Hans Tietmeyer am Institut für Bankwirtschaft und Bankrecht der Universität Köln am 23. Juni 1983, 23. 6. 1983. PAT, Ordner 59, S. 16 - 18.

⑦ Klaus Stüwe, Die großen Regierungserklärungen der deutschen Bundeskanzler von Adenauer bis Schröder, Opladen 2002, S. 290.

⑧ Hans Tietmeyer, Krise der Wirtschaft, 30. 1. 1983. PAT, Ordner 59, S. 10 f.

愿所驱动的。[1]只有这样，联邦德国才能战胜失业（“社会首要问题”），并确保“长期繁荣、政治和经济稳定”。[2]经济政策改革要坚持的原则包括承认绩效与创造力、个人积极性代替国家管束、自救代替不加区别地再分配以及有责任意识的社会伙伴代替国家包办一切。[3]

这些理念深受“拉姆斯多尔夫文件”影响，因此，该文件可被视为科尔政府经济政策的纲领。[4]斯托尔滕贝格证实了这一说法，他表示“新政策理念在‘拉姆斯多尔夫’文件中有最明显体现”。[5]基督教－自由联盟联邦政府的方案可谓雄心勃勃，在此以前，在联邦德国历史上，还没有哪个政府宣布过这种程度的经济和社会政策改革。[6]

财政政策领域改革的重点是财政紧缩和重建有序的公共财政，“因为健康的经济离不开坚实的公共财政基础”。[7]财政改革的目标是逐步减少联邦预算中的结构性赤字，使公共支出从消费性转变为投资性（尤其是通过减少补贴和去国有化）。为推进这一进程，政府计划减轻投资税，增加消费税。[8]这样一来，经济活动的障碍就减少了，创新能力也得到提高。[9]这一理念符合蒂特迈尔的基本信

① Tietmeyer, Die Wirtschaftspolitik der Bundesregierung. Konzept und Realität, S. 8.

② Tietmeyer, Die Soziale Marktwirtschaft erneuern, S. 3.

③ Tietmeyer, Aktuelle Wirtschafts-und Finanzpolitik, Perspektiven, S. 10.

④ 汉斯·蒂特迈尔访谈，2014年12月16日。

⑤ Gerhard Stoltenberg, „Die wirtschaftliche Gesamtentwicklung war ermutigend …“. Eine Bilanz der Wirtschafts-und Finanzpolitik 1982 – 1990, in: Die Ära Kohl im Gespräch: eine Zwischenbilanz, hrsg. v. Günter Buchstab/Hans-Otto Kleinmann u. a., Köln/Weimar/Wien 2010, S. 15 – 22, hier S. 15.

⑥ Schmidt, Sozialpolitik, S. 241.

⑦ Tietmeyer, Die Wirtschaftspolitik der Bundesregierung. Konzept und Realität, S. 16.

⑧ Tietmeyer, Krise der Wirtschaft, S. 10 f.

⑨ Börnsen, Fels oder Brandung, S. 111.

念：一个负债累累的国家没有明天，因为巨额债务的累积会抑制经济发展。[①]但联邦财政部也清楚，“以往的罪”在短期内无法救赎，债务问题的可持续解决是个长远任务。[②]

政治学家曼弗雷德·G. 施密特认为当时进行政策转向的初始局势是有利的。第一，公众舆论受危机情绪影响，大多数德国人深信只有重大的政策变化才能应对危机；第二，至少新政府执政初期的新政策有犯错空间，因为选民通常会将这些错误归结为上届政府的遗留问题；第三，新的联盟党派在观念上有很多共通之处；第四，反对党势力微弱。[③]

政权更迭之后，新政府必须将这些改革思路以方案（Programm）的形式具体化。由于基民盟内部存在一些立场矛盾，一个委员会被建立，以起草新的经济政策方针。该委员会的草案于 1984 年 5 月在斯图加特党代会上获得通过，以“斯图加特纲领”（Stuttgarter Leitsätze）之名在基民盟历史上扮演重要角色。[④]这份纲领的核心观点是要使社会市场经济成为未来的基本经济形式，并聚焦供给导向，其目的是保障关键的秩序政策要素。[⑤]乍看之下，这是明确基于社会市场经济的经济政策转向。但再仔细观察，政治学家莱姆特·佐恩赫夫和经济学家维尔纳·佐恩赫夫分析认为，这份纲领应被视为党内两个派别就社会和分配政策达成的妥协。例如，尽管纲领通过了改善企业成本结构的决议，但一些核心问题，例如进一步

---

① Tietmeyer, Internationales Bankgeschäft und weltwirtschaftliche Entwicklungen, S. 6.

② Tietmeyer, Internationales Bankgeschäft und weltwirtschaftliche Entwicklungen, S. 7.

③ Manfred G. Schmidt, Sozialpolitik 1982 – 1989, in: Historisch-Politische Mitteilungen 15 (2008), S. 241 – 254, hier S. 244.

④ Zohlnhöfer/Zohlnhöfer, Wirtschaftspolitik, S. 157 f.

⑤ Horst Möller, 1982 – 1989: Wendezeiten, 20. 10. 2010, [http://www.kas.de/wf/de/71.8760/], 12. 2. 2015.

降低企业税或者增强劳动法领域企业的灵活性等方面，并没有得到关注。[①]因此，由于内部分歧，经济政策的新方案并没有提出清晰的转向路线，这份纲领只是部分参考了“拉姆斯多尔夫文件”中的内容。

接下来将考察新经济政策的实际落实情况，具体政策主要由斯托尔滕贝格和拉姆斯多尔夫负责实施。实施过程中，两人会定期“与能干的副部长汉斯·蒂特迈尔及奥托·施莱希特就当前问题进行协商，形成共识”[②]。不久，诺伯特·布吕姆也加入这个工作小组，以确保社会政策不被忽视。[③]就这样，80年代初一个小的内部经济内阁出现了。蒂特迈尔回忆，科尔总理对这一工作小组的协商成果一律照准执行，因为他对细节不是那么感兴趣，“他想要的是一致性”。[④]在小组内，拉姆斯多尔夫和斯托尔滕贝格的意见一致，而布吕姆在讨论中常被否决。[⑤] 80年代中后期情况有所改善，布吕姆的影响力逐渐上升。

本研究聚焦1982年至1989年的私有化政策，以及财政紧缩政策，这是本轮市场经济复兴的主要内容之一，也是蒂特迈尔的核心任务。之所以将分析截止到1989年，是因为1989年德国统一带来巨大动荡，整体形势发生巨变。那么，这一期间市场经济是不是得以复兴？取得了哪些成果？又如何评价蒂特迈尔的贡献？

一　20世纪80年代的私有化政策（1982～1989年）

私有化政策应成为联邦财政部在经济政策领域的“常规任务”

① Zohlnhöfer/Zohlnhöfer, Wirtschaftspolitik, S. 158 f.

② Schwarz, Kohl, S. 335.

③ 汉斯·蒂特迈尔访谈，2014年12月16日。

④ Schwarz, Kohl, S. 335.

⑤ 汉斯·蒂特迈尔访谈，2014年12月16日。

之一。[①] 20 世纪 70 年代末，联邦经济部与联邦财政部的科学顾问委员会提交了两份评估报告，重新引发有关私有化的讨论，私有化政策也是“拉姆斯多尔夫文件”的核心内容之一，是国家退出经济活动的重要工具。[②] “拉姆斯多尔夫文件”指出，应实施严格的市场经济政策，取消多余的行政规章制度，推动公共服务向私营部门转移。[③]这一理念可通过私有化政策来落实。蒂特迈尔在 1983 年 11 月表示，进行私有化不应“聚焦预算变化”，而“要让国家原则上集中力量于自己的事，促成生产资料所有权更为广泛地分布”[④]。因此，私有化政策不是出于财政预算考虑，而是服务于秩序政策。[⑤]正因如此，私有化政策也被视为供给理论战略转型的一部分，这与法国、意大利、瑞典、西班牙和葡萄牙有所不同，这些国家进行私有化的背后是财政政策考量，而在联邦德国以及英国和荷兰，私有化政策只是源于政府对市场经济的信念。[⑥]

私有化政策的首要着眼点是恢复竞争。它确定了私人行为相对

---

① O. A. , Veba-ein erster Schritt, in: *Die Welt*, 3. 12. 1983.

② Wissenschaftlicher Beirat beim Bundesministerium der Finanzen, Gutachten zur Lage und Entwicklung der Staatsfinanzen in der Bundesrepublik Deutschland vom 5. Juli 1975, in: Gutachten und Stellungnahmen 1974 – 1987, hrsg. v. Der Wissenschaftliche Beirat beim Bundesministerium der Finanzen, Tübingen 1988, S. 1 – 30; Wissenschaftlicher Beirat beim Bundesministerium für Wirtschaft, Kosten und Preise öffentlicher Unternehmen, in: *Bulletin. Presse-und Informationsdienst der Bundesregierung* 4 (1976), S. 36.

③ Tietmeyer, Konzept für eine Politik zur Überwindung der Wachstumsschwäche, S. 7.

④ O. A. , Gesamtkonzept zur Privatisierung, in: *Börsen-Zeitung*, 10. 11. 1983.

⑤ 汉斯·蒂特迈尔访谈，2015 年 2 月 18 日。

⑥ Roland Czada, Privatisierungspolitik, in: Kleines Lexikon der Politik, hrsg. v. Dieter Nohlen, München 2007, S. 452 – 157, hier S. 453.

于国企活动的优先权，以及私有财产相对于国有财产的优先权。[①]本质上来说，这意味着将国家活动转移到私营经济领域，即不仅要出售国有资产，还要将之前由国家履行的一些职责移交给私营部门。[②]蒂特迈尔从 1983 年后就明确如下原则：除非特殊原因，国家不能再进入经营领域。[③]创造财富的不应是国家，而是公民，根据蒂特迈尔的观点，在国家背负沉重债务且不得不为此征收高额税的时期，国家不聚敛大量财富，是符合公民利益的。更重要的是，国家不应在各个行业中扮演参与者角色，而更应该是裁判。[④]

因为每个私有化案例都不一样，所以人们希望私有化能逐步推进，即基于已经落实的私有化经验，为每个案例量身定做具体的私有化方案。[⑤]此外，私有化政策也不是要一步到位地消灭国有资产，而是逐步降低国家干预的强度。[⑥]联邦资产不应被“贱卖”。[⑦]这样一来，国家就能够集中精力完成它自己（应该完成）的任务，为私

① Frank Pilz/Heike Ortwein, Das politische System Deutschlands: Systemintegrierende Einführung in das Regierungs –, Wirtschafts-und Sozialsystem, München 2007, S. 225.

② Klaus König, Developments in Privatization in the Federal Republic of Germany: Problems, Status, Outlook, in: *International Review of Administrative Sciences* 54 (1988), S. 517 –551, hier S. 521.

③ WDR, Staatssekretär Dr. Tietmeyer in „zwei zu eins“ zum Thema Privatisierung, 9. 1. 1984. PAT, Ordner 101, S. 1.

④ Brief von Tietmeyer an einen Bürger zur Veräußerung der Bundesbeteiligungen an VW und VEBA, 21. 7. 1986. PAT, Ordner 39, S. 1.

⑤ O. A., Veba-ein erster Schritt, in: *Die Welt*, 3. 12. 1983.

⑥ Jörn Kruse, Ordnungstheoretische Grundlagen der Deregulierung, in: Deregulierung-eine Herausforderung an die Wirtschafts-und Sozialpolitik in der Marktwirtschaft, hrsg. v. Gerhard Aschinger/Hellmuth Seidenfüs (Schriften des Vereins für Socialpolitik), Berlin 1989, S. 9 –35, hier S. 10.

⑦ Andreas Wellenstein, Privatisierungspolitik in der Bundesrepublik Deutschland. Hinter-gründe, Genese und Ergebnisse am Beispiel des Bundes und vier ausgewählter Bundesländer (Beiträge zur Politikwissenschaft), Frankfurt am Main 1992, S. 213.

营经济创造有利的框架条件。竞争和个人积极性居于中心位置。

自 1969 年以来，联邦财政部在约 1000 家德国公司中持有股份。斯托尔滕贝格让联邦财政部提供一张一览表，以明确哪些国有股份符合重要国家利益以及公共企业的盈利状况。根据这张表，德国的公共企业资产约值 4000 亿西德马克，其中很大一部分可被私有化。[①]此外，这张表也表明，国有股权带来的损失占政府赤字的份额很可观。例如，在 20 世纪 50 至 70 年代，国家通过财政为这些企业提供的资金远超所获股息。对联邦财政部部长斯托尔滕贝格来说，亏损景象可谓触目惊心，他因此更加坚定要立即采取行动。[②]

私有化政策确定了以下原则：对亏损公司进行整顿，防止国家以间接方式新增持股，对所有国有股权进行审查，确认继续持有国有股份是不是符合公共利益（如不符合，则应私有化）。这样一来，就可以在不损害国家利益的情况下，尽可能地减少国有股权。[③]

私有化虽然是出于秩序政策考虑，却给国家财政带来了意外惊喜，产生了巨大的收入潜力。蒂特迈尔认为，私有化因素有两个意义："一方面，它能够持续增强德国的竞争力；另一方面，也给财政提供支持。"[④] 这一感受得到了英国私有化巨大成功的印证。[⑤] 1979 年，玛格丽特·撒切尔（Margaret Thatcher）出任英国首相后，推出全面的私有化方案。在英国的私有化进程中，英国企业家

---

① Fritz Knauss, Privatisierungspolitik in der Bundesrepublik Deutschland (Beiträge zur Wirtschafts-und Sozialpolitik), Köln 1988, S. 5.

② Stoltenberg, Gesamtentwicklung, S. 17.

③ Hans Tietmeyer, Privatisierung öffentlicher Unternehmen. Zeitschrift „Wirtschaftsstudium“, 19. 11. 1984. PAT, Ordner 63, S. 6; Hans Tietmeyer, Rückzug der Bundesbeteiligung auch bei den Banken-Zum Stand der Privatisierungsüberlegungen bei der DSF Bank und der Deutschen Pfandbriefanstalt, 29. 8. 1986. PAT, Ordner 65, S. 1.

④ 汉斯·蒂特迈尔访谈，2015 年 2 月 18 日。

⑤ Vgl. hierzu und im Folgenden: Knauss, Privatisierungspolitik, S. 5 - 14.

精神越来越旺盛，成本增加、质量和生产率意识不断增强，国家预算压力大为减轻。从此，私有化就一直被视为减轻公共财政负担和激活经济动力的举措。

1983年10月26日，斯托尔滕贝格向联邦内阁汇报私有化的基本框架后，联邦政府的私有化计划得到进一步细化。私有化并非迅速出售国有股份，而是首先对亏损的联邦国有股份进行可持续的重组和整顿。[①]许多领域有缩减国有股份的必要，以提高私营部门的积极性。德国营业额前500名的企业中，国家直接参股达到显著比例的就有约90家。此外，1962～1982年，国家间接参股的企业数量也增加一倍以上。[②]英国之所以被当作正面典范，主要是因为国有股份的缩减显著提高了英国的竞争力。蒂特迈尔在1983年10月表示："如果将过去几年英国的增长政策与法国国有化政策，以及这些政策对本国企业的影响作比较，在我看来，英国在这方面做得更好，也更为成功。"[③]

蒂特迈尔认为，有必要减少国有股份的主要原因有四个。第一，市场开放使大量公共事务变得多余，尤其是那些战争和闭关锁国时期遗留下来的公共事务（如铁矿石开采）。第二，减少国有股份涉及德国经济的长远发展。公共企业已失去作为创新者和推动者的能力。随着时间的推移，一些国有参股企业（例如石煤或造船

---

① Tischvorlage für die Sitzung des Bundeskabinetts am 26. Oktober 1983, 25. 10. 1983. PAT, Ordner 33, S. 1; Tietmeyer, Die Soziale Marktwirtschaft erneuern, S. 40.

② Tietmeyer, Privatisierung öffentlicher Unternehmen, S. 5.

③ ans Tietmeyer, Neukonzeption der Beteiligungspolitik des Bundes (Ansprache auf der gemeinsame n Veranstaltung der Gesellschaft für öffentliche Wirtschaft und Gemeinwirtschaft e. V. und der Konrad-Adenauer-Stiftung in Bonn am 27. Oktober 1983), in: *Bulletin. Presse-und Informationsdienst der Bundesregierung* 118 (1983), S. 1079 – 1083, hier S. 1080.

行业企业）的发展甚至陷入停滞，而在私营部门中可以找到创新型公司。第三，大量公共企业产生巨额亏损（且亏损规模呈上升趋势），这让本已陷入赤字的国家财政雪上加霜。没有可以保证可持续增长的激励机制。第四，国家没有必要承担经营风险。[①]

首个部分私有化案例很快就启动了。1984 年 1 月，联邦德国最大的能源公司 VEBA 股份公司的股票被出售[②]，其目标是在资本市场按通常的方式将国有股份的比例从 43.75% 减少到 30%。[③]暂时保留 30% 的股份是因为这家公司对能源政策仍存在一定意义，因此需分步骤减少国有股份。这次部分私有化之所以能够迅速实施，是因为 VEBA 股份公司是上市公司，董事会希望获得对公司的控制权。[④]而对于其他大多数私有化的潜在对象企业来说，初始情况有所不同，因为正如蒂特迈尔所说，国企"不一定都热衷私有化"。[⑤]此外，VEBA 股份公司的部分私有化还可以被理解为一个公开信号。[⑥]在这个私有化案例中，还通过《资产形成法》（*Vermögensbildungsgesetz*）将股票投资的优惠额度从 624 西德马克提高到 936 西德马克，以吸引较低收入者购买股票。蒂特迈尔将这一措施描述为资产与股权政策的新起点，也是"转型政治的秩序政策信号"。[⑦]

私有化政策的初步成功显而易见。联邦德国政府不仅迈出了从

---

① Tietmeyer, Neukonzeption der Beteiligungspolitik des Bundes, S. 1081 f.

② O. A., Tietmeyer: Verkauf der VEBA-Aktien ab Januar, in: *General-Anzeiger Bonn*, 22.12.1983.

③ Brief von Tietmeyer an den Präsidenten des Bundesrechnungshofes Karl Wittrock, Reduzierung der Bundesbeteiligung der VEBAAG, 26.10.1983. PAT, Ordner 33, S. 1.

④ 汉斯·蒂特迈尔访谈，2015 年 2 月 18 日。

⑤ 汉斯·蒂特迈尔访谈，2015 年 2 月 18 日。

⑥ Knauss, Privatisierungspolitik, S. 31.

⑦ O. A., Gesamtkonzept zur Privatisierung, in: *Börsen-Zeitung*, 10.11.1983.

经济领域中撤回的第一步，还每年减少3200万西德马克的财政支出。尽管如此，私有化政策还是给政治攻击提供了口实，因为它不仅首先影响了地方政府，还与党派、工会或其他利益集团息息相关。[①]工会和反对派都提出批评。但这些批评都是对福利国家的抨击，而这正是在社会－自由联盟执政期间，因扩张性的社会政策而强化的。具体而言，工会和反对派担心亏损企业的国有股份不断积累，这在VEBA股份公司部分私有化的案例中有直接体现，被出售的国有股份往往是盈利企业的股份。但这一路径正符合联邦政府的计划思路，即利用出售盈利企业股份的收益来整顿亏损企业，从而使这些亏损企业长远来看最终能被私有化。蒂特迈尔在2015年2月的一次采访中回顾道："别无选择，亏损严重的企业不可能私有化，就此而言，整顿与私有化政策是一体的。"[②]除此之外，还有一些怀疑的声音，总是拿联邦德国和英国的私有化政策进行比较，从而认为联邦德国的私有化进展过于缓慢。[③]但是这符合联邦财政部的初衷，联邦财政部从一开始就遵循可持续的原则，而非仓促行事。[④]按照蒂特迈尔的说法，这一原则促成80年代以来德国经济竞争力的快速提升。[⑤]

在这种情况下，因为私有化的热情被真正唤醒，国有股份的私有化在80年代启动了。[⑥] 1984年11月，斯托尔滕贝格向内阁提交了一份目标明确的具体方案，这个方案的草案已经在内部讨论过一

---

① Czada, Privatisierungspolitik, S. 457.

② 汉斯·蒂特迈尔访谈，2015年2月18日。

③ O. A. Privatisierung: Die guten ins Töpfchen …?, in: *Die Zeit*, Nr. 46, 9.11.1984.

④ Tietmeyer, Die Wirtschaftspolitik der Bundesregierung. Konzept und Realität, S. 9.

⑤ 汉斯·蒂特迈尔访谈，2015年2月18日。

⑥ Wellenstein, Privatisierungspolitik in der Bundesrepublik Deutschland, S. 196－207.

段时间，由蒂特迈尔记录下来，让斯托尔滕贝格向其他人做介绍。①这一方案优先强调个人的积极性，并规定应在兼顾联邦重要利益的前提下审查所有的联邦股份。在任何情况下都只能先进行部分私有化，这样做有两个重要理由，一方面要回应对联邦政府贱卖联邦资产的指责，另一方面也是为了减轻企业股权结构变动产生的震荡。② VIAG 股份公司和大众股份公司的私有化方案非常具体，而其他企业私有化的程度与时间点则保持开放。③

内阁于 1985 年 3 月 26 日决定至 1987 年 3 月底将直接参股的 81 家企业减少 9 家。而众多经济研究机构对此表示反对，它们要求更快速的私有化方案。蒂特迈尔认为这些批评源于对秩序政策随意的理解，并指明，人们忽视了许多直接参股企业艰难的整顿措施及部分私有化的引导期。他强调，对于增强德国竞争力这一长远目标来说，欲速则不达。他把这些批评称为“靠背椅哲学”，不需要承担个人责任，只需按照“好好干，你们在波恩的这些人——我们将会告诉你们，你们哪里没做对”的座右铭行事。④联邦财政部不为这些批评所动，坚持自己的路线。80 年代受私有化政策影响最大的重要联邦直接参股企业依次是 VEBA 股份公司、VIAG 股份公司、大众股份公司、Salzgitter 股份公司和汉莎航空股份公司。

如果不考虑 1983 ~ 1984 年有信号灯意义的 VEBA 交易，私有

① Florian Mayer-Kramer, Vom Niedergang des unternehmerisch tätigen Staates. Privatisierungspolitik in Großbritannien, Frankreich, Italien und Deutschland (Gesellschaftspolitik und Staatstätigkeit), Wiesbaden 2006, S. 212.

② Wellenstein, Privatisierungspolitik, S. 226 – 236.

③ Mayer-Kramer, Niedergang, S. 213.

④ Tietmeyer, Wirtschafts – , gesellschafts-und finanzpolitische Perspektiven, S. 13.

化项目于1986年随着VIAG股份公司部分股份的出售而正式启动。[①]在私有化过程中，联邦政府先与企业管理层进行密集沟通，征求管理层对企业是否具备私有化可能的意见。蒂特迈尔认为，联邦政府首先应整顿亏损部门，停止联邦新增持股，以避免国家财政负担进一步加重。[②]蒂特迈尔的私人档案显示，监事会原则上每个季度召开会议，讨论相关企业的形势。蒂特迈尔代表联邦财政部参加监事会，并撰写会议纪要，随后与斯托尔滕贝格进行商讨。会议纪要表明，在1982年政府交替前后，VIAG股份公司私有化的可能性一开始被排除，因为该企业受困于80年代初的宏观经济形势。之后，企业董事会持续向监事会汇报最新的变化，并于1984年1月20日在监事会上首次提及经营状况"好转"。[③]一位董事表示，1983年该公司的年度结算就已实现盈利，这一良好发展态势将持续至1988年。该公司董事会的财报显示，1988年之前，该公司的年均利润可达2000万西德马克。也正因为如此，1983年企业支付了7%的股息，为1978年以来首次。[④]

1984年11月16日，在VIAG股份公司董事会提议下，蒂特迈尔在监事会的一次会议上介绍了联邦政府对VIAG股份公司进行私有化的相关考量。他描述了计划中的私有化程序，并表示，关于VIAG股份公司是否有私有化能力的讨论已在内部进行。蒂特迈尔

---

① VIAG股份公司曾是一家能源康采恩，2000年与VEBA股份公司合并为E. ON股份公司，见 Rainer Zugehör, Die Zukunft des rheinischen Kapitalismus. Unternehmen zwischen Kapitalmarkt und Mitbestimmung (Forschung Soziologie), Opladen 2003, S. 154; Knauss, Privatisierungspolitik, S. 31。

② Tietmeyer, Privatisierung öffentlicher Unternehmen, S. 6.

③ Bericht über die Aufsichtsratssitzung der VIAG AG am 20. 01. 1984 in Bonn, 23. 1. 1984. PAT, Ordner 74, S. 1.

④ Bericht über die Aufsichtsratssitzung der VIAG AG am 20. 01. 1984 in Bonn, 23. 1. 1984. PAT, Ordner 74, S. 1－5.

记录：董事会担心就业风险，甚至在一开始引发了对私有化想法的抨击。[①]蒂特迈尔的担心也因此得到证实，即不是所有潜在的私有化对象企业都乐于私有化，蒂特迈尔因此要从秩序政策视角出发做大量说服工作。[②]

1984 年与 1985 年 VIAG 股份公司的经营状况继续改善。同时，1980～1984 年，其投资水平也在联邦平均水平之上，年均增长率达到约 9%，这一系列喜人变化使私有化计划正式落地。1986 年 6 月，VIAG 股份公司的联邦股份在首次私有化措施中从 87.44% 缩减到 47.44%。[③]监事会会议报告显示，蒂特迈尔与 VIAG 股份公司的董事会就此进行过商讨，多数人对此表示赞同，这一部分私有化措施顺利落实。有鉴于此，蒂特迈尔在 1988 年 1 月 27 日宣布在下一次监事会会议上讨论 1988 年上半年完全私有化——“只要市场环境允许”。[④]他表示，联邦政府已经就此做出决定，并将其纳入了 1988 年的预算，而在私有化措施中尽可能吸纳更多股东是联邦政府的优先目标。[⑤]这一关切在 VIAG 股份公司的首次部分私有化措施中得到很好的落实，460 万股的 85.1% 被约 40 万各色本国私人股东所认购。完全私有化措施也继续遵循这一目标。因此，1988 年 4 月 25 日，蒂特迈尔邀请 VIAG 股份公司的董事会以及相关银行代表于 1988 年 5 月 2 日前往波恩的联邦财政部，讨论 VIAG 股份公

---

① Kurzbericht über die Sitzung des Aufsichtsrats der VIAG am 16. Novemeber 1984, 16. 11. 1984. PAT, Ordner 74, S. 1 f.

② 汉斯·蒂特迈尔访谈，2015 年 2 月 18 日。

③ Knauss, Privatisierungspolitik, S. 26.

④ Kurzbericht über die Sitzung des Aufsichtsrats der VIAG am 27. January 1988, 28. 1. 1988. PAT, Ordner 74, S. 1.

⑤ Kurzbericht über die Sitzung des Aufsichtsrats der VIAG am 27. January 1988, 28. 1. 1988. PAT, Ordner 74, S. 2.

司的完全私有化及其股份转让价格。[①]商讨结果是联邦政府手里剩余的 47.44% 的股票和德国复兴信贷银行（Kreditanstalt für Wiederaufbau）名下 12.56% 的股票应于当月在股市出售。对于斯托尔滕贝格来说，这个结果不仅表明秩序政策走出坚定一步，也表明资产政策的成功。[②]

1986 年，联邦财政部还为 80 年代其他两个私有化成功案例奠定了基石。斯托尔滕贝格于 1986 年 6 月宣布，联邦政府持有的 VEBA 股份公司剩余 25% 股份和大众股份公司的国有股份应于 1987 年全部出售，因为这两个企业已不属于联邦政府重要关切的企业。VEBA 股份公司因此在 1987 年 3 月按照首次部分私有化的模式实现完全私有化。[③]

大众股份公司的私有化却遇到了困难，以至于不得不推迟两次。大众股份公司成立于 1937 年 5 月 28 日，当时是国有企业。联邦持股的历史原因随着战后秩序政策基本理念在联邦德国落地而显得越来越不合时宜。早在 1961 年，大众股份公司 60% 的原始资本就已私有化，剩下的股份由联邦和下萨克森州持有，分别占 20%。[④] 1982 年政府更迭时，大众股份公司正在承受亏损，需要摆脱这一困境。1982 年的年报显示，这一年康采恩亏损达 3 亿西德马克。一份联邦财政部的分析报告将整个企业的财务状况描述为“静态地看该公司四平八稳，但动态地观察它危机四伏”，因为不仅偿债覆盖率下降（1981 年偿债覆盖率为 102%，1982 年偿债覆

---

① Brief von Tietmeyer an Christians, 25. 4. 1988. PAT, Ordner 74, S. 1.

② Wellenstein, Privatisierungspolitik, S. 276.

③ Wellenstein, Privatisierungspolitik, S. 349.

④ Brief von Tietmeyer an Volkmar Köhler (Parlamentarischer Staatssekretär), Zur Veräußerung der Bundesbeteiligung an der Volkswagen AG, 21. 3. 1988. PAT, Ordner 50, S. 2.

盖率为90%），而且现金流状况也在持续恶化。①蒂特迈尔在1983年4月给斯托尔滕贝格的一封信中认为形势异常艰难，尽管海外业务蓬勃发展，但是在联邦德国境内公司的运营成本很高。②因此大众股份公司引入一个节约项目，希望将人工与材料成本降低10%。1984年11月，这一项目宣布初步成功，尽管引入每周38.5小时工作制导致10%的目标没有实现，但是1984年该项目就已压缩总共5亿西德马克的开支。③时任基民盟主席团成员的瓦尔特·莱斯勒·基普（Walther Leisler Kiep）在1984年11月30日致信斯托尔滕贝格，提及这是大众股份公司的一个拐点。④该公司在德国、欧洲与美国市场表现尤其亮眼。尽管如此，风险始终挥之不去。基普写道：关系企业存亡的成本缩减受到工会和企业理事会越来越强烈的抵制，并且工会和企业理事会称之为“企业的阿喀琉斯之踵”。⑤因为成本缩减和私有化始终存在的风险，1984年，大众股份公司私有化问题无论在联邦政府还是在监事会都没有被提上议程。⑥

1985年3月，私有化问题第一次摆上了监事会会议的桌面上。

---

① Vermerk für den Bundesminister der Finanzen, z. Hd. Herrn Sts. Dr. Hans Tietmeyer, 20. 4. 1983. PAT, Ordner 73, S. 1 f.

② Brief von Tietmeyer an Stoltenberg, Lage bei VW, 22. 4. 1983. PAT, Ordner 73, S. 1.

③ Kurzbericht über das Anteilseignergespräch der Volkswagenwerk AG am 30. 10. 1984 in Kronberg, 5. 11. 1984. PAT, Ordner 73, S. 1 – 4.

④ Brief von Kiep an Stoltenberg, Volkswagenwerk AG-Sitzungen von Präsidium (22. 11. 1984) und Aufsichtsrat (23. 11. 1984), 30. 11. 1984. PAT, Ordner 73, S. 1.

⑤ Brief von Kiep an Stoltenberg, Volkswagenwerk AG-Sitzungen von Präsidium (22. 11. 1984) und Aufsichtsrat (23. 11. 1984), 30. 11. 1984. PAT, Ordner 73, S. 2 f.

⑥ Brief von Kiep an Stoltenberg, Volkswagenwerk AG-Sitzungen von Präsidium (22. 11. 1984) und Aufsichtsrat (23. 11. 1984), 30. 11. 1984. PAT, Ordner 73, S. 3.

监事会同意由联邦政府牵头实施私有化，这无论对于联邦政府政策还是企业领导层都是一个重要信号。[①]而在联邦财政部内部，大众康采恩私有化的压力亦不断增大，因为联邦政府既没有在戴姆勒－奔驰，也没有在宝马、保时捷、欧宝或者福特参股。德国《预算法》规定，联邦政府只能在关乎联邦重要利益的情况下参股企业，而大众股份公司显然不符合这一条件。因此大家达成一致，出于竞争原因，联邦在大众股份公司的股份应缩减。[②]

在大众股份公司企业内部，雇员的不安一度占据上风，因为为满足资本需求的一项增资措施正在讨论。这一措施将导致被动私有化，因为联邦的股份会被稀释。监事会希望通过主动出售一部分联邦股份表明立场，安定局面。蒂特迈尔对此有所迟疑，鉴于这些变化，他想在波恩再次审查大众股份公司的私有化方案。[③]

直到1986年9月，联邦财政部仍未下定决心主动出售大众股份公司的联邦股份。1986年9月，大众股份公司决定趁资本市场行情向好而增发股票，这导致被动的部分私有化。国家对此“大开绿灯”，以让大众股份公司优化其资本金，联邦股份也因此稀释，从20%下降到16%。[④]主动私有化的第二次尝试发生在1987年，但是再一次被延期，因为大众康采恩遭受巨额外汇亏损，并且股市随后也于1987年10月19日暴跌，继而引发整个欧洲私有化

① Kurzbericht über das Gespräch zwischen den Vertretern der Anteilseigner im Aufsichtsrat der Volkswagenwerk AG und dem Vorstand am 11. März 1985 in Hannover, 12. 3. 1985. PAT, Ordner 73, S. 3.

② Brief von Tietmeyer an einen Bürger v. 21. 7. 1986, S. 2.

③ Kurzbericht über das Gespräch zwischen den Vertretern der Anteilseigner, S. 3 f.

④ Brief von Tietmeyer an Volkmar Köhler, S. 6.

措施暂停。[①]所有欧洲国家政府开始中断私有化浪潮，因为不愿意在熊市低价出售政府持有的股份。也正是基于这一原因，蒂特迈尔在一次监事会会议上对金融市场上大众股份公司的微妙处境提出警告，并建议私有化尝试应谨慎。[②]

一年半之后的1988年3月，联邦德国又率先在欧洲启动私有化，并再次聚焦大众股份公司。蒂特迈尔于1988年3月致信联邦财政部议会国务秘书沃尔克马尔·科勒尔（Volkmar Köhler）："在各银行财团的相关评估达成一致后，股票市场的整顿取得进展，从而使大众股份公司股权私有化的时机逐渐成熟。"[③]联邦财政部确信外部已不再质疑其私有化的动机。借助技术领先的产品，大众股份公司逐渐在国内外市场提高其地位，过去的结构转型已使其扭亏为盈，并且股权非常分散。这是首次部分私有化26年之后，国家决定完全退出大众股份公司的核心原因。[④]

只有下萨克森州出于产业和区域政策考虑不赞同这一措施，它想继续保留对大众股份公司施加影响的能力，毕竟这关乎当地的区位优势。联邦并没有否决下萨克森州的不同意见，因为联邦财政部必须正视联邦州的重要利益，区域政策的理由在蒂特迈尔看来是可以理解的。[⑤]

1988年，联邦持有的大众股份公司股份以15亿西德马克的价

---

① Brief vom Tietmeyer an den Vorstand der Shearson Lehman Brothers AG, 19. 11. 1987. PAT, Ordner 56, S. 1.

② Kurzbericht über die Sitzung des Finanz-und Investitionsausschusses des Aufsichtsrats der Volkswagen AG sowie über die 128. Sitzung des Aufsichtsrats der Volkswagen AG am 26. Februar 1988 im Wolfsburg, 29. 2. 1988. PAT, Ordner 73, S. 6.

③ Brief von Tietmeyer an Volkmar Köhler, S. 6.

④ Brief von Tietmeyer an den Präsidenten der Industrie-und Handelskammer Hannover-Hildesheim, 5. 3. 1987. PAT, Ordner 39, S. 1.

⑤ Brief von Tietmeyer an einen Bürger v. 21. 7. 1986, S. 2.

格全部私有化，联邦也因此丧失向监事会派遣两位成员的权利。① 下萨克森州仍保留约20%的股份及相应带否决权的表决权，并可委任两位监事会成员。②因此，大众股份公司尽管被私有化，至今（截至2019年3月）仍然部分掌握在公共部门手中。③

1988年5月，VIAG股份公司完全私有化之后，联邦财政部对私有化措施进行了首次盘点。随着上述三个企业（VIAG股份公司、VEBA股份公司与大众股份公司）的完全私有化，联邦政府得以与其相当一部分产业股权脱钩。斯托尔滕贝格对比表示满意，因为除了产业领域取得巨大成功之外，私有化也为未来经济的增长和竞争力的增强打下了基础。④

20世纪80年代国家直接持股的大规模私有化浪潮并没有停歇。1989年10月，国家直接持股的Salzgitter股份公司迎来私有化，这一事件对于蒂特迈尔来说有着特别的意义。当他1982～1983年首次思考私有化问题时，Salzgitter股份公司亏损达7亿西德马克。经过一些年的整顿与努力，该企业扭亏为盈。1988年3月，Salzgitter股份公司董事长宣布企业在结构转型方面取得巨大进展，连续三年实现盈利，企业高层认为未来前景可期。⑤

1988年该企业的经营情况甚至有进一步改善，蒂特迈尔于1989年3月16日在第149次监事会会议简报中写道：Salzgitter股份公司“不仅长期负债大幅减少，流动性状况好转，而且也致力

① Brief von Tietmeyer an Volkmar Köhler, S. 3 u. 5.

② Änderung der Beteiligungsstruktur an der Volkswagen AG, 11. 3. 1986. PAT, Ordner 73, S. 1.

③ Brief von Tietmeyer an Volkmar Köhler, S. 6.

④ Knauss, Privatisierungspolitik, S. 32.

⑤ Salzgitter AG, Aufsichtsratssitzung am 3. März 1988 in Salzgitter, 7. 3. 1988, PAT, Ordner 73, S. 2.

于兼顾短期与长期发展”。[①] Salzgitter 股份公司在承受多年亏损后重新开始盈利。[②]

尽管企业高层知晓 Salzgitter 股份公司是候选的私有化企业，并且经过长期努力终于成功摆脱亏损，但是至 1989 年初，所有人仍觉得其私有化遥遥无期。1989 年 12 月 14 日 Salzgitter 股份公司的私有化完全落实，其董事长致信蒂特迈尔写道：“今年年初谁会想到，Salzgitter 真的实现了私有化？”[③]文献资料表明，蒂特迈尔在 1989 年 3 月 16 日监事会会议上首次正式提及该企业可能的私有化。他首先谈到部分私有化的想法，但表示私有化的时间点和形式仍然未定。[④] 1989 年 6 月 23 日，监事会就雇员拒绝私有化开会讨论，蒂特迈尔如此评估 Salzgitter 股份公司的形势：“就企业未来发展的问题，企业高层之前总是单向思维，而今他们有了新的策略，即考虑将企业出售给其他企业。”[⑤]这一设想最终落地，Salzgitter 股份公司通过将其联邦股份出售给 Preussag 股份公司而实现完全私有化。这一并购可提高两个企业的整体竞争力，并购方案无论从企业层面还是区域层面来看，都非常合理。尽管来自雇员的反对声音一直持续至并购结束，但是联邦股份的出售无须劳方同意。[⑥]

蒂特迈尔对 Salzgitter 股份公司的私有化影响巨大。Salzgitter 股

---

① Kurzbericht über die 149. Aufsichtsratssitzung der Salzgitter AG am 16. März 1989 in Salzgitter, 21. 3. 1989. PAT, Ordner 73, S. 1 f.

② Brief von Tietmeyer an Saßmannshausen, 2. 6. 1986. PAT, Ordner 56, S. 1.

③ Brief von Saßmannshausen an Tietmeyer, 14. 12. 1989. PAT, Ordner 73, S. 1.

④ Kurzbericht über die 149. Aufsichtsratssitzung der Salzgitter AG am 16. März 1989 in Salzgitter, 21. 3. 1989. PAT, Ordner 73, S. 5.

⑤ Kurzbericht über die Präsidiums-und Aufsichtsratssitzung der Salzgitter AG am 23. März 1989 in Braunschweig, 26. 6. 1989. PAT, Ordner 73, S. 8 f.

⑥ Kurzbericht über die 149. Aufsichtsratssitzung der Salzgitter AG am 10. November 1989 in Düsseldorf, 13. 11. 1989. PAT, Ordner 73, S. 1 – 5.

份公司董事长是少数知情并可评价谁真正为私有化创造了决定性条件的人之一，他在一封信里对蒂特迈尔的影响做出贴切评价。[①]他写道：蒂特迈尔应该获得“真正的桂冠”，因为他从一开始就凭借其“经营的远见”与“技巧”，从联邦政府方面有力地推进了私有化。[②]

Salzgitter股份公司的私有化进程使蒂特迈尔在私有化政策领域声名鹊起，关于他如何与企业密切合作，又如何应对私有化长远后果的事迹，从此广为人知。他与1989年履新的联邦财政部部长特奥·魏格尔共同建议将私有化Salzgitter股份公司的收益进行可持续的投资，因此他们共同建立了规模为25亿西德马克的德国环境联邦基金会（Deutsche Bundesstiftung Umwelt[③]，DBU）。该基金会的任务是促进中小企业环境友好生产与产品的研发与创新，在蒂特迈尔与魏格尔的设想中，创新生产程序领域的研究不仅应该聚焦生态条件，也要注重加强企业的竞争力。私有化政策的秩序政策特征再次凸显，其收益不仅用于改善财政，也有目的地被导向创新与研发的投资。[④]

最后不得不提到汉莎航空股份公司的私有化过程，这一过程表明，即使在基督教－自由联盟政府内部，对私有化政策也不是没有

---

① Brief von Saßmannshausen an Tietmeyer, S. 1.

② Brief von Saßmannshausen an Tietmeyer, S. 1.

③ 该基金会在蒂特迈尔1989年以后的人生中扮演了重要角色，他一直担任基金会主席至2003年，对基金会的工作有深远影响，使该基金会至今在国际、国内仍享有声誉。不过，因为与文本关注的问题无关，所以在本书中只是在此处简要提及该基金会。

④ Carlo Burschel, Nachhaltiges Wirtschaften in KMU-Förderziele und -politik der Deutschen Bundesstiftung Umwelt, in: Betriebliches Umweltmanagement im 21. Jahrhundert. Aspekte, Aufgaben, Perspektiven, hrsg. V. Eberhard Seidel, Berlin/Heidelberg 1999, S. 27－38, hier S. 28.

分歧。尤其是巴伐利亚州州长弗兰茨·约瑟夫·施特劳斯完全不接受汉莎航空股份公司的私有化，因为担心这会不利于巴伐利亚州与大多落户巴伐利亚的航空产业的密切合作。此外，施特劳斯还是德国空中客车有限责任公司的监事会成员，因此也担心汉莎航空股份公司如果没有国家的干预会更多选择竞争对手美国波音的飞机。[①] 施特劳斯的反对导致汉莎航空股份公司的私有化长期搁置。蒂特迈尔也感受到了压力，总是需要不断公开回应记者和反对党的质疑，例如“联邦政府是否无所作为而寄希望于事情会自动结束?”或“双方的不断会晤是否只是做给外人看的?”媒体文献显示，在汉莎航空股份公司私有化的问题上，他面对记者和反对党时常用“您可以确定的是，对话还将继续进行”等经典回复搪塞。[②]尽管政府在20世纪80年代（1987~1989年）可通过增资扩股将占汉莎航空股份公司的股份从75%逐步降至50%，但是由于遭到强烈的反对，完全私有化措施直到1997年10月才落地。[③]这个案例表明，由于利益冲突，个别企业的私有化会搁置很长时间。

20世纪80年代，国家几乎剥离了所有大型产业的股权。联邦德国500强企业中，国家曾直接参股约90家，到1990年初，只直接参股9家。除直接参股之外，联邦政府还以间接方式持有企业股份，1962~1982年，联邦政府间接参股的企业数从422家攀升至959家。[④] 联邦德国政府间接参股企业数（1970~1989年）如图5-1所示。

---

① O. A., Viele Posten für Christdemokraten. Die Bonner Regierung rückt von der versprochenen Privatisierung von Bundesunternehmen ab, in: *Der Spiegel*, Nr. 41, 8. 10. 1984.

② Wolfgang Hoffmann, Bonner Kulisse, in: *Die Zeit*, Nr. 6, 31. 1. 1986.

③ Jörn Axel Kämmerer, Privatisierung. Typologie-Determinanten-Rechtspraxis-Folgen (Jus publicum: Beiträge zum Öffentlichen Recht), Tübingen 2001, S. 80.

④ Tietmeyer, Privatisierung öffentlicher Unternehmen, S. 5.

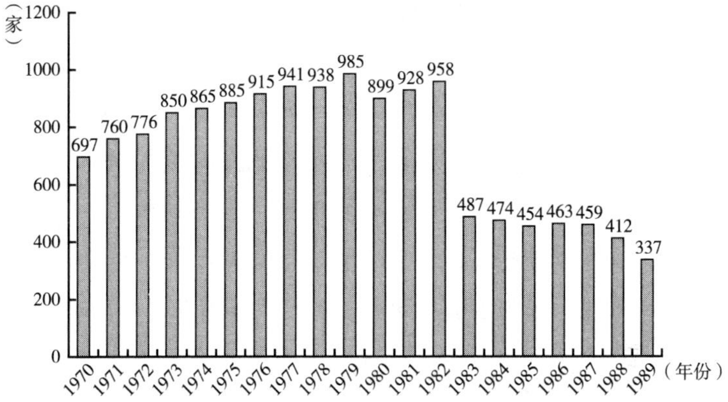

图 5－1　联邦德国政府间接参股企业数（1970～1989 年）

资料来源：作者自制，数据来源于 Knauss，Privatisierung，S. 29。

80 年代，政府得以减少约 65% 的间接股份，1989 年间接参股企业数量减少至 337 家，尤其是 1983 年得益于 VEBA 股份公司部分私有化的大幅收缩。[①]联邦财政部坚持不懈的努力不久就被企业经营的成功证明是正确决定。私营企业的利润、就业和股票市值都表现良好。此外，1983～1990 年，政府股权的剥离也给财政带来约 100 亿西德马克的收入，这些收入原本计划服务于财政紧缩的目的（见第五章第一节第二部分），但这一数目与同期总体财政规模相比略显微不足道：联邦德国公共财政总预算仅在 1984 年一年就高达约 7180 亿西德马克。[②]即使与英国相比，联邦德国财政的减负幅度也是微乎其微的，撒切尔政府在同期通过私有化政策收入了约 750 亿西德马克。就此而言，联邦德国的私有化政策在财政意义上并

① Knauss，Privatisierung，S. 29.

② Schuldenstand des Bundes und des öffentlichen Gesamthaushalts，31. 7. 1984. PAT，Ordner 33，S. 1.

没有取得如英国那般的成功，蒂特迈尔对此没有异议，但是他提醒，联邦德国私有化政策的初始条件与英国不一样，因此单纯进行数字比较没有意义。1980年初，相比英国，联邦德国政府控制的企业少得多，私有化潜力也因此小得多。这是因为联邦德国战后并没有出现所有行业的国有化，并在艾哈德推动下，联邦德国开启了更长时间的市场经济进程。[①]此外，联邦德国政府原则上不会使陷入资金困境的企业国有化，因为国有率更低，自然去国有化也有限。[②]

二 20世纪80年代的财政整顿（1982～1989年）

财政整顿之路是一条艰难且坎坷的道路，因为公共财政应被整顿，以使财政重新具有长期能力。[③]联邦财政部财政整顿政策的基础不是提高税费，而是降低政府支出占经济总量的比例，以使公共财政总支出扩张不高于名义国内生产总值增加。斯托尔滕贝格与蒂特迈尔致力于借助严格的节约开支降低公共负债，从而长远保障联邦德国的竞争力。[④] 联邦德国名义国内生产总值增长率与公共财政总支出增长率（1969～1984年）如图5－2所示。

图5－2显示，1982年以前，公共财政总支出增长率持续高于名义国内生产总值增长率，尤其在1970年末与1980年初经济衰退导致政府支出与公共债务增加。最核心的问题是增加的支出主要用于社会福利（消费端），而非针对将来的投资（投资端）。[⑤]财政整

① 汉斯·蒂特迈尔访谈，2015年2月18日。

② Hans Tietmeyer, Fragenbeantwortung: Teilprivatisierung von Bundeseigenen Gesellschaften, 9.8.1984. PAT, Ordner 62, S. 3.

③ Tietmeyer, Aktuelle Fragen und Perspektiven der Finanzpolitik, S. 19.

④ Börnsen, Fels oder Brandung, S. 110.

⑤ Hans Tietmeyer, „Entstaatlichung“ als Ordnungspolitische Aufgabe, 25.4.1984. PAT, Ordner 61, S. 1－3.

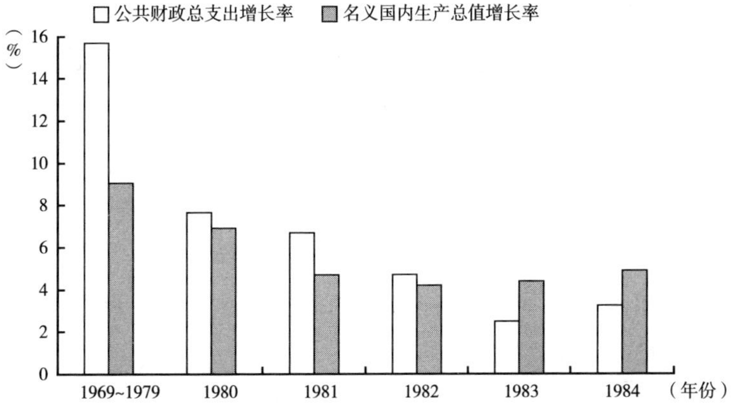

图5－2　联邦德国名义国内生产总值增长率与公共财政总支出增长率（1969～1984年）

资料来源：作者自制，数据来源于 Statistisches Bundesamt, Finanzen und Steuern. Rechnungsergebnisse des öffentlichen Gesamthaushalts, Wiesbaden 2012, S. 17; Statistisches Bundesamt, Wirtschaft und Statistik, Wiesbaden 2009, S. 204。

顿最重要的原因是不断增加的信贷需求，70年代联邦银行高达7.5%的贴现率和显著增长的公共债务使利息开支在联邦预算中占比越来越大。[①]财政空间不断被压缩，因此整顿政策致力于稳定预算，扩展财政空间，从而借助减税来促进投资。[②]

借助1983年和1984年的预算相关立法，财政支出增加的势头被遏止，削减的支出主要是社会保障体系与公共服务支出。政府不仅减少了对家庭和就业的支出，整顿政策也触动了“政治上尤为

① Deutsche Bundesbank, Zeitreihe: Diskontsatz der Deutschen Bundesbank/Stand am Monatsende, Frankfurt a. M. 2018.

② Reimut Zohlnhöfer, Die Wirtschaftspolitik der Ära Kohl. Eine Analyse der Schlüsselentscheidungen in den Politikfeldern Finanzen, Arbeit und Entstaatlichung: 1982－1998, Opladen 2001, S. 69.

重要的职能领域——养老与赡养”。[①]联邦财政部尝试重塑财政政策，并深知这会引发强烈反弹。蒂特迈尔直面这一难题，表示相关举措虽然不易执行，却是“必要且不可或缺”的。[②]政府的行动能力应该借助节俭，而非以加重纳税人和未来世代负担为代价的扩张性财政支出来实现。[③]在众多讲话中，蒂特迈尔呼吁来一个“深呼吸”。[④] 1984 年 7 月的某一天，他曾经形象地描述道：“这不是短跑赛道，人们要以很快的速度在很短的时间内跑完。整顿政策需要中长跑运动员的条件。”[⑤]

蒂特迈尔警告须警惕过早的批评和耐心不足，因为持反对意见的人一直在贬低整顿政策，诸如“整顿政策杀贫济富”和“节约完蛋”之类。[⑥]尤其是持凯恩斯主义立场者反对声尤大，因为他们认为政府需求受到过度限制。尽管 70 年代需求导向经济政策失败，但其在社民党内仍有许多拥趸。蒂特迈尔提醒人们可以从关于经济政策纲领的讨论中察觉，社民党人从历史中所汲取的经验是如此之少。[⑦]工会组织也有类似的批评声，例如五金工会（IG Metall）要求引入每周 35 小时工作制，并因此组织了一场持续整整七周的罢工。[⑧]蒂特迈尔公开承认，整顿策略的“兜售”过程并不完美，但

---

① Schmidt, Sozialpolitik, S. 242.

② Tietmeyer, Die Wirtschaftspolitik der Bundesregierung. Konzept und Realität, S. 16.

③ Tietmeyer, Wirtschafts -, gesellschafts-und finanzpolitische Perspektiven, S. 28.

④ O. A., „Sanierungspolitik keine Sprintstrecke, sondern verlange einen langen Atem“. Staatssekretär Dr. Tietmeyer: Konsolidierungspolitik besser als ihr Ruf, in: *Meller Kreisblatt*, 19. 9. 1984.

⑤ Tietmeyer, Die Wirtschaftspolitik der Bundesregierung. Konzept und Realität, S. 20.

⑥ Tietmeyer, Die Wirtschaftspolitik der Bundesregierung. Konzept und Realität, S. 17.

⑦ Tietmeyer, Die Wirtschaftspolitik der Bundesregierung. Konzept und Realität, S. 25; Tietmeyer, Wirtschafts -, gesellschafts-und finanzpolitische Perspektiven, S. 4 u. 26.

⑧ Stoltenberg, Gesamtentwicklung, S. 17.

是不应半途而废。①

预算政策在1983年就取得初步成功，联邦的财政支出仅增加了2.5%，而70年代平均增幅达到15.7%，如图5－2所示。此外，净债务增加额从372亿西德马克减少到315亿西德马克，尽管利息支出仍然从221亿西德马克增加到266亿西德马克。联邦德国公共债务虽然仍在累积，但增速显著放缓。70年代公共债务平均每年增长14.2%，而在新的联合政府执政第一年，这一速度就降到了9.4%，②并且经济也显露出复苏迹象，私人消费在1982年底与1983年初前后触底反弹，投资增长，通胀缓解。③ 联邦德国经济形势各项指标（1982～1983年）如表5－1所示。

表5－1　联邦德国经济形势各项指标（1982～1983年）

指标	1982年	1983年
实际国内生产总值增长率(%)	-0.4	+1.6
实际经济总需求增长率(%)	-2.2	+1.5
固定资产投资增速(%)	+1.0	+3.0
通胀率(%)	5.2	3.2
失业率(%)	7.5	9.1

资料来源：作者自制，数据来源于Hans Tietmeyer, Wie tragfähig ist der Aufschwung, 23.11.1983. PAT, Ordner 60, S. 6 f; Statistisches Bundesamt, Verbraucherpreisindizes für Deutschland, S. 4; Statistisches Bundesamt, Arbeitsmarkt 1950 bis 2017; Statistisches Bundesamt, Wirtschaft und Statistik, S. 204。

① O. A., „Sanierungspolitik keine Sprintstrecke, sondern verlange einen langen Atem". Staatssekretär Dr. Tietmeyer: Konsolidierungspolitik besser als ihr Ruf, in: *Meller Kreisblatt*, 19.9.1984.

② Statistisches Bundesamt, Schulden des Öffentlichen Gesamthaushalts beim nicht-öffentlichen Bereich insgesamt.

③ Hans Tietmeyer, Interview mit „Medical Tribune", 27.6.1983. PAT, Ordner 59, S. 1.

整体经济形势也逐渐好转，核心的问题仍然是失业。蒂特迈尔对短期内解决这个问题表示怀疑，因为婴儿潮时代出生的人从80年代初开始涌入劳动力市场，求职者数量也因此激增。失业问题是否能够缓解以及能在多大程度上缓解，取决于经济增长的可持续性以及由此激发的企业投资热情。因此，联邦政府的工作聚焦稳定经济上行的新趋势，重新给予市场更多信心。[①]

科尔政府执政的首年，政府财政支出增速开始降低，经济开始缓慢复苏，这一积极迹象也可从民意调查中得到印证。1983年与1984年之交，民众对未来的信心增长20%，这是多年以来的最大增幅。[②]尽管如此，这两年经济发展与经济自力维持的发展仍有一段距离，蒂特迈尔认为这一目标的实现需要继续遵循当前的财政与经济政策路线，并得到联邦银行稳定导向的货币政策支持。[③]虽然政策初见成效，但联邦财政部仍需不断捍卫自己的立场，因为相关政策讨论始终存在分歧，对消费类社会保障的缩减诟病尤多。蒂特迈尔因此警告道：在财政紧缩政策取得第一阶段成功后，不要重新实行有利于特殊利益集团的危险的分配政策。在蒂特迈尔看来，减损的经济效率无法借助分配政策得到补偿。此外，私有化与减少补贴仍需足够的贯彻力。[④]

联邦财政部在1984年制定的1985～1988年财政计划中对财

---

① Hans Tietmeyer, Interview mit „Medical Tribune“, 27. 6. 1983. PAT, Ordner 59, S. 3 – 5.

② O. A., Dr. Tietmeyer in Burgsteinfurt: „Bürger haben großes Vertrauen zur CDU“, in: *Westfälische Nachrichten*, 9. 1. 1984; Brief von Herber Wolf (Commerzbank AG) an Tietmeyer, 14. 12. 1983. PAT, Ordner 38, S. 1.

③ Tietmeyer, Wie tragfähig ist der Aufschwung, S. 5.

④ O. A., Tietmeyer fordert „Mut zur Entstaatlichung“, in: *Frankfurt Allgemeine Zeitung*, 23. 11. 1984.

政前景表示乐观，预计联邦德国经济增长率可达约 3%，通胀率将降至 1969 年以来的最低点，仅为 2.5%，投资增长 6%，初创企业数量增加约 1.5%，竞争力在改善，新增公共债务在缩减。①对此，蒂特迈尔在 1984 年 11 月评论道："即使我们长期以来对劳动力市场的变化并不满意，但可以确定的是，紧缩是值得的！"②仅仅是公共赤字带来的利息支出减少就为"生产性与创造就业性资本的形成"提供了更多机会。③紧缩路线也为联邦银行降息提供了更大的活动空间。其目的在于，使投资比固定存款投资更有吸引力，从而借助投资创造就业岗位。这一政策逐渐见效，因为联邦银行在紧缩政策初见成效后于 1984 年至 1987 年将贴现率从 7%下调至 3%④，投资与初创企业数量增加正是这一政策的实质性结果。

整顿政策的成功导致税收改革不久也进入人们视野。斯托尔滕贝格认为，良好的经济与财政政策是健康社会政策的基石，对于他来说，量入为出是社会福利支出的一个信念。⑤在公共空间与联邦政策内部关于税收改革议题越来越热烈的讨论中，联邦财政部就持这一立场。1984 年蒂特迈尔在美因兹（Mainz）的演讲中表示："如今大家讨论减税，都是以大家认为整顿已经结束为基础的。"⑥减税的呼声并不令人惊讶，并且减税政策得到 1970～1982 年税费率数据的支撑。1970 年税费占国内生产总值的比例只有 31.5%，

---

① Tietmeyer, Aktuelle Fragen und Perspektiven der Finanzpolitik, S. 4; Statistisches Bundesamt, Verbraucherpreisindizes für Deutschland, S. 4.

② Tietmeyer, Die Soziale Marktwirtschaft erneuern, S. 19 f.

③ Tietmeyer, Die Soziale Marktwirtschaft erneuern, S. 19 f.

④ Stoltenberg, Gesamtentwicklung, S. 17.

⑤ Börnsen, Fels oder Brandung, S. 109.

⑥ Tietmeyer, Aktuelle Fragen und Perspektiven der Finanzpolitik, S. 1.

到 1982 年已经上升至 35.5%。[①]税费对收入的影响，导致联邦德国影子经济问题日益严重（财政阻碍增长）。[②]

斯托尔滕贝格与蒂特迈尔深信，尽管减税会促进投资与就业，但首先需要有减税的空间才能实施。因此，减税是选项，但应等到 80 年代中后期出台减税政策，因为财政政策的空间仍然很有限，尽管整顿政策初见成效。例如相比 1979 年，1983 年利息支出占预算的比例几乎倍增，从 5.5% 上升至 10.8%。[③]基于“税收、经济和社会政策”的原因，减税有利于促进投资、激发劳动积极性、减轻家庭负担，是 80 年代财政政策的核心组成部分。[④]联邦政府很清楚，过重的税费负担会阻碍经济增长，因为它会损害民众的劳动积极性，并刺激影子经济发展。[⑤]鉴于 70 年代的经验，斯托尔滕贝格与蒂特迈尔在这一问题上有足够的耐心，当时的经验显示，缺乏连续性和操之过急将危害经济中期增长。蒂特迈尔在 1986 年 5 月仍然表示，只有当支出增长被长期控制住后，减税的空间才可能出现。[⑥]

在一系列政策目标得以实现、国家重新获得更多行动空间之后（80 年代中期以后），减税逐渐成为焦点问题。法律史学家克努特·沃尔夫冈·诺尔（Knut Wolfgang Nörr）甚至认为科尔政府 80

---

① OECD, Revenue Statistics, Berlin/Paris 2012.

② Tietmeyer, Aktuelle Fragen und Perspektiven der Finanzpolitik, S. 4.

③ Tietmeyer, Aktuelle Fragen und Perspektiven der Finanzpolitik, S. 13.

④ Tietmeyer, Aktuelle Fragen und Perspektiven der Finanzpolitik, S. 18.

⑤ Hans Tietmeyer, Aktuelle Fragen der Finanz-und Steuerpolitik. Gedankenskizze für Referat vor der Wirtschaftsvereinigung Grafschaft Bentheim am 27. Mai 1987 in Nordhorn, 27. 5. 1987. PAT, Ordner 67, S. 13.

⑥ Tietmeyer, Wirtschafts – , gesellschafts-und finanzpolitische Perspektiven, S. 30 – 33.

年代政策的显著特征之一就是“中期导向的税收政策”。[1]对于联邦政府来说，一方面1987年1月的下一次联邦大选临近，另一方面联邦德国经济已经实现多年连续正增长，民众的期望高涨。1982年，国内生产总值仍实际萎缩0.4%，而在1983年到1986年，即科尔政府的第一个任期，平均经济增长率达到近2.3%。[2]基于这一大好形势，蒂特迈尔在1986年5月的一次会议上首次提及“理想情况”，因为联邦德国与瑞士、日本和加拿大一并成为增长速度最快的工业国家。[3]这意味着，1982年以来，在价格上涨速度下降的同时，经济实际累计增长8%。1982年，通胀率仍高达5.2%，到1987年选举之前下跌至0.2%。[4]当然，一些有利的外部特殊因素不可忽视，例如油价下跌和西德马克与美元的汇率变化。得益于良好的经济发展势头，西德马克在两年内（1985~1987年）相对美元升值接近80%。[5]更低的通胀率反过来又提振了德国的实际收入与内部需求。[6]

大型经济研究机构预测80年代后半段的经济增长甚至将会更迅猛[7]，尽管失业问题仍然存在（失业率从1982年的7.5%上升至

---

① Knut Wolfgang Nörr, Die Republik der Wirtschaft. Recht, Wirtschaft und Staat in der Geschichte Westdeutschlands (Beiträge zur Rechtsgeschichte des 20. Jahrhunderts), Tübingen 2007, S. 262.

② Statistisches Bundesamt, Wirtschaft und Statistik, S. 204.

③ Tietmeyer, Wirtschafts-, gesellschafts-und finanzpolitische Perspektiven, S. 9.

④ Statistisches Bundesamt, Verbraucherpreisindizes für Deutschland, S. 4.

⑤ Hans Tietmeyer, Deutsche Finanzpolitik vor großen Herausforderungen. Rede von Staatssekretär Dr. Hans Tietmeyer vor der CDU Essen am 3. Juni 1987, 3.6.1987. PAT, Ordner 67, S. 5.

⑥ Hans Tietmeyer, Rede Staatssekretär Dr. Tietmeyer anlässlich Seminar der Deutschen Bank für institutionelle Anleger am 26. Mai 1988 in Düsseldorf. „Finanzpolitik in der laufenden Legislaturperiode“, 26.5.1988. PAT, Ordner 70, S. 4.

⑦ Tietmeyer, Wirtschafts-, gesellschafts-und finanzpolitische Perspektiven, S. 11.

1986 年的 9.0%），但是就业率同期从 46.3% 上升至 47.8%[①]。此外，在基督教 - 自由联合政府的第一个任期中，得益于严格的紧缩财政政策，财政支出年增长率从近 9% 降至约 2%，而到了 1986 年，财政总支出占国内生产总值的比例从 47.5% 跌落到 44.5%，[②]且这一趋势一直持续至 1989 年[③]。

尽管如此，联邦德国媒体上仍然充斥着对经济形势不满的声音。对此，蒂特迈尔在 1987 年 5 月的一次演讲中表示："今天如果我们阅读一些报纸或者特定数字媒体，时常会有这样一种印象，联邦德国仍然在真正的苦海中挣扎，或者至少跟正确的道路相去甚远。"[④]在新闻中，衰退趋势、不明朗的政策或者全行业的崩溃等相关消息随处可见，而这显然是与联邦德国整体经济形势的表现相背离的。经过基督教 - 自由联盟近四年的执政，联邦德国经济基本面坚实且稳定，联邦德国面临国内外经济挑战时显然比 1982 年政权更迭时有了更充分的准备。从经济上来看，联邦德国重新回到了现代工业国家第一梯队，人均工业增加值全球第一，出口额也超过美日等顶尖国家。[⑤]即使宏观经济形势逆转，蒂特迈尔也并不认为短期内有很大风险。[⑥]他认为，对经济形势的不满根植于德国民众精

① Zohlnhöfer/Zohlnhöfer, Wirtschaftspolitik, S. 168; Statistisches Bundesamt, Arbeitsmarkt 1950 bis 2017.

② Tietmeyer, Deutsche Finanzpolitik vor großen Herausforderungen, S. 7; Statistisches Bundesamt, Volkswirtschaftliche Gesamtrechnung. Inlandsproduktberechnung, Lange Reihen ab 1970, Wiesbaden 2018, S. 41.

③ Tietmeyer, Die Kreditaufnahmepolitik des Bundes in der Bundesrepublik Deutschland, S. 1 – 3.

④ Tietmeyer, Aktuelle Fragen der Finanz-und Steuerpolitik, S. 1.

⑤ Tietmeyer, Aktuelle Fragen der Finanz-und Steuerpolitik, S. 23.

⑥ Hans Tietmeyer, Perspektiven der Finanz-und Steuerpolitik. Vortrag vor dem Bundesvorstand des Wirtschaftsrates der CDU e. V. am 18. September 1986, 18. 9. 1986. PAT, Ordner 65, S. 2 f.

神深处易于受疑虑和悲观情绪影响的基本特质。①

在经济健康发展的基础上，联邦财政部自 80 年代中期开始转移工作重心。蒂特迈尔将财政政策分成三个重要时期。第一个时期（1982～1985 年）联邦财政部的优先事务是减少赤字，以重获对国家财政稳定的信心。在这一阶段，联邦政府将联邦赤字从近 380 亿西德马克（1981 年）降至 230 亿西德马克（1985 年）。经过整整四年的财政整顿，成果丰硕。因此，第二个时期（1986～1990 年）联邦财政部的主要任务是减税，以优化供给端环境，从而稳定内需。第三个时期（1990 年始）联邦财政部则致力于同时兼顾财政紧缩、减税和调整结构，从而继续增强国际竞争力。②

1986 年，降低阻碍经济运行的高税负、引入更为简单的税法成为工作重心。内阁因此通过了一个分三步走的减税法条，即分别在 1986 年、1988 年和 1990 年降低所得税，预计减税规模约达 700 亿西德马克。③首次减税（1986 年）包括缩减工资与所得税，规模预计约 100 亿西德马克，以及缩短经营设施建筑物的计提周期，从而可降低税负近 40 亿西德马克。第二次减税（1988 年）则涉及 142 亿西德马克税费的减少，第三次减税（1990 年）则最终免除了整整 390 亿西德马克的税费。政策的重点包括引入线性累进税收方法，以减轻中产阶层负担；提升基本免税额；将入门与最高税率分别降低 3 个百分点；将企业所得税从 58% 降至 50%。1986～1990 年，减税政策每年减少纳税人负担总额约 670 亿西德马克，

---

① Tietmeyer, Aktuelle Fragen der Finanz-und Steuerpolitik, S. 2－4.

② Hans Tietmeyer, Vortrag anlässlich der deutsch-französischen Konferenz des Wirtschaftsrates der CDU und der Association Economic et Progès am 31. Januar 1989 in Paris, 31. 1. 1989. PAT, Ordner 72, S. 2.

③ Brief von Tietmeyer an einen Bürger hinsichtlich der Abschaffung des Freibetrags zur Pflege des Eltern-Kind-Verhältnisses, 16. 12. 1987. PAT, Ordner 39, S. 1.

相当于国民生产总值的2.5%。[1]鉴于一些消费税在1989年以后有所增加，税收改革下，纳税人负担减轻的净额约为每年400亿西德马克，约占国民生产总值的2%。[2]

公众将税收改革视为对过去几年节衣缩食岁月的补偿，因此可以在报纸头条看到如下标题："斯托尔滕贝格的政策让所有人有进账：税收改革带来更多收入。"[3]而今我们从学术文献中了解到，那时的税收改革虽然被认为是真正的"减负"，但并不是对收入增长缓慢的补偿。[4]尽管如此，税收改革在公众中广受欢迎，整顿政策也由于减税获得更多拥护。蒂特迈尔在1987年6月3日的一次演讲中评论道：很高兴看到"节约完蛋"这一热门词逐渐淡出了人们的讨论范围。[5] 1985年12月21日《证券报》（*Börsen-Zeitung*）还以"得益于整顿的减税"为标题对整顿政策表示肯定。[6]这一时期的财政政策决定还需参考美英两国同期的情况，这两个国家早已将企业所得税降低，从而引发有利于投资的国际减税进程，这无疑将影响德国经济竞争力。英国的企业所得税率降低了15个百分点（从50%降至35%），而美国的企业所得税则降低了12个百分点（从46%降至34%）。[7]不过联邦德国第一阶段减税聚焦个人所得

① Tietmeyer, Aktuelle Fragen der Finanz-und Steuerpolitik, S. 13 – 15.

② Tietmeyer, Vortrag anlässlich der deutsch-französischen Konferenz, S. 5.

③ Tietmeyer, Deutsche Finanzpolitik vor großen Herausforderungen, S. 1.

④ Feld, Zur Bedeutung des Manifests der Marktwirtschaft, S. 13.

⑤ Tietmeyer, Deutsche Finanzpolitik vor großen Herausforderungen, S. 8.

⑥ O. A., Tietmeyer: Steuersenkung dank Konsolidierung, in: *Börsen-Zeitung*, 21. 12. 1985.

⑦ Steffen Ganghof, Wer regiert in der Steuerpolitik? Einkommensteuerreform zwischen internationalem Wettbewerb und nationalen Verteilungskonflikten (Schriften des Max-Planck-Instituts für Gesellschaftsforschung), Frankfurt am Main 2004, S. 67 f.

税，因为政府首先致力于激励劳动和减轻家庭负担。[①]官方宣称希望借此遏止已在联邦德国出现多年的出生率下降情况。[②]当然，政府任期即将结束，1987 年的联邦大选临近也是不可忽视的因素。在多年节衣缩食之后，个人税负的降低让民众耳目一新，持续至 1990 年的减税、私有化及财政整顿政策的成功都有利于选举。[③]

税收政策的核心是简化税收程序和降低企业税，联邦政府希望借助税收程序的简化，促进经济主体集中精力参与市场竞争，而非千方百计寻找税务漏洞避税。[④]税收改革的指导思想是“大多数情况下的低税率和尽可能少的高税率是更为可取的”。[⑤]这一理念符合联邦财政部稳定导向的实施方案，因此这一方针被忠实执行，从而实现其逐步、透明并长远提高生产与投资活力的目标，进而保持经济活动的活力。[⑥]

税收改革的重点是企业减税，因为联邦德国属于十大工业国中利润税率最高的国家之一，税率最高可达 70%。尽管这样的比较并不严格，因为各国税基口径大相径庭，但许多跨国企业认为这是联邦德国的区位劣势。[⑦]尤其是其他工业国步英美两国后尘，于 1986 年纷纷降低企业所得税之后，联邦政府日益面临减税压力，以避免竞争力的进一步流失。[⑧]

这一议题在也公共空间发酵，德国纳税人感到惊讶又有些嫉

---

① Tietmeyer, Aktuelle Fragen und Perspektiven der Finanzpolitik, S. 18.

② Ganghof, Steuerpolitik, S. 68.

③ Tietmeyer, Perspektiven der Finanz-und Steuerpolitik, S. 20.

④ Tietmeyer, Perspektiven der Finanz-und Steuerpolitik, S. 20.

⑤ Tietmeyer, Perspektiven der Finanz-und Steuerpolitik, S. 18.

⑥ Tietmeyer, Deutsche Finanzpolitik vor großen Herausforderungen, S. 11.

⑦ Tietmeyer, Rede Staatssekretär Dr. Tietmeyer anlässlich Seminar der Deutschen Bank, S. 9.

⑧ Ganghof, Steuerpolitik, S. 68.

妒，因为似乎在国际层面，除企业所得税外，个人最高税率也被降低。[①]而在联邦德国，与其他工业国相比，减税面临更大的理念挑战，因为基于税收法律形式的中立性，企业所得税率和个人所得税最高税率应处于同一水平，即所谓税率对称性。其他工业国不存在这一原则。联邦政府面临的选择是要么同时降低这两个目前为58%的税率，要么触动这一原则。自民党主张坚持这一原则，从而将两个税率都调低。[②]基民盟/基社盟虽然赞同将这两个税率都降低，但幅度应有所不同。斯托尔滕贝格建议个人所得税最高税率下调至50%，而企业所得税最高税率降至47%。[③]这一提议在基民盟/基社盟内部仍然引发了争议，遭到代表雇员立场党员的批评，因为这一差别对待将导致大型合伙公司纷纷转制为股份公司，而德国约90%的企业为合伙制。[④]他们同时还表示，这也违背宪法规定的平等原则。蒂特迈尔则主张税率的差别化调整，并对批评进行回应。在当时的法律框架下，即使引入差别化的税率调整，合伙公司与股份公司的总税负仍然可以实现相对平衡。尽管合伙公司的名义税率更高，但是改革引入了许多免征额，这样两种公司形式的平均税负最终几乎没有差别。而要确保平等的竞争，股份公司要比合伙公司少征税，这是不可避免的。蒂特迈尔还警告不要忽视国际竞争。联邦德国的企业所得税率高于国际水平，因此对于蒂特迈尔来说，企业所得税率更大幅度的下调更为重要。[⑤]

---

① Konrad Littmann, Parteien verhindern Gerechtigkeit. Am politischen Egoismus scheitert in der Bundesrepublik eine Steuerreform nach US-Vorbild, in: *Die Zeit*, Nr. 43, 17.10.1986.

② Ganghof, Steuerpolitik, S. 69 f.

③ Ganghof, Steuerpolitik, S. 70.

④ Tietmeyer, Deutsche Finanzpolitik vor großen Herausforderungen, S. 11 f.

⑤ Tietmeyer, Perspektiven der Finanz-und Steuerpolitik, S. 20.

联邦政府内部的意见并不统一，联邦总理科尔也为此焦头烂额。整整三周的内部商议与公共讨论之后，形势发展到施特劳斯在这一议题上公开批评科尔。①争论愈演愈烈，以至于科尔感到有必要发布"须绝对服从的命令（Machtwort）"，以避免联盟内部的合作被进一步损害。在与联邦财政部磋商后，他决定妥协，废除税率对称性原则。个人所得税最高税率和企业所得税最高税率分别降至53%和50%，以重新强化国际竞争力，这也导致税率在整整九年后重新回到分化状态。②

这一决定正中反对党下怀，因为进一步减税给予它们炒作分配问题（"杀贫济富"）的借口，并可以批评政府"毫无原则"。③但是公众对于税收改革的观感还不错，无论如何，经济政策上的成功，给大选中的基督教－自由联盟加分不少。基督教－自由联盟也因此获得选举胜利，赫尔穆特·科尔继续留任联邦总理。蒂特迈尔的职务起初没有变化，他应继续担任两年的副部长。1987年3月18日，科尔就税务改革强调说："我们借助成功的整顿政策降低税负。"④这一表态虽然表明经济政策的重心就此向减税转移，但并不意味着财政整顿政策的终止。在这种情况下，联邦政府没有为减税预留资金，而是希望潜在的经济增长可以重新弥补财政收入的缺口。蒂特迈尔也反复强调，减税的空间应该借助缩减支出来获得。⑤很显然，尽管财政整顿路线取得了成果，但其仍将继续，原因也显而易见，税收改革首先导致了公共财政收入的减少。蒂特迈

① Stoltenberg, Gesamtentwicklung, S. 19.
② Tietmeyer, Perspektiven der Finanz-und Steuerpolitik, S. 19.
③ Ganghof, Steuerpolitik, S. 70.
④ Tietmeyer, Aktuelle Fragen der Finanz-und Steuerpolitik, S. 11.
⑤ Tietmeyer, Perspekitiven der Finanz-und Steuerpolitik, S. 15.

尔说，虽然从中长期来看，可以通过减税促进经济更快地增长，从而实现财政的收支平衡，但是期望短期内借助经济增长获取更多税收，无疑是轻率的。对于联邦财政部来说，节约仍然是“自由之母”。[①]严格的支出控制一直持续到1990年德国统一。[②]联邦财政部的财政计划规定公共支出增幅不能超过2.5%，低于预估的国民生产总值增长率，从而使政府支出占经济总量逐渐降低至40%～45%。整顿政策的成功为随后几年降低税费占国民生产总值比例的计划创造了条件。[③]

大选之后繁荣的宏观经济形势也没有发生太大变化。恰恰相反，尽管1987年10月股灾发生并引发人们对经济衰退的担忧，但所有悲观的预测事后被证明是杞人忧天。德国经济在随后几年稳定下来，经济增长动力强劲，直至德国统一。1988年实际经济增长率攀升至3.7%，是80年代截至当时增速最快的一年。[④]投资增速达6.6%，而之前最乐观的预测也只有3%，外贸规模也创历史纪录。[⑤]1988年与1989年甚至应该是“二十年以来”经济最繁荣的两年。[⑥]

联邦政府的政策方针得到许多研究机构的肯定，汉堡世界经济研究所（HWWA）1988年3月表示，本届联邦政府财政政策与上一届差别很大，因为本届政府在经济下行阶段有意识地摒弃借助财

---

① Hans Tietmezyer, Rede anlässlich seiner Verabschiedung im Bundesministerium der Finanzen am 20. Dezember 1989, 20. 12. 1989. PAT, Ordner 72, S. 5.

② Tietmeyer, Deutsche Finanzpolitik vor großen Herausforderungen, S. 13.

③ Tietmeyer, Perspektiven der Finanz-und Steuerpolitik, S. 11 f.

④ Statistisches Bundesamt, Wirtschaft und Statistik, S. 204.

⑤ Günther Pehl, Deutsche Wirtschaft 1988/89. Trotz wachsender Arbeitslosigkeit tritt Regierung erneut auf die Bremse, in: Gewerkschaftliche Monatshefte 2 (1989), S. 65 – 75, hier S. 65 f.

⑥ Stoltenberg, Gesamtentwicklung, S. 20.

政支出扩张以刺激需求的策略，而是致力于加强经济长期自动稳定机制。[①]欧洲各国元首与政府首脑甚至将德国的经济发展描述为新的“经济奇迹”。[②]客观地说，这样的发展并非奇迹，更多是可持续的经济与财政政策的成果，这一政策关注国家一边紧缩，一边从经济活动中退出。

三 小结

秉承国家需回归“其核心任务”的联邦政府，在私有化政策领域取得成功。[③]秩序政策考虑下，除了市场经济复兴以及由此带来的经济活力释放之外，财政“减负”也同时得以实现。[④] 如一开始所提到的，这并非政策的初始目标，因为政策的主要目标是把政府行为转移到私人经济领域。[⑤]蒂特迈尔在 1984 年 1 月提出的目标，即政府未来不再参与经营行为，在许多国有企业中得到落实。[⑥]尽管私有化仍然有一些不可触碰的部门，例如邮政部门与铁路部门，但是这些部门在 80 年代还无足轻重。[⑦]就此而言，逐步降低干预强度，从而激发市场经济活力的计划最终实现了。[⑧]

蒂特迈尔对联邦德国 80 年代私有化政策的影响颇大，作为联

① Tietmeyer, Rede Staatssekretär Dr. Tietmeyer anlässlich Seminar der Deutschen Bank, S. 15.

② Börnsen, Fels oder Brandung, S. 110.

③ Stüwe, Regierungserklärungen, S. 290.

④ Zohlhöfer/Zohlnhöfer, Wirtschaftspolitik, S. 163.

⑤ König, Developments in Privatization in the Federal Republic of Germany, S. 521.

⑥ WDR, Staatssekretär Dr. Tietmeyer in „zwei zu eins“ zum Thema Privatisierung, 9. 1. 1984. PAT, Ordner 101, S. 1.

⑦ Zohlhöfer/Zohlnhöfer, Wirtschaftspolitik, S. 163.

⑧ O. A., Veba-ein erster Schritt, in: *Die Welt*, 3. 12. 1983; Kruse, Ordnungstheoretische Grundlagen der Deregulierung, S. 10.

邦财政部常务副部长，他担任斯托尔滕贝格的常务代表，参与所有决策过程，并具备做出重大决定的能力。他不仅频繁与斯托尔滕贝格沟通，还是几乎所有私有化政策的参与者。[①]而1984年11月斯托尔滕贝格呈给内阁的具体改革总体规划也是蒂特迈尔起草的。[②]这个规划草案推动了联邦德国的私有化政策，从而使经济有活力地增长。蒂特迈尔在2015年2月甚至认为，德国当前的竞争力也有80年代政策的贡献。[③]这一说法是否成立，在此无法得出定论，但是私有化的企业中长期经营状况良好，80年代的私有化也被作为后世私有化政策的正面案例。

财政整顿的理念也被认为是有效果的，正因为如此，政府第二任期一开始，支出再次大幅压缩。联邦德国政府财政支出与债务占国内生产总值比值（1982～1989年）如图5－3所示。

政府财政支出占国内生产总值的比值从1982年的47.5%下降至1989年的43.1%，而联邦财政部曾将40%～45%设定为目标区间，就此而言，目标达到了。[④]此外，财政收支状况也有明显改善，1982年债务占国内生产总值的3.4%，而到1989年，债务占国内生产总值0.1%。支出缩减幅度最大的是社会福利，其占国内生产总值的比值从23.6%下降至22.5%。[⑤]大力推进的支出增长“紧急制动”机制看起来开始生效。[⑥]相关数据显示，实际上，政府财政

---

① 汉斯·蒂特迈尔访谈，2015年2月18日。

② Mayer-Kramer, Vom Niedergang des unternehmerisch tätigen Staates, S. 212.

③ 汉斯·蒂特迈尔访谈，2015年2月18日。

④ Tietmeyer, Aktuelle Fragen der Finanz-und Steuerpolitik, S. 11 f.

⑤ Statistisches Bundesamt, Deutschland: Anteil der Sozialausgaben des Staats am Bruttoinlandsprodukt von 1980 bis 2005, Wiesbaden 2018.

⑥ Schmidt, Sozialpolitik, S. 242; Statistisches Bundesamt, Volkswirtschaftliche Gesamtrechnung. Inlandsproduktberechnung, Lange Reihen ab 1970, S. 43.

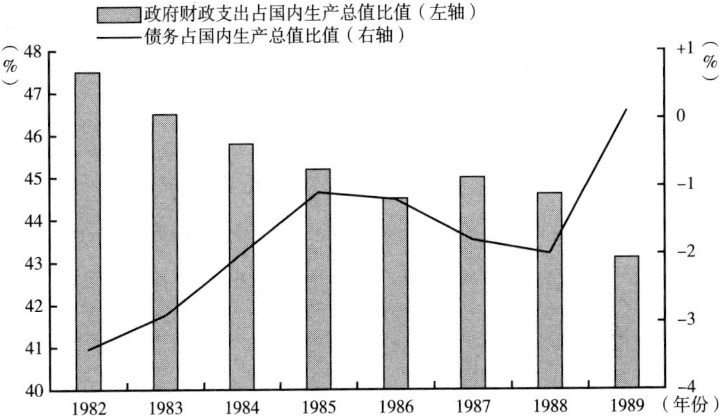

图 5－3　联邦德国政府财政支出与债务占国内生产总值比值（1982～1989 年）

资料来源：作者自制，数据来源于 Volkswirtschaftliche Gesamtrechnung. Inlandsproduktberechnung, Lange Reihen ab 1970, Wiesbaden 2018, S. 43。

支出占国内生产总值比值的降低并非源于支出的减少，而是因为名义国内生产总值年均 4.8% 的强劲增长。1982～1989 年，公共支出甚至年均增加 3.5%，而没有达到蒂特迈尔宣称的 2.5%。[①]受益于宏观经济形势，财政收入年均增长率达 4.7%，所以财政赤字逐年缩减。[②]在蒂特迈尔看来，80 年代为联邦德国"以一个相对稳定的状况迎来统一"打下了经济与财政基础。[③]正因如此，他将德国 80

① Statistisches Bundesamt, Volkswirtschaftliche Gesamtrechnung. Inlandsproduktberechnung, Lange Reihen ab 1970, S. 41; Tietmeyer, Aktuelle Fragen der Finanz-und Steuerpolitik, S. 11 f..

② Statistisches Bundesamt, Volkswirtschaftliche Gesamtrechnung. Inlandsproduktberechnung, Lange Reihen ab 1970, S. 41.

③ 汉斯·蒂特迈尔访谈，2014 年 12 月 16 日。

年代的财政政策及其实践描述为“历史意识被低估的事件”。[①]

财政政策在80年代的正面效应是显而易见的，主要是政府财政支出占国内生产总值比值的降低和财政收入的超幅增加。而在其他方面，财政政策的贡献有限，尤其是推动公共支付从消费性转向投资性，以增强创新、研发、基础设施和竞争力的计划，仍然毫无进展，这对于蒂特迈尔来说，无疑是一个苦涩的挫折。早在70年代，蒂特迈尔就认为，每一个“被拒绝的补贴要求”都是一次胜利。[②]这个观点被他纳入“拉姆斯多尔夫文件”，并在80年代致力于将之落实。联邦财政部在制定减税法规时也尝试对补贴目录进行整理，并表示不应存在“禁忌与不可触碰的领域”[③]，但并没有取得进展。尽管80年代末联邦德国与英国一样，属于欧洲共同体各国中补贴水平最低的国家，但是联邦政府补贴支出占国内生产总值的比值只是从1970年的2%下降至1987年的1.5%。[④]如果考察1982~1989年这个时间段，形势更不容乐观。由于这期间国内生产总值增长，联邦政府的计划没有实现，德国消费性补贴支出甚至上升，投资性公共支出反而下降。[⑤]

那么，为何基督教-自由执政联盟在财政整顿框架下无法取得更多成果？毕竟从1982年至1989年它还在联邦议院与联邦参议院占据了明显多数的席位。蒂特迈尔自己也承认，联邦财政部在20世纪80年代为实现财政目标是不是竭尽全力，是值得商榷的。但

① Tietmeyer, Euro ist nicht nur ein Ergebnis, S. 146.

② O. A., Dr. Hans Tietmeyer: Auf ein Wort, in: *Die Welt*, 23. 12. 1983.

③ O. A., Subventionskatalog soll durchforstet werden, in: *Süddeutsche Zeitung*, 5. 11. 1985.

④ Tietmeyer, Rede Staatssekretär Dr. Tietmeyer anlässlich Seminar der Deutschen Bank, S. 19.

⑤ Zohlhöfer/Zohlnhöfer, Wirtschaftspolitik, S. 160 – 168.

是，不可忽视的是，即使在基民盟内部，也有数量可观的议员反对财政整顿政策。[①]科尔的用人政策也可以被形容为“社会国家友好型”，以实现两条路线的艰难平衡，即在施行财政整顿政策的同时，继续推进程度相对较缓和的社会国家政策。[②]联盟党代表雇员立场的一翼与自民党的经济自由主义派经常发生争执，而联邦政府与州政府也分歧不断。[③]这些矛盾阻碍财政整顿政策的落实，也是整顿政策无法全面实施的重要原因。[④]

基民盟代表雇员立场一翼的重要人物是劳动部部长诺伯特·布吕姆，他是扩张性社会政策的坚定拥护者。布吕姆对市场经济复兴的影响是如此之大，以至于劳动力与社会政策领域的必要改革无法出台。所以直到基督教－自由执政联盟后期，为确保财政承受能力，政府才开始实施“拉姆斯多尔夫文件”中较小幅的改革。[⑤]例如人口结构因子直到 1997 年才因为退休人员不断增多而被引入法定养老保险，而且随着 1998 年政府换届又直接被再次取消。而退休年龄的延迟直到 2007 年默克尔政府时期才得以落实也是一个例子。事实上，在劳动力市场与社会政策领域，随着创造就业措施和提前退休制度的引入，相关政策与蒂特迈尔在“拉姆斯多尔夫文件”中的设想是背道而驰的。后果就是德国失业率居高不下，从 1982 年的 7.5% 上升至 1989 年的 7.9%。[⑥]更高的长期失业率问题甚至更加严重，直至 2010 年才通过施罗德政府“2020 议程”引入

① 汉斯·蒂特迈尔访谈，2015 年 2 月 18 日。

② Schmidt, Sozialpolitik, S. 247.

③ Zohlnhöfer, Wirtschaftspolitik, S. 170－173.

④ 汉斯·蒂特迈尔访谈，2014 年 12 月 16 日。

⑤ 此处参见 Feld, Zur Bedeutung des Manifests der Marktwirtschaft, S. 11－17。

⑥ Statistisches Bundesamt, Arbeitsmarkt 1950 bis 2017.

的劳动力市场改革得到解决。[1]

1984年，拉姆斯多尔夫卷入弗利克丑闻，基督教-自由执政联盟失去了供给侧改革的重量级拥护者，否则拉姆斯多尔夫与斯托尔滕贝格这一对搭档显然会推行更多的经济与财政政策改革。马丁·邦尔曼（Martin Bangemann）接替拉姆斯多尔夫担任部长后，联邦经济部便失去了影响力。[2]在蒂特迈尔看来，邦尔曼“很遗憾并不够坚定”，甚至进一步强化了布吕姆的社会政策立场，市场经济的复兴进程被进一步削弱。[3]

乍一看，这些批评在贬低80年代市场经济复兴道路上所取得的进步，认为改革总体上来看是不全面的，因为进一步改革的巨大潜力没有被挖掘和释放。然而，不应低估在德国经济与财政领域这些来之不易的进步，尤其是考虑到当时错综复杂的政治形势。蒂特迈尔原则上也对80年代的改革成果表示满意，因为联邦政府顶着公众和政府内部的巨大压力，仍让严格的财政紧缩政策得以实施。[4]在财政领域，公共财政再次变得可控，并且预算几乎实现平衡。[5]赫尔穆特·科尔也高度赞扬联邦财政部，并称斯托尔滕贝格是“弗利兹·谢弗尔（Fritz Schäffer）以来最重要的财政部长”。[6]他这一表态可以让人认为，推行80年代的财政政策不仅是时任政府的核心任务，甚至可能是头等大事。

---

① Feld, Zur Bedeutung des Manifests der Marktwirtschaft, S. 14.

② O. A., Bundeswirtschaftsministerium: Probleme mit Gewicht, in: *Wirtschaftswoche*, Nr. 45, 2.11.1984.

③ 汉斯·蒂特迈尔访谈，2014年12月16日。

④ 汉斯·蒂特迈尔访谈，2015年2月18日。

⑤ Hans Tietmeyer, Fels oder Brandung? Gehard Stoltenberg-Der verkannte Visionär (Vorstellung des Buches von Wolfgang Börnsen in Berlin am 16.12.04), 16.12.2004. PAT, Ordner 5, S. 7.

⑥ Börnsen, Fels oder Brandung, S. 112.

蒂特迈尔对市场经济复兴的贡献是巨大的，作为联邦财政部常务副部长，他在幕后不仅负责战略决策，还要参与实际工作的部署，但由于并非肩负直接责任的部长，因此他的贡献常被忽视。在此不得不提，财政紧缩与私有化政策下德国竞争力的持续提高不但应该归功于斯托尔滕贝格的顽强，也离不开蒂特迈尔的支持。可能由于两人性格接近，因此配合默契，他俩都秉承同样的秩序政策理念或人生观（基督教社会教义）。这也可以解释为何斯托尔滕贝格任命蒂特迈尔担任联邦财政部常务副部长。[①]在一个理念清晰且坚定的联邦财政部背后，站着一位有着同样理念并同样坚定的副部长。

鉴于蒂特迈尔的贡献，显然，联邦政府的经济与财政政策至少大部分是蒂特迈尔本人在“拉姆斯多尔夫文件”中提出的，有三个例证可以佐证。第一个例证是解除多余的行政管制促进市场经济发展并提升竞争力和经济自主性，这一政策是“拉姆斯多尔夫文件”的核心诉求，也是基督教－自由执政联盟经济政策的基本导向，例如通过私有化政策使个人尽可能拥有实现自我的可能。[②]而蒂特迈尔对 80 年代私有化政策的贡献显然是不可低估的。

第二个例证是财政整顿政策，蒂特迈尔在“拉姆斯多尔夫文件”中要求设计一个中期纲领，从而减少财政的不确定性。[③]尽管财政整顿政策显然没有实现本应获得的更大成功，但财政政策的转向是显而易见的，这一点从新增债务的速度就能看出。70 年代，公共债务年均增长率仍高达 14.2%，到 80 年代则降至 8.0%。[④]

---

① Börnsen, Fels oder Brandung, S. 119 f.

② Tietmeyer, Konzept für eine Politik zur Überwindung der Wachstumsschwäche, S. 26 – 31.

③ Tietmeyer, Konzept für eine Politik zur Überwindung der Wachstumsschwäche, S. 7.

④ Statistisches Bundesamt, Schulden des Öffentlichen Gesamthaushalts beim nicht-öffentlichen Bereich insgesamt.

第三个例证是降低企业所得税以改善德国投资环境，“拉姆斯多尔夫文件”中也有避免宏观经济税费继续增加、营造有利于投资的税收体系的表述。①考察税费率，即税费占国内生产总值的比例，就会清楚地发现，税负事实上没有再增加。整个 70 年代，税费率提升了 5 个百分点，而自 1982 年至 1990 年，税费率则从 35.5% 适当降到 34.8% 。②尽管降幅并不明显，但至少税费率不再继续增长，投资环境也因此改善。

蒂特迈尔不仅直接参与了基督教 - 自由执政联盟经济与财政政策的落实，而且还对其理论基础有所贡献。伯恩哈德·齐泽曾经在 1987 年至 1990 年担任蒂特迈尔私人秘书，他同意这一观点，并认为 1982 ~ 1990 年能够实现连续八年经济增长率都维持 2.5% 至 3% 的经济奇迹，蒂特迈尔功不可没，而 1982 ~ 1990 年这段时期是在战后经济奇迹时期中最长的经济增长期。③齐泽的原话是这“最终是由他强有力地促成的”。④

第二节 “红军旅”刺杀蒂特迈尔

20 世纪 80 年代还发生了一件事，即 1988 年 9 月 20 日蒂特迈尔遭遇刺杀，“红军旅”宣布对此负责。蒂特迈尔为什么成为袭击的对象？刺杀是怎么发生的？它又对蒂特迈尔产生了什么影响？

---

① Tietmeyer, Konzept für eine Politik zur Überwindung der Wachstumsschwäche, S. 15 - 18.

② OECD, Revenue Statistics, Berlin/Paris 2012.

③ Sachverständigenrat zur Begutachtung der gesamtwirtschaftlichen Entwicklung, Jahresgutachten 2017/18. Für eine zukunftsorientierte Wirtschaftspolitik, Wiesbaden 2017, S. 134; Statistisches Bundesamt, Wirtschaft und Statistik, S. 204.

④ 伯恩哈德·齐泽访谈，2015 年 6 月 22 日。

关于德国恐怖组织“红军旅”的研究，无论是在学术文献还是公共媒体的分析中，都聚焦这一组织的建立者，即所谓第一代“红军旅”身上。政治学家亚历山大·斯特拉斯纳（Alexander Straßner）认为“尤其在拥有克里斯玛气质的建立者乌尔里克·迈因霍夫（Ulrike Meinhof）、安德里亚斯·巴德尔（Andreas Baader）和古德隆·恩斯林（Gudrun Ensslin）周围逐渐形成了一种独特的流行文化”[①]。第一代“红军旅”产生于六八运动[②]，越南战争和高层政客的纳粹背景是六八运动的主要关注点。在多起袭击发生并导致数人死亡之后，三位建立者于1972年被捕，公众的相关热情也就很快冷却下来。[③]在“红军旅”的报道沉寂约三年后，第二代“红军旅”于1975年逐渐形成。它在所谓的“七七攻势”[④]下的活动成为联邦德国恐怖主义的新现象。

第二代“红军旅”的初始目标是将组织创建者从监狱中救出，因此导致一些刺杀行动的受害者人数更多，手段也更为血腥。例如1977年4月和7月分别针对联邦总检察长西格弗里德·布巴克（Siegfried Buback）和德累斯顿银行理事会发言人于尔根·蓬托（Jürgen Ponto）的刺杀行动。[⑤]

---

① Alexander Straßner, Die Dritte Generation der RAF. Terrorismus und Öffentlichkeit, in: Die RAF. Entmythologisierung einer terroristischen Organisation (Schriftenreihe der Bundeszentrale für Politische Bildung), hrsg. v. Wolfgang Kraushaar, Bonn 2008, S. 200 - 232, hier S. 200.

② 六八运动是20世纪60年代中后期开始，于1968年达到高峰的一场世界范围内由左翼学生与民权运动者共同发起的反战、反官僚精英的一系列抗议活动。——译者注

③ Alexander Straßner, S. 200.

④ 1977年，“红军旅”刺杀活动频发，尤其是该年9月至10月达到滋事最高峰，而被称为“德意志之秋”。——译者注

⑤ Tobias Wuschnik, Baader-Meinhofs Kinder. Die zweite Generation der RAF, Opladen 1997, S. 171 - 173.

随着三位领导人物克里斯蒂安·克拉（Christian Klar）、布丽吉特·蒙豪普特（Brigitte Mohnhaupt）和阿德尔海德·舒尔茨（Adelheid Schulz）被捕，第二代“红军旅”的活动销声匿迹。第三代也是最后一代“红军旅”（1982～1998年）的领导层至今未知，它们总共实施了九次谋杀，其中一些至今是悬案。目前，外界也只知晓两位领导人物，即沃尔夫冈·格拉姆斯（Wolfgang Grams）和比尔吉特·霍格菲尔德（Birgit Hogefeld）。第三代“红军旅”的核心目的是攻击“帝国体系”和作为军工复合体的北约[1]，目标是经济界与军界要人，并从1985年开始发起所谓“八五/八六攻势”[2]。在1986年10月10日谋杀外交官格罗尔德·冯·布劳恩穆尔（Gerold von Braunmühl）之前，袭击只针对军界与经济界[3]，而对布劳恩穆尔的袭击则表明第三代“红军旅”的攻击对象还扩展到了政界。

蒂特迈尔也被“红军旅”盯上，因为他深刻影响了联邦德国的市场经济复兴进程，而在“红军旅”看来，这意味着“对数以百万的人更残酷的剥削，并摧毁他们的生存基础”。[4]“红军旅”认为，蒂特迈尔是“设计、协调和落实帝国主义经济政策”的核心人物，他要为“第三世界的民族灭绝和深重苦难”以及“西欧剥削、贫困和压迫加剧”负责。[5]作为“夏尔巴人”，蒂特迈尔也参与

---

① Rossana Lucchesi, RAF und Rote Brigaden-Deutschland und Italien von 1970 bis 1985, Berlin 2013, S. 290.

② Rossana Lucchesi, RAF und Rote Brigaden-Deutschland und Italien von 1970 bis 1985, Berlin 2013, S. 290.

③ Straßner, Die Dritte Generation der RAF, S. 201-209.

④ Anschlag auf Staatssekretär Hans Tietmeyer. Erklärung vom 20. September und 21. September 1988, 21.9.1988. PAT, Ordner 105, S. 1.

⑤ Anschlag auf Staatssekretär Hans Tietmeyer. Erklärung vom 20. September und 21. September 1988, 21.9.1988. PAT, Ordner 105, S. 1.

众多国际经济与货币政策决策，又是国际货币基金组织与世界银行德国代表团成员。因此，1990年6月，当蒂特迈尔与美国财政部副部长大卫·莫福德（David Mulford）及日本大藏省副相行天丰雄（Toyoo Gyothen）为减少外汇市场动荡，就所谓“广场协议”的细节进行商议时，《机构投资人》（*Institutional Investor*）杂志如此报道一位德国官员：“他们三位曾经开玩笑说他们正在统治世界……在大多数情况下，可能是的。”① “红军旅”认为蒂特迈尔对世界经济与金融政策的影响真有如此之大，并且支持在发展中国家开展通过饥荒和动乱实施灭绝的帝国主义政策，从而确保国际资本的利润和权力。②

早在1986年8月，也就是1988年9月刺杀发生之前约两年，波恩的警察就告知蒂特迈尔，在对普法尔茨（Pfalz）宾尔布瑞克青年旅社（Jugendherberge Bingerbrück）的一次搜查中发现了关于他的剪报。在这个青年旅社逮捕了疑是“红军旅”成员的爱娃·豪勒－弗林蓬（Eva Haule-Frimpong）、路易加·霍恩斯坦（Luitgar Hornstein）和克里斯蒂安·克鲁特（Christian Kluth）。③

鉴于蒂特迈尔并不太高的职位，波恩警察局长弗里齐（Fritsch）为“确保尽可能的安全”而于1986年9月将他划入“危险等级三”的序列。④危险等级总共有三档，第三档的危险等级最低，当事人享有最初级的安保措施。“危险等级一”意味着当事人很危险，随时可能被袭击；“危险等级二”的当事人很危险，不排除被袭击；而“危

① O. A., The Liaison man: Can he repair the rift between Bonn and Frankfurt?, o. S.

② O. A., The Liaison man: Can he repair the rift between Bonn and Frankfurt?, o. S.

③ Brief von Kriminaloberrat vom Brocke aus Bonn an Tietmeyer, Az. 2930 – 14. K/1290/86, 19. 8. 1986. PAT, Ordner 105, S. 1.

④ Brief von Kriminaloberrat vom Brocke aus Bonn an Tietmeyer, Az. 14. K/275 – 1290/86, 25. 9. 1986. PAT, Ordner 105, S. 1.

险等级三”仅仅表示不排除当事人受到危害的可能。当事人如果被划入“危险等级三”，那么在特定场合会有警力陪同，警察每隔一个小时或者例行巡逻时会不定期地对当事人住家至少监视一次。[①]

“红军旅”于1986年10月刺杀布劳恩穆尔之后，在1987年和1988年沉寂下来，既没有采取进一步的暗杀行动，也没有发布任何书面的公告或恐吓。联邦德国的民众甚至都慢慢觉得，恐怖主义已经成为历史。[②]平静的幻觉在1988年9月戛然而止。起因是国际货币基金组织与世界银行于1988年9月27—29日在柏林举行的年会。用柏林内政部门发言人汉斯·比尔肯波尔（Hans Birkenbeul）的话来说，这是“联邦德国土地上举办的最盛大国际会议”。[③]

内政部门的数据显示，为了这次会议，柏林实施了战后最严格的安保措施。1987年6月美国总统里根访德，柏林出动了1000名警察，而这次会议期间，除了柏林本地的警察之外，还从全国各地抽调了9000名警察。[④]日程上最重要的议题是发展中国家的债务危机。在会议开始前，联邦德国各地就已自发地组织了对这两个组织的抗议活动，因为无论国际货币基金组织还是世界银行，都被抗议者视为剥削第三世界国家的帮凶和世界经济的恶棍。抗议者要求普遍豁免发展中国家的债务，因为在他们看来，这些债务本质上是因

---

① Personschutzkonzept für Herrn Bundesbankpräsident Tietmeyer, 4. 10. 1993. PAT, Ordner 105, Anlage.

② Stephan Eisel, Gewaltverharmlosung als 68er Erbe, in: 40 Jahre 1968. Alte und neue Mythen-eine Streitschrift, hrsg. v. Bernhard Vogel/Mattias Kutsch, Freiburg im Breisgau 2008, S. 65 – 84, hier S. 81.

③ O. A., Nervosität vor der Weltbanktagung in Berlin, in: *General-Anzeiger Bonn*, 21. 9. 1988.

④ O. A., Nervosität vor der Weltbanktagung in Berlin, in: *General-Anzeiger Bonn*, 21. 9. 1988.

为不公平的世界经济秩序而产生的。[①]马克思主义导向的“左”派机关报《青年世界日报》（*Junge Welt*）甚至煽动抗议者冲击国际货币基金组织年会会场。[②]无政府主义者的自治组织呼吁“公民抗命”。[③]在极端左翼中分发的宣传小册子上写道：“我们将不断前进，而不会逃避……要揭露和摧毁这残暴的帝国主义世界经济体系。”[④]《明镜》周刊报道：“枪击、打砸、纵火：国际货币基金组织会议引发恐怖主义。”[⑤]与G7国家政府、国际货币基金组织和世界银行对立的极端左翼的极端观点不能视而不见。

蒂特迈尔作为这两个机构委员会的德方成员，数月来一直忙于会议的组织工作，并于1988年9月15日公开将这两个机构置于安全保护之下。波恩《综合日报》（*General-Anzeiger*）的一篇文章写道，蒂特迈尔认同这两个机构的运作，因为80年代如果没有这两个机构的干预，发展中国家的债务问题早就导致全球金融体系的崩溃。他认为发展中国家是咎由自取，债务问题源于它们自身不适当的经济政策，用他的话说就是“借款更多被用于掩盖结构性问题、购买武器或者用于面子工程而非有实际收益的项目”[⑥]。

袭击发生在年会开幕之前一周，即1988年9月20日。根据后来的庭审材料，“红军旅”恐怖分子比尔吉特·霍格菲尔德于1988年9月15日用伪造的证件和驾照在伍珀塔尔的巴尔门（Wuppertal-

---

① Jürgen Gerhards, Neue Konfliktlinien in der Mobilisierung öffentlicher Meinung. Eine Fallstudie (Studien zur Sozialwissenschaft), Opladen 1993, S. 12 f.

② O. A., Wir mußten mit einem Anschlag rechnen. Schüsse, Schläge, Brandsätze: Die IWF-Tagung mobilisiert Terroristen, in: Der Spiegel, Nr. 39, 26. 9. 1988.

③ O. A., Ein Sinnloses Attentat, in: *Bonner Rundschau*, 21. 9. 1988.

④ O. A., Wir mußten mit einem Anschlag rechnen, o. S.

⑤ O. A., Wir mußten mit einem Anschlag rechnen, o. S.

⑥ O. A., Tietmeyer verteidigt Welt-Finanzinstitute, in: *General-Anzeiger Bonn*, 15. 9. 1988.

Barmen）租了一辆福特嘉年华用于作案。在案发前的 1988 年 9 月 15 日至 20 日，数位“红军旅”成员对蒂特迈尔位于波恩的海德霍夫区（Heiderhof）的住处及每日上班路线进行侦查。他们穿着黄白色马甲，挂着假相机，拿着一根红白相间的竿子，伪装成道路测量人员，“尽管在一些证人看来，那些林间小道根本无须测量”①。玛利亚－特蕾泽·蒂特迈尔补充道，案发前几天她在他们房子对面的果园看到几个年轻人，虽然报了警，但警察让他们放心，因为他们每天都会对周边做一次排查。②

恐怖分子发现，蒂特迈尔的司机库尔特·诺伊德克每天 8 时 15 分来接蒂特迈尔，然后沿着海德尔霍夫林路（Heiderhofring）开往波恩。作者曾经于 2015 年 6 月 22 日前往海德尔霍夫林路探访，发现在居民区对面有一片像森林一样的茂密绿带，是理想的藏身之处，这片绿带当时应该就存在。至少两名“红军旅”成员藏身于这片绿带的道路转弯拐点处，对海德尔霍夫林路，即蒂特迈尔的上班路线有约 200 米一览无余。③在案件侦查过程中警察也在树丛里发现（他们踩出的）小路与窥视孔。④

案发当天，因为与赫尔穆特·施密特就参加柏林国际货币基金组织年会通电话，蒂特迈尔耽误了 15 分钟出门。8 时 30 分他如往常一样登上司机开的专车。当汽车接近转弯拐点时，恐怖分子开火了。案犯计划首先射杀诺伊德克，让汽车停下来，然后再从容地将蒂特迈尔击毙。但是，冲锋枪的扳机被卡住了，案犯只能用另一支气霰

---

① Ulf G. Stuberger, Die Akte RAF. Taten und Motive, Täter und Opfer, München 2008, S. 230.

② 玛利亚－特蕾泽·蒂特迈尔访谈，2015 年 12 月 17 日。

③ Stuberger, Die Akte RAF, S. 229.

④ O. A., Trampelfade und Gucklöcher im Busch, in: *Der Spiegel*, 31. 10. 1988.

弹枪射击，至少开了四枪。尽管汽车没有装甲防护，发动机护盖、驾驶员一侧和后备厢各中了一枪，但子弹没有击穿车身，蒂特迈尔和诺伊德克都安然无恙。诺伊德克赶紧加速，开着轮胎被击穿的车奔向最近的派出所。恐怖分子架着租来的福特嘉年华驶过一段还未开放的道路逃离现场，并把车丢弃在波恩的维努斯堡（Venusberg）的一个封闭道路的路口。车随后很快就被警察发现。除了测量用具和安全背心外，“红军旅”恐怖分子还留下一份责任声明。[①]

在最初的报道里，记者们猜测恐怖分子想绑架蒂特迈尔，因为子弹射中的是汽车的下半部分。[②]而“红军旅”的责任声明清楚表明，他们想刺杀而非绑架蒂特迈尔。责任声明提及刺杀行动失败，“我们没有达成袭击的目标——射杀蒂特迈尔，因为本应该用来先击毙司机的冲锋枪卡壳了”。[③]此外，它还提到“暗杀小分队的两位成员本应该从掩体里冲出，因为不能仅仅指望一把气枪就让汽车停下，但是失败了”。[④]这次袭击事件宣告“红军旅”的回归。比尔吉特·霍格菲尔德与其他至今不为人知晓的恐怖分子同伙一直潜逃，霍格菲尔德最终于1993年6月27日被捕，并被判处终身监禁。[⑤]2011年6月，霍格菲尔德在被关押18年之后，因为表示不认同“红军旅”的行为方式，不会再犯，而作为最后的“红军旅”成员得到保释。[⑥]

蒂特迈尔被袭击后，警察局之前对他危险等级的划定大受诟病

---

① Stuberger, Die Akte RAF, S. 229.

② O. A., RAF wollte Tietmeyer entführen, in: *Bonner Rundschau*, 22.9.1988.

③ Anschlag auf Staatssekretär Hans Tietmeyer, S. 2.

④ Anschlag auf Staatssekretär Hans Tietmeyer, S. 2.

⑤ Stuberger, Die Akte RAF, S. 238.

⑥ O. A., Nach 18 Jahren: Ex-RAF-Mitglied Hogefeld aus Haft entlassen, in: *Der Spiegel*, 21.6.2011.

与质疑。蒂特迈尔最晚从1986年8月开始，就已经成为“红军旅”的目标，而后来又负责国际货币基金组织和世界银行年会筹办。此外，他的名字也越来越频繁地出现在潜在刺杀对象名单里。例如1988年8月，即案发前六周，联邦刑事警察局（Bundeskriminalamt）就提醒蒂特迈尔属于“处于危险之中的人员”。[①]外界的批评引发了关于负责保护政要与部长级官员安全的联邦机构的讨论。联邦部长和议会国务秘书的安全由联邦机构暨联邦刑事警察局负责，而常务副部长（国务秘书），如蒂特迈尔则受波恩所在的北莱茵－威斯特法伦州，即位于州府杜塞尔多夫（Düsseldorf）的州刑事警察局或者说联邦州刑事警察局负责。[②]联邦刑事警察局只向联邦州刑事警察局提供风险分析。至于联邦州刑事警察局据此如何界定常务副部长的危险等级，则完全掌握在联邦州手中。[③]案发仅几天后，联邦内政部（Bundesinnenministerium）就此进行讨论，并发现在管辖权与沟通方面存在严重冲突与问题。[④]

根据当时的权限分工，蒂特迈尔的“终极保护者”是北莱茵－威斯特法伦州内政部长赫伯特·施诺尔（Herbert Schnoor）。[⑤]而具体的安保安排则由波恩警察局局长弗里齐负责。据弗里齐所述，他对蒂特迈尔承担国际货币基金组织和世界银行年会的“组织任务”丝毫不知情（也许是由于沟通不畅）。[⑥]前联邦宪法保护局

---

① Brief von Kriminaldirektor Russart an Tietmeyer, 3.8.1988. PAT, Ordner 105, S. 1.

② O.A., Viele Fragen, in: *Rheinische Post*, 23.9.1988.

③ O.A., Düsseldorf „Schutzherr“ von Tietmeyer, o. S.

④ O.A., Weiterhin Unklarheit über Versäumnisse beim Schutz für Tietmeyer. Widersprüchliche Angaben in Bonn über Zuständigkeit für Sonderfahrzeuge, in: *Der Tagesspiegel Berlin*, 23.9.1988.

⑤ O.A., Düsseldorf „Schutzherr“ von Tietmeyer, o. S.

⑥ O.A., Verantwortung für Schutz Tietmeyers umstritten, in: *Rheinische Post*, 24.9.1988.

（Bundesamt für Verfassungsschutz）局长理查德·迈尔（Richard Meier）在 1988 年 9 月 22 日接受电台采访时指出安全机构的失误，即有些天真，力有不逮，尤其是在国际货币基金组织和世界银行年会引发大规模抗议的背景下。[①]

人们只能猜想，基于蒂特迈尔的职位和他关于发展中国家、国际货币基金组织与世界银行的言论，而将他划入“危险等级一”，可使他免遭袭击。“危险等级一”的安保措施包括一名贴身警员和家门前一辆巡逻警车的固定保护。《明星》（*Stern*）杂志 1988 年 10 月 6 日的一篇文章写道：“如果这样的话，警察可能发现恐怖分子为袭击蒂特迈尔而在他位于波恩的海德霍夫的别墅对面踩出的小路。”[②]此外，警察还可能察觉道路上根本不需要进行测量工作。而案发仅四十分钟之前，有一辆巡逻车刚从蒂特迈尔家门前的路上驶过，没有发现异常。[③]如果蒂特迈尔被划入“危险等级一”，事情将会怎么发展？安保机构到底有没有失误？这些问题已不可能有答案。但是，人员的安全措施强度在案发后确实大幅提高了。蒂特迈尔从此受到北莱茵－威斯特法伦州警察全天候保卫，安全机构还给蒂特迈尔重新配备了一辆防弹专车。[④]

总而言之，因为一连串的偶然，蒂特迈尔躲过一劫。玛利亚－特蕾泽·蒂特迈尔称暗杀失败是她生命中的奇迹，这期间发生的一切让她惊恐万分。[⑤]蒂特迈尔谈到这件事时则显然淡定得多，他说道：“我从此不再那么害怕死亡。谁承担更多责任，就要面对更多

---

① O. A.，Weiterhin Unklarheit über Versäumnisse beim Schutz für Tietmeyer，o. S.

② O. A.，Gefährdet，aber nicht geschützt，in：*Stern*，6. 10. 1988.

③ O. A.，Gefährdet，aber nicht geschützt，in：*Stern*，6. 10. 1988.

④ O. A.，Tietmeyer sollte ermordet werden. Weiteres Selbstbezichtigungsschreiben der RAF eingetroffen，in：*General-Anzeiger Bonn*，23. 9. 1988.

⑤ 玛利亚－特蕾泽·蒂特迈尔访谈，2015 年 12 月 17 日。

风险。”[①]然而，他并没有在“红军旅”的声明中找到让他信服的刺杀理由。在他看来，整个声明的内容是“错乱和失真”的。[②]最终人们只能把刺杀归因于他的经济政策理念和所担任的职务，在“红军旅”看来他会带来“苦难”“剥削”和“灭绝”。[③]蒂特迈尔似乎对“红军旅”的刺杀和要求已没有印象，可见他当时有多么淡定自若，这从他当时的私人助理沃尔夫冈·格隆布的描述中可见一斑。尽管格隆布之前已经听说刺杀一事，但蒂特迈尔走进办公室的时候对此一言不发。尽管他差点就要送命，但用格隆布的话来说，他一切如常，仿佛刺杀没有发生过一样。[④]玛利亚－特蕾泽·蒂特迈尔也证实了这一说法。当她被问到“这次突发事件后您丈夫有何变化”时，她回答道：“没有，他很轻松，立即接着出发去开会了。”[⑤] 1989 年 5 月 12 日，蒂特迈尔在《法兰克福汇报》上表示，在这种形势下，主要是他的基督教信念和对上帝的信仰帮助了他：“心理上这件事对我没有影响，我们最终都在别人手中。”[⑥]前政要与出版商彼得·格罗兹（Peter Glotz）于 1995 年 9 月 1 日这样描述蒂特迈尔的反应：“是不是因为他的天主教信念？他回答，‘我没有这么重要。’或者因为他作为威斯特法伦人的固执性格？有同伴认为他严厉甚至不近人情。无论如何，他是聪明、坚强、久经考验的勇士，可以被称为德国财政政策的约翰·韦恩（John Wayne）[⑦]。”[⑧]

---

① Klein, Könner, S. 25.

② Klein, Könner, S. 26.

③ Anschlag auf Staatssekretär Hans Tietmeyer, S. 1.

④ 沃尔夫冈·格隆布访谈，2015 年 6 月 29 日。

⑤ 玛利亚－特蕾泽·蒂特迈尔访谈，2015 年 12 月 17 日。

⑥ O. A., Fragebogen-Hans Tietmeyer, o. S.

⑦ 约翰·韦恩是著名的美国战争片与西部片演员，他扮演的硬汉形象深入人心。——译者注

⑧ Peter Glotz, John Wayne der D-Mark, in: *Die Woche*, 1. 9. 1995.

第六章　蒂特迈尔作为应对货币政策挑战的关键人物（1990～1999年）

《证券报》在 1989 年 9 月 7 日报道："周三，1989 年 9 月 6 日，长久以来被认为是铁定的传闻得到证实，蒂特迈尔将作为雷欧哈德·格勒斯克（Leonhard Gleske）博士的接班人前往法兰克福。"①蒂特迈尔将于 1989 年 9 月调任德国联邦银行董事会，主管欧洲和国际货币政策事务。②在过去的几年，各路媒体也一直在热议蒂特迈尔进一步的晋升，例如《汉堡晚报》（*Hamburger Abendblatt*）早在 1986 年 5 月就把他视为联邦银行行长卡尔-奥托·玻尔（Karl-Otto Pöhl）的继任者。③而《明镜》周刊 1985 年 6 月报道："谁在联邦财政部负责货币与金融？谁奔走于东京、巴黎、布鲁塞尔与华盛顿之间？谁可在沙特那里借来数十亿美元并筹备世界经济峰会？大家一定能猜出是谁了。"④这些猜想事实上都并非空穴来风。蒂特迈尔提到，玻尔在 20 世纪 80 年代中期曾询问他是不是愿意转任联邦银行董事会成员。蒂特迈尔当时并不排斥这个邀

---

① O. A., Tietmeyer per 1. Januar zur Bundesbank, in: *Börsen-Zeitung*, 7. 9. 1989.

② Tietmeyer, Daten, S. 6.

③ O. A., Sherpa für den Gipfel, in: *Hamburgischer Abendblatt*, 8. 5. 1986.

④ O. A., „Staatssekretäre". Das letzte Wort, in: *Der Spiegel*, Nr. 26, 24. 6. 1985.

约，只是出于对斯托尔滕贝格的忠诚得继续留任，随后时机来了。

蒂特迈尔的离去是联邦财政部的巨大损失，财经记者克劳斯-彼得·施密特写道：“高官行列中极其稀少的专家代表不再从事政府事务……他是最后一批老练的经济学家之一。”[①]特奥·魏格尔于1989年4月开始担任联邦财政部部长，和作为副部长的蒂特迈尔共事一年半，他的话也印证了这一点：“他是一位坚定的秩序自由主义者，对弗莱堡学派非常熟悉。他掌握有关的一切，不仅具有丰富的理论知识，而且能把理论付诸实践。”[②]至于蒂特迈尔在联邦财政部的声誉，魏格尔如是说：“他是我的重要顾问……我特别重视他，因为我并非专业的经济学家。在我的第二专业经济学的训练道路上，他是一位核心人物……我至今还能记起最初那几个月是那样的混乱。《德洛尔报告》正被提上日程，会议一个接一个，同时地方选举与欧洲大选将至。那是一段不安定的时期。有一天晚上，蒂特迈尔为我准备一个国际会议。我们在他家里坐着，我好几次累得趴在桌子上睡着了。汉斯·蒂特迈尔对此无动于衷，并且几次戳醒我，并告知我相关国际事务的情况。”[③]随着蒂特迈尔的离任，联邦财政部失去了一位有近三十年工作经验、在国内和国际享有“灰衣主教”[④]声誉的人物。他的继任者霍斯特·科勒尔必须将他奉为楷模。科勒尔的传记作者格尔德·朗古特（Gerd Langgut）评论道：科勒尔总是被拿来与蒂特迈尔做比较，而他可能也总是拿自己

① Klaus-Peter Schmid, Hans Tietmeyer-Fast ein Überminister. Der Bonner Staatssekretär wechselt zur Deutschen Bundesbank, in: *Die Zeit*, Nr. 51, 15.12.1989.

② 特奥·魏格尔访谈，2016年4月7日。

③ 特奥·魏格尔访谈，2016年4月7日。

④ “灰衣主教”指的是拥有很大权力的决策者或顾问，他们在幕后操纵决策，或以非公开或非官方的身份进行决策。——译者注

和蒂特迈尔做比较。[1]

1989年12月21日在联邦财政部举办的告别活动中，蒂特迈尔将联邦银行和联邦财政部做比较，他认为两个部门本质的区别在于，联邦财政部的任务是紧缩开支，而联邦银行的任务则是控制货币量。蒂特迈尔认为“做一件紧身的货币外套”也许比将公共财政“塞入”这个货币外套要容易一些。他如此表述自己的货币政策基本观点：“我的货币政策信条很明确，保持紧张的货币供应量，这一点同样适用于我们在国际领域中的立场，例如欧洲现在正在尝试建立的货币架构，必须确保稳定，国际货币体系须保持良好的运行。”[2]

本章围绕这一点进行论述，蒂特迈尔不久后（1993年10月）成为联邦银行行长，并因此对90年代欧洲货币联盟的架构产生了巨大影响。本章的重点还有与欧洲经济、货币和汇率政策相关的德国经济与政治形势变化。大多数分析源于蒂特迈尔的观点。

为确保论述全面，在第一节首先对1945年至1989年欧洲货币政策的发展做一个历史性回顾，第二节则聚焦1990年的两德货币联盟，第三节则分析90年代欧洲单一货币的引入。内容突出蒂特迈尔的核心诉求，并在《马斯特里赫特条约》（*Maastricht-Vertrag*）的背景下评价这些诉求，而《马斯特里赫特条约》最终被认为是欧洲货币联盟的基础。最后，本书从今天的角度来考察这些诉求，并借助专家访谈来探讨未来运作良好的货币联盟的必备条件。最新的变化表明，当时所做的选择至今仍在影响国际政治与经济，因此接下来的论述不仅有历史意义，对当前的形势也有重要价值。

---

① Langgut, Köhler, S. 90.

② Interview mit Dr. Tietmeyer in der Süddeutschen Zeitung, 25. 1. 1990. PAT, Ordner 113, S. 1.

第一节 1990年以前欧洲货币联盟建设的推动力（1945～1989年）

一 走向单一货币之路的欧洲：从“舒曼计划”到海牙峰会（1945～1969年）

1950年5月9日，法国外交部部长罗伯特·舒曼提出“舒曼计划”，迈出了建立欧洲货币联盟实质性的一步。舒曼的核心动机在于，避免德法之间未来潜在的危机和冲突。①舒曼要求将联邦德国和法国的煤钢生产置于一个共同最高监事会下管理。此时，政治和经济问题处于考虑的核心位置，但货币问题尚未被纳入考虑范围。②对于舒曼来说，这项计划的经济目标是消除贸易保护主义、保证良性竞争、合理扩大煤钢生产以及缓解煤钢行业的负担；政治目标则是要解决两个德国问题和实现欧洲团结。③“舒曼计划”通过1945年4月18日签订的《欧洲煤钢联营条约》（EGKS）逐渐成形，这项计划的通过开启了一个欧洲和解进程。现今整个欧洲的政治秩序也是建立在德法和平条约的基础之上的。④同时，需要强调的是，欧洲煤钢共同体也对其他国家保持开放。因此，比利时、意大利、卢森堡和荷兰均成为欧洲第一个超国家组织的成员。⑤

有关《欧洲煤钢联营条约》的谈判涉及对未来民主德国国防

① Goschler/Buchheim u. a. , Schumanplan, S. 171 f.

② Jacques Rueff, L' Europe se fera par la monnaie, ou ne se fera pas, in: Syntheses 45 (1950), S. 267.

③ Interview mit Dr. Hans Tietmeyer in der Süddeutschen Zeitung, 25. 1. 1990. PAT, Ordner 113, S. 1.

④ Gillingham, Ruhrpolitik, S. 1.

⑤ Goschler/Buchheim u. a. , Schumanplan, S. 172.

兵名额配备的讨论。基于“普利文计划”（Pleven-Plan）[1]，欧洲煤钢共同体的成员（联邦德国、法国、意大利、比利时、荷兰和卢森堡）于 1952 年 5 月 27 日签署了一项有关建立欧洲防卫共同体的条约。[2]虽然联邦德国、比利时、荷兰和卢森堡在 1954 年 2 月均已批准《欧洲防卫共同体条约》，但是由于法国国民议会不同意法国加入该条约，这项条约于 1954 年 8 月搁浅。[3]法国不加入该条约主要是由于对德国的重新武装和本国丧失主权的担心。[4]阿登纳在回忆录中将之描述为“悲剧”，并称 1954 年 8 月 30 日是“对于欧洲来说黑暗的一天”。[5]历史学家海纳·蒂默尔曼（Heiner Timmermann）则认为，当人们回顾阿登纳生平，特别是他人生几个低潮时期时，可以判断出阿登纳这番感叹可谓“意味深长”。[6]这个决定直接导致欧洲政治共同体建设受阻，因为当时已经计划建立一些独立并具有实际决策权的欧洲机构。[7]政治学家吉尔伯特·沙

① “普利文计划”由法国总理列纳·普利文（René Pleven）于 1950 年 10 月 24 日在法国国民议会上提出。这项计划要求建立一个受欧洲各国国防部长管理的超国家性欧洲军队，见 Tietmeyer, Euro ist nicht nur ein Ergebnis, S. 125。

② Thomas Giegerich, Europäische Verfassung und deutsche Verfassung im transnationalen Konstitutionalisierungsprozess. Wechselseitige Rezeption, konstitutionelle Evolution und föderale Verflechtung (Beiträge zum ausländischen öffentlichen Recht und Völkerrecht), Berlin-New York 2003, S. 171.

③ Gehler, Europa, S. 171.

④ Michael Kreft, Die Europäische Union als Sicherheitsinstitution: Die gemeinsame Außen-und Sicherheitspolitik und die Europäische Verteidigungsgemeinschaft im kulturell-institutionellen Kontext der europäischen Integration, Osnabrück 2002, S. 185.

⑤ Konrad Adenauer, Erinnerungen 1953 – 1955, Stuttgart 1966, S. 298.

⑥ Heiner Timmermann, Die Westpolitik der Bundesrepublik Deutschland 1949 – 1957, in: Internationale Dilemmata und europäische Visionen: Festschrift zum 80. Geburtstag von Helmut Wagner, hrsg. V. Martin Sieg/Helmut Wagner u. a., Münster 2010, S. 151 – 178, hier S. 167.

⑦ Gehler, Europa, S. 171.

萨赫（Gilbert Scharsach）甚至断言，当时的一体化目标较之1992年签署的《马斯特里赫特条约》甚至还要高瞻远瞩。[①]而历史学家米歇尔·格勒尔则评论到，法国的拒绝导致了美军在欧洲地位的加强，也浪费了一个实现欧洲“军事独立”的机会。[②]

然而，由于依然有必要对限制德国军备问题进行讨论，1954年9月召开了后来被列入《巴黎条约》的伦敦九国会谈。会议就联邦德国加入西欧国家联盟和北约的提议一致通过。这次决议直接意味着德国的重新武装，当然是军备控制和禁止拥有和生产核武器前提下的重新武装。[③]阿登纳原来的想法是，借助这些条约恢复联邦德国的“大国地位”。[④]尽管西方盟国在德国统一和签订和平条约问题上保留一些权利，但是，由于占领状态的结束，德国额外地获得了国际法意义上的主权。[⑤]

（一）欧洲经济共同体的建立：欧洲的命运在于经济

西欧一体化的下一个重大事件发生在1955年6月。[⑥]欧洲煤钢共同体经济理念相同，并在建立共同市场方面达成一致，[⑦]共同市场的基础来源于《罗马条约》。随着《罗马条约》在1958年1月1日生效，比利时、法国、卢森堡、荷兰的外长与德国和意大利的政府首脑建立起欧洲原子能共同体和欧洲经济共同体（EWG）。欧洲

---

① Gilbert Scharsach, Die europäische Verteidigungsgemeinschaft und die Maastricht-EU. 40 Jahre Integration und kein bisschen weiter, in: *Zeitgeschichte* 24 (1997), Heft 3/4, S. 103 – 130.

② Gehler, Europa, S. 172.

③ Michael Lemke, Einheit oder Sozialismus?: Die Deutschlandpolitik der SED 1949 – 1961 (Zeithistorische Studien), Köln 2001, S: 324.

④ Hans-Peter Schwarz, Adenauer. Der Staatsmann 1952 – 1967, Stuttgart 1967, S. 158.

⑤ Lemke, Einheit, S. 324.

⑥ CVCE, Memorandum, S. 2.

⑦ 汉斯·蒂特迈尔访谈，2013年12月19日。

原子能共同体延续欧洲煤钢共同体的宗旨，因为欧洲原子能共同体也同样遵循行业一体化路径，目标是将原子能的共同研发和利用用于维护和平。[①]欧洲经济共同体的建立则被赋予更大意义，它以通过逐步消除贸易壁垒和达成统一的经济政策，实现欧洲共同市场的建立。[②]这表明，从长远来看，欧洲经济共同体势必会在“放弃货币政策主权”的情况下成为引入政治共同体的关键步骤。[③]本章第三节将对这些过程进行具体阐述，包括：消除成员国之间的内部关税，建立共同外部关税，实现商品、人员、服务和资本的自由流动以及成员国经济政策的协调发展。[④]法学家斯特凡·霍伯和安德里亚·恩德分析认为，“欧洲国家边界的跨部门开放正是《欧洲经济共同体条约》真正独特的地方”，并将《罗马条约》称为“跨国家合作与一体化合作”的重要里程碑，因为它首次将欧洲的经济利益、和平与繁荣真正联系在一起。[⑤]

《欧洲经济共同体条约》随后却遭到一些指责，因为它几乎没有提到共同的货币政策。[⑥]虽然该条约有一章涉及与国家货币政策协调相关的国际收支平衡，但是，相关权限毫无保留地属于成员国。这个问题在学术界已有所讨论，却没有得到政策响应。原因主要是两个：第一，成员国还没有准备好放弃它们的货币主权；第二，当时正在运行的布雷顿森林体系依然有效，因而各国

---

① Hobe/End, 50 Jahre Römische Verträge, S. 141.

② Wienecke-Janz /Becker u. a. , Chronik, S. 413; Europäische Wirschaftsgemeinschaft, Vertrag, S. 169.

③ Gehler, Europa, S. 213 f.

④ Europäische Wirschaftsgemeinschaft, Vertrag, S. 169 f.

⑤ Hobe/end, 50 Jahre, S. 140 f.

⑥ Gehler, Europa, S. 199.

放弃对共同货币政策的讨论。[①]随着《罗马条约》的签订，货币政策最终作为依然保留在成员国手中但“符合共同利益”的议题被提了出来。[②]

（二）20世纪60年代，欧洲外汇市场上的动荡

尽管欧洲各国货币在国际金融市场上受到完全不同的评估，但是，直到60年代中期，欧洲层面依然没有对货币政策展开过任何讨论。在欧洲经济共同体内部，出现促进成员国经济政策同步与更好协调的努力，尤其明显的是，布鲁塞尔对经济政策的讨论越来越多。[③]

当共同体内部边界开放程度加大，欧洲层面开始出现一些有关选用固定汇率制还是浮动汇率制的讨论。关税壁垒的消除促进各国市场壮大，货币问题逐渐成为焦点。蒂特迈尔回忆，当时联邦德国和法国就此问题出现争论，因为法国想继续保持固定汇率制，而联邦德国想引入浮动汇率制。[④]这场争论在1965年“五贤人会”第一份年报中也有所提及，即“刚开始问候就谈到经济问题”。[⑤]从本质上来说，这是为了减少外汇市场动荡而进行的欧洲货币政策协调。[⑥]联邦政府一开始还以现存的国际协定为理由，反对有关货币

---

① Tietmeyer, Währungsunion, S. 20 – 22.

② Hans Tietmeyer, Deutschland und Europa. Chancen und Risiken der Währungsintegration. Festrede am 31. Mai 1991 in der beethovenhalle in Bonn anlässlich der 105. Cartellversammlung des CV, 31. 5. 1991. PAT, Ordner 150, S. 3.

③ Tietmeyer, Herausforderung, S. 27.

④ Tietmeyer, Euro ist nicht ein Ergebnis, S. 127.

⑤ Sachverständigenrat zur Begutachtung der gesamtwirtschaftlichen Entwicklung, Jahresgutachten 1964/65. Stabiles Geld-Stetiges Wachstum, Stuttgart/Mainz 1965, S. 138.

⑥ Sachverständigenrat zur Begutachtung der gesamtwirtschaftlichen Entwicklung, Jahresgutachten 1964/65. Stabiles Geld-Stetiges Wachstum, Stuttgart/Mainz 1965, S. 94.

政策的新想法。尽管如此，有关汇率的争论就此开启。[①]

1968 年国际外汇市场出现紧张局势。由于德国国民经济的稳健发展，西德马克成为欧洲最强势的货币，这导致西德马克开始面临升值压力。[②]如前所述，当时还在布雷顿森林体系之下，汇率固定，其他货币只能在 ±1% 的范围内相对美元波动。[③]如果西德马克不升值，德国央行需要应对可能会造成通胀风险的货币量扩张。[④]然而，西德马克升值不会轻易发生。虽然“五贤人会”、联邦银行理事会的很多成员以及联邦经济部部长席勒均赞成西德马克迅速升值，但联邦政府内部依然存在一些反对声音。[⑤]支持西德马克升值的力量最终敌不过反对升值的力量，其中主要是以联邦总理基辛格和联邦财政部部长施特劳斯为代表。[⑥]蒂特迈尔还能清楚地回忆起当时“席勒部长的愤怒”，当时他就意识到，长远来看欧洲内部的货币合作还是需要寻找其他解决方案。[⑦]

1969 年初，西德马克的低估和同期法国法郎的高估形成鲜明对比。[⑧]戴高乐于 1969 年 4 月下台后，外汇市场再次出现剧烈动荡。蒂特迈尔解释道：“在一个没有关税、进出口配额和资本流动限制的共同市场，无论长期还是短期，其他国家价格在固定汇率制下的上涨都会不可避免地导致输入性通胀。”[⑨]

---

① Tietmeyer, Herausforderung, S. 27.

② Tietmeyer, Herausforderung, S. 30 f.

③ Geiger, Währungsrecht im Binnenmarkt, S. 14.

④ Tietmeyer, Podiumsgespräch, S. 45.

⑤ Sachverständigenrat, Jahresgutachten 1968/69, S. 68 f.; Nützenadel, Stunde, S. 340.

⑥ Tietmeyer, Herausforderung, S. 31; Tietmeyer, Euro ist nicht ein Ergebnis, S. 128.

⑦ Tietmeyer, Herausforderung, S. 32.

⑧ Tietmeyer, Europa-Währung eine Fata Morgana?, S. 12.

⑨ Tietmeyer, Europa-Währung eine Fata Morgana?, S. 12.

因此，西德马克升值问题成为政治议题的一部分。1969 年 8 月，法国有些意外地单方面将法郎贬值 11%，这样虽然促进了法国国内的相对稳定，但是无法消除欧洲外汇市场上的失衡。结果是西德马克升值 9%，不过是在当年 10 月，原因是当年 9 月联邦议会选举导致联邦政府推迟西德马克升值。这些情况清楚地表明，因为升值和贬值问题总是会对国际经济产生影响，欧洲国家必须在货币问题上达成一致。从这些事件中，国家和政府首脑也逐渐认识到，只有当经济和货币政策一体化进一步加强，欧洲一体化才能得以持续。①

（三）共同欧洲货币初次成形：1969 年海牙峰会

一开始人们还不知道，推进可让外汇市场更稳定的一体化措施具体会有什么后果。有关欧洲一体化共同目标的阐述依然非常模糊，因为在公共讨论中，如果一体化没有明确的方向，人们就无法对一体化达成的目标做出评价。②共同体内部明显存在不同意见，但十分清楚的一点是，如果不对欧共体进行修正，货币问题几乎就不能得到解决。

蒂特迈尔在当时发表的一些文章中阐明了他的立场："如果不能较好地实现经济政策的协调，建立欧洲单一货币就只能是海市蜃楼。"③他同时还指出这个问题对联邦德国价格稳定的潜在风险，如果没有达到完全的经济政策协调，一种潜在的共同货币会无法满足联邦德国的稳定需求，这也是他在之后担任德国联邦银行行长时一直提及的问题。蒂特迈尔因此赞成经济共同体内部实行浮动汇率

① Tietmeyer, Herausforderung, S. 33 – 35.

② Hans Tietmeyer, Europäische Wirtschafts-und Währungsunion-eine politische Herausforderung, in: Euroa-Archiv 26 (1971), Heft 12, S. 409 – 420, hier S. 411 – 413.

③ Tietmeyer, Europa-Währung, S. 11.

制，因为在这种情况下单个成员国可以保留经济政策的自主性。但是，他也警告这种体系下的价格风险，因为这样就得放弃更快建立一个“类似于内部市场的共同市场”。[①]蒂特迈尔对此问题的建议是：“实行爬行钉住汇率（Crawling Peg）对于在过渡时期维持经济政策协调可能是一个相对现实的解决方案。”[②]

早在 1969 年 6 月，蒂特迈尔写道：席勒在美国之行中除了频繁听到的“爬行钉住”（一种分阶段浮动的汇率机制），几乎没有听到其他词。[③]鉴于潜在输入性通胀，很多经济学家开始要求固定汇率制向浮动汇率制过渡。同时也因为政治家越来越意识到货币市场的波动会使商品市场出现风险，这一问题也开始成为政治讨论的一部分。共同体内部开始加强经济政策的统一。[④]

1969 年 6 月，戴高乐卸任，乔治·蓬皮杜（Georges Pompidou）继任法国新总统，以他的倡议为基础，海牙峰会于 1969 年 12 月 1 日至 2 日召开，所有共同体国家元首和政府首脑均列席。因为当时联邦德国也迎来新总理维利·勃兰特，欧共体最大的两个成员国新政府首脑都参加了这次峰会。戴高乐的下台对峰会影响尤其巨大。蒂特迈尔在一份草稿中写道：“戴高乐多次强硬反对欧共体的对内和对外发展，他下台以后，海牙峰会将会化解僵局。”[⑤]

蓬皮杜的目标是重振欧洲一体化。[⑥]他的核心目标之一是落实

---

① Tietmeyer, Europa-Währung, S. 12 f.

② Tietmeyer, Europa-Währung, S. 13.

③ Tietermeyer, Internationales Währungssystem in der Krise?, S. 4.

④ Tietermeyer, Internationales Währungssystem in der Krise?, S. 4.

⑤ Hans Tietmeyer, Europa auf dem Wege zur Wirtschafts-und Währungsunion, 19. 4. 1971. PAT, Ordner 14, S. 12.

⑥ Gehler, Europa, S. 235.

经济和货币联盟（WWU）。[①]因此，他在海牙峰会上提出一体化模式所涉及的基本问题：是建立经济和货币联盟还是建立保留大部分经济与货币主权的自由贸易区。换句话说，要么采取建设欧洲货币联盟的固定汇率制，要么过渡到自由浮动汇率制。[②]

与会国最终在峰会上做出了选择，这一选择赋予了共同体发展更多活力。大家决定走上建立经济和货币联盟之路，作为基础的分阶段计划仍待确定，具体由“维尔纳小组”来制订。在下一节将探讨这一计划。这样一个分阶段计划是政治决定的产物，因为在当时的情况下，从纯粹经济学角度而言，建立一个基于浮动汇率制的自由贸易区更有利于一体化的发展，对外经济失衡问题也可以得到高效解决。这也是前面提及的蒂特迈尔在其文章中的建议。但是，浮动汇率制直接与欧洲一体化的政治目标相冲突，因为这个体系使个别国家受益，但会阻碍共同欧洲政策。[③]

欧共体内部都在欢庆峰会成果：联邦德国将峰会成果誉为“向前发展的重大突破”，法国则称“欧洲一体化已经开始上路”，[④]峰会成果更应被视为欧洲人心理上的进步。[⑤]欧洲一体化早些年的停滞貌似被克服了。对于蒂特迈尔来说，海牙峰会的决议是对“成员国和共同体60年代以来就陷入的两难困境的必要回应”。[⑥]海

① Tietmeyer, Europa auf dem Wege zur Wirtschafts-und Währungsunion, S. 12.

② Tietmeyer, Europäische Wirtschafts-und Währungsunion, hier S. 412.

③ Tietmeyer, Europäische Wirtschafts-und Währungsunion, S. 413.

④ Rainer Hellmann, Europäische Wirtschafts-und Währungsunion. Eine Dokumentation (Schriftenreihe europäische Wirtschaft), Baden-Baden 1972, S. 220.

⑤ Anjo Harryvan/Jan van der Harst, Swan Song or Cock Crow? The Netherlands and the Hague Conference of Decembe 1969, in: *Journal of European Integration History* 9 (2003), Heft 2, S. 27 -40.

⑥ Hans Tietmeyer, Die monetäre und wirtschaftliche Situation innerhalb der Gemeinschaft, 25. 9. 1972. PAT, Ordner 14, S. 1.

牙峰会的召开似乎标志着货币政策一体化已经开启。蒂特迈尔评价道："我们想继续向前走一步，看到一个机会出现。"[①]

二　"维尔纳计划"（1970～1979年）

根据海牙峰会决议，一个专家组将成立，它将研究深化欧洲一体化和走向经济和货币联盟的方案。[②]因此，1970年3月6日，布鲁塞尔的部长理事会任命了一个以卢森堡总理皮埃尔·维尔纳为主席的专家组。对专家组主席的任命一开始充满争议。席勒在访问巴黎时表示支持伯恩哈德·克拉皮尔[③]担任该专家组主席。[④]然而，1970年3月3日，比利时财政部部长斯诺伊·多普尔（Snoy et d'Oppuers）男爵提出反对意见，他建议皮埃尔·维尔纳担任专家组主席。[⑤]德国对这一建议感到吃惊，而这个建议得到五个国家代表的赞同。德国猜想，有人想借卢森堡总理担任专家组主席来平衡联邦德国的立场，因为联邦德国将经济政策协调视为通往共同经济和货币联盟的一步。[⑥]维尔纳认为联邦德国的方案"太过艰难并太

① Benkhoff, Herausforderung, S. 43.

② Hans Tietmeyer, Der Werner-Bericht als Wegweiser für die wirtschaftliche-und Währungsunion (Vortrag im Rahmen eines wissenschaftlichen Forschungskolloquiums zu Ehren von Pierre Werner), 27. 11. 2013. PAT, Ordner 5, S. 4.

③ 伯恩哈德·克拉皮尔（Bernard Clappier）是"维尔纳小组"的法国代表。他也是这一时期共同体委员会货币委员会主席和同时期的法国央行副行长，见Elena Rodica Danescu, Neubewertung des Werner-Berichts vom 8. Oktober 1970 im Zuge der Öffnung der Pierre Werner-Familienarchive, Sassenheim 2013, S. 48。

④ Brief von Everling an Schiller, Wirtschafts-und Währungspolitik in der EWG-Bestellung des Präsidenten des ad-hoc-Ausschusses, 5. 3. 1970. PAT, Ordner 11, S. 1.

⑤ Brief von Everling an Schiller, Wirtschafts-und Währungspolitik in der EWG-Einsetzung des 5-Präsidentenausschusses, 3. 3. 1970. PAT, Ordner 11, S. 1.

⑥ Willy Brandt, Erklärung von Willy Brandt auf dem Haager Gipfel am 1. Dezember 1969, in: Bulletin der Europäischen Gemeinschaft 2 (1970), S. 39 –46, hier S. 42.

少兼顾差异”，他想通过货币将欧洲联合在一起。①不过，在维尔纳担任主席的建议提出后，联邦德国方面希望维纳尔担任主席后，观点会中立化。②

1970年3月5日，吉斯卡·德斯坦询问席勒对维尔纳出任专家组主席一职的意见。他的回答很明确，联邦德国方面到最后对维尔纳的任命都持怀疑态度。席勒写道：“如果法国也赞同维尔纳担任专家组主席，那么维尔纳就会成为主席。”联邦德国方面也很清楚，如果维尔纳被任命为专家组主席，那么克拉皮尔就会出局。然而，法国自始至终努力争取让克拉皮尔担任主席。法国在1970年3月6日召开的理事会会议上的战略是：“我们在即将召开的理事会会议上继续保持克制，不会公开反对维尔纳先生，但同时也坚定支持克拉皮尔先生，必要的时候，我们也对其他提案保持开放。”③翻阅1970年3月6日的理事会会议纪要，荷兰政府之前在这个问题上很犹豫，但其外长约瑟夫·伦斯（Joseph Luns）在会上“表态性”地支持维尔纳。④对于荷兰这番操作的原因，现存的档案与文献里都没有记载。但是这直接导致维尔纳被任命为专家组主席的提议全票通过，法国和联邦德国只能接受失败，将专家组主席一职授予维尔纳。⑤

皮埃尔·维尔纳应该是专家组里唯一来自政府高层的成员。

---

① Pierre Werner, Itinéraire luxembourg et européens. Évolution et souvenirs, 1945 - 1985, Luxembourg, 1992, S. 124.

② Brief von Everling an Schiller, Einsetzung des 5-Präsidentenausschusses, S. 2.

③ Brief von Everling an Schiller, Einsetzung des 5-Präsidentenausschusses, S. 2.

④ 105. Tagung des Rates der Europäischen Gemeinschaften am 6.3.1970-Zusammenarbeit in Wirtschafts-und Währungsfragen: Verfahren, 9.3.1970. PAT, Ordner 11, S. 2.

⑤ Tietmeyer, der Werner-Bericht als Wegweiser für die Wirtschafts-und Währungsunion, S. 5.

蒂特迈尔说道："就此而言，皮埃尔·维尔纳既是倡议人，也是主持人。"[①]专家组成员包括欧共体委员会五个专家委员会的主席，他们也在国内担任要职。每个成员可额外选择一人支持其工作。[②]

蒂特迈尔受时任联邦经济部副部长约翰·巴普提斯特·舍尔霍恩（Johann Baptist Schöllhorn）提名，成为德方副代表。蒂特迈尔回忆道："他当时选择我，是因为我对欧洲问题有深入研究，并对这个问题最了解。"[③] 1970～1972年，蒂特迈尔担任欧洲政策司的分管司司长，负责欧洲事务。

副代表的任务是在会议休会期间撰写共同文件，寻找相同立场。蒂特迈尔总结道："我认为我个人非常深入地参与了这些工作，并为在一些地方达成可接受的妥协做出了贡献。"另外，他还受席勒委托，向"维尔纳小组"提交了德方立场，即"席勒计划"（Schiller-Plan）。[④]从启动阶段就考虑纳入基本原则，并非只有德国。比利时和卢森堡也都提交了建议，法国、意大利和荷兰则放弃提出本国的方案。法国方面仅明确表示，最后需引入一种共同的欧洲货币。[⑤]接下来将从时间序列角度来比较这三份用斯诺伊、席勒和维尔纳这三位部长命名的计划。"维尔纳小组"成员如表6－1所示。

---

① 汉斯·蒂特迈尔访谈，2011年2月10日。

② Arbeitsmethode-Wortlaut des Ratsbeschlusses vom 6. März 1970, 20. 3. 1970. PAT, Ordner 11, S. 1.

③ 汉斯·蒂特迈尔访谈，2014年4月3日。

④ 汉斯·蒂特迈尔访谈，2013年2月12日。

⑤ Tietmeyer, Herausforderung, S. 45.

表 6－1 “维尔纳小组”成员

国家及欧共体委员会	姓名	欧共体委员会专业委员会	国内职务	副代表
比利时	休伯特·安西奥克斯(Hubert Ansiaux)	央行行长委员会	比利时央行行长	雅克·梅尔滕斯·德威尔马斯(Jacques Mertens de Wilmars)
联邦德国	约翰·巴普提斯特·舍尔霍恩	中期经济政策委员会	联邦经济部副部长	汉斯·蒂特迈尔
法国	伯恩哈德·克拉皮尔	货币委员会	法国央行副行长	让－米歇尔·布洛赫－莱恩(Jean-Michel Bloch-Laine)
意大利	加埃塔诺·斯塔马蒂(Gaetano Stammati)	财政委员会	财政部秘书长	西蒙妮·帕卢博(Simone Palumbo)
卢森堡	皮埃尔·维尔纳	—	卢森堡总理兼财政部部长	约翰尼·施密茨(Johnny Schmitz)
荷兰	杰拉德·布劳维尔(Gerard Brouwers)	景气政策委员会	荷兰经济部副部长	安东尼·罗伊恩(Athony Looijen)
欧共体委员会	乌戈·莫斯卡(Ugo Mosca)	欧共体委员会经济和财政总司司长	—	让－克劳德·莫雷尔(Jean-Claude Morel)

资料来源：作者自制，数据来源于 Bericht an Rat und Kommission über die stufenweise Verwirklichung der Wirtschafts-und Währungsunion in der Gemeinschaft (sog. Werner-Bericht), 8. 10. 1970. PAT, Ordner 13, Anlage 3。

（一）“斯诺伊计划”“席勒计划”与“维尔纳计划”初稿的对比

比利时的“斯诺伊计划”是一个时间跨度从 1971 年到 1977 年、分三阶段且较有弹性的实施方案。该计划写道：“在这个路线图的各个阶段有许多变量。根据不同情况，不同阶段可能拉长或者缩短。”[①]关键是完善经济和货币联盟。[②]

第一阶段初定于 1971 年至 1973 年，包括以下几个方面：在理事会决议的基础上协调中短期经济政策，以部长理事会向央行行长委员会提出建议的方式协调共同的货币和信贷政策，根据共同一致原则调整货币官方平价，通过短期信贷的自主分配相互支持并在国际货币组织中持共同立场。

第二阶段从 1973 年持续至 1975 年。相关措施如下：通过向部长理事会让渡权限，尽力加强协调中短期经济政策，停止欧洲货币之间的价格波动，确定共同计价单位和对冲自动产生的短期信贷。[③]

第三阶段计划于 1975 年至 1977 年建立欧洲经济和货币联盟。为此，各国应该采取共同的经济政策，这有利于中短期目标的实现。此外，还计划参照美联储组建一个共同的中央银行体系。该计划虽然提出经济和货币联盟的建议，但在共同货币问题上只是一笔略过，而焦点在政府间合作，比利时提议设立一个对共同体有决策权的机构。此外，还应对成员国的决策自主性做出明确限制。[④]

德国的“席勒计划”“写在汉斯·蒂特迈尔的手稿上”。[⑤]勃兰特称这个“精妙且现实的计划”是“一个很好的出发点”。这个计划开宗明义，主张所有成员国都一致同意的共同利益才是最大利

---

① Plan zur Verwirklichung der Europäischen Währungsunion in drei Stufen-Belgischer Plan, 24. 11. 1969. PAT, Ordner 11, S. 5.

② Hans Tietmeyer, Ergebnisse der Beratungen auf der Wirtschafts-und Finanzminister-konferenz in Paris am 23. /24. 2. 1970, 25. 2. 1970. PAT, Ordner 11, S. 1.

③ Plan zur Verwirklichung der Europäischen Währungsunion-Belgischer Plan, S. 1 –4.

④ Danescu, Neubewertung, S. 43 f.

⑤ Zentralbankrat der Deutschen Bundesbank, Hans Tietmeyer-Währungsstabilität für Europa, Beträge, Reden und Dokumente zur europäischen Währungsintegration aus vier Jahrzehnten, Baden-Baden 1996, S. 87.

益，而无需“像加入共同体的谈判那样艰难”。[①]这个计划分为四个阶段，但不设定具体时间点，只明确表明最后一个阶段应于1978年启动。[②]具体的时间表还需要多次讨论才能确定，因为查阅蒂特迈尔的文献可以发现，计划的第一稿还给出了具体的时间节点。[③]这个计划没有具体时间点的主要原因是蒂特迈尔要求进入下一阶段必须满足一些特定条件。[④]在实现汇率波动幅度缩小之前，必须确保成员国经济政策趋同。[⑤]

这份阶段性计划可为在共同体内部实现宏观经济均衡发展创造政治与经济条件。只有当共同体内部经济失衡的风险实质性降低，才能进入固定汇率阶段。最后还有一个问题是成员国在货币与金融方面权限的丧失。随着经济和货币联盟的最终建成，成员国将向欧洲议会继续让渡主权。[⑥]显然，这一前提在之后的谈判中一定会遭到法国代表的反对，因为人们前几年就发现法国人对本国主权的丧失十分紧张。蒂特迈尔回忆道：“我们曾经认为，法国人已准备好与我们一起纳入一个超国家结构……但后来在货币领域被证明这是一个误解。”[⑦]

“席勒计划”将重心放在经济政策的协调和逐步统一上。德国的方案分四个阶段：第一阶段是为经济和货币政策的协调创造基础，为此需确定共同的中期经济政策目标，通过央行为过渡时期的

---

① Brief von Brandt an Schiller, 22. 1. 1970. PAT, Ordner 11, S. 1.

② Bundesministerium für Wirtschaft und Finanzen, Aufbruch zur Wirtschafts-und Währungsunion. Eine Dokumentation zu den Beschlüssen des Ministerrates der Europäischen Gemeinschaften (BMWF-Texte), Köln-Nippes 1972, S. 7 – 10.

③ Deutscher Stufenplan-1. Entwurf, 1969. PAT, Ordner 11, S. 1 – 12.

④ Bundesministerium für Wirtschaft und Finanzen, Aufbruch, S. 7.

⑤ Bundesministerium für Wirtschaft und Finanzen, Aufbruch, S. 6 f.

⑥ Bundesministerium für Wirtschaft und Finanzen, Aufbruch, S. 6 f.

⑦ Benkhoff, Tietmeyer, S. 40.

国际收支困难提供短期救助机制。第二阶段聚焦均衡经济发展的实现，同时需要落实第一阶段确立的目标。第三阶段则计划走向经济和货币联盟。和比利时一样，联邦德国计划以美联储为典范建立一个共同的央行系统。另外，要减小货币之间容许的汇率波动幅度，而货币平价只有经共同体同意方可调整。第四阶段是经济和货币联盟的建成阶段。这一阶段会引入固定汇率制。此外，国家需要在必要的财政、经济和货币政策领域向共同机构让渡权力。①即使今天看来，这一设想也是宏大的，归根结底，蒂特迈尔要将财政和货币政策提升到超国家组织层面，在今天不断走向民族国家化的趋势背景下，这几乎是无法想象的。关于这一理念，我们将在本章第三节具体探讨。

来自卢森堡的“维尔纳计划”以起草者的名字命名。维尔纳认为共同货币是共同体高效制度化的基石。为此他拟订了七步实施计划，实施次序可根据经济形势来调整。从时间上来说，完成该计划需要七到十年时间。② 第一阶段，首先要在共同体内部的国际货币关系领域引入协调一致的行动。第二阶段，要建立缩小汇率波动幅度的机制。第三阶段，要设立一个促进货币之间平价固定的共同欧洲货币计价单位，这一事务适用“共同同意程序”。③第五阶段，要设立一个欧洲货币合作基金形式的共同机构④，并规定各个央行和欧共体货币委员会对此负责。第六阶段，这个共同机构将业务扩展到短期贷款，贷款由共同体提供，发放对象与共同体有密切的国

---

① Bundesministerium für Wirtschaft und Finanzen, Aufbruch, S. 7 – 11.

② Pierre Werner, L'Europe en route vers l'Union Monetaire, in: Dokumentaionsbulletin 26 (1970), Heft, S. 5 – 12.

③ Danescu, Neubewertung, S. 44f.

④ Werner, L' Europe, S. 10.

际货币关系。[1]第七阶段也是最后阶段，将基金改造为欧洲储备基金，并规定六个成员国央行的国际货币储备按照一种新的欧洲计价单位存入这一储备基金。维尔纳坚信，一种共同欧洲计价单位的引入会促进共同货币政策的出现，成员国货币最终会被欧洲共同货币取代。[2]这一理念几乎就是"席勒计划"的反面，德国方案致力于成员国经济政策的协调，而维尔纳则相信通过货币调整会带来欧洲联合。

总而言之，可以肯定，成员国的最终目的原则是一致的。[3]所有计划都有一个准备阶段和最后阶段，在最后阶段，一个经济和货币联盟完美运行的共同结构将形成。然而，所有计划对具体落实的表述依然比较模糊，而且没有具体执行方式的初步设想。[4]因为这些计划只是作为设计经济和货币联盟长期方案的"维尔纳小组"的讨论基础，所以这一情况并不令人惊讶。意见分歧首先体现在不同阶段的持续时间和实施次序，以收缩汇率浮动幅度为例，比利时和卢森堡的计划较之德国计划主张更早开始缩小汇率波动幅度。

（二）经济主义者与货币主义者的较量

"斯诺伊计划"与"维尔纳计划"接近，所以"斯诺伊计划"很快就退出讨论，只剩下"维尔纳计划"与"席勒计划"。前者体现"货币主义"理念，后者则体现"经济主义"理念。[5]"货币主义"理念的目标是通过早期货币挂钩，强制促成结构性调整和经

① Danescu, Neubewertung, S. 45.

② Werner, L' Europe, S. 10 f.

③ Tietmeyer, Ergebnisse der Beratungen auf der Wirtschafts-und Finanzministerkonferenz, S. 5.

④ Danescu, Neubewertung, S. 43.

⑤ Danescu, Neubewertung, S. 47.

济政策的协调。[1]蒂特迈尔后来将法国人描述为“货币主义学说的引导者”。[2]“经济主义”理念反过来将重点放在经济政策趋同上，然后才引入共同货币。[3]从细节上来说，这意味着首先让经济结构、经济行为方式和经济政策目标趋同。[4]鉴于成员国之间巨大的结构性差异，过早的货币挂钩会带来巨大风险。[5]蒂特迈尔回忆道：“我们支持一种共同货币，但是它必须是稳健的。”[6]这是德国和荷兰所代表的理念。[7]意大利表面上也拥护经济主义理念。然而在“维尔纳小组”中，意大利代表并没有一个十分明确的立场。蒂特迈尔说：“他们在场的时候总是对什么都感兴趣，但是，我们不能就此断言他们是某种具体立场的支持者。”[8]

可以确定的是，两种截然不同的理念背后隐藏着经济与一体化理论实现方式的分歧——深层次政治目标差异和不同的经济利益。[9]特别是法国依然深受戴高乐主义传统影响，反对超国家结构。虽然法国也要求固定汇率制和以一种共同救助机制形式存在的“货币政策再保险”，但要求在经济领域依然保留国家主权。[10]同时，

---

① Tietmeyer, Europäische Wirtschafts-und Währungsunion, S. 414.

② 汉斯·蒂特迈尔访谈，2013年2月12日。

③ 汉斯·蒂特迈尔访谈，2011年11月8日。

④ Hans Tietmeyer, from ther Werner-Report to the Euro. Some remarks by Hans Tietmeyer at the meeting on the 29. November 2010, organized by the Institute for Monetary and Financial Stability in Frankfurt/Main, 29. 11. 2010. PAT, Ordner 5, S. 3.

⑤ Tietmeyer, Europäische Wirtschafts-und Währungsunion, S. 414.

⑥ 汉斯·蒂特迈尔访谈，2011年11月8日。

⑦ Tietmeyer, Ergebnisse der Beratungen auf der Wirtschafts-und Finanzministerkonferenz, S. 1－6.

⑧ 汉斯·蒂特迈尔访谈，2013年3月1日。

⑨ Tietmeyer, Europäische Wirtschafts-und Währungsunion, S. 414.

⑩ Tietmeyer, From the Werner-Report to the Euro, S. 3.

德国要求决策结构的一体化和向政治联盟方向迈进，作为经济政策一体化的地基。[①]

（三）“维尔纳小组”的谈判及其结果

“维尔纳小组”的第一次工作会议于1970年3月20日在布鲁塞尔召开。第一次会议的初步成果是确定在5月底之前出具第一份报告，并“尽可能在7月底之前拿出最终讨论结果”。[②]另外，“维尔纳小组”要求共同体委员会的代表就经济和货币联盟的最后阶段制定一份方案，并回答共同的货币储备基金以及可能的共同体央行将扮演什么角色。[③]

从第一次会议到1970年5月20日中期报告形成前，“维尔纳小组”分别在布鲁塞尔、罗马和卢森堡举行了三次会议，会议在极小众的范围内召开，参会者只允许对外透露少量信息，因此媒体只有相对零星的报道。根据不同来源的消息可以确定，内部讨论引发“筋疲力尽的辩论和争论”。[④]其中第一场会议在布鲁塞尔召开，两个阵营各自阐明立场，会议进程还相对和谐。第二场会议在罗马召开，舍尔霍恩与比利时代表安西奥克斯男爵达成一致。对于舍尔霍恩而言，重要的是，“如果货币机制的一体化存在具体措施，经济政策协调就不是一种没有约束力的说辞”。[⑤]安西奥克斯男爵同意德方立场，他将快速的货币政策挂钩描述为“十分危险”，双方意

---

① Tietmeyer, From the Werner-Report to the Euro, S. 4.

② Hans Tietmeyer, Ergebnisbericht über die erste Tagung der Ad hoc-Arbeitsgruppe „Stufenplan“ vom 20. März 1970, 31. 3. 1970. PAT, Ordner 11, S. 1.

③ Hans Tietmeyer, Ergebnisbericht über die erste Tagung der Ad hoc-Arbeitsgruppe „Stufenplan“ vom 20. März 1970, 31. 3. 1970. PAT, Ordner 11, S. 2.

④ Danescu, Neubewertung, S. 61 – 63.

⑤ Hiepel, Brandt, S. 97.

见首次趋于一致。[①]第三场会议在卢森堡召开，参会者的意见分歧十分明显。一开始联邦德国和比利时的立场还十分接近，但两国很快产生了巨大冲突。安西奥克斯认为，对于一个经济和货币联盟来说，消除汇率波动幅度是有必要的，为此须采取必要的相互干预措施。他提议建立一个以外汇平准基金（Devisenausgleichsfonds）形式存在的共同机构，并在第一阶段就引入。这个共同机构既为共同体内部的赤字国提供“弥补赤字的必要资金”，又为盈余国提供“对所积累的共同体货币的担保”。[②]法国赞同这个提议，舍尔霍恩对此则表示反对。历史学家克劳蒂亚·希佩尔（Claudia Hiepel）总结道：“联邦德国始终害怕为伙伴国家的金融与财政不自律买单。”[③]

货币主义者支持一种提前实现的货币挂钩，经济主义者则对“缩小汇率波动幅度的建议”持怀疑态度。[④]蒂特迈尔描述双方“各不相让”，并提到比利时总理加斯顿·艾肯斯（Gaston Eyskens）甚至对勃兰特抱怨联邦德国代表的强硬态度。[⑤]艾肯斯认为联邦德国的理由并不重要，强调这项计划的政治意义，提及联邦德国代表在“维尔纳小组”中被孤立。勃兰特在回答中表达了对联邦德国代表的充分信任，并将这种意见分歧称为“客观的理由”，要求每项政治决定都务必兼顾经济现实。[⑥]

---

① Hans Tietmeyer, Ergebnisbericht der zweiten Sitzung des „Werner-Komitees“ zur Ausarbeitung eines gemeinsamen Stufenplans zur Verwirklichung der Wirtschafts-und Währungsunion, 9. 4. 1970. PAT, Ordner 11, S. 2.

② Otmar Emminger, Vorschlag von Gouverneur Ansiaus für einen Devisenausgleichsfonds, 5. 5. 1970. PAT, Ordner 11, S. 1.

③ Hiepel, Brandt, S. 98.

④ Emminger an Schöllhorn-Verringerung der Bandbreiten für Wechselkursschwankungen unter den EWG-Währungen, 24. 4. 1970. PAT, Ordner 11, S. 2.

⑤ Tietmeyer, Herausforderung, S. 48.

⑥ Hiepel, Brandt, S. 99.

经过几轮激烈讨论后，中期报告终于于1970年5月20日完成。皮埃尔·维尔纳在其回忆录中写道："尽管经历极其复杂的争论，我们最终还是在截止日期之前完成任务。"[①]然而，这份中期报告依然存在重大意见分歧。[②]蒂特迈尔给"维尔纳小组"秘书的信件就体现了这一点，蒂特迈尔在信中指明，中期报告中经济政策的内容较协商好的表述有明显弱化，须再次加以强调。[③]

随后又接着举办了六场会议，以及多场双边或三边会谈。蒂特迈尔回忆，由于共同的目标，"维尔纳小组"内产生了一定程度的共同体感觉，所有成员都想为一个长期有承受能力且稳定导向的经济和货币联盟付出努力。[④]在后来的会议中，该小组做到了到1970年10月8日以前完善所有未确定和有问题的内容。1970年9月23—24日在哥本哈根举行的第十场也是倒数第二场会议具有决定性意义，这次会上"维尔纳小组"讨论缩小汇率浮动幅度和设立外汇平准基金问题。会议刚开始就出现严重的意见分歧，主要原因是货币主义者一如既往地要求在第一阶段立法缩小汇率波动幅度并设立外汇平准基金。会议第二天，德方代表提出折中方案，以使双方找到"共同路线"。[⑤]尤其是在关于缩小汇率波动幅度的讨论中，联邦德国方面做出让步，表示准备在第一阶段引入"一个事实上的试验性波动幅度缩小机制"，同时对"波

① Werner, Itinéraires, S. 125.

② Tietmeyer, Europäische Wirtschafts-und Währungsunion, S. 415.

③ Danescu, Neubewertung, S. 63.

④ 汉斯·蒂特迈尔访谈，2011年2月10日。

⑤ Hans Tietmeyer, Kurzbericht über die 10. Sitzung der „Werner-Gruppe“ am 23 – 24. September 1970 in Kopenhagen, 28. 9. 1970. PAT, Ordner 13, S. 1.

动幅度缩小是绝对的还是相对的”持开放态度。[①] 如果这个体系运转良好且通过经济政策协调的努力而使其他领域也能够取得进展的话，联邦德国甚至同意在第一阶段立法缩小汇率波动幅度。[②]这也再次说明，德国人依然顽固地坚持经济政策协调。但总体而言，这是向货币主义方向迈出的很大一步，也是“谈判的重大转折点”。[③]

1970年10月7日至8日在卢森堡举办的第十一次也是最后一次会议上，报告终于完成。欧洲一体化专家埃琳娜·丹内斯库（Elena Danescu）猜测，在最后达成妥协之前，会再次出现“对立严重的谈判”。[④]辩论最终聚焦外汇平准基金。维尔纳在回忆录中写道：“舍尔霍恩始终坚持在第二阶段才设立外汇平准基金。”[⑤]希佩尔也持类似的观点，参会者在最后一次会议上还就外汇平准基金设立的时间点再次进行“争执不下的讨论”。[⑥]最终，维尔纳提出妥协方案，该方案一致通过[⑦]，“如果根据鉴定，这个基金到第二阶段建立并不可取的话，在经过深入鉴定后可能在第一阶段就建立”。[⑧]

这样，八个月后，“维尔纳小组”终于形成了一份共同报告。该报告中的方案应在将来“确保共同体增长与稳定、加强共同体

---

① Hans Tietmeyer, Kurzbericht über die 10. Sitzung der „Werner-Gruppe“ am 23 –24. September 1970 in Kopenhagen, 28. 9. 1970. PAT, Ordner 13, S. 2.

② Hans Tietmeyer, Kurzbericht über die 10. Sitzung der „Werner-Gruppe“ am 23. –24. September 1970 in Kopenhagen, 28. 9. 1970. PAT, Ordner 13, S. 2.

③ Hiepel, Brandt, S. 102.

④ Danescu, Neubewertung, S. 75.

⑤ Werner, Itinéraires, S. 130.

⑥ Hiepel, Brandt, S. 102.

⑦ Werner, Itinéraires, S. 130.

⑧ Hiepel, Brandt, S. 102.

对世界经济和货币平衡的贡献以及实现共同体的稳定”。[①]该报告包括六个核心要素。

第一，经济和货币联盟的建立应该在70年代完成。它被定义为一个“拥有完全且不可逆转的货币可兑换性、取消汇率波动幅度、设定不可撤销的货币平价和资本流动完全自由化”的货币区。[②]这一方案从经济角度来看与一个共同货币没有显著差别，但是“维尔纳小组”对过早引入单一货币有所顾虑，因为“这个过程是不可逆转的”。

第二，货币联盟的建立取决于经济联盟的建立，这在报告中被称为“政治合作的进一步发展”。[③]在资本市场、财税、货币与信贷及区域政策领域，国家的经济决策权力应让渡到超国家层面。尽管当时只需在6个成员国，而非今天这样要在19个成员国之间达成共同的欧洲经济和财政政策，但即使从现在的视角来看，建立经济和货币联盟也迈出了很大一步。共同报告中写道：“经济和货币联盟看起来是政治联盟发展的催化剂，没有经济和货币联盟，政治联盟很难长期存在。”[④]这句话是蒂特迈尔在谈判中所讲的，体现了他对政治联盟的信念。[⑤]他的观点在之后几十年也未曾改变，在接下来的研究中可借助他后来发表的文章发现这一主导思想。一个与此相关的例子发生在2013年11月27日在卢森堡召开的一场国际会议上，会上他自称为“坚定的欧洲一体化支持者”。[⑥]在蒂特迈尔看

---

① Bericht an Rat und Kommission über die stufenweise Verwiklichung, S. 27.

② Bericht an Rat und Kommission über die stufenweise Verwiklichung, S. 6.

③ Bericht an Rat und Kommission über die stufenweise Verwirklichung, S. 27.

④ Bericht an Rat und Kommission über die stufenweise Verwirklichung, S. 10.

⑤ 汉斯·蒂特迈尔访谈，2013年2月12日。

⑥ Tietmeyer, Der Werner-Bericht als Wegweiser für die Wirtschafts-und Währungsunion, S. 9.

来，经济和货币联盟与政治联盟存在内在的相互联系。①

据蒂特迈尔所说，对这份共同报告出台起决定性作用的报告的第三个核心要素是，在“经济和货币发展的高效平行性”原则上达成一致②，即“货币挂钩的进展……主要取决于成员国之间经济趋同的实际发展”。③具体而言是“经济政策趋同与货币政策挂钩的进展的平行性”以及“共同体权限的获取与共同体机构正常运行的平行性”。④各个实施阶段之间并非自动过渡，而需酌情进行评估，以确定经济政策趋同和货币政策挂钩是否平行发展。

第四，引入两个共同机构，即一个独立的经济决策委员会和一个独立的中央银行体系。这个独立的经济决策委员会应具备“迅速并高效决策”的能力，并“在政治上对欧洲议会负责”。⑤这样，经济主义理念也得到贯彻。而共同的中央银行体系以美联储为样板，被授权根据经济形势制定货币政策，从而影响流动性、利率以及向公共和私人部门提供的信贷。⑥

第五，经济和货币联盟应该分三个阶段实现，而最后两个阶段

---

① Karl Schiller, Diskussionsbeitrag von Bundeswirtschaftsminister Schiller vor dem Deutschen Bundestag. Auszug aus dem Protokoll des Deutschen Bundestages, 77. Sitzung am 6. November 1970, in: Aufbruch zur Wirtschafts-und Währungsunion. Eine Dokumentation zu den Beschlüssen des Ministerrats der Europäischen Gemeinschaften, hrsg. v. Bundesministerium für Wirtschaft und Finanzen (BMWF-Texte), Köln-Nippes 1972, S. 25 – 27, hier S. 26.

② Tietmeyer, Der Werner-Bericht als Wegweiser für die Wirtschafts-und Währungsunion, S. 5.

③ Tietmeyer, Der Werner-Bericht als Wegweiser für die Wirtschafts-und Währungsunion, S. 5.

④ Tietmeyer, From the Werner-Report to the Euro, S. 5.

⑤ Bericht an Rat und Kommission über die stufenweise Verwirklichung, S. 11.

⑥ Bericht an Rat und Kommission über die stufenweise Verwirklichung, S. 11.

完成的具体时间点还未确定。第一个阶段为期三年，于 1970 年 1 月 1 日启动，这一时期的重心是“在反应灵敏的信息系统与确定基本的经济与货币政策目标基础上，加强经济政策协调”。[①]如果这一趋同过程进展足够大，则可能甚至在第一阶段就缩小汇率波动幅度，并可能完成“欧洲货币合作基金”的设立。[②]两种原本互不相容的经济主义与货币主义方案在此似乎殊途同归。[③]

这份报告第六个也是最后一个核心要素是约定在为期三年的第一阶段结束后对其进行盘点。根据《欧洲经济共同体条约》（EWG-Vertrag）第 236 条，应召开一场政府会议，最终为接下来的两个阶段做准备，以建立经济和货币联盟。[④]

与起初显著的意见分歧相比，会议取得的进步是巨大的。然而，“维尔纳小组”的报告依然存在几个空白点，例如德国代表认为在第二阶段和第三阶段之间的细节上“不够明确”。[⑤]而这原本是出于为最后阶段保证一定程度的灵活性的考虑，以便对第一阶段的变化做出相应反应。[⑥]

总体而言，共同报告的六个核心要素表明，舍尔霍恩和蒂特迈尔在对各类观点的争论不休中落实了他们的“经济主义”理念。蒂特迈尔明确表示：“我认为，联邦德国方面的观点在《维尔纳报告》中得到广泛体现。”[⑦]而且，值得一提的是，联邦德国起初只属于少数派，只得到荷兰及部分得到意大利的支持。因此，在 1970

① Bericht an Rat und Kommission über die stufenweise Verwirklichung, S. 14.

② Tietmeyer, Europäische Wirtschafts-und Währungspolitik, S. 416.

③ Hiepel, Brandt, S. 103.

④ Bericht an Rat und Kommission über die stufenweise Verwirklichung, S. 30.

⑤ Hiepel, Brandt, S. 103.

⑥ Tietmeyer, Europäische Wirtschafts-und Währungspolitik, S. 416.

⑦ 汉斯·蒂特迈尔访谈，2013 年 2 月 12 日。

年11月23日召开的欧共体部长理事会上，舍尔霍恩代表联邦德国政府最终同意通过《维尔纳报告》。[①]这份报告也得到联邦外交部的认可，被称为“现实且平衡的方案”，并且联邦政府期待欧共体因此获得“走向政治联盟的新动力”。[②]

这份报告的起草者们一致认为，成员国经济稳定趋同和建立在共同行政机构之上的政治共同体是一个持续高效且正常运行的经济和货币联盟的必备前提条件。货币、经济和日常政策同步的超国家性与平行性概念是《维尔纳报告》的基本特征。[③]蒂特迈尔如此总结这份报告：“‘维尔纳小组’的目标是要建立一个独立的欧洲中央银行和一个为实现经济政策合作与协调的充分的政治制度结构。”[④]这个成果在欧洲一体化进程中意义非凡，让人们对共同体的进一步发展充满希望。

“维尔纳计划”公布后，联邦德国和法国的政治反应大相径庭。联邦总理勃兰特非常激动，给席勒写信称，这些事件“对欧洲一体化的意义”还未曾受到足够的重视。[⑤]席勒也对这份报

① Johann Schöllhorn, 23. November 1970: Staatssekretär Dr. Schöllhorn gibt als Vertreter der Bundesregierung folgende Erklärung ab, in: Aufbruch zur Wirtschafts- und Währungsunion. Eine Dokumentation zu den Beschlüssen des Ministerrats der Europäischen Gemeinschaften, hrsg. v. Bundesministerium für Wirtschaft und Finanzen (BMWF-Texte), Köln-Nippes 1972, S. 37 – 42, hier S. 41.

② Hiepel, Brandt, S. 103 f.

③ Friedrich Geigant, Die Euro-Flagge über der Festung Europa: Deutschlands Weg zur einheitlichen Währung im gemeinsamen Markt, Berlin 2002, S. 60.

④ Hans Tietmeyer, Ein politisches Dach für das europäische Haus. Der ehemalige Bundesbankpräsident Hans Tietmeyer über die Anfänge der europäischen Währungsunion, ein geheimes Treffen in Bonn und die Perspektive Euro, in: General-Anzeiger Bonn, 31. 12. 2011.

⑤ Schriftwechsel zwischen Minister Schiller und Bundekanzler Brandt betreffend den Werner-Bericht über die stufenweise Errichtung einer Wirtschafts-und Währungsunion, 21. 10. 1970. BAK, B 102/93464.

告的意义深信不疑，并认为这份报告长远来看是一个可接受的解决方案。他还补充说："只有当货币政策共同行动得到一个坚实的共同经济、财政和货币政策支撑，共同体才能一直沿着稳定与增长的道路前进。"①

欧洲公众对这一结果也表示满意。1970 年春阿伦斯巴赫研究所在各国做了一项颇具代表性的民意访谈，提出的问题是：欧洲公民是否同意欧共体继续发展成为一个政治联盟？赞成的比例不低，在所有成员国均达到 60% ~75%，卢森堡 75% 的民众表示赞成。赞成的比例在德国达到 69%，法国为 67%，意大利则为 60%。②

尽管广受赞同，但不久法国就出现了反复的情况。③法国无论如何都无法接受对国家主权的限制。"政治联盟"或者"超级国家"，用蒂特迈尔的话来说，对于法国人来说是"艰难的选择"。④多数法国议员反对"一个欧洲超级国家"。"维尔纳小组"中的法国代表明显低估了法国国内的反对意见。⑤

联邦德国则持相反的观点，并且十分确信，"没有相应的主权让渡以及因此产生的政治与制度后果，一个经济和货币联盟是不现实的"。政治基础的问题无法回避。⑥弗兰茨·约瑟夫·施特劳斯在联邦议会的辩论中引用了蒂特迈尔的一段话："您部里的官员汉斯·蒂特迈尔写过一篇精彩的文章，表达了以下观点：在欧共体，只有一个超级国家权力机关能给予共同货币体系足够的权力和权威。从长远来看，除了一个政治基础坚实的经济和货币联盟，欧共

① Karl Schiller-Eine Chance für Europa, 21. 5. 1971. PAT, Ordner 14, S. 1.

② Tietmeyer, Europa auf dem Wege zur Wirtschafts-und Währungsunion, S. 11.

③ Tietmeyer, Europäische Wirtschafts-und Währungspolitik, S. 417.

④ 汉斯·蒂特迈尔访谈，2011 年 2 月 10 日。

⑤ Tietmeyer, Europa auf dem Wege zur Wirtschafts-und Währungsunion, S. 15.

⑥ Tietmeyer, Europa auf dem Wege zur Wirtschafts-und Währungsunion, S. 16.

体别无选择。"[①]鉴于日益显现的德法分歧，法国方面建议工作先仅限于第一阶段步骤的落实。对于法国来说，建立更多共同机构毫无疑问太早了。[②]

法国的建议遭到其他五个成员国的一致拒绝，因为该建议直接从根本上推翻了"维尔纳小组"所做出的艰难妥协。[③]因此，部长理事会内部以及高级官员对此进行了讨论。在起决定作用的理事会会议上，法国与其他五个成员国及委员会的意见对立。[④]蒂特迈尔回忆："形势越来越明朗，当时几乎不可能形成一个得到所有成员国同意、全面而内容清晰的阶段性方案。"[⑤]

1971年2月8日和9日，部长理事会的一个决议暂时结束了这场纷争。在从1971年到1973年的第一个为期三年的阶段中，成员国就其具体单个措施做出了妥协，也阐述了1980年启动的最后一个阶段的普遍原则。[⑥]人们想在第一个阶段结束后再决定后面的路如何走，并让一系列要点在讨论中保持开放。第一阶段的核心措施基本上被《维尔纳报告》涵盖，因此保留了以下内容：中期货

① Franz Josef Strauß, Protokoll deutscher Bundestag, 162. Sitzung vom 19.01.1972, in: Hans Tietmeyer-Währungsstabilität für Europa. Beiträge, Reden und Dokumente zur europäischen Währungsintegration aus vier Jahrzehnten, hrsg. v. Zentralbankrat der Deutschen Bundesbank, Baden-Baden 1996, S. 132 – 133, hier S. 132.

② Tietmeyer, Herausforderung, S. 51 f.

③ Tietmeyer, Europäische Wirtschafts-und Währungspolitik, S. 15.

④ Tietmeyer, Europa auf dem Wege zur Wirtschafts-und Währungsunion, S. 15.

⑤ Tietmeyer, Herausforderung, S. 53.

⑥ Tietmeyer, Die monetäre und wirtschaftliche Situation innerhalb der Gemeinschaft, S. 2.

币救助、试验性（事实上的系统）① 地缩小汇率浮动幅度、为欧洲货币合作建立一个欧洲货币基金的货币政策措施和准备工作。然而，有关经济政策协调的规定松动了，共同体制度化进一步发展的建议也未被采纳。例如，“维尔纳小组”有关走向欧洲联邦国家的趋势不再是讨论议题。②经济和货币联盟尽管应当在下一个十年完成，同时成员国也认清了进一步的制度发展以及建立欧洲中央银行的必要性，但总是缺乏各方清晰表态，即成员国的主权要从国家让渡到一个共同体层面。③尽管政治联盟在“维尔纳小组”提交的报告中被视为不可放弃，但是理事会决议中没有出现相应内容。④蒂特迈尔特别强调：“在共同体未来政治结构的核心问题中，重要决定暂且都保持开放。”⑤法国方面终于在实践中表达了它对主权丧失的担忧。

尽管不能在理事会决议中压制法国的反对，但这一决议显示，《维尔纳报告》的重要部分本质上已被接受，将来相关内容将被充实。⑥作为政治原则的决定，理事会的决议最终只是一个普遍而抽

---

① 1971 年 6 月 15 日首先是计划实行一个试验性的最低浮动为 ± 0.75% 与 ± 0.60% 的汇率。一个事实上的系统（de-facto-System）在这层关系上表示一种实际的、试验性的行动；一个法律上的系统（De-jure-System）则是依据法律的系统，见 Tietmeyer, Die monetäre und wirtschaftliche Situation innerhalb der Gemeinschaft, S. 2；根据理事会决议，这种事实上的系统在积极变化，并建立在经济政策协调的基础上，且逐渐向缩小汇率浮动幅度的法律系统发展，见 Tietmeyer, Herausforderung, S. 56。

② Stock, Wirtschafts-und Währungsunion, S. 111.

③ Tietmeyer, Europa auf dem Wege zur Wirtschafts-und Währungsunion, S. 13 – 15.

④ Henry Krägenau/Wolfgang Wetter, Europäische Wirtschafts-und Währungsunion. Vom Werner-Plan zum Vertrag von Maastricht: Analysen und Dokumentation (Veröffentlichungen des HWWA-Instituts für Wirtschaftsforschung-Hamburg), Baden-Baden 1993, S. 8.

⑤ Tietmeyer, Europäische Wirtschafts-und Währungspolitik, S. 419.

⑥ Tietmeyer, Europa auf dem Wege zur Wirtschafts-und Währungsunion, S. 15.

象的决定。[①]，可被称为“妥协的妥协”。虽然决议内容明显落后于“维尔纳小组”的建议，但是按照蒂特迈尔的话来说，这是在当时的形势下“政治上能走得最远的协议”了。[②]这是必要的，因为人们不想让海牙峰会达成的方向性协议倒退，以避免欧共体内的政治危机。[③]然而，在巨大的意见分歧下，经济和货币联盟的目标是否能够实现，疑虑依然存在。

媒体对这一平衡技术的反响非常积极，理事会的决议被称为“自《罗马条约》以来影响最为深远的一次政治抱负宣言”和“历史性事件”。[④]在决议通过两天后，蒂特迈尔也首先将这个结果称为“走向一个经济与货币政策统一的欧洲的重大突破”。[⑤]至少，公众对所取得的妥协依然充满希望。而事实是，进一步的决定仅被拖延至第一阶段的末期。人们已经可以预见，“维尔纳计划”前景不妙，最后人们也无法找到令人满意的解决方案。蒂特迈尔在2013年11月的一次演讲中指出，偶尔回头看看以前的报告与文章，特别是“维尔纳计划”的内容，对现在的政治家们会有好处。[⑥]他的结论是：“很遗憾这个计划没有成为现实，主要是因为法国人没有对欧洲进一步的政治一体化做好准备。如果当时那个计划能实现，毫无疑问可以避免今天的欧元问题。”[⑦]

---

① Tietmeyer, Euro ist nicht nur ein Ergebnis, S. 130.

② Tietmeyer, Europäische Wirtschafts-und Währungspolitik, S. 130.

③ Tietmeyer, Europäische Wirtschafts-und Währungspolitik, S. 130.

④ Walter Stock, Die europäische Wirtschafts-und Währungsunion. Eine integrationspolitische Perspektive?, Berlin 1972, S. 109.

⑤ Hans Tietmeyer, Europapolitischer Beitrag des Bundeswirtschaftsministers für die 3. Lesung des Bundeshaushaltes im Plenum des Deutschen Bundestages am 12. Februar 1971, 11. 2. 1071. PAT, Ordner 14, S. 1.

⑥ Tietmeyer, Der Werner-Bericht als Wegweiser für die Wirtschafts-und Währungsunion, S. 11.

⑦ Tietmeyer, Daten, S. 13.

三　欧洲硬化症（1971～1978年）

建立经济和货币联盟的理念，产生于几乎完全由经济增长和稳定所塑造的时代之后。20世纪60年代末期前后尽管世界货币体系出现衰退和紧张态势，但欧共体内部的经济发展基本还是稳定的。[①] 70年代的发展则完全出人意料。1971年2月的理事会发布决议后，由于世界经济的发展，对经济和货币联盟第一阶段细节的进一步讨论很快显得多余。美国首次在二战结束后出现贸易赤字，公众也已经知道，美国黄金储备仅能覆盖自身债务的15%。在外汇市场上，越来越多的人认为美元被高估。在理事会决议正式通过六周后，越来越多美元涌向西德马克，给世界经济带来巨大压力。币值稳定的西德马克在60年代末就已陷入升值压力，成为被高估的美元的对立货币。[②]因为布雷顿森林体系当时还存在，联邦政府必须不断干预，确保汇率波动的稳定。[③]

为找到解决方案，1971年4月26—27日召开了一场经济和财政部长会议，会议上席勒呼吁共同体的具体行动。他建议，所有成员国在短期内放开对美元汇率，为建立经济和货币联盟，从1971年6月15日起，应缩小共同体各国货币汇率波动幅度。联邦德国政府致力于建立一个所有成员国都参与的“共同防御行动”以应对货币政策危险，并想借助这样一个共同行动在欧洲一体化道路上

① Schulz, Koalition, S. 11.

② Benkhoff, Tietmeyer, S. 41.

③ Tietmeyer, Die monetäre und wirtschaftliche Situation innerhalb der Gemeinschaft, S. 2.

有进一步突破。[①]然而这引发了欧共体成员国政府之间的分歧，因为一些成员国对本国对外经济竞争形势的担忧愈发严重。法国政府首先要求只应让西德马克对美元升值，德方代表对此持反对意见，因为这会直接伤害本国在对外经济中的竞争地位。[②]经济和货币联盟的阶段性方案就此消失在成员国的短期危机管理中，因为成员国无法就共同的防御措施达成共识，而要结合自身竞争力和可承受能力应对国际动荡。[③]“维尔纳小组”引发的兴奋就此消失殆尽，也引起人们对经济和货币联盟是否有机会实现的巨大怀疑。不同的偏好、不同的经济形势尤其是不同的经济结构，难以在短期内被消除。而主要的经济与货币主权向共同体机构让渡的理念也逐渐消失。[④]

由于无法就一个欧洲达成妥协，西德马克的升值压力持续增大，联邦德国和荷兰政府决定，临时有限放开本国货币的浮动，以找到新的市场平衡和应对货币投机行为。联邦德国赋予共同行动很高的地位，这一点在蒂特迈尔写给议会国务秘书卡塔琳娜·福克（Katharina Focke）的信中可见一斑。他在 1971 年 5 月写道：“两国政府均拒绝没有不经其他成员国同意的单独行动。”[⑤]因此，1971 年 5 月 8 日和 9 日在布鲁塞尔召开了一场特别会议。在近 20 个小时的讨论中，法国人再次要求西德马克升值，最终联邦德国和荷兰

---

① Hans Tietmeyer, Artikel für Frau Parlamentarische Staatssekretärin Dr. Katharina Focke-Das Ziel bleibt Wirtschafts-und Währungsunion, 21. 5. 1971. PAT, Ordner 14, S. 3 f.

② Tietmeyer, Herausforderung, S. 57.

③ Geiger, Währungsrecht, S. 24.

④ Thomas Oppermann, Europarecht-Ein Studienbuch, München 1991, S. 311.

⑤ Tietmeyer, Artikel für Frau Parlamentarische Staatssekretärin Dr. Katharina Focke, S. 5.

政府在“其他国家不情愿的容忍下”放开了汇率。①

建立经济和货币联盟的进程因此进一步放缓，鉴于最新的变化，法国宣布暂时不再参加经济和货币联盟的谈判。因此不仅汇率波动幅度被缩小，包括“维尔纳计划”规定在内的第一阶段其他措施，如经济与财政政策协调，都被按下停止键。②分阶段建立经济和货币联盟的方案被证明是一个脆弱且“对稳定汇率没有太多效果的方案”，最初的文本仅仅在两个月之后就形同废纸了。③

1971 年 8 月 15 日发生的“尼克松冲击”事件④加剧了形势的恶化。这个突然的决定引发全世界民众的巨大不安，因为以美元挂钩黄金为基础的国际货币体系失去了其锚货币。各国部长们举行的各类国际会议和会晤说明，大家无法就共同出路达成一致。⑤特别是欧洲仍然延续之前几个月的形势发展。每个成员国都试图在不考虑其他伙伴国家的情况下维护本国利益。1971 年 9 月在伦敦、罗马和华盛顿举办的 G10⑥ 国家会议上，人们几乎感受不到欧洲共同体的存在。蒂特迈尔回忆，部分成员国想让本国内部重新稳定，而

---

① Hans Tietmeyer, Die Europäische Währungsunion zwischen nationalem Krisenmanagement und währungs-und wirtschaftspolitischer Zusammenarbeit, in: *Internationale Währungsordnung am Scheideweg*, *Veröffentlichung der Europa-Union* (1972), S. 17 - 33, hier S. 23.

② Tietmeyer, Die monetäre und wirtschaftliche Situation innerhalb der Gemeinschaft, S. 3.

③ Geiger, Währungsrecht, S. 26.

④ 美国总统尼克松直接关闭了美元 - 黄金汇兑窗口，见 2013 年 2 月 12 日的汉斯·蒂特迈尔访谈。

⑤ Tietmeyer, Herausforderung, S. 59.

⑥ G10 是一个发达工业国组成的组织。成员包括欧共体的几个成员国——比利时、联邦德国、法国、意大利和荷兰，同时还有卢森堡，以及英国、日本、加拿大、瑞典和美国，见 Bodo Börner, rechtsformen und besondere Wesenzüge der Integration Westeuropas, in: Rechtsfragen der Integration und Kooperation in Ost und West, hrsg. v. Otto Wolff von Amerongen, Berlin 1976, S. 11 - 32, hier S. 23。

部分成员国则尝试利用扩张性货币政策，减轻本国货币的升值压力。[①]

对于蒂特迈尔来说，危机和成员国面对危机的不同反应印证了“维尔纳小组”中的“经济主义”理念。他确信，根据经验，未来经济和货币联盟的每一个方案，如果不扎根于一个基于民主合法性且具有决策力的机构之上的政治联盟，一定会失败，而一个没有约束力且核心决策权依然保留在成员国的国家间合作是不够的。[②]

谈判继续进行，1971 年 12 月 18 日在美国华盛顿达成了一个临时成果，即所谓《史密森协议》。蒂特迈尔称谈判极其复杂，焦点不是欧洲，而是美元问题。经过旷日持久的谈判，会议以“糟糕的部分成功”结束。[③] 各国对汇率调整达成一致，将对美元汇率的波动幅度从 ±0.75% 扩大到 ±2.25% 。[④]这次调整还包括将欧洲国家货币间的波动幅度扩大到 ±4.5% ，而这与之前达成的建立经济和货币联盟的那些倡议相矛盾。人们本已决心实施“维尔纳计划”，缩小而不是扩大汇率波动幅度，因此这一结果被视为欧洲货币一体化的一大退步。然而，席勒 1972 年 1 月 19 日在德国联邦议会的发言中表示，联邦政府“一如既往地支持 1971 年 2 月 8 日—9 日有关阶段性方案做出的决定”，并补充道，“中断的工作须根据

---

① Hans Tietmeyer, Erfahrungen und Perspektiven für die Währungsunion in Europa. Vortrag vor dem Gesprächskreis Nord der Friedrich-Ebert-Stiftung in Hamburg am 30. Januar 1995, 30. 1. 1995. PAT, Ordner 130, S. 8.

② Tietmeyer, Europäische Währungsunion, S. 25.

③ William Nöllig/Karl Albrecht Schachtschneider u. a. , Wilhelm Hankel-homo politicus, homo contemplativus, in: Währungsunion und Weltwirtschaft: Festschrift für Wilhelm Hankel zum 70. Geburtstag, hrsg. v. Wilhelm Nölling/Karl Albrecht Schachtschneider u. a. , Stuttgart 1999, S. XI – XXII, hier S. XVII.

④ Tietmeyer, Die monetäre und wirtschaftliche Situation innerhalb der Gemeinschaft, S. 3.

以往的经验重新启动”。[①]但是，20 世纪 70 年代局势的进一步发展让这位雄心勃勃的经济部部长最终难有大的作为。

终于，《史密森协议》导致欧洲国家重新回归对美元的固定汇率制。对西德马克来说，这次调整意味着 13.6% 的升值。联邦德国认为升值过于夸张，然而席勒没能在谈判中贯彻自己的意图，因为他被告知，联邦总理勃朗特在之前的双边会谈中就已经宣布西德马克升值，最多可达 15%。席勒震惊了。他在会议之前甚至短暂考虑过是否要直接离场，但最终还是留下了，并表决同意西德马克对美元汇率的调整。尼克松将这个结果描述为“各国历史上最重要的货币协定”。[②]蒂特迈尔则对此深表怀疑，因为他“很久以来就支持浮动汇率制”。[③]在 1969 年的一部著作中他对此有清晰表述："值得认真考虑的另一种选择无疑是向更灵活的汇率过渡。”[④]在另一本著作中他表示，美元与黄金脱钩破坏了布雷顿森林体系的基石，并补充说：“新的架构非常脆弱。”[⑤]席勒也赞同这种观点。他同样要求引入浮动汇率制，但这个要求甚至都无法取得联邦政府的同意。二十年后，他重新回顾道：“德国央行在 1971 ~ 1973 年上错了船，固定汇率制的理念占了上风，哪怕调动联邦边防警卫队都没有用。”[⑥]就《史密森协议》他又谈道：“事实上，只要新的国际货币架构不会带来新的国际失衡，华盛顿会议的成果还是可以在更长

---

① Karl Schiller, Erklärung der Bundesregierung zur Währungslage im Deutschen Bundestag, 19. 1. 1972. PAT, Ordner 14, S. 12.

② Tietmeyer, Herausforderung, S. 60 f.

③ Benkhoff, Tietmeyer, S. 41.

④ Tietmeyer, Europa-Währung, S. 13.

⑤ Tietmeyer, Europäische Währungsunion, S. 27.

⑥ David Marsch, Die Bundesbank. Geschäfte mit der Macht, München 1995, S. 246 – 248.

一段时期被接受的。”[①]蒂特迈尔和席勒的担忧最终成为现实，布雷顿森林体系仅仅在一年半之后就解体了。

蛇形浮动：汇率合作的尝试（1972~1973年）

在史密森会议达成妥协后，国际外汇市场出现短期缓和，尽管仍然不稳定，不久又出现了新的问题。[②]因为有关扩大汇率波动的决定违背1971年2月通过的理事会决议，被认为会阻碍一体化，所以在欧洲引发了广泛讨论。[③]在法国和荷兰、比利时、卢森堡三国的推动下，1972年3月21日，欧洲经济和货币联盟开启了新旅程[④]，这次讨论要将欧洲内部的货币汇率波动幅度扩大到±4.5%。[⑤]

部长理事会协商决定，欧洲各国央行行长要就外汇市场合作达成一致。[⑥]人们要尝试性地采用一种新的欧共体央行干预机制，在这种机制中，任何汇率波动幅度的调整都只能根据共同的决定实施。外汇交易应服务于波动幅度的稳定。[⑦] 欧洲内部的汇率波动幅度将由±4.5%减小到±2.25%。这样的话，虽然将在华盛顿商定的波动幅度减半，但汇率波动空间仍较“维尔纳计划”大不少。[⑧]蒂特迈尔认为这次妥协仍然是有意义的，因为一旦出现经济失衡，如果不允许更大幅度的汇率波动，就得直接调整货币平价。[⑨]

---

① Schiller, Erklärung der Bundesregierung zur Währungslage, S. 14.

② Tietmeyer, Die monetäre und wirtschaftliche Situation innerhalb der Gemeinschaft, S. 4.

③ Hubertus Adebahr, Währungstheorie und Währungspolitik, Berlin 1990, S. 471.

④ Tietmeyer, Die monetäre und wirtschaftliche Situation innerhalb der Gemeinschaft, S. 3.

⑤ Hans Tietmeyer, Der Weg zur europäischen Wirtschafts-und Währungsunion, 24. 11. 1972. PAT, Ordner 25, S. 10.

⑥ 汉斯·蒂特迈尔访谈，2011年11月8日。

⑦ Tietmeyer, Europäische Währungsunion, S. 29.

⑧ Tietmeyer, Der Weg zur europäischen Wirtschafts-und Währungsunion, S. 10.

⑨ Tietmeyer, Europäische Währungsunion, S. 29.

此外，人们再次开始尝试“借助一个特别协调小组，来致力于实现欧洲内部经济政策的协商”。[①]蒂特迈尔对经济政策协商和自愿协调表示怀疑，因为与之前的“维尔纳计划”相比，这条新路径是一种被削弱的变种，而且，一个政治联盟不再是讨论话题。蒂特迈尔认为有倒退到“欧洲式自由贸易区”的风险，“似乎也是政治联盟的最后终结”。[②]他自始至终坚信，没有政治挂钩的经济和货币联盟是不可能实现的，因此继续要求将国家权限让渡到带有决策能力的欧洲共同体机构。[③]总体而言，这个致力于汇率合作的新妥协方案远非蒂特迈尔的理想方案。[④]他批判性的结论是：“一个仅仅作为（成员国）相互间的大型自助商店的欧洲，不可能是经济和货币联盟的基础！”[⑤]

新的欧洲汇率合作机制“蛇形浮动”于1972年4月24日生效。[⑥]欧洲国家货币对美元±2.25%的波动幅度确定了“蛇形浮动隧道”的直径。此外，欧洲各国货币之间围绕其平价波动的最大幅度也是2.25%，这被称为欧洲的“货币蛇”，其最大直径只有“隧道”的一半。这条“货币蛇”可以在“隧道”里运动，但是不能离开这条“隧道”，同时也不能超出自身直径的4.5%。[⑦]这些

---

① Tietmeyer, Die monetäre und wirtschaftliche Situation innerhalb der Gemeinschaft, S. 3.

② Hans Tietmeyer, Die EWG auf dem Wege zu einer Inflationsgemeinschaft, 26. 10. 1972. PAT, Ordner 25, S. 5.

③ Hans Tietmeyer, Die EWG auf dem Wege zu einer Inflationsgemeinschaft, 26. 10. 1972. PAT, Ordner 25, S. 8 – 10.

④ 汉斯·蒂特迈尔访谈，2013年2月12日。

⑤ Tietmeyer, Die EWG auf dem Wege zu einer Inflationsgemeinschaft, S. 17.

⑥ Paul Engelkamp/Friedrich Sell, Einführung in die Volkswirtschaftslehre, Berlin/Heidelberg 2013, S. 395.

⑦ Adebahr, Währungstheorie, S. 471.

将借助前文提到的欧共体央行干预机制确保落实。[①]

这一新理念却遭到法国反对。长期以来，法国人致力于在世界范围内实现一种准固定汇率制，因此要在这个背景下协商一种欧洲内部波动幅度更小的汇率机制。而且，法国政府还要避免法郎过度依赖西德马克，要是西德马克进一步浮动，法国可能就要被逼引入通缩政策。[②]但是，对其他欧洲国家来说，这种新型汇率机制很有吸引力，因此丹麦、爱尔兰和英国于1972年5月加入这一汇率合作。甚至挪威也决定加入欧洲汇率联盟，尽管挪威公民曾在全民公决中反对挪威加入欧共体。[③]

1973年初，国际外汇市场再次出现严重紧张局势，其主要特征是疲软的美元和大量资金流向西德马克。1971年黄金兑美元义务取消后，美国人不得不眼睁睁看着美元于1973年2月继续贬值10%，外汇市场总是动荡不安。英国、爱尔兰以及意大利陆续让它们的货币自由浮动，并在不久后再次退出“蛇形浮动”。[④]蒂特迈尔对此评价道：“这个方案第一次面对微风就掉了一地羽毛。”[⑤]

早在1973年3月，世界外汇市场就已失控，导致固定汇率制的布雷顿森林体系解体。[⑥]根据1972年4月达成的《巴塞尔协定》

---

① Tietmeyer, Der Weg zur europäischen Wirtschafts-und Währungsunion, S. 11.

② Hiepel, Brandt, S. 200.

③ 直到今天都不完全清楚，为什么挪威拒绝加入欧共体。按照蒂特迈尔的观点，这主要是因为当时在北海发现了具有经济价值的石油储量。“我一直认为，这极大地增强了他们的自信。挪威人当时是贫穷的农民和渔民。如果当时他们没有发现新财富，他们可能会……加入欧共体。”汉斯·蒂特迈尔访谈，2013年2月12日。

④ Tietmeyer, Herausforderung, S. 63.

⑤ Tietmeyer, Die monetäre und wirtschaftliche Situation innerhalb der Gemeinschaft, S. 3.

⑥ Für weitere Informationen siehe Abschnitt 4. 4. 1.

(*Baseler Abkommen*)，参会央行都必须履行稳定弱势货币的义务，因此德国联邦银行为支持美元，购入约27亿美元。[①]在一次欧洲各国财长的危机应对会议上，各国尝试寻找在这种情况下的正确应对之道。在"隧道"中的"蛇"从此变成没有"隧道"的"蛇"。这意味着欧洲国家货币兑美元汇率的波动不再受到任何限制。[②]绝大部分欧共体成员国让本国货币对美元自由浮动，各国货币之间依然按照之前协定好的波动幅度维持固定平价。由于成员国之间完全分化的经济发展路径，在欧洲内部保持汇率波动幅度变得越来越困难，导致成员国维持"蛇形浮动"也越来越困难，成本也越来越高。[③]结果就是更多欧洲国家退出汇率合作。1974年1月，法国至少暂时退出汇率合作联盟，没有"隧道"的"蛇"逐渐变成"西德马克区"。[④]在汇率领域出现的新问题，整个70年代都困扰着欧洲。[⑤]

"维尔纳小组"与经济和货币联盟的目标不再受到关注。由于1973年第一次石油危机的爆发，原本计划于70年代中期启动的经济和货币联盟第二阶段不了了之。许多之前致力于经济政策更高程度趋同的欧洲合作的尝试，实际却朝着完全相反的方向变化。每个国家都尝试基于它们自身的不同竞争优势，找到各自应对挑战的方法。在经济和货币政策问题上寻求更多长期一致的热情也不存在。所谓的"欧洲硬化症"发作了。70年代应该是载入史册的十年，

---

① Giovanni Magnifico, Eine Währung für Europa. Ein Weg zur europäischen Währungsvereinigung (Wirtschaftsrecht und Wirtschaftspolitik), Baden-Baden 1977, S. 220.

② Thomas Apolte/Dieter Bender u. a., Valens Kompedium der Wirtschaftstheorie und Wirtschaftspolitik, München 2012, S. 662.

③ Harold James, Making the European Monetary Union, Cambridge, MA 2012, S. 110.

④ Harold James, Making the European Monetary Union, Cambridge, MA 2012, S. 110; Tietmeyer, Herausforderung, S. 65 – 67.

⑤ Tietmeyer, Euro ist nicht nur ein Ergebnis, S. 130.

在这十年里，欧共体国家再次优先关注本国经济政策，货币一体化计划暂时被束之高阁。[①]

一体化进程停滞不前，甚至还有所退步，公众对欧洲的怀疑也日益加深。在德国央行后来的公开出版物中对相关情况有如下描述："当时的经济和货币联盟最终因为根本的意见分歧而流产……此外，各国对第一次石油危机的经济政策反应各不相同，缺乏服从共同稳定目标的热情。"[②]人们也可以称之为欧洲一体化的"暂停"，因为，毫无疑问这会成为一体化政策下一步的核心组成部分。[③]

四 欧洲货币体系（1979～1989 年）

布雷顿森林体系崩溃、第一次石油危机和世界经济的各种动荡，让欧洲内部再次寻求一种新的稳定的货币体系。直至 1978 年，在世界经济困境下，欧共体成员国依然以各不相同的经济政策应对，以致货币问题愈发凸显，汇率联盟内部汇率持续动荡。赫尔穆特·施密特和法国总统吉斯卡尔·德斯坦为此提出促进共同体继续发展的个人倡议，以防止危险的去一体化情况出现。[④]

欧共体发展出新的"欧洲汇率体系"，把比利时法郎、西德马

---

① 汉斯·蒂特迈尔访谈，2014 年 6 月 18 日。

② Deutsche Bundesbank, Die Europäische Wirtschafts-und Währungsunion, Frankfurt/Main 2008, S. 12.

③ Markus Reupke, Die Wirtschafts-und Währungsunion. Die Bedeutung für die Europäische Union unter politischer und internationaler Berücksichtigung (Europen Studies), Oldenburg 2000, S. 32.

④ Hans Tietmeyer, Das Europäische Währungssystem in der Testphase der Bewährung-Kompass für die zukünftige Europäische Zentralbank (EZB) . Vortrag vor den Unternehmertagen der Thüringischen Landesregierung, der Bayerischen Staatsregierung und der EU Kommission am 20. Juni 1994, 20.6.1994. PAT, ordner 127, S. 4; James, Making the European Monetary Union, S. 148.

克、丹麦克朗、法国法郎、爱尔兰镑、意大利里拉和荷兰盾都纳入其中。[①]目标是借助波动幅度为±2.5%（意大利例外，以±6%）的固定主导汇率，实现货币稳定。[②]波动幅度的限制可由各国央行干预落实。此外，如果成员国的宏观经济发展出现分化，各国可对主导汇率进行调整。[③]施密特和德斯坦的计划并非货币联盟，而是推进一种保留本国货币的政府间汇率联盟。因此，蒂特迈尔并不赞同施密特和德斯坦被视为"欧元之父"的看法。[④]

通过降低欧共体国家在商品、服务和资本流动中的汇率风险，这个方案能更好地确保稳定。[⑤]欧洲汇率体系由两个重要组成部分：欧洲货币单位（European Currency Unit，ECU）和央行干预体系。欧洲货币单位在1979年作为共同结算货币被引入欧洲汇率体系，法国主导了欧洲货币单位的命名，直接借用了路易九世执政时期法国最古老的法国金币"埃居"（écu d'or）这一名称。[⑥]

欧洲货币单位的价值由所有九个成员国（比利时、联邦德国、丹麦、法国、英国、爱尔兰、意大利、卢森堡和荷兰）货币组成的货币篮子加权计算而成。权重根据各国国民生产总值、各国欧洲内贸易总量的比例、欧共体成员国信贷机制的救助机制中的比例得出。[⑦]1979年3月13日货币政策合作开启时，权重分布如下：西德马克以33%占据最大权重，其后依次是法国法郎（20%）、英国英

---

① 汉斯·蒂特迈尔访谈，2013年2月12日。

② Amalia Morales Zumaquero, International Macroeconomics: Recht Developments, New York 2006, S. 260.

③ Tietmeyer, Das Europäische Währungssystem in der Testphase der Bewährung, S. 4.

④ 汉斯·蒂特迈尔访谈，2013年2月12日。

⑤ 汉斯·蒂特迈尔访谈，2011年11月8日。

⑥ Geigant, Euro-Flagge, S. 83.

⑦ Rolf Picker, Europäisches Währungssystem/ECU. Recht, Wirtschaft, Politik, Zeitgeschichte, Hildesheim, Zürich, New York 1987, S. 162 f.

镑（13%）、荷兰盾（11%）、意大利里拉（9%）、比利时法郎（9%）、丹麦克朗（3%）、爱尔兰镑（1%）和卢森堡法郎（0.4%）。因此欧洲货币单位的汇率并不由市场产生，而是由成员国汇率决定。[1]

货币篮子中各国货币权重发生变化，也会影响其他货币的主导汇率。如果主导汇率不能反映实际市场情况，货币篮子也需重估。这些重估会对成员国政治和经济产生后果，因此需得到欧洲理事会（Europäischer Rat）一致通过。[2] 另外，非常重要的一点是，为避免货币投机行为，必须及时完成重估。如果实际主导汇率不再与真实的经济形势一致也令人担忧。

欧洲汇率体系的第二个重要组成部分是央行干预体系。欧洲汇率体系是一个相对的固定汇率体系，所有参与欧洲汇率体系的货币，可以在前面提到的波动范围 ±2.5% 内升值或贬值。汇率波动的上限与下限是干预的参考点，确保两种货币协定的汇率在这一范围内波动。这意味着，本币疲软的央行需出售坚挺的货币，扩大坚挺货币的供应；同时，本币坚挺的央行需购入疲软的货币，支持市场对疲软货币的需求。只要成员国货币偏离主导汇率的 75%，就要实施干预。[3]

经济学家对干预体系持批评立场，因为这样主导汇率就不再由市场决定，而是由央行的买进和卖出进行调控。另外，经济学家还担心支持某种货币而实施的购买会导致货币量扩张，引发通胀风

---

① Geigant, Euro-Flagge, S. 83.

② Peter Bofinger, Festkurssysteme und geldpolitische Koordination（Schriften zur monetären Ökonomie）, Baden-Baden 1991, S. 191.

③ Jörn Altmann, Außenwirtschaft für Unternehmen, Stuttgart 1993, S. 227 f.

险。[1]当时的联邦银行行长奥特玛·埃明格尔（Otmar Emminger）对这一体系同样持批评立场，要求当干预对内部稳定产生威胁时，可选择退出。[2]蒂特迈尔赞成这一观点，认为这种缺乏稳定导向的干预义务是有问题的。[3]尽管存在广泛的批评，这一干预体系依然保留为欧洲汇率体系的一个基本组成部分。联邦德国的考虑未被理会。[4]

在欧洲汇率体系第一个四年里，成员国宏观经济形势的分化导致了六次重估。[5]这种情况在法国尤其突出。1981 年，弗朗索瓦·密特朗（François Mitterrand）接替德斯坦任法国总统，第五共和国建立以来法国第一次迎来了社会（民主）主义政府。密特朗执政的最初两年，扩张性政策特征明显，包括大型企业国有化、引入 35 小时工作制和大幅提高工资。[6]这些社会（民主）主义计划在市场上受到广泛批评，大量资本逃离法国证明了这一点。[7]

西德马克的坚挺和法国法郎的疲软是法国经济最大的问题，因此德法在 1983 年 3 月以前对汇率进行了两次重估。[8] 1983 年 3 月，随着德国基民盟/基社盟和自民党组建大联合政府和雅克·德洛尔被任命为法国财政部部长，这种情况有所改观。[9]在德法的相关谈判中，作为财政部副部长的蒂特迈尔在谈判中发挥了重要作用。1983 年 3 月 15 日，蒂特迈尔收到法国财政部司库米歇尔·康德苏

① Altmann, Außenwirtschaft für Unternehmen, Stuttgart 1993, S. 229.
② 汉斯·蒂特迈尔访谈，2013 年 2 月 12 日。
③ 汉斯·蒂特迈尔访谈，2014 年 10 月 6 日。
④ 汉斯·蒂特迈尔访谈，2013 年 2 月 12 日。
⑤ Rübel, Außenwirtschaft, S. 369.
⑥ Schwarz, Kohl, S. 354.
⑦ Tietmeyer, Herausforderung, S. 264.
⑧ 汉斯·蒂特迈尔访谈，2013 年 2 月 12 日。
⑨ 米歇尔·康德苏访谈，2015 年 3 月 10 日。

一个请求，他受德洛尔委托，约定与斯托尔滕贝格和科尔会谈的日期。[①]当时巴伐利亚州驻波恩代表处正好在举行基民盟/基社盟与自民党组建大联合政府的谈判，使安排会谈的时间很紧张。然而，蒂特迈尔第二天有空。当天刚好有一群报道大联合政府谈判的记者正等在代表处楼前。蒂特迈尔回忆道："如果我和康德苏直接穿过这群记者，势必引起轰动。"[②]在法兰克福证券市场上，对即将来临的汇率重估进行的投机已经开始，法国外储被卖空。[③]为遏制市场投机行为，蒂特迈尔和康德苏穿过隔壁房子的花园，从代表处大楼的后门进入，康德苏说这简直是"难得一见"的情景。[④]

随后，德洛尔的消息被传递给科尔和斯托尔滕贝格，他计划在法国落实一个长期稳定项目，目的是遏制内部市场需求和减少经常账户赤字。[⑤]德洛尔想借助降低法国通胀和单位劳动成本，重塑法国的竞争力。[⑥]德洛尔认为，只有当欧洲各国经济政策达到足够趋同时，才能实现欧洲货币稳定，这一主张向德国方面的理念走近了一大步，但在法国国内，有类似观点的人并不多。[⑦]为实现这一目标，德洛尔需要联邦德国支持，即西德马克单方面升值8%～12%来完成这次重估。然而，仅在五天以前，蒂特迈尔就已排除了西德马克进一步升值的可能，即使法国法郎汇率已多日位于干预上限。[⑧]因而局势也变得复杂，虽然德洛尔本人致力于维护欧洲汇率

① Tietmeyer, Herausforderung, S. 85.
② 汉斯·蒂特迈尔访谈，2013年2月12日。
③ O. A., Der Währungsverbund-eine politische Realität für Bonn, in: Neue Zürcher Zeitung, 14. 3. 1983.
④ 米歇尔·康德苏访谈，2015年3月10日。
⑤ 汉斯·蒂特迈尔访谈，2011年11月8日。
⑥ 米歇尔·康德苏访谈，2015年3月10日。
⑦ 汉斯·蒂特迈尔访谈，2013年3月1日。
⑧ O. A., „Kein Anlaß zur Aufwertung“, in: Kähler Stadtanzeiger, 10. 3. 1983.

体系，但是在联邦德国拒绝本国货币升值的情况下，经济形势困难的法国除了脱离欧洲汇率体系外，别无他选。[①]

可以想见，对科尔和斯托尔滕贝格来说，法国提出这一请求的时机是非常不利的。执政联盟刚讨论出新的经济政策方案，要降低联邦财政中的结构性赤字。对于新政府来说，这个时候让西德马克升值根本是不可能的。同时，它又强调对欧洲汇率体系的支持。[②]只有法郎同时贬值，西德马克的升值才可能发生。[③]

联邦德国与法国进一步的谈判陆续开启。蒂特迈尔回忆，德洛尔阐述了西德马克不升值对法国和欧洲一体化产生的严重后果。他威胁法国会退出欧洲汇率体系，并要为欧共体其他国家引入进口关税。欧洲一体化的进一步发展将遭受巨大挫折。对德洛尔来说，同样是这个问题，他要将法国引上内部稳定政策的道路，需借助西德马克升值才能实现。[④]蒂特迈尔认为，法国退出而导致欧洲汇率体系失败，对于德国来说是不可承受的。[⑤]德洛尔的强硬表态使双方一时无法找到其他解决方案，但双方就在 1983 年 3 月 19—21 日布鲁塞尔召开的重新调整谈判中提交共同提案达成了共识。[⑥]一个充满戏剧性的进程开启了。[⑦]

这次谈判异常艰难，持续了两天，甚至导致股票市场在 1983 年 3 月 21 日周一的临时休市。德洛尔热情洋溢地提出自己的诉求，

① 汉斯·蒂特迈尔访谈，2013 年 2 月 12 日。

② O. A. , Der Währungsverbund-eine politische Realität für Bonn.

③ 汉斯·蒂特迈尔访谈，2013 年 2 月 12 日。

④ 汉斯·蒂特迈尔访谈，2013 年 2 月 12 日。

⑤ Tietmeyer, Herausforderung, S. 289.

⑥ Terminkalender Hans Tietmeyer: März 1983, 19. – 21. 3. 1983. PAT, Ordner 84, o. S.

⑦ 汉斯·蒂特迈尔访谈，2013 年 2 月 12 日；米歇尔·康德苏访谈，2015 年 3 月 10 日。

并在媒体面前对德方代表发表挑衅言论。法国退出欧洲汇率体系机制的风险马上要出现。[①]而今回顾这段历史，人们只能揣测，德洛尔当时是否真的敢迈出退出欧洲汇率体系那一步。不过，康德苏在一次私人会谈中提供了一丝线索："在去布鲁塞尔的飞机上，德洛尔要我写两篇发言稿。一篇用于如果大家都同意调整的情况，一篇用于我们不得不退出欧洲汇率体系的情况。我写了两篇发言稿，德洛尔将两篇发言稿都放到他的口袋里。最后，我们就重估汇率达成共识，他将那篇正面情况下会用到的发言稿拿出口袋，说道，'太好了，欧洲汇率体系将继续存在，法郎的通胀会降低，法郎也会变成一种坚挺的货币'……我们当时差点就退出欧洲汇率体系，告诉你吧，我从来没有跟德洛尔要回过另一篇发言稿，我希望他已经销毁了那篇稿子。"[②]密特朗的顾问雅克·阿塔利（Jacques Attali）也曾向蒂特迈尔暗示，法国当时的行为方式不仅是一种谈判技巧，还真的将退出欧洲汇率体系和引入进口税作为兜底操作。[③]

如果法国真的退出欧洲汇率体系，将会发生什么呢？法国政府肯定很清楚，摆在面前的将是未来几年异常艰难的内部结构性调整。[④]康德苏非常确定的是，法国会在经历震荡的几个月后重新回到欧洲汇率体系。只是对于整个欧洲来说影响是天翻地覆的，因为根据康德苏的说法，如果法国真的退出欧洲汇率体系，那么整个欧洲一体化的历史将被全部改写。[⑤]在此我们应该想到"德洛尔计划"，这一计划最终成为《马斯特里赫特条约》的基础。

---

① Tietmeyer, Herausforderung, S. 291.

② 米歇尔·康德苏访谈，2015 年 3 月 10 日。

③ Tietmeyer, Herausforderung, S. 31.

④ 米歇尔·康德苏访谈，2015 年 3 月 10 日。

⑤ 米歇尔·康德苏访谈，2015 年 3 月 10 日。

法国人最后承认，留在欧洲汇率体系对于欧洲一体化来说是最为有益的。康德苏给出的理由是："这样可以更好地让德国人和整个欧共体相信，我们是认真的，我们真的想要汇率重估。"[①]在拉锯战式的谈判最终达成一致后，出现了成员国到那时为止经历的最大一次重估，汇率平价产生了巨大变动。西德马克升值5.5%、荷兰盾升值3.5%、丹麦克朗升值2.5%、比利时法郎升值1.5%，同时爱尔兰镑贬值3.5%、意大利里拉贬值2.5%、法国法郎贬值2.5%，德国成功抵制了西德马克单方面升值的要求。[②]

这次重估对欧洲的继续发展非常重要，法国实现了承诺的内部稳定。康德苏解释道："法国政府一直坚持这个政策直到加入欧元区。这是一个连续性的立场。"[③]汇率的修正使其他欧洲国家相信，未来工作重心将重新回归稳定。[④]德洛尔借此为货币联盟开辟了新的视角，因为新的稳定导向在80年代促进了欧洲经济趋同，稳定了欧洲汇率体系。[⑤]

科尔政府通过与法国的相向而行展示了德法紧密伙伴关系在科尔政府中的崇高地位。1983年威廉斯堡（Williamsburg）世界经济峰会召开之前的沟通也凸显了良好的德法关系对于联邦德国的高度重要性。1982年12月，峰会日程出于法国方面的原因迟迟无法确定，科尔表示，一个没有法国总统参加的峰会不是经济峰会。[⑥]他还将法

---

① 米歇尔·康德苏访谈，2015年3月10日。

② Zumaquero, International Macroeconomics, S. 260.

③ 米歇尔·康德苏访谈，2015年3月10日。

④ 汉斯·蒂特迈尔访谈，2013年3月1日。

⑤ 汉斯·蒂特迈尔访谈，2013年2月12日。

⑥ Auszug aus dem Vermerk über das Telefongespräch des Bundeskanzlers mit Staatspräsident Mitterand am Montag, dem 22. November 1982, 16.00 Uhr, Dauer: etwa 1/2 Stunde, 22. 11. 1982. PAT, Ordner 76, S. 1.

国可能的缺席称作“荒谬的”。[1]联邦德国和法国的合作，特别是科尔和密特朗两人的关系，在整个80年代都充满相互信任。德法之间定期的双边协商也变成了一种“新的合作模式”，并发展成“德法合作独树一帜的关系”。[2]科尔和密特朗为僵化的欧洲政治带来新的活力，并使欧洲一体化的进一步发展重新成为重要主题。科尔将这种新友谊称为“我们两国人民的幸运”。[3]

上述变化推动了80年代欧洲更紧密的货币政策合作。成员国越来越注重将本国经济政策对标那些稳定国家，这导致重估日益减少。蒂特迈尔写道：“如果没有80年代晚期欧洲汇率体系中价格相对稳定的正面经验，创建货币联盟的条约就不可能出现。”[4]

由于欧洲层面的积极变化，人们开始重新考虑欧共体的进一步发展。在此期间成为共同体委员会主席的雅克·德洛尔于1986年提出《单一欧洲法案》（*Einheitliche Europäische Akte*），要求所有成员国“为了欧共体的进一步深化，确保经济和货币政策的必要趋同”。[5]

经过多次尤其是推进加强欧洲内部经济与货币政策合作的商讨后，1988年6月27—28日在汉诺威召开的欧共体峰会上出现重大突破。数月后成为联邦财政部部长的特奥·魏格尔解释道：“决定

---

① Auszug aus dem Vermerk über das Telefongespräch des Bundeskanzlers mit PM Thatcher am Dienstag, dem 23. November 1982, 09.30 Uhr, Dauer: etwa 1/4 Stunde, 23.11.1982. PAT, Ordner 76, S. 1.

② Schwarz, Kohl, S. 355 – 357.

③ Helmut Kohl, Erinnerung: 1982 – 1990, München 2005, S. 104.

④ Hans Tietmeyer, Gedankenskizze für die Rede am 23. März 1992 vor der Deutschen Handelskammer in London. Arbeitsthema: EMU-Prospects and Perspectives, 23.3.1992. PAT, Ordner 115, S. 3.

⑤ Tietmeyer, Gedankenskizze für die Rede am 23. März 1992, S. 1.

性变化出现在汉诺威峰会……首先是科尔，他想给欧洲政策加大油门。"[①]科尔在峰会之前就已经表达过，"我们要一起着手，在欧洲创造一个经济与社会空间"[②]。德国媒体对此评价积极，例如有媒体这样报道："飞行员终于回到飞机上，对欧洲陷入二流地位的恐惧促使赫尔穆特·科尔迈出了重大一步。"[③]

峰会任命了"德洛尔小组"，小组由欧共体（Europäische Gemeinschaft）十二国央行行长以及三位独立专家组成，其任务是为进一步推进货币政策一体化以及为建立欧洲央行制定基本原则。[④]《德洛尔报告》于1989年春发布，与"维尔纳小组"的报告有许多相似之处，二者的重要差别在于，《德洛尔报告》仅聚焦货币政策。在趋同的经济政策领域加强的、制度性的及超国家性的结构，在《德洛尔报告》中并未提及，而这一结构在"维尔纳小组"的报告中有所提及，并被蒂特迈尔赋予重要意义。[⑤]《德洛尔报告》并未对欧洲经济政策更紧密的协调进行制度化的探讨。蒂特迈尔评论道："我们早已在'维尔纳小组'里将这个问题细化，并将经济政策和货币制度的平行性写入其中。因此我认为，《马斯特里赫特条约》的基础其实更多应该是《维尔纳报告》。"[⑥]

---

① 特奥·魏格尔访谈，2016年4月7日。

② Annette Maurer, Die europäische Antwort auf die soziale Frage. Eine Analyse zur europäischen Binnenmarktdynamik und ihrer sozialpolitischen Implikationen (Marburger wissenschaftliche Beiträge), Marburg 1993, S. 64.

③ Nina Grunenberg, „Endlich wieder ein Pilot im Flugzeug". Aus Angst vor Europas Abstieg in die Zweitklassigkeit drängt Helmut Kohl auf Fortschritte, in: *Die Zeit*, 24. 6. 1988.

④ Hans Tietmeyer, Der Bericht der Werner-Gruppe von 1970 und der Bericht der Delors-Gruppe von 1989-Ein Vergleich, in: Der Ökonom als Politiker, hrsg. v. Wilhelm Hankel/Karl A. Schachsschneider u. a., Stuttgart 2003, S. 345 – 358, hier S. 348.

⑤ 汉斯·蒂特迈尔访谈，2013年3月1日。

⑥ 汉斯·蒂特迈尔访谈，2013年3月1日。

因为《德洛尔报告》搁置了几个核心问题，所以1989年底召开了一个政府间会议。历史学家安德里亚斯·罗德尔（Andreas Rödder）认为1989年秋的政府间会议是德法之间的一个核心问题。他的理由是："在法国看来，货币联盟处于风口浪尖，而11月9日柏林墙倒塌后，德国问题又加了进来。"[①]当法国人要求尽快召开政府间会议并确定具体日程时，联邦德国代表却犹豫了。[②]特奥·魏格尔补充道："当时没有人知道，这一次是否又像以前那些经济和货币联盟的计划一样，最后不了了之。我们一开始就清楚表明，一个共同的经济和货币联盟取决于哪些前提。"[③]

德法经过艰难的协商，终于在1989年12月迎来斯特拉斯堡（Straßburg）峰会。这次峰会是在德国统一进程的背景下召开的，因此也削弱了联邦德国在谈判中的地位。联邦德国在《2+4条约》（*Zwei-Plus-Vier-Vertrag*）[④] 谈判中依赖其欧洲伙伴，科尔几乎单枪匹马地在联邦议会介绍他的"十点计划"，这一计划遭到欧洲伙伴们的强烈批评。这次峰会对科尔来说变得艰难，在他的回忆录里，他提到一种他在之前的会议上都不曾经历过的"紧张而又充满敌

---

① Andreas Rödder, Die Entstehung der Europäischen Währungsunion. Primat der Politik? -Schaffung des Euro hat Kräfte entfesselt, die nicht beherrschbar sind, in: *Börsen-Zeitung*, Nr. 7, 11. 1. 2014.

② Pierre Jardin/Adolf Kimmel, Die deutsch-französischen Beziehungen seit 1963. Eine Dokumentation (Frankreich Studien), Wiesbaden 2002, S. 32.

③ Andreas Rödder, Die Entstehung der Europäischen Währungsunion. Primat der Politik? -Schaffung des Euro hat Kräfte entfesselt, die nicht beherrschbar sind, in: *Börsen-Zeitung*, Nr. 7, 11. 1. 2014.

④ 《2+4条约》在德国统一进程中由两个德国和四个占领国共同协商达成，根据这一条约，统一的德国获得内政外交全部主权，见 Ute Mager, Staatsrecht I. Staatsorganisationsrecht unter Berücksichtigung der europarechtlichen Bezüge, Stuttgart 2009, S. 52 f。

意的氛围”①。沃尔夫冈·朔伊布勒将那种氛围称为“灾难性的”，②他最终竭尽全力争取到欧洲伙伴对德国统一的赞同。③

相应地，科尔在经济和货币联盟建立上做出三点重要让步：第一，搁置有关政治联盟的可能讨论；第二，“维尔纳小组”中符合法国偏好的货币主义方案成为经济和货币联盟的核心内容；第三，按照法国的时间表尽快举行政府间会议，并迅速为经济和货币联盟做准备。④陪同科尔参加峰会的霍斯特·特尔奇克当时在笔记上写道：“终于商定出一个实现经济和货币联盟的明确工作时间表。”⑤这个工作时间表的成果最终可以在《马斯特里赫特条约》（1992年）中找到：“一个货币联盟，这个货币联盟是一个没有进一步按照财政联盟或者经济政府特征对财政和结构政策进行制度设计的政治联盟。”⑥这样，法国获得了一个良好的机会，并最终在二十年后成功地落实了其核心诉求。不过，以蒂特迈尔为代表的很多人，在经历危机不断的70年代后依然坚信，未来任何一个经济和货币联盟方案，如果不扎根于一个基于民主合法性且具有决策力的机构之上的政治联盟，都会失败。⑦

在继续分析通往《马斯特里赫特条约》的发展道路之前，下

---

① Axel Heck, Macht als soziale Praxis. Die Herausforderung des transatlantischen Machtverhältnisse im Krisenjahr 1989, Wiesbaden 2016, S. 205.

② 沃尔夫冈·朔伊布勒访谈，2016年9月16日。

③ Michael Sauga/Stefan Simmons u. a. , Der Preis der Einheit, in: Der Spiegel, Nr. 39, 27. 9. 2010.

④ Michael Sauga/Stefan Simmons u. a. , Der Preis der Einheit, in: Der Spiegel, Nr. 39, 27. 9. 2010.

⑤ Hans Karl Rupp, Politische Geschichte der Bundesrepublik Deutschland, München 2009, S. 289.

⑥ Rödder, Die Entstehung der Europäischen Währungsunion, o. S.

⑦ Tietmeyer, Europäische Währungsunion, S. 25.

一节将研究 1989～1990 年德国内部的变化，因为这一事件与斯特拉斯堡峰会对欧洲的进一步发展影响深远。而且，这也是蒂特迈尔人生经历的重要组成部分，因为蒂特迈尔作为当时两德货币联盟谈判中的联邦德国代表团团长，扮演了重要角色。90 年代欧洲重大事件的发展将在第三节进行探讨。

第二节　从蒂特迈尔的角度看两德货币联盟（1989～1990 年）

1990 年 3 月 18 日民主德国人民议会第一次民主选举后，蒂特迈尔开始参与德国统一事务。特奥·魏格尔代表联邦总理召见他，请他负责与德梅齐埃政府就成立两德货币联盟进行谈判。蒂特迈尔几周前才加入联邦银行董事会，他表示只要他能负责谈判，便会着手准备。由于欧元发行事宜已在准备当中，因此，他的首要任务便是稳定西德马克。[①]为此，他希望征得联邦银行行长玻尔的同意，玻尔对此给予了肯定，但也希望与蒂特迈尔就进展情况不断地交换意见。[②]蒂特迈尔还补充道："尽管我充分意识到这项任务的艰巨性，但是鉴于其历史意义重大，我便同意了。"[③]两德货币联盟将成为蒂特迈尔职业生涯中的一个里程碑，甚至可以说是意义最重大的里程碑。

那么，问题来了，联邦政府为什么会选择蒂特迈尔？蒂特迈尔一直关注西方国际经济和金融政策，尤其是通过扮演"夏尔巴人"的角色。而联邦德国国内的问题，特别是与民主德国有关的问题，

---

① Interview mit Hans Tietmeyer, 11. 8. 2015.

② Interview mit Hans Tietmeyer, 11. 8. 2015.

③ Tietmeyer, Daten, S. 15.

不属于他的专业领域，这对他来说是一个“新大陆”。[①]此外，他在两个月前才离开政府，现在是联邦银行的董事会成员，而联邦银行是一个独立于政府的机构。实际上，联邦财政部副部长霍斯特·科勒尔本该担任代表团团长。据特奥·魏格尔介绍，联邦政府正面临着巨大的挑战，需要每一个有能力的人。科勒尔已然参与欧洲经济和货币联盟的筹备工作，而这一工作与两德货币联盟的谈判同时进行。魏格尔认为，欧洲一体化进程的中断会导致欧洲伙伴之间的不信任和不理解，他说道：“当时我想过，如果霍斯特·科勒尔因病缺席十四天，会有什么情况发生。这一年发生了太多事，比过去十五年还多，我们不能失去任何一位高官……这并不是对霍斯特·科勒尔的不信任，而是为了集中所有的力量。”[②]科尔和玻尔也都希望让蒂特迈尔参与进来，因为这将使联邦财政部和联邦银行之间的合作达到最佳状态。不过，蒂特迈尔并不是联邦银行的代表，而是总理的特别代表。联邦银行的代表是副行长赫尔穆特·施莱辛格。[③]魏格尔总结道：“汉斯·蒂特迈尔担任谈判小组组长等同于谈判小组委任了一位在经济、金融和货币方面经验丰富的专家。”[④]

霍斯特·特尔奇克（科尔的亲信之一）补充道：“我们对汉斯·蒂特迈尔很有好感，赫尔穆特·科尔也对他有着高度评价，认为他是一位绝对忠诚、极其称职、非常可靠的公务员。从党派政治

① Hans · Tietmeyer, Persönlicher Rückblick auf die Vertragsverhandlungen zur Schaffung einer Währungs – , Wirtschafts-und Sozialunion in Deutschland, o. D. PAT, Ordner 5, S. 3.

② 特奥·魏格尔访谈，2016 年 4 月 7 日。

③ 特奥·魏格尔访谈，2016 年 4 月 7 日。

④ Theo Waigel, Der Vertrag über die Wirtschafts – , Währungs-und Sozialunion-Die Vorstufe zur Deutschen Einheit, 1. 7. 2015. PAT, Ordner 5, 13.

的角度来看，他和我们显然属于同一个党派。”[1]记者格特·蒂格斯（Gert Tigges）对任命蒂特迈尔的原因也有类似的看法，他写道：“他一直是部长们的忠实同事，他的专业知识使他对大多数部长来说都是不可或缺的。现在，需要与民主德国就国家条约进行谈判，他便再次受到追捧。”[2]君特·克劳瑟作为两德货币联盟谈判民主德国方面的代表，对蒂特迈尔的任命，特别是对科勒尔的缺席有些不同的看法。克劳瑟认为，蒂特迈尔是一位杰出的专家，他总是首先想到德国人民和欧洲的共同利益。而对于科尔来说，科勒尔不能发挥任何作用，因为由他来领导谈判代表团，是根本“不被信任”的。[3]

科勒尔传记的作者格尔德·朗古特评价蒂特迈尔的任命是科勒尔的失败，并证实了克劳瑟的说法。他在科勒尔传记中写道：“‘偏偏是蒂特迈尔！’他一定这么想。他和科勒尔总是有摩擦。”[4]尽管蒂特迈尔和科勒尔后来一再强调他们之间的良好合作，但他们在联邦财政部的合作中并不很顺畅，因为每当科勒尔想出风头时，都会在蒂特迈尔这里碰壁，“他会很固执，很难得到他的认可”。[5]蒂特迈尔则相对冷静地评估道：“这对科勒尔先生来说是个难题，他本该负责相关事宜，现在却被推到了一边。不过，对于科勒尔，他们可能心里没底。”[6]

联邦总理到底是否不放心科勒尔参与两德货币联盟的谈判，现

① 霍斯特·特尔奇克访谈，2014年6月25日。

② Gert Tigges, Der richtige Mann am richtigen Platz. Ein Porträt von Hans Tietmayer, in: *NRZ*, 8.6.1990.

③ Interview mit Günther Krause, 19.1.2016.

④ Langguth, Köhler, S.104.

⑤ Langguth, Köhler, S.91.

⑥ 汉斯·蒂特迈尔访谈，2015年8月11日。

在还不能确定。遗憾的是，科尔和科勒尔都无法接受专家采访，因此无法向他们取证。但可以确定的是：蒂特迈尔多年来一直得到联邦总理的充分信任，科尔也很重视他这位专家。对于蒂特迈尔来说，这次暂时回到联邦政府任职，不仅是一项重大的个人荣誉，也是对他最高的肯定。

在这种情况下，另一个值得商榷的问题是蒂特迈尔的独立性。他已调任联邦银行董事会，也就是说，他就职于一个独立的机构。然而，突然间，他又要为政府工作，这意味着他的任命最初带来了一个形式上的问题。正如一开始提到的，蒂特迈尔强调，只有在联邦银行暂时放行的情况下，他才能承担这项任务，这项任务是临时性的，与他在联邦银行的职务并不冲突。①不过，根据魏格尔的回忆，这个问题很快就解决了。他说道："蒂特迈尔当时是按照联邦总理的指示被借调到联邦政府的，之后又被重新调回联邦银行。我们与联邦银行的合作非常紧密，所以从来没有出现过这样的问题，哪怕是一秒钟。"②

中央银行理事会就蒂特迈尔的任命进行了讨论。由于事情紧急，而且中央银行理事会认为蒂特迈尔完全可以胜任这一职务，因此，全体委员一致通过了这一任命。从会议逐字记录中可以看出，玻尔最终与魏格尔一起拟定了任命蒂特迈尔担任联邦德国代表团团长的方案，③但附加了一个条件，即蒂特迈尔在此期间不得对狭义上的联邦银行政策施加任何影响。赫尔穆特·施莱辛格判断："最

---

① Tietmeyer, Persönlicher Rückblick auf die Vertragsverhandlungen, S. 2.

② 特奥·魏格尔访谈，2016 年 4 月 7 日。

③ Wortprotokoll der Rede zur deutschen und europäischen Währungsunion von Bundesbankpräsident Karl Otto Pöhl vor der Frankfurter Gesellschaft für Handel, Industrie und Wissenschaft am 30. Mai 1990, 31. 5. 1990. PAT, Ordner 106, S. 1.

后，没有出现任何问题。此外，这对后来的决策过程也有好处，因为作为委员会主席的蒂特迈尔先生也赞同联邦银行关于两德货币联盟的建议。”[①] 对这段引文需要补充说明的是，虽然蒂特迈尔赞同联邦银行的基本意见，但他这样做并不是因为他在董事会中的立场，而是因为他认同联邦银行的建议。

下文将用一些细节来说明这些事实，并且探究两德货币联盟的构想。因而，对德国统一过程中发生的国内外政策事务，如“2+4”谈判等，只稍做说明，重点将放在货币政策的发展上。第一部分将介绍两德货币联盟。重点阐述民主德国经济和政治的崩溃，最终导致成立两德货币联盟。第二部分将探究谈判以及蒂特迈尔对两德货币联盟的核心诉求。由于他的联邦德代表团团长的身份，他的影响力从一开始就非常大。哪些诉求是蒂特迈尔的核心诉求？哪些诉求是可以商量的？他在哪里做出了让步？本章节的第三部分将对这些结果进行评估。最后一部分将回答分析现有文献中出现的、没有结论性答案或存在误解的五个核心问题，它们分别是：蒂特迈尔是否能实现他的核心诉求？两德货币联盟会产生什么中短期的经济后果？有没有其他备选方案可以替代两德货币联盟？两德货币联盟谈判失败的可能性有多大？德国统一最终促成欧洲货币联盟吗？

一　民主德国经济和政治的崩溃（1989～1990年）

二战结束后，德国被划分为三个西方国家占领区（法国、英国、美国）和一个东方占领区（苏联）。随着西方三国占领区引入西德马克，东西德的分离日益加剧，此外，世界范围内政治形势的发展也对此有所推动。直到20世纪70年代末，两种制度之间形成

---

① 赫尔穆特·施莱辛格访谈，2016年3月1日。

了政治上（资本主义对共产主义）的竞赛和经济上（市场经济对计划经济）的竞赛。[①] 80 年代初，计划经济体制无法与西方市场经济体制相抗衡的趋势越来越明显。[②]

米哈伊尔·S. 戈尔巴乔夫（Michail S. Gorbatschow）当选苏联共产党中央委员会总书记后（1985 年 3 月），东西方的分裂态势发生了变化。戈尔巴乔夫希望结束苏联经济和政治停滞，通过“开放”（Glasnost）与“改革”（Perestroika）政策推进苏联裁军，与西方合作。[③] 君特·克劳瑟解释道：“在戈尔巴乔夫‘开放’与‘改革’的基础上，民主德国的东部基民盟上层圈子从 1986 年便开始研究如何将更多的市场经济引入社会主义制度的模式。”[④] 戈尔巴乔夫致力于撤去“铁幕”，结束欧洲的分裂。

其间，其他华约国家也在进行政治变革。1989 年 6 月，波兰选出了第一个非共产党政府。匈牙利决定不再引渡难民，1989 年 5 月开始拆除与奥地利的边境防御工事。[⑤] 克劳瑟解释道：“1989 年 5 月，民主德国的地方选举被发现存在舞弊的情况，这时积极的抵抗终于开始了。我……坚信，开放匈牙利的边界也会导致开放我们民主德国的边界。我虽然还没有想过德国统一的问题，但我很清楚，民主德国的边界必须开放。”[⑥] 在 1989 年夏季的几个月里，越来越多的民主德国公民试图逃往联邦德国。1989 年 8 月，奥地利外交

---

① 见 Athanassios Pitsoulis, Entwicklungslinien ökonomischen Denkens über Systemwettbewerb, Marburg 2004。

② Tietmeyer, Die deutsch-deutsche Währungsunion: Zehn Jahre danach, S. 31.

③ Horst Möller / Ilse Dorothee Pautsch u. a., Die Einheit. Das Auswärtige Amt, das DDR-Außenministerium und der Zwei-Plus-Vier-Prozess, Göttingen 2015, S. 11.

④ 君特·克劳瑟访谈，2016 年 1 月 19 日。

⑤ Möller / Pautsch u. a., Die Einheit, S. 12.

⑥ 君特·克劳瑟访谈，2016 年 1 月 19 日。

部部长阿洛伊斯·莫克（Alois Mock）和匈牙利外交部部长霍恩·久拉（Gyula Horn）终于剪断了奥地利和匈牙利之间的铁丝网，“铁幕”最终撤去，至少是象征性地撤去。①

民主德国的统一社会党（SED）政权已经无法阻止事态的发展。政治上，民主德国民众持续抵制限制自由的制度，此外，东西德之间日益扩大的繁荣差距也对德国统一起到了关键作用。经济上，自80年代中期以来，民主德国已然面临重大问题，其关键原因是结构性错误决策。例如，民主德国曾利用西方第一次石油价格危机（1973年），在能源生产上由石油转为褐煤。克劳瑟判断道：“因此，民主德国进行了大量落后的投资，没有更多的资金用于进步。这才是真正致命的打击。”②因此，民主德国不得不放弃面向未来和替代性的技术投资。克劳瑟还补充道，特别是民主德国在1985年至1990年犯了更多的决策错误。他举了一个例子：“在德累斯顿工业大学（Technische Unversität Dresden）开发16位处理器的过程中，我们不得不开发部分操作系统软件。开发这东西花了100亿东德马克，而在涉外商店花80西德马克便可以买到它。这样做仅仅是为了展示第二个德意志国家也能开发出这样的东西。”③

尽管如此，80年代末，对民主德国自身经济实力和国家财富的美好憧憬依然占据上风。核心原因在于评估不实，数据虚假。举例说明：在1990年的《世界银行地图集》中，民主德国的国内生

① Möller / Pautsch u. a.，Die Einheit，S. 13.

② 君特·克劳瑟访谈，2016年1月19日。

③ 君特·克劳瑟访谈，2016年1月19日。

产总值列全球第15位，没有比这个更不切实际的排名了。[①]蒂特迈尔在1999年10月25日给科尔的信中列举了从虚假数据到真实数据基础的发展，特别提到了国民收入，他写道：1989年《民主德国统计年鉴》中提到国民收入为1.74万亿东德马克，但民主德国总理汉斯·莫德罗（Hans Modrow）在1990年初将这一数字改为1.60万亿东德马克。1990年6月6日，时任民主德国经济部部长的克里斯塔·卢夫特（Christa Luft）再次将这一数值修订为1万亿东德马克。1990年10月22日，托管局（Treuhandanstalt）的负责人德特勒夫·洛赫德（Detlev Rohwedder）再次将这一数值降至约6000亿东德马克。1996年托管局的年终报告最后得出的结论是，民主德国的债务约为3300亿西德马克。[②]因而，统一社会党最后在政治上失去了威信。由于多年的经济失衡，民主德国处于金融和经济崩溃的边缘，其原因在于没有顺应全球经济和技术变化进行经济结构调整，以及生产设施现代化程度的欠缺。[③]

粗略浏览1988年的部分指标后，就会发现民主德国的经济形势十分严峻：投资下降，生产率低于绩效指标，工资增长速度快于劳动生产率，预计到1990年，净债务将上升至474亿外汇马克[④]（Valuta-Mark）[⑤]。据魏格尔回忆，埃里希·昂纳克（Erich Honecker）对不断上升的赤字回应道，社会主义不存在财政赤字的

① Claus Köhler, The Privatisation of the East German Economy and the Role of the Treuhandanstalt, in: The German Currency Union of 1990. A Critical Assessment, hrsg. v. Stephen Frowen / Jens Holscher, Basingstoke 1997, S. 151 – 168, hier S. 153.

② Brief von Tietmeyer an Kohl, 25. 10. 1999. PAT, Ordner 180, S. 2.

③ Wolfrid Stoll, Einführung der D-Mark im Osten hat die Geldwertstabilität nicht gefährdet, in: *Handelsblatt*, 20. 6. 1991.

④ 用于记录民主德国对外经济活动的记账单位。

⑤ Waigel, Der Vertrag über die Wirtschafts – , Währungs-und Sozialunion, S. 3.

问题，于是他的首席经济学家更改了这些数字，并在第二天给出了一份平衡的财政预算。[①]这件轶事突出了一个事实，即民主德国政府最终只是生活在一个自我创造的虚幻世界中。据预测，如果这种情况持续下去，民主德国最迟将不得不在 1991 年宣布国家破产。[②]洛塔尔・德梅齐埃也支持这一说法，并解释道：民主德国早在 1990 年 7 月就没有能力支付工资和薪金了。[③]

民主德国的经济处于破产边缘，而联邦德国在 80 年代市场经济复兴后，经济形势一片大好。[④]通过财政整顿，预算得以恢复，魏格尔在 21 年后的 1990 年可以再次提交一份平衡的联邦预算草案。[⑤]此外，在强劲的投资增长的帮助下，联邦德国的生产潜力得到加强。特别是外贸顺差给予了边界开放可能导致的进口激增一个平稳的缓冲机会。[⑥]从人均国内生产总值也可以看出繁荣程度的巨大差异。民主德国的人均国内生产总值为 14000 西德马克，远低于西德的 36500 西德马克。[⑦] 东西德的两种货币也同样存在巨大的差异。西德马克是联邦德国内部稳定、经济和政治崛起的决定性基础，而东德马克对民主德国经济和政治的意义却不尽相同。东德马

① 特奥・魏格尔访谈，2016 年 4 月 7 日。

② Waigel, Der Vertrag über die Wirtschafts – , Währungs-und Sozialunion, S. 3.

③ AlexandervonPlato, DieVereinigungDeutschlands-einweltpolitischesMachtspiel. Bush, Kohl, Gorbatschow und die internen Gesprächsprotokolle, Berlin 2009, S. 333.

④ Interview von Dr. Hans Tietmeyer mit dem Südkurier, 19. 6. 2000. PAT, Ordner 184, S. 2.

⑤ Waigel, Der Vertrag über die Wirtschafts – , Währungs-und Sozialunion, S. 7 f.

⑥ Hans Tietmeyer, Aktuelle Fragen der deutschen Geld-und Währungspolitik. Vortrag am 1. April 1992 anlässlich des 75-jährigen Jubiläums der Landesbank Schleswig-Holstein in Kiel, 1. 4. 1992. PAT, Ordner 115, S. 3.

⑦ Horst Siebert, The economic integration of Germany, in: *Kieler Diskussionsbeiträge* 160 (1990), S. 1 – 30, hier S. 5.

克成为一种只与区域相关的货币，对外价值极其脆弱。①

1989 年 11 月 9 日柏林墙的倒塌引起了政治动荡，德国统一竟可能实现。然而，柏林墙的倒塌并不能直接导致实现德国统一，也不能促使经济、货币和社会联盟的成立。据蒂特迈尔讲述，直到 1989 年 12 月 20 日，他才第一次设想德国统一。科尔当天从德累斯顿赶来参加蒂特迈尔在联邦财政部的告别宴，之前在德累斯顿圣母教堂前发表了对他来说非常特别的演讲。据蒂特迈尔说，科尔被民众的示威集会和大声呼吁统一的声音所打动，以至于当时统一对他来说是大势所趋。②此外，西德马克在民主德国也已逐步成为繁荣的象征。因此，东德民众对引进西德马克越来越强烈的呼声也就不足为奇了。③在示威游行中，可以看到这样的标语："引入西德马克，我们便留下，否则，我们就去找它。"④

1989 年 12 月 19 日，联邦经济部的科学咨询委员会提出了第一个有关两德货币联盟的建议。他们认为："最好的解决办法是过渡到一致的市场经济方向，整个德国统一把德国马克（德国统一前，为西德马克）当作货币。"⑤同月，联邦财政部部长魏格尔委托

① Hans Tietmeyer, Die deutsche Vereinigung und die D-Mark. Vortrag am 10. Januar 1992 anlässlich des Neujahrsempfangs der Industrie-und Handelskammer in Berlin, 10. 1. 1992. PAT, Ordner 114, S. 1.

② Tietmeyer, Persönlicher Rückblick auf die Vertragsverhandlungen, 5; Interview mit Wolfgang Schäuble, 16. 9. 2016.

③ Hans Tietmeyer, Die Bedeutung der Sozialen Marktwirtschaft für den Aufschwung in den neuen Bundesländern. Vortrag in Oybin anlässlich der Tagung des Instituts der deutschen Wirtschaft Köln in Zusammenarbeit mit dem Institut für angewandte wirtschafts-und gesellschaftswissenschaftliche Forschung am 7. Mai 1993, 7. 5. 1993. PAT, Ordner 122, S. 1.

④ Tietmeyer, Die deutsch-deutsche Währungsunion: Zehn Jahre danach, S. 32.

⑤ Hans Tietmeyer, Chronik zur Deutsch-Deutschen Währungsunion, o. D. PAT, Ordner 5, S. 1.

当时的高级别官员提罗·萨拉辛起草一份文件，提出单一货币政策的基本观点，这份文件总体上论述了民主德国经济向社会市场经济的转变，以及实施货币政策的核心步骤和必要的组织性措施。该文件由萨拉辛于1990年1月29日提交，并成为后来谈判的基础。①魏格尔评价道："他的论述在理论上是非常完美的……他绝对为两德货币联盟的成立做出了重要贡献。有时候，好像一切都要靠他自己来完成，真的很夸张。"②

1990年1月17日，联邦议院社民党党团副主席兼财政政策发言人英格丽特·马特乌斯－迈尔（Ingrid Matthäus-Maier）面对政治联盟首次公开提出建立两德货币联盟。她在发言中既赞成废除东德马克，又支持东德放弃主权。③但魏格尔认为，"人工嫁接"的两德货币联盟从一开始便很危险，所以根据所谓的加冕理论（Krönungstheorie）④，他在1990年1月20日仍然呼吁进行可持续的重组，然后再调整货币。⑤蒂特迈尔也在1990年1月24日表示反对两德货币联盟。他认为德国的稳定性政策受到了威胁，他既主张实行相对灵活的汇率，又主张为民主德国国家银行（Staatsbank）提供技术援助。他在一份说明中写道："目前并不适合从政治形势的角度来理解有关货币联盟的讨论。"⑥联邦银行行长玻尔也对蒂特迈

---

① Thilo Sarrazin, Die Entstehung und Umsetzung des Konzepts der deutschen Wirtschafts- und Währungsunion, in: Tage, die Deutschland und die Welt veränderten, hrsg. v. Theo Waigel / Manfred Schell, München 1994, S. 160－225, hier S. 182.

② 特奥·魏格尔访谈，2016年4月7日。

③ 见 Erik Gawel, Die deutsch-deutsche Währungsunion. Verlauf und geldpolitische Konsequenzen (Schriften zur monetären Ökonomie), Baden-Baden 1994, S. 160.

④ 这一理论认为，统一的货币只能作为"王冠"戴在之前已经实现的政治联盟之上，即政治联盟先于货币联盟。——译者注

⑤ 见 Tietmeyer, Chronik zur Deutsch-Deutschen Währungsunion, S. 2.

⑥ 见 Tietmeyer, Chronik zur Deutsch-Deutschen Währungsunion, S. 3.

尔表示支持，并在1990年2月6日明确表示，成立货币联盟操之过急。[①]然而，魏格尔在接受采访时补充道，玻尔于1990年2月6日在联邦银行提交了一份评估报告，明确指出，没有足够的时间来实施阶段式计划。在这种情况下，联邦德国的压力极大，以至于必须要迅速做出决定，并立即在民主德国引入西德马克。[②]因此，尽管玻尔在1990年2月6日赞成阶段式计划，联邦银行也已经无法制订这样的计划。

1990年2月9日，“五贤人会”又一次严厉地提出了批评意见，甚至在一份特别报告中将迅速实现货币联盟视为“错误的手段”，[③]这一观点得到了众多联邦德国经济学家的认同（如联邦经济部的科学咨询委员会）。他们一贯主张阶段式解决方法，在此过程中的主线是实现东德马克的完全兑换性。这种做法的背后是考虑利用逐步解除民主德国的外汇管制和清除进口壁垒来避免经济冲击，以减少竞争力和就业岗位的缺失。这一理念基于战后的经验，当时，实现西德马克的完全兑换性耗费了约十年时间。鉴于民主德国的经济状况，不能指望民主德国能够在短期内实现货币的完全兑换性。[④]据蒂特迈尔讲述，直到1990年1月底，联邦德国的大多数政治家和经济学家没有预料到民主德国会准备放弃其经济和货币政策的主权。因此，直到1990年1月底，我们都在致力于制定一个模式，

① 见 Tietmeyer, Chronik zur Deutsch-Deutschen Währungsunion, S. 3 f.。

② 特奥·魏格尔访谈，2016年4月7日。

③ Sachverständigenrat zur Begutachtung der gesamtwirtschaftlichen Entwicklung, Brief des Sachverständigenrates vom 9. Februar 1990 an den Bundeskanzler: Zur Frage einer Währungsunion zwischen der Bundesrepublik Deutschland und der DDR. Sondergutachten, Wiesbaden 1990, S. 306.

④ Tietmeyer, Die deutsche Vereinigung und die D-Mark, S. 3.

能将两个国家联系起来，并使其保持货币政策的主权。① 1990年初，还无法预见将在民主德国迅速引入西德马克。许多西方专家预计，在民主德国引入西德马克是一个逐步过渡的结果，在此过程中，民主德国将越来越多地经历经济体制的根本改革。有一一个观点最初也在民主德国盛行，即可以改革社会主义制度，但不能废除。②

1990年2月，这些经济理念的一个核心前提逐渐被侵蚀。民主德国的当权者的看法发生了明显的变化。越来越多的政治家对两德迅速统一持积极态度，他们认为，在西德马克的推动下，东德的经济实力可以得到最大程度的发挥。③任何为改革民主德国制度以及保留两个独立国家而设想的阶段式计划都突然土崩瓦解。尤其是民主德国民众公开支持社会市场经济，并且希望引入西德马克。德意志民主共和国的社会主义制度越来越受到排斥。④

关于是否应该一步到位式地成立货币联盟的问题，相关讨论在这种政治态势下已经过时。就连魏格尔在2月初对货币联盟的批评也比1月20日少了许多。他在一份说明中突然说道："直接引入西德马克可以直接给未来带来令人信服的前景。然而，决定性的因素是民主德国放弃主权。"⑤他强调，阶段式的计划可能在经济层面更有意义。然而，各种专家报告显示，除了政治发展之外，民主德国的经济在生产力和竞争力方面的困境非常大，以至于需要将生活水平降低25%左右，原则上民主德国已接近破产。魏格尔在2016年4月说道："在这种时候，制订一个阶段式计划，并告诉人们……

① Interview zwischen Yomirui Shimbun mit Dr. Tietmeyer, 1.3.1990. PAT, Ordner 113, S.5.
② Tietmeyer, Die Bedeutung der Sozialen Marktwirtschaft, S.14.
③ Interview zwischen Yomirui Shimbun mit Dr. Tietmeyer, S.5.
④ Tietmeyer, Die Bedeutung der Sozialen Marktwirtschaft, S.15.
⑤ Tietmeyer, Chronik zur Deutsch-Deutschen Währungsunion, S.3.

要坚持下去，这是希腊政府在过去四到五年的说法。我应该不需要说明，这将会在民主德国造成什么后果。”[①]民主德国政治和经济的剧烈转变，不仅使联邦财政部部长重新思考计划，而且使阶段式计划方案成为废纸。

最终，这些方案失败，不是因为体制改革，而是“只有（这一制度）消亡和一个值得信赖的新起点，以及走向自由的经济和社会秩序，才能为全德货币秩序创造一个持久的基础”[②]。蒂特迈尔虽然解释说，从纯经济学的角度来看，采取循序渐进的方式，对汇率进行多种“缓冲性调整”可能更有意义，但是，由于民主德国流向联邦德国的难民数量不断增加，因此这种方式是行不通的。[③]如图6-1所示，1989年11月至1990年9月，每个月都有数万人从民主德国逃到联邦德国。从理论上讲，只有在未来多年两德边境一直作为海关和贸易边境的情况下，才能采用阶段式方案。然而，对于民主德国和联邦德国政府来说，这种情况是无法想象的。[④]蒂特迈尔写道：“唯一的选择就是重新实行严格的边境控制措施，当然，从政治上讲，这是一个荒谬的选择。”[⑤]那些当权者知道，脆弱的局势可能会因为边境墙的继续存在而升级。

基于这一发展态势，在莫德罗总理1990年2月3日的达沃斯（Davos）世界经济论坛上向科尔通报了民主德国戏剧性的经济形

① 特奥·魏格尔访谈，2016年4月7日。

② Tietmeyer, Die deutsche Vereinigung und die D-Mark, S. 4-8.

③ Hans Tietmeyer, Auf dem Wege zur Deutschen Einheit-Wirtschafts-und Finanzpolitik vor neuen Herausforderungen, Juni 1990. PAT, Ordner 150, S. 6.

④ Hans Tietmeyer, Erinnerungen an die Vertragsverhandlungen, in: Tage, die Deutschland und die Welt veränderten, hrsg. v. Theo Waigel / Manfred Schell, München 1994, S. 57-117, hier S. 74.

⑤ Tietmeyer, Die deutsch-deutsche Währungsunion: Zehn Jahre danach, S. 42.

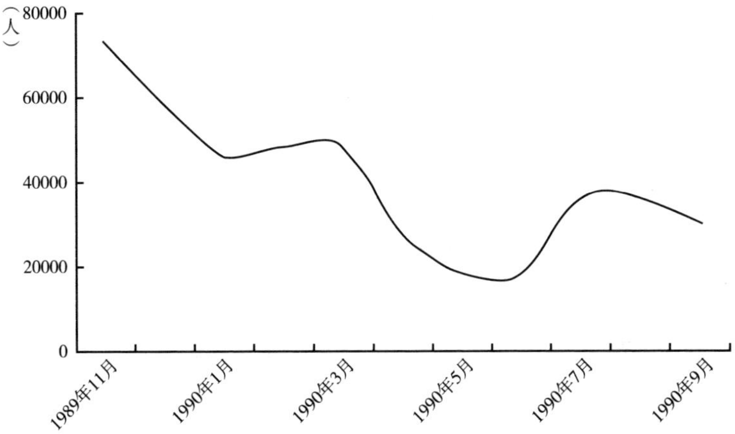

图 6－1　1989 年 11 月至 1990 年 9 月从民主德国到联邦德国的人员迁移情况

资料来源：作者自制，数据来源于 Karl Brenke, Die deutsch-deutsche Währungsunion: ein kritischer Rückblick, in: DIW-Wochenbericht 27 (2015), S. 629－638, hier S. 631。

势后，科尔于 1990 年 2 月 13 日正式向民主德国政府摊牌。[①]科尔的提议包含了两个密不可分的核心内容：将西德马克（在某一特定日期）推广到东部地区，从而取代东德马克；在民主德国引入社会市场经济。[②]这一提议在国内外既引起了惊讶，也造成了误解，因为它太出人意料了，而且在历史上没有这样的转变先例。[③]虽然有人将其与 1957 年萨尔区并入联邦德国进行比较，但这两个过程

① Hans Tietmeyer, 10 Jahre deutsche Wiedervereinigung, 13.9.2000. PAT, Ordner 179, S. 2.

② Diskussion mit Dr. Hans Tietmeyer, MdD, und Prof. Dr. Rudolf Scheid über Möglichkeiten und Gefahren einer deutsch-deutschen Wirtschafts-und Währungsunion in der Sendung „Frankfurter Gespräch" des Hessischen Rundfunks (HR 1) am 18.3.1990 (von Christoph Wehnelt), 19.3.1990. PAT, Ordner 113, S. 2.

③ Tietmeyer, Auf dem Wege zur Deutschen Einheit, S. 4.

是不可比的。当时的萨尔州不仅拥有“本质上是市场经济的秩序”，而且实行的是一个可以全面运作的民主制度，同时拥有一个经验丰富的政治领导层和一个熟悉市场经济的行政部门。①

科尔不得不在当时的形势下决定另辟蹊径。要么民主德国政府必须移植社会市场经济，同时启动引入西德马克；要么就必须重建边境墙。魏格尔认为，如果要重建边境墙，还必须限制旅行和移民活动，因为1/3的联邦德国工资就会令东德人为之工作。这是一个在操作上可能根本不可行的想法，这会使德意志联邦共和国成为“世界政治的笑柄”。②

民主德国的当权者必须决定他们是不是愿意接受科尔的提议，而这一提议无疑更多的是出于政治上的考虑，而不是经济上的。③因此，首要问题便是民主德国想走哪条路，在德国统一的过程中想走多远。④为了解决这一问题，民主德国成立了联合专家委员会，目的是在1990年3月18日民主德国第一次民主选举之前，研究科尔的提议是不是会被民主德国接受。⑤

1990年3月18日，所谓“德国联盟”（Allianz für Deutschland）在民主德国人民议会第一次民主选举中取得明显胜利后，民主德国民众越来越清楚地认识到，他们不仅渴望经济和货币联盟，而且希望政治统一。“德国联盟”由洛塔尔·德梅齐埃领导，主张统一德

① Hans Tietmeyer, Aktuelle Fragen der Internationalen Währungspolitik. Referat vor dem Internationalen Club La Redoute e. V. am 6. 4. 1990 in Bad Godesberg, 6. 4. 1990. PAT, Ordner 150, S. 9.

② 特奥·魏格尔访谈，2016年4月7日。

③ Für die Politik ging es darum die historische Chance zu nutzen und die beiden deutschen Staaten zu vereinen. Tietmeyer, Die deutsche Vereinigung und die D-Mark, S. 5.

④ Diskussion mit Dr. Hans Tietmeyer, MdD, und Prof. Dr. Rudolf Scheid, S. 3.

⑤ Interview zwischen Yomirui Shimbun mit Dr. Tietmeyer, S. 3.

国。民主德国新成立的执政联盟[①]仅在几天后就对东西方会谈的基本谈判原则达成一致，并希望接受科尔的提议，[②]除了“新自由主义和宪法政策的一般原则外，它还希望通过早日并入联邦共和国来推动政治统一的目标”[③]。当被问及 1990 年 2 月 13 日宣布建立货币联盟是不是对由西部基民盟支持的“德国联盟”在 1990 年 3 月 18 日的选举中明显胜出（47.8%）有影响时，蒂特迈尔答道：“当然有！很明显，这是一个政治行动。”[④]

其他党派，如主张逐步统一的社民党，对这一结果非常失望。政治学家卡尔－鲁道夫·科尔特（Karl-Rudolf Korte）认为：“赫尔穆特·科尔并未参加选举，但他是光彩夺目的赢家。与其说是因为科尔的个人魅力，不如说是联邦德国政府的政治经济吸引力，他在选举前不久借助提出货币和经济联盟向民主德国人民敞开了大门。”[⑤]科尔已经预料到民主德国民众渴望德国统一。1990 年 8 月，德国社会研究和统计分析研究所（Forsa）的一项调查显示，联邦德国民众也有类似的愿望。在联邦德国有 71% 的人，民主德国甚至有 88% 的人赞成德国统一。[⑥]“德国联盟”中分量最重的东部基民盟最后把科尔的提议作为“竞选热门”，并因此而获得了成功。[⑦]

---

① 执政联盟由德国联盟（东部基民盟、德社盟和民主党）、社民党和联邦自由民主党（BFD）组成，其核心目标是解体民主德国，以及将五个新的联邦州并入联邦德国，见 Karl-Rudolf Korte, Die deutsche Wiedervereinigung, in: Die Bundesrepublik Deutschland. Eine Bilanz nach 60 Jahren, hrsg. v. Hans-Peter Schwarz, Köln 2008, S. 181－204, hier S. 193。

② Tietmeyer, 10 Jahre deutsche Wiedervereinigung, S. 3.

③ Tietmeyer, Die deutsch-deutsche Währungsunion: Zehn Jahre danach, S. 33.

④ 汉斯·蒂特迈尔访谈，2015 年 12 月 17 日。

⑤ Korte, Die deutsche Wiedervereinigung, S. 193.

⑥ Christian Bräuer, Finanzausgleich und Finanzbeziehungen im wiedervereinten Deutschland, Wiesbaden 2005, S. 137.

⑦ Korte, Die deutsche Wiedervereinigung, S. 193.

选举结束后，两国政府同意就共同的经济、货币和社会联盟进行谈判。统一进程的下一阶段以实施新的共同货币秩序为标志。蒂特迈尔正是在这个阶段参与谈判的。正如一开始所说，他被任命为两德货币联盟的联邦德国代表团团长。货币联盟的构想成为迈向德国统一的第一步。[①]很明显，这也是走向共同政治联盟的铺垫。[②]

蒂特迈尔在谈判中受益于以下三个方面。第一，德国统一对政治家和学者来说是一个意外，所以他们几乎没有做什么准备工作，[③]这一点受到了君特·克劳瑟的严厉批评："不管这一情况是不是自发性的，德国重新统一的可能性存在了30或40年，那么至少他们应该考虑到不同的理论模式。"[④]然而，正如开头提到的，萨拉辛从1989年12月才开始为起草条约拟定初稿。对于蒂特迈尔来说，这应当是谈判的宝贵基础。[⑤]我们虽然可以理解克劳瑟的观点，但在1989年1月，昂纳克还在宣称，只要建造柏林墙的理由没有消除，它都还会继续存在50年甚至100年。[⑥]因此，柏林墙的倒塌对于联邦德国来说，只是在政治动荡前几个月才出现的一种不可思议的情况，联邦政府自然是没有长期准备的。第二，蒂特迈尔了解联邦财政部中的大部分工作人员以及他们的协调配合情况。因此，与同事的合作从一开始就建立在信任的基础之上。第三，他强调了

---

① O. A., Pöhl warnt vor Verzögerung der Währungsunion. Finanzierung über den Kapitalmarkt hätte „erhebliche Konsequenzen für die Zinsen", in: *Börsen-Zeitung*, 1. 6. 1990.

② O. A., Interview mit Hans Tietmeyer, „Mir ist wohl manches gelungen", in: *General-Anzeiger Bonn*, 27. 8. 1999.

③ Interview von Dr. Hans Tietmeyer mit dem Südkurier, S. 2.

④ 君特·克劳瑟访谈，2016年1月19日。

⑤ 特奥·魏格尔访谈，2016年4月7日。

⑥ Michael Gehler, Über das Öffnen und Schließen von Grenzen, in: *Die Presse*, 25. 2. 2016.

与联邦总理府的合作，并强调了与鲁道夫·塞特斯（Rudolf Seiters）和约翰纳斯·路德维希的良好的工作关系，他在波恩时就认识他们。因此，他具备成功完成工作的专业和个人先决条件。[①]

蒂特迈尔还讲述了科尔是如何告知他民主德国严峻的经济形势和人民的高期望的。[②]另外，大量移民从民主德国迁移到联邦德国，联邦政府希望在经济、货币和社会联盟的帮助下阻止这种迁移。1949～1989年，已经有300多万人从民主德国逃到联邦德国，柏林墙倒塌后又有100万人来到联邦德国。魏格尔解释道："如果这种情况继续下去，那么只有老弱病残和统一社会党人还会留在民主德国。"[③]他还补充道，他曾与汉斯－维尔纳·辛（Hans-Werner Sinn）讨论过这个问题，辛认为更多民主德国民众到联邦德国去找工作是可行的。然而，魏格尔认为，这样做会留下一个荒无人烟而空有基础设施的地方。他评价道："不从社会和政治角度思考问题的市场经济学家不懂这个道理。"[④]

由于难民的大量涌入，洛塔尔·德梅齐埃寻求与科尔会谈，并希望通过共同战略创造"人们留下来的希望"。[⑤]朔伊布勒补充道："在3月20日的联盟圆桌会议中，我们最终共同决定，不会停止接纳移民。因此，我们现在必须尽快公布一个成立货币联盟的日期。"[⑥]几天后，科尔才向蒂特迈尔明确表示，他希望货币联盟于1990年7月1日成立。然而，萨拉辛的第一份文件仍有关于1991

① Tietmeyer, Persönlicher Rückblick auf die Vertragsverhandlungen, S. 10 f.

② Tietmeyer, Persönlicher Rückblick auf die Vertragsverhandlungen, S. 10 f.

③ 特奥·魏格尔访谈，2016年4月7日。

④ 特奥·魏格尔访谈，2016年4月7日。

⑤ 洛塔尔·德梅齐埃访谈，2016年9月20日。

⑥ 沃尔夫冈·朔伊布勒，2016年9月16日。

年1月1日成立货币联盟的说法。[①]但是，科尔和德梅齐埃想加快这一进程。由于政治局势脆弱，尽快成立货币联盟可以进一步加速统一进程，这一想法虽然是可以理解的，但同时也增大了出错的可能性。蒂特迈尔反思道："我越深入研究这个问题，就越怀疑……能否遵守联邦总理所设想的时间表。"[②]对民主德国的调查表明，民主德国的经济形势比想象的还要糟糕。虽然在1990年3月2日的专家会议上，民主德国国家银行的资产负债表和民主德国的经济数据已出炉，但新的民主德国政府显然没有意识到民主德国实际面临的经济挑战。这一点从最初没有对实际经济形势进行详细的批判性分析就可以看出来。[③]据蒂特迈尔讲述，"当时……民主德国新政府上台时未能明确阐述民主德国的经济破产状况，只是清楚地表明了经济改革的必要性"[④]。因此，联邦德国方面试图尽快查明真实的数据。[⑤]

随着越来越多的数据浮出水面，民主德国的经济形势也变得越来越严峻。例如，高额的外债、巨大的生产力差距（约为联邦共和国水平的1/3）、高额的国债、薄弱的竞争力和基础设施（约50%的住宅楼是在1945年以前建造的；而在联邦德国，这一数字约为30%）以及极端的环境污染（41%的水即使经过处理也不适合作为饮用水；68%的能源需求由褐煤承担；民主德国的二氧化硫排放量比联邦德国高约14倍）。[⑥]

① Sarrazin, Die Entstehung und Umsetzung des Konzepts, S. 182.

② Tietmeyer, Persönlicher Rückblick auf die Vertragsverhandlungen, S. 11.

③ Interview der Finanzzeitung „Kinyu Zaisei“ mit Herrn Dr. Tietmeyer, Mitglied des Direktoriums der Deutschen Bundesbank, abgedruckt am 19. März 1990, 30. 3. 1990. PAT, Ordner 113, S. 1.

④ 见 Tietmeyer, 10 Jahre deutsche Wiedervereinigung, S. 3.

⑤ 特奥·魏格尔访谈，2016年4月7日。

⑥ Hans Tietmeyer, Die wirtschaftliche Eingliederung der DDR-Erfahrung und Perspektiven, 3. 11. 1990. PAT, Ordner 150, S. 1 f.

造成这种情况大致有以下六个核心原因。[①]第一，在民主德国，政治决定对外经济关系，这使民主德国的国民经济无法利用世界市场的优势。第二，民主德国的经济结构既单一又集中，生产资料所有权基本收归国有（只有 5% 的雇员在私营企业工作），以至于国民经济并非以销售和贸易为导向（没有市场营销，少有大宗贸易），经常出现过多的库存和供应问题。第三，银行体系欠发达，只注重账户管理，与以市场为导向的联邦德国不同，金融部门没有发挥任何商业作用。第四，农业既是集体化的，又是集中化的，而且获得了大量的补贴。因此，民主德国虽然农业生产量大，但由于缺乏加工和销售，其生产力明显低于联邦德国（例如，联邦德国每公顷的粮食产量要高出民主德国 1/3）。第五，公共部门的就业规模过大。例如，每十名就业者中就有一名在部队、警察局或国家安全部门工作。在民主德国，公共部门的从业者占总人口比例的 12.5%，而在联邦德国，仅占 9.5%。第六，民主德国民众具有强烈的供给意识和对国家的依赖性。与联邦德国不同的是，民主德国民众并不具有市场经济的自主性。[②]令蒂特迈尔震惊的是，长久以来这些问题是如何隐瞒于世界公众的。[③]

这两个国民经济体即将合并，而这两个国家的经济表现却有着相当大的差异（民主德国的国民生产总值约为联邦德国的 10%）。[④]谈判伙伴目前最艰巨的任务是，在没有任何长远计划的筹备措施的情况下，要将一个经历 40 多年共产主义命令计划经济以

① Hans Tietmeyer, Die wirtschaftliche Eingliederung der DDR-Erfahrung und Perspektiven, 3. 11. 1990. PAT, Ordner 150, S. 2 - 4.

② Hans Tietmeyer, Die wirtschaftliche Eingliederung der DDR-Erfahrung und Perspektiven, 3. 11. 1990. PAT, Ordner 150, S. 4.

③ Tietmeyer, Aktuelle Fragen der Internationalen Währungspolitik, S. 11.

④ Tietmeyer, Auf dem Wege zur Deutschen Einheit, S. 5.

及在这之前12年国家社会主义独裁的国民经济一步到位转变为货币可完全兑换的市场经济，是一段具有历史性和开创性的进程。

即使是在谈判的前期，蒂特迈尔也清楚地知道，谈判的目的不是两个平等国家的合并，而是将民主德国并入联邦德国。这就是他不喜欢“货币联盟”这个词的原因，因为它未切中这个过程的重点。蒂特迈尔关注的是西德马克的兑换，同时还要放弃东德马克，从而将联邦德国货币区扩展到民主德国。这一进程由联邦银行负责。[①]

货币政策的核心问题是，应该以什么样的速度和规模来实现东德马克与西德马克的完全兑换。蒂特迈尔的准则是，有关货币的构想必须建立在可行性和稳定的基础之上，了解他的人都知道这种说法并不奇怪。他认为“德国需要共同发展，民主德国将被纳入欧洲，联邦银行将对整个德国负责”。[②]

如前所述，民主德国派出的与蒂特迈尔相对应的谈判代表是民主德国的国务秘书君特·克劳瑟，他自1990年3月18日选举结束以来一直负责所有两德统一的相关事宜。克劳瑟没有社会主义背景，他宣称：“非常肯定地说，我相信对哲学基本问题的理想主义回答。在民主德国，唯一给我这个观点留有余地的党派是东部基民盟。”[③]克劳瑟在参与谈判时才36岁，缺乏经验，这令联邦德国方面非常惊讶。联邦德国方面支持蒂特迈尔参加谈判的约翰纳斯·路德维希在回忆录中写道：“君特·克劳瑟虽没有任何国内或国际经济和财政政策方面的经验，但他的理解力异常强，智慧过人，并且

① 汉斯·蒂特迈尔访谈，2015年8月11日。
② 汉斯·蒂特迈尔访谈，2015年8月11日。
③ 君特·克劳瑟访谈，2016年1月19日。

自信心极强。”[①]路德维希还补充道：“毫无疑问，君特·克劳瑟是……统一进程舞台上的决定性角色之一，此前，民主德国和联邦共和国的政治层几乎无人不知道他。”[②]

克劳瑟是一位工程师，也是一位计算机科学家。他认为，这使他能够用复杂的技术系统来思考和分析，并能找到以目标为导向的解决方案。他的原话是：“我用算法来考虑货币联盟的问题。把社会主义社会与市场经济统一起来是极其困难和复杂的。与路德维希和蒂特迈尔等律师和经济学家相比，我当然是一个思路完全不同的人。”[③]相比之下，蒂特迈尔是一个始终严格按照秩序政策理论行事的人。于是，两个在基本特征上表现不同的谈判者走到了一起：行动力强、灵活的克劳瑟与稳定、严谨的蒂特迈尔。

但原则上，双方一致认为，只有经济、货币和社会联盟才能阻止难民从东方流向西方，才能为迅速实现政治统一铺平道路。[④]此外，两人都清楚，稳定的西德马克和减少通货膨胀的风险是谈判的重点。[⑤]蒂特迈尔认为，联邦德国最大的危险是联邦预算负担过重和通货膨胀问题，[⑥]克劳瑟也对此表示了极大的赞成，他甚至将稳定的西德马克作为谈判的共同原则。蒂特迈尔在回忆录中写道：“我很感谢克劳瑟先生不仅在一开始就接受了我认为的关键基本方向，而且在之后的谈判过程中，他也始终承认这一点……对我来说，同样重要的是，他多次在电视镜头前明确证实了这一共同原

---

① Ludewig, Unternehmen Wiedervereinigung, S. 36.

② Ludewig, Unternehmen Wiedervereinigung, S. 35.

③ 君特·克劳瑟访谈，2016年1月19日。

④ 汉斯·蒂特迈尔访谈，2015年12月17日。

⑤ Interview zwischen Yomirui Shimbun mit Dr. Tietmeyer, S. 7.

⑥ Interview der Finanzzeitung “Kinyu Zaisei” mit Herrn Dr. Tietmeyer, S. 3.

则。”[①]对此，克劳瑟回答说：“令人大吃一惊的是，我对联邦德国记者说：您认为我们想破坏西德马克的稳定吗？我们已经动荡不安地生活了40年。您大可以认为我们在这一点上是完全一致的。”[②]

然而，谈判并不容易。2015年8月，蒂特迈尔回忆起谈判的艰难，说道：“最近，在莱比锡举行了25周年庆祝活动，大家纷纷赞不绝口。但谈判并不总是那么容易。由于利益常不同，因此意见也大相径庭。”[③]从各种出版物、演讲和采访中可以看出，除了确保西德马克的稳定外，蒂特迈尔还带着另外两个非常核心的诉求参与谈判，这两个诉求对他来说是不容商榷的，它们分别是：1. 货币权限必须由德国联邦银行所有；2. 兑换机制不得过度损害民主德国的竞争力。

下面两节将重点介绍这些诉求。当然，其他方面也存在许多问题，如所有权问题或社会联盟问题，也对谈判产生了重大影响，但这些问题并不是最核心的货币政策问题。所以，针对这些问题，本书只是顺带讨论一下，重点讨论这两个核心诉求。下文将阐述蒂特迈尔是否能够以及如何推动实现他的这些诉求。此外，值得注意的是，所有方面的谈判结果都是在大约三周的时间内达成的。各代表团面临的是一项历史性的任务，既没有教科书可查，也没有经验模式可循。[④]

二 联邦银行的货币权限

在蒂特迈尔看来，两德货币联盟第一个“不可或缺”的先决

---

① Tietmeyer, Erinnerungen an die Vertragsverhandlungen, S. 79.

② 君特·克劳瑟访谈，2016年1月19日。

③ 汉斯·蒂特迈尔访谈，2015年8月11日。

④ Interview von Dr. Hans Tietmeyer mit dem Südkurier, S. 2.

条件是德国联邦银行在统一的德国中对货币政策拥有充分的权限和责任，[1]这也就意味着要彻底改革民主德国的金融体系。[2]如果不“将德意志民主共和国国家银行的货币主权移交给联邦银行”，货币联盟对蒂特迈尔来说就是一项尚未完成的任务，[3] 民主德国的国家银行应当完全放弃其权限。[4]蒂特迈尔认为民主德国的国家银行有两大问题：作为中央银行的国家银行同时也是商业银行，政治上不独立。[5]

由于观念差异很大，民主德国方面首先产生抵触情绪。[6] 1990 年 1 月 16 日，民主德国政府仍然坚信，国家银行应该继续存在，其首要目标应当是货币稳定。[7]据蒂特迈尔讲，德梅齐埃仍然希望让国家银行参与 1990 年 4 月 27 日关于货币监管责任的第二轮谈判。[8]国家银行可以成为“根据联邦银行指示运作的行政机构”。客观来说，如果我们意识到废除国家银行就意味着丧失主权，便可以理解德梅齐埃的诉求。

蒂特迈尔意识到，若要实现他的诉求，就需要大量的说服工作，而且要经历几轮旷日持久的谈判。[9]他是绝对不会让步的。他主张，国家银行作为一个僵化的机构，它的介入将为后期的变化埋下隐患。联邦银行和国家银行之间的协调与合作需要一个过程，而

---

① Tietmeyer, Die deutsch-deutsche Währungsunion: Zehn Jahre danach, S. 37.

② Interview der Finanzzeitung „Kinyu Zaisei“ mit Herrn Dr. Tietmeyer, S. 2.

③ Tietmeyer, Die Bedeutung der Sozialen Marktwirtschaft, S. 1.

④ Tietmeyer, Auf dem Wege zur Deutschen Einheit, S. 7.

⑤ Interview zwischen Yomirui Shimbun mit Dr. Tietmeyer, S. 7.

⑥ Tietmeyer, Erinnerungen an die Vertragsverhandlungen, S. 77.

⑦ Tietmeyer, Chronik zur Deutsch-Deutschen Währungsunion, S. 2.

⑧ Tietmeyer, 10 Jahre deutsche Wiedervereinigung, S. 4.

⑨ O. A., Tietmeyer Vorrang für Stabilität. Längerfristig weltweite Vorteile durch die Vereinigung, in: *Börsen-Zeitung*, 3. Juli 1990.

且很可能从一开始就不能顺利进行。[①]联邦银行和国家银行之间的接触在之前的几十年里也非常有限，即使有，也只是停留在支付和清算系统运作的技术层面上。[②]此外，这还关系到西德马克在金融市场上的声誉，如果国家银行进行干预，其声誉肯定会受到影响。[③]基于这些原因，蒂特迈尔一直坚持，联邦银行从 1990 年 7 月 1 日起全面负责整个货币区，并将其分支机构的网络扩展到德国东部。[④]

君特·克劳瑟在一次个人谈话中解释说，他在谈判中意识到，这方面对蒂特迈尔来说是不容商榷的。在与德梅齐埃协商后，他很快就对此表示同意。克劳瑟显然已经向德梅齐埃表明，重点应该放在其他方面，因为对蒂特迈尔来说，国家银行根本没必要继续存在。[⑤]克劳瑟后来补充说，他当然受到来自本国政府的压力，但他甚至在原则上同意蒂特迈尔的意见，因为这是促使德国统一不可逆转的唯一途径。[⑥]

1990 年 7 月 1 日，国家银行将货币和货币政策的权限全部移交给联邦银行。为此，联邦银行在东柏林成立了一个柏林临时管理处，在民主德国各区首府设立了 15 个分支机构，由董事会成员、后来担任联邦银行副行长的约翰·威廉·加杜姆领导，[⑦] 原国家银行分行改为联邦银行分行。据蒂特迈尔说，在没有详细计划的情况

① Tietmeyer, Die deutsche Vereinigung und die D-Mark, S. 11.

② Brief von Tietmeyer an Chol-Hwan Chon (Governor der Bank of Korea), 18. 12. 2000. PAT, Ordner 176, S. 5.

③ Tietmeyer, Die deutsch-deutsche Währungsunion: Zehn Jahre danach, S. 37.

④ Tietmeyer, Erinnerungen an die Vertragsverhandlungen, S. 86.

⑤ Tietmeyer, Erinnerungen an die Vertragsverhandlungen, S. 87.

⑥ 君特·克劳瑟访谈，2016 年 1 月 19 日。

⑦ 汉斯·蒂特迈尔访谈，2015 年 8 月 11 日。

下，联邦银行不得不在六周内迅速完成大楼改建，并“为现金兑换、账户转换、货币政策工具的应用以及全新而自由结算的货币交易做技术准备”①。

1990 年 5 月 4 日达成协议，联邦银行大约有八周的时间为货币联盟做组织和技术上的准备，并建立分支机构。联邦银行的任务是提供信息和技术支持，以便在民主德国建立独立的、以市场为导向的中央银行系统。②这些举措的迅速实施得益于联邦银行的 11 个联邦德国地区总部提供的援助。它们负责建立分支机构，不仅包括技术（现金和机器），还包括人员。蒂特迈尔回忆道：“直至今天这都是一个奇迹，因为在此期间没有出现过重大错误。”

此外，银行体系也将发生根本变化。为了应对从计划经济到社会市场经济的经济政策上的转变，银行将被赋予特殊的功能，即提供金融支持和建议。中央计划经济的货币供应和账户管理制度将被联邦德国监督下的市场化商业银行制度所取代。为此，条约规定建立一个自由的货币与资本市场，一个与公共银行、合作制银行和私人银行竞争的市场经济信贷制度，以及落实民主德国市场的利率自由化。③

最终，关于国家银行的员工，蒂特迈尔在谈判中做出让步。蒂特迈尔对员工们持批判态度，因为他们掌握了一套完全不同的系统，因此，起初他并不同意将他们调到联邦银行。然而，在民主德国方面的坚持下，双方达成了妥协，即允许国家银行的任何雇员向

---

① Brief von Tietmeyer an Chol-Hwan Chon, S. 5.

② Interview mit Dr. Tietmeyer in der Süddeutschen Zeitung, 25. 1. 1990, S. 3.

③ Wolfrid Stoll, Einführung der D-Mark im Osten hat die Geldwertstabilität nicht gefährdet, in: *Handelsblatt*, 20. 6. 1991.

联邦银行申请建立分行，但人员的选拔仍由联邦银行负责。①

在这一点上，蒂特迈尔显然占据上风。从此，联邦银行负责货币政策，联邦银行在信贷市场和资本市场上开展业务，在全德范围内推行联邦银行和保险监管。②魏格尔也对这种职责安排比较满意，因为他知道这种要求对民主德国来说意味着严重放弃主权。③蒂特迈尔总结道："我在核心问题上是坚持立场的。"④

三 东德马克与西德马克的合理兑换比率

蒂特迈尔的第二个核心诉求是实现东德马克和西德马克之间合理的兑换比率。起初，联邦总理科尔敦促尽快澄清这方面的问题，因为许多猜测和传言在民众中引起了恐慌。他要求代表团在 1990 年 5 月初之前就货币兑换的主要参数进行谈判。⑤事实证明，汇率是谈判中一个极其复杂的部分，由于价格扭曲和缺乏正常运作的外汇市场，金融市场几乎无法发出信号。因此，两国代表团必须在现有数据的基础上找到一个经济和政治上都可以接受的折中方案。

英格丽特·马特乌斯－迈尔首次公开提出两德货币联盟的想法后，于 1990 年 1 月 19 日提出了 5∶1 的初始兑换率。⑥联邦德国代表猜测，暗中补贴国家财政赤字和公共企业是流动性泛滥的根源，因此魏格尔认为，现实兑换率在 3∶1 和 5∶1 之间。⑦根据君特·克劳

① 汉斯·蒂特迈尔访谈，2015 年 12 月 17 日。

② Hans Tietmeyer, Von der Kommandowirtschaft zur Marktwirtschaft-Ordnungspolitik und Praxis. Rede auf dem Symposion des Wirtschaftsrates der CDU e. V., November 1993. PAT, Ordner 5, S. 1.

③ Waigel, Der Vertrag über die Wirtschafts-, Währungs-und Sozialunion, S. 13.

④ 汉斯·蒂特迈尔访谈，2015 年 12 月 17 日。

⑤ Tietmeyer, Erinnerungen an die Vertragsverhandlungen, S. 83.

⑥ Tietmeyer, Chronik zur Deutsch-Deutschen Währungsunion, S. 2.

⑦ Waigel, Der Vertrag über die Wirtschafts –, Währungs-und Sozialunion, S. 7.

瑟的说法，民主德国方面也计算出了类似的数值，即 4.65∶1。[①]两德贸易中，西德马克与东德马克的外汇平价是 4.4∶1，在自由市场上，西德马克甚至以 8∶1 至 9∶1 的比率交易。[②]

然而，政策的目的是使民主德国的物价和生活水平尽快调整到联邦德国的水平。[③]因此，即使 5∶1 的兑换比率在经济上是合理的，但在政治上是不可行的。毕竟，5∶1 的比率意味着民主德国的工资将减少 80%。民主德国的平均工资为 1250 东德马克，按照 5∶1 的兑换比率，就只剩下 250 西德马克，而一个联邦德国公民的收入是这一数值的 5 倍以上。[④]克劳瑟补充说，联邦银行行长玻尔甚至在一开始提到了10∶1的比率，他觉得这种想法很讽刺，并说道："我们当时在民主德国有 335 东德马克的最低养老金，就算我把这个数字除以 3，同时放开租金，所有的养老金领取者都可能会开枪自杀。"[⑤]据克劳瑟说，所有谈判代表都意识到，如此高的兑换比率在政治上是不现实的。[⑥]民主德国民众支持兑换比率为 1∶1，这主要是由联邦德国政客的各种言论引起的。[⑦]如果选择更高的兑换比率，民主德国的生活水平显然低于联邦德国，就可能出现内部政治矛盾升级的情况。

据蒂特迈尔回忆，由于民主德国民众的高期望值，关于兑换比率的问题成为谈判中最困难的部分。[⑧] 1990 年 4 月 23 日与洛塔尔·

---

① 君特·克劳瑟访谈，2016 年 1 月 19 日。

② Andreas Rödder, DeutschlandeinigVaterland. DieGeschichtederWiedervereinigung, München 2009, S. 300.

③ Sarrazin, Die Entstehung und Umsetzung des Konzepts, S. 203.

④ 特奥·魏格尔访谈，2016 年 4 月 7 日。

⑤ 君特·克劳瑟访谈，2016 年 1 月 19 日。

⑥ 君特·克劳瑟访谈，2016 年 1 月 19 日。

⑦ Tietmeyer, Persönlicher Rückblick auf die Vertragsverhandlungen, S. 12.

⑧ Tietmeyer, 10 Jahre deutsche Wiedervereinigung, S. 3 f.

德梅齐埃的第一次筹备对话中可以看出，民主德国政府最初显然没有意识到1∶1的兑换比率和国民经济迅速向全球竞争开放的经济后果。而对这一问题联邦德国方面有不同的看法。据蒂特迈尔讲："联邦德国的经济学家从一开始就很清楚，货币联盟将一次性废除民主德国企业以前的庇护所，这将导致彻底的变革，并对生产和就业产生深远的影响。"①

但对蒂特迈尔的这一说法要辩证地看，因为联邦德国确实有经济学家主张1∶1的兑换比率。例如，经济学家艾哈德·卡岑巴赫（Erhard Kantzenbach）认为，1∶1的兑换比率可能导致劳动生产率的突然提升。他给出的核心原因是工人工作积极性的提高以及原材料和中间产品供应瓶颈的突破。②经济学家于尔根·克罗姆普哈特（Jürgen Kromphardt）和格萨·布鲁诺（Gesa Bruno）指出了更高兑换比率带来的社会问题。他们认为，远超1∶1的高兑换比率的目的是"把民主德国打造成一个低工资的国家"。③然而，众所周知，民主德国民众对联邦德国商品的渴望非常强烈，以2∶1或更高的兑换比率计算，民主德国民众购买联邦德国商品的价格至少要翻一番。因此，至少在最初的几年里，两德之间的生活水平会有较为明显的差距，同时，可以提高较低水平生产力所需要的熟练的劳动力也会外流。④

此外，兑换比率的选择也会影响东部的产业类型。主张降低兑

---

① Tietmeyer, Erinnerungen an die Vertragsverhandlungen, S. 73.

② Erhard Kantzenbach, Ein Umstellungskurs von 2∶1 oder 1∶1?, in: *Wirtschaftsdienst* 70 (1990), S. 166 - 167, hier S. 166.

③ Jürgen Kromphardt / Gesa Bruno, Vorteile und Risiken der Währungsunion, in: *Gewerkschaftliche Monatshefte* 5 (1990), S. 309 - 315, hier S. 311.

④ Jürgen Kromphardt / Gesa Bruno, Vorteile und Risiken der Währungsunion, in: *Gewerkschaftliche Monatshefte* 5 (1990), S. 309 - 315, hier S. 311.

换比率的经济学家们认为，工资过低将导致工资增长潜力有限的产业入驻东部。克罗姆普哈特和布鲁诺的论文指出："从长远来看，这将强化其外围国家的地位……并且将使民主德国只能去和新加坡或泰国竞争。"[①]

在萨拉辛关于货币联盟的初稿中，也没有排除 1∶1 的兑换比率。相反，萨拉辛甚至认为这在经济上是合理的。他的理由如下：有关方面都很清楚，把东德马克兑换为西德马克将导致西德货币供应量的增加。他认为，"流通中的西德马克的货币供应量的增加……必须与兑换所导致的西德马克货币区生产潜力的增加大致对应"，以便不危及西德马克的稳定。萨拉辛假定民主德国的生产力是联邦德国生产力的 40%，并且已考虑大幅的风险计提，因为民主德国国家计划委员会计算出其生产力是联邦德国的 70%，而德国经济研究所 1987 年这一数值的计算结果为 50%。[②]萨拉辛是根据 1988 年民主德国官方统计资料得出的数据。而东西德生产潜力的比值，他用以下方法来计算：

$$\frac{860\text{ 万就业人员（民主德国）}}{2700\text{ 万就业人员（联邦德国）}} \times 40\% = 11.6\%$$ [③]

民主德国的生产潜力约为联邦德国生产潜力的 11.6%，因此，西德马克的货币供应量因兑换而被允许最多增加 11.6%，否则将危及最高目标——西德马克的稳定。这意味着，民主德国居民的净收入也应约为联邦德国居民净收入的 11.6%，而东西德净收入的

① Jürgen Kromphardt / Gesa Bruno, Vorteile und Risiken der Währungsunion, in: *Gewerkschaftliche Monatshefte* 5 (1990), S. 309 – 315, S. 312.

② Rödder, Deutschland einig Vaterland, S. 301.

③ Sarrazin, Die Entstehung und Umsetzung des Konzepts, S. 183. 该计算结果约为 12.7%。但原文如此，故保留。—— 编者注

比率如下：

$$\frac{1630\text{ 亿东德马克}}{13430\text{ 亿德国马克}} = 12.1\%$$

如果选择 1∶1 的兑换比例，民主德国居民的净收入约为西德居民净收入的 12.1%。这个数值与计算出的民主德国生产潜力大致相符。所以，1∶1 的经常性支付兑换比率似乎是不影响成本的。此外，民主德国的数据显示，东西德货币供应量 M3（流通中的货币和储蓄）的比率约为 13.6%，考虑到经济上的差异，这个比率是合理的。不过，当时人们对民主德国的内债和外债一无所知。因此，通过这种计算方法将收入的兑换率定为 1∶1 是完全合理的，也不会危及西德马克的稳定性。①

但人们很快就发现，萨拉辛的结论是建立在完全错误的民主德国国民经济数据基础之上的。蒂特迈尔将这些数据基础视为“故意篡改”或“直接撒谎”。②实际上，民主德国的生产率只有联邦德国的 30% 左右。萨拉辛在选择 40% 这个数字时，就已经考虑了明显的风险计提，这说明联邦德国方面一开始对民主德国经济状况的判断要比实际情况乐观得多。联邦德国的代表一开始甚至采用了德国经济研究所得出的 50% 的生产率。因而，魏格尔称民主德国的经济状况是“灾难性的”，他还谈道，民主德国的部分基础设施仍是第一次世界大战时候的水平。③

如果将真实值 30% 代入萨拉辛的东西德生产潜力比值的公式，结果如下：

---

① Sarrazin, Die Entstehung und Umsetzung des Konzepts, S. 183 u. 201 f.

② Tietmeyer, Die deutsche Vereinigung und die D-Mark, S. 9.

③ 特奥·魏格尔访谈，2016 年 4 月 7 日。

$$\frac{860\text{ 万就业人员(民主德国)}}{1970\text{ 万就业人员(德邦德国)}} \times 30\% = 8.7\%$$ [①]

如果再把东西德净收入比率 12.1% 也计算在内，则不影响成本的经常性支付兑换率约为 1.4∶1。因此，1∶1 的兑换是高估民主德国的生产潜力的。

联邦德国代表团对民主德国经济状况了解得越多，1∶1 的兑换比率就越难以实现。蒂特迈尔从一开始就意识到，民主德国数十年来被排除在世界市场之外，一定会导致“大规模的要素分配不当”。[②]因而，兑换不能过度损害东部地区企业的竞争力。蒂特迈尔担心，如果东部地区的工资状况在短期内因汇率过于有利而得到极大改善，劳动力的释放就会失控，但工资的提升只应该只建立在生产力提高的基础上。[③]

因此，蒂特迈尔更倾向于采用 2∶1 的兑换率，较低的兑换比率当然在短期内对民主德国民众更有吸引力，但由于工资压力，许多企业可能会立即破产。[④]尤其是“缺乏竞争力”的民主德国企业，它们被蒂特迈尔称为“转型过程中的阿喀琉斯之踵”，[⑤]许多民主德国企业在质量上不能满足市场需求，例如“特拉比”（Trabant）轿车，它在很长一段时间内都无法与西方汽车相匹敌。[⑥]

1∶1 的兑换比率对于联邦银行董事会来说，在经济上也是无法

---

① 该计算结果约为 13.1%，但原文如此，故保留。—— 编者注

② Tietmeyer, Erinnerungen an die Vertragsverhandlungen, S. 74.

③ Diskussion mit Dr. Hans Tietmeyer, MdD, und Prof. Dr. Rudolf Scheid, S. 4.

④ Brief von Tietmeyer an Chol-Hwan Chon, S. 2.

⑤ Hans Tietmeyer, Der Bundesbankpräsident über die Erfolge der Währungsunion: Die Bilanz ist positiv, in: Die Wirtschaft (Sonderausgabe), März 1995.

⑥ Hans Tietmeyer, Der Bundesbankpräsident über die Erfolge der Währungsunion: Die Bilanz ist positiv, in: Die Wirtschaft (Sonderausgabe), März 1995.

想象的。因此，蒂特迈尔在赫尔穆特·施莱辛格那里也得到了支持。1990 年 3 月 29 日，联邦银行提出了按 2∶1 的比率兑换经常性支付、货币以及应收账款存量的建议。在联邦总理科尔的公开承诺基础之上，中央银行理事会提出了折中方案，即每个自然人可以按照 1∶1 的比率兑换 2000 东德马克。德国联邦银行的核心论点是，民主德国经济在 1∶1 的比率下无法承受国际竞争压力。[①]蒂特迈尔说：“对施莱辛格先生和我来说，这个论点很重要，我们不想轻易放弃。民主德国工资水平确实比联邦共和国低得多，东西方生产力的差距显然更大。”[②]

中央银行理事会的这一建议被泄露给了《图片报》（*Bild*）（“联邦银行要求工资减半”），并引发了民主德国民众的大规模抗议。[③]施莱辛格解释说：“我们并没有要求工资减半！我们只是要求在货币改革时进行工资的转换。两者区别很大，因为民主德国的工资在 7 月 1 日之前就已经永久性地提高了……我们每月都在关注进程，并希望减少其对新联邦州竞争力的影响。”[④]

这次泄露事件和公众的愤怒意味着民主德国代表团能够在谈判中采取更强硬的立场。此外，其还加速了联邦德国方面的妥协意愿，公众的压力使“经济问题较少的解决方案”无法执行。[⑤]兑换比率此时已不是经济问题，成为“一个关键的政治心理变量”，对联邦德国方面的谈判产生了负面影响。[⑥]即使是“像汉斯·蒂特迈尔这样秩序理念的坚定捍卫者”也注意到，在工资和经常性支付

---

① Erhard Kantzenbach, Ein Umstellungskurs von 2∶1 oder 1∶1?, S. 166.

② Tietmeyer, Erinnerungen an die Vertragsverhandlungen, S. 78.

③ 赫尔穆特·施莱辛格访谈，2016 年 3 月 1 日。

④ 赫尔穆特·施莱辛格访谈，2016 年 3 月 1 日。

⑤ Tietmeyer, 10 Jahre deutsche Wiedervereinigung, S. 3 f.

⑥ Sarrazin, Die Entstehung und Umsetzung des Konzepts, S. 205.

上实施对他来说具有经济意义的 2∶1 兑换比率几乎是不可能的。[1]蒂特迈尔说："在东部政治当局和西部众多政治家已经如此明确地承诺 1∶1 的兑换比率之后，尽管联邦德国技术层面依然顽固抵抗，但在政治上最终别无他选，至少就目前的情况来看，只能接受这个解决方案。"[2]

蒂特迈尔总结道："我们与民主德国代表团的谈判异常艰难，对方要求在勾销所有企业国内债务的情况下，对流量（工资和薪金）和存量（债务和债权）实行 1∶1 的兑换比率。"[3]在谈判中，蒂特迈尔警告说，由于民主德国企业将要面临巨大调整，摩擦性失业增加在预料之中。特别是在成本和产品设计方面，很大一部分民主德国企业没有竞争力，因此，裁员、重组和关闭整个工厂都是有可能的。农业部门将会被广泛波及，由于大规模的过度就业，民主德国农业部门的生产价格水平比联邦德国的价格水平高出 40%～60%。[4]蒂特迈尔预言，如果普遍实行 1∶1 的兑换比率，不可避免的是，民主德国失业率将至少达到 10%，从民主德国向联邦德国的大规模移民将进一步增加，通货膨胀率也会提高。[5]

最后，双方在经济原因和政治需要之间达成了妥协。谈判的结果基于以下标准：民主德国的（被高估的）竞争力、尽可能低的

---

① Waigel, Der Vertrag über die Wirtschafts－, Währungs-und Sozialunion, S. 12 f.

② Tietmeyer, Die deutsch-deutsche Währungsunion：Zehn Jahre danach, S. 35 f.

③ Interview von Jörg Völkerling（Journalist）mit Tietmeyer, 7. 2. 2000. PAT, Ordner 148, S. 3.

④ Tietmeyer, Auf dem Wege zur Deutschen Einheit, S. 14 f.

⑤ O. A.，Tietmeyer：Staatsvertrag ist solide. „D-Mark bleibt weiterhin eine der stabilsten Währungen“，in：*Börsen-Zeitung*, 31. 5. 1990；O. A.，Tietmeyer Vorrang für Stabilität. Länger-fristig weltweite Vorteile durch die Vereinigung, in：*Börsen-Zeitung*, 3. Juli 1990.

国家财政负担、保证价格稳定以及民主德国和联邦德国的社会接受度。[①]依照科尔的要求（货币兑换的基本参数须5月初之前呈交），谈判伙伴最终于1990年5月1日达成了以下结果：1990年7月1日，东德马克将被西德马克全面取代。这一天，在民主德国的要求和舆论压力下，经常性支付按1∶1进行兑换。施莱辛格认为："联邦政府在工资方面偏离了我们2∶1的建议。遗憾的是，我们接受了这个建议。"[②]在谈判过程中，蒂特迈尔仍然试图达成妥协，将经常性支付的兑换参考日期追溯到1990年1月1日，以便不考虑1990年前几个月工资的大幅增长，并重新进行谈判。[③]他没能获胜，但至少实现了以1990年5月1日而不是1990年7月1日为兑换参考日期。蒂特迈尔回忆道："虽然提出了诸如文件缺失、兑换程序困难等技术性论点，但实际上人们可能认为，不能指望民主德国民众同意按照1990年1月1日的水平进行兑换。"[④]总的来说，这种解决办法是为了从社会角度来适应民主德国民众，使他们更容易开始适应新的制度。君特·克劳瑟证实了这一看法："我……最高兴的是，蒂特迈尔对社会可承受的解决方案做好了准备。"[⑤]

民主德国的债务和债权依据联邦德国的要求按2∶1进行兑换。然而，据德梅齐埃说，一些特别的规定是"主要的争议点"：允许14岁以下的儿童按1∶1兑换不超过2000东德马克的存款；[⑥] 15岁到59岁的居民，每人可按1∶1兑换最高4000东德马克的存款；59岁以上的居民，每人甚至可按1∶1兑换最高6000东德马克的存款。

---

① Tietmeyer, Die deutsche Vereinigung und die D-Mark, S. 10.

② 赫尔穆特·施莱辛格访谈，2016年3月1日。

③ Tietmeyer, Die deutsch-deutsche Währungsunion: Zehn Jahre danach, S. 36.

④ Tietmeyer, Erinnerungen an die Vertragsverhandlungen, S. 85.

⑤ 君特·克劳瑟访谈，2016年1月19日。

⑥ 洛塔尔·德梅齐埃访谈，2016年9月20日。

科尔对这一决定给出的理由是，东德的养老金领取者经历了两次独裁统治，因此应该得到优待。①在此之外的债权按 2∶1 兑换，而所有 1989 年 12 月 31 日以后产生的或者由公司总部在民主德国以外的经济主体持有的债权按 3∶1 兑换。②

洛塔尔·德梅齐埃在一次私人谈话中解释了阶梯式汇率是如何产生的。据说他在 1990 年春天认识汉内洛蕾·科尔（Hannelore Kohl）后，她曾向他提出，当他与她丈夫讨论棘手的社会问题时，德梅齐埃可以给她打电话，这样她就可以私下里与科尔谈论这些问题。德梅齐埃讲述道："谈判时我给她打电话，并告诉她，我希望儿童和婴儿能够兑换 2000 东德马克，普通市民兑换 4000 东德马克，养老金领取者兑换 6000 东德马克，兑换率为 1∶1。几天后，科尔给我打电话说，他又考虑了货币联盟的问题，提出的正是我的建议。"③德梅齐埃的言论表明，在这种谈判中，个人因素极其重要。

克劳瑟认为，在所有关于两德货币联盟的公开讨论中，关于社会差异化汇率的讨论太少。他的理由是："科尔总是说，我们必须给养老金领取者更多的钱，因为他们在第二次世界大战中战败，之后还倒霉地生活在民主德国。完全的社会福利比社民党允诺的社会福利还要多。"④

总的来算，平均兑换比率为 1.83∶1。因此，最终这个结果与蒂特迈尔最初的建议相差不大。尽管存在例外，但他 2∶1 的建议最终被应用于债券与债务的兑换。⑤特别是在负债领域，这个兑换

---

① O. A., Ab sofort Umtausch 2∶1. Bonn und Ost-Berlin einig über Währung, in: *Hamburger* Abendblatt, 4. 5. 1990.

② Tietmeyer, Auf dem Wege zur Deutschen Einheit, S. 7.

③ 洛塔尔·德梅齐埃访谈，2016 年 9 月 20 日。

④ 君特·克劳瑟访谈，2016 年 1 月 19 日。

⑤ 赫尔穆特·施莱辛格访谈，2016 年 3 月 1 日。

比率对联邦德国来说非常重要。主要原因是，负债不是由市场过程产生的，而是由计划经济管理的价格和成本产生的。如果兑换比率为1∶1，随着向市场价格的转变，不仅民主德国政府，而且企业也将面临超额负债的局面。因此，民主德国代表团一开始甚至提出勾销企业的所有债务。然而，对于联邦德国代表团来说，这是不可能的。施莱辛格特别指出了利用债务融资的必要性，因为他想利用债务融资来提高民主德国民众的债务道德观念。萨拉辛回忆道："因此，在相对较早的时候……以约2∶1的汇率进行普遍的债务转换就已经成为一种共识。"①

1.83∶1的平均兑换比率避免了通货膨胀的危险，也最大限度地保证了西德马克的稳定。本部分的论述已经表明，应尽可能地控制货币供应量的扩张。兑换比率最终导致民主德国货币供应量减少约50%，整个德国的货币供应总量M3因此只增加了10%，②之前计算出民主德国生产潜力约为联邦德国生产潜力的8.7%，这10%大致与之相当，因此被评估为对货币稳定无害。虽然这样可以防止货币泛滥，但是，工资按1∶1兑换会导致民主德国经济的国际竞争力受到严重损害。③蒂特迈尔总结道："在工资和薪水方面，我们最终别无选择，只能接受1∶1。相比之下，民主德国不得不削减债务和债权，债务与债权是按2∶1兑换的。虽然这避免了现金泛滥，但竞争问题依然存在。"④

在德国公众中，协议在兑换比率方面得到了积极的回应，而国

① Sarrazin, Die Entstehung und Umsetzung des Konzepts, S. 202.

② O. A., Tietmeyer: Staatsvertrag ist solide. „D-Mark bleibt weiterhin eine der stabilsten Währungen", in: *Börsen-Zeitung*, 31. 5. 1990.

③ Tietmeyer, 10 Jahre deutsche Wiedervereinigung, S. 4.

④ Interview von Jörg Völkerling (Journalist) mit Tietmeyer, S. 3.

际媒体则认为这个结果过于慷慨。[①]显然，蒂特迈尔认同国际媒体的意见。因此，大概十年后，有人这样引用他的话："德国统一进程中实现的货币兑换比率 1∶1，不，在 1990 年的选举活动中就由各党派确定了。我认为兑换比率至少应该是 2∶1。"[②]在另外一次采访中，蒂特迈尔说："我认为工资、薪金和养老金按 2∶1 兑换比较合适，但当时没有足够的政治支持。"[③]联邦政府高官克劳斯·沃尔莱本在一次私人谈话中证实了蒂特迈尔的不满："20 世纪 90 年代初，蒂特迈尔作为联邦银行行长在法兰克福霍夫酒店（Frankfurter Hof）发表了一次演讲……蒂特迈尔非常明确地表示，从货币政策的角度来看，汇率在 1∶1 和 1∶2 之间是无稽之谈，但政治家们已经这样决定了。我觉得他非常有勇气。这体现了蒂特迈尔的典型性格。他在这个问题上完全正确，但他不得不接受这个政策。"[④]洛塔尔·德梅齐埃总结道："所有的经济学家都会告诉我这个汇率是多么的愚蠢，这就是一个防止人们移民的汇率。"[⑤]

四　小结

首先要问的是，蒂特迈尔是否真的能够实现他的诉求，以及妥协导致的中短期经济后果如何显现。1990 年 7 月 1 日民主德国引入西德马克作为支付手段、记账单位和价值储藏手段后，民主德国人民有了一种稳定的、可在国际上完全兑换的货币，打开了通往国

① Tietmeyer, Erinnerungen an die Vertragsverhandlungen, S. 86.

② Hans Hutter, Tietmeyer im Club: „Wir sollten nicht vergessen", in: *VWD-Finanz-und Wirtschaftsspiegel*, 27. 7. 1999.

③ Interview von Dr. Hans Tietmeyer mit dem Südkurier, S. 2 f.

④ 克劳斯·沃尔莱本访谈，2014 年 10 月 28 日。

⑤ 洛塔尔·德梅齐埃访谈，2016 年 9 月 20 日。

际商品和资本市场的大门，带来了消费、交易和投资的自由。[①]蒂特迈尔解释说：西德马克给民主德国民众带来了“繁荣和国际通行自由的象征”，“它的吸引力加速了边界和边境墙开放的进程”。[②]同时，随着西德马克的引入，政治统一和民主德国国民经济调整已经不可逆转。引入西德马克只会导致一个结果，那就是民主德国国民经济融入社会市场经济，从而向联邦德国的生产条件和生活水平趋同。

基于谈判结果，蒂特迈尔警告说，起初会有一个“伤心之谷”(一个时间无法预估的过渡阶段)，因为民主德国国民经济不得不面对生产崩溃和失业率激增。[③] 这一警告是谈判结果的必然逻辑，由于兑换比率体现的是一种政治妥协，经济观点只是在一定的政治可接受度下被考虑。因此，蒂特迈尔认为，两德货币联盟在“经济上来说是一个冒险，是一头扎进冷水里”，而在政治上别无选择。[④]

事实证明蒂特迈尔是对的。尽管存在巨大的差异，民主德国与联邦德国在政治上的融合相对顺利，但经济上的统一是一个更棘手的问题。货币联盟不仅导致了民主德国工资暴涨，而且资本存量陈旧，生产力低下，导致民主德国企业的竞争力急剧下降。德国东部生产崩溃，1990 年 8 月总产值比上一年同期水平低 51%。民主德国的企业并没有做好面对国际竞争的准备，这是蒂特迈尔在谈判中

---

① Tietmeyer, Die Bedeutung der Sozialen Marktwirtschaft, S. 16 f.

② Hans Tietmeyer, Währungspolitik in Deutschland. Rede im Rahmen der 300-Jahr-Festlichkeiten der Universität Halle am 19. Mai 1994 in der Universität Halle / Saale, 19. 5. 1994. PAT, Ordner 127, S. 3.

③ Tietmeyer, Die wirtschaftliche Eingliederung der DDR, S. 9.

④ Tietmeyer, 10 Jahre deutsche Wiedervereinigung, S. 10.

一直强调的情况。[1]许多企业因无法应对货币的冲击而破产。[2]

正如预期的那样，失业率大幅上升。在德国东部，失业率跃升至10.2%，全德失业率则为7.3%，但这并不是短期调整的冲击。[3]失业率上升是众多企业破产的结果，而这些企业破产主要是由工资暴涨引起。显然，向社会市场经济过渡将是一个漫长的过程。调整生产结构以适应新的需求，几乎完全更新资本结构，压缩劳动力成本以适应生产力，这些都是短期内无法实现的。[4]由汇率引发的工资飙升，使这一挑战更加复杂。蒂特迈尔认为："尽管民主德国工人希望尽快赶上西方国家工资水平的愿望可以理解，但不能忽视的是，工资最终来自生产收益。"[5]但这恰恰是他们没有做到的，虽然经常性支付的有利兑换比率使民主德国民众经历了短期的消费热潮，因为他们能够以1∶1的比例将自己的弱势货币兑换成强势货币，并且可以购买西部产品了[6]，但是兑换比率并没有与生产力不足相匹配。在统一后的第一年，民主德国的单位劳动力成本[7]比联邦德国高出约50%，如果工资和社会支出超过了生产力，就必须

---

① Wortprotokoll der Rede zur deutschen und europäischen Währungsunion von Bundesbankpräsident Karl Otto Pöhl, S. 5.

② Tietmeyer, Die wirtschaftliche Eingliederung der DDR, S. 10.

③ Statistisches Bundesamt, Arbeitsmarkt 1950 bis 2017, Wiesbaden 2018.

④ Tietmeyer, 10 Jahre deutsche Wiedervereinigung, S. 8.

⑤ Tietmeyer, Aktuelle Fragen der deutschen Geld-und Währungspolitik, S. 11.

⑥ Tietmeyer, Währungspolitik in Deutschland, S. 11.

⑦ 单位劳动力成本是以劳动力成本和国民经济劳动生产率的比率来计算的。它是衡量制造业竞争力的指标之一。一般来说，单位劳动力成本越低，劳动生产率就越能更好地抵消劳动力成本的上涨。但是，具体的调整反应也不容忽视。例如，工资增长过快导致提供的工作岗位无利可图。因此，单位劳动力成本最高（或生产效率最低）的工作岗位往往通过裁员来降低平均单位劳动成本，见Christoph Schröder, Produktivität und Lohnstückkosten der Industrie im internationalen Vergleich, in: *IW-Trends-Vierteljahresschrift zur empirischen Wirtschaftsforschung aus dem Institut der deutschen Wirtschaft Köln* 32 (2005), Heft 3, S. 1–16, hier S. 2。

考虑到中短期内就业可能出现严重问题。1991～1998 年德国东部单位劳动力成本和生产力的发展（联邦德国 = 100）如图 6－2 所示。

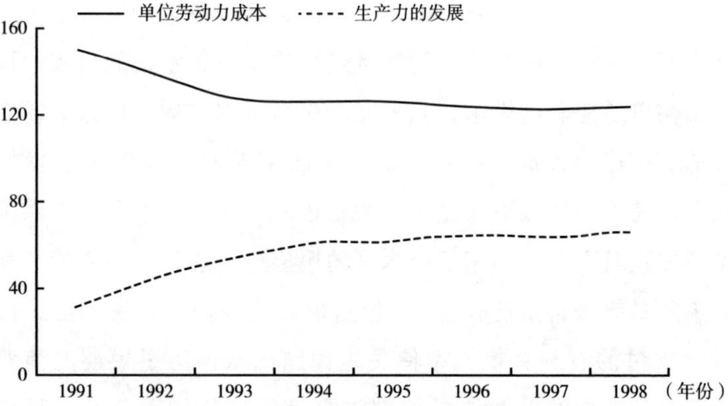

图 6－2　1991～1998 年德国东部单位劳动力成本和生产力的发展（联邦德国 = 100）

资料来源：作者自制，数据来源于 Steffen Maretzke, Introduction, in: Regional Aspects of Economic and Social Change in the New Länder, ed. by the Federal Office for Building and Regional Planning, Bonn 2000, S. 3－6, hier S. 4; Joachim Ragnitz, Die Wirtschaft in Deutschland Ost und in Deutschland West, in: Deutschland Ost-Deutschland West, ed. by Hans-Georg Wehling, Opladen 2002, S. 222－236, hier S. 225。

1∶1 的兑换比率导致民主德国的工资状况无法与企业盈利能力和生产力相匹配。这种形势对企业的竞争力来说是“致命一击”。[①] 萨拉辛对工资变化的评估是两德货币联盟草案的重要基础，他后来承认，“无节制和无差别工资增长的风险”和“可能的不良发展程度”被低估了。[②]在货币联盟的第一份草案中，萨拉辛假设了工资

① Rödder, Deutschland einig Vaterland, S. 303.

② Sarrazin, Die Entstehung und Umsetzung des Konzepts, S. 189.

差别化的存在，这种差别化允许低效率的企业在较长时间内坚持低工资水平，只要它们没有破产，而有竞争力的企业只需在很短时间内就能支付与联邦德国水平相当的工资。他的原话是："差别化过程很重要，这样来自联邦德国和民主德国的有能力的人都能在民主德国发现自己的职业机会。"①

萨拉辛的这个假设是错误的。到 1992 年下半年，新联邦州宏观经济单位劳动力成本上升超过 60%。对于很多民主德国企业来说，由于竞争力大幅下滑，亏损是可预见的。②许多企业在向社会市场经济过渡和走向国际竞争的过程中无法幸存。③克劳瑟在一次个人谈话中举了一个实例："民主德国将植物和动物生产企业分开。直到 7 月 1 日，它们都是不同的企业。一头猪在 1990 年 7 月 1 日之前的价格是 1000 东德马克，从 1990 年 7 月 1 日开始，它的价格是 100 西德马克，因为突然间猪的定价要遵循欧盟的规章制定，但农作物生产者并没有降价。因此，畜牧企业整体破产。"④

很多工作岗位消失（民主德国登记失业人数：1989 年为 0，1990 年为 241000 人，1998 年为 1375000 人），私人投资受阻，民主德国大规模去工业化。⑤这一情况在 20 世纪 90 年代只得到有限改善。虽然到 1998 年，民主德国生产力从联邦德国水平的 32% 提高到 66%，但同时家庭收入也提高到了 80%，因此单位劳动

① Sarrazin, Die Entstehung und Umsetzung des Konzepts, S. 189.

② Hans Tietmeyer, Wirtschaftslage und Notenbankpolitik in Deutschland. Statement anlässlich einer Podiumsdiskussion im Rahmen des ISC-Symposiums an der Hochschule in St. Gallen am 26. Mai 1993, 26. 5. 1993. PAT, Ordner 122, S. 4 f.

③ Tietmeyer, 10 Jahre deutsche Wiedervereinigung, S. 7f.

④ 君特·克劳瑟访谈，2016 年 1 月 19 日。

⑤ Maretzke, Einleitung, S. 5.

力成本仍处于相对较高的水平，如图 6－2 所示。[①]虽然情况有所改善，但生产力最初的发展势头已经减弱。虽然德国东部的可支配收入后来达到德国整体水平的 84%，但劳动生产率仍一直为 76%。[②]

如果更为缓慢地增加工资成本，民主德国企业毫无疑问更容易在竞争中保持自己的优势。[③]因此，从经济角度来看，蒂特迈尔提高兑换比率的做法是成立的。[④] 然而，前面的论述表明，更高的兑换比率由于“社会性原因”是不可行的。当被问及提高兑换比率是否有意义时，洛塔尔·德梅齐埃的回答是：“那是行不通的。人们会离开。”[⑤]然而，在兑换比率问题上，蒂特迈尔后来甚至受到公开攻击。1996 年 11 月，赫尔穆特·施密特在德国《时代周报》上发表的给蒂特迈尔的一封公开信中写道：“如今，你难道不应该承认，东德马克增值超过百分之百是旧东德工业崩溃的主要原因之一吗？”[⑥]从本节的研究结果来看，蒂特迈尔直到最后都主张另一种经常性支付兑换比率，为此他不应该遭受指责。因此，施密特不应该批评蒂特迈尔，而是应该将矛头指向主张社会解决方案的政治行动者。

蒂特迈尔对德国统一的中短期经济后果并不满意，他认为德国

---

① Tietmeyer, 10 Jahre deutsche Wiedervereinigung, S. 8.

② Klaus Borger / Martin Müller, In der Normalität angekommen-Deutschland 25 Jahre nach dem Mauerfall, in: *KfW Ecoonomic Resea*rch 73 (2014), S. 1－6, hier S. 2.

③ O. A., Währungsunion. Fragen an Hans Tietmeyer, der den Vertrag vor einem Jahr aushandelte, in: *Rheinischer Merkur*, 28. 6. 1991.

④ Brief von Tietmeyer an einen Bürger, 7. 5. 1997. PAT, Ordner 175, S. 1.

⑤ 洛塔尔·德梅齐埃访谈，2016 年 9 月 20 日。

⑥ Helmut Schmidt, Die Bundesbank-kein Staat im Staate. Offener Brief an Bundesbankpräsident Hans Tietmeyer, in: *Die Zeit*, Nr. 46, 8. 11. 1996.

国民经济遭受了“非同寻常”的经济冲击。[①]他强调，造成经济后果的基础可以完全不同，他又补充道：“有可能会出现难以预料的政治动荡。”蒂特迈尔也知道，从长远来看，“打开通往新的、自由的经济和社会联盟的大门”，使民主德国人民获得“自由”和掌握“主动权的机会”并“走向繁荣”是更重要的。[②]在谈判中，虽然他是一位严谨的经济学家，但自始至终也考虑到了政治因素。他深信，即使民主德国人民早已习惯家长制的政府，但“人类的本性和欲望”会调动其积极性，提高效率，使他们获取家庭财富，而且未来德国东部经济会表现出活力。[③]

除了谈判中的社会妥协外，还有两个导致民主德国国民经济衰退的核心原因。第一，苏联的困境。苏联曾是民主德国最大的贸易伙伴，1991 年 12 月 25 日苏联解体，直接导致民主德国的对外贸易削减超过 50%。这进一步加剧了前面提到的民主德国企业艰难的竞争形势。第二，联邦德国代表团的预期完全错误。一年后，蒂特迈尔让他们认清了现实，虽然他们意识到了民主德国的经济问题，但没有想到民主德国的经济初始状况会是如此灾难性的。本节上述论述已表明，由于数据的不确定性极高，因此，任何经济论证和计算几乎都是无法实现的。联邦德国方面的谈判是基于当时提供的资料和统计数据展开的。魏格尔举例说：“……经济专家霍斯特·西伯特（Horst Siebert）教授假定未来 10 年的公共财政需求为 3000 亿至 4000 亿德国马克……这笔钱当时对我来说甚至可以说是

---

① Hans Tietmeyer, Deutsche Geldpolitik im internationalen Zusammenhang. Vortrag in Bonn beim Deutschen Sparkassen-und Giroverband am 24. November 1993, 24. 11. 1993. PAT, Ordner 125, S. 8.

② Tietmeyer, Auf dem Wege zur Deutschen Einheit, S. 3.

③ Tietmeyer, Auf dem Wege zur Deutschen Einheit, S. 22.

零头。”[①]然而，在接下来的十年里，净转移支付总额超过1万亿德国马克，其中约6000亿德国马克必须由国家承担。[②]德国统一约一年以后，蒂特迈尔说道：“直到今天我们才了解到一些我们当时并不知情的备忘录和分析数据，这些都可以表明民主德国最初的情况要糟糕得多。”[③]他将这一切归咎于民主德国领导层的宣传，而“西方媒体也听信了部分宣传内容”。此外，关于民主德国居民未来消费行为的预测也有缺陷。结果表明，他们对联邦德国产品的需求量巨大，以至于那些与联邦德国产品在质量上几乎没有差别的民主德国产品也不再畅销。[④]

蒂特迈尔后来透露，在谈判过程中没有想到，民主德国经济需要这么长的时间才能赶上联邦德国。迅速实现生活标准的统一更是不可能。虽然民主德国民众希望尽快赶上联邦德国的收入和生活水平，但他们对联邦德国内部的差异并没有足够的认识。[⑤]生活条件在一定程度上的差异性是实现国民经济多元化的一部分，也可以看作自由选择个人生活空间的代价。[⑥]虽然蒂特迈尔坚信联邦德国和民主德国之间的差距将来会越来越小，但他也在2000年12月对“东西德能否完全融合”提出了质疑，因为北德和南德之间也从未

---

① Waigel, Der Vertrag über die Wirtschafts-, Währungs-und Sozialunion, S. 17.

② Waigel, Der Vertrag über die Wirtschafts -, Währungs-und Sozialunion, S. 18.

③ Interview mit Dr. Hans Tietmeyer, designierter Vizepräsident der Deutschen Bundesbank über aktuelle finanz-und wirtschaftspolitische Fragen in der Sendung „Frankfurter Ge-spräche“ des HR 1 am 7. Juli 1991 um 11. 30 Uhr (von Wolfgang Grün und Christoph Wehnelt), 8. 7. 1991. PAT, Ordner 107, S. 2.

④ O. A., „Das Dornröschen küssen“ - es schlummert im Osten, in: *Südkurier*, 8. 11. 1990.

⑤ Tietmeyer, Die deutsch-deutsche Währungsunion: Zehn Jahre danach, S. 46.

⑥ Tietmeyer, 10 Jahre deutsche Wiedervereinigung, S. 11.

这样融合过。①

最后，要指出的是，两德货币联盟尽管在经济上存在种种导致问题的后果，但依然是战后财政大事件之一。沃尔夫冈·朔伊布勒补充道："尤其是对内部凝聚力而言，货币联盟是决定性的因素。"②尽管可能会爆发大规模的冲突，并且从柏林墙倒塌到民主德国引入西德马克只有不到八个月的时间，但整个过程有条不紊，且遵守了维护货币稳定这一原则。③此外，在民主德国实施联邦共和国的货币政策、以西德马克为支付手段、在新引入的银行体系中实行支付交易系统的政策都一一实现。同时，西德马克内部和外部的稳定性也没有因为货币联盟而受到影响，这对蒂特迈尔来说非常重要。④两德货币联盟及其相关内容是两个德国实现国家统一的核心基础，但对于由计划经济转向市场经济的必要经济体制改革来说，这只是一小步。⑤

蒂特迈尔实现了很多诉求，但也不得不接受了一些政治妥协。如上所述，他力争建立良好的经济基础，对民主德国经济的积极发展起到了重要的作用。与他共事多年的秘书英格堡·哈布伦纳在一次私人谈话中提及她在此期间全力以赴，那个时期是她的职业生涯最为艰苦的日子，在此期间，蒂特迈尔不仅对自己要求颇高，对她也是"毫不留情"。⑥

这一描述得到了当时同事们的证实。谈判结束后，玻尔称赞对

---

① Brief von Tietmeyer an Chol-Hwan Chon, S. 9.

② 沃尔夫冈·朔伊布勒访谈，2016年9月16日。

③ Wolfrid Stoll, Einführung der D-Mark im Osten hat die Geldwertstabilität nicht gefährdet, in: *Handelsblatt*, 20. 6. 1991.

④ Tietmeyer, 10 Jahre deutsche Wiedervereinigung, S. 7 f.

⑤ Kromphardt / Bruno, Vorteile und Risiken der Währungsunion, S. 312.

⑥ 英格堡·哈布伦纳访谈，2016年4月7日。

蒂特迈尔的任命“大有裨益”，并补充道：“如果没有蒂特迈尔先生的参与，我不知道我们是否能在这么短的时间内签订这么好的条约。”[①]赫尔穆特·科尔在回忆录中为蒂特迈尔“戴上桂冠”，并写道：“在过去的几天和几周里，许多人付出努力，常常筋疲力尽。汉斯·蒂特迈尔作为联邦德国代表团团长，在促成条约签订的过程中发挥了极其重要的作用。对我来说，这个条约是德国现代经济史上最伟大的成就之一。”[②]君特·克劳瑟也表示赞同，他说道：“蒂特迈尔确实为德国统一做出了巨大的贡献，尤其是在经济、货币和社会联盟成立后确保了德国马克的稳定……蒂特迈尔留下了自己的印记。”[③]洛塔尔·德梅齐埃也对此表示支持，对他来说，蒂特迈尔是一位不好对付的谈判伙伴，他知识渊博，原则性强，这也促使两德货币联盟以这样的形式诞生。[④]两德货币联盟的成立无疑是蒂特迈尔职业生涯中最伟大的里程碑之一。

（一）除了成立两德货币联盟，还有其他选择吗？

在统一进程初期，人们曾讨论过“阶段式”方案，并将其列为潜在的替代方案。联邦银行、科学咨询委员会、“五贤人会”以及蒂特迈尔和魏格尔都主张实行多年期“阶段式”方案，实现东德马克完全可兑换。逐步取消进口限制和外汇管制以避免经济震荡，减少东德企业竞争力缺失带来的负面影响。[⑤]这一过程的最终目的是引入德国马克。[⑥]

---

① Wortprotokoll der Rede zur deutschen und europäischen Währungsunion von Bundesbankpräsident Karl Otto Pöhl, S. 1.

② Kohl, Erinnerungen 1990 - 1994, S. 117 f.

③ 君特·克劳瑟访谈，2016 年 1 月 19 日。

④ 洛塔尔·德梅齐埃访谈，2016 年 9 月 20 日。

⑤ Tietmeyer, Die deutsche Vereinigung und die D-Mark, S. 3.

⑥ Tietmeyer, Die Bedeutung der Sozialen Marktwirtschaft, S. 14.

但有关人员很快就意识到，“阶段式”方案是行不通的，一方面因为时间紧迫，另一方面，日益增长的难民潮形成了期待压力。蒂特迈尔认为，这种方案注定会失败，为给全德货币秩序创造一个既可承受又可持续的基础，必须进行体制转轨而不是改革。[①]不久后，快速决策和迅速引进德国马克就被认为箭在弦上。[②]

在学界，最早是在德国统一一年以后，就几乎没有人提出异议，若实施之前提出暂时保留东德马克的“阶段式”方案，充满风险的延误可能出现。假如边界继续存在，那些无利可图的企业也将悉数存活下来，因为如果推迟真正的经济调整进程，就很有可能不再进行调整，最后民主德国的国民经济就会永久陷入困境。[③]蒂特迈尔也赞同这种观点，他认为：“从经济层面看，必须尽快全方位地与旧制度划清界限，以确保民主德国经济迅速而根本地融入世界自由市场体系。”[④]关于引入德国马克，他补充道：“即使调整兑换比率，在大多数情况下民主德国的企业也不可能有竞争力，因为即使以较低的价格也很难售出民主德国的大部分产品。”[⑤]

那些相关人物直到今天也没有改变对“阶段式”方案的看法。蒂特迈尔在2015年仍然坚信，没有经济上可行的替代方案。在他看来，体制彻底转轨才是唯一正确的道路。[⑥]朔伊布勒称“阶段式”方案是“非政治性和非历史性的”。[⑦]魏格尔也持类似观点：“不，

---

① Tietmeyer, Die deutsche Vereinigung und die D-Mark, S. 4 – 8.

② 特奥·魏格尔访谈，2016年4月7日。

③ O. A., Währungsunion: Fragen an Hans Tietmeyer, der den Vertrag vor einem Jahr aus-handelte, in: *Rheinischer Merkur*, 28. 6. 1991.

④ Tietmeyer, Die deutsche Vereinigung und die D-Mark, S. 7.

⑤ Tietmeyer, Die deutsche Vereinigung und die D-Mark, S. 7.

⑥ 汉斯·蒂特迈尔访谈，2015年12月17日。

⑦ 沃尔夫冈·朔伊布勒访谈，2016年9月16日。

完全没有任何别的选择。恰恰相反，我越是站在远处，就越相信……在清算约8000家联合企业时发生错误是正常的……虽然也存在滥用职权和腐败的情况，但这不是制度造成的，而是人造成的。我们尽最大努力去调查腐败，尽管在这个过程中产生了数以百万德国马克的损失。我们无法阻止转变中发生的一切。”①

克劳瑟也没有看到有希望的替代方案。但他指出，《基本法》（*Grundgesetz*）第146条也讨论了德国统一的可能性。第146条规定，一旦德国人民通过新宪法，《基本法》就会丧失其效力。克劳瑟带领的代表团希望给民主德国民众一个机会，让他们在塑造未来共同国家的宪法时有发言权。但克劳瑟自己也承认，难民涌入和苏联解体造成的时间压力导致这种方法是不可行的。②朔伊布勒依据他的政治经验补充道：“如果我们通过第146条来实现德国统一，我们今天仍然会在宪法委员会为一部全德宪法而争论不休。”③

可以确定的是，采取别的方案以实现德国统一会产生许多不确定的因素，并导致充满风险的延误。突如其来的被迫调整可以说是必然的。而“阶段式”方案甚至可能大大增加长期补贴需求的风险。

（二）在谈判过程中，是否出现了两德货币联盟仍可能失败的情况？

1990年3月18日民主德国人民议会第一次自由选举后，双方一致认为民主德国民众渴望德国统一。这不仅是指政治上的统一，而且也是经济和货币上的统一。本章已经表明，蒂特迈尔对民主德国民众的高期望值、民主德国急剧变化的经济形势以及大量的难民

---

① 特奥·魏格尔访谈，2016年4月7日。

② 君特·克劳瑟访谈，2016年1月19日。

③ 沃尔夫冈·朔伊布勒访谈，2016年9月16日。

潮有着越来越清晰的认识。[①]此外，科尔还施加了额外的压力，并要求尽快取得谈判结果，以便在 1990 年 7 月 1 日成立货币联盟。

对谈判最有利的是，蒂特迈尔和克劳瑟都意识到，只有一个全面的经济、货币和社会联盟才能阻止难民的流动，并为政治上的迅速统一铺平道路。[②]本章已经表明，虽然在某些情况下谈判举步维艰，但没有人会冒谈判失败的风险。因此，两德货币联盟谈判失败的可能性很低。

然而，在专家访谈的过程中，君特·克劳瑟提到了一种特殊情况，这种情况实际上会危及德国马克的引入，而这种情况在历史文献中并未记载。1990 年 6 月 20 日，也就是引入西德马克前 11 天，苏联驻民主德国大使致电洛塔尔·德梅齐埃。苏联政府想根据《波茨坦协定》阻止在其占领区引入西德马克，因为从 1990 年 7 月 1 日起，他们必须用西德马克而不能继续使用东德马克支付所有进口商品的费用。苏联要求 50 亿西德马克作为补偿，以便最终同意成立两德货币联盟。克劳瑟解释道："若民主德国民众获知这一消息，革命就会变得很血腥，因为民主德国的每个人都会说，'我们必须让苏联人……闭嘴，我们要西德马克'。"[③] 克劳瑟随后飞往莫斯科，在克里姆林宫与苏联政府代表进行谈判。科尔向他指出，德国有财政预算法，并让他明白，德方在紧急情况下最多可以提供 20 亿西德马克。经过艰难的夜间谈判，克劳瑟与苏方达成了等额支付 20 亿西德马克的协议。但是，苏联方面希望以现金支票的形式收到这笔款项，经科尔同意后，克劳瑟便答应他们，一位部里的

① Tietmeyer, Persönlicher Rückblick auf die Vertragsverhandlungen, S. 2.

② 君特·克劳瑟访谈，2016 年 1 月 19 日；汉斯·蒂特迈尔访谈，2015 年 12 月 17 日。

③ 君特·克劳瑟访谈，2016 年 1 月 19 日。

官员把现金支票带到莫斯科。随后，苏方于1990年6月22日上午签署了关于引入西德马克的协议。①

第二天，克劳瑟接到了科尔的电话，对方说有一架图波列夫飞机降落在了法兰克福。苏联代表前来收取之前承诺的20亿西德马克现金。克劳瑟描述道："苏联人开着一辆图波列夫飞机，带着大集装箱来了，用集装箱取走了面值为50西德马克的钞票。"至此，德国统一势不可当。②当被问及是否知道苏联这笔钱的去向时，克劳瑟回答说，苏联交通部长在1991年4月告诉他："嗯，过去我们只有达恰（俄罗斯乡间小屋），如今我们都住进了别墅，总统还用1.8亿西德马克建造了他的欧洲大学。"③据克劳瑟说，这笔钱完全没有被纳入苏联国家预算。④

无论是档案还是文献资料，都无法找到有关这一事件的更多线索，所以目前无法验证克劳瑟的说法是否真实。但是，洛塔尔·德梅齐埃证实了这一事件。⑤ 如果克劳瑟和德梅齐埃的说法是真实的，那么可以认为，两德货币联盟确实还曾处于高度危险之中，只能通过一张20亿西德马克的现金支票来解除危机。从今天的角度看，人们并不愿意想象谈判失败导致的革命和血雨腥风。

最后，不得不提的是，在一次个人谈话中，特奥·魏格尔不记得苏联的抵制。相反，他认为，苏联趁此良机，把处于困境中的民主德国移交给了联邦德国。民主德国是苏联的补贴接受者，靠廉价

① 君特·克劳瑟访谈，2016年1月19日。
② 君特·克劳瑟访谈，2016年1月19日。
③ 君特·克劳瑟访谈，2016年1月19日。
④ 君特·克劳瑟访谈，2016年1月19日。
⑤ 洛塔尔·德梅齐埃访谈，2016年9月20日。

的能源接济生活。如果没有民主德国，在世界市场上苏联会因为能源赚更多的钱。为此，魏格尔说道："此外，苏联迫切需要这笔钱来满足自身的需求。所以，苏联认为，秉持理性立场，与统一后的德国保持沟通，建立良好的经济关系更有意义。"①魏格尔的推理无疑是正确的，苏联当时正遭受巨大的经济和财政困难，并在大约一年后解体。同时，这也符合戈尔巴乔夫领导下的苏联的发展，戈尔巴乔夫希望构建一个"共同欧洲家园"。但是，个别身居高位的苏联人是否中饱私囊就不得而知了。然而，魏格尔作为德国财政部部长不可能对此毫不知情。我们倒是可以认为，他要么是因为事件不为公众所知，所以避而不谈；要么就是这种说法与事实不符。对于未来的研究来说，这种情况为研究这个问题提供了一个很好的机会。

（三）德国统一是90年代建立欧洲经济和货币联盟（EWWU）的敲门砖吗？

对档案和文献资料的分析以及专家访谈表明，不能把德国统一看作成立欧洲经济和货币联盟的起因。事实上，1988年与会者在汉诺威举行的欧共体首脑会议上就已经达成一致，向成立欧洲经济和货币联盟迈出一步。这时，只有极少数人想到了德国统一。"德洛尔小组"就是为了实施这一计划而成立的，1989年6月，该小组提交了《关于实现欧洲经济和货币联盟的报告》（简称《德洛尔报告》），该报告设想分三个阶段建立欧洲经济和货币联盟。第一阶段将于1990年7月1日开始，与民主德国引入德国马克的时间相同。②

---

① 特奥·魏格尔访谈，2016年4月7日。

② Andreas Rödder, Die Bundesrepublik Deutschland 1969 – 1990, München 2004, S. 7.

也许这个问题需要换一种方式来表述。在文献和公开讨论中，人们经常可以发现这样的理论：欧元的引入应当被视为德国统一的代价。对此专家们的意见相当一致。蒂特迈尔对此解释道："有些人说德国政府批准成立欧洲经济和货币联盟是统一的代价，我认为这一观点是错误的。"①魏格尔也指出："这是一种完全错误的论断，不幸的是，在德国，密特朗和阿塔利的附庸者们一再提出并助长这一论断。但是，我们不应该在德国历史课上使用这一观点。"②因此，蒂特迈尔和魏格尔认为，德国统一并不是欧洲经济和货币联盟的敲门砖，而是一个与欧洲经济和货币联盟的构想同时进行，并且在早期就存在的进程。这一进程也一定促进欧洲一体化进程。因此，科尔多次强调，德国统一与欧洲一体化的进一步进展密切相关。③蒂特迈尔认为，德国统一很可能加速了后来的谈判进程，因此德国统一与欧洲经济和货币联盟的建立存在联系。④

当下的史学讨论也显示出对当时事件的不同解释。此时，讨论焦点不再是汉诺威首脑会议（1988 年 6 月），而是斯特拉斯堡首脑会议（1989 年 12 月）的发展过程。德国内部的发展、科尔"十点计划"的推进，以及德国统一所需要的欧洲伙伴的认可削弱了德国的谈判地位。特别是法国方面利用这个机会，迫使科尔做出重要让步。因此，建立政治联盟的想法被置于货币一体化之后，因为法国几十年来一直不希望交出国家主权。此外，科尔赞成货币主义的方法，同意迅速筹备欧洲货币联盟，并承诺为政府间会议确定日

---

① Tietmeyer, Ein politisches Dach für das europäische Haus, o. S.

② 特奥·魏格尔访谈，2016 年 4 月 7 日。

③ Tietmeyer, Aktuelle Fragen der Internationalen Währungspolitik, S. 12.

④ Tietmeyer, Ein politisches Dach für das europäische Haus, o. S.

期。[①]克劳瑟证实了这一推论并说道，科尔在德国统一过程中向密特朗承诺，将更快推进欧洲货币联盟的成立。[②]施莱辛格补充道，这最终是密特朗和科尔在最高层做出的决定。从他和蒂特迈尔的角度来看，确定货币联盟的生效日是一个令人不快的意外，因为它为国民经济的协调确定了一个终点。施莱辛格说："从今天的观点来看，我们比当时更清楚地知道，形势还没到那一步。"[③]蒂特迈尔确认了施莱辛格的说法并解释道："当科勒尔告诉我关于马斯特里赫特谈判的情况时，我问他我们究竟为什么要确定日期。我们甚至不知道条件是否得到满足。毕竟，条约规定必须满足条件。科勒尔告诉我，科尔和密特朗已达成协议。"[④] 据欧洲中央银行前首席经济学家（2006~2012 年）于尔根·施塔克介绍，法国方面期望引入共同货币以解决他们自身大量的经济问题。[⑤]政府间会议最终达成一致，成立"不进一步形成政治联盟的货币联盟，在这个货币联盟中，财政联盟或经济政府意义上的财政和结构政策也不得在制度上进一步发展"[⑥]。

通过对所描述的事件进行解读，我们当然可以得出结论，联邦德国方面为了实现德国统一，不得不在筹备欧洲经济和货币联盟的过程中做出让步。究竟这些妥协能否被称作代价就留给新闻工作者去发挥。一位不愿透露姓名的受访者甚至在此谈到，法国方面采取了背信弃义的策略，以推动其对欧元的核心要求。如果考虑到 1989 年 12 月斯特拉斯堡事态的发展，就不能完全否定这一说法。

① Rupp, Politische Geschichte, S. 289.
② 君特·克劳瑟访谈，2016 年 1 月 19 日。
③ 赫尔穆特·施莱辛格访谈，2016 年 3 月 1 日。
④ 汉斯·蒂特迈尔访谈，2016 年 2 月 24 日。
⑤ 于尔根·施塔克访谈，2016 年 2 月 24 日。
⑥ Rödder, Die Entstehung der Europäischen Währungsunion, o. S.

历史学家安德里亚斯·罗德尔也持类似观点，他分析说，科尔之所以做出上述三个让步，是因为德国统一需要欧洲伙伴的认可。因此，最终德国方面做出的让步并不是放弃欧洲经济和货币联盟本身，“而是放弃一个更强有力的监管设计”[①]，因为科尔也希望促成该联盟。

第三节　蒂特迈尔视角下的欧洲经济和货币联盟（1990～1999年）

在两德货币联盟快成立之前，蒂特迈尔在1990年6月13日回到联邦银行。[②]至少在1999年9月1日退休之前，蒂特迈尔一直都为联邦银行工作，是负责德国马克货币政策的最后一位德国央行行长。在我们正式以蒂特迈尔视角阐述最大的货币政策挑战（引入欧洲经济和货币联盟）之前，先简要介绍蒂特迈尔的晋升之路。

蒂特迈尔在联邦银行董事会内部的晋升，可以追溯到时任联邦银行行长玻尔离任的传闻。鉴于价格稳定风险，玻尔对两德货币联盟持批评态度，因此将通往欧洲经济和货币联盟的急促步伐视为对稳定的威胁。[③]此外，在担任德国央行行长几乎12年之后，国际金融与经济界给玻尔提供了一个“非常有吸引力的报价”。[④]1991年5月16日，他宣布卸任，在担任21年公职后，以个人原因辞职。[⑤]

---

① Rödder, Die Entstehung der Europäischen Währungsunion, o. S.

② VWD-Video Ticker, Tietmeyer wieder im Bundesbank-Geschäft, 13. 6. 1990. PAT, Ordner 106, S. 1.

③ O. A., Gerüchte, in: Stuttgarter Nachrichten, 14. 4. 1991.

④ O. A., Bundeschef Pöhl geht. Lukrative Angebote in der Wirtschaft/Kein Dissens mit Waigel/Nachfolge offen, in: *Die Welt*, 14. 5. 1991.

⑤ Deutsche Bundesbank, Pressenotiz, 16. 5. 1991. PAT, Ordner 107, S. 1.

玻尔离任之前的五年，蒂特迈尔一直被视为玻尔的接班人。玻尔的离任让这一传言再次兴起。1991年5月的《商报》报道："作为联邦银行行长玻尔的可能继任者，人们认为联邦银行的'外交部长'蒂特迈尔最有机会。"[①]在专家圈子的讨论中，副行长兼首席经济学家赫尔穆特·施莱辛格也被视为继任者的热门人选。不过，施莱辛格当时已经67岁，任期到1992年9月30日结束。而行长退休年龄是68岁，这意味着他不可能做完一个完整任期。相反，蒂特迈尔当时只有59岁，仅从法律意义上来说，他还可以任职八年。[②]

尽管如此，人们给予施莱辛格两年的信任期，1991年8月1日任命他为联邦银行行长，而蒂特迈尔担任副行长。[③]在公众眼里，施莱辛格属于"不涉足政治的理论家"，并且严格秉持稳定导向的货币政策。[④]在当时的美国财政部部长詹姆斯·贝克（James Baker）看来，施莱辛格就是一个"稳定狂热分子，要将通胀绝对控制在合适的范围内"[⑤]。公众推测，蒂特迈尔担任副行长很可能意味着他要接施莱辛格的班。[⑥]施莱辛格证实了这个传闻："可以确定的

---

① O. A., Die frühere Kanzler-Nähe könnte ein Problem werden, in: *Handesblatt*, 16. 5. 1991.

② O. A., Der Stellvertreter und der Währungsexperte, in: *Frankfurter Allgemeine Zeitung*, 17. 5. 1991.

③ Brief des Bundesbankpräsidenten Helmut Schlessinger an die Mitarbeiterinnen und Mitarbeiter der Deutschen Bundesbank, 1. 8. 1991. PAT, Ordner 107, S. 1.

④ Lorenz Wolf-Doettinchem, Bundesbank: Wie beim Lotto. Zwei Kohl-Gefähren rücken an die Spitze der Währungsfüter. Wie unabhängig sind Hans Tietmeyer und Johann Wilhelm Gaddum?, in: Wirtschaftswoche, Nr. 26, 25. 6. 1993.

⑤ O. A., „Mr D-Mark geht nach 26 Monaten". Bundesbank: Tietmeyer löst Schlessinger ab, in: Müncher Merkur, 21. 8. 1983.

⑥ O. A., Auf Tietmeyer kommt Amt früher oder später zu, in: Kölner Stadtanzeiger, 22. 5. 1991.

是，也很明显，我的任期只有两年……蒂特迈尔会成为我的继任者。”[①]当时很多专业记者认为施莱辛格的行长任命是为了消除大众对蒂特迈尔是“联邦总理派到央行使者”的疑虑。[②]人们猜测，蒂特迈尔作为“科尔的心腹”应会放松落实施莱辛格的政策，为1994年联邦大选创造选举前的经济繁荣。[③]媒体预测，不同于施莱辛格，蒂特迈尔会向联邦总理做出妥协，偏离稳定政策。例如，1991年5月16日的《商报》写道：“只有当稳定目标与科尔政府的目标一致时，蒂特迈尔才会追求稳定目标。”蒂特迈尔在1982年通过“拉姆斯多尔夫文件”帮助科尔登上总理宝座，1982～1989年又作为“夏尔巴人”追随他，在国际金融舞台上以经济、货币和金融政策领域“科尔背后的专家”而闻名。[④]

专业记者似乎并不真正了解蒂特迈尔。他自己并没有把这些传闻当真，而是继续坚持自己实事求是的信念。[⑤]蒂特迈尔和科尔之间虽然关系良好并相互充分信任，但蒂特迈尔一直将此视作工作职责而不是私人依附关系。魏格尔证实了蒂特迈尔的这种认知，他认为蒂特迈尔从不将自己视作谁的附庸，而是一个有责任为大众谋福祉的人。[⑥]尤尔根·施塔克也就此表达过类似看法，他认为蒂特迈尔被贴上“科尔的朋友”的标签并不合适。蒂特迈尔是一位能力

---

① 赫尔穆特·施莱辛格访谈，2016年3月1日。

② O. A., Der Stellvertreter und der Währungsexperte, in: *Frankfurter Allgemeine Zeitung*, 17. 5. 1991.

③ O. A., Neue Abhängigkeit, in: *Forbes-Magazin*, Februar 1993.

④ O. A., Die frühere Kanzler-Nähe könnte ein Problem werden, in: *Handelsblatt*, 16. 5. 1991.

⑤ Helga Einecke, Die Herrschaft des Dieners. Für den Altkanzler Helmut Schmidt ist der Bundesbankpräsident der wichtigste Gegner der Währungsunion-andere sind froh, dass er hart ist wie die Mark, in: *Süddeutsche Zeitung*, 4. 11. 1997.

⑥ 特奥·魏格尔访谈，2016年4月7日。

和品质都受到充分信任的德国顶级官员之一。同时，他对联邦银行保持绝对忠诚。在施塔克看来，“这和友谊一点关系都没有”，只是记者的“过度简化”。

赫尔穆特·施莱辛格也同样不认同媒体的看法，并补充道：中央银行理事会可完全杜绝联邦总理借助蒂特迈尔的任命影响货币政策的可能。中央银行理事会一致赞同蒂特迈尔的任命，他既是国民经济学家，又是“能力最强的”经济政策顾问。[①]约翰·威廉·加杜姆是蒂特迈尔任行长期间的副行长，强烈同意这些说法：“我可以很明确地作证，蒂特迈尔都是依据职责实施货币政策的。”[②]接下来的论述将会给出证明。联邦银行和联邦政府就引入欧元议题上甚至产生了激烈的争论，而蒂特迈尔是其中的关键人物。

当然，也可以从其他视角来看待蒂特迈尔出任央行行长这一问题：科尔对欧洲经济和货币联盟具有坚定政治信念。他需要一个在这个大工程上百分之百支持他的团队。早在 80 年代，蒂特迈尔在波恩就以一个稳定导向的强硬派闻名，表达过对仓促引入经济和货币联盟的批评。如果蒂特迈尔还一直在联邦财政部担任副部长或者相似级别的职位，科尔就在自己团队留一位会在 90 年代自乱阵脚的人物。而最迟从“拉姆斯多尔夫文件”出台以来，与蒂特迈尔为联邦政府所做的贡献相比，联邦政府能提供的回报越来越有限。因此，联邦银行就给蒂特迈尔提供了一条完美的出路：一方面，蒂特迈尔不再发挥政治影响力；另一方面，他可获得与他贡献相匹配的最高级官员岗位之一。联邦银行只是一个没有政治权限，而只具有咨询功能的机构。虽然蒂特迈尔可以在联邦银行发出警醒的声

---

① 赫尔穆特·施莱辛格访谈，2016 年 3 月 1 日。

② 约翰·威廉·加杜姆访谈，2016 年 4 月 5 日。

音，但本质上他没有严格意义上的话语权。因此可以猜测，从政治上来说，联邦银行可让蒂特迈尔在政治上中立化。专家访谈和档案材料都证明了这一点。

最终，蒂特迈尔于 1993 年 8 月 31 日被任命为联邦银行行长。他的任期到 1999 年 8 月 31 日，这使他成为“德国马克最后的守护者”。[①]德国的本国货币将在 1999 年过渡到欧洲经济和货币联盟，欧洲央行从此开始负责共同货币政策。蒂特迈尔的副行长是 1985 年加入联邦银行董事会的约翰·威廉·加杜姆。[②]此前他负责货币和信贷相关工作，并处理过东西德货币合并问题和在民主德国设立央行分支机构事宜。根据当时两人的经验和特长，加杜姆应该是德国联邦银行的“内政部长”，而蒂特迈尔则是联邦银行的“外交部长”。[③]蒂特迈尔作为副行长，已经有两年“外交部长”经验了。1993 年 6 月 25 日《经济周刊》的一篇文章道出根本原因，即“施莱辛格在外事领域有些外行”。[④]人们期待，蒂特迈尔拥有更敏锐的触觉，知道自己的决策会对国际金融产生何种影响。

轮到蒂特迈尔和他的董事会去应对 90 年代的挑战，而人们对蒂特迈尔的期望也相应很高。专家们一致认为，与其前任相比，蒂特迈尔更加坚持独立性，并凭借他的丰富政治经验，更灵活地在国

---

① Burkhart Salchow, Der letzte Hüter der Mark? Am 1. Oktober wird Hans Tietmeyer neuer Bundesbankpräsident. Bringt er die Notenbank auf Europakurs? In: *Rheinischer Merkur*, 24.9.1993.

② Fritz Kral, Tietmeyer und Gaddum sollen in Zukunft die Deutsche Bundesbank führen. Hohe Erwartung an neues Spitzenduo, in: *Handelsblatt*, 24.6.1993.

③ O. A., Die neuen Währungshüter bis 1998: Dr. Hans Tietmeyer und J. W. Gaddum, in: *Czerwensky intern*, Nr. 45, 14.6.1993.

④ Wolf-Doettinchem, Bundesbank: Wie beim Lotto, o. S.

内和国际舞台上施展拳脚。[①]这一点尤其是对于欧洲经济和货币联盟来说，意义重大。

但货币政策基本方针的改变不会出现。[②]和施莱辛格一样，蒂特迈尔同样是“坚如磐石的稳定政策信仰者”。[③]施莱辛格证实了这一看法，并表示蒂特迈尔的确延续了他的货币政策。[④]蒂特迈尔在和施莱辛格进行职位交接时说：“没有您的工作，联邦银行就不会是敏感的金融市场中稳定的堡垒。”[⑤]但是，蒂特迈尔和施莱辛格之间仍存在本质差别：施莱辛格一直就职于联邦银行，而蒂特迈尔是在实践层面拥有多年经验的专家。因此，蒂特迈尔不仅不会缺少独立性，而且在其他领域更有所长。[⑥]

施莱辛格留给蒂特迈尔的是一个“还算有序但也艰难的遗产”。[⑦]通胀率达到4.5%，导致人们对通胀在德国加剧的担忧与日俱增，以至于德国马克坚挺的形象在外汇市场也受到损害。[⑧]蒂特迈尔反对国家债务的进一步积累和统一后德国通胀的进一步加剧，想确保德国马克的坚挺和一个稳定的欧洲货币体系，而德国在欧洲

---

① Franz Kral, Tietmeyer und Gaddum sollen in Zukunft die Deutsche Bundesbank führen. Hohe Erwartung an neues Spitzenduo, in: *Handelsblatt*, 24. 6. 1993.

② 约翰·威廉·加杜姆访谈，2016年4月5日。

③ J. H. Schmitt/C. Maertin, Härter als Granit. Die Währungen spielen verrückt. Nur einer bleibt gelassen: Bundesbankchef Hans Tietmeyer, der Hüter der starken Mark, in: *Forbes-Magazin*, April 1995.

④ 赫尔穆特·施莱辛格访谈，2016年3月1日。

⑤ Hans Tietmeyer, Rede im Rahmen der Feierstunde zur Amtsübergabe am 1. Oktober 1993 im Parlamengarten in Frankfurt am Main, 1. 10. 1993. PAT, Ordner 153, S. 4.

⑥ 特奥·魏格尔访谈，2016年4月7日。

⑦ Lorenz Wolf-Doettinchem, Bundesbank: Ein kantiger Charakter. Hans Tietmeyer überstimmt als Chef der Frankfurter Währungshüter ein geordnetes, aber schwieriges Erbe, in: *Wirtschaftswoche*, Nr. 39, 24. 9. 1993.

⑧ Wolf-Doettinchem, Bundesbank: Wie beim Lotto, o. S.; Statisches Bundesamt, Verbraucherpreisindizes für Deutschland, S. 4.

货币体系中又扮演了核心角色。[①]所以，必须更好地控制货币量和信贷增长。同时，为了支持德国恢复经济和促进民主德国的调整，需进一步控制通胀预期和利率上涨。[②]此外，蒂特迈尔还看到通胀趋势会损害欧洲货币一体化，因为如果这种情况出现，欧洲货币一体化进程从一开始就不存在任何坚实基础。[③]他的核心目标之一是保障国际社会对稳定的德国马克的信心。[④]

公众虽然对蒂特迈尔接近科尔有一些批评声音，但总体上对蒂特迈尔的任命持正面态度。[⑤]例如，作为联邦银行批评者的德国经济研究所景气研究室主任海纳·弗拉斯贝克（Heiner Flassbeck）就称赞对蒂特迈尔的任命，认为他是一个“非常能干的人”。[⑥]甚至很少与蒂特迈尔意见一致的赫尔穆特·施密特也证明蒂特迈尔“无所不知”，公开称赞蒂特迈尔是“极其聪明的专家”。[⑦]经济学家鲁道夫·希克尔（Rudolf Hickel）对其评价正面，称蒂特迈尔“强硬”但也“愿意妥协”，并视与通胀做斗争为其绝对信念。[⑧]尤其是涉及稳定方面的评价，更是在媒体档案中随处可见。《焦点》杂志（*Focus*）上的一篇文章提到，蒂特迈尔在遏制通胀方面几乎

① O. A., Pöhl Schritt, in: *Stuttgarter Zeitung*, 17. 5. 1991.

② Tietmeyer, Wirtschaftslage und Notenbankpolitik in Deutschland, S. 5 f.

③ Tietmeyer, Wirtschaftslage und Notenbankpolitik in Deutschland, S. 8.

④ Tietmeyer, Wirtschaftslage und Notenbankpolitik in Deutschland, S. 5 f.

⑤ Bernd Wittkowski, Nicht alles aus Bonn muss schlecht sein. Mit Hans Tietmeyer tritt heute der siebte Präsident der Bundesbank sein Amt an, in: *Frankfurter Rundschau*, 1. 10. 1993.

⑥ Wolf-Doettinchem, Bundesbank: Wie beim Lotto, o. S.

⑦ O. A., Pöhl beendet Rätselraten, in: *Basler Zeitung*, 16. 5. 1991.

⑧ J. H. Schmitt/C. Maertin, Härter als Granit. Die Währungen spielen verrückt. Nur einer bleibt gelassen: Bundesbankchef Hans Tietmeyer, der Hüter der starken Mark, in: Forbes-Magazin, April 1995.

秉持一种“非常德国式的近乎宗教般的狂热”。①

国际媒体对此也有类似的报道。法国媒体将蒂特迈尔称为德国事实上的一把手。记者帕斯卡·里奇（Pascal Riche）和埃里克·艾斯基曼（Eric Aeschimann）将德法之间引入欧元的讨论称为“七年战争”，而称领导德方代表的蒂特迈尔为“统治欧洲的银行大佬”②。意大利媒体《24 小时太阳报》（*Il Sole-24 Ore*）将他称为会坚决并不留情面执行稳定导向政策的“严格迈尔”或“紧缩迈尔”。③德国媒体对此也有相似评价。1996 年 9 月 27 日《星期周报》（*Die Woche*）写道：“在此次非正式欧盟财长周末会议上，蒂特迈尔再次让自己的盎格鲁－撒克逊外号名声远扬。当蒂特迈尔先生高歌欧元时，欧元至少会像德国马克一样坚挺。”④

而这些确实成为蒂特迈尔 90 年代的核心工作主题。蒂特迈尔是一个坚定的欧洲人和欧洲一体化拥趸，但是他也认识到欧洲货币合作的经济学困难。他要求不能操之过急，而是要稳定、谨慎和可持续地推进欧洲经济和货币联盟，因为欧洲经济和货币联盟没有回头路可走。⑤蒂特迈尔将自己视作“整体经济的捍卫者”且“关注

---

① O. A. , Fünf Deutsche in der „Weltelite“ , in: *Focus*, 9. 1. 1995.

② Nina Grunenberg, Prediger der harten Mark. Hans Tietmeyer: Fest im Glauben an die Stabilität, gewachsen mit allen Wassern der praktischen Politik, in: *Die Zeit*, Nr. 5, 24. 1. 1997.

③ Carlo Bastasin, Tietmeyer e la religione del marco. Domani il governatore Helmut Schlesinger lascia la Bundesbank dopo aver gestito l' unificazione tedesca e los hock recessive, in: *Il sole-24 Ore*, Nr. 265, 29. 9. 1993.

④ Christine Oppermann, Tingtmeyers vs. Eurosofties. Der Euro-Streit im deutschen Zentralbankrat: Wir hart sind die Maastrichter Kriterien?, in: *Die Woche*, 27. 9. 1996.

⑤ Hans Tietmeyer, Von der D-Mark zum Euro: Voraussetzungen und herausforderungen. Vortrag auf der Beiratssitzung der Bayerischen Hypotheken-und Wechsel-Bank in München am 12. Dezember 1997, 12. 12. 1997. PAT, Ordner 141, S. 5.

明天”，尤其关注可持续性和可承受性要素。①下一节会对此进行具体讨论，并评价蒂特迈尔在引入欧元过程中的核心要求，而在此先大致描述一下最终成为经济和货币联盟基础的《马斯特里赫特条约》的由来。

一 作为背景的《马斯特里赫特条约》（1992年）

1990年7月1日在民主德国引入西德马克后，德国国内局势逐渐平定，欧洲经济和货币联盟的货币政策又重新成为核心议题。但是，两德货币联盟与欧洲经济和货币联盟的起点大相径庭：两德货币联盟在几个月之后直接导致德国政治统一，而最迟自1989年斯特拉斯堡峰会后，欧洲的政治统一不再是欧洲经济和货币联盟的一个目标。此外，德国的统一进程是分裂成两部分的一个民族的统一，其中民主德国在共产主义命令经济下发展了四十多年。而在欧洲则是恰恰相反，尽管各国经济绩效各不相同，但数十年处于紧密的经济关系中。②

与两德货币联盟不同，欧洲经济和货币联盟比时断时续但源远流长的欧洲货币、经济和政治一体化进程更为超前。③对于蒂特迈尔来说，设计欧洲经济和货币联盟远比两德货币联盟更有挑战，因为要把12个政治与经济初始条件各不相同的国家整合在一起，而

① Hans Tietmeyer, Stabiles Geld-Grundlage einer gesunden Wirtschaft. Festvortrag anlässlich des Dreikönigstreffens des Nordrhein-Westfälischen Handwerks in Düsseldorf am 11. Januar 1995, 11. 1. 1995. PAT, Ordner 130, S. 19.

② Tietmeyer, Deutschland und Europa. Chancen und Risiken der Währungsintegration, S. 1 f.

③ Hans Tietmeyer, Perspektiven der monetären Integration in Europa. Rede beim „Erfurter Dialog 1996“ in Erfurt am 12. September 1996, 12. 9. 1996. PAT, Ordner 136, S. 6.

这些国家并不是完全无条件愿意向超国家层面让渡部分主权的。①

欧共体委员会1990年10月发布的《一个市场、一种货币》报告正式结束了关于是否建立欧洲经济和货币联盟的讨论。虽然欧洲汇率体系在欧共体内部已取得重大一体化进展，但是这一体系仍与货币联盟相去甚远。②货币联盟（通过消除汇率风险和兑换成本）可扩大贸易、促进欧洲经济增长。此外，特别是与北欧国家相比，国家债务高的南欧国家期待更强的增长动力。这些国家高昂的融资成本只有借助不断趋同的利率才有可能长期降低，但这只有在货币联盟的稳定政策取得成功时方可实现。③

另外，交易和信息成本也会降低，未来企业无须进行汇率保险业务，也不需要应对竞争中货币引起的摩擦。而且，资本配置也会得到优化，因为欧洲经济和货币联盟消除了汇率风险和投资者因此需面对的不确定因素。蒂特迈尔的前私人助理沃尔夫冈·格隆布解释道："所有经济联合会对此都表示赞成……德国出口产业企业再也不用在面对意大利客户时，忍受每隔四周或八周就出现一次的里拉贬值。它们必须在每次贬值以后提高自身的竞争力……因为别人通过汇率调整一夜之间就可以增强10%的竞争力。"④此外，价格会

① O. A., Tietmeyer, Vorrang für Stabilität. Längerfristig weltweite Vorteile durch die Vereinigung, in: *Börse-Zeitung*, 3. Juli 1990.

② Hans Tietmeyer, Voraussetzungen eines Europäischen Zentralbanksystems, in: Außenwirtschaft 45 (1990), Heft 3, S. 301－311, hier S. 302.

③ Ognain Hishow, Divergenz statt Konvergenz in der Wirtschafts-und Währungsunion, Berlin 2014, S. 9; Olaf Sievert, Geld, das man nicht selbst herstellen kann-Ein ordnungspolitisches Plädoyer für die Europäische, in: Währungsunion oder Währungschaos? Was kommt nach der D-Mark, hrsg. v. peter Bofinger/Stephan Collignon u. a., Wiesbaden 1993, S. 13－24, hier S. 19.

④ 沃尔夫冈·格隆布访谈，2015年6月29日。

更加透明，国际竞争也会更加充分，因为不再有汇率扭曲或保护。[①]对此，蒂特迈尔下面一番话一语中的："货币联盟导致的制度一体化会促进下游市场的竞争，为内部市场带来更多优势。"[②]

然而，一个核心问题在于，参与欧洲经济和货币联盟的各国货币之间不再存在竞争。汇率是国民经济效率的一个体现，当某个国民经济出现潜在的发展问题时，汇率可充当前期预警指标。汇率和各国经济政策之间的这种互动关系会因为欧洲经济和货币联盟的引入而消失。[③]

欧洲国家想借助《马斯特里赫特条约》重启 20 世纪 70 年代欧共体六国当年落空的"维尔纳计划"。根本的问题依然没有变化：潜在的参与国是否有能力维持稳定发展，并具有货币长期挂钩的政治意愿？蒂特迈尔明确表示："进入欧洲经济和货币联盟第三阶段意味着成员国命运不可逆转地捆绑在一起，至少在货币问题上是这样。这是一项历史挑战。"[④]

1987 年以来，到 1992 年《马斯特里赫特条约》谈判，欧洲外汇市场一直比较平静，以致欧洲汇率体系中的主导汇率不再出现变化，这也是欧洲内部表面上稳定和趋同的一个象征。主导汇率没有变化的一个主要原因可能是各国要准备《马斯特里赫特条约》，政治上不希望市场出现进一步紧张。蒂特迈尔解释道：市场热衷于

---

① Hans Tietmeyer, Die Europäische Währungsunion als Stabilitätsgemeinschaft. Rede anläßlich des Mercedes-Abends bei der IAA Nutzfahrzeuge 1996 in Hannover am 23. September 1996, 23. 9. 1996. PAT, Ordner 136, S. 4.

② Hans Tietmeyer, Monetäre Integration in Europa. Vortrag an der Universität Konstanz am 13. November 1995, 13. 11. 1995. PAT, Ordner 133, S. 5.

③ Tietmeyer, Monetäre Integration in Europa, S. 8.

④ Hans Tietmeyer, Europäische und internationale Währungspolitik vor neun Herausforderungen. Rede vor dem Finanzmarkt-Forum in Luxemburg am 25. Oktober 1995, 25. 10. 1995. PAT, Ordner 133, S. 3.

“幻想”欧洲汇率系统能够毫无摩擦地与欧洲经济和货币联盟“无缝衔接”。[①]这当然只能继续是幻想。

1992 年 2 月 1 日《马斯特里赫特条约》签署，由此欧共体进入货币政策新领域，这在世界范围内都是前无古人的创举。《马斯特里赫特条约》以《德洛尔报告》为基础，其核心组成部分是针对潜在成员国的一些具体规则（特别是趋同标准和附加的稳定导向的政策方针）和协商建立一个独立和稳定导向的中央银行。[②]从秩序政策视角来看，附加约定规则的超国家货币秩序会使成员国保持财政和经济政策自律。关键是，在货币联盟中，每个国家要为其无法控制的国家债务提供担保，单个国家的平衡问题只能通过工资和财政政策解决。[③]为此，《马斯特里赫特条约》的签署国就“不救助条款”（No-Bailout-Klausel）和禁止国家债务货币融资达成一致。通过“不救助条款”，成员国不需要为其他成员国的债务负责；通过禁止国家债务货币融资，未来的欧洲中央银行不可通过货币手段向成员国提供资金。这两项条款都体现德国人的胜利，也从一开始就强制排除了区域间债务分担的可能。[④]

此外，通过超国家层面的决议强制单个成员国一致进行经济政策协调的政治制度，基本被排除了。英国历史学家詹姆斯·哈罗德（James Harold）在其由欧洲中央银行和欧洲中央体系授权的关于欧洲经济和货币联盟的著作中称这一争执“太政治化”。[⑤]尽管很多专

---

① Tietmeyer, Das Europäische Währungssystem in der Testphase der Bewährung, S. 5.

② Rödder, Die Entstehung der Europäischen Währungsunion, o. S.

③ Sievert, Geld, das man nicht selbst herstellen kann, S. 19 f.

④ Clemens Fuest/Johannes Becker, Der Odysseus-Komplex: Ein pragmatischer Vorschlag zur Lösung der Eurokrise, München 2017, S. 30；尤尔根·施塔克访谈，2016 年 2 月 24 日；汉斯·蒂特迈尔访谈，2016 年 2 月 24 日。

⑤ James, Making the European Monetary Union, S. 380.

家发出警告，但联邦总理科尔还是承诺最迟会在1999年引入欧洲共同货币。在历史学家安德里亚斯·罗德尔看来，这标志着欧洲经济和货币联盟的不可逆性获得了“相对于无条件稳定保证的优先性”。①

随着《马斯特里赫特条约》签署，很多可以想象的选项都摆在了桌子上。时任德国总统理查德·冯·魏茨克（Richard von Weizsäcker）将1992年4月13日签署的《马斯特里赫特条约》称为历史机遇，而蒂特迈尔则认为这一条约是一个良好基础，排除了一些可能导致错误发展的关键诉求。②在他1992年3月起草的一份草稿中，他对以下观点表达了特别正面的关注：币值稳定优先的明确义务、央行独立性、董事会成员合同的草拟、禁止国家债务货币融资、成员国央行法律基础的调整。③《马斯特里赫特条约》在蒂特迈尔看来是一个不完善的架构，因此各国需要继续完善有缺陷的经济政策内容。针对欧洲经济和货币联盟是否会引发政治风险的问题，蒂特迈尔在1995年4月回答道：“如果欧洲经济和货币联盟的基础不够稳定，继续深化联盟的政治意愿不够充足，联盟也会面临危险。”④他的评价是：“人们相信，借助统一的货币政策可走上方向正确的道路，但无法完全控制其方向。”⑤

鉴于德国马克的地位，德国民众对自己中意的货币被一个欧洲

---

① Rödder, Die Entstehung der Europäischen Währungsunion, o. S.

② Hans Tietmeyer, European Monetary Union: A German View. Speech presented at the course „Europe: What a direction?“ at the International University Menendez Pelayo in Barcelona on June 19, 1992, 19. 6. 1992. PAT, Ordner 117, S. 20.

③ Tietmeyer, Gedankenskizze für die Rede am 23. März 1992, S. 8.

④ O. A., „Das Zieldatum 1997 halte ich für unrealistisch“, Deutschlands Notenbankchef Hans Tietmeyer über die EU-Währungsunion, in: *Neue Zürcher Zeitung*, 16. 4. 1995.

⑤ 汉斯·蒂特迈尔访谈，2013年3月1日。

单一货币取代、联邦银行被一个超国家的中央银行所代替而忧心忡忡。1992 年 5 月，蒂特迈尔要求所有决策者“保证无偏见的讨论，并充分评估欧洲经济和货币联盟的机遇和风险”[1]。他的看法是，政府和央行考虑的不是欧洲经济和货币联盟需要三年、五年或者十年，对于蒂特迈尔来说，最重要的是可持续性与稳定性。[2]

在接受《明镜》周刊的一次采访时，采访者提到“蒂特迈尔模式”。蒂特迈尔对此的反应如下：“并不存在‘蒂特迈尔模式’，我只是致力于让欧洲经济和货币联盟建立在一个可持续且稳定的基础上。”[3]从所有的出版物、讲话和访谈中都可以看出，蒂特迈尔除了表示要遵守如禁止国家货币融资或“不救助条款”等约定规则外，还特别强调对欧洲经济和货币联盟长期运转至关重要的三个方面。一是建立一个独立且稳定导向的欧洲中央银行；二是长远来看需建立政治联盟；三是促进作为核心成功因素的经济趋同。

《马斯特里赫特条约》对这三个方面有些有具体论述，有些没有。接下来的论述将会聚焦这三个方面，考察蒂特迈尔如何设想这三个方面具体的落实措施。接下来分析这三个方面如何在《马斯特里赫特条约》中得到体现，以及在进入欧洲经济和货币联盟第三阶段前，相关讨论如何发展，并站在今天的角度来评价这三个方

① Hans Tietmeyer, „Aspekte der Europäischen Währungsunion“. Vortrag von der Bundesvereinigung der Deutschen Arbeitgeberverbände am 15. Mai 1992 in Luxemburg, 15. 5. 1992. PAT, Ordner 116, S. 4.

② Hans Tietmeyer, Auf dem Weg zur Währungsunion: Wo stehen wir? Rede vor dem Walter-Eucken-Institut im Parkhotel Adler in Hinterzarten, 31. 5. 1995. PAT, Ordner 131, S. 22.

③ Rüdiger Jungbluth/Armin Mahler u. a., „Der Termin steht im Vertrag“. Bundesbankpräsident Hans Tietmeyer über die Mark, den Euro und die Rolle der Frankfurter Währungshüter, in: *Der Spiegel*, 2. 12. 1996.

面的进展。最后，在这一背景下讨论是否可以将欧洲经济和货币联盟理解为政治意义高于经济意义的政治工程。

二 建立一个独立且稳定导向的欧洲中央银行

在蒂特迈尔看来，要实现一个可持续且运行良好的汇率挂钩的核心前提条件是将本国货币政策权力让渡给一个独立且稳定导向的超国家性欧洲中央银行。①蒂特迈尔在《德洛尔报告》中对此已有所阐述，虽然当时还只是相对抽象地提出这一观点，但是其释放出来的信号很清楚，欧洲经济和货币联盟必须执行统一的货币政策。具体的表示是："制定单一货币政策的权力必须授予一个新的机构，这个新的机构会就货币量和信贷额度以及包括利率在内的其他货币政策工具做出集中与集体决策。"②下面一节聚焦以下两个问题：蒂特迈尔为欧洲中央银行设计的具体方案是什么？欧洲中央银行与《马斯特里赫特条约》哪些条款相关？

（一）蒂特迈尔的欧洲中央银行落实方案

蒂特迈尔要求建立一个拥有接管成员国央行权力的欧洲中央银行体系（ESZB），这个体系履行成员国央行之前的职责，并且在政治上独立运行。尤其在欧洲，各国利益侧重点各有不同，许多国家明显不像德国那么重视物价稳定，因此欧洲中央银行的独立性必须是必要条件，这样才能保证欧洲中央银行不用受日常政治讨论或政府短期行为的压力影响。③

此外，蒂特迈尔还将欧洲中央银行视作一个稳定的"经济和

---

① O. A., Tietmeyer warnt vor EWWU-Verbalkompromissen, in: *VWD-Finanz-und Wirtschaftsspiegel*, 7. 11. 1990.

② Tietmeyer, Voraussetzungen eines Europäischen Zentralbanksystems, S. 303.

③ Tietmeyer, Währungspolitik in Deutschland, S. 7.

货币联盟支柱”，有义务以物价稳定为最高目标。①这一考虑背后的原因是价格稳定可以确保市场稳定的预期。②蒂特迈尔认为经济和货币联盟的共同目标是确定一个可与德国马克相媲美的稳定货币。③他要求未来的货币政策在中长期都持稳定导向的目标，因为一国央行不必对选举周期或短期民意表做出反应。蒂特迈尔认为：“货币政策必须面向未来，稳定导向的央行不应该只着眼于一周或一年。”④他将这视为央行的任务，亦是央行的特权。一个中长期稳定导向的目标是央行长期政策可信性的主要来源。⑤

蒂特迈尔很确定，稳定导向的目标不会在所有国家获得认可，因为有几个国家总是青睐盎格鲁－撒克逊式金融业的“短期主义”。⑥而深受稳定思想影响的德国人必然会提前考虑到所有问题。⑦他于 1990 年 12 月 14 日补充道：“这是决定性的，是最重要的，因为经济和货币联盟就意味着无论荣辱，成员国的货币都联合在一

---

① DAG-Journal, Die Europäische Zentralbank. Gastbeitrag von Hans Tietmeyer, Juni 1991. PAT, Ordner 107, S. 1.

② Hans Tietmeyer, Internationales Finanzsystem im Umbruch? Vortrag zum 13. Halleschen Wirtschaftsgespräch der Martin-Luther-Universität Halle-Wittenberg, 15. 6. 1999. PAT, Ordner 146, S. 9.

③ O. A., Tietmeyer: Geldwertstabilität hat Vorrang, in: *VWD-Finanz und Wirtschaftsspiegel*, 1. 11. 1990.

④ Hans Tietmeyer, Geld-und wirtschaftspolitische Fragen aus Sicht der Deutschen Bundesbank. Vortrag beim Unternehmertag Ostwestfalen-Lippe in Bielefeld am 3. September 1994, 3. 9. 1994. PAT, Ordner 128, S. 3.

⑤ Hans Tietmeyer, Geld-und wirtschaftspolitische Fragen aus Sicht der Deutschen Bundesbank. Vortrag beim Unternehmertag Ostwestfalen-Lippe in Bielefeld am 3. September 1994, 3. 9. 1994. PAT, Ordner 128, S. 3 f.

⑥ Hans Tietmeyer, Währungspolitische Kooperation zwischen Zentralbanken. Vortrag vor dem italienischen Senat in Rom am 11. April 1995, 11. 4. 1995. PAT, Ordner 131, S. 15.

⑦ Tietmeyer, Voraussetzungen eines Europäischen Zentralbanksystems, S. 301 f.

起。如果一个伙伴犯了错误，其他国家都得承担风险。”①用蒂特迈尔的话来说，欧洲中央银行货币政策的理念应该是绝不出现通胀趋势。②财经记者莱纳·纳伦多夫（Rainer Nahrendorf）在1996年3月21日将蒂特迈尔的方案称为“汉斯骑士为稳定联盟而战”。③

蒂特迈尔因此支持以德国联邦银行为模板建立欧洲中央银行。除了众多经济学家，后来的欧洲中央银行首任行长维姆·杜伊森伯格（Wim Duisenburg）也支持蒂特迈尔的方案，他曾在1993年5月表示：“如果欧洲中央银行的货币政策战略能够借鉴德国货币政策实践来制定，事实会证明这是明智的。”④那么一个问题出现了，德国联邦银行展现出哪些核心特质呢？在1994年5月的一次讲座上，蒂特迈尔用两句话简明概括了德国联邦银行模式：“以稳定导向为目标和货币量政策为方案，这一组合是德国联邦银行二十年来的基础。一些人认为这个组合呆板，另一些人，也是多数人认为，它体现连续性和忠于原则。”⑤德国联邦银行以其可信赖而闻名，这是其通过几十年的努力建立起来的信誉，并有利于落实连贯的稳定政策。⑥作为支持稳定导向的理由，蒂特迈尔曾比较了1950～1993

---

① Interview mit Dr. Hans Tietmeyer, Mitglied des Direktoriums der Deutschen Bundesbank, im Rahmen der ZDF-Sendung „Mittagsmagazin“ am 14. Dezember 1990 um 13. 25 Uhr (von Dieter Balkhausen), 14. 12. 1990. PAT, Ordner 106, S. 2.

② Tietmeyer, Europäische und internationale Währungspolitik, S. 8.

③ Rainer Nahrendorf, Tietmeyer: Hoffentlich wird die EWWU kein Alptraum. „Ritter Hans“ kämpft für eine Stabilitätsunion, in: *Handelsblatt*, 21. 3. 1996.

④ Hans Tietmeyer, Geldpolitik vor neuen Herausforderungen. Vortrag am Rahmen des Symposiums „Geld, Banken und Versicherungen“ der Fachfakultäten der Universität karlsruhe am 8. Dezember 1993, 8. 12. 1993. PAT, Ordner 125, S. 23.

⑤ Tietmeyer, Währungspolitik in Deutschland, S. 2.

⑥ Hans Tietmeyer, Geldpolitik in europäischer Verantwortung. Rede aus Anlaß des 125-jährigen Bestehens der Oldenburgischen Landesbank in Oldenburg am 14. Januar 1994, 14. 1. 1994. PAT, Ordner 126, S. 16.

年德国、美国、日本和英国的平均通胀率。这一时期，美国、日本和英国的平均通胀率分别为4.2%、4.8%和6.8%，而德国的平均通胀率只有2.9%。[①]德国民众突出的稳定意识也不能被忽视，这一意识毫无疑问有助于德国联邦银行稳定任务的落实。[②]

德国联邦银行另一个关键成功因素是其政治独立性，而波恩（联邦政府）与法兰克福（联邦银行）的空间距离也为此做出了贡献。具备明确职权的独立央行在欧洲还存在于荷兰和瑞士。[③]与之对比鲜明的是法国和西班牙的央行传统上是政府财政与经济政策执行机构。[④]蒂特迈尔解释道，很多欧共体国家拥有另外一种传统，政府"如对央行不满，可随时罢免央行领导层，或者央行需经政府同意或者完全依照政府指令行事"。[⑤]特奥·魏格尔回忆，他需在《马斯特里赫特条约》签订前对几个欧洲国家的财政部部长解释德国的欧洲中央银行独立理念："我还记得关于'德洛尔计划'的第一次讨论，当西班牙财政部部长第五次问'谁是老大?'时，通常来说，欧洲中央银行行长不能独立决策，那个人必须是财政部部长。"[⑥]魏格尔必须向其他财政部部长解释，在德国体制中财政部部长为财政政策负责，而独立的联邦银行主管货币和利率政策，且并

① Tietmeyer, Währungspolitik in Deutschland, S. 2 f.

② Hans Tietmeyer, Die D-Mark-zwischen deutscher und europäischer Währungsunion. Vortrag am 17. März 1992 vor der Mitgliederungversammlung der Wirtschaftsvereinigung Metalle in Köln, 17. 3. 1992. PAT, Ordner 115, S. 5 f.

③ James, Making the European Monetary Union, S. 270.

④ Hans Tietmeyer, Aktuelle Fragen der währungspolitischen Integration in Europa. Vortrag im Rahmen der Eröffnungsveranstaltung des DIHT-Kongresses 1992 in Dresden am 26. Oktober 1992, 26. 10. 1992. PAT; Ordner 119, S. 11.

⑤ Tietmeyer, Deutschland und Europa. Chancen und Risiken der Währungsintegration, S. 16.

⑥ 特奥·魏格尔访谈，2016年4月7日。

不需要受制于联邦议会表决。①

20 世纪 80 年代，学术界有许多关于央行独立性与通胀关系的讨论。新的学术共识也强力支持了德国的观点，因为实证证明，在很多工业国家，央行的独立性与通胀存在负相关关系。②最新的研究证实了这一点。赫尔格·贝格尔（Helge Berger）、雅各布·德·汉（Jakob de Haan）、西尔维斯特·艾芬格尔（Sylvester Eijffinger）2001 年对 2000 年之前的 35 个实证研究结果进行了系统分析，结果显示，通胀和央行独立性之间的负相关性十分显著。③图 6－3 展示了这种相关性，包括 1955～1988 年 15 个发达国家的中央银行独立性系数和平均通胀率④。

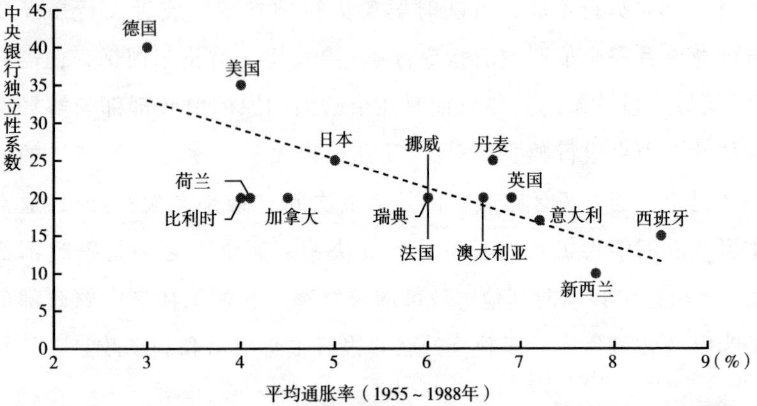

图 6－3　1955～1988 年 15 个发达国家的中央银行独立性系数与平均通胀率

资料来源：作者自制，数据来源于 Borcher，Geld und Kredit，S. 260。

① 特奥·魏格尔访谈，2016 年 4 月 7 日。

② James, Making the European Monetary Union, S. 270.

③ Helge Berger/Jakob de Haan u. a. , Central Bank Indepedence: An Update of Theory and Evidence, in: Journal of Economic Surveys 15 (2001), Heft 1, S. 3－40.

④ 中央银行独立性系数一开始由 Bade 和 Parkin 两位经济学家于 1982 年设计，而后由 Alesina 和 Grill、Masciandaro、Tabellini（1990）发展。这个指标衡量了央行与政府之间的组织关系以及两个政府机构之间的互动程度。此外，他还研究了央行行长和央行理事会成员的任命过程，见 Manfred Borchert, Geld und Kredit: Einführung in die Geldtheorie und Geldpolitik, München 2003, S. 260。

1955～1988 年，行动越是独立的央行，其货币政策越稳定。这表明，必须避免对稳定导向的经济和货币联盟进行政治干预。[①]不管是成员国政府还是其他共同体机构都不具备“对货币政策决策者任何形式的命令权”。[②]蒂特迈尔对“货币政策中责任的灰色区域”提出警告，要求“将欧洲中央银行的技术和工具性前提依然保留在成员国央行手中”。[③]但是，这也并不意味着不允许政治机关和欧洲中央银行通过沟通与交流相互影响。[④]

最后，蒂特迈尔强调，以联邦银行的模式建立欧洲中央银行并不是为了实现德国的利益，而是基于现实的理由。他说：“这与‘德国联邦银行的理念’和‘稳定崇拜’无关，其核心是一个深入人心的稳定共识，因为一个疲软的货币必然会带来并加剧经济与社会问题。”[⑤]

（二）欧洲中央银行与《马斯特里赫特条约》

随着欧洲经济和货币联盟于 1994 年 1 月 1 日进入第二阶段，欧洲货币局（EWI）建立。欧洲货币局的任务是为后来的欧洲中央银行体系建构后勤、理念和组织框架。[⑥]欧洲货币局可以提交建议，但是不可以更改任何货币政策。在欧洲经济和货币联盟的第二阶段，货币政策决定权依然保留在成员国手中，这一阶段要加强成员国之间以物价稳定为目标的货币政策协调，为后来的欧洲中央银行

---

① O. A., Deutsche Bundesbank warnt vor europäischer „Inflationsunion“, in: *Deutsche Sparkassenzeitung*, 20. 9. 1991.

② Tietmeyer, Voraussetzungen eines Europäischen Zentralbanksystems, S. 305.

③ O. A., Tietmeyer kritisiert WWU-Plan, in: *Der Tagesspiegel*, 16. 11. 1991.

④ Tietmeyer, Voraussetzungen eines Europäischen Zentralbanksystems, 16. 11. 1991.

⑤ Hans Tietmeyer, Geldwertstabilität in der Währungsunion. Rede beim finanzpolitischen Kongress 1997 von Goldman, Sachs & Co. In Frankfurt am Main am 27. Februar 1997, 27. 2. 1997. PAT, Ordner 138, S. 14.

⑥ Tietmeyer, Geldpolitik vor neuen Herausforderungen, S. 20 f.

体系做准备。所有决定必须一致通过，以避免单个的成员国的央行被裹挟，但也意味着各成员国都能接受的共识的确很难达成。欧洲货币局理事会由一名主席和所有欧盟国家央行行长组成。[①]他们必须独立行动，绝对不能接受任何来自欧洲各国政府或其他机构的指示。[②]

在《马斯特里赫特条约》签署之前，德国和法国就欧洲货币局的权限以及选址进行了深入探讨。法国代表和欧盟委员会要使欧洲货币局拥有自有资本，要具备独立的法人资格，同时，还要拥有潜在成员国外汇储备的完全管理权。这项建议可使欧洲货币联盟进程以更快速度完成。因此，时任法国央行行长的雅克·德·拉罗西耶尔（Jacques de Larosière）当时就曾要求在1994年之前开启欧洲经济和货币联盟的第三阶段，他想通过引入共同货币结束欧洲汇率体系下的动荡。[③]

德方代表对这条建议尤其坚决反对，要求逐步按计划建设欧洲经济和货币联盟。[④]蒂特迈尔的理由是："如果现在就统一货币政策，这就意味着在经济与制度趋同前提条件还没达到的情况下，欧洲经济和货币联盟就已经进入事实上的第三阶段。"[⑤]而且，他还警告过早引入单一货币会损害稳定及欠发达区域的利益。在1993年

---

① Hans Tietmeyer, Zur aktuellen Lage der deutschen Wirtschaft und den Herausforderungen an die Politik. Vortrag vor der CSU-Landesgruppe auf der Klausurtagung in Wildbad Kreuth, 7. 1. 1994. PAT, ordner 126, S. 20f.

② Hans Tietmeyer, Zur aktuellen Lage der deutschen Wirtschaft und den Herausforderungen an die Politik. Vortrag vor der CSU-Landesgruppe auf der Klausurtagung in Wildbad Kreuth, 7. 1. 1994. PAT, ordner 126, S. 22.

③ O. A., Konroverse über Tempo, in: *Handelsblatt*, 12. 2. 1993.

④ O. A., Deutsche Bundesbank warnt vor europäischer „Inflationsunion", in: *Deutsche Sparkassenzeitung*, 20. 9. 1991.

⑤ Tietmeyer, Geldpolitik in europäischer Verwantwortung, S. 8.

2月19日《经济周刊》的一篇文章中，法国的方案甚至被称为德国联邦银行的“恐怖一幕”，因为潜在成员国之间无论是在经济政策基本导向还是实体经济数据方面的差异，都是非常显著的，[①]必须实现潜在成员国之间的经济趋同。[②]值得一提的是德国当时的形势，因为德国统一，德国国民经济正处于一个艰难的过渡时期。[③]德国联邦银行因此要求货币政策在第二阶段，而且在欧洲经济和货币联盟最后阶段之前（1998年）也依然保留在成员国手中。[④]《马斯特里赫特条约》的结果表明，德国人这次贯彻了他们的意志。

同样的情况也发生在欧洲货币局选址问题上。在欧洲其他国家担忧欧洲货币局的地址落在德国会增强德国存在感时，[⑤]德国代表同样也在这些谈判中实现了自己的目标，让欧洲货币局落脚于“非联邦政府所在地”的法兰克福。[⑥]欧洲货币局地址的确定也就意味着欧洲中央银行地址提前确定，这一因素对于德国民众接受单一货币的影响不可低估。[⑦]德国联邦银行几十年来成功的货币政策可能是使德国代表在以上两点谈判中能成功实现自己目标的原因。这

---

① Lorenz Wolf-Doettinchem, EWS: Rezept für ein Deaster. Frankreich versucht Deutschland in eine schnelle Währungsunion zu locken, in: *Wirtschaftswoche*, Nr. 8, 19. 2. 1993.

② DAG-Journal, Die Europäische Zentralbank. Gastbeitrag von Hans Tietmeyer, S. 1.

③ O. A., Kontroverse über Tempo, in: *Handelsblatt*, 12. 2. 1993.

④ O. A., Tietmeyer kritisiert WWU-Plan, in: *Der Tagesspiegel*, 16. 11. 1991.

⑤ Tietmeyer, Die D-Mark-zwischen deutscher und europäischer Währungsunion, S. 32.

⑥ Hans Tietmeyer, Vom Potsdamer Abkommen zur Europäischen Währungsunion. Ansprache anläßlich des Empfangs auf Einladung des Ministerpräsidenten des Landes Brandenburg und des Regierenden Bürgermeisters von Berlin in Potsdam am 23. Juni 1994, 23. 6. 1994. PAT, Ordner 127, S. 3.

⑦ Tietmeyer, Die D-Mark-zwischen deutscher und europäischer Währungsunion, S. 32.

也标志着未来欧洲统一的货币政策会尽可能沿袭德国稳定导向的传统。[①]在蒂特迈尔看来，这些协商是实现趋同的重要步骤，也是统一的货币政策在理念上的决定性阶段。[②]

终于，从1998年1月1日起，欧洲中央银行体系正式接管欧洲货币区的货币政策。除了欧洲中央银行以外，成员国央行也是欧洲中央银行体系的成员。货币政策的执行依然属于成员国的职责，货币政策的决策权则需让渡给新建立的欧洲中央银行管理委员会，这一管理委员会由执行委员会成员及成员国央行行长组成。成员国央行行长因此继续被纳入所有货币政策相关决策。[③]此外，欧洲中央银行在正式进入第三阶段之前拥有足够长的试运行时间，以使其在欧洲货币联盟启动时具备完全行动能力。[④]

另外，价格稳定作为欧洲中央银行的最高目标（复制第105条）和欧洲中央银行的独立性（复制第107条）都以法律形式确定下来。[⑤]欧洲中央银行体系主要以德国央行为模板。欧洲中央银行和其他成员国央行都不可受命于其他公共机构。于尔根·施塔克如此解释德国的谈判理念："很明显，如果不能保证欧洲央行的独立性和物价稳定目标，就不会有货币联盟。"[⑥]

---

① Tietmeyer, Zur aktuellen Lage der deutschen Wirtschaft, S. 20.

② Tietmeyer, Geldpolitik in europäischer Verantwortung, S. 17.

③ Hans Tietmeyer, Stabiles Geld ist keine Selbstverständlichkeit, in: *Rheinischer Merkur*, 1. 1. 1998.

④ Tietmeyer, Europäische und internationale Währungspolitik, S. 5.

⑤ O. A., Abschied von Mark und Macht. Die Bundesbank übergibt ihre Befugnisse an die Europäische Zentralbank, bleibt aber weiter bestehen. Zu tun hat sie künftig wenig, in: *Der Spiegel*, Nr. 25, 15. 6. 1998.

⑥ O. A., Abschied von Mark und Macht. Die Bundesbank übergibt ihre Befugnisse an die Europäische Zentralbank, bleibt aber weiter bestehen. Zu tun hat sie künftig wenig, in: *Der Spiegel*, Nr. 25, 15. 6. 1998.

在法国，人们将《马斯特里赫特条约》签署称作“德国的胜利”，因为在法国人看来，过分强调央行独立性，尤其是币值稳定，会损害经济增长与就业。[①] 甚至有几个法国政要在《马斯特里赫特条约》签署后还要修订有关央行独立性的条款。[②]法国总理阿兰·朱佩（Alain Juppé）和经济与财政部部长让·阿尔特休斯（Jean Arthuis）均反对已约定的未来欧洲中央银行的独立性，他们甚至要求按照法国传统建立一个制衡欧洲中央银行权力的稳定和增长理事会，以此来对欧洲中央银行的货币政策施加影响。[③]法国人建议建立的这个理事会不仅可以对欧洲中央银行发号施令，还可以对与美元和日元相关的汇率政策有共同决策权。卡尔·奥托·珀尔将此视作“对《马斯特里赫特条约》最重要内容的修订要求”。[④]当然，在法国也存在其他声音，其中最重要的一个声音也许来自时任法国央行行长让-克劳德·特里谢，他也是一位坚定的稳定导向拥趸。[⑤]在一次谈话中他明确表示，中央银行一定不能依赖政府，哪怕这个政府是在超国家层面运作的。[⑥]

德国联邦银行和联邦政府与特里谢站在同一战线上，抵制了法国总理和经济与财政部部长的意见。然而，大家也都清楚，只有德

① Tietmeyer, „Aspekte der Europäischen Währungsunion“, S. 23.

② Oliver Schumacher, Nicht um jeden Preis. Französische Politiker wollen die Unabhängigkeit der Europäischen Zentralbank beschneiden. Haben sie damit Erfolg, wird der Euro zum unkalkulierbaren Risiko, in: *Die Zeit*, Nr. 5, 24. 1. 1997.

③ Oliver Schumacher, Nicht um jeden Preis. Französische Politiker wollen die Unabhängigkeit der Europäischen Zentralbank beschneiden. Haben sie damit Erfolg, wird der Euro zum unkalkulierbaren Risiko, in: *Die Zeit*, Nr. 5, 24. 1. 1997.

④ Karl Otto Pöhl, Frankreich Mißtrauen in die Märkte ist gefährlich. Die künftige Europäische Notenbank muss frei von politischen Pressionen bleiben, in: *Frankfurter Allgemeine Zeitungen*, 18. 1. 1997.

⑤ 让-克劳德·特里谢访谈，2016年5月24日。

⑥ 让-克劳德·特里谢访谈，2016年5月24日。

国和法国达成妥协，欧洲经济和货币联盟才能算作成功。所以，"就算存在出现激烈争吵的危险"，两国都有义务去解决问题。[①]玻尔在警告欧洲各国政府时写道："讨论表明……就欧洲经济和货币联盟的意义和作用显然或多或少还存在一些争议。"[②] 很明显，讨论只有在《马斯特里赫特条约》相关条款所表明的共识基础上才能进行。

蒂特迈尔清醒地回应法国的方案，他解释道："一些缺少央行独立传统的国家会难以接受一个独立的共同央行，这不令人惊讶。"他指出《马斯特里赫特条约》中的文本对这一点已经有了清晰的表述。他还满怀期待地说："作为欧洲中央银行体系一部分的成员国央行也必须获得独立地位。我认为，《马斯特里赫特条约》中的条款将被彻底执行……我热切希望，欧洲中央银行管理委员会能够贯彻作为德国联邦银行传统的稳定政策路线。"[③]

欧洲中央银行最终按照德国联邦银行模式设立，蒂特迈尔在这一点上达成了目的，但是，不能因此就希望其也具有德国特质。它应该更具欧洲特质，专家和媒体对此讨论热烈。例如 1998 年 4 月 3 日《星期周报》上的一篇文章写道："较之德国，法国、意大利和西班牙的领导人根据他们本国的政治传统，当然更加注重就业目标的实现。纯粹的信仰、神圣的僵化都过去了。"[④]尽管如此，20 世纪 80 年代初以来，很多欧洲国家已经开始遵循以德国联邦银行为典范的稳定导向路线，在法国甚至出现了通胀率一度低于德国的情

---

① Schumacher, Nicht um jeden Preis, o. S.

② Pöhl, Frankreich Mißtrauen in die Märkte ist gefährlich, o. S.

③ Burkhart Salchow, Geldpolitik: Interview mit dem Präsidenten der Deutschen Bundesbank. Hart wie die D-Mark, in: *Rheinischer Merkur*, 10. 1. 1997.

④ Peter Glotz, Der Kardinal des Geldes. Auch Bundesbank-Präsidenten Hans Tietmeyer hat grünes Licht für den Euro-Start gegeben, in: *Die Woche*, 3. 4. 1998.

况。特别是1993年法国政府对法国央行进行根本性改革，使其获得独立性，为这些变化增添了浓墨重彩的一笔。荷兰央行行长维姆·杜伊森伯格总结道："法国人虽然输掉了这场战役，但并没有投降。"①

对于蒂特迈尔来说，这些共识最终为欧洲中央银行建立提供了一个好的初始点。他总结道："从组织和制度角度来说，几乎不存在一个现成的成功欧洲稳定政策。重要的是，担负政治责任者将来事实上要采用这些法律框架。"② 而今情况是否如此，将在后面借助专家访谈予以回答。

接下来就是欧洲中央银行的行长人选，蒂特迈尔在其中也发挥一定的作用：1998年5月，国家元首与政府首脑不但要决定参与欧元区的国家，还要选定欧洲中央银行行长、副行长及董事会成员。这一决定，尤其是在初期，意义重大。蒂特迈尔提名荷兰的维姆·杜伊森伯格，因为杜伊森伯格是坚定的稳定路线拥趸。蒂特迈尔也考虑了法国的公共舆论，因为法国人将杜伊森伯格称为"第二个蒂特迈尔"。③与蒂特迈尔一样，杜伊森伯格也要求建立一个独立的央行，要求欧洲各国政府为稳定的财政而进一步施行紧缩政策，并且拒绝法国有关建立一个制衡欧洲中央银行的政治机构的建议。④

蒂特迈尔也被作为欧洲中央银行行长候任人考虑过。专业人士认为他是一个可以高效实现无摩擦过渡到稳定欧元的人选。但是，

---

① Schumacher, Nicht um jeden Preis, o. S.

② Tietmeyer, Stabiles Geld ist keine Selbstverständlichkeit, o. S.

③ Alois Berger, Der Euro-Apostel: Wim Duisenberg will Präsident der Europäischen Zentralbank werden, in: *Die Woche*, 29. 8. 1997.

④ Alois Berger, Der Euro-Apostel: Wim Duisenberg will Präsident der Europäischen Zentralbank werden, in: *Die Woche*, 29. 8. 1997.

蒂特迈尔 1998 年 5 月已经 66 岁，对于八年的欧洲中央银行行长任期来说，他年事已高。此外，行长人选还须经欧盟成员国政府首脑同意。而考虑到欧洲中央银行位于德国法兰克福几成事实，由一个德国人出任第一任欧洲中央银行行长是行不通的。不过，在 1999 年 8 月之前，蒂特迈尔还是会和其他央行行长一起作为欧洲中央银行管理委员会成员，为欧洲中央银行执行委员会提供咨询帮助。①

三 长远建立一个政治联盟

自欧洲煤钢共同体建立以来，所有欧洲一体化努力都聚焦经济一体化。阿登纳常将之视为政治一体化的工具，因为他坚信，如果没有政治领域一体化的进步，就无法实现高效的经济一体化。②尽管科尔在 1989 年斯特拉斯堡峰会就已经做出妥协，暂时搁置这个议题③，但政治一体化在经济和货币联盟的准备阶段再次成为话题。科尔的让步并没有让相关讨论终止，至今仍未结束。接下来会集中讨论以下问题：为长远实现政治联盟，蒂特迈尔所设想的路径是怎样的？《马斯特里赫特条约》在多大程度上考虑了政治联盟的相关建设问题？

（一）蒂特迈尔关于长远建立一个政治联盟的设想

在有关政治联盟问题上，蒂特迈尔考虑的不是“是否”的问题，而是“如何”的问题。他坚信，需要强调“深入的政治联盟对保障一直致力于追求的货币联盟的意义”。④主要原因在于，经济和货币联盟并不只涉及一个汇率绑定问题，而且涉及一个不可逆转

---

① Rüppel, Währungsunion, o. S.

② Tietmeyer, Währungspolitische Kooperation zwischen Zentralbanken, S. 4.

③ Rödder, Die Entstehung der Europäischen Währungsunion, o. S.

④ Tietmeyer, Grußwort beim 9. Wissenschaftlichen Kolloquium, S. 2.

的经济与政治挂钩。[①]他认为："汇率取消了，货币政策统一化并且经济和货币联盟对所有成员国负责，而共同货币产生的政治与经济问题的后果会立即影响所有成员国。"[②]他的观点十分明确，经济和货币联盟建立后，汇率工具不再适用，共同的经济政策则是必要的。[③]此外，他也认识到政治联盟和货币联盟之间明确的相互依赖关系，因为没有货币稳定就不存在长远稳定的政治联盟，没有政治稳定就不存在货币稳定，因为欧洲中央银行在这种情况下会受到损害。[④]

蒂特迈尔早在20世纪70年代"维尔纳小组"谈判中就已经持这一观点。[⑤]他的基本理由是，"所有加入欧洲经济和货币联盟的国民经济在货币领域紧密绑定在一起"，经济和货币联盟"也不再是一个可以随意终止的团结共同体"。[⑥]一个没有政治联盟护航的经济和货币联盟对于他来说，就是一个"半成品"。[⑦]为此他提到一些历史教训，这些历史教训表明，成功的货币联盟常常都是嵌入一个

---

① Hauptabteilung Volkswirtschaft der Deutschen Bundebank, Antwortempfehlungen zum Fragenkatalog von Dr. Burkhard Hirsch MdB an die Bundesregierung, 2. 4. 1998. PAT, Ordner 179, S. 7.

② Hauptabteilung Volkswirtschaft der Deutschen Bundebank, Antwortempfehlungen zum Fragenkatalog von Dr. Burkhard Hirsch MdB an die Bundesregierung, 2. 4. 1998. PAT, Ordner 179, S. 7.

③ VWD-Video Ticker, Tietmeyer: EWU ohne Politische Union kaum Bestand, 22. 11. 1991. PAT, Ordner 107, S. 1.

④ Tietmeyer, Von der D-Mark zum Euro, S. 5.

⑤ 汉斯·蒂特迈尔访谈，2013年3月1日。

⑥ Tietmeyer, Deutschland und Europa. Chancen und Risiken der Währungsunion, S. 12.

⑦ Hans Tietmeyer, Deutschland und die Europäische Union zwischen Maastricht und Währungsunion. Beitrag für den 7. amerikanisch/deutschen Workshop für Journalisten des Bertelsmann-Verlages in Gütersloh am 20. März 1995, 20. 3. 1995. PAT, Ordner 130, S. 2 f.

国家联盟或者是政治联盟之中的。他的原话是："只有那些已经同时完成了政治统一的货币联盟，最终才会经得住历史的考验，比如意大利、瑞士和德意志帝国。"①

蒂特迈尔认为，一个欧洲的共同货币只有在政治统一进程的高级阶段才能一直存在。他指出，仅仅建立货币机构是不够的，因为一种共同货币是经济风险共同体的体现，只有当相关根基业已存在的情况下，人们才能长期使用这种货币。这里的"根基"是指成员国的经济政策方针须能相互协调。②蒂特迈尔的观点基于纯理论，因为汇率被用来平衡不同的经济发展情况。经济和货币联盟的出现会直接消除汇率这一功能，而又没有联邦的财政平衡、超国家的社保系统和政治上合法的团结共同体。20 世纪 90 年代初期潜在成员国之间的税收、社会和经济政策仍存在差异且经济发展分化，这些在一个货币联盟中不能再通过汇率政策来平衡，因此，足够的经济政策趋同以及共同的可持续稳定导向在此发挥核心作用。③蒂特迈尔赞同为消除区域经济失衡，成员国选择同样的经济政策的做法。④但与此同时，他也警告更为落后的国家会面临巨大的调整压力，因此要求："政府和央行必须清楚，重要的不是尽快加入经济和货币联盟，而是应致力于长期留在其中。"⑤

在 1996 年 9 月 7 日的一次演讲中，他就超国家货币政策与成

---

① Hans Tietmeyer, Deutschland und die Europäische Union zwischen Maastricht und Währungsunion. Beitrag für den 7. amerikanisch/deutschen Workshop für Journalisten des Bertelsmann-Verlages in Gütersloh am 20. März 1995, 20. 3. 1995. PAT, Ordner 130, S. 3.

② Hans Tietmeyer, Interview am 12. Mai 1987, ca. 19. 30 Uhr mit Herrn Galli-Zugaro, 13. 5. 1987. PAT, Ordner 67, S. 2.

③ Tietmeyer, Von der D-Mark zum Euro, S. 7.

④ Tietmeyer, Das Europäische Währungssystem in der Testphase der Bewährung, S. 8.

⑤ Tietmeyer, Währungspolitik in Deutschland, S. 27.

员国经济、财政、税收与社会政策并存表达了批评意见。他说道："一方面，共同体在组织和导向上仍然是民族国家……这些国家本身的政治机构仍是外界诉求和批评的首要对象。这一想法扎根于不同的理念传统，那么问题是，国家在其中扮演什么角色？稳健的货币有多重要？如果与外部汇率稳定发生冲突，那么内部货币稳定有多重要？这些是共同体的民族国家面对的问题。然而，另一方面，是不是应该存在一种超国家共同货币？"①他预测，欧洲中央银行将会被"毫无希望地被过度要求"，以"在成员国分化的经济政策下确保一个货币联盟的稳定"。②

他甚至更进一步警告说，一个只建立在联邦结构基础之上的共同体会导致差异化的经济发展，经济和货币联盟因此会面临严峻考验。1992 年 3 月他目光长远地预测道："如果不存在达成共识的共同意愿，同时，在出现冲突的情况下也不能通过政治决策结构达成共识，那么货币政策与其他领域政策的协调就会受到损害。"③看看今天欧洲的形势，就可以明白这一预测所言不虚。

经济和货币联盟如何应对这一张力？蒂特迈尔展示了两条潜在路径：第一条路径是一个正式的政治联盟。成员国必须将政治权限让渡给共同的欧洲政治机构；④第二条路径是非正式的准政治联盟，其中，权力依然保留在国家手中。所谓的联盟，是经济政策内容、思维方式和价值观的紧密结合。而失控发展的风险只能通过聚焦稳

① Hans Tietmeyer, Sicherung der Stabilität in der Europäischen Währungsunion. Rede von Prof. Dr. Dr. H. c. Hans Tietmeyer, Präsident der Deutschen Bundesbank, bei Forum „Wirtschaft trifft Politik" der Konrad-Adenauer-Stiftung in Cadenabbia am 7. September 1996, 7. 9. 1996. PAT, Ordner 136, S. 1.

② Tietmeyer, Das Europäische Währungssystem in der Testphase der Bewährung, S. 9.

③ Tietmeyer, Die D-Mark-zwischen deutscher und europäischer Währungsunion, S. 27.

④ Tietmeyer, Sicherung der Stabilität, S. 2.

定政策一体化和严格遵守趋同标准才能降低。[①]

在蒂特迈尔看来，政治联盟就是保证一个持续与长期稳定导向的“紧箍”，即使在困难时期也能将共同体凝聚起来。他补充道，它绝不会成为“僵硬新兵的吊床”，他也不允许强化国家集权或官僚主义。[②]蒂特迈尔认为，这个联盟形成过程并不会伴随社会联盟和转移支付联盟的出现，因为欧洲在文化与政治上对此很难接纳。[③]蒂特迈尔并不倾向于幻想政治联盟在短期就能被实现，他要的是“长期为此矢志不渝地努力”。[④]

蒂特迈尔不是唯一一个怀有这些想法的人，因为德国联邦政府的核心目标也是要建立一个政治联盟。[⑤]联邦政府最初的想法是在90年代先建立政治联盟，然后引入货币联盟。如果不能实现这个想法，至少能够保证两个联盟在同一时间成立。[⑥]科尔将政治联盟理解为一个“共同体的制度民主化”，以成立“民主欧洲联邦”。[⑦]魏格尔从今天的视角出发阐述道：“从古至今都不曾有机会消灭民主国家，并把所有经济、财政和外交政策都上交给一个欧洲政府。没有一个国家愿意这么做。”[⑧]

（二）政治联盟与《马斯特里赫特条约》

尽管获得很多人的认同，但是政治联盟为经济和货币联盟护航

---

① Brief von Tietmeyer an einen Bürger, 23. 10. 1996. PAT, Ordner 177, S. 1 f.

② Tietmeyer, Grußwort beim 9. Wissenschaftlichen Kolloquium, S. 7.

③ Tietmeyer, Deutschland und Europa auf dem Weg zur gemeinsamen Währung, S. 3.

④ 汉斯·蒂特迈尔访谈，2016年2月24日。

⑤ Hans Tietmeyer, Perspektiven für den deutschen Kapitalmarkt im Licht der europäischen Währungsunion. Vortrag anläßlich einer Veranstaltung der WL-Bank (Westfälische Landesbank Bodenkreditbank AG) in Münster am 4. Mai 1992, 4. 5. 1992. PAT, Ordner 116, S. 3.

⑥ 奥特玛·伊辛访谈，2016年4月29日。

⑦ Rödder, Die Entstehung der Europäischen Währungsunion, o. S.

⑧ 特奥·魏格尔访谈，2016年4月7日。

的理念在《马斯特里赫特条约》中只得到很有限的反映。[①]经济和财政政策决策权依然保留在成员国手中，而仍缺乏民族国家内部那样的共同性和平衡系统，例如共同法律和税收体系、共同财政和税收平衡措施或共同的社会保障体系。[②]

当事实愈发明显时，即一个超国家的货币政策落实了，但没有引入政治联盟，蒂特迈尔对这种局面将会导致的后果再次提出警告。新建立的欧洲中央银行管理委员会必须在所有经济发展水平不一致的成员国中实施稳定导向的货币政策，货币政策决定对欧元区所有国家都适用。如果出现了不同的经济发展形势，成员国须独立应对并进行调整。因此，提高商品和劳动力市场的灵活性是必需的，因为可用于调整的汇率工具已经不再适用。[③]

最后，潜在成员国内部对政治联盟存在巨大的政治抵制。[④]反对者首先担心的是国家任务的集中化，即社会联盟和转移支付联盟，这会损害成员国的责任自担原则。很多国家，尤其是法国没有准备好放弃它的国家主权。蒂特迈尔认同这一说法，并总结道："很可惜计划没有实现，因为尤其是法国并没有为进一步深入的欧洲一体化做好准备。"[⑤]即使作为法国代表的让－克劳德·特里谢本人，也证实了蒂特迈尔的看法："当我们已经决定引入单一货币，绝对有必要倡导更高程度的政治联盟。不管是从经济还是政治角度来看，它都是有必要的。"[⑥]特里谢也同样证实了政治联盟当时还不是法国的兴趣所在："我和蒂特迈尔以及德国政府一样，都坚定地

---

① Brief von Tietmeyer an einen Bürger v. 23. 10. 1996, S. 1.

② Tietmeyer, Geldwertstabilität in der Währungsunion, S. 2.

③ Tietmeyer, Stabiles Geld ist keine Selbstverständlichkeit, o. S.

④ Tietmeyer, Grußwort beim 9. Wissenschaftlichen Kolloquium, S. 2.

⑤ Tietmeyer, Daten, S. 13.

⑥ 让－克劳德·特里谢访谈，2016年5月24日。

支持政治联盟……法国政府对政治联盟却没有那么热衷。"①

正因为《马斯特里赫特条约》对政治联盟着墨不多，因此未来的共同欧洲货币不仅需要欧洲中央银行稳定导向的货币政策，还需要每个成员国竞争导向的经济政策、自律的财政政策以及与本地生产力相对应的工资和社会政策给予保障。②没有集中的欧洲财政、社会保障体系和财政转移支付，欧元区也就缺少应对潜在区域失衡发展的有效机制。③政治联盟必定会出现在货币联盟之后的设想中，至今依然是政治家的希望。蒂特迈尔最后评判道："如果我们当时的计划实现了，毫无疑问就会避免今天欧元问题的出现。"④

四 促进作为核心成功因素的经济趋同

因为与货币联盟相对应的政治联盟不存在，潜在成员国之间的经济趋同则意义重大。⑤接下来主要聚焦以下问题：蒂特迈尔对经济和货币联盟的经济趋同持何种看法？经济趋同在《马斯特里赫特条约》中如何表述与体现？成员国尤其是德国为实现经济趋同进行了哪些努力？哪些国家有能力使本国经济与欧元区趋同？如何处理黄金—外汇储备？

---

① 让-克劳德·特里谢访谈，2016年5月24日。

② Tietmeyer, Perspektiven der monetären Integration in Europa, S. 18.

③ Hans Tietmeyer, Die Währungsunion-ein Meilenstein Europas. Chancen und Risiken bei fehlender politischer Union, in: *Neue Züricher Zeitung*, 30. 6. 1998.

④ Tietmeyer, Daten, S. 13.

⑤ Eingangsstatement des Präsidenten der Deutschen Bundesbank, Professor Dr. Hans Tietmeyer, vor dem Finanzausschuß und dem Ausschuß für die Angelegenheiten der Europäischen Union des Deutschen Bundestages am 3. April 1998, 3. 4. 1998. PAT, Ordner 174, S. 2.

（一）蒂特迈尔关于经济趋同的观点

蒂特迈尔认为，稳定导向货币政策的成功尤其取决于每个成员国的基本经济条件（“这样就可以与其他成员国齐头并进”）。[①]这关乎长期的稳定性，因为经济联盟和货币联盟不应仅仅相互依存，也可相互强化。[②]蒂特迈尔解释道：“只有当财政和工资政策同时发力，将货币需求控制在一定规模之内，稳定导向的货币政策才会取得令人满意的结果。”[③]

尽管欧洲汇率体系会推动很多潜在成员国的趋同，但是本已存在的结构差异不容忽视，这些差异不仅纯粹源于路径依赖，而且也是不同传统与经济政策基本方针的结果。[④]对于蒂特迈尔来说，根本无法绕过“稳定从自家做起”的原则，因为只有经济高度趋同，固定汇率才能发挥它的优势。[⑤]固定汇率在缺少足够趋同的情况下，会掩盖成员国之间的经济扭曲。回顾一下90年代初欧洲汇率体系的发展，蒂特迈尔的观点就能得到印证。

从1987年初开始，欧洲汇率体系成员国的汇率就固定下来，平价不再发生变化。但这已不符合经济基本面，导致对外经济出现失衡，[⑥]从而在1992年9月使很多经济学家认为激烈汇率调整已无法避免。大量企业对汇率冲击没有做好准备，就突然面临竞争形势

① Interview mit Dr. Hans Tietmeyer, Mitglied des Direktoriums der Deutschen Bundesbank, S. 2.

② O. A., Tietmeyer: Geldwertstabilität hat Vorrang, in: VWD-Finanz und Wirtschaftsspiegel, 1. 11. 1990; Tietmeyer, Währungspolitische Kooperation zwischen Zentralbanken, S. 8.

③ Tietmeyer, Geldpolitik vor neuen Herausforderungen, S. 2.

④ Tietmeyer, Deutschland und Europa. Chancen und Risiken der Währungsunion, S. 7.

⑤ Tietmeyer, Währungspolitische Kooperation zwischen Zentralbanken, S. 21.

⑥ Tietmeyer, Die Europäische Währungsunion als Stabilitätsgemeinschaft, S. 9 f.

改变的局面。[①]为何在经历了五年相对平静的一段时期后，欧洲汇率体系会出现这样的情况？

自1987年1月最后一次重估后，尽管人们长期不愿正视，成员国内部还是出现了两个国家集团之间的巨大经济分化。[②]一方面，比较稳定的国家集团（如比利时、丹麦、德国、法国、爱尔兰、卢森堡和荷兰）的通胀率和利率水平接近。例如剔除通胀因素影响后的德国马克对这些国家本币的汇率自1987年以来一直相对稳定。另一方面，另一些国家如希腊、英国、意大利、葡萄牙和西班牙等国的通胀率与稳定国家集团的差距越来越大。[③]

有几个欧共体国家央行为支持本币实施干预并加息，以掩盖经济的分化。然而，1992年9月上旬，义务性的干预对德国马克也产生相应的流动性效应，导致欧洲汇率体系五年多不曾变化的主导汇率无法维持稳定。[④]德国联邦银行必须引入重估机制，在德国马克升值之外还要提高利率。蒂特迈尔强调，“即使公众有时并不这么认为”，但是这个决定完全由央行独立做出，央行没有受到联邦政府的压力。[⑤]

接下来，英国、葡萄牙和西班牙加入欧洲汇率体系，这导致平价被部分高估。对德国国民经济来说，它的后果就是竞争中的价格

① Hans Tietmeyer, Geldpolitik in Deutschland und Europa vor neuen Herausforderungen. Rede anläßlich der Generalversammlung der Westdeutschen Genossenschafts-Zentralbank am 22. Juni 1993 in Münster/Westfalen, 22. 6. 1993. PAT, Ordner 123, S. 11.

② Tietmeyer, Aktuelle Fragen der währungspolitischen Integration in Europa, S. 3.

③ Hans Tietmeyer, Europäische Währungsunion: Chancen und Aufgaben. Vortrag anläßlich einer Veranstaltung der Deutschen Bank in Osnabrück am 30. Oktober 1992, 30. 10. 1992. PAT, Ordner 119, S. 3.

④ Tietmeyer, Aktuelle Fragen der währungspolitischen Integration in Europa, S. 1.

⑤ Tietmeyer, Aktuelle Fragen der währungspolitischen Integration in Europa, S. 1 f.

信号被遮蔽。欧洲汇率体系的汇率显示德国出口商拥有相对竞争优势，但这与实际并不符，从而导致企业的错判，大多数德国企业没有感受到必要的成本与调整压力。[①]

最终，英国和意大利退出欧洲汇率体系，西班牙和葡萄牙让本币贬值，瑞典、挪威和芬兰放弃对欧洲汇率体系的自愿挂钩。由于市场上主要是针对丹麦克朗、比利时法郎和法国法郎的投机攻击，这些国家必须抬高利率，这反过来又加强了其本国经济的衰退趋势。[②]潜在成员国货币的不同坚挺程度与经济政策优先目标的差异再次受到市场的批评。蒂特迈尔分析道："在那之前一直存在的汇率幻想突然消失了，汇率结构出现了多米诺式的崩塌。"[③]

为平息货币市场的危机，1993年8月，欧洲汇率体系的波动幅度被扩展到±15%。这一行为被市场解读为汇率体系的准消亡和汇率动荡。但蒂特迈尔不这样认为，因为各国央行与政府并无意终止货币政策合作。在他看来，这更多是一种解围，以终止对市场重估的投机，扩展经济政策空间，以应对差异化的发展。[④]由于局势的紧张和上一年姗姗来迟的主导汇率调整，这次幅度扩展来得正是时候。本币坚挺的国家因此得以免于进一步受大量资本流入的冲击，同时，对标主导汇率调整的几乎无风险货币投机也被大幅减少，因为投资者必须考虑更大幅度的汇率波动以及由此产生的更大额度损失风险。[⑤]当然，人们也须注意到，更大的波动幅度也会带

① Tietmeyer, Geldpolitik in Deutschland und Europa vor neuen Herausforderungen, S. 10.

② Wolf-Doettinchem, EWS: Rezept für ein Desaster, o. S.

③ Tietmeyer, Währungspolitik in Deutschland, S. 15.

④ Tietmeyer, Das Europäische Währungssystem in der Testphase der Bewährung, S. 6.

⑤ Tietmeyer, Geld-und wirtschaftspolitische Fragen aus Sicht der Deutschen Bundesban, S. 19.

来更大的汇率不稳定风险。蒂特迈尔将之视为一种激励，从而可在启动经济和货币联盟之前与导致不稳定的更深层次原因做斗争。此外，在一个幅度更大的欧洲汇率体系中，汇率稳定时期持续更长，对于趋同努力的信心来说，也是一个积极信号。①

蒂特迈尔总结道："至少夏天的动荡，或许还有时而出现的政治紧张可以让欧洲人变得节约，显然，吃一堑长一智。"②动荡再一次表明，成员国之间可持续的经济趋同对于经济和货币联盟的稳定来说不可或缺。③蒂特迈尔对进入经济和货币联盟第三阶段提出警告："没有足够接近的初始条件，货币联盟失败的风险就大。要是这样，就将给欧洲这一历史工程带来不可估量的损失。"④

趋同努力到底有多么重要，可借助下面简要的竞争分析来体现。在汇率固定而生产力水平分化的情况下，一个成员国的生产结构只有在货币联盟成员国工资水平存在差异的情况下才有竞争力。而在一个汇率固定的货币联盟，货币联盟成员国工资水平的逐步接近会损害生产力较低和落后国家的就业水平。蒂特迈尔解释道："与比较成本优势原理不同，在货币联盟，绝对成本原理更为适用，只有那些在同一种货币计价前提下以适应市场成本生产的产品才能在市场竞争中存活下来。"⑤这个观点的前提是假定一定程度的劳动力流动性存在。而在考察经济和货币联盟时，必须认识到，因为劳动流动性需要克服一些语言和文化障碍，所以工资趋同不会如预期的那样迅速。

---

① Tietmeyer, Die deutsch-französische Kooperation, S. 6 f.

② Tietmeyer, Zur aktuellen Lage der deutschen Wirtschaft, S. 18 f.

③ Tietmeyer, Das Europäische Währungssystem in der Testphase der Bewährung, S. 7.

④ Tietmeyer, Währungspolitik in Deutschland, S. 26.

⑤ Tietmeyer, Die D-Mark-zwischen deutscher und europäischer Währungsunion, S. 29.

此外，蒂特迈尔警告，成员国之间经济上的分化会导致政治上的冲突——“对转移支付的要求，或者关于货币稳定导向和货币角色的危险争论”①。另外，他很清楚，事后发现的缺陷很难再弥补。可能发生的欧元召回情况不该也绝不能出现。②

“只有当欧洲国家在经济上足够接近时”，蒂特迈尔才认为欧洲经济和货币联盟真正实现了。③蒂特迈尔致力于以一个审慎和渐进的方式实现经济和货币联盟。他在1991年5月就说过，从纯粹的经济角度上来看，鉴于欧洲共同体目前的形势，应该借助当时的体系继续推动经济趋同进程，并持续关注中长期取得的成果。④几个欧共体成员国代表，比如法国，在90年代初还想加快经济和货币联盟进程，对于蒂特迈尔而言，这种情况从一开始就不会去考虑。在1990年3月的一次采访中，他给出了两个理由：第一，在经济政策趋同和经济宏观数据调整方面，还有几个国家需要追赶；第二，“德洛尔计划”仍有许多问题依然没有定论。他指出，这个计划一开始只提供了一个框架，并没有确定很多细节。⑤

在《马斯特里赫特条约》谈判之前，蒂特迈尔就趋同标准提出了他认为不可放弃的设想：欧洲国民经济应高度趋同、通胀差异

① Hans Tietmeyer, Von der D-Mark zum Euro: Stabiles Geld als Ziel. Vortrag auf dem Sparkassenforum'97 der Sparkasse Krefeld in Krefeld am 5. September 1997, 5. 9. 1997. PAT, Ordner 139, S. 20.

② Tietmeyer, Die Europäische Währungsunion als Stabilitätsgemeinschaft, S. 1.

③ BBC Radio 4, Sir Leon Brittan, Vizepräsident der EG-Kommission über die europäische Währungspolitik, 16. 5. 1991. PAT, Ordner 107, S. 1.

④ Tietmeyer, deutschland und Europa. Chancen und Risiken der Währungsintegration, S. 8.

⑤ Interview der Finanzzeitung „Kinyu Zaisei“ mit Herrn Dr. Tietmeyer, S. 3.

必须缩小并且财政纪律必须得到遵守。①总之，趋同意味着利率、价格水平和财政赤字在价格稳定基础上的接近。②蒂特迈尔将“趋同”理解为动态的过程。趋同标准不该规定在一个特定日期达成，而是必须长期可持续地一致。③

（二）经济趋同与《马斯特里赫特条约》

就成员国趋同的两个核心要求，《马斯特里赫特条约》做如下表述。第一个要求聚焦两个货币指标，即通胀率和长期利率，同时必须持续消除通胀差异的问题，为此所有成员国必须一直坚持以稳定物价为目标的货币政策。《马斯特里赫特条约》将 1997 年作为基准年，通胀率低于这一年的值（2.7%），而长期利率必须低于 7.8%。④第二个要求聚焦财政数据，必须符合 1990 年所有国家平均值，财政赤字“最多”为国内生产总值的 3%，同时公共债务“最多”为国内生产总值的 60%。副词“最多”并不是形容目标值的，而是给出了上限。魏格尔解释了制定这个财政标准的计算过程：“我们发现整个欧洲国家当时的负债率是 60%，然后我们设定欧洲经济名义增长率是 5%，如果要保证公共负债率不超过 60%，财政赤字率就不得超过 3%。”⑤以下算式给出相关计算过程。

---

① Il Massagero, Interview mit dem Verantwortlichen für internationale Politik bei der Deutschen Bundesbank, 18. 11. 1990. PAT, Ordner 106, S. 3.

② Tietmeyer, „Aspekte der Europäischen Währungsintegration“, S. 16.

③ Hauptabteilung Volkswirtschaft der Deutschen Bundesbank, Antwortempfehlungen, S. 1.

④ Vgl. Hierzu und im Folgenden: Tietmeyer, Die deutsch-französische Kooperation, S. 2 f; Europäische Währungsinstitut, Konvergenzbericht, Frankfurt/M., 1998, S. 11.

⑤ 特奥·魏格尔访谈，2016 年 4 月 7 日。

财政赤字(3%) = 名义增长率(5%) × 负债率(60%)[①]

按照今天的视角，欧洲达到国内生产总值 5% 的名义增长率是非常乐观的估计，回顾过去十年，经济和货币联盟的平均名义增长率也只有 2% 左右。[②]当时在联邦财政部任职的沃尔夫冈·格隆布虽然认为财政赤字上限的规定是非常随意的，但是也补充道：这样的话各国在任何条件下都要对财政赤字率进行量化控制。而另外一些国家，如意大利，则反对这一做法，建议只引入“稳健公共政策”的概念。[③]接下来的场景分析展示了不同名义增长率情况下的财政趋同标准，如表 6－2 所示。负债率仍是一个固定因素，因为负债率是潜在成员国当时的平均值。

表 6－2　场景分析——不同名义增长率情况下的财政趋同标准

	名义国内生产总值增长率(%)	负债率(%)	财政赤字率(%)
场景 1:非常保守	1	60	0.6
场景 2:保守	2	60	1.2
场景 3:趋势发展	3	60	1.8
场景 4:乐观	4	60	2.4
场景 5:非常乐观	5	60	3.0

资料来源：作者自制，数据来源于 Eurostat，Daten，2018。

3% 的财政赤字率标准是基于一个非常乐观的欧洲名义国内生产总值增长率得出的。在《马斯特里赫特条约》谈判的前五年，潜在成员国的平均国内生产总值增长率只有 3%。[④]如果继续这一趋

① 特奥·魏格尔访谈，2016 年 4 月 7 日。

② Eurostat，Daten，2018.

③ 沃尔夫冈·格隆布访谈，2015 年 6 月 29 日。

④ Eurostat，Daten，2018.

势，那么财政赤字率上限就应该确定在1.8%。今天从现实角度来看，根据当时不容乐观的经济增长率，财政赤字率上限实际上应该确定在1.2%。回顾当时联邦财政部咨询委员会的建议，显然联邦财政部当时更倾向于以一种保守的方式给出财政赤字率上限。联邦财政部建议的财政赤字率上限为1%～1.5%。[①]蒂特迈尔也认为这个“高要求标准”更合理。但是，1997年没有一个欧洲国家可以达到这样更苛刻的财政赤字率上限。

蒂特迈尔因此认为当时的财政趋同标准“并不特别雄心勃勃”，关键还是取决于其“严格的解释”。[②]因此，蒂特迈尔在很多场合表达了希望看到更严格的表述。[③]他猜测，当一些将加入经济和货币联盟的国家达不到共同货币的要求而导致经济发展遭受重创时，经济和货币联盟将解体。[④]对于蒂特迈尔而言，一个过于宽松的财政赤字率标准简直是“眼中钉”，因为从制定者标准的出发点来说，3%根本不合理。公共债务必须长期可持续地被控制在一个低的水平。[⑤]在他看来，列为上限的标准，通常情况下一定不能越过。[⑥]

20世纪90年代初，大部分欧洲成员国面临严峻的经济挑战。经过多年的债务积累和公共部门扩张，很多国家进入债务和利息负

---

① Wissenschaftlicher Beirat beim Bundesministerium der Finanzen, Zur Bedeutung der Maastricht-Kriterien für die Verschuldungsgrenzen von Bund und Ländern, Bonn 1994, S. 21.

② O. A., Der Warner, in: *Die Zeit*, 12.9.1997.

③ Interview zwischen Dr. Albrecht Beck (Badische Zeitung, Freiburg) und Hans Tietmeyer, 10.6.1992. PAT, Ordner 113, S. 2.

④ Tietmeyer, Erfahrungen und Perspektiven für die Währungsunion in Europa, S. 18.

⑤ Brief von Tietmeyer an einen Bürger v. 9.10.1997. PAT, Ordner 177, S. 2.

⑥ Interview zwischen Dr. Albrecht Beck (Badische Zeitung, Freiburg) und Hans Tietmeyer, S. 3.

担急剧上涨的恶性循环。这些问题反过来又导致更高的税费，以满足趋同标准，而这一标准是在乐观的国内生产总值增长设想下计算出来的。此外，人口结构变化又进一步加重了公共财政和社会保障系统的负担。鉴于宏观经济发展的悲观前景，这些变化导致灵活性的丧失。蒂特迈尔因此要求所有欧盟成员国紧缩财政。短期的救助行动或者放松趋同标准是灾难性信号，因为这会导致不可持续的财政政策成为合理的存在，也会导致财政纪律的进一步放松。①而且，《马斯特里赫特条约》要求成员国改革的压力也会消失，紧迫的结构改革也会被置之脑后。②

在经历动荡及《马斯特里赫特条约》签订后，很多成员国开始遵循一个可信的稳定政策，这样通胀率和长期利率又很快重新被控制在标准值之下。特别是在外汇市场，欧洲汇率体系中大多数货币的汇率在 1994 年就基本上在旧的幅度里波动。③

鉴于成员国之间巨大的差异，蒂特迈尔认为所有成员国于 90 年代初一起加入经济和货币联盟不太可能实现。④针对是否要遵守《马斯特里赫特条约》日程这一问题，蒂特迈尔在 1994 年 10 月的回答是："我几乎不敢想象，所有成员国在 1996 年或 1998 年就能全部满足《马斯特里赫特条约》的资格要求。本质上，我完全同意沃尔夫冈·朔伊布勒，他提出欧洲国家以不同速度加入。我个人将之称为同心圆模式，在这个模式中，不同的参与国进行不同程度

① Tietmeyer, Geldwertstabilität in der Währungsunion, S. 6.

② Tietmeyer, Geldwertstabilität in der Währungsunion, S. 6.

③ Tietmeyer, Geld-und wirtschaftspolitische Fragen aus Sicht der deutschen Bundesbank, S. 20.

④ Tietmeyer, Deutschland und Europa. Chancen und Risiken der Währungsintegration, S. 20.

的合作。”①朔伊布勒也正是意识到欧洲国家间不同的经济和财政状况，因此开始强化由比利时、德国、法国、意大利、卢森堡和荷兰等欧共体创始国组成的小核心。他解释道：“我们要在欧洲形成一个核心，并不是为了排斥其他国家，而是先行一步，并从动态角度来看，如果小核心运转良好，就接着吸纳其他国家。”②

在这一点上，蒂特迈尔同意朔伊布勒的观点，警告如果对经济事实视而不见，过于急切建立的货币联盟会导致通胀共同体出现，并很快会再次瓦解。③蒂特迈尔因此看到了草率进入货币联盟的风险：“一开始高歌猛进，但货币联盟在接下来的风雨飘摇中经不住扬帆后的第一次风浪。”④一个不能经历风浪的货币联盟，对于蒂特迈尔来说就是灾难性的，这也是他始终呼吁坚实基础的原因，趋同标准对他而言比货币联盟的时间表更为重要。⑤他的理由是：“货币联盟的旅途一旦开启，就绝不能偏离正常轨道。如有必要，宁愿推迟执行日程，也好过将来脱轨。”⑥

虽然趋同在1996年之前有所改善，但仍然是远远不够的。欧洲货币局在1996年底的趋同报告中指出，大部分成员国并不满足引入欧元的前提条件。⑦蒂特迈尔在1996年8月解释说：“如果要

---

① Ingeborg Zaunitzer-Haase/Sigrid Ulrich, „Wir sind keine Job-Vernichter“. Bundesbank-Präsident Hans Tietmeyer über die Aufgaben der Regierung und die Zukunft der Mark, in: *Die Woche*, 28. 10. 1994.

② 沃尔夫冈·朔伊布勒访谈，2016年9月16日。

③ Tietmeyer, Das Europäische Währungssystem in der Testphase der Bewährung, S. 8.

④ Hans Tietmeyer, Die Wirtschafts-und Währungsunion als Stabilitätsgemeinschaft. Dinner Speech beim Unternehmertag' 95 des Bundesverbandes des Deutschen Groß-und Außenhandels in Bonn-Bad Godesberg am 21. November 1995, 21. 11. 1995. PAT, Ordner 133, S. 5.

⑤ Tietmeyer, Vom Potsdamer Abkommen zur Europäischen Währungsunion, S. 13.

⑥ O. A., Der Warner, in: *Die Zeit*, 12. 9. 1997.

⑦ Tietmeyer, Geldwertstabilität in der Währungsunion, S. 3.

在1999年建立货币联盟，基于目前的情况，只有少数国家做到了承诺的长期稳定，有资格加入货币联盟。”① 1997年的经济数据是《马斯特里赫特条约》相关趋同指标的参考值，如果我们考察之前的一年，即1996年，就会印证这一报告的分析。1996年趋同标准情况——通胀率和长期利率如图6－4所示。

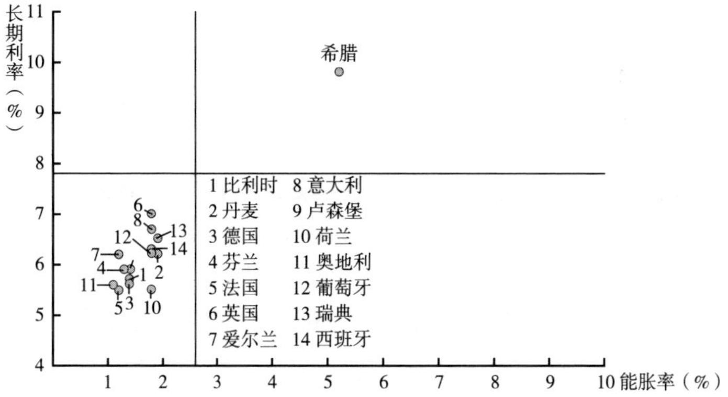

图6－4　1996年趋同标准情况——通胀率和长期利率

资料来源：作者自制，数据来源于Eurostat，Daten，2018。

首先，几乎所有国家通胀率和长期利率都呈现积极发展态势，大部分潜在成员国通胀率低于2.7%的基准值，长期利率也同样一直低于7.8%的基准值。15个潜在成员国中的14个在1996年已经达到《马斯特里赫特条约》中规定的目标值。1996年趋同标准情况——财政赤字率和公共负债率如图6－5所示。

图6－5展示的公共财政数据则体现完全不同的场景，只有四个国家即丹麦、爱尔兰、卢森堡和荷兰的财政赤字率低于国内生产

① Brief von Tietmeyer an einen Bürger v. 27. 8. 1996. PAT, Ordner 176, S. 2.

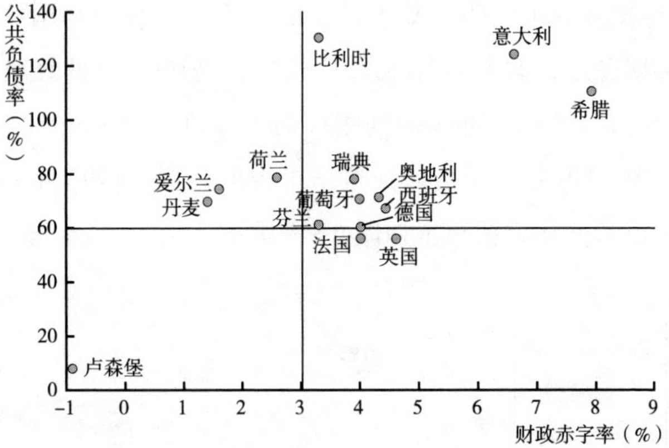

图 6-5　1996 年趋同标准情况——财政赤字率和公共负债率

资料来源：作者自制，数据来源于 Eurostat, Daten, 2018。

总值的 3%。蒂特迈尔因此确定，公共负债率较之财政赤字率是更为重要的公共财政可持续发展标准。他说："可以将公共债务视为以前获得的抵押贷款，为此将来得支付利息。"[①]在这种背景下，情况令人担忧，只有三个国家，即法国、卢森堡和英国的负债率低于参考值 60%；而比利时、意大利和希腊的负债率则远超 100%。在 1996 年，很多专家困惑，这些国家如何才能达到《马斯特里赫特条约》设定的参考值。根据 1996 年的数据，只有卢森堡达标。因此，蒂特迈尔在 1996 年 3 月建议推迟建立经济和货币联盟："如果列车不在一个规定日期启程，那么事情就不会从一开始就变得糟糕。'重要的是平稳行驶'。"[②]他坚信，《马斯特里赫特条约》的构

① Eingangsstatement des Präsidenten der Deutschen Bundesbank, S. 7.

② O. A., Tietmeyer nennt die Europäische Währungsunion „im wirtschaftlichen Sinne nicht absolut notwendig". Stabilität wichtiger als Einhaltung des Zeitplans/Europapolitisches Symposion des Auswärtigen Amtes, in: *Frankfurter Allgemeine Zeitung*, 21. 3. 1996.

想低估了达到趋同标准所需要的时间。[1]

为了满足趋同标准，几个潜在成员国甚至开始会计创新。1997年是货币联盟的预选年，因为1998年初就要根据各国提交的趋同结果确定参加的国家。[2]不管是奥特玛·伊辛、于尔根·施塔克，还是特奥·魏格尔，他们在专家访谈时都提到了“创造性会计”这个词，并解释道，一些成员国有意“修饰他们的账本”，以满足标准。[3]德国也出现了类似情况，联邦银行和联邦政府为此进行了交锋。

（三）关于黄金－外汇储备重新计价的辩论

自1996年10月联邦银行内部开始就欧洲中央银行体系未来的会计事务以及其与成员国会计准则之间的关系进行讨论。这也涉及当1999年1月1日经济和货币联盟进入第三阶段后，如何处理货币和黄金储备。问题的起源是：大部分欧洲国家央行在做资产负债表时一般使用所谓的市场计价法，而德国联邦银行使用的是所谓的最低价会计准则[4]。[5]德国联邦银行当时总共拥有9520万盎司黄金，在资产负债表中根据最低价会计准则核算，其价格明显低于市场水平。经济和货币联盟启动后，一部分黄金将要按市场价格重新计价。[6]

---

① Tietmeyer, Auf dem Weg zur Währungsunion: Wo stehen wir?, S. 5.

② Tietmeyer, Geldwertstabilität in der Währungsunion, S. 2.

③ 奥特玛·伊辛访谈，2016年4月29日；于尔根·施塔克访谈，2016年2月24日；特奥·魏格尔访谈，2016年4月7日。

④ 最低价会计准则（Niederstwertprinzip）即在资产负债表中按成本计价或者按较低的当天价计算。见 Hintergrundgespräch von Vizepräsident Johann Wilhelm Gaddum mit Matt Marshall, Wall Street Journal Europe am 18. Juli 1997, 18.7.1997. PAT, Ordner 152, S. 12 f。

⑤ Deutsche Bundesbank, Neubewertung der Gold-und devisenreserven 28.5.1997. PAT, Ordner 152, S. 1.

⑥ Rolf Obertreis, Streit um die Goldreserve. „Ein Mann, der steht“. Warum Hans Tietmeyer nicht der Goldesel der Republik sein will: Der prinzipeinfeste Bundespräsident bringt die Bonner regierung ins Wanken, in: *Sonntagsblatt*, Nr. 23, 6.6.1997.

在 1997 年 1 月 6 日的一次会议上，央行董事员会首次提及此事。会议主要结果如下：第一，央行董事会认为，鉴于可能的公共误解及市场消极反应，抛售黄金非常危险；第二，黄金储备的重估虽然有必要，但因此获得的收益应分多年发放。这些收益用来帮助联邦偿还债务虽然是可能的，但是必须先与联邦财政部及联邦总理就此进行协商。①

1997 年 1 月 29 日，联邦政府和联邦银行开始就黄金和外汇储备的重新计价进行对话。蒂特迈尔在联邦财政部会见魏格尔和副部长于尔根·施塔克。他提醒两位先生，随着德国加入经济和货币联盟，黄金和外汇储备重估的问题将会出现，并且表明，应长远考虑将黄金和外汇储备红利用于偿还国家债务。蒂特迈尔想到一个多年计划，这一计划与经济和货币联盟的启动同步进行。②魏格尔补充道，他当时对此已有所了解，因为联邦央行副行长加杜姆在联邦总理新年招待会上已告知他。随后，他在联邦财政部新设立了一个工作委员会，而这个委员会向魏格尔提供了错误信息，以致事态完全朝不同方向发展。他说："我的一位司长告诉我，将黄金和外汇储备较高的价格（比如市价）重估，会对赤字标准产生影响。这个观点是错的。"③魏格尔由此认为，联邦银行的巨大收益将会流入联

① Deutsche Bundesbank, Neubewertung der Gold-und Devisenreserven, S. 2. Hans Tietmeyer, Übersicht über meine Gespräche mit Bonn betreffend Gold-und devisenbewertung sowie Rechnungslegungsneuordnung im Jahre 1997, o. D. PAT, Ordner 152, S. 1.

② Deutsche Bundesbank, Neubewertung der Gold-und Devisenreserven, S. 2. Hans Tietmeyer, Übersicht über meine Gespräche mit Bonn betreffend Gold-und devisenbewertung sowie Rechnungslegungsneuordnung im Jahre 1997, o. D. PAT, Ordner 152, S. 1.

③ 特奥·魏格尔访谈，2016 年 4 月 7 日。

邦财政，当年财政部就会有更多收入。[①]但是在施塔克看来，这会产生两个核心问题：第一，重估并不能真正减少财政赤字，只是资产负债表上的一个技术操作；第二，这种操作“给其他国家政府也发出一个错误信号，即各国在出现赤字的时候可以如此操控数据”。[②]然而，施塔克无法让魏格尔回心转意，对话只能继续。

1997年3月11日，联邦银行的蒂特迈尔与加杜姆和联邦政府的科尔与魏格尔再次会晤。对于联邦总理而言，问题是联邦银行1996年的年终财务报表是否还能做出相应调整，从而提供更多分红。可见，在科尔脑海里的是魏格尔的信息，即重估可以给赤字标准带来积极影响。然而，联邦银行的年终财务报表当时已经完成。在蒂特迈尔看来，1997年在重估黄金储备的基础上为联邦政府提供分红，在政治上不可取，在法律上也不可能。然而，科尔一再要求进一步核实这一可能性。[③]

1997年5月12日，科尔和蒂特迈尔之间进行了一次通话，蒂特迈尔称之为艰难而又顽固的对话。科尔建议，联邦银行在1997年额外提供约150亿德国马克的收益，而1998年再继续提供300亿德国马克收益。蒂特迈尔谨慎地回应，表示这样会带来信任问题，并损害经济和货币联盟稳定导向的可信度。科尔又说，“联邦银行有这些钱”，并且威胁蒂特迈尔，要是收益分红、经济和货币联盟不能实现的话，联邦银行必须承担这个责任。[④]尽管如此，蒂特迈尔还是表现坚决，坚持稳定和可信度。随后，他邀请联邦财政

---

① 于尔根·施塔克访谈，2016年2月24日。

② 于尔根·施塔克访谈，2016年2月24日。

③ Tiemeyer, Übersicht über meine Gespräche mit Bonn betreffend Gold-und Devisenbewertung, S. 2.

④ Tiemeyer, Übersicht über meine Gespräche mit Bonn betreffend Gold-und Devisenbewertung, S. 2.

部部长参加央行理事会的原则讨论，并借此向他表明，在1997年转让收益分红根本是不可能的。[①]

1997年5月15日，魏格尔和他的副部长施塔克乘直升机到访联邦银行。《商报》当时猜测，联邦政府当时已计划将联邦银行的黄金储备用于弥补1997年和1998年的财政赤字。[②]相关档案和专家访谈表明，魏格尔当时在联邦银行的会议上再次要求，根据欧洲中央银行体系的会计准则，联邦银行的黄金储备必须按接近市场的价格重新计价。这些重新计价产生的收益应该于1997年、1998年及1999年交付给联邦财政部，用于偿还公共债务。[③]

魏格尔提到他犯了一个关键错误，就是他让联邦银行董事会觉得，联邦银行在帮助财政部达到赤字目标。在魏格尔看来，德国财政赤字率过线会导致德国从经济和货币联盟出局，这也是他的行为可以在一定程度上让人理解的地方。[④]他的原话是："我一不小心跟蒂特迈尔先生及他的同僚说到那些话。从那个时候起我开始觉察到，不管是蒂特迈尔先生还是董事会里其他人都不可能再同意调整黄金和外汇储备的计价。他们无论如何都不会帮我更轻松地达成目标。"[⑤]伊辛回忆，那个会议是他所参加的会议中"最冰冷"的一个。[⑥]

央行董事会还是坚持自己的立场，解释道，欧元不能成为一种

---

① Tiemeyer, Übersicht über meine Gespräche mit Bonn betreffend Gold-und Devisenbewertung, S. 3.

② Kurze Chronologie zum Thema „Neubewertung des Goldes“, 9. 7. 1997. PAT, Ordner 152, S. 1.

③ Kurze Chronologie zum Thema „Neubewertung des Goldes“, 9. 7. 1997. PAT, Ordner 152, S. 1；奥特玛·伊辛访谈，2016年4月29日。

④ Waigel, Der Vertrag über die Wirtschafts-und Währungs-und Sozialunion, S. 22.

⑤ 特奥·魏格尔访谈，2016年4月7日。

⑥ 奥特玛·伊辛访谈，2016年4月29日。

注水的货币。但是，其成员也都明白，当时仍占主导地位的德国联邦银行严格的会计准则（最低价会计准则），最终还是会被欧洲中央银行体系新的市场计价会计准则所取代。这意味着货币储备的重估，以及储备资产的增加。蒂特迈尔指出，联邦银行所拥有的信任资本不应受到损害。[①]

更确切地说，核心问题其实是可能给联邦银行带来的信任损害以及对趋同标准的错误示范。在董事会的讨论中变得很明确的是，黄金储备分红在1997年的转让虽然是一次性事件，但资本市场会将之视作“寻机性会计”。[②]这也会导致蒂特迈尔提及的被人们寄予厚望并将移交给欧洲中央银行的信任资本受到严重损害。鉴于央行信任被损害，董事会排除了在紧急情况下将黄金储备的收益一次性支付的可能，因为对于联邦银行而言，核心仍是须证明自己的政策可持续。而且，其他欧洲国家类似的“寻机性会计”在过去还曾遭到联邦银行批评。[③]

联邦政府警告联邦银行董事会，在这一讨论中绝不能忽视经济和货币联盟整个计划可能因此失败，而联邦德国的威信也会因此受到巨大损害。对于联邦政府而言，提出这样的建议是可以理解的，因为它更害怕被指责没有竭尽全力实现经济和货币联盟设定的目标。[④]双方最后都同意进行进一步对话，并且就联邦财政部提供给

---

① Tietmeyer, Übersicht über meine Gespräche mit Bonn betreffend Gold-und Devisenbewertung, S. 1－5.

② Kurze Chronologie zum Thema „Neubewertung des Goldes“, S. 2.

③ 奥特玛·伊辛访谈，2016年4月29日；Tietmeyer, Übersicht über meine Gespräche mit Bonn betreffend Gold-und Devisenbewertung, S. 5。

④ Tietmeyer, Übersicht über meine Gespräche mit Bonn betreffend Gold-und Devisenbewertung, S. 2－5.

联邦银行的关键问题文件达成一致。①

关键问题文件《联邦银行会计准则理念的关键问题》于1997年5月26日，也就是会晤一周后送达联邦银行，央行董事会在一次特别会议中对此进行了讨论。②奥特玛·伊辛受托就此准备一份书面立场。蒂特迈尔回忆道，他第二天就在联邦银行会客厅的前厅告知魏格尔，还将有一份书面的立场文件。蒂特迈尔让魏格尔明白，这一"事实很清楚"，他想努力"按下消音键"。③

在立场文件中，央行理事会一致驳回了联邦财政部的关键问题文件，理由如下：截至目前，联邦银行根据法律规定的"最低价会计标准"记账，而在欧洲中央银行体系中，采用市场计价会计准则，但是因此产生的收益，不会作为分红，而是转入一个所谓"新计价账户"。④从成员国央行转入欧洲中央银行体系的储备，其计价也应适用这条规则。⑤财政部的文件明确要求进行货币储备重估，这将导致外汇与黄金储备显著升值。不同于欧洲中央银行体系的相关规定，联邦财政部要求重估产生的收益于1997年上交联邦，用于偿还公共债务。⑥央行理事会就此达成一致，虽然因德国加入经济和货币联盟而须适用新的计价规定，但货币储备更高的计价须

---

① Hintergrundgespräch von Vizepräsident Johann Wilhelm Gaddum, S. 11.

② Tietmeyer, Übersicht über meine Gespräche mit Bonn betreffend Gold-und Devisenbewertung, S. 4.

③ Tietmeyer, Übersicht über meine Gespräche mit Bonn betreffend Gold-und Devisenbewertung, S. 4.

④ Im Jahresbericht 1996 des EWI, der im Januar 1997 erschien, erfolgte der erste offizielle Hinweis über den Ansatz hinsichtlich einer Bewertung zu Marktpreisen verbunden mit einer Bildung von Neubewertungsrücklagen. Hintergrundgespräch von Vizepräsident Johann Wilhelm Gaddum, S. 2; Deutsche Bundesbank, Neubewertung der Gold-und Devisenreserven, S. 1.

⑤ Deutsche Bundesbank, Neubewertung der Gold-und Devisenreserven, S. 1.

⑥ Deutsche Bundesbank, Neubewertung der Gold-und Devisenreserven, S. 1.

与重估可能产生的收益分红区分。该文件写道："这种情况下可规定一个货币政策替代性的分红。"①

央行理事会原则上同意联邦财政部使用重新计价的货币储备的建议，但是把1997年与1998年提前分红视为"对自主制作资产负债表和联邦银行独立性的侵犯"。②联邦银行副行长加杜姆因此在1997年7月18日的一次采访中再次明确立场："联邦财政部法案中规定的'明确指明的'特别规定（1997～1998年）对独立性的侵犯，不是分红或不分红的问题，而是'明确指明的'特殊规定。"③ 核心问题是对联邦银行工作的政治干预。

如果在基准年1997年真的进行分红，就会给经济和货币联盟未来的稳定带来巨大的信任损害风险。伊辛解释道："这是难以置信的，一直标榜值得信任的德国现在居然也要开始这样做……德国本该是稳定的捍卫者，这样做即使不会摧毁，也会严重损害稳定的文化。联邦银行的可信度受到损害，也会导致以其为典范的欧洲中央银行从一开始就先天不足。"④

就事论事，储备的分红是可以想象的，但不是在政治压力之下进行，这样的话会限制独立性。蒂特迈尔如此补充伊辛的观点："我们要在欧洲内部引进更严格的纪律。德国无论以什么方式带头让这种一次性效果出现，可信度就是问题……我们将以一种不严肃的方式进入货币联盟。"⑤

科尔自称是一个"联邦银行独立性的坚定拥趸"，因此接下

---

① Deutsche Bundesbank, Neubewertung der Gold-und Devisenreserven, S. 2.
② Deutsche Bundesbank, Neubewertung der Gold-und Devisenreserven, S. 2.
③ Hintergrundgespräch von Vizepräsident Johann Wilhelm Gaddum, S. 12.
④ 奥特玛·伊辛访谈，2016年4月29日。
⑤ 汉斯·蒂特迈尔访谈，2016年2月24日。

来在 1997 年 6 月 3 日联邦议会的辩论中，他也做出支持联邦银行独立性的姿态。[①]科尔承受了政治压力。国内外专业媒体对联邦政府的计划批评如潮。有些甚至对这个方案讥讽道：甚至波恩“也要玩资产负债表的小把戏了”。[②]科尔绝对不想让公众产生这样的印象。

紧接着施塔克与加杜姆再次会晤，之后双方达成妥协，1997 年基于黄金储备重估进行分工的计划彻底落空。双方达成一致，联邦政府在计价问题上负全责。[③]

不过，在外汇储备方面，联邦银行最终向联邦政府做出妥协。在资产负债表里，黄金储备根据“最低价会计标准”按原值计价（1996 年 12 月 31 日每盎司黄金的当天价为 143.81 德国马克，而 1997 年 4 月 25 日每盎司黄金的当天价是 587.44 德国马克），外汇储备则按当时的历史最低价计价（1996 年 12 月 31 日 1 美元兑 1.3620 德国马克）。[④]因为黄金储备是按购入原值入账，央行理事会认为这种方式在货币政策上是可取的，因此外汇储备也应转变为平均购入原值计价（1 美元兑 1.5644 德国马克）。因此产生的特殊收益将在 1998 年财政年度分红，所以对基准年的趋同标准不产生影响。[⑤]

---

① Kurze Chronologie zum Thema „Neubewertung des Goldes“, S. 3. Tietmeyer, Rede im Rahmen der Feierstunde zur Amtsübergabe am 1. Oktober 1993, S. 2.

② Kurze Chronologie zum Thema „Neubewertung des Goldes“, S. 2.

③ Tietmeyer, Übersicht über meine Gespräche mit Bonn betreffend Gold-und Devisenbewertung. S. 6.

④ Deutsche Bundesbank, Protokoll der Pressekonferenz im Anschluß an die Zentralbanksitzung in Aschau im Chiemgau am 10. Juli 1997, 10.7.1997. PAT, Ordner 110, S. 13.

⑤ Werner Weidenfeld/Wolfgang Wessels, Jahrbuch der Europäischen Integration 1997/98, Bonn 1998, S. 199.

魏格尔最终应对这个结果感到满意。外界的观感是，“黄金讨论”后魏格尔和蒂特迈尔的关系“严重受损”。[①]《明镜》周刊1997 年 6 月 29 日的一篇文章写道：“有时候，财政部部长与央行行长之间的口舌之争显得荒诞。当魏格尔用一个拉丁短语回复刁钻的记者提问，表明他拉丁文很棒时，蒂特迈尔也会按捺不住，表示他甚至懂希腊语。”[②]魏格尔也证实了这一点：“在我们达成共识后，气氛有点紧张。蒂特迈尔有次给我写信，表示他对我有些过分了。”[③]

蒂特迈尔和魏格尔及联邦政府之间的公开冲突让很多人感到惊讶，因为蒂特迈尔一直被视为波恩的亲信。如果黄金储备要进行重估的话，蒂特迈尔有时甚至会提出辞职。他回忆道：“我记得还曾在家与科尔通过电话……我跟他说，如果我们同意这种一次性效果发生，我必须得辞职。”[④]施塔克补充道，通话时蒂特迈尔说话的声音特别大。问题是，到底谁最该辞职，如果没有达成共识的话，是联邦银行行长还是联邦总理。施塔克表示：“这真是千钧一发的时刻。联邦银行行长想要扳倒联邦总理吗？”[⑤]

---

① O. A., Bundesbank: „Nicht bereit zum Dialog“. Das Verhältnis zwischen der Regierung und den Frankfurter Währungshütern ist gespannt. Jetzt droht ein neuer Konflikt: Bundesbankpräsident Tietmeyer scheint fest entschlossen, seine Unabhängigkeit zu beweisen-und die Zinsen zu erhöhen, in: *Der Spiegel*, Nr. 40, 29. 9. 1997.

② O. A., Bundesbank: „Nicht bereit zum Dialog“. Das Verhältnis zwischen der Regierung und den Frankfurter Währungshütern ist gespannt. Jetzt droht ein neuer Konflikt: Bundesbankpräsident Tietmeyer scheint fest entschlossen, seine Unabhängigkeit zu beweisen-und die Zinsen zu erhöhen, in: *Der Spiegel*, Nr. 40, 29. 9. 1997.

③ 特奥·魏格尔访谈，2016 年 4 月 7 日。

④ 汉斯·蒂特迈尔访谈，2016 年 2 月 24 日。

⑤ 于尔根·施塔克访谈，2016 年 2 月 24 日；汉斯·蒂特迈尔访谈，2016 年 2 月 24 日。

根据媒体报道，在欧元引入问题上，蒂特迈尔在波恩逐渐获得了“不安全新手”的名声，不同于许多人之前的期待，他在这个问题上与波恩的路线保持很大距离。[①] 1997 年 11 月 4 日的《南德意志报》（*Süddeutsche Zeitung*）的评论是：“科尔曾经的心腹，最迟从‘黄金战争’开始，终于与之切割了。”[②]财经记者彼得·格罗兹也认可这一说法，但他认为蒂特迈尔只是出于实际信仰才这样做：“他可以说，他所做的，都是他的义务，但他乐此不疲。谁要是想对他的黄金储备重新计价，或者想要规定他的息差，就得过蒂特迈尔这一关。”[③]

不过，不管是公共媒体，还是政界，蒂特迈尔都得到众多的支持。例如他提到接到斯托尔滕贝格的电话，对方同样对联邦政府的方案表示担忧，并对蒂特迈尔能坚持立场表示祝贺。[④]在欧洲中央银行建立的前一年，德国联邦银行成为一场危险讨论的胜利者，维护了自己在稳定和可信性方面的声誉。对于欧洲中央银行的建立来说，这一形势是一个明确的宣言。《明镜》周刊评论道：“谁如果被称为‘德国马克的捍卫者’，谁就在保卫比国旗或国歌更为合适的国家象征。”[⑤]

魏格尔至今都觉得在这件事情上受到不公平对待，因为最初的

---

① O. A. , Bundesbank: „Nicht bereit zum Dialog“ , o. S.

② Einecke, Die Herrschaft des Dieners, o. S.

③ Glotz, Der Kardinal des Geldes, o. S.

④ Tietmeyer, Übersicht über meine Gespräche mit Bonn betreffend Gold-und Devisenbewertung, S. 4 f.

⑤ Jan Fleischauer, Der Erzbischof aus Frankfurt. Die einen verehren den Bundesbankpräsidenten als Hüter der Mark, die anderen hassen ihn als Symbol des kalten Kapitalismus: Hans Tietmeyer ist die Idealbesetzung eines Amtes, das seinem Inhaber höchste Autorität im Land verleiht, in: *Der Spiegel*, Nr. 23, 2. 6. 1997.

想法并不是来自他，而是央行理事会。[①]如果回顾一下“黄金之战”爆发后的媒体报道，公众舆论对魏格尔展开了猛烈攻击，用他自己的话来说，他成了“替罪羊”。[②] 伊辛将整个过程直接称为“无与伦比的耻辱”。[③] 例如，专业记者罗尔夫·奥伯特莱斯（Rolf Obertreis）在 1997 年 9 月评论道：“为了填补财政亏空，他要重估联邦银行的黄金储备，而他也没有提前询问身在法兰克福的央行行长。联邦银行的独立性受到侵犯，其无可挑剔的国际声誉被视为儿戏。联邦银行的反应是明确且尖锐的。汉斯·蒂特迈尔在信件中回应道，我们不会出售黄金。联邦财政部部长最后必须认输，而联邦银行是胜利者……蒂特迈尔没有沉醉于胜利，这不是他的风格。”[④]

1997 年 6 月 6 日的《礼拜天报》（*Sonntagsblatt*）称：“魏格尔低估了蒂特迈尔……坚守原则的联邦银行行长让波恩的统治摇摇欲坠。”[⑤]这场辩论无疑让魏格尔在政治上名誉扫地。当年那场黄金和外汇储备重估至今明显都是他人生的一个痛点。他自我解嘲道：“挑衅梵蒂冈，会获得称赞，但是与联邦银行抗争没有意义。它是神圣不可侵犯的……您不可能在与联邦银行的战争中获胜。”[⑥]对奥特玛·伊辛来说，至今都无法理解“联邦政府这辆火车怎么能高速冲向联邦银行这堵墙”。[⑦]他说：“魏格尔是一位具有丰富经验的

---

① 特奥·魏格尔访谈，2016 年 4 月 7 日。

② 特奥·魏格尔访谈，2016 年 4 月 7 日。

③ 奥特玛·伊辛访谈，2016 年 4 月 29 日。

④ Rolf Obertreis, Harter Mann für harten Euro. Die Worte von Bundesbankchef Hans Tietmeyer haben ein besonderes Gewicht. Mit seinen Äußerungen zum Euro hat er Verwirrung gestiftet-und die Bundesregierung deutlich verärgert, in: *Der Tagesspiegel*, 6. 9. 1997.

⑤ Obertreis, Streit um die Goldreserve, o. S.

⑥ 特奥·魏格尔访谈，2016 年 4 月 7 日。

⑦ 奥特玛·伊辛访谈，2016 年 4 月 29 日。

政治家，难以想象他会直接往枪口上撞……任何一位稍微了解内情的人，都知道联邦银行那里立着一堵墙……为何需要这样轰动的表演？为何会遭遇这样的灭顶之灾？这简直就是多余。”[①]

可以认为，尤其在重估讨论初期，联邦银行和联邦财政部出现了一系列沟通误会。加杜姆认可这种表述，他解释道，一些想法出乎意料地自动形成了。他认为争论是“收效甚微的”，因为争论涉及的是程序而不是事情本身。[②]伊辛证实了这个看法，因为在当时的情况下，沟通一定会出现问题：“让我难以置信的地方是，黄金重估的主意居然是从我们这里产生的。我完全不知道，还非常天真地认为这是不可能的。”[③]于尔根·施塔克也认为问题是沟通不顺畅导致的，核心问题在于联邦银行太晚向联邦财政部通报。结果就是各说各话，以致双方都出了差错。[④]

一些记者甚至将这一争论的过程解读为联邦银行在有意营造象征意义，因为它很快就要失去自己的货币，希望通过再一次强硬来彰显自己的声誉。伊辛反驳这一指责：“让大家关注联邦银行的动机，简直是肤浅的政治对立……联邦银行别无选择。我们不是在演戏给大家看，但政治有时给人这种感觉。”[⑤]

以上论述表明，联邦政府和联邦银行之间关于黄金和外汇储备重新计价的讨论给双方关系带来了难以磨灭的创伤。最终，联邦银行的拒绝宣示了这场争论的结束，联邦政府只能凭借自己的力量达到趋同标准。

---

① 奥特玛·伊辛访谈，2016 年 4 月 29 日。

② 约翰·威廉姆·加杜姆访谈，2016 年 4 月 5 日。

③ 奥特玛·伊辛访谈，2016 年 4 月 29 日。

④ 于尔根·施塔克访谈，2016 年 2 月 24 日。

⑤ 奥特玛·伊辛访谈，2016 年 4 月 29 日。

（四）确保遵守最低限度预算纪律的《稳定与增长公约》

在1998年检验趋同标准实现情况之前，1996年12月在都柏林召开的欧盟峰会已经开始讨论联邦政府动议的《稳定与增长公约》（*Stabilität-und Wachstumspakt*），这个协定不仅让《马斯特里赫特条约》相关规定更严格，还有利于经济和货币联盟内部形成稳定、可持续的公共财政形势。①

蒂特迈尔早在20世纪90年代初就要求长期落实3%的赤字率标准，而不是只在作为基准的1997年进行检验。②伊辛一语中的："只粉饰一年，然后继续像以前那样我行我素，是不可能的。"③蒂特迈尔担心，很多地方的财政赤字会居高不下，历史经验表明，好几个潜在成员国财政总是不够自律。④因此他要求，成员国财政政策须被置于共同且严格的控制之下，以保证在加入经济和货币联盟之后货币政策不会被单个成员国的过度财政赤字损害，并预防单个国家成为其他国家的负担。⑤为确保持续的稳定性，成员国应就《马斯特里赫特条约》的补充条款达成一致，财政不自律的国家会受到惩罚机制的处置。⑥蒂特迈尔赞同设立一个"断头台"，只要成员国不遵守规定，这个"断头台"就被激活。⑦如果出现财政赤字率超过3%的情况，成员国要么补齐，要么接受制裁。当然，制裁不会真正损害成员国。这一方案的目的和意义在于，借助清晰制裁

---

① 特奥·魏格尔访谈，2016年4月7日。

② Brief von Tietmeyer an einen Bürger v. 25. 7. 1997. PAT, Ordner 178, S. 1.

③ 奥特玛·伊辛访谈，2016年4月29日。

④ Tietmeyer, Auf dem Weg zur Währungsunion: Wo stehen wir?, S. 4.

⑤ DAG-Journal, Die Europäische Zentralbank. Gastbeitrag von Hans Tietmeyer, S. 1.

⑥ Tietmeyer, Die Wirtschafts-und Währungsunion als Stabilitätsgemeinschaft, S. 10.

⑦ Tietmeyer, Deutschland und Europa. Chancen und Risiken der Währungsintegration, S. 16；于尔根·施塔克访谈，2016年2月24日。

规定下可信的威胁来激励稳定导向的财政政策，从而使制裁完全没有必要实施。[①]

在这个问题上，魏格尔和蒂特迈尔站在统一阵线上，因为《稳定与增长公约》对他来说，就是在引入欧元以后也要遵守财政趋同标准。经济和货币联盟中可持续的财政纪律必须得到保证。《马斯特里赫特条约》的规定不能更改，而应具体化。魏格尔解释道："3%的标准不能只是一次达成就足够，财政政策的可持续化应在《稳定与增长公约》中固定下来。这意味着，为解决人口结构的问题，中期须'接近平衡'，而长期要有'盈余'。"[②]

1997年6月17日，在阿姆斯特丹欧盟峰会上，《稳定与增长公约》正式通过。成员国不仅有义务实现财政平衡或盈余，还要在赤字率超过3%的情况下落实财政修复措施。而为消除过度赤字，可引入一个多步骤的程序。不过，赤字率超过3%并不意味着就是过度赤字，是否定义为过度赤字，取决于欧盟委员会与理事会的权衡。如果被认定为过度赤字，而成员国也没有按照要求削减赤字，委员会就会要求成员国缴纳占国内生产总值0.5%的罚金，这一罚金作为无息存款或者与成员国的借贷政策审核挂钩。[③]

《稳定与增长公约》的可信度与法律保障从一开始就受到质疑，因为其许多时候没有约束力，并且有一定的解读空间。该公约受批评最多的是过度赤字的认定和制裁的启动缺乏一个自动机制。如前所述，认定是否存在过度赤字以及启动与此挂钩的制裁，权限掌握在欧盟理事会手里，这一决定的政治性可能导致即使赤字率超

① Brief von Tietmeyer an einen Bürger v. 10. 2. 1997. PAT, Ordner 182, S. 1 f.

② 特奥·魏格尔访谈，2016年4月7日。

③ Karl Heinz Hausner, Der neue Stabilitäts-und Wachstumspakt und die deutsche Staatsverschuldung, in: *Wirtschaftsdienst* 4 (2005), S. 238 – 243, hier S. 238.

过3%，也不会被认定为过度赤字。①

（五）进入欧洲经济和货币联盟的第三阶段与最后阶段

在作为基准年的1997年，潜在的成员国致力于满足趋同标准，以成为联盟的创始国。蒂特迈尔认为创始国“可以决定货币联盟和共同体发展的命运”。②

1996年末首次进行检验，看看哪些国家符合趋同标准。检验结果表明，除了卢森堡，其他国家均未达到趋同标准，只能再次检验作为基准年的1997年。1998年初，欧盟委员会和欧洲货币局着手进行检验，并于1998年3月25日提交报告。接下来是1998年4月在欧洲议会进行听证。在报告的基础上，欧盟成员国经济与财政部长理事会（ECOFIN-Rat）向欧洲理事会提交了一份建议报告，欧洲理事会最终于1998年5月决定首批成员国名单。③

几个南欧国家非常担心会出现欧洲分化的情况。蒂特迈尔很明白，是否进入经济和货币联盟也关乎一个国家的政治威信：“理所当然的是，没有国家想被划为第二等或第三等国家。但这不能是决定性的标准，因为政治威信考虑不能优先于经济必要性。”④“不纳入”更多是为了保护那些趋同进程仍未完成，还须为此保留“汇率调整阀门”的国家。⑤蒂特迈尔解释道，一开始没有入选的国家可以随时申请检验本国的趋同标准，这一标准和创始国当年加入经济和货币联盟最后阶段是相同的。⑥经济和货币联盟须仅限于已达

---

① Ralf Bruhn, Die Wirtschaftsverfassung der Europäischen Union aus deutscher Perspektive, Berlin 2009, S. 95 – 98.

② Tietmeyer, „Aspekte der Europäischen Währungsintegration“, S. 21.

③ Tietmeyer, Von der D-Mark zum Euro, S. 3.

④ Tietmeyer, Deutschland und die Europäische Union, S. 6.

⑤ Tietmeyer, Deutschland und die Europäische Union, S. 6.

⑥ Tietmeyer, „Aspekte der Europäischen Währungsintegration“, S. 23 f.

到稳定政策条件的国家。①

当欧洲货币局于1996年底确定大多数国家并没有达到引入欧元的前提条件后，1997年的经济发展各项指标却开始显著好转。②通胀率降低成为可能，除了希腊，其他成员国的通胀率均位于基准值2.7%以下。然而，蒂特迈尔还是警告，在所有欧洲国家并没有完全形成一个普遍的稳定文化，因为一些国家的价格稳定只是阶段性的。另外，还有一些国家存在未来不容忽视的巨大结构性问题。③

除了结构性差异，成员国的税收体系也存在显著差别，经济学家沃尔夫拉姆·贝格尔（Wolfram Berger）、米歇尔·皮克哈特（Michael Pickhardt）、阿坦纳斯欧斯·皮宙里斯、阿洛伊斯·普林茨（Aloys Prinz）、乔迪·萨尔达（Jordi Sarda）认为这方面存在巨大调整需求。④他们在研究欧洲几个国家现金流的时候发现，比如希腊的现金流通与其经济总量相比有些夸张，这是反映影子经济规模更大的一个指标。讨论货币政策不能脱离影子经济，因为影子经济反过来对国家收入有重要影响。这种相关性在希腊尤其明显。在希腊加入欧元区之前，它还可以通过本国央行的通胀操作向影子经济收取铸币税。但是在加入欧元区以后，曾经作为国家融资手段的货币政策工具不再适用。巨大的税收损失出现，给国家债务带来巨大压力。而几十年来发展形成的行为模式也难因强制规定

① Tietmeyer, Perspektive für den deutschen Kapitalmarkt, S. 20.

② Tietmeyer, Geldwertstabilität in der Währungsunion, S. 3.

③ Eingangsstatement des Präsidenten der Deutschen Bundesbank, S. 4 f.

④ Vgl. Hierzu und im Folgenden: Wolfram Berger, Michael Pickhardt, Athanassios Pitsoulis, Aloys Prinz, Jordi Sarda, The hard shadow of the Greak economy: new estimates of the size of the underground economy and its fiscal impact, in: *Applied Economics* 46 (2014), Heft 18, S. 2190 – 2204.

得到改变。希腊国民对影子经济已习以为常，其行为模式难以在短期内改变。[①]总体而言，这是引入欧元之前政治上没有多加关注的一个方面。

长期利率的情况也类似。所有欧盟成员国（于 1997 年 2 月到 1998 年 1 月）的十年期国债都达到之前商定的基准值 7.8%。根本原因是经济基本要素得到改善，尤其是财政赤字的减少和价格上涨动力的削弱。[②]而希腊在这个问题上又一次是一个例外。

财政政策标准的落实情况则明显更糟糕。虽然 1997 年只有希腊赤字率超过了 3% 的标准，达到 4%，但是六个成员国（德国、法国、意大利、奥地利、葡萄牙和西班牙）也都接近 3% 的边界。[③]蒂特迈尔的解释是，很多成员国的公共财政由于来自欧盟财政的转移支付和普遍下降的长短期利息才勉强达标。如前所述，特别是法国和意大利的赤字率是通过临时且有限的个别措施得以改善的。欧洲货币局的一份报告显示，法国措施的力度达到国内生产总值的 0.6%，而意大利甚至达到 1%。[④]尽管如此，在作为基准年的 1997 年，15 个潜在成员国之中有 14 个正式达标。1997 年趋同标准情况——通胀率和长期利率如图 6－6 所示。

公共负债率问题显得更为严峻，仅德国、英国、芬兰和卢森堡达到了标准。整体而言，欧盟十五个国家的平均公共债务占国内生

① Philip Plickert, Wie Groß ist die griechische Schattenwirtschaft?, in: *Frankfurter Allgemeine Zeitung*, 22. 4. 2015.

② Eingangsstatement der Präsidenten der Deutschen Bundesbank, S. 6.

③ Die deutsche Defizitquote sank ohne Unterstützung der Bundesbank von 3. 4% im Jahr 1996 auf 2. 7% im Jahr 1997. Waigel, Der Vertrag über die Wirtschafts –, Währungs-und Sozialunion, S. 23.

④ Eingangsstatement des Präsidenten der Deutschen Bundesbank, S. 7.

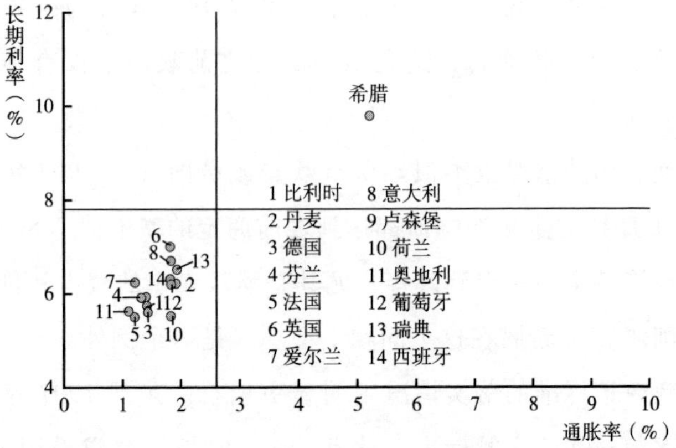

图 6-6　1997 年趋同标准情况——通胀率和长期利率

资料来源：作者自制，数据来源于 Daten entnommen aus Eurostat, Daten, 2018。

产总值的比率从 1991 年的 56% 上升到 1997 年的 72.1%。[①]只有四个国家在基准年负债率低于 60%，这是很成问题的。债务规则在经济和货币联盟引入之前松扣了，因为只要一个过度负债的国家在努力达到 60% 的标准，加入经济和货币联盟也是可能的。[②] 1997 年趋同标准——财政赤字率和公共负债率如图 6-7 所示。

在趋同标准基础之上，欧洲理事会最终于 1998 年 5 月宣布十一个国家（比利时、德国、芬兰、法国、爱尔兰、意大利、卢森堡、荷兰、奥地利、葡萄牙和西班牙）符合趋同标准。欧洲理事会认为，虽然七个国家在基准年的负债率超过 60%，但是这十一个国家的财政状况长期可承受。德国公众对这个结果的非议很大。[③]尤其

---

① Eingangsstatement des Präsidenten der Deutschen Bundesbank, S. 15.

② 特奥·魏格尔访谈，2016 年 4 月 7 日。

③ Edith Müller, Lohn-und Fiskalpolitik in einer Währungsunion, Wiesbaden 2000, S. 56.

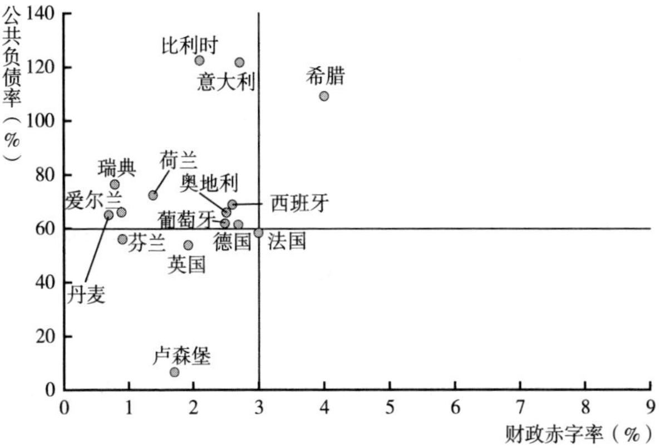

图 6－7　1997 年趋同标准——财政赤字率和公共负债率

资料来源：作者自制，数据来源于 Daten entnommen aus Eurostat, Daten, 2018。

是考虑到比利时和意大利①的公共负债率达到了 120%，是《马斯特里赫特条约》规定上限的两倍，公众的这一反应并不令人意外。而从中期来看，这两个国家还会产生更高财政赤字率，所以要在中期实现财政平衡显得并不现实。②蒂特迈尔认为意大利和比利时的财政状况长期下去不可持续，并且对其 1999 年加入经济和货币联盟的情况表示“严重关切”。③两国即使每年都实现 2% 的财政盈余，也无法在未来十年达到 60% 的公共负债率标准。④两国预算的缺口，即实际盈余和未来十年公共负债率达到基准值 60% 的必要盈余之间的差距，至少占比利时和意大利国内生产总值的

① 希腊的公共负债率也超过 100%，但是其财政赤字率没有达标，所以没有被纳入 1999 年 1 月 1 日的创始国行列。

② Eingangsstatement des Präsidenten der Deutschen Bundesbank, S. 9.

③ Eingangsstatement des Präsidenten der Deutschen Bundesbank, S. 9 u. 11.

④ Glotz, Der Kardinal des Geldes, o. S.

4%。[①]

魏格尔解释，尽管当时欧洲理事会接受意大利和比利时作为创始国，“在1998年5月初，对意大利还提出了非常具体的条件，以实现财政盈余，从而降低债务水平。直到2007年意大利还一直努力这样做，并且取得相应的进展。比利时的情况也类似，借助巨大的私有化潜力取得重大进步，因为欧洲理事会深知私有化的潜力，所以允许比利时入盟的决定还是较为容易做出的”[②]。蒂特迈尔提到，时任意大利财政部部长卡罗·阿泽利奥·钱皮（Carlo Azeglio Ciampi）承诺落实改革和减少债务，因为对于他来说首要任务是加入经济和货币联盟。钱皮应该信守了承诺，但他的继任者违背了诺言。[③]虽然存在各种经济考虑，但蒂特迈尔在政治上坚信，欧洲和意大利不可分割，意大利必须成为经济和货币联盟的成员国。[④]尽管如此，他仍明确要求意大利和比利时继续履行必要的义务。[⑤]值得一提的是，趋势本身也在评估加入联盟的条件中扮演一定角色，而这两个国家从1994年以来一直在进步。比利时和意大利的公共负债率分别从135%和125.5%下降到122.2%和121.6%。[⑥]

联邦银行的趋同评估报告指出，只有芬兰、爱尔兰和卢森堡具备公共财政长期承受能力。德国、法国、荷兰、奥地利、葡萄牙和西班牙应该强制执行进一步的整顿措施，降低公共开支占国内生产

① Eingangsstatement des Präsidenten der Deutschen Bundesbank, S. 8.

② 特奥·魏格尔访谈，2016年4月7日。

③ 汉斯·蒂特迈尔访谈，2016年2月24日。

④ Tietmeyer, Währungspolitische Kooperation zwischen Zentralbanken, S. 2.

⑤ Hauptabteilung Volkswirtschaft der Deutschen Bundesbank, Antwortempfehlungen, S. 4.

⑥ Jörg A. Wiese, Public Debt Management in der Europäischen Union. Langfristige Wirkungen staatlicher Finanzierungsstrategien, Wiesbaden 2000, S. 15.

总值的比例并改革社会保障体系。[1]根据联邦银行的评估，十一个成员国中只有三个展现了可持续的财政实力，于尔根·施塔克因此认为有必要将创始国控制在较小范围内。一个这样的历史性项目应该从一个小群体起步进行测试，而不是一开始就让十一个国家参与。早在 20 世纪 90 年代，施塔克就多次提出"趋同幻想"的概念。[2]蒂特迈尔也持相同看法，他认为，只有那些"不被财政和稳定政策理念过于拖累"的国家才能成为经济和货币联盟的一部分。[3]他最大的担忧是由于许多成员国不遵守财政纪律而导致疲软又不稳定的欧元体系。[4]蒂特迈尔并不是唯一持这一观点的人。1998 年 2 月，155 位经济学教授表态支持经济和货币联盟延后启动。[5]

蒂特迈尔多年来一直持这一观点，并指出潜在成员国需要更多时间来达到经济趋同。早在"维尔纳计划"推出时，他就倾向于不设定具体的时间表。蒂特迈尔在 70 年代就坚信，"从一个阶段过渡到下一个阶段，必须取决于上一阶段的必要条件是否完全实现"。[6]自经济和货币联盟的日程确定后，他就很少提及一个正式启动日期，直到 90 年代中期表示那是一个"×日"。[7] 1997 年 6 月的

---

① Eingangsstatement des Präsidenten der Deutschen Bundesbank, S. 9 u. 11.

② 于尔根·施塔克访谈，2016 年 2 月 24 日。

③ O. A., Tietmeyer heizt Euro-Diskussion an. Bundesbank-Chef: Bei EWU-Verschiebung stürzt Europas Himmel nicht ein, in: *Die Welt*, 4. 9. 1997.

④ O. A., Regierung: Vom Euro gejagt. Verschieben heißt verhindern-trotz aller Bedenken der Ökonomen halten Helmut Kohl und Theo Waigel am Terminplan zur Einführung der Währungsunion fest. Mit dem Drei-Prozent-Kriterium allerdings nimmt es der Kanzler nicht mehr so genau, in: *Der Spiegel*, Nr. 25, 16. 6. 1997.

⑤ Wolf Schäfer, Der Streit um den Euro in zehn Thesen, in: *Welt am Sonntag*, 15. 2. 1998.

⑥ Bundesministerium für Wirtschaft und Finanzen, Aufbruch, S. 7.

⑦ Tietmeyer, Die deutsch-französische Kooperation, S. 9; Tietmeyer, Währungspolitische Kooperation zwischen Zentralbanken, S. 15.

《明镜》周刊写道："蒂特迈尔躲在波恩的联邦政府后面，甚至尝试寻找推迟引入欧元的机会。"这一传言得到魏格尔的确认。魏格尔在1997年6月的基民盟/基社盟党团会议上表示："所有场合都在讨论推迟经济和货币联盟……包括在法兰克福的摩天大楼。"[①]蒂特迈尔在1997年9月4日也间接证实了这一看法，他曾坦率地表示，他不同意"引入欧元的日期推迟就意味着欧洲的天塌下来了，或者经济就会失控"。[②]蒂特迈尔也曾在2016年2月的一次谈话中对外表露过类似的观点，就稍晚引入欧元是否会更好这一问题，他表示"我愿意晚一点，我当时担心，一开始就想带上所有国家，哪怕从国民经济角度考虑，当时的条件并不成熟，压力总体会非常大"[③]。

随着经济和货币联盟启动的时间临近，蒂特迈尔关于推迟经济和货币联盟的表态就愈发谨慎。他为1997年12月慕尼黑的一次讲话准备的手稿体现了这一倾向。手稿原文是："我并不主张推迟。"[④]但这句话还是在正式发言前不久被划去了。这个现象表明，尽管他坚信应推迟，但不想引起市场的不安，所以在这个问题上开始模糊表态。公众也在揣测蒂特迈尔的真实看法，因为他越来越少明确表达观点。例如1997年9月4日《南德意志报》报道："蒂特迈尔说话了，但是他说了什么呢？"[⑤]人们这时可以反问：他能公开说什么？他必须谨慎，因为他知道，德国联邦银行行长任何一句话都会对国际外汇市场产生巨大影响。例如他曾在一封信中写道：

---

① O. A., Regierung: Vom Euro gejagt, o. S.

② O. A., Tietmeyer heist Euro-Diskussion an, o. S.

③ 汉斯·蒂特迈尔访谈，2016年2月24日。

④ Tietmeyer, Von der D-Mark zum Euro, S. 3.

⑤ O. A., Tietmeyer spricht, aber was sagt er?, in: *Süddeutsche Zeitung*, 4. 9. 1997.

"联邦银行质疑经济和货币联盟的日程表毫无疑问超越了它的职权，也忽视了对一系列国家稳定努力所产生的负面效应。"[①]

这样，至少在公共层面，蒂特迈尔不再提及延迟经济和货币联盟的启动，在 90 年代末他的表态听起来完全不一样。人们可以推测，他可能在此期间也承认这是一个任何经济考量都不能阻挡的政治问题。于尔根·施塔克证实了这个判断："一些客观条件导致他越来越少地发出推迟的警告。他也一直说，这最后就是一个政治决定。"[②]

在面临众多经济问题时，也不要忽视整个 90 年代在趋同进程中取得的重大进步，这些或许也导致蒂特迈尔最后没有再提及推迟的观点。在整个欧洲的层面，汇率变化相对稳定（欧洲汇率体系下的各国货币很长时间以来在 ±2.25% 幅度内波动），利率以及通胀率也降低到《马斯特里赫特条约》规定的标准。[③]

可能从某个时刻起，蒂特迈尔的观点开始向奥特玛·伊辛靠近，而伊辛注意到一些国家如葡萄牙和爱尔兰毫无争议地达到了趋同标准。[④]

鉴于前面提到的顾虑，德国联邦银行并不认可这份趋同报告，但是基于已取得的进步还是将其视为在稳定政策方面站得住脚的。[⑤]财经记者彼得·格罗兹就此惊讶得问道："发生了什么？谁让巫师丧失了法力？什么让德国央行改变了看法？为什么具有传奇色

---

① Brief von Tietmeyer an einen Bürger v. 27. 8. 1996, S. 2.

② 于尔根·施塔克访谈，2016 年 2 月 24 日。

③ Interview mit Prof. Dr. Dr. h. c. Hans Tietmeyer, Präsident der Deutschen Bundesbank, S. 1.

④ 奥特玛·伊辛访谈，2016 年 4 月 29 日。

⑤ Interview mit Prof. Dr. Dr. h. c. Hans Tietmeyer, Präsident der Deutschen Bundesbank, S. 1.

彩的联邦银行那位敦实、无所不知、经常像推土机一样行事的行长屈服了？"[①] 1998 年，已退休的赫尔穆特·施莱辛格就联邦银行对趋同报告的立场也持批评态度："没有明确表示，意大利不应加入……我认为联邦银行最新的立场较之以前有些软弱。"[②]

施莱辛格的话还是有道理的，但事实上，联邦银行的顾虑对政治决策并不能再产生实质影响。包括 11 个成员国的经济与货币联盟将于 1999 年 1 月 1 日启动。沃尔夫冈·格隆布当年在联邦财政部工作，作为亲历者，他表示，对于科尔来说，趋同标准是次要的。他觉得这就是算术问题，他坚信，意大利作为欧洲经济共同体的创始成员国必须成为经济和货币联盟的成员。[③]君特·克劳瑟也证实了科尔的基本态度，他引用科尔在一次私人谈话中的观点："这些都是历史进程，不要再提你们的经济，事实会证明一切的。重要的是确保和平，欧洲绝不能再有战争。"[④]魏格尔支持科尔，坚决启动经济和货币联盟。他在随后的趋同报告的新闻发布会上，表示现在选择的道路是绝对正确的，并为此负全责。询问他今天是否仍也坚持这一看法，他的回答是："是的，依然如此。"[⑤]

和当时一些德国联邦银行董事会成员提及此事，他们的反应也基本上是正面的。于尔根·施塔克表示，"加冕理论"下的另一种选择可能给人一种印象——经济和货币联盟会被搁置。这也是科尔一直致力于在 1999 年 1 月 1 日引入经济和货币联盟的原因。联邦总理决定在他任期内落实这项宏伟的计划，因为他预计会出现政府

---

① Glotz, Der Kardinal des Geldes, o. S.

② 赫尔穆特·施莱辛格访谈，2016 年 3 月 1 日。

③ 沃尔夫冈·格隆布访谈，2015 年 6 月 29 日。

④ 君特·克劳瑟访谈，2016 年 1 月 19 日。

⑤ 特奥·魏格尔访谈，2016 年 4 月 7 日。

换届的情况，而他的继任者不会想完成这个计划。[①]加杜姆也对科尔的想法表示理解，人们必须弄清楚，究竟是要确保经济政策理性，还是外交政策更具紧迫性。在世界历史中，这并不是第一个外交政策紧迫性优先于经济理念的观点："世界历史从来都不是按照经济政策理性来推进的……那些在 80 年代末推进欧洲统一进程进一步发展的人们坚信，在政治上这是必要的。"[②]

专家们基本上也持相同看法。虽然他们那时显然意识到显而易见的经济困境，但是对这一政治决定仍然充分理解。在访谈中常常出现另一种选择的提法。例如施莱辛格就曾提到，另一种选择可能是重新回归欧洲汇率体系，这会"在成员国之间引发激烈争论"。[③]因此，可以确定的是，联邦银行董事会经过激烈讨论，最终也只能承认，经济和货币联盟能良好运行。但不得不提的是，联邦银行虽然认为经济和货币联盟的稳定政策可行，但也指出了其中的风险。要确保其能够长期正常运行，就必须遵守约定的规则。特里谢支持这一观点并总结道："我们拥有一切我们需要的。我们拥有严格的规则，我们需要做的是，要运用它们。就是这么简单。"[④]

五　小结与展望

最后的问题是，蒂特迈尔对经济和货币联盟提出了哪些要求？这些要求对政治和经济发展有何影响？这些要求都应从今天的视角来进行评估。

---

① 于尔根·施塔克访谈，2016 年 2 月 24 日。

② 约翰·威廉·加杜姆访谈，2016 年 4 月 5 日。

③ 赫尔穆特·施莱辛格访谈，2016 年 3 月 1 日。

④ 让－克劳德·特里谢访谈，2016 年 5 月 24 日。

（一）引入经济和货币联盟后稳定导向的独立央行理念有哪些变化？

在今天的公共讨论中，有很多研究质疑欧洲中央银行的独立性。在这些讨论中不应忽视，货币政策措施的讨论并不意味着对欧洲央行独立性的干预。让-克劳德·特里谢、特奥·魏格尔和严斯·魏德曼一致认为，人们应就欧洲央行的货币政策进行讨论并可持有不同意见，但独立性本身从长远来看仍是不容置疑的。[①]马里奥·德拉吉将欧洲中央银行独立性称为“经济和货币联盟的基石”。[②]严斯·魏德曼甚至坚信，基于其制度框架，欧洲中央银行是世界上最具独立性的央行之一，他乃至认为这一独立性的可持续性比德国联邦银行还要强，因为今天须所有成员国一致同意才能改变这一属性。尽管如此，质疑欧洲中央银行独立性也并不令人惊讶，因为欧洲中央银行数年来一直游走于其货币政策权限边缘。尤其是购买国债，使财政政策和货币政策之间的边界也似乎渐渐模糊。[③]

在此背景下，特里谢捍卫“证券市场计划”（Security Market Programme，简称 SMP）[④]，借助这一计划，欧洲中央银行从 2010 年

---

① 特奥·魏格尔访谈，2016 年 4 月 7 日；让-克劳德·特里谢访谈，2016 年 5 月 24 日；严斯·魏德曼访谈，2016 年 8 月 2 日。

② 马里奥·德拉吉访谈，2016 年 9 月 21 日。

③ 严斯·魏德曼访谈，2016 年 8 月 2 日。

④ 欧洲中央银行于 2010 年 5 月 10 日宣布“证券市场计划”。它的目标是消除货币传导机制（也就是货币政策对国民经济影响）中的障碍，在二级市场购买欧元区成员国国债。欧洲中央银行一开始购买的是希腊、葡萄牙和爱尔兰的国债，自 2011 年 8 月起意大利和西班牙也加入了进来。SMP 的导火索是 2010 年春爆发的欧债危机，主要是由国民经济问题引发的本国国债利率飙升和市场价格大幅降低。而国债是各国中央银行在欧洲中央银行再融资贷款中最重要的抵押品，由于在各国中央银行无法还款的情况不能“确保不会引发南欧国家银行体系崩溃”，欧洲中央银行因此决定执行支撑性购买。见 Hans-Werner Sinn, Der Euro: Von der Friedensidee zum Zankapfel, München 2015, S. 355。

5月起，在二级市场购买爱尔兰、希腊和葡萄牙的国债（2011年又购买意大利和西班牙的国债）。特里谢明确解释，这不是政府委托的行动，而是欧洲中央银行在其职责范围内独立行动。他认为："这在货币政策领域是非常必要的……不要忘记欧洲中央银行有一个非常明确的首要职责，那就是确保物价稳定，并且欧洲中央银行具备实现目标的独立性。"[①]当爱尔兰、希腊和葡萄牙几乎处于失去偿付能力边缘时，特里谢将形势与2008年9月雷曼兄弟（Lehman Brothers）破产引发的一系列事件相比。他作为欧洲中央银行行长，在2010年5月7日至9日那个周末的欧洲理事会峰会上指责欧洲国家元首与政府首脑都没有遵守《稳定与增长公约》中的规定。以永久丧失竞争力为表现形势的后果日益显现。特里谢表述道："我告诉他们，他们得在个体和集体层面都做出重大的经济和财政政策调整，以解决系统性危机，并防止这样的危机再次出现。"[②]这个周末结束后，高达5亿欧元的救助方案得以通过，以防止经济和货币联盟中一些国家丧失偿付能力。特里谢尤其强调这一形势下的独立性问题："在周日的最后，欧洲中央银行管理委员会决定下周一干预二级证券市场。这个决定完全独立于政府部门和其他欧盟机构做出，也不是与任何政府协商或讨价还价的结果。"[③]

紧接着一个问题出现了，这样的货币政策操作是否符合德国联邦银行稳定导向的模式？毕竟欧洲中央银行的章程源于联邦银行。[④]于尔根·施塔克解释道，欧洲中央银行已经完全脱离了联邦银行的模式，使用了一些兼顾单个成员国利益的工具。在他看来，

① 让-克劳德·特里谢访谈，2016年5月24日。
② 让-克劳德·特里谢访谈，2016年5月24日。
③ 让-克劳德·特里谢访谈，2016年5月24日。
④ 奥特玛·伊辛访谈，2016年4月29日。

“证券市场计划”借助财政融资救助国家，是欧洲中央银行的越权。当这个计划扩展到意大利和西班牙以后，特里谢和德拉吉于2011年致信时任意大利总理贝卢斯科尼（Berlusconi），要求意大利政府未来必须采取改革措施。[①]特里谢证实了这封信的存在：“当我决定在2011年8月购买意大利和西班牙的债券时，我给两国政府首脑都写了信。这是一封央行写给一个政府非常诚恳的信。”[②]

在施塔克看来，这些措施既是救助意大利的办法，又是欧洲中央银行进一步越权的表现。人们询问他如何看待欧洲中央银行行长马里奥·德拉吉所扮演的角色时，他的回答是：“他为意大利制定政策。请您原谅，我只是瞎说。”[③]严斯·魏德曼虽然不同意这一观点，但是评价德国在欧洲中央银行管理委员会立场时，他说，他不能像“比如他的意大利同事那样只关注意大利的经济发展”一样，只根据德国经济形势制定货币政策。[④]

施塔克将欧洲中央银行目前货币政策的短期性考量称为“进一步越权”。他在全世界范围内看到流动性过剩，就是为了将通胀率提高到规定的2%目标水平。他强调，虽然欧洲中央银行的首要目标是价格稳定，但并没有通胀目标。他在卸任几年后曾表示：“欧洲中央银行失职了，这个过失一直都在。成员国政府都知道，如果下一次再出现严峻情况，欧洲中央银行还会再一次重复它通常不允许做的……美国有句话，‘我们不能忘却……’政府和银行都心里有数。当严峻情况再次出现时，救星会来印钱。”[⑤]

---

① 于尔根·施塔克访谈，2016年2月24日。
② 让-克劳德·特里谢访谈，2016年5月24日。
③ 于尔根·施塔克访谈，2016年2月24日。
④ 严斯·魏德曼访谈，2016年8月2日。
⑤ 于尔根·施塔克访谈，2016年2月24日。

作为联邦银行前行长，施莱辛格的言论虽然没有施塔克激烈，但施莱辛格基本同意他的观点。施莱辛格表明，从欧洲中央银行在“一些方面”我们已经无法辨认联邦银行模式的存在，联邦银行从来没有实施过单月购买高达800亿欧元国债的计划。根本原因在于，这样做会导致央行创造本不需要的基础货币，使商业银行又要把这些货币存在欧洲中央银行，并为这些存款支付惩罚性利息。施莱辛格解释说，德国联邦银行一直致力于让商业银行对央行有轻微流动性依赖，产生的资金缺口通过再融资机制得到覆盖，“这是货币政策的常规传导路径”①。

德国联邦银行前副行长约翰·威廉·加杜姆也持与施塔克和施莱辛格大致相同的观点。他提示，人们在引入经济和货币联盟时，可能低估了欧洲政治家绕过规则的热情。他解释道：“现在尝试将整个欧洲缺乏统一经济与财政政策的问题推给货币政策，我们当时的确没有预料到。”②

马里奥·德拉吉捍卫欧洲中央银行的货币政策，坚持认为为了确保章程中规定的货币稳定，引入新的货币政策工具是有必要的。货币政策任务是保持通胀率低于但接近2%的水平，因此实施的新型工具属于欧洲中央银行的权限。他说：“那些不同意这一看法的人，会认为我们没有遵守章程，或者货币政策是无效的。这两点都分别被驳斥了：一个通过法院，一个通过事实和数据。”③

另一个非常规货币政策工具，即所谓“直升机撒钱”（Helicoptergeld），毫无疑问这当然不符合联邦银行模式。马里奥·德拉吉在2016年3月10日的新闻发布会上称这个方案“是一个非

---

① 赫尔穆特·施莱辛格访谈，2016年3月1日。
② 约翰·威廉·加杜姆访谈，2016年4月5日。
③ 马里奥·德拉吉访谈，2016年9月21日。

常有意思的方案”，引发公众对此进行热烈讨论。① 这个方案其实相对简单：为降低通胀和提振经济景气，须向欧元区民众分发更多的基础货币。这个方案可追溯到米尔顿·弗里德曼，他认为，在产能充分利用和完全就业情况下，价格会与货币量同步增长，价格上涨目标因此可以通过增加货币量来实现。②类似的货币政策工具也在2008年夏天的全球金融危机中使用过。为了刺激经济发展和对抗衰退，当时的美国公民可获得可自由使用的现金支票。二者本质区别在于，美国的钱由财政部出，因为针对社会的转移支付是财政政策职责范畴。③

倘若欧洲中央银行使用这个方案，将对欧洲中央银行资产负债表产生负面作用。这意味着，成员国央行基于它们在欧洲中央银行的份额而获得的分红将减少，而这些分红是各国央行将要转付给各国财政部的，各国财政收入也会因此受到影响。这个逻辑引发的后果就是“直升机撒钱”方案既不利于纳税者，又会损害国家提供服务的能力。④

奥特玛·伊辛将这个方案称为“精神错乱”或“货币政策破产宣言”，因为这就意味着“货币政策山穷水尽了”。⑤魏德曼赞同伊辛的看法，并表示，这不是欧洲中央银行能够建立信任的工具。更确切地说，这是一种会触及货币政策边界且导致货币政策和财政

---

① Karsen Seibel/Lukas Zdrzalek u. a., Mario Draghi liebäugelt mit dem nächsten Tabu-Bruch, in: *Die Welt*, 13.3.2016.

② Milton Friedman, The Optimum Quantity of Money and other Essays, Chicago 1969, S. 4 ff.

③ 严斯·魏德曼访谈，2016年8月2日。

④ 严斯·魏德曼访谈，2016年8月2日。

⑤ 奥特玛·伊辛访谈，2016年4月29日。

政策混淆的工具。[①]然而，双方还是达成了一致，欧洲中央银行不会严肃考虑将“直升机撒钱”列为货币政策的一部分。伊辛说，这是一个在货币政策研讨会上多次讨论的理论概念。他认为：“当德拉吉说这是一个有趣的理念时，他也就是这么认为的。”[②]魏德曼则补充道：“我们不认为‘直升机撒钱’是货币政策工具箱里的一个重要选项。马里奥·德拉吉也不这么认为。”[③]在2016年的一次谈话中，德拉吉说：“在严格的学术意义上这是一个很有意思的提法，它本身是很理论的东西。如果我们要引入它的话，就会面临很多法律挑战……我们认为并没有必要引入任何未经测试并且其可操作性和法律复杂性会引起巨大问题的新政策工具。而且，管理委员会并未对此进行过任何相关讨论。”[④]

最后，也要对德国专家关于欧洲中央银行当前货币政策的意见进行批判。仍然存在一些人（比如来自沃尔夫冈·朔伊布勒、特奥·魏格尔或严斯·魏德曼）对欧洲中央银行的做法至少表示一定理解。沃尔夫冈·朔伊布勒认为尽管德国原则绝对正确，但是也支持在货币政策领域必须兼顾其他国家的情况。[⑤]虽然与蒂特迈尔类似，严斯·魏德曼也支持一个独立、稳定导向且与财政政策界线分明的央行，然而当欧洲陷入二战后最严重的金融危机时，也需要做出较之前几十年完全不同的货币政策反应。[⑥]德拉吉这样理解：“当然，欧洲中央银行不同于德国联邦银行，因为它不是一个国家的央行，而是十九个国家的央行……在极端情况下，我们得使用非

① 严斯·魏德曼访谈，2016年8月2日。
② 奥特玛·伊辛访谈，2016年4月29日。
③ 严斯·魏德曼访谈，2016年8月2日。
④ 马里奥·德拉吉访谈，2016年9月21日。
⑤ 沃尔夫冈·朔伊布勒访谈，2016年9月16日。
⑥ 严斯·魏德曼访谈，2016年8月2日。

常规工具。"[1]尽管如此，依然需要确保经济和货币联盟长期稳定运行，这也是蒂特迈尔一直致力追求的。

(二) 建立经济和货币联盟以来关于建立政治联盟的讨论如何发展？

蒂特迈尔一直要求的一个正式政治联盟至今在欧洲也没有建立。马里奥·德拉吉说："比较我们的货币联盟和美国的货币联盟，很显然，我们的是不完整的。我们并没有一个可以为货币联盟背书的政治联盟。"[2]但是，这个政治联盟的定义是什么呢？与经济学家和政治学家讨论这个概念时，提及的变量是不一样的。

一些人认为应该仿照美国在欧洲也建立一个合众国。蒂特迈尔始终拒绝这个模式，因为美国人口的流动性一直高于欧洲。美国是在历史中形成的移民国家，且在语言和文化上具有同质性。相反，欧洲由不同语言和文化的社会组成，流动性毫无疑问较低。[3]此外，美国是一个民族国家，虽然也存在地域差异，但是原则上拥有单一税收系统、一个部分统一的社保体系和一个中央国家财政。[4]而在欧洲，这些条件至今都不具备。伊辛说，科尔也没有意向建立欧洲合众国，因为语言和文化壁垒实在难以逾越。[5]基于历史形成的欧洲形势设计出一条所谓的欧洲式道路，是极其艰难的，甚至是不可能的。蒂特迈尔也得出同样的结论，在欧洲合众国问题上不能过于执着，"我们必须另寻出路"。

政治联盟的另一个模式可以是瑞士模式。蒂特迈尔认为在这个

---

① 马里奥·德拉吉访谈，2016 年 9 月 21 日。
② 马里奥·德拉吉访谈，2016 年 9 月 21 日。
③ 汉斯·蒂特迈尔访谈，2013 年 3 月 1 日。
④ Jungbluth/Mahler u. a.，„Der Termin steht im Vertrag"，o. S.
⑤ 奥特玛·伊辛访谈，2016 年 4 月 29 日。

模式中，各国可以实施一定程度的共同外交和国防政策，而社会保障体系可以存在差异，同时财政政策在一个共同的法律框架下保留在国家手中。[①]于尔根·施塔克同样也认为这个方案是有意义的。欧盟成员国可以像瑞士的各个州一样，保有高度的主权和自主性。但是，这并不会导致政策领域的完全统一，而是基于辅助性原则分割任务权限。瑞士模式会导致一些超国家领域又重新回归成员国职权范围；同时，另一些领域，如目前仍主要属于成员国职权范围的外交政策，则转移到超国家层面。施塔克特别注意到，缺乏一个共同外交政策是整个欧洲失灵的原因，因为成员国各自为政的外交政策无法为集体问题提供有效的解决方案。[②]

在欧洲是否会出现一个政治联盟，还是未知数。可以确定的是，政治结构与机制不可能从其他地方轻易移植过来。特里谢也同意这个观点："我不认为这个世界上存在我们可供借鉴的模式……我认为我们需要设计出自己的联盟模式，德国不是田纳西州，法国不是加州，欧洲需要的是一个自己的模式。"[③]

2015年6月，让-克劳德·容克（Jean-Claude Juncker）、唐纳德·图斯克（Donald Tusk）、杰洛·戴松布伦（Jeroen Dilsselbloem）、马里奥·德拉吉和马丁·舒尔茨（Martin Schulz）发布《五主席[④]报告》，声明要到2025年将经济和货币联盟进一步发展为一个真正的金融、财政和政治联盟。德拉吉提到，报告重新拾起蒂特迈尔长远上实现政治联盟的方案。[⑤]其中最重要的是欧元区共同财政部，

---

① 奥特玛·伊辛访谈，2016年4月29日。

② 于尔根·施塔克访谈，2016年2月24日。

③ 让-克劳德·特里谢访谈，2016年5月24日。

④ 这五人分别为欧盟委员会主席、欧洲理事会主席、欧元集团主席、欧洲中央银行行长及欧洲议会议长，故称为五主席。——译者注

⑤ 马里奥·德拉吉访谈，2016年9月21日。

因为这个共同财政部可以加强财政政策领域的共同决策。这个财政部还须为共同预算负责，并支持结构改革，但前提条件是成员国收支政策不集中化。①

这条建议意味着建立一个欧洲共同财政部，如2016年2月德国联邦银行行长魏德曼与其法国同事弗朗索瓦·维勒鲁瓦·德加罗（François Villeroy de Galhau）所提及的那样。他们的理由是，欧洲的未来不在于再国家化，而在于夯实其基础。②魏德曼的看法是，要确保经济和货币联盟成为稳定联盟，仅仅将成员国财政政策决策权转移到欧洲层面是不够的。他说："比如在欧盟层面做出的财政决定，可能无法保障成员国财政的稳健。"③

被采访的专家们就设立欧洲共同财政部部长的意见各不相同。特奥·魏格尔的考虑是："假如我们拥有一个来自德国的欧洲财政部部长，我并不觉得这样比财政政策掌握在希腊自己手里更好。"④伊辛认为，从民主合法性角度来看，一位共同的财政部部长根本不可能，因为这位财政部部长只能作为一个还尚不存在的欧洲民主合法政府的一部分而存在。他的原话是："我觉得这是不可能的。决定税收与支出是一个国家主权的核心。如果存在一位欧洲财政部部长，国家主权则没有民主合法性可言。"⑤魏格尔补充道："我相信，成员国得保有确保共同的约定在各国得到贯彻的权力，在民主制的

---

① Jean-Claude Juncker/ Donald Tusk u. a., Die Wirtschfats-und Währungsunion vollenden, Brüssel 2015, S. 20.

② Jens Weidemann/Francois Villeroy de Galhau, Europa am Scheideweg, in: *Süddeutsche Zeitung*, 8. 2. 2016.

③ 严斯·魏德曼访谈，2016年8月2日。

④ 特奥·魏格尔访谈，2016年4月7日。

⑤ 奥特玛·伊辛访谈，2016年4月29日。

前提下，我在可预见的将来，看不到其他的落实可能。”①

特里谢也同意以上观点，一位共同财政部部长无疑须与民主合法性兼容。如果共同财政部部长与成员国财政部部长出现争执，最终决策权也应在成员国财政部部长手中，因为他是民选的。②《五主席报告》并没有具体讨论民主合法政府。朔伊布勒因此认为这份报告只是提出了概念，并没有给出具体实施步骤。③特里谢补充道：欧元区财政部部长并不会取代成员国财政部部长，成员国在财政领域的责任须被保留。一位欧元区财政部部长更应致力于确保《稳定与增长公约》得到遵守。如果单个成员国违反《稳定与增长公约》，他可以像对待独立法人一样处理单个成员国。④

以上论述说明至少在未来几年，这些讨论还会持续下去。尽管如此，受访专家们一致同意，共同体的长期进一步发展是必要的。特里谢认为，特别是最近十年的发展说明欧洲需要一个政治联盟。他表示：“在我看来，我们不该就停在那里，我们要朝着政治联盟、民主合法性和更有效率继续努力。”⑤蒂特迈尔同样赞成建立一个政治联盟，他同时强调，在目前的危机中，当务之急是所有成员国贯彻共同的约定。他同时认为重建成员国财政政策的行动能力是关键，并希望能建立一个类似德国“五贤人会”那样的中立且独立的机构，定期披露成员国经济问题。这样一个机构可以向金融市场提供更清晰的导向信号，从而对成员国产生一定压力。⑥

伊辛认为目前政治联盟只是一个远景，当下最重要的还是稳固

① 特奥·魏格尔访谈，2016年4月7日。
② 让－克劳德·特里谢访谈，2016年5月24日。
③ 伍尔夫岗·朔伊布勒访谈，2016年9月16日。
④ 让－克劳德·特里谢访谈，2016年5月24日。
⑤ 让－克劳德·特里谢访谈，2016年5月24日。
⑥ 汉斯·蒂特迈尔访谈，2013年3月1日。

现有成果。他补充说，如果在特定时间段聚焦稳定，在政治联盟领域就算没有进一步发展，欧洲一体化也不会崩溃。①

魏格尔也同样认为，在未来十年实现政治联盟过于天真。他猜想，成员国还没有准备好让渡更多财政主权。与蒂特迈尔及伊辛的观点类似，魏格尔的理由也是在考虑下一步重大发展之前，应巩固已经取得的进步。然而，魏格尔也会设想如何在治理领域改善某个方面，或者根据瑞士模式加强外交和国防政策的共同化。他的核心观点还是：未形成政治联盟的症结在于当前欧洲内部存在的政治观点差异，因为重要的转变还须获得所有成员国批准通过。他指出“如果今天连在和乌克兰合作的问题上荷兰都会拒绝，那么我就无法想象，在可预见的时间里，欧洲会出现政治上紧密的统一。”②

魏德曼甚至认为以前更要艰难，因为他看到很多人对欧洲融合失去了幻想。他认为赞成将财政相关主权从成员国转移到超国家层面已非多数。③而关于在成员国间分摊经济负担的争论也恶化了公众对经济和货币联盟的观感，而建立作为银行业联盟要素的共同存款保险或引入欧元债权的讨论更强化了这一观感。④

受访专家的意见表明，在不久的将来实现政治联盟明显是不现实的。政治形势基本不允许政治联盟的出现。沿着这个逻辑分析，就会出现一个问题：如果没有政治联盟，经济和货币联盟能否存在？蒂特迈尔认为，至少从长远来看，这种可能不存在。但也不要忽视，自 90 年代初情况已经有所改变。经济和货币联盟已经具备几个接近政治联盟的因素，包括共同的央行、单一货币、共同竞争

---

① 奥特玛·伊辛访谈，2016 年 4 月 29 日。

② 特奥·魏格尔访谈，2016 年 4 月 7 日。

③ 严斯·魏德曼访谈，2016 年 8 月 2 日。

④ 严斯·魏德曼访谈，2016 年 8 月 2 日。

政策、共同贸易政策以及欧洲法院。[①]魏德曼补充说，也不能忘记作为一体化重要步骤的银行业联盟。危机表明，不仅是金融稳定缺乏监管，还有银行监管领域成员国之间的差异，加剧了危机。因此，在银行业联盟中既要重视对金融机构的监管，也要统一银行清算的程序。[②]这些都是迈向政治联盟的重要步骤。

所以，伊辛和魏德曼也认为，即使没有形成一个政治联盟，经济和货币联盟基于取得的进步也可以运转。然而，这里的必要前提条件是成员国遵守相关规定。伊辛解释道："人们可以认为这很天真，因为我们发现没人遵守规则。但从纯理念上来说，这是完全可以想象的。"[③]魏德曼同意伊辛的观点，认为工作重心更多还是应该放在《马斯特里赫特条约》的长期强化上，其目标是从危机中吸取教训，以建立经济和货币联盟的稳定秩序框架。在这种情况下，财政政策和经济政策的主权继续保留在成员国手中，责任也由其承担。[④]

与蒂特迈尔在90年代所做的相比，魏德曼和伊辛没有就政治联盟提出更具体的观点。当然，从那以来，所有的框架条件已经发生了巨大的变化。从长远来看是否会形成政治联盟，最终由政治决定。前面的论述清楚表明，受访专家对于政治联盟都有各自的设想，在执行层面又存在太多问题。但无论如何，所有人都一致认同最近已经取得了巨大进步。在这一点上，欧洲国家元首和政府首脑被要求继续推动欧洲政治一体化，并就经济和货币联盟未来方向做出政策决定。但是，具体是什么形式，依然未知。

---

① 奥特玛·伊辛访谈，2016年4月29日。

② 严斯·魏德曼访谈，2016年8月2日。

③ 奥特玛·伊辛访谈，2016年4月29日。

④ 严斯·魏德曼访谈，2016年8月2日。

（三）引入经济和货币联盟以来有关趋同标准的讨论进展如何？

1998 年 5 月 2 日，德国做出引入欧元的决定后，蒂特迈尔警告，还不可以宣称“现在我们终于拥有货币联盟了。省够了，我们可以再借更多债了”[①]。蒂特迈尔一直要求经济和货币联盟必须拥有坚实的基础。但是，成员国很明显并没有严肃看待他的要求，因为在进入经济和货币联盟后，所有的财政纪律就消失了。[②]于尔根·施塔克说，《马斯特里赫特条约》中的内容从来就没有得到真正贯彻。他指出：“基础很显然已经崩溃，被一点不剩地摧毁了。”[③]沃尔夫冈·格隆布也认为趋同方案基本失败，因为《马斯特里赫特条约》一直都没有得到遵守。他说：“2001 年起本该对成员国更严格。例如希腊财政赤字率多次超过 3%，赤字程序本应启动，但是没有出现。”[④]

检验引入欧元后到 2015 年财政趋同标准被违反的频率时，施塔克和格隆布的观点得到印证。

图 6－8 展示的是欧元区十一国加希腊（欧元区十二国）违反财政趋同标准的频率，并将之分为 2008 年金融危机之前与之后两个时期。首先，葡萄牙和希腊在金融危机之前已经长期违反财政趋同标准，因此，这两个国家不能把欧元危机作为违反财政政策趋同的借口。其次，芬兰和卢森堡的稳定表现相当出色，因为这两个国家在危机前后都遵守趋同规定。再次，危机对爱尔兰、荷兰、西班牙和法国这几个国家的影响力非常大。例如爱尔兰在危机之前处于一个非常稳定的状态，并长期满足赤字率和国家负债率标准。但是

① Tietmeyer, Deutschland und Europa auf dem Weg zur gemeinsamen Währung, S. 4.

② 奥特玛·伊辛访谈，2016 年 4 月 29 日。

③ 于尔根·施塔克访谈，2015 年 6 月 29 日。

④ 沃尔夫冈·格隆布访谈，2015 年 6 月 29 日。

危机导致爱尔兰陷入困境，2008 年后这两条标准几乎都被违反了。最后，即使在引入欧元之前誓死捍卫稳定文化的德国，也因为频繁违反财政趋同标准损害了自己“财政模范生”的声誉。然而，不得不提，德国（和奥地利）在危机以后，至少在财政纪律方面一直发挥着榜样作用。总的来说，在观察的 12 年里，成员国共计违反财政趋同标准 221 次。而与此同时，它们并没有受到一次蒂特迈尔要求的制裁。

为什么会出现这种情况呢？除了意大利和法国，德国在 2002 年、2003 年和 2004 年也成为第一批赤字率超标的国家。魏格尔直接表达了他的不满：“如果一个国家提议了《稳定与增长公约》，自己却又违背它，这对自身信誉是极大的损害。我们对比不必感到惊讶。”①

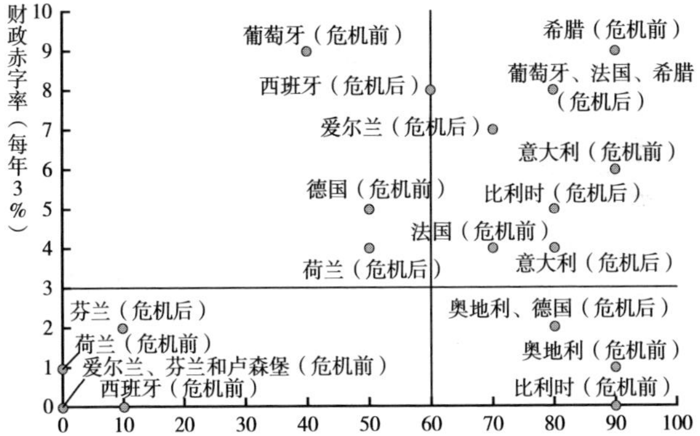

图 6－8　自欧元引入以来（1999～2015 年）欧元区十二国违反财政趋同标准的频率

资料来源：作者自制，数据来源于 Eurostat, Daten, 2018。

① 特奥·魏格尔访谈，2016 年 4 月 7 日。

施塔克得出的结论是，财政趋同标准本身具有可持续性。他认为首要原因在于成员国政策和欧洲决策的互相影响。他说："这一届政府接受的义务不代表下一届政府会依然遵守规定……当政治局势或者经济形势再次紧张起来，政府就会突然有其他表现。"[①]另外，确定"过度赤字"是欧盟理事会的职能，这是一个权衡的决定，所以从一开始在解释规则上就有一定空间。经济学家约尔格·柯尼希（Jörg König）断定，虽然将近2/3的违规行为是由结构性因素造成的，符合引入制裁机制的条件，但是自引入欧元后没有执行过一次制裁措施。所以，他的结论是，规则的可信性和约束力受到"欧洲层面国家较为不服从"的严重损害。[②]为了确保趋同标准的可持续性，于尔根·施塔克特别提到《稳定与增长公约》中的自动制裁机制，这也是蒂特迈尔赞成的方案。[③]

虽然作为对欧债危机应对措施的《稳定与增长公约》自2011年起有所强化，并于2012年补充了《财政契约》（*Fiskalpakt*），但事实上违反趋同标准的行为一直在持续。最新数据表明，在遵守财政赤字标准方面，德国、卢森堡和奥地利的进步尤其巨大，2011年以来它们已达标；而芬兰、意大利和荷兰2011年以来赤字率超标分别只有两次。然而，在比如法国、希腊、葡萄牙和西班牙这几个国家，形势始终还是同过去一样令人担忧。这四个国家自2012年以来几乎就无法将本国财政赤字率降到3%以下。[④]施塔克认为这主要是欧盟委员会的错误，因为它向成员国释放相反的政治信号，

① 于尔根·施塔克访谈，2016年2月24日。

② Jörg König, Mehr als Transfer als Stabilität? Bewertung aktueller Reformvorschläge für die Eurozone, Berlin 2018, S. 8; Fuest/Becker, Der Odysseus-Komplex, S. 159 ff.

③ 于尔根·施塔克访谈，2016年2月24日。

④ Eurostat, Daten, 2018.

并给予结构改革太多时间。成员国利用经济政策改革这一理由，就可以无视违反趋同标准。①

特里谢多年来观察到另一个现象：在稳定时期，成员国并不在意所约定的规则。同时，值得注意的是，在危机时期它们对规则的意义会有最深刻的理解，并突然想担负寻找适当解决方案的责任。②这个现象在最近几年尤其明显。魏德曼将此称为“病态的教训”，因为在政治上贯彻一些较不受欢迎的决策经常需要一定压力。③尽管如此，就特里谢有关负责任行动和从危机中产生合适解决方案的观点，魏德曼有保留地同意。他说：“危机时期需要的是消防队，而不是建筑家。就货币联盟而言，我们谈论的是结构缺陷。”④

在不遵守规则的这个语境下，我们还应简单提及充满激烈争议的 2001 年 1 月 1 日接纳希腊加入欧元区。理论上，希腊并不能满足财政趋同标准，不管在 3% 的财政赤字率还是 60% 的公共负债率上，它都没有达到要求。1995～2000 年，希腊财政赤字率为 4.1% –9.8%，公共负债率位于 97.4% ～104.9%，且一直呈现上升趋势，仅在 1997 年和 1998 年出现略微下降的态势。⑤尤其是希腊加入欧元区时担任德国联邦银行副行长的于尔根·施塔克和当时就希腊加入欧元区草拟内阁提案的沃尔夫冈·格隆布，在私人访谈中提到是什么政治因素导致希腊仍然能成为欧元区一员。格隆布回忆，他当时受政府委托，在内阁提案中得出结论，希腊应成为欧元区成员

① 于尔根·施塔克访谈，2016 年 2 月 24 日。

② 让－克劳德·特里谢访谈，2016 年 5 月 24 日。

③ 严斯·魏德曼访谈，2016 年 8 月 2 日。

④ 严斯·魏德曼访谈，2016 年 8 月 2 日。

⑤ Eurostat, Daten, 2018.

国。他将联邦总理施罗德和财政部部长汉斯·艾歇尔（Hans Eichel）一起称为“促成希腊加入欧元区的推动力”。[①]施塔克也支持这一观点，并且提到时任黑森州州中央银行行长的汉斯·雷克尔斯（Hans Reckers）就曾质疑过希腊成员国的经济资质。为此，艾歇尔还曾致信时任德国联邦银行行长的恩斯特·韦尔特克（Ernst Welteke），指出希腊加入欧元区是一个政治问题，韦尔特克应该让“央行董事会成员在这个政治问题上克制”[②]。

政治上的考虑在于希腊抵制土耳其的入盟谈判。施罗德希望借助吸纳希腊加入欧元区，以减少希腊的阻挠。格隆布尖锐批评道：“施罗德一点都不在意希腊的经济数据，他说希腊必须成为欧元区一员，就这样定了。每一次危机之后都是政治，每个政治背后都是人。”[③]尽管当时希腊显然并未达到趋同标准，但是也成为欧元区第十二个成员国。于尔根·施塔克说，塞浦路斯也是在类似情况下加入欧元区的。尽管存在一条政治决议，只要塞浦路斯还分裂为希腊区和土耳其区，就不接纳其加入欧盟，但在 2008 年 1 月 1 日塞浦路斯还是成了欧元区的一员。根据施塔克的说法，塞浦路斯成为欧元区一员的主要原因在于希腊此前威胁，如果塞浦路斯的希腊区没有被接纳为欧元区的一部分，就会阻挠 2004 年的欧盟东扩。[④]很显然，政治优先于经济，并没有产生最好的作用。

此外，还出现了一开始并没有识别出来的技术性错误发展。施塔克和蒂特迈尔批评，欧洲中央银行最初一些年并没有提示各个成员国分化的发展，一直对整个欧元区负责，因此使用的也是总体数

---

① 沃尔夫冈·格隆布访谈，2015 年 6 月 29 日。

② 于尔根·施塔克访谈，2016 年 2 月 24 日。

③ 沃尔夫冈·格洛姆布访谈，2015 年 6 月 29 日。

④ 于尔根·施塔克访谈，2016 年 2 月 24 日。

据。施塔克评判道：“成员国数据到现在都是禁忌……看总体数据，一切似乎都非常理想。”[①]蒂特迈尔补充道：“我一如既往地批评这种情况，我和伊辛的态度还有一定差异，欧洲中央银行本该在最初几年就这一问题有更严厉表态。整体数据根本一点用都没有。”[②]蒂特迈尔还不满欧洲中央银行没能更重视各个成员国之间的内部失衡问题，而只是谈论欧元区整体的对外收支情况。[③]

只考虑总体数据导致成员国的错误发展没有被及时发现。欧洲中央银行执行委员会本身也很快认识到这个问题。伊辛作为欧洲中央银行首席经济学家的解释却是，单个成员国拒绝对错误发展做出反应并采取相应必要措施。另外，很多国家并没有批评这些错误发展，因为它们自己也不想被批评。按照伊辛的话来说，那些年大家都太舒适，彼此之间过于客气，以致最高决策层也不愿意明确表态。[④]

2004年底，荷兰总理维姆·科克（Wim Kok）建议以“点名、羞愧、出名”的方式让成员国产生实行结构改革的压力。[⑤]这样对所有成员国各自的经济形势进行分析，并提名表现好的候选国家和表现差的候选国家。伊辛的话表明，德国首先也是明确拒绝这个提议的。他说：“施罗德当时很明确地拒绝了这个方式，因为他不想自己在布鲁塞尔成为笑柄。”[⑥]

一开始的舒适导致后来欧元区出现巨大的分化，接下来本

---

① 于尔根·施塔克访谈，2016年2月24日。

② 汉斯·蒂特迈尔访谈，2016年2月24日。

③ 汉斯·蒂特迈尔访谈，2013年3月1日。

④ 奥特玛·伊辛访谈，2016年4月29日。

⑤ Erik Jones/Anand Menon u. a., The Oxford Handbook of the European Union, Oxford 2012, S. 476.

⑥ 奥特玛·伊辛访谈，2016年4月29日。

书会基于财政趋同标准及其他宏观经济数据进行分析。在此需再一次说明，所有成员国的平均值因为抵消效应不具有太大说服力，因为单个国家的经济发展非常具有异质性，人均国内生产总值、失业率、单位劳动成本和通胀率都可以表明这一点。为确保数据的可比性，分析依然集中于欧元区十二国。1999～2015年三个时期的欧元区十二国人均实际国内生产总值增长情况如表6－3所示。

表6－3 1999～2015年三个时期的欧元区十二国人均实际国内生产总值增长情况

单位：%

国家	1999～2005年	1999～2010年	1999～2015年
爱尔兰	35.4	21.5	82.5
卢森堡	－7.5	12.9	32.8
德国	0.7	14.2	32.0
芬兰	7.9	20.3	31.7
奥地利	0.3	14.7	28.3
比利时	1.0	13.9	24.1
荷兰	－0.9	12.8	18.7
法国	－0.4	9.2	16.3
西班牙	4.4	13.7	14.2
葡萄牙	－4.4	7.6	9.5
意大利	－3.0	1.5	1.9
希腊	6.5	19.4	－4.7
欧元区十二国	3.3	13.5	23.9

资料来源：作者自制，数据来源于Eurostat，Daten，2018。

人均国内生产总值变化表明，十二个国家的经济总体上是增长的。在经历至2005年的初期停滞（人均实际国内生产总值增长率为3.3%）后，人均国内生产总值至2015年增长了23.9%。考察各个成员国的情况，分化或者说施塔克和蒂特迈尔提及的观察单个成员国的必要性就很明显。1999～2015 年，爱尔兰的人均实际国内生产总值增长率为 82.5%，呈现强劲的增长势头，而希腊（人均实际国内生产总值增长率为 -4.7%）和意大利（人均实际国内生产总值增长率为 1.9%）则是完全不同的景象。成员国之间的南北分化显而易见。爱尔兰、卢森堡、德国、芬兰、奥地利和比利时自引入欧元后，人均实际国内生产总值增长率超过了欧元区十二国（23.9%）的平均值水平，而几乎所有南欧国家的增长率都低于这一平均值。

再纳入 2005～2015 年的平均失业率，并计算这期间人均国内生产总值的平均增长率，发展分化的现象体现得更为明显。

2005～2015 年欧元区十二国平均失业率与人均平均名义国内生产总值增长率对比如图 6-9 所示。

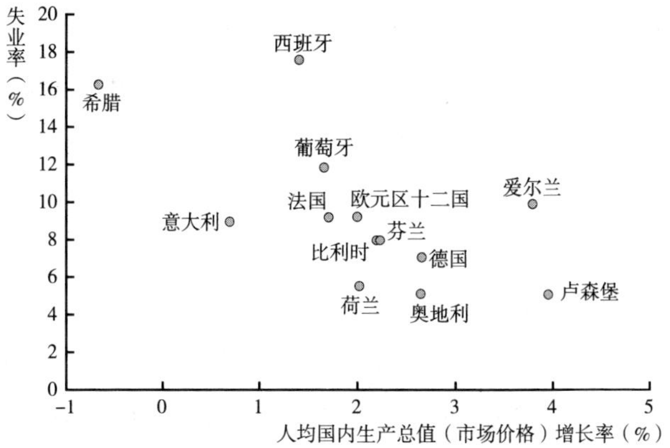

图 6-9　2005～2015 年欧元区十二国平均失业率与人均平均名义国内生产总值增长率对比

资料来源：作者自制，数据来源于 Eurostat, Daten, 2018。

德国、爱尔兰、卢森堡、荷兰和奥地利表现良好，人均平均国内生产总值增长率位于2% ~4%，失业率则处于一个相对较低的水平，而南欧国家的情况则同样很糟糕。希腊、意大利、西班牙和葡萄牙的人均平均国内生产总值增长率位于 -0.7% ~1.4%，平均失业率为9% ~18%。成员国之间分化发展，与建立经济和货币联盟的初衷相违背，即把欧洲的财富聚集起来，实现人均收入的趋同。[①]然而，在观察欧元区十二国整体数据时，人均平均国内生产总值增长率和平均失业率分别为2%和9%。这些数值在政治上令人满意，以至于经济较弱的单个国家长时间没有得到关注，为实现足够趋同所须的改革努力一再推迟。

最后，再来看一下单位劳动成本，也就是劳动成本和生产力之间的比值，看是否能支撑之前的观点。[②]整个欧洲在生产力方面及由此决定的竞争力的不均衡，常被视为南北分化的主要原因。通胀率作为支撑性因素也被考虑在内。后面的三个表格列出三个时期即2000 ~2005 年、2005 ~2010 年和 2010 ~2015 年的数据，以便我们明了自引入欧元后单个成员国竞争力如何变化，以及 2010 年后实施的结构改革是否促进了南北趋同。

2000 ~2005 年欧元区十二国成本变化和通胀率比较如表 6 -4 所示。

显然，特别是德国和奥地利，与其他国家相比，这两个国家在加入经济和货币联盟的最初五年获得了很大竞争优势。2005 年，欧元区十二国的单位劳动成本增长了 12.2%，而德国和奥地利分

① Hishow, Divergenz statt Konvergenz, S. 9.

② 单位劳动成本是国家比较国际竞争力的衡量指标。当劳动成本增加或者生产力下降的时候，单位劳动成本就会增加，见 Schröder, Produktivität und Lohnstückkosten der Industrie, S. 2。

表 6－4　2000～2005 年欧元区十二国单位劳动成本变化和通胀率比较（2000＝100）

国家	单位劳动成本增长率(％)	通胀率(％)
德国	0.6	1.7
奥地利	2.9	1.9
芬兰	5.4	1.4
比利时	6.9	2.0
荷兰	9.4	2.8
法国	10.0	2.0
葡萄牙	14.6	3.2
西班牙	16.3	3.2
卢森堡	18.1	2.8
意大利	18.2	2.4
爱尔兰	20.0	3.4
希腊	23.6	3.5
欧元区十二国	12.2	2.5

资料来源：作者自制，数据来源于 OECD, Main Economic Indicators 2018; Eurostat, Daten, 2018。

别增长了 0.6% 和 2.9%。如果考虑到德国“曾由于多年居高不下的失业率、较低的投资和工业萎缩”而竞争力不足，在 90 年代的公开讨论中德国还曾被称为“欧洲铁锈带”，这一点就更引人关注，[①]而主要原因则是施罗德政府于 2003～2005 年实施的劳动力市场改革（“2010 议程”）。[②]

① O. A., „Times“ sieht in Deutschland den Rostgürtel Europas, in: *WELT am SONNTAG*, Nr. 7, 15. 2. 1998.

② Martin Voggenauer, Lohnkosten in der Eurozone, in: *ifo-Schnelldienst* 66 (2013), Heft 5, S. 47.

同时很明显的是，南欧国家（特别是希腊、意大利、西班牙和葡萄牙）和爱尔兰[①]在2005年前竞争力一直在减弱，这也是南北分化的一个主要原因。这些国家的融资成本因加入经济和货币联盟而降低[②]，从而引发信贷爆炸，伴随而来的是国家债务剧增、经济高速增长和相对较高的通胀率。除意大利之外，其余四个国家的通胀率至少超过欧元区十二国通胀率平均值0.7个百分点。经济学家奥尼安·希肖（Ognian Hishow）解释说，在一个货币联盟内部，通胀率差距几乎为零，这是很关键的，而在2000～2005年以及后来都不是这种情况。主要原因是，通胀率差距会导致真实汇率变动，由此反过来又导致竞争力的变化。如果一个国家出现欧元升值的情况，比如2000～2005年南欧国家发生的情况，它们就得借助压低成本和价格尝试抵消升值带来的影响。那些不能调整通胀率的国家，不可避免地就必须借助竞争力强的国家的资金支持或者依赖第三方实现调整。[③]另外，处于危机中的国家并不具备使本国货币贬值的能力，这会导致本币实际升值，国际竞争力明显下降。

2005～2010年欧元区十二国单位劳动成本变化和通胀率比较如表6－5所示。

---

① 爱尔兰长期受危机困扰，也是一个面临国家破产危险而于2010年求助于欧元救助机制的国家。而今，爱尔兰被称为“模范生”，借助一系列重大整顿措施（大幅降低公共部门工资、削减公职、提高退休年龄或缩减失业金）于2013年离开救助计划，见 Sören Karau, Irland: Rückkehr mit Risiken, in: *KfW Economic Research* 36 (2013), S. 1－4。

② 例如，希腊在引入欧元后其利率从11.9%降到4.2%，这样希腊可以通过一个较优惠的利率实现再融资，见 Falk Illing, Die Euro-Krise. Analyse der europäischen Strukturkrise, Wiesbaden 2013, S. 48。

③ Hishow, Divergenz statt Konvergenz, S. 25.

表 6 - 5　2005 ~ 2010 年欧元区十二国单位劳动成本变化和通胀率比较

国家	单位劳动成本增长率(%)	通胀率(%)
爱尔兰	-0.6	1.3
德国	4.4	1.7
葡萄牙	5.3	1.8
奥地利	10.0	1.9
法国	10.9	1.7
欧元区十二国	11.0	2.1
荷兰	11.3	1.5
比利时	12.2	2.2
意大利	13.4	2.1
西班牙	13.9	2.6
芬兰	14.0	1.8
希腊	16.6	3.3
卢森堡	20.0	2.7

资料来源：作者自制，数据来源于 OECD, Main Economic Indicator 2018; Eurostat, Daten, 2018。

2005 ~ 2010 年，情况又有所变化。德国和奥地利继续位于欧元区十二国平均水平以下且竞争力越来越强的同时，爱尔兰和葡萄牙也取得重要进步。主要原因是爱尔兰与葡萄牙分别自 2008 年和 2009 年进行了整顿，以降低劳动成本，特别是削减公职和降低公共部门人员工资。[①]此外，这两个国家的价格上涨也越来越缓慢，目前处于欧元区十二国平均水平以下，从而实现本币的实际贬值。与此同时，这两国的生产力水平提升。爱尔兰和葡萄牙的平均增长率达到每年 1.3%，相较其他成员国表现最好。[②]

其他三个南欧国家（意大利、西班牙和希腊）单位劳动成本

① Voggenauer, Lohnkosten in der Eurozone, S. 47.

② Eurostat, Daten, 2018.

的增长动力较之2000～2005年虽有所下降，但经济发展情况始终不容乐观。当西班牙平均劳动生产率的增长率达到每年0.9%，为欧盟第二高时，意大利和希腊的劳动生产率却在倒退，分别为每年-0.4%和-0.5%。[①]只有当劳动成本降低或者劳动生产率上升时，竞争力才会提高。为实现这些目标，必须进行必要的结构改革，但是这些改革在2009年之前（比如在希腊）并没有落实，或者没有取得理想效果。[②]

2010～2015年欧元区十二国单位劳动成本变化和通胀率比较如表6-6所示。

表6-6 2010～2015年欧元区十二国单位劳动成本变化和通胀率比较（2010=100）

国家	单位劳动成本增长率(%)	通胀率(%)
希腊	-10.0	0.9
爱尔兰	-5.4	0.4
葡萄牙	-4.5	1.4
西班牙	-4.5	1.4
欧元区十二国	2.8	1.5
意大利	3.8	1.6
法国	5.2	1.3
荷兰	5.6	1.6
卢森堡	8.8	2.0
比利时	8.8	1.8
奥地利	9.1	2.1
德国	9.2	1.4
芬兰	10.4	1.9

资料来源：作者自制，数据来源于OECD，Main Economic Indicators 2018；Eurostat，Daten，2018。

① Eurostat，Daten，2018.

② Falk Illing，Die Euro-Krise，S. 49.

虽然还存在巨大的追赶潜力，但2010年以来情况有很大改观。所以，希腊在2015年前将其单位劳动成本缩减约10%是有可能的。爱尔兰、葡萄牙和西班牙的缩减幅度则应该为4.5%～5.4%。各国进行缩减的原因也大同小异。一方面，希腊人均劳动生产率直至2015年仍在继续下降（每年－1.3%），因此单位劳动成本的缩减只是源于强有力的整顿措施，即劳动成本的下降；另一方面，结构改革提升了爱尔兰（5.8%）、西班牙（1.2%）和葡萄牙（0.8%）的劳动生产率[①]。魏格尔因此埋怨当前对欧元区不对称的新闻报道，这些报道总是聚焦负面的变化，忽视成功的消息。他说："谁对爱尔兰、葡萄牙和西班牙救助方案的成功进行过报道呢？"[②]

反过来，在加入经济和货币联盟初期获得巨大竞争优势的国家如德国、芬兰和奥地利，在过去六年里相对竞争力却有所下降，主要原因是过去几年的经济繁荣导致工资大幅上涨。相比劳动生产率，工资上涨的幅度非常显著，德国在其中非常典型。尽管德国在2010～2015年劳动生产率年均提升1.1%，但德国是单位劳动成本上涨速度第二快的国民经济体。[③]这意味着，德国劳动生产率的上涨不足以覆盖强劲上涨的劳动成本。德国单位劳动成本类似的上涨情况发生在90年代，导致德国成为"欧洲铁锈带"。[④]德国经济研究所在2015年就已经开始关注这一点，并在一份详细分析报告中对德国竞争力的腐蚀提出警告。[⑤]

---

① Eurostat, Daten, 2018.

② 特奥·魏格尔访谈，2016年4月7日。

③ 作者自己的计算，数据来源：Eurostat, Daten, 2018。

④ O. A:, „Times" sieht in Deutschland des Rostgörtel Europas.

⑤ Christoph Schröder, Lohnstückkosten im internationalen Vergleich. Deutschland Wettbewerbsfähigkeit erodiert, in: *Vierteljahrschrift zur empirischen Wirtschaftsforschung* 42 (2015). Heft 4, S. 91－110, hier S. 108.

总而言之，最近的发展表明，各个成员国的竞争力开始接近，趋同也开始出现。希腊、葡萄牙和西班牙的单位劳动成本回到2007年的水平，爱尔兰甚至处于2002年以来的最低水平。毫无疑问，欧元区各国的竞争力均得到增强。与此同时，北欧国家由于单位劳动成本逐渐提高而导致竞争力下降。[①]可能还需要相当长时间，才能消除南北欧差异，因为国家还将长期处于不同发展水平。必须要消除完全南北欧的差异，执行已经决定的措施。魏德曼就此发出警告，虽然在危机爆发后，欧元区出现了巨大的改革努力，但是随着压力变小，改革的决心又有所松动。[②]未来将表明，特里谢关于成员国在稳定时期不遵守规则而又重蹈覆辙的论断是否会得到印证，或者它们是否已经从危机中汲取教训并且会努力推进趋同标准的实现。

（四）我们能否将欧洲经济和货币联盟称为一项政治工程？

共同货币的引入导致经济差异不能再通过货币贬值或升值而只能通过实体经济中价量关系的调整来实现。本章向我们展示了欧洲货币一体化在形形色色的货币政策挂钩方案（“蛇形浮动”或者欧洲货币体系）下，伴随着各成员国分化的经济发展所走过的历史。本文的研究显示，这些方案都失败了，因为一些成员国货币的汇率经常不能在允许的幅度内波动。经济学家奥尼安·希肖批评道：恰恰是这些国家在1999年1月加入了要求显然更严格的经济和货币联盟，并丧失了许多名义上的政策空间。他确信，经济和货币联盟最终会导致“贬值的风险被国家破产的风险所取代”。[③]

现在值得深究的是，究竟在引入经济和货币联盟的时候，是否

---

① Eurostat, Daten, 2018.

② 严斯·魏德曼访谈，2016年8月2日。

③ Hishow, Divergenz statt Konvergenz, S. 24.

低估了经济问题，而过分强调了政治因素？首先，我们可以确定的是，即使在启动经济和货币联盟时仍无法确保经济趋同，科尔仍愿意为建立货币联盟付出任何代价。1997 年 6 月 16 日的《明镜》周刊写道："警告只是被听取了，曾经关于'稳定先于日程'的承诺完全被遗忘：无论是坚挺，还是疲软，欧元都要准时诞生。对于总理来说，经济考量排第二位。"[①]君特·克劳瑟在一次私下谈话中对这一点表示赞同："赫尔穆特·科尔相信，经济上的这些小事，会慢慢解决掉……科尔的弱点是，他将经济规律放在政治目标之下。他没有基于经济规律出台任何政策，从而让经济规律为其所用，而只是简单说道，我们必须搁置经济规律。他是历史学家和梦想家。"[②]

即使对于约翰·威廉·加杜姆来说，欧元也主要是一个政治工程，这最终导致德国联邦银行在这个问题上放弃了自己立场。加杜姆称，央行有义务遵循政治理念。[③]魏格尔也认为，经济和货币联盟是一个政治工程，但也同样兼顾了经济观点。我们不应忘记，由于过去几年世界经济和世界政治的不确定性导致欧洲外汇市场出现剧烈震荡。[④]如果当时没有决定建立经济和货币联盟，用魏格尔的话来说，今天的欧洲就是"散乱的货币拼图、美元与人民币的玩物"。[⑤]

蒂特迈尔很清楚，欧洲各国是基于政治原因而非经济原因引入了共同货币。[⑥]蒂特迈尔甚至认为"在经济意义上"经济和货币联

① O. A. , Regierung: Vom Euro gejagt, S. 23.
② 君特·克劳瑟访谈，2016 年 1 月 19 日。
③ 约翰·威廉·加杜姆访谈，2016 年 4 月 5 日。
④ 特奥·魏格尔访谈，2016 年 4 月 7 日。
⑤ 特奥·魏格尔访谈，2016 年 4 月 7 日。
⑥ Tietmeyer, Erfahrung und Perspektiven für die Währungsunion in Europa, S. 13 f.

盟不是绝对必要的，并且对经济和货币联盟的经济期望有所夸大。[①]他还补充道，即使是他曾经认为非常有可能成为替代选择的一个运行良好的欧洲货币体系，也显然超出了成员国的能力。[②]蒂特迈尔认为，从纯经济学视角来看，进一步发展欧洲货币体系，是为内部市场保驾护航的理想解决方案。[③]蒂特迈尔当时思考的方向，而今已得到广泛认可：欧元区并不是最优货币区。加拿大经济学家罗伯特·蒙代尔（Robert Mundell）在 20 世纪 60 年代提出最优货币区理论，并确定三条核心标准：一体化程度、生产结构的同质性和调整机制。特别是最后一点，欧元区存在很大问题，“不同于美国，欧洲劳动力跨境流动性不足，劳动力市场僵化，区域内部的转移支付基本为零”。[④]

下面简要提及的各类联邦公民的一些公务性私人信件会表明，蒂特迈尔视经济和社会联盟为政治工程。一位女公民于 1997 年 7 月 26 日致信蒂特迈尔：“我们一直对您不允许这样疯狂的事情发生寄予厚望。有人让您对欧元屈服？您能为此承担责任吗？”[⑤]在 1998 年 6 月 30 日的一封公民来信中，一些人对欧元的愤怒更加直接地表现出来，原文是：“我不必向您这位全国最顶尖的货币专家解释，这个设想与欧洲经济现实不匹配，这片呈现巨大的结构、发展水平和秩序政策差异的土地，强行采用一个统一的货币方案，会引发参与国家之间经常且剧烈的目标冲突。”[⑥]

---

① O. A., Tietmeyer nennt die Europäische Währungsunion, o. S.

② Rainer Nahrendorf, Tietmeyer: Hoffentlich wir die EWWU kein Alptraum. „Ritter Hans“ kämpft für eine Stabilitätsunion, in: *Handelsblatt*, 21. 3. 1996.

③ Tietmeyer, „Aspekte der Europäischen Währungsintegration“, S. 8.

④ Fuest/Becker, Der Odysseus-Komplex.

⑤ Brief einer Bürgerin an Tietmeyer, 26. 7. 1997. PAT, Ordner 182, S. 1.

⑥ Brief eines Bürgers an Tietmeyer, 30. 6. 1998. PAT, Ordner 183, S. 1 f.

蒂特迈尔给这类信件的回复一般就事论事，表明他在这个问题上受到政治束缚。在一封回信中他表示：“《马斯特里赫特条约》规定建立的欧洲货币联盟是德国主管政治机关决定的……德国联邦银行理所当然须在法律规定的框架下遵守这一规定。”[①]在另一封信中他写道：“首先要指出的是，欧元引入的基础是一个政治决议。与此相关，《马斯特里赫特条约》得到所有欧盟成员国的批准，联邦银行当然受此约束。”[②]

作为联邦银行行长，尽管在经济学角度有所保留，但是蒂特迈尔最终也只能发出警告，而无法抗拒欧元的引入。[③]联邦银行在他眼里是“反对不理性力量的理性堡垒”。[④]但条约的签订与经济和货币联盟的落实最后都由政治机关决定。1998年4月蒂特迈尔仍表示，一个长期稳健欧元的基础尚不够坚实。他在给国务秘书汉斯约尔格·赫费勒（Hansjörg Häfele）的一封信中写道：“在我们有限的任务范围内，我们的表态可能已经非常明确了，更多的事情……联邦银行就无能为力了。”[⑤]

但是，人们还必须考虑到，《马斯特里赫特条约》的内容具有坚实经济学基础。例如条约提示，欧元区必须具备稳健的国家财政体系，否则货币政策会被滥用且经济分化会加剧。于尔根·施塔克也赞成这一看法，认为《马斯特里赫特条约》已经清楚预见了可能会遇到的经济问题。他表明：“我始终认为《马斯特里赫特条

---

① Brief von Tietmeyer an einen Bürger, 22. 8. 1997. PAT, Ordner 182, S. 1.

② Brief von Tietmeyer an einen Bürger, 16. 10. 1997. PAT, Ordner 183, S. 1.

③ Brief von Tietmeyer an einen Bürgerin, 14. 7. 1998. PAT, Ordner 182, S. 1.

④ Lucas Delatte, Hans Tietmeyer, der Hohepriester der D-Mark (Übersetzung), in: *Le Monde*, 21. 3. 1995.

⑤ Brief von Tietmeyer an Hansjörg Häfele (Staatssekretär a. D.), 21. 4. 1998. PAT, Ordner 179, S. 1.

约》的规定是合乎逻辑的，但是从没被彻底执行过。所以，如果就此认为《马斯特里赫特条约》是有缺陷且需要修订或完善的说法是过于轻率的说法。问题是大部分成员国并没有彻底执行条约中的规定。"①加杜姆也持同样的看法，他补充道，条约的执行完全取决于签署条约的各方是否准备好遵守约定，因此他明确表示："认为在政治上可以做出其他决定，这一判断是要谨慎对待的。"②

因此可以得出结论，在20世纪90年代引入经济和货币联盟时，对经济和货币政策的洞察力可能让位于政治信念，但是说完全没有考虑经济因素，则是过于笼统的。更符合事实的情况是，许多经济学家，包括蒂特迈尔都赋予经济趋同重要地位，并对过早进入货币联盟提出警告。本章的论述表明，趋同并未得到保障。2010年以来的欧债危机就是经济学家们判断正确的一个例证。而经济发展失衡只能很有限地归咎于欧洲经济和货币联盟的设计，更多在于很多成员国没有遵守之前条约约定的内容。

（五）如何评价蒂特迈尔的贡献？

蒂特迈尔在整个20世纪90年代对经济和货币联盟都持怀疑态度，主要原因在本章已有详细论述。在公共印象中，蒂特迈尔时常被称为欧元怀疑者，因为他一直致力于建立一种稳健的货币，拒绝经济和货币联盟的加速发展。外界将他反应的动机解读为联邦银行要丧失权力。例如，法国媒体《费加罗报》（*Le Figaro*）写道，经济和货币联盟就是宣判联邦银行死刑，文章作者的理由是，作为联邦银行行长，蒂特迈尔想保有他的权力与特权。③而被蒂特迈尔同样视为经济和货币联盟反对者的赫尔穆特·施密特也同意这一观

---

① 于尔根·施塔克访谈，2016年2月24日。

② 约翰·威廉·加杜姆访谈，2016年4月5日。

③ O. A., Le mark en dissidence, in: *Le Figaro magazine*, 20.2.1993.

点："事实上的货币之王降级为欧洲中央银行的分行行长，这并不令人愉快。"①要对以上观点做出补充的是，欧洲中央银行建立后，蒂特迈尔在欧洲中央银行管理委员会也有一席之地，并有表决权；而且，欧洲中央银行体系所有成员国的央行行长都对执行货币政策负责。所以，将联邦银行行长描述为欧洲中央银行分行行长是不恰当的，而且，也看不出蒂特迈尔有什么个人利益。他于 1999 年 8 月退休，在新的架构中任职不超过一年。他从自身利益出发阻碍经济和社会联盟，可以说是无稽之谈。

就蒂特迈尔表示自己不是经济和货币联盟的反对者，赫尔穆特·施密特评论道："您补充说……关键是有条件地赞成建立经济和货币联盟，这个条件就是各国具有承受能力的经济和政治基础。我的回答是'我还是会继续将您看作经济和货币联盟的最主要反对者，在我眼里这并不是什么丢脸的事，却是缺乏战略视角的证明'。"②施密特还把蒂特迈尔要求严格遵守《马斯特里赫特条约》标准视为"固执己见"，并表明"联邦银行不是国中之国"。③蒂特迈尔的回应如下："如果'固执己见'意味着处理事情直率和坚韧，那我对此甘之如饴。"④

财经记者于尔根·耶斯克（Jürgen Jeske）则在施密特批评蒂特迈尔时声援蒂特迈尔："毫无疑问，施密特是一位非常称职的欧洲斗士……但是，很可惜的是，施密特也是不顾经济学考量，而是

---

① Helmut Schmidt, Die Bundesbank-kein Staat im Staate. Offener Brief an Bundesbankpräsident Hans Tietmeyer, in: *Die Zeit*, Nr. 46, 8. 11. 1996.

② Helmut Schmidt, Die Bundesbank-kein Staat im Staate. Offener Brief an Bundesbankpräsident Hans Tietmeyer, in: *Die Zeit*, Nr. 46, 8. 11. 1996.

③ Helmut Schmidt, Die Bundesbank-kein Staat im Staate. Offener Brief an Bundesbankpräsident Hans Tietmeyer, in: *Die Zeit*, Nr. 46, 8. 11. 1996.

④ Jungbluth/ Mahler u. ad., „Der Termin steht im Vertrag“, S. 118.

部分地被自己的想象牵着鼻子走的政客而已。”蒂特迈尔提醒需要进一步政治一体化，这是正确的，但是在施密特看来，这一切都会自动实现。[①]当然我们也不能忽视施密特和蒂特迈尔之间曾经发生的过节。蒂特迈尔在1982年凭“拉姆斯多尔夫文件”对结束施密特领导的社会－自由执政联盟做出决定性贡献。耶斯克揭开这一层关系：“施密特的批评只是一位愤怒政治家迟到的报复。”[②]在一次访谈中，蒂特迈尔一如往常地冷静对待这些批评：“我本人不想对这些错误观点以及部分失实的论据表态。我觉得，他在这件事情上并没有提出任何有建设性的意见。”[③]

虽然蒂特迈尔持续聚焦经济和货币联盟稳定方面的技术问题，但是人们并不能真正将其称为反对者。他是一个经济学专家，批判地分析相关过程，并指出潜在的风险。用马里奥·德拉吉的话来说，我们今天已经看到一些蒂特迈尔在90年代就已经预测到的问题。[④]蒂特迈尔也完全意识到共同货币的优势，比如建立一个人口规模与经济实力可与美国相提并论的经济区或价格和成本透明度更高的欧洲内部市场。[⑤]他在1995年汉堡的一次演讲中明确表达了他的欧洲信念：“如果有一天欧洲货币取代成员国货币，或许较之所有其他方面，这能更好地象征一体化。一个长期稳定和坚挺的货币可以向人们展示，这条走向欧洲之路是正确的。”[⑥]同时，他还指

---

① Jürgen Jeske, Alter Ärger und späte Rache, in: *Frankfurter Allgemeine Zeitung*, 14. 11. 1996.

② Jürgen Jeske, Alter Ärger und späte Rache, in: *Frankfurter Allgemeine Zeitung*, 14. 11. 1996.

③ Jungbluth/Mahler u. a., „Der Termin steht im Vertrag", S. 118.

④ 马里奥·德拉吉访谈，2016年9月21日。

⑤ Tietmeyer, Internationales Finanzsystem im Umbruch?, S. 22 f.

⑥ Tietmeyer, Erfahrungen und Perspektiven für die Währungsunion in Europa, S. 23.

出，一种坏的货币不仅让欧洲在经济上而且在认同上倒退。[①]

受访专家们也证实了这一看法。他们同意，虽然蒂特迈尔阐述了他的顾虑，但人们不能将他视作经济和货币联盟的反对者。[②]倒不如说蒂特迈尔对于一个运行良好的经济和货币联盟的稳定基础有非常清晰的认识。于尔根·施塔克补充道，他在波恩任职期间也被告知，联邦银行在90年代阻碍了经济和货币联盟建立。然而，在他本人于1998年9月在联邦银行任职后，所有人为建立经济和货币联盟而工作的高涨热情让他感到非常惊讶。他明确表示："没有任何人想阻碍经济和货币联盟。"[③]霍斯特·特尔奇克补充道："我相信，蒂特迈尔在所有事情上都正直忠诚，哪怕有时候发发牢骚。作为专业人士，他发现了问题所在。"让－克劳德·特里谢则这样解释公众眼里蒂特迈尔反对建立欧洲经济和货币联盟的负面印象："他一直号召建立一个独立、稳定的央行。这当然不是一个消极建议，而是一个好主意。但还是有很多媒体对此进行了负面报道……他是一个虔诚的欧洲人，但是很多他的警告都被误会为批评。"[④]

蒂特迈尔如此回应公众批评："如果有一个替罪羊，世界就会变得简单得多。"[⑤]他拒绝回答关于他究竟是经济和货币联盟的怀疑者还是反对者的问题，而是表示，督促整顿的人不是一个稳定导向的、可持续的经济和货币联盟的反对者，而是捍卫者。[⑥]联邦银行

---

① Tietmeyer, Erfahrungen und Perspektiven für die Währungsunion in Europa, S. 23.

② 赫尔穆特·施莱辛格访谈，2016年3月1日；特奥·魏格尔访谈，2016年4月7日。

③ 于尔根·施塔克访谈，2016年2月24日。

④ 让－克劳德·特里谢访谈，2016年5月24日。

⑤ Fleischhauer, Der Erzbischof aus Frankfurt, o. S.

⑥ O. A., Interview mit Hans Tietmeyer, „Mir ist wohl manches gelungen", in: *General Anzeiger Bonn*, 27. 8. 1999.

行长最后并没有权力代政治家做决策，但是，提醒这项决策的经济后果是他的义务。①

蒂特迈尔指出，在“维尔纳小组”1970年起草第一份经济和货币联盟草案时，他就参与其中。②而且，他在学生时代就已成为一个坚定的欧洲主义者，但不久也认为欧洲各国需要具备坚实的政治与经济基础。他自称为一个“欧洲联邦主义者”，致力于一个伟大欧洲理想的实现。③他曾甚至在1992年5月将《马斯特里赫特条约》的出台称为一件幸事和一个重要的历史机遇。我们越清醒地识别并预防风险，机会就越大。④蒂特迈尔认为，拒绝这个条约是欧洲一体化的倒退，并且欧洲会陷入动荡时期。他坚信，欧洲自始至终更需要一个远景，但这个远景必须是现实的。⑤

本章表明，蒂特迈尔对经济和货币联盟的设想符合“加冕理论”，也就是一种共同欧洲货币为长期的政治一体化过程加冕。他最大的担忧是成员国不能严格执行《马斯特里赫特条约》的规定，所以他至死都在为“政治中立的监管和及时披露数据带来的更大公众压力”而努力。他坚信，“如果不对成员国的实际政策进行批判性的定期检查与评估”，就无法实现长期可持续的趋同。⑥

---

① Tietmeyer, Die D-Mark-zwischen deutscher und europäischer Währungsunion, S. 25.

② O. A. , Interview mit Hans Tietmeyer, „Mir ist wohl manches gelungen“.

③ Delattre, Hans Tietmeyer, der Hohepriester der D-Mark, o. S.

④ Tietmeyer, „Aspekte der Europäischen Währungsintegration“, S. 26.

⑤ Tietmeyer, Europäische Währungsunion: Chancen und Aufgaben, S. 18.

⑥ Tietmeyer, From the Werner-Report to the Euro, S. 8.

第七章　汉斯·蒂特迈尔传记视角下的当代德国与欧洲经济史：总结

汉斯·蒂特迈尔是一位秩序政策信念实践者，有着明确的稳定导向经济和货币政策理念。他同时也是一位实干家，在具体落实其目标时总能在细节上做好完美准备，并在相关谈判的讨论中充满敬业与专业的韧性。为贯彻目标，他完全秉承实用主义和结果导向原则，并做好了在不违背经济学逻辑前提下达成妥协的基本准备。此外，他和所有曾经担任过的职务都融为一体，并且深知相关职权的可能性与边界。因此，他不仅担任这些职务，而且全身心投入其中。

关于汉斯·蒂特迈尔影响的简短论述得到他的许多同时代人物的印证。米歇尔·康德苏如此评价道："没错，他总是理智地为他的工作做好完美准备，立场非常坚定，但也乐于对话。"①其他的访谈对象也表示，他经常仔细考虑所有意见，并具备在不触及根本问题的前提下达成妥协的出色能力。他并不教条，会考虑政治必要性。他清楚，只要不违背经济规律，须保证政治决定的优先性。②他在 1990 年 6 月被描述为制度创造者："他学识丰富又具政治敏感

① 米歇尔·康德苏访谈，2015 年 3 月 10 日。

② 汉斯·弗里德里希斯访谈，2014 年 10 月 28 日。

性，而这两个技能恰恰又存在巨大需求”。[1]雅克·德洛尔也同意这一点，他在2011年9月为欧元区焦头烂额时表示，需要蒂特迈尔这样的人。[2]

对媒体文献的分析和专家访谈表明，人们对他的观感也有分化，一些人推崇他直率和注重稳定的品质，而另一些人则认为他冷酷、不近人情又僵化。财经记者扬·弗莱希豪尔（Jan Fleischhauer）在文章中写道：“如果要颁发一个全球最受憎恨央行行长奖，蒂特迈尔将不费吹灰之力胜出。在咱们这里得到赞赏甚至崇拜的坚持原则的财富保管者也已走出国门……狂热的德国马克理论家……将整个欧洲置于一个只注重币值稳定的货币机关的强制之下。”[3]对于蒂特迈尔的谈判对手来说，蒂特迈尔也并不总是让人舒适的，但是他能赢得他们的尊重，因为他总是能借助坚定和明确的观点有建设性地为达成结果做出贡献。于尔根·施塔克解释道：“在这方面，人们应更担心他的能力，而非他的个性。”[4]德国经济学家约阿辛姆·施塔巴提（Joachim Starbatty）认为，蒂特迈尔的基本立场“在国际语境中被视为蒂特迈尔原则”，得到“多数人的赞赏、少数人的担心和所有人的尊重”。[5]

弗莱希豪尔的文章对此也有类似表述：“他当然喜欢贝多芬谱写的庄严高雅的音调。莫扎特轻快的旋律对他来说也许太轻佻了，

---

① O. A., The Liaison man: Can he repair the rift between Bonn und Frankfurt?

② Horst Köhler, „Apropos Tietmeyer“ – Ansprache von Bundespräsident a. D. Horst Köhler beim Festabend anlässlich des 80. Geburtstages von Prof. Dr. Dr. h. c. mult. Hans Tietmeyer am 12. September 2011, Frankfurt am Main 2011.

③ Fleischhauer, Der Erzbischof aus Frankfurt, S. 40.

④ 于尔根·施塔克访谈，2016年2月24日。

⑤ Joachim Starbatty, Begrüßung, in: Soll und Haben-50 Jahre Soziale Marktwirtschaft, hrsg. v. Knut W. Nörr/Joachim Starbatty, Stuttgart 1999, S. 3 – 5, hier S. 5.

而瓦格纳风格夸张的歌剧又太另类。汉斯·蒂特迈尔喜欢的是深刻、纯粹和真正德国的风格。他的口头禅之一是‘稳定文化’，他在私人生活中也注重这一点。”[①]在蒂特迈尔看来，稳定的货币是一个运转良好、可持续并自由的经济与社会秩序不可或缺的要素。稳定的货币是一个社会具备改革可能的基础。而连续性、连贯性和可信性这三个词是蒂特迈尔的人生座右铭。他深知，这些能够获得信心，而信心是实现稳定与繁荣的核心手段。[②]

接下来则简明扼要地按照顺序来回答本书一开始提出的研究问题，分为五个论点。

一　论点1　辅助性与团结是蒂特迈尔的核心品质

蒂特迈尔成长于一个天主教家庭，这个家庭弥漫着普鲁士式的纪律性，他和他的十位兄弟姐妹都有自己明确的职责。[③]少年蒂特迈尔最突出的性格特征是在竞技体育中表现出来的斗志、意志力与忍耐力。

他在二战结束后的学生时代就逐渐具有了对欧洲统一化理念的好感。他在关于“舒曼计划”的课堂论文中强调欧洲内部的边界将来会打开，后来的事实也印证了这一点。战争结束后，将国家主权向一个超国家层面让渡，以保障长远和平，成为热议的话题。而蒂特迈尔早就预见，这一设想的实现将引发争议。

高中毕业后，基于严格的天主教教育和信念，他先开始接受神学高等教育。天主教社会教义无疑在他的世界观中占据一个核心位置，辅助性和团结也因此成为他的核心品质，这些品质在对他生平

① Fleischhauer, Der Erzbischof aus Frankfurt, S. 40.

② Köhler, „Apropos Tietmeyer“, o. S.

③ 阿尔伯特·蒂特迈尔访谈，2014 年 1 月 6 日。

的分析中也不断凸显。蒂特迈尔深信，每个人对社会都要负一份责任，并因此在向他人寻求救助之前，应积极尝试自救。同时，他也认为，收获要与绩效挂钩，多劳多得，少劳少得。[①]他的少年经历表明，为何他后来会如此热烈地拥护社会市场经济的基本原则。而在经济学训练中他对国民经济如何运转以及全球经济如何紧密相连有了深入了解。如他自己所说的，他意识到："掌握经济学知识多么重要，更重要的是，不仅是抽象的东西，还有如何运用经济学正确地行事。"[②]

二　论点2　蒂特迈尔作为"拉姆斯多尔夫文件"作者对德国供给导向转型做出贡献

在他接受完大学和博士学术训练后，蒂特迈尔于1962年进入联邦经济部担任副处长，而当时波恩的官僚体系由法学家主导。[③]1966年开始担任联邦经济部部长的卡尔·席勒致力于经济政策的科学化，任用蒂特迈尔作为他的秘书和文件起草者。席勒的经济政策理念主要由"全面调控"和联合行动组成，并成为60年代后期联邦德国经济政策新范式的核心要素。他的经济政策理念一方面结合弗莱堡学派与凯恩斯主义，及通过需求项目来调控景气，但不对市场经济秩序产生本质影响；另一方面则重视所有联邦经济政策的整体落实。[④]无论是新政策的筹划还是落实，蒂特迈尔都在席勒领导下深度参与了。

1973年，他成为经济政策司司长，从而可以参与联邦政府更

① Brief von Tietmeyer an den Bischof von Münster, S. 2.

② 汉斯·蒂特迈尔访谈，2013年2月12日。

③ Rau, Der Wirtschaftswissenschaftler, S. 325.

④ 汉斯·蒂特迈尔访谈，2013年2月12日。

加核心的决策讨论。新的联邦经济部部长汉斯·弗里德里希斯（自民党）说服联邦总理维利·勃兰特，让基民盟党员蒂特迈尔在社会－自由执政联盟领导下的联邦经济部得到这样一个重要职务。[①]具有坚定秩序政策信念的蒂特迈尔在这一岗位上，保证了“以路德维希·艾哈德、阿尔弗雷德·米勒－阿尔玛克和瓦尔特·欧肯为标志”的经济政策的延续性。[②]社会－民主联盟的政治领导人，如席勒（社民党）或者弗里德里希斯也都注意到了这一点，因此，尽管蒂特迈尔亲近基民盟，但他们仍把他提拔到联邦经济部的核心职位上。

20 世纪 70 年代，经济政策不仅在德国，而且在全世界都陷入一个深刻的转型进程，对于蒂特迈尔来说，经济政策的转型应该是一个巨大挑战。[③]“全面调控”理念的结构性问题不断凸显，因为这一理念面对主要由 1973 年和 1979 年两次石油危机引发的经济和货币动荡束手无策。[④] 60 年代末，“全面调控”还可视为克服衰退的方案，在 70 年代则面临越来越激烈的批评，因为面对外部经济冲击，受制于政策滞后与缺乏计划确定性，“全面调控”无能为力。[⑤]而联合行动的沟通也演变为“无效的围炉闲聊”，在经济下行时毫无作用。[⑥]

蒂特迈尔是经济政策思想转变的拥护者。从 70 年代中期开始，他就致力于减少国家对经济的干预，因为这将引发错误的调控和脆

---

① Tietmeyer, Daten, S. 13.

② O. A., Johann B. Schöllhorn und seine Nachfolger, in: *Die Welt*, 24. 2. 1973.

③ Hans Tietmeyer, Wirtschaftspolitik im Spannungsfeld, S. 1.

④ Rödder, Bundesrepublik, S. 49.

⑤ Tietmeyer, Konjunktursteuerung-Erfahrungen-Lehren, S. 31.

⑥ Bonss, Gewerkschaftliches Handeln, S. 125.

弱的经济形势。这对于蒂特迈尔来说是转向供给导向的开始，①并且得到汉斯・弗里德里希斯这位联邦经济部部长的支持。国家在将来不应再干预经济过程，而只保障框架条件，从而为激发市场经济自身活力创造更多空间。②其核心目标在于强化对经济政策的信心，给予企业更多计划确定性。

新经济政策方案一开始并未取得成功，因为其最初目标是应对70年代外部经济冲击的影响。蒂特迈尔要求一次“深呼吸”，因为修正结构性错误发展需要时间。而对于反对派来说，经济形势在短期内没有改善是一个受欢迎的攻击目标。这期间的公共讨论相当情绪化，也因此进一步阻碍了新经济政策的落实。这一争论的高潮是汉斯・弗里德里希斯的辞职。奥托・格拉夫・拉姆斯多尔夫成为他的继任者，对于蒂特迈尔来说，这是对他人生有重大影响的事件。

拉姆斯多尔夫在供给导向转型方面走得更远，最终导致社会－自由执政联盟的解散。③拉姆斯多尔夫使自民党在经济与财政政策领域与基民盟/基社盟的共同点逐渐多于与社民党的共同点。④社民党在 1982 年 4 月的党员大会上公开表示反对供给导向转型，让这一讨论达到高潮。于是蒂特迈尔起草“拉姆斯多尔夫文件”，为严重的经济发展形势提供经济政策建议。文件包括蒂特迈尔 1970 年以来不断完善的供给导向建议，是对社民党经济政策设想的明确反对。蒂特迈尔早在完成这份文件时就意识到，这份文件将会引发德国政坛的巨大动荡。尽管如此，拉姆斯多尔夫仍将之向媒体披露。

① Tietmeyer, Aktuelle wirtschaftspolitische Fragen (22. Oktober 1976), S. 32.

② Andersen/Woyke, Handwörterbuch des politischen Systems der Bundesrepublik Deutschland, S. 484.

③ Bökenkamp, Ende des Wirtschaftswunders, S. 196.

④ Bökenkamp, Ende des Wirtschaftswunders, S. 196.

对于联邦总理施密特来说，这就是“离婚证”。[①]蒂特迈尔不仅对社会-自由联盟1982年的解体做出了实质性贡献，还有机会与拉姆斯多尔夫一起在联邦德国引入供给导向的政策转型。《法兰克福汇报》上的一篇文章写道：“要经济学家称赞蒂特迈尔不难。他属于一小群对德国经济政策质量贡献大于许多政治家的官员，那些政治家更多立足于自然的贯彻力，而非经济专业知识。”[②]

三 论点3 蒂特迈尔不仅是理论先行者，还是20世纪80年代市场经济复兴的实际操盘手

供给导向的改革有利于市场经济的复兴，并在基民盟/基社盟和自民党联合政府执政后在联邦总理赫尔穆特·科尔的领导下得以落实。改革由两个核心部分组成，即私有化政策和财政整顿。私有化政策源于秩序政策考量，因为其最初目标是私人经济逐步接手国家活动。[③]这不仅意味着完全取消国有股份，还意味着逐渐减少国家对市场经济过程的干预强度。[④]原则上要应促进竞争和主动性，减少多余的国家规制。文件档案显示，蒂特迈尔对此影响力巨大。作为常务副部长，他不仅是联邦财政部部长斯托尔滕贝格的常任代表，并因此参与所有重要决策过程，而且还具备独自做出重要决策的必要权限。[⑤]他主动参与了几乎所有重要的私有化项目，例如与Salzgitter股份公司的谈判。[⑥]而也主要是蒂特迈尔说服斯托尔滕贝格

---

① Wolfrum, Die geglückte Demokratie, S. 354.

② Frankfurt Allgemeine Zeitung, Personalien. Hans Tietmeyer 60, 17. 8. 1991. PAT, Ordner 107, S. 1.

③ König, Developments in Privatization in the Federal Republic of Germany, S. 521.

④ Kruse, Ordnungstheoretische Grundlagen der Deregulierung, S. 10.

⑤ Tietmeyer, Daten, S. 14 f.

⑥ 汉斯·蒂特迈尔访谈，2015年2月18日。

于1984年11月制定一个具体的私有化总体方案。[1]这个方案推动了联邦德国80年代的私有化政策，带来一个充满活力的增长过程，可持续地增强了德国经济的竞争力。

财政整顿作为市场经济复兴的第二个核心内容，其目的是遏制70年代以来的开支增长，从而减少联邦德国的财政政策的不确定性。针对支出增长实施的“紧急制动”运作良好，原因是政府支出占国内生产总值比值的降低以及国家财政收入的超幅增加。[2]政府支出占经济总量的比值从1982年的47.5%下降至1989年的43.1%，而主要得益于经济形势的好转，财政收入年均实现了4.7%的增长，政府赤字因此逐渐缩减。[3]考察随后发生的德国统一，显然，严格的紧缩政策为筹集德国统一所需的财政资源做出了实质性贡献。[4]在蒂特迈尔看来，80年代的财政整顿是“历史意义被低估的事件”。[5]

尽管经济与财政政策改革还有更多潜力可挖，却不得不受制于政治形势。不过，市场自由原则，这一社会市场经济的核心部分借助私有化政策在德国重生。[6]而且公共财政得以重新可控，而政府收支几乎实现平衡。[7]借助紧缩路线的引入与私有化政策得以不断激发的德国竞争力不仅应该感谢联邦财政部部长斯托尔滕贝格的坚强意志，蒂特迈尔的理论准备及在落实过程中的支持也功不可没。

---

① Mayer-Kramer, Vom Niedergang des unternehmerisch tätigen Staates, S. 212.

② Schmidt, Sozialpolitik, S. 242; Statistisches Bundesamt, Volkswirtschaftliche Gesamtrechnung. Inlandsproduktberechnung, Lange Reihen ab 1970, S. 43.

③ Statistisches Bundesamt, Volkswirtschaftliche Gesamtrechnung. Inlandsproduktberechnung, Lange Reihen ab 1970, S. 41.

④ Hinrichs, Verschuldung, S. 22.

⑤ Tietmeyer, Euro ist nicht nur ein Ergebnis, S. 146.

⑥ Zohlhöfer/Zohlhöfer, Wirtschaftspolitik, S. 166.

⑦ Börnsen, Fels oder Brandung?, S. 7.

四　论点4　两德货币联盟是经济学上的冒险

1989年9月，蒂特迈尔转任德国联邦银行董事会成员。[①]到任仅仅数月后，他又被借调回联邦政府，成为两德货币联盟的谈判首脑。这一活动无疑是他职业生涯最重要的里程碑之一。在谈判中蒂特迈尔提出了三个符合经济学理性的要求，即货币政策权限须移交给联邦银行、确保西德马克稳定以及东德马克与西德马克须按照合理的比例兑换。

面对谈判对手，他很快就落实了货币政策权限移交给联邦银行以及确保西德马克稳定这两点要求。在兑换比例问题上蒂特迈尔则有另外的设想。蒂特迈尔对经常性支付和工资按照1:1的比例兑换持批评态度。尽管他对民主德国雇员要求尽快与西部工资及收入接轨的愿望表示理解，但仍提醒道，工资最终来自生产利润。[②]优惠的兑换率虽然短期内会提振德国东部的消费水平，但是会导致劳动生产率的恶化。[③]

在蒂特迈尔看来，两德货币联盟是“经济学上的冒险，是跳入冷水”。[④]他警告会出现“伤心之谷”，因为民主德国国民经济须面对生产的崩溃与失业率的提高。[⑤]他强调，如果从经济学角度出发，不应该做出这样的决定，但是他也补充道：不这样做，政治上又可能会出现无法控制的动乱。蒂特迈尔坚信，长远来看更重要的是“撞开进入新的、自由的经济与社会联盟的大门”，从而使民主德国民众获得“自由以及通向自主性与财富的机会”。[⑥]

---

① Tietmeyer, Daten, S. 16.

② Tietmeyer, Aktuelle Fragen der deutschen Geld-und Währungspolitik, S. 11.

③ Tietmeyer, Währungspolitik in Deutschland, S. 11.

④ Tietmeyer, 10 Jahre deutsche Wiedervereinigung, S. 10.

⑤ Tietmeyer, Die wirtschaftliche Eingliederung der DDR, S. 9.

⑥ Tietmeyer, Auf dem Wege zur Deutschen Einheit, S. 3.

五 论点5 蒂特迈尔是一位稳定欧洲人

20世纪90年代筹备欧洲经济和货币联盟应是蒂特迈尔职业生涯中最后一个重要的活动。1990年6月13日，他重新回到联邦银行董事会，并在1993年10月1日开始担任联邦银行行长。蒂特迈尔对欧洲经济和货币联盟的制度前提条件有清晰设想，并主要聚焦三个核心诉求，即建立一个独立且稳定导向的欧洲中央银行、远期建立一个政治联盟以及实现成员国的经济趋同。蒂特迈尔将联邦德国模式作为欧洲中央银行典范。对此他用两句话简要做出解释，“稳定导向作为目标，货币数量政策作为方案，这一组合是联邦银行政策二十多年来的基石。一些人认为这个组合僵化，另一些人，也许是大多数，则认为它具有连续性并忠于原则”[①]。应该建立一个央行，接手成员国央行职权，政治上独立，并有义务将币值稳定视为最高目标。这一理念在《马斯特里赫特条约》中得到体现，使欧洲的稳定政策在组织和机制上都几乎不存在障碍。[②]

虽然欧洲中央银行如今被认为是世界上的独立央行之一，但开始购买欧洲国家政府债券以来（2010年的证券市场计划），它就游走于其权限的灰色地带，导致财政政策与货币政策的界限日益模糊。[③]这导致联邦银行模式的稳定政策可能不再被奉行。尽管如此，考虑到欧洲经历了战后最严重的金融危机，且欧洲中央银行需对许多国家负责，每个国家对货币政策的反应都各不相同。马里奥·德拉吉在一次访谈中一语中的：“因为我们遇到了特殊情况，所以我

---

① Tietmeyer, Währungspolitik in Deutschland, S. 2.

② Tietmeyer, Stabiles Geld ist keine Selbstverständlichkeit, o. S.

③ 严斯·魏德曼访谈，2016年8月2日。

们不得不用特殊工具。”[①]无论如何，这都是为了保证经济和货币联盟的长期与稳定运行，而这也是蒂特迈尔所鼎力支持的。

除此之外，蒂特迈尔坚信，欧洲经济和货币联盟须得到进一步的政治联盟的支撑。对于他来说，货币联盟不仅要汇率挂钩，而且是一种不可逆的经济与政治锁定。[②]一旦经济和货币联盟建立，汇率工具消失，共同的经济政策回应则是必需的。[③]因此，蒂特迈尔要求要么建立一个正式的政治联盟，成员国合并成一个国家；要么成为一个准政治联盟，在这个联盟中，政治权限尽管仍然分散保留在成员国手中，但是经济政策内容以及思维方式和价值观偏好应紧密结合。[④]

政治联盟至今没有建成。专家访谈表明，继续建立一个政治联盟始终是不现实的。人们发现经济和货币联盟日益显现一些接近政治联盟的要素，例如银行业联盟、共同央行、单一货币、共同竞争政策或者共同贸易政策。但是，目前大多数成员并不赞成在预算问题上进一步向超国家层面让渡主权。[⑤]

蒂特迈尔关注的第三个方面是成员国的经济趋同。[⑥]除了稳定导向之外，货币政策的成功主要取决于成员国的经济框架条件。国民经济需要高度趋同，通胀差距须缩小，并要确保严格的财政纪律。在蒂特迈尔看来，财政趋同标准并不是特别严格，以至于他当

① 马里奥・德拉吉访谈，2016 年 9 月 21 日。

② Hauptabteilung Volkswirtschaft der Deutschen Bundesbank, Antwortempfehlungen, S. 7.

③ VWD-VideoTicker, Tietmeyer: EWWU ohne Politische Union kaum Bestand, 22. 11. 1991. PAT, Ordner 107, S. 1.

④ Tietmeyer, Sicherung der Stabilität, S. 2.

⑤ 严斯・魏德曼访谈，2016 年 8 月 2 日。

⑥ Tietmeyer, Die Europäische Währungsunion als Stabilitätsgemeinschaft, S. 1.

时就已经猜测，如果各国加入货币联盟时不符合条件，那么欧洲经济和货币联盟可能会分化。[①]高负债率，尤其是建立在欧洲名义增长率5%假设上的理想赤字标准3%，蒂特迈尔认为它不够有底气。[②]因此，他要求在触犯标准的情况下进行制裁，并对仓促建立欧洲经济和货币联盟会走向通胀共同体提出警告。对于他来说，稳定政策趋同一定比启动时间表重要。[③]他是一个对相关进程进行批判性分析并指出风险所在的经济学家。在他自己看来，他是一个“欧洲联邦主义者”，致力于实现伟大的欧洲理想，并对一个能够持续运行的欧洲经济和货币联盟的稳定基础有自己的明确设想。[④]

本书表明，受制于财政趋同标准，各成员国在会计领域表现出无比的创造力，从而在基准年1997年突然正式满足所有条件。1999年1月1日，包括11个成员国的经济和货币联盟启动。人们显然要问，经济挑战当时是否就是简单地被低估了。最终，欧洲经济和货币联盟的落实都被政治家把控，经济学家只能施加有限的影响。对于赫尔穆特·科尔来说，目标一定是实现他的欧洲经济与货币联盟的远景，哪怕仍然无法确保经济趋同。[⑤]这一点也得到一些专家的确认，他们表示科尔将经济规律置于政治目标之下。[⑥]而《马斯特里赫特条约》签订以来，蒂特迈尔很清楚，关于欧洲经济和货币联盟的决定出于政治而非经济理由。[⑦]蒂特迈尔解释道：“在

---

① O. A., Der Warner, in: *Die Zeit*, 12. 9. 1997.

② Brief von Tietmeyer an einen Bürger v. 9. 10. 1997, S. 2.

③ Tietmeyer, Das Europäische Währungssystem in der Testphase der Bewährung, S. 8.

④ Delattre, Hans Tietmeyer, der Hohepriester der D-Mark, o. S.

⑤ O. A., Regierung: Vom Euro gejagt, S. 23.

⑥ 君特·克劳瑟访谈，2016年1月19日；约翰·威廉·加杜姆访谈，2016年4月5日。

⑦ Tietmeyer, Erfahrungen und Perspektiven für die Währungsunion in Europa, S. 13 f.

我们有限的任务范围内，我们的表态可能已经非常明确了，更多的事情……联邦银行就无能为力了。”①

最新的发展表明，近年来经济趋同有所进展，一些欧洲南方国家竞争力有所增强。希腊、葡萄牙和西班牙的单位劳动成本重新降至 2007 年的水平。爱尔兰的单位劳动成本甚至处于 2002 年以来的最低水平。与此同时，欧洲北方国家的单位劳动成本逐渐上升，经济竞争力因此持续降低。②但实质性消除南北差异仍需时日，因为各国发展水平分化的问题由来已久。要完全消除南北差异，需要成员国继续遵循既定方案，并在将来遵守约定的规则。

最终作为联邦银行行长载入史册的蒂特迈尔，凭借高超的专业技能与巨大的政治热情，全身心致力于确保德国马克的稳定，并于 1999 年 1 月 1 日将一个稳定的欧元引入经济和货币联盟。马里奥·德拉吉曾于 2016 年 9 月获得著名的“欧洲建设者”奖（Builders of Europe），当他被问道蒂特迈尔是否也可获颁这个奖时，他的回答是：“是，（他）远超过我。”③

① Brief von Tietmeyer an Hansjörg Häfele, S. 1.

② Eurostat, Daten, 2018.

③ 马里奥·德拉吉访谈，2016 年 9 月 21。

致　谢

在此，本人想对在整个写作过程中提供过支持的人士致以谢意。首先要感谢蒂特迈尔伉俪——汉斯·蒂特迈尔先生与玛利亚－特蕾泽·蒂特迈尔太太。2013 年 2 月第一次见面时我就受到他们热情接待，并在接下来几年里，能够经常不受限制地接触蒂特迈尔先生的家藏私人文献。除此之外，蒂特迈尔先生还时常就相关内容与我通电话或当面交谈。这些回忆，让我一直感激他。愿他在天堂安息！

同时，还请允许我隆重感谢我的两位导师米歇尔·格勒尔博士、教授与阿坦纳斯欧斯·皮宙里斯博士、教授，以及第三导师拉尔斯·P. 菲尔德博士、教授。他们不仅给我提供了巨大的学术自由空间，而且在任何时候都称职、专业且友善地支持我。

另外，还有为数众多的受访者，他们抽出宝贵时间来回答我的问题，在此向他们致以诚挚的谢意。对于相关的部委机构来说，同意这些访谈并不是理所当然的。这些个人对话不仅让我个人成长，而且从内容上给我的研究带来非常有价值的贡献与分析。

此外，我还想感谢英格丽特·奥拓博士（Dr. Ingrid Otto）、约阿辛姆·阿尔格米森博士、安德里亚斯·柯尼希（Andreas Koenig）和迪尔克·盖布勒（Dirk Gäbler），他们不余遗力且友好地审阅和校对我的书稿。还要感谢博恩特·R. A. 希尔克博士教授（Prof. Dr. Bernt R. A. Sierke）和斯特凡·布林克霍夫（Stefan Brinkhoff）。我们组成了哥廷根私立大学了不起的团队，不但互相激励，而且充满建设性的批评与卓越的想象力。

最后，我想特别感谢我的父母埃尔克·阿尔格米森（Elke Joachim）和约阿辛姆·阿尔格米森博士。你们一直全力支持我，为此我将此书献给你们！

约阿辛姆·阿尔格米森

2019 年 7 月于汉诺威（Hannover）

参考资料

一 档案

BAK (1967), Änderungen und Ergänzungen zum Entwurf eines Gesetzes zur Förderung der Stabilität und des Wachstums der Wirtschaft, B 102/93258, Bonn, 31.1.1967.

BAK (1970), Schriftwechsel zwischen Minister Schiller und Bundeskanzler Brandt betreffend den Werner-Bericht über die stufenweise Errichtung einer Wirtschafts- und Währungsunion, B102/93464, Bonn, 21.10.1970.

PAT O1 (1957), Hans Tietmeyer, Diplomarbeit – Der ORDO-Begriff in der katholischen Soziallehre. Ordner 1: Hans Tietmeyer – Diplomarbeit „Der ORDO-Begriff in der katholischen Soziallehre“, Köln.

PAT O101 (1984), WDR, Staatssekretär Dr. Tietmeyer in „zwei zu eins“ zum Thema Privatisierung. Ordner 101: Presse 1981–1989, Köln, 9.1.1984.

PAT O105 (1986), Brief von Kriminaloberrat vom Brocke aus Bonn an Tietmeyer, Az. 2930–14.K/ 1290/86. Ordner 105: Presse – Der Anschlag – Allg. Schriftwechsel, Bonn, 19.8.1986.

PAT O105 (1988a), Brief von Kriminaldirektor Russart an Tietmeyer. Ordner 105: Presse – Der Anschlag – Allg. Schriftwechsel, Wiesbaden, 3.8.1988.

PAT O105 (1988b), Anschlag auf Staatssekretär Hans Tietmeyer. Erklärung vom 20. September und 21. September 1988. Ordner 105: Presse – Der Anschlag – Allg. Schriftwechsel, Bonn, 20.9.1988.

PAT O105 (1988c), Brief von Kriminaloberrat vom Brocke aus Bonn an Tietmeyer, Az. 14.K/275–1290/86. Ordner 105: Presse – Der Anschlag – Allg. Schriftwechsel, Bonn, 25.9.1988.

PAT O105 (1988d), Personenschutzkonzept für Herrn Bundesbankpräsident Tietmeyer. Ordner 105: Presse – Der Anschlag – Allg. Schriftwechsel, Frankfurt am Main, 4.10.1993.

PAT O106 (1990a), Wortprotokoll der Rede zur deutschen und europäischen Währungsunion von Bundesbankpräsident Karl Otto Pöhl vor der Frankfurter Gesellschaft für Handel, Industrie und Wissenschaft am 30. Mai 1990. Ordner 106: Presse 1990–1996, Frankfurt am Main, 31.5.1990.

PAT O106 (1990b), VWD-VideoTicker, Tietmeyer wieder im Bundesbank-Geschäft. Ordner 106: Presse 1990–1996, Frankfurt am Main, 13.6.1990.

PAT O106 (1990c), Il Massagero, Interview mit dem Verantwortlichen für internationale Politik bei der Deutschen Bundesbank. Ordner 106: Presse 1990–1996, Rom, 18.11.1990.

PAT O106 (1990d), Interview mit Dr. Hans Tietmeyer, Mitglied des Direktoriums der Deutschen Bundesbank im Rahmen der ZDF-Sendung „Mittagsmagazin“ am 14. Dezember 1990 um 13.25 Uhr (von Dieter Balkhausen). Ordner 106: Presse 1990–1996, Frankfurt am Main, 14.12.1990.

PAT O107 (1991a), BBC Radio 4, Sir Leon Brittan, Vizepräsident der EG-Kommission über die europäische Währungspolitik. Ordner 107: Presse 1991, London, 16.5.1991.

PAT O107 (1991b), Deutsche Bundesbank, Pressenotiz. Ordner 107: Presse 1991, Frankfurt am Main, 16.5.1991.

PAT O107 (1991c), DAG-Journal, Die Europäische Zentralbank. Gastbeitrag von Hans Tietmeyer. Ordner 107: Presse 1991, Berlin, Juni 1991.

PAT O107 (1991d), Interview mit Dr. Hans Tietmeyer, designierter Vizepräsident der Deutschen Bundesbank über aktuelle finanz- und wirtschaftspolitische Fragen in der Sendung „Frankfurter Gespräche" des HR 1 am 7. Juli 1991 um 11.30 Uhr (von Wolfgang Grün und Christoph Wehnelt). Ordner 107: Presse 1991, Frankfurt am Main, 8.7.1991.

PAT O107 (1991e), Brief des Bundesbankpräsidenten Helmut Schlesinger an die Mitarbeiterinnen und Mitarbeiter der Deutschen Bundesbank. Ordner 107: Presse 1991, Frankfurt am Main, 1.8.1991.

PAT O107 (1991f), Frankfurter Allgemeine Zeitung, Personalien. Hans Tietmeyer 60. Ordner 107: Presse 1991, Frankfurt am Main, 17.8.1991.

PAT O107 (1991g), VWD-VideoTicker, Tietmeyer: EWWU ohne Politische Union kaum Bestand. Ordner 107: Presse 1991, Frankfurt am Main, 22.11.1991.

PAT O11 (1969a), Deutscher Stufenplan – 1. Entwurf. Ordner 11: Wirtschafts- und Währungsunion – Werner Gruppe – Band 1 (Januar 1970–15. Mai 1970), Bonn, 1969.

PAT O11 (1969b), Plan zur Verwirklichung der Europäischen Währungsunion in drei Stufen – Belgischer Plan. Ordner 11: Wirtschafts- und Währungsunion – Werner Gruppe – Band 1 (Januar 1970–15. Mai 1970), Brüssel, 24.11.1969.

PAT O11 (1970a), Brief von Brandt an Schiller. Ordner 11: Wirtschafts- und Währungsunion – Werner Gruppe – Band 1 (Januar 1970–15. Mai 1970), Bonn, 22.1.1970.

PAT O11 (1970b), Hans Tietmeyer, Ergebnisse der Beratungen auf der Wirtschafts- und Finanzministerkonferenz in Paris am 23./24.2.1970. Ordner 11: Wirtschafts- und Währungsunion – Werner Gruppe – Band 1 (Januar 1970–15. Mai 1970), Bonn, 25.2.1970.

PAT O11 (1970c), Brief von Everling an Schiller, Wirtschafts- und Währungsunion in der EWG – Einsetzung des 5-Präsidentenausschusses. Ordner 11: Wirtschafts- und Währungsunion – Werner Gruppe – Band 1 (Januar 1970–15. Mai 1970), Bonn, 3.3.1970.

PAT O11 (1970d), Brief von Everling an Schiller, Wirtschafts- und Währungspolitik in der EWG – Bestellung des Präsidenten des ad-hoc-Ausschusses. Ordner 11: Wirtschafts- und Währungsunion – Werner Gruppe – Band 1 (Januar 1970–15. Mai 1970), Bonn, 5.3.1970.

PAT O11 (1970e), 105. Tagung des Rates der Europäischen Gemeinschaften am 6.3.1970 – Zusammenarbeit in Wirtschafts- und Währungsfragen: Verfahren. Ordner 11: Wirtschafts- und Währungsunion – Werner Gruppe – Band 1 (Januar 1970–15. Mai 1970), Brüssel, 9.3.1970.

PAT O11 (1970f), Arbeitsmethode – Wortlaut des Ratsbeschlusses vom 6. März 1970. Ordner 11: Wirtschafts- und Währungsunion – Werner Gruppe – Band 1 (Januar 1970–15. Mai 1970), Bonn, 20.3.1970.

PAT O11 (1970g), Hans Tietmeyer, Ergebnisbericht über die erste Tagung der Ad hoc-Arbeitsgruppe „Stufenplan" vom 20. März 1970. Ordner 11: Wirtschafts- und Währungsunion – Werner Gruppe – Band 1 (Januar 1970–15. Mai 1970), Brüssel, 31.3.1970.

PAT O11 (1970h), Hans Tietmeyer, Ergebnis der zweiten Sitzung des „Werner-Komitees" zur Ausarbeitung eines gemeinsamen Stufenplans zur Verwirklichung der Wirtschafts- und Währungsunion. Ordner 11: Wirtschafts- und Währungsunion – Werner Gruppe – Band 1 (Januar 1970–15. Mai 1970), Bonn, 9.4.1970.

PAT O11 (1970i), Emminger an Schöllhorn, Verringerung der Bandbreiten für Wechselkursschwankungen unter den EWG-Währungen. Ordner 11: Wirtschafts- und Währungsunion – Werner Gruppe – Band 1 (Januar 1970–15. Mai 1970), Frankfurt am Main, 24.4.1970.

PAT O11 (1970j), Otmar Emminger, Vorschlag von Gouverneur Ansiaux für einen Devisenausgleichsfonds. Ordner 11: Wirtschafts- und Währungsunion – Werner Gruppe – Band 1 (Januar 1970–15. Mai 1970), Frankfurt am Main, 5.5.1970.

PAT O110 (1997), Deutsche Bundesbank, Protokoll der Pressekonferenz im Anschluß an die Zentralbanksitzung in Aschau im Chiemgau am 10. Juli 1997. Ordner 110: Presse 1997, Frankfurt am Main, 10.7.1997.

PAT O113 (1990a), Interview mit Dr. Tietmeyer in der Süddeutschen Zeitung. Ordner 113: Büro Dr. Tietmeyer – Interviews – ab Januar 1990, Frankfurt am Main, 25.1.1990.

PAT O113 (1990b), Interview zwischen Yomirui Shimbun mit Dr. Tietmeyer. Ordner 113: Büro Dr. Tietmeyer – Interviews – ab Januar 1990, Frankfurt am Main, 1.3.1990.

PAT O113 (1990c), Diskussion mit Dr. Hans Tietmeyer, MdD, und Prof. Dr. Rudolf Scheid über Möglichkeiten und Gefahren einer deutsch-deutschen Wirtschafts- und Währungsunion in der Sendung „Frankfurter Gespräch" des Hessischen Rundfunks (HR 1) am 18.3.1990 (von Christoph Wehnelt). Ordner 113: Büro Dr. Tietmeyer – Interviews – ab Januar 1990, Frankfurt am Main, 19.3.1990.

PAT O113 (1990d), Interview der Finanzzeitung „Kinyu Zaisei" mit Herrn Dr. Tietmeyer, Mitglied des Direktoriums der Deutschen Bundesbank, abgedruckt am 19. März 1990. Ordner 113: Büro Dr. Tietmeyer – Interviews – ab Januar 1990, Tokio, 30.3.1990.

PAT O113 (1992), Interview zwischen Dr. Albrecht Beck (Badische Zeitung, Freiburg) und Hans Tietmeyer. Ordner 113: Büro Dr. Tietmeyer – Interviews – ab Januar 1990, Freiburg, 10.6.1992.

PAT O114 (1992), Hans Tietmeyer, Die deutsche Vereinigung und die D-Mark. Vortrag am 10. Januar 1992 anläßlich des Neujahrsempfangs der Industrie- und Handelskammer in Berlin. Ordner 114: Büro Dr. Tietmeyer – Vorträge – Band 11 – ab Januar 1992, Berlin, 10.1.1992.

PAT O115 (1992a), Hans Tietmeyer, Die D-Mark – zwischen deutscher und europäischer Währungsunion. Vortrag am 17. März 1992 vor der Mitgliederversammlung der Wirtschaftsvereinigung Metalle in Köln. Ordner 115: Büro Dr. Tietmeyer – Vorträge – Band 12 – ab März 1992, Köln, 17.3.1992.

PAT O115 (1992b), Hans Tietmeyer, Gedankenskizze für die Rede am 23. März 1992 vor der Deutschen Handelskammer in London. Arbeitsthema: EMU – Prospects and Perspectives. Ordner 115: Büro Dr. Tietmeyer – Vorträge – Band 12 – ab März 1992, London, 23.3.1992.

PAT O115 (1992c), Hans Tietmeyer, Aktuelle Fragen der deutschen Geld- und Währungspolitik. Vortrag am 1. April 1992 anläßlich des 75-jährigen Jubiläums der Landesbank Schleswig-Holstein in Kiel. Ordner 115: Büro Dr. Tietmeyer – Vorträge – Band 12 – ab März 1992, Kiel, 1.4.1992.

PAT O115 (1992d), Hans Tietmeyer, Aktuelle Fragen der deutschen Geld- und Währungspolitik. Vortrag am 1. April 1992 anläßlich des 75-jährigen Jubiläums der Landesbank Schleswig-Holstein in Kiel. Ordner 115: Büro Dr. Tietmeyer – Vorträge – Band 12 – ab März 1992, Kiel, 1.4.1992.

PAT O116 (1992a), Hans Tietmeyer, Perspektiven für den deutschen Kapitalmarkt im Licht der europäischen Währungsunion. Vortrag anläßlich einer Veranstaltung der WL-Bank (Westfälische Landesbank Bodenkreditbank AG) in Münster am 4. Mai 1992. Ordner 116: Büro Dr. Tietmeyer – Vorträge – Band 13 – ab 27. April 1992, Münster, 4.5.1992.

PAT O116 (1992b), Hans Tietmeyer, „Aspekte der Europäischen Währungsintegration". Vortrag vor der Bundesvereinigung der Deutschen Arbeitgeberverbände am 15. Mai 1992 in Luxemburg. Ordner 116: Büro Dr. Tietmeyer – Vorträge – Band 13 – ab 27. April 1992, Luxemburg, 15.5.1992.

PAT O117 (1992), Hans Tietmeyer, European Monetary Union: A German View. Speech presented at the course „Europe: What a direction?" at the International University Menéndez Pelayo in Barcelona on June 19, 1992. Ordner 117: Büro Dr. Tietmeyer – Vorträge – Band 14 – ab 25. Mai 1992, Barcelona, 19.6.1992.

PAT O119 (1992a), Hans Tietmeyer, Aktuelle Fragen der währungspolitischen Integration in Europa. Vortrag im Rahmen der Eröffnungsveranstaltung des DIHT-Kongresses 1992 in Dresden am 26. Oktober 1992. Ordner 119: Büro Dr. Tietmeyer – Vorträge – Band 16 – ab 20. Oktober 1992, Dresden, 26.10.1992.

PAT O119 (1992b), Hans Tietmeyer, Europäische Währungsunion: Chancen und Aufgaben. Vortrag anläßlich einer Veranstaltung der Deutschen Bank in Osnabrück am 30. Oktober 1992. Ordner 119: Büro Dr. Tietmeyer – Vorträge – Band 16 – ab 20. Oktober 1992, Osnabrück, 30.10.1992.

PAT O122 (1993a), Hans Tietmeyer, Die Bedeutung der Sozialen Marktwirtschaft für den Aufschwung in den neuen Bundesländern. Vortrag in Oybin anläßlich der Tagung des Instituts der deutschen Wirtschaft Köln in Zusammenarbeit mit dem Institut für angewandte wirtschafts- und gesellschaftswissenschaftliche Forschung am 7. Mai 1993. Ordner 122: Büro Dr. Tietmeyer – Vorträge – Band 19 – ab 23. April 1993, Oybin, 7.5.1993.

PAT O122 (1993b), Hans Tietmeyer, Wirtschaftslage und Notenbankpolitik in Deutschland. Statement anläßlich einer Podiumsdiskussion im Rahmen des ISC-Symposiums an der Hochschule in St. Gallen am 26. Mai 1993. Ordner 122: Büro Dr. Tietmeyer – Vorträge – Band 19 – ab 23. April 1993, St. Gallen, 26.5.1993.

PAT O123 (1993), Hans Tietmeyer, Geldpolitik in Deutschland und Europa vor neuen Herausforderungen. Rede anläßlich der Generalversammlung der Westdeutschen Genossenschafts-Zentralbank am 22. Juni 1993 in Münster/Westfalen. Ordner 123: Büro Dr. Tietmeyer – Vorträge – Band 20 – ab 22. Juni 1993, Münster, 22.6.1993.

PAT O125 (1993a), Hans Tietmeyer, Deutsche Geldpolitik im internationalen Zusammenhang. Vortrag in Bonn beim Deutschen Sparkassen und Giroverband am 24. November 1993. Ordner 125: Büro Dr. Tietmeyer – Vorträge – Band 21 – ab November 1993, Bonn, 24.11.1993.

PAT O125 (1993b), Hans Tietmeyer, Geldpolitik vor neuen Herausforderungen. Vortrag im Rahmen des Symposiums „Geld, Banken und Versicherungen" der Fachfakultäten der Universität Karlsruhe am 8. Dezember 1993. Ordner 125: Büro Dr. Tietmeyer – Vorträge – Band 21 – ab November 1993, Karlsruhe, 8.12.1993.

PAT O126 (1994a), Hans Tietmeyer, Zur aktuellen Lage der deutschen Wirtschaft und den Herausforderungen an die Politik. Vortrag vor der CSU-Landesgruppe auf der

Klausurtagung in Wildbad Kreuth, am 7. Januar 1994. Ordner 126: Büro Dr. Tietmeyer – Vorträge – Band 22 – ab Januar 1994, Wildbad Kreuth, 7.1.1994.

PAT O126 (1994b), Hans Tietmeyer, Geldpolitik in europäischer Verantwortung. Rede aus Anlaß des 125-jährigen Bestehens der Oldenburgischen Landesbank in Oldenburg am 14. Januar 1994. Ordner 126: Büro Dr. Tietmeyer – Vorträge – Band 22 – ab Januar 1994, Oldenburg, 14.1.1994.

PAT O126 (1994c), Hans Tietmeyer, Die deutsch-französische Kooperation im Rahmen der Wirtschafts- und Währungsunion. Vortrag im Rahmen der Tagung „Der französische Finanzmarkt und die deutsch-französische Kooperation im Finanzsektor“ am 25. März 1994 in Frankfurt am Main. Ordner 126: Büro Dr. Tietmeyer – Vorträge – Band 22 – ab Januar 1994, Frankfurt am Main, 25.3.1994.

PAT O127 (1994a), Hans Tietmeyer, Währungspolitik in Deutschland. Rede im Rahmen der 300-Jahr-Festlichkeiten der Universität Halle am 19. Mai 1994 in der Universität Halle / Saale. Ordner 127: Büro Dr. Tietmeyer – Vorträge – Band 23 – ab April 1994, Halle / Saale, 19.5.1994.

PAT O127 (1994b), Hans Tietmeyer, Das Europäische Währungssystem in der Testphase der Bewährung – Kompass für die zukünftige Europäische Zentralbank (EZB). Vortrag vor den Unternehmertagen der Thüringischen Landesregierung, der Bayerischen Staatsregierung und der EU Kommission am 20. Juni 1994. Ordner 127: Büro Dr. Tietmeyer – Vorträge – Band 23 – ab April 1994, Frankfurt am Main, 20.6.1994.

PAT O127 (1994c), Hans Tietmeyer, Vom Potsdamer Abkommen zur Europäischen Währungsunion. Ansprach anläßlich des Empfangs auf Einladung des Ministerpräsidenten des Landes Brandenburg und des Regierenden Bürgermeisters von Berlin in Potsdam am 23. Juni 1994. Ordner 127: Büro Dr. Tietmeyer – Vorträge – Band 23 – ab April 1994, Potsdam, 23.6.1994.

PAT O128 (1994), Hans Tietmeyer, Geld- und wirtschaftspolitische Fragen aus Sicht der Deutschen Bundesbank. Vortrag beim Unternehmertag Ostwestfalen-Lippe in Bielefeld am 3. September 1994. Ordner 128: Büro Dr. Tietmeyer – Vorträge – Band 24 – ab Juli 1994, Ostwestfalen-Lippe, 3.9.1994.

PAT O13 (1970a), Hans Tietmeyer, Kurzbericht über die 10. Sitzung der „Werner-Gruppe“ am 23./24. September 1970 in Kopenhagen. Ordner 13: Wirtschafts- und Währungsunion – Werner-Gruppe – Band 3 (11. August 1970), Bonn, 28.9.1970.

PAT O13 (1970b), Bericht an Rat und Kommission über die stufenweise Verwirklichung der Wirtschafts- und Währungsunion in der Gemeinschaft (sog. Werner Bericht). Ordner 13: Wirtschafts- und Währungsunion – Werner-Gruppe – Band 3 (11. August 1970), Brüssel, 8.10.1970.

PAT O130 (1995a), Hans Tietmeyer, Stabiles Geld – Grundlage einer gesunden Wirtschaft. Festvortrag anläßlich des Dreikönigstreffens des Nordrhein-Westfälischen Handwerks in Düsseldorf am 11. Januar 1995. Ordner 130: Büro Dr. Tietmeyer – Vorträge – Band 26 – ab Dezember 1994, Düsseldorf, 11.1.1995.

PAT O130 (1995b), Hans Tietmeyer, Staatsakt für Prof. Karl Schiller. Ordner 130: Büro Dr. Tietmeyer – Vorträge – Band 26 – ab Dezember 1994, Hamburg, 12.1.1995.

PAT O130 (1995c), Hans Tietmeyer, Erfahrungen und Perspektiven für die Währungsunion in Europa. Vortrag vor dem Gesprächskreis Nord der Friedrich-Ebert-Stiftung in Hamburg am 30. Januar 1995. Ordner 130: Büro Dr. Tietmeyer – Vorträge – Band 26 – ab Dezember 1994, Hamburg, 30.1.1995.

PAT O130 (1995d), Hans Tietmeyer, Deutschland und die Europäische Union zwischen Maastricht und Währungsunion. Beitrag für den 7. amerikanisch / deutschen Workshop für Journalisten des Bertelsmann Verlages in Gütersloh am 20. März 1995. Ordner 130: Büro Dr. Tietmeyer – Vorträge – Band 26 – ab Dezember 1994, Gütersloh, 20.3.1995.

PAT O131 (1995a), Hans Tietmeyer, Währungspolitische Kooperation zwischen Zentralbanken. Vortrag vor dem italienischen Senat in Rom am 11. April 1995. Ordner 131: Büro Dr. Tietmeyer – Vorträge – Band 27 – ab 23. März 1995, Rom, 11.4.1995.

PAT O131 (1995b), Hans Tietmeyer, Auf dem Weg zur Währungsunion: Wo stehen wir? Rede vor dem Walter-Eucken-Institut Parkhotel Adler in Hinterzarten. Ordner 131: Büro Dr. Tietmeyer – Vorträge – Band 27 – ab 23. März 1995, Hinterzarten, 31.5.1995.

PAT O133 (1995a), Hans Tietmeyer, Monetäre Integration in Europa. Vortrag an der Universität Konstanz am 13. November 1995. Ordner 133: Büro Dr. Tietmeyer – Vorträge – Band 29 – ab Mitte Oktober 1995, Konstanz, 13.11.1995.

PAT O133 (1995b), Hans Tietmeyer, Europäische und internationale Währungspolitik vor neuen Herausforderungen. Rede vor dem Finanzmarkt Forum in Luxemburg am 25. Oktober 1995. Ordner 133: Büro Dr. Tietmeyer – Vorträge – Band 29 – ab Mitte Oktober 1995, Luxemburg, 25.10.1995.

PAT O133 (1995c), Hans Tietmeyer, Grußwort beim 9. Wissenschaftlichen Kolloquium des Instituts für bankhistorische Forschung. Währungsunion und politische Integration: Historische Erfahrungen und europäischen Perspektiven in Frankfurt am 3. November 1995. Ordner 133: Büro Dr. Tietmeyer – Vorträge – Band 29 – ab Mitte Oktober 1995, Frankfurt am Main, 3.11.1995.

PAT O133 (1995d), Hans Tietmeyer, Die Wirtschafts- und Währungsunion als Stabilitätsgemeinschaft. Dinner Speech beim Unternehmertag '95 des Bundesverbandes des Deutschen Groß- und Außenhandels in Bonn – Bad Godesberg am 21. November 1995. Ordner 133: Büro Dr. Tietmeyer – Vorträge – Band 29 – ab Mitte Oktober 1995, Bonn, 21.11.1995.

PAT O136 (1996a), Hans Tietmeyer, Sicherung der Stabilität in der Europäischen Währungsunion. Rede von Prof. Dr. Dr. h. c. Hans Tietmeyer, Präsident der Deutschen Bundesbank, bei Forum „Wirtschaft trifft Politik" der Konrad-Adenauer-Stiftung in Cadenabbia, am 7. September 1996. Ordner 136: Büro Dr. Tietmeyer – Vorträge – Band 32 – ab Juli 1996, Cadenabbia, 7.9.1996.

PAT O136 (1996b), Hans Tietmeyer, Perspektiven der monetären Integration in Europa. Rede beim „Erfurter Dialog 1996" in Erfurt am 12. September 1996. Ordner 136: Büro Dr. Tietmeyer – Vorträge – Band 32 – ab Juli 1996, Erfurt, 12.9.1996.

PAT O136 (1996c), Hans Tietmeyer, Die Europäische Währungsunion als Stabilitätsgemeinschaft. Rede anläßlich des Mercedes-Abends bei der IAA Nutzfahrzeuge 1996 in Hannover am 23. September 1996. Ordner 136: Büro Dr. Tietmeyer – Vorträge – Band 32 – ab Juli 1996, Hannover, 23.9.1996.

PAT O138 (1997a), Hans Tietmeyer, Geldwertstabilität in der Währungsunion. Rede beim finanzpolitischen Kongress 1997 von Goldman, Sachs & Co. in Frankfurt am Main am 27. Februar 1997. Ordner 138: Büro Dr. Tietmeyer – Vorträge – Band 34 – ab 29. Januar 1997, Frankfurt am Main, 27.2.1997.

PAT O138 (1997b), Hans Tietmeyer, Von der D-Mark zum Euro: Stabiles Geld als währungspolitischer Auftrag. Festvortrag auf der Jahrestagung des Zentralverbandes der Deutschen Haus-, Wohnungs- und Grundeigentümer in Münster am 10. Mai 1997. Ordner 138: Büro Dr. Tietmeyer – Vorträge – Band 34 – ab 29. Januar 1997, Münster, 10.5.1997.

PAT O139 (1997), Hans Tietmeyer, Von der D-Mark zum Euro: Stabiles Geld als Ziel. Vortrag auf dem Sparkassenforum ’97 der Sparkasse Krefeld in Krefeld am 5. September 1997. Ordner 139: Büro Dr. Tietmeyer – Vorträge – Band 35 – ab Juni 1997, Krefeld, 5.9.1997.

PAT O14 (1971a), Hans Tietmeyer, Europapolitischer Beitrag des Bundeswirtschaftsministers für die 3. Lesung des Bundeshaushaltes im Plenum des Deutschen Bundestages am 12. Februar 1971. Ordner 14: Reden und Artikel – Eigene Vorträge und Artikel – April 1970 – September 1972, Bonn, 11.2.1971.

PAT O14 (1971b), Hans Tietmeyer, Europa auf dem Wege zur Wirtschafts- und Währungsunion. Ordner 14: Reden und Artikel – Eigene Vorträge und Artikel – April 1970 – September 1972, Bonn, 19.4.1971.

PAT O14 (1971c), Hans Tietmeyer, Artikel für Frau Parlamentarische Staatssekretärin Dr. Katharina Focke – Das Ziel bleibt Wirtschafts- und Währungsunion. Ordner 14: Reden und Artikel – Eigene Vorträge und Artikel – April 1970 – September 1972, Bonn, 21.5.1971.

PAT O14 (1971d), Karl Schiller, Eine Chance für Europa. Ordner 14: Reden und Artikel – Eigene Vorträge und Artikel – April 1970 – September 1972, Bonn, 21.5.1971.

PAT O14 (1972a), Karl Schiller, Erklärung der Bundesregierung zur Währungslage im Deutschen Bundestag. Ordner 14: Reden und Artikel – Eigene Vorträge und Artikel – April 1970 – September, Bonn 1972, 19.1.1972.

PAT O14 (1972b), Hans Tietmeyer, Die monetäre und wirtschaftliche Situation innerhalb der Gemeinschaft. Ordner 14: Reden und Artikel – Eigene Vorträge und Artikel – April 1970 – September, Bonn 1972, 25.9.1972.

PAT O141 (1997), Hans Tietmeyer, Von der D-Mark zum Euro: Voraussetzungen und Herausforderungen. Vortrag auf der Beiratssitzung der Bayerischen Hypotheken- und Wechsel-Bank in München am 12. Dezember 1997. Ordner 141: Büro Dr. Tietmeyer – Vorträge – Band 37 – ab Dezember, München 1997, 12.12.1997.

PAT O142 (1998), Hans Tietmeyer, Deutschland und Europa auf dem Weg zur gemeinsamen Währung. Vortrag auf dem Deutschen Sparkassentag in Leipzig am 29. April 1998. Ordner 142: Büro Dr. Tietmeyer – Vorträge – Band 38 – ab März 1998, Leipzig, 29.4.1998.

PAT O146 (1999), Hans Tietmeyer, Internationales Finanzsystem im Umbruch? Vortrag zum 13. Halleschen Wirtschaftsgespräch der Martin-Luther-Universität Halle-Wittenberg. Ordner 146: Büro Dr. Tietmeyer – Vorträge – Band 42 – ab Mai 1999, Halle / Saale, 15.6.1999.

PAT O148 (2000), Interview von Jörg Völkerling (Journalist) mit Tietmeyer. Büro Dr. Tietmeyer – Beiträge – Band 5 – ab Januar 1996, Jena, 7.2.2000.

PAT O15 (1966a), Hans Tietmeyer, Stichworte zum Thema „Stabilitätspolitik als zentrale Aufgabe“. Ordner 15: Bundesministerium für Wirtschaft – Eigene Arbeiten und Beiträge zu Reden und Publikationen (bis 1.12.1966), Bonn, 1966.

PAT O15 (1966b), Bundeskanzler-Interview mit Sterling G. Slappey vom Nation’s Business. Ordner 15: Bundesministerium für Wirtschaft – Eigene Arbeiten und Beiträge zu Reden und Publikationen (bis 1.12.1966), Bonn, 12.9.1966.

PAT O15 (1966c), Hans Tietmeyer, Grußwort des Herrn Ministers für die Anzeigenbeilage zur New York Times. Ordner 15: Bundesministerium für Wirtschaft – Eigene Arbeiten und Beiträge zu Reden und Publikationen (bis 1.12.1966), Bonn, 23.9.1966.

PAT O150 (1990a), Hans Tietmeyer, Aktuelle Fragen der Internationalen Währungspolitik. Referat vor dem Internationalen Club La Redoute e. V. am 6.4.1990 in Bad Godesberg. Ordner 150: Büro Dr. Tietmeyer – Vorträge – ab Januar 1990, Bonn, 6.4.1990.

PAT O150 (1990b), Hans Tietmeyer, Auf dem Wege zur Deutschen Einheit – Wirtschafts- und Finanzpolitik vor neuen Herausforderungen. Ordner 150: Büro Dr. Tietmeyer – Vorträge – ab Januar 1990, Bonn, Juni 1990.

PAT O150 (1990c), Hans Tietmeyer, Die wirtschaftliche Eingliederung der DDR – Erfahrung und Perspektiven. Ordner 150: Büro Dr. Tietmeyer – Vorträge – ab Januar 1990, Tegernsee, 3.11.1990.

PAT O150 (1991), Hans Tietmeyer, Deutschland und Europa. Chancen und Risiken der Währungsintegration. Festrede am 31. Mai 1991 in der Beethovenhalle in Bonn anläßlich der 105. Cartellversammlung des CV. Ordner 150: Büro Dr. Tietmeyer – Vorträge – ab Januar 1990, Bonn, 31.5.1991.

PAT O152 (1997a), Hans Tietmeyer, Übersicht über meine Gespräche mit Bonn betreffend Gold- und Devisenbewertung sowie Rechnungslegungsneuordnung im Jahre 1997. Ordner 152: Meinungsbildung Goldreserven – Streng vertraulich!, Königstein im Taunus.

PAT O152 (1997b), Deutsche Bundesbank, Neubewertung der Gold- und Devisenreserven. Ordner 152: Meinungsbildung Goldreserven – Streng vertraulich!, Frankfurt am Main, 28.5.1997.

PAT O152 (1997c), Kurze Chronologie zum Thema „Neubewertung des Goldes". Ordner 152: Meinungsbildung Goldreserven – Streng vertraulich!, Frankfurt am Main, 9.7.1997.

PAT O152 (1997d), Hintergrundgespräch von Vizepräsident Johann Wilhelm Gaddum mit Matt Marshall, Wall Street Journal Europa am 18. Juli 1997. Ordner 152: Meinungsbildung Goldreserven – Streng vertraulich!, Frankfurt am Main, 18.7.1997.

PAT O153 (1993), Hans Tietmeyer, Rede im Rahme der Feierstunde zur Amtsübergabe am 1. Oktober 1993 im Palmengarten in Frankfurt am Main. Ordner 153: Amtswechsel 1.10.1993, Frankfurt am Main, 1.10.1993.

PAT O16 (1966), Hans Tietmeyer, Gedankenskizze zur aktuellen Wirtschaftslage. Ordner 16: Bundesministerium für Wirtschaft – Ausarbeitungen zu Reden und Interviews des Herrn Ministers + des Bundeskanzlers (bis 1966), Bonn.

PAT O17 (1967), Hans Tietmeyer, Die wirtschaftliche Lage in der Bundesrepublik Deutschland (Anfang November 1967). Ordner 17: Manuskripte für Referate und Beiträge (ab 1961 bis 1970), Bonn, 10.11.1967.

PAT O17 (1968), Hans Tietmeyer, Die Wirtschaftspartner und die Verwaltung. Ordner 17: Manuskripte für Referate und Beiträge (ab 1961 bis 1970), Bonn.

PAT O17 (1969a), Hans Tietmeyer, Die Wirtschaftspolitik der Großen Koalition – Analyse der ordnungspolitischen Struktur der Wirtschaftspolitik. Ordner 17: Manuskripte für Referate und Beiträge (ab 1961 bis 1970), Bonn.

PAT O17 (1969b), Hans Tietmeyer, Die soziale Marktwirtschaft als Leitbild einer Wirtschaftsordnung (Zusammenfassung eines Referates in einem Seminar für genossenschaftliche Führungskräfte aus Süd-Amerika am 2. September 1969 in der Jugendakademie Walberberg). Ordner 17: Manuskripte für Referate und Beiträge (ab 1961 bis 1970), Bornheim, 2.9.1969.

PAT O17 (1970), Hans Tietmeyer, Ordnungspolitische Ziele der amtlichen Wirtschaftspolitik und ihre Instrumente. Ordner 17: Manuskripte für Referate und Beiträge (ab 1961 bis 1970), Berlin, 13.5.1970.

PAT O174 (1998), Eingangsstatement des Präsidenten der Deutschen Bundesbank, Professor Dr. Hans Tietmeyer, vor dem Finanzausschuß und dem Ausschuß für die Angelegenheiten der Europäischen Union des Deutschen Bundestages am 3. April 1998. Ordner 174: Büro des Präsidenten – Handakte – Stellungnahme zur Konvergenzlage, Frankfurt am Main, 3.4.1998.

PAT O175 (1997), Brief von Tietmeyer an einen Bürger. Ordner 175: Büro Dr. Tietmeyer – A–B – Band 3 – ab Februar 1995, Frankfurt am Main, 7.5.1997.

PAT O176 (1996), Brief von Tietmeyer an einen Bürger. Ordner 176: Büro Dr. Tietmeyer – C–D – Band 2 – ab Januar 1995, Frankfurt am Main, 27.8.1996.

PAT O176 (2000), Brief von Tietmeyer an Chol-Hwan Chon (Governor der Bank of Korea). Ordner 176: Büro Dr. Tietmeyer – C–D – Band 2 – ab Januar 1995, Königstein im Taunus, 18.12.2000.

PAT O177 (1996b), Brief von Tietmeyer an einen Bürger. Ordner 177: Büro Dr. Tietmeyer – E–F – Band 2 – ab Januar 1997, Frankfurt am Main, 23.10.1996.

PAT O177 (1997), Brief von Tietmeyer an einen Bürger. Ordner 177: Büro Dr. Tietmeyer – E–F – Band 2 – ab Januar 1997, Frankfurt am Main, 9.10.1997.

PAT O178 (1997), Brief von Tietmeyer an einen Bürger. Ordner 178: Büro Dr. Tietmeyer – G – Band 2 – ab Januar 1997, Frankfurt am Main 1997, 25.7.1997.

PAT O179 (1998a), Hauptabteilung Volkswirtschaft der Deutschen Bundesbank, Antwortempfehlungen zum Fragenkatalog von Dr. Burkhard Hirsch MdB an die Bundesregierung. Ordner 179: Büro Dr. Tietmeyer – H–J – Band 3 – ab Mai 1997, Frankfurt am Main, 2.4.1998.

PAT O179 (1998b), Brief von Tietmeyer an Hansjörg Häfele (Staatssekretär a. D.). Ordner 179: Büro Dr. Tietmeyer – H–J – Band 3 – ab Mai 1997, Frankfurt am Main, 21.4.1998.

PAT O179 (2000), Hans Tietmeyer, 10 Jahre deutsche Wiedervereinigung. Ordner 179: Büro Dr. Tietmeyer – H–J – Band 3 – ab Mai 1997, Königstein im Taunus, 13.9.2000.

PAT O18 (1967), Hans Tietmeyer, Klare Wirtschaftspolitik stärkt die Marktwirtschaft. Ordner 18: Artikel und Beiträge I, Bonn, 1967.

PAT O18 (1968), Hans Tietmeyer, Das Konzept der Globalsteuerung in der Schußlinie. Ordner 18: Artikel und Beiträge I, Bonn, 1968.

PAT O18 (1969), Hans Tietmeyer, Internationales Währungssystem in der Krise? Ordner 18: Artikel und Beiträge I, Bonn, 24.6.1969.

PAT O180 (1999), Brief von Tietmeyer an Kohl. Büro Dr. Tietmeyer – K – Band 3 – ab Juni 1997, Königstein im Taunus, 25.10.1999.

PAT O182 (1997a), Brief von Tietmeyer an einen Bürger. Ordner 182: Büro Dr. Tietmeyer – P–R – Band 2 – ab Mai 1996, Frankfurt am Main, 10.2.1997.

PAT O182 (1997b), Brief von einer Bürgerin an Tietmeyer. Ordner 182: Büro Dr. Tietmeyer – P–R – Band 2 – ab Mai 1996, Schriesheim, 26.7.1997.

PAT O182 (1997c), Brief von Tietmeyer an eine Bürgerin. Ordner 182: Büro Dr. Tietmeyer – P–R – Band 2 – ab Mai 1996, Frankfurt am Main, 22.8.1997.

PAT O182 (1998), Brief von Tietmeyer an eine Bürgerin. Ordner 182: Büro Dr. Tietmeyer – P–R – Band 2 – ab Mai 1996, Frankfurt am Main, 14.7.1998.

PAT O183 (1997), Brief von Tietmeyer an einen Bürger. Ordner 183: Büro Dr. Tietmeyer – S-Sch-St – Band 3 – ab Mai 1996, Frankfurt am Main, 16.10.1997.

PAT O183 (1998), Brief eines Bürgers an Tietmeyer. Ordner 183: Büro Dr. Tietmeyer – S-Sch-St – Band 3 – ab Mai 1996, München, 30.6.1998.

PAT O184 (2000), Interview von Dr. Hans Tietmeyer mit dem Südkurier. Ordner 184: Büro Dr. Tietmeyer – T–Z – Band 4 – ab August 1998, Königstein im Taunus, 19.6.2000.

PAT O185 (1952), Liederbuch von Hans Tietmeyer – Abiturientia Paulina. Ordner 185: Liederbuch, Münster, 1952.

PAT O19 (1974), Hans Tietmeyer, Exportüberschüsse als Herausforderung an die Wirtschaftspolitik – Kurzfassung des Referates von Ministerialdirektor Dr. Tietmeyer vor dem Außenwirtschafts- und Integrationsausschuß des DIHT am 20.9.1974. Ordner 19: Bundesministerium für Wirtschaft – Abteilung 1 – Dr. Tietmeyer – Privatdienstliche Akte – A–D – 1967–1982, Bonn, 20.9.1974.

PAT O19 (1976), Hans Tietmeyer, Aktuelle wirtschaftspolitische Fragen. Referat von MD Dr. Hans Tietmeyer vor der Siebten Bankwirtschaftlichen Tagung der Volksbanken und Raiffeisenbanken am 22. Oktober 1976 in Augsburg. Ordner 19: Bundesministerium für Wirtschaft – Abteilung 1 – Dr. Tietmeyer – Privatdienstliche Akte – A–D – 1967–1982, Augsburg, 22.10.1976.

PAT O19 (1981), Hans Tietmeyer, Mehr Markt statt mehr Staat – Vortrag bei der 17. Bankwirtschaftlichen Tagung der Volksbanken und Raiffeisenbanken 1981 in Garmisch-Partenkirchen. Ordner 19: Bundesministerium für Wirtschaft – Abteilung 1 – Dr. Tietmeyer – Privatdienstliche Akte – A–D – 1967–1982, Garmisch-Partenkirchen, 4.11.1981.

PAT O2 (1961), Hans Tietmeyer, Inaugural-Dissertation – Die soziale Lage der Studierenden an den Ingenieurschulen in der Bundesrepublik und Berlin-West und Förderungsmaßnahmen der öffentlichen Hand. Ordner 2: Diplom-Volkswirt Hans Tietmeyer – Inaugural-Dissertation, Köln, 23.2.1961.

PAT O23 (1976), Brief von Tietmeyer an den Bischof von Münster Heinrich Tenhumberg. Ordner 23: Bundesministerium für Wirtschaft – Abteilung 1 – Dr. Tietmeyer – Privatdienstliche Akte – St-Z – 1967–1982, Bonn, 8.3.1976.

PAT O24 (1973), Übersicht – Abteilungsleiter I und Unterabteilungsleiter IA. Ordner 24: Glückwünsche, Bonn, 8.3.1973.

PAT O25 (1972a), Hans Tietmeyer, Konjunktursteuerung – Erfahrungen – Lehren – Referat anläßlich der Tagung der Berufsrichter des Bundessozialgerichts in Kassel am 25.10.1972. Ordner 25: Bundesministerium für Wirtschaft – Abteilung 1 – Reden und Artikel – Eigenvorträge und Artikel – Bd. 2 – Oktober 1972–5.12.1974, Kassel, 25.10.1972.

PAT O25 (1972b), Hans Tietmeyer, Die EWG auf dem Wege in eine Inflationsgemeinschaft. Ordner 25: Bundesministerium für Wirtschaft – Abteilung 1 – Reden und Artikel – Eigenvorträge und Artikel – Bd. 2 – Oktober 1972–5.12.1974, Bonn, 26.10.1972.

PAT O25 (1972c), Hans Tietmeyer, Der Weg zur europäischen Wirtschafts- und Währungsunion. Ordner 25: Bundesministerium für Wirtschaft – Abteilung 1 – Reden und Artikel – Eigenvorträge und Artikel – Bd. 2 – Oktober 1972–5.12.1974, Bonn, 24.11.1972.

PAT O25 (1974a), Hans Tietmeyer, Jetzt Durchstarten? – Beitrag für den Wirtschaftsdienst Hamburg. Ordner 25: Bundesministerium für Wirtschaft – Abteilung 1 – Reden und Artikel – Eigenvorträge und Artikel – Bd. 2 – Oktober 1972–5.12.1974, Bonn, 4.2.1974.

PAT O25 (1974b), Hans Tietmeyer, Konjunktursteuerung 1974 – Trend und Möglichkeiten. Ordner 25: Bundesministerium für Wirtschaft – Abteilung 1 – Reden und Artikel – Eigenvorträge und Artikel – Bd. 2 – Oktober 1972–5.12.1974, Bonn, 4.3.1974.

PAT O25 (1974c), Hans Tietmeyer, Die Restriktionspolitik, insbesondere im monetären Bereich. Ordner 25: Bundesministerium für Wirtschaft – Abteilung 1 – Reden und Artikel – Eigenvorträge und Artikel – Bd. 2 – Oktober 1972–5.12.1974, Bonn, 3.7.1974.

PAT O25 (1974d), Hans Tietmeyer, Stabilisierung als Aufgabe der Wirtschaftspolitik (Vortrag aus Anlass der 750-Jahr-Feier der Stadt Ahlen am 10. September 1974). Ordner 25: Bundesministerium für Wirtschaft – Abteilung 1 – Reden und Artikel – Eigenvorträge und Artikel – Bd. 2 – Oktober 1972–5.12.1974, Ahlen, 10.9.1974.

PAT O25 (1974e), Hans Tietmeyer, Ergebnisse des Systems der Sozialen Marktwirtschaft. Ordner 25: Bundesministerium für Wirtschaft – Abteilung 1 – Reden und Artikel – Eigenvorträge und Artikel – Bd. 2 – Oktober 1972–5.12.1974, Bonn, 27.9.1974.

PAT O25 (1974f), Hans Tietmeyer, Inflationsbekämpfung in der Bundesrepublik Deutschland. Ordner 25: Bundesministerium für Wirtschaft – Abteilung 1 – Reden und Artikel – Eigenvorträge und Artikel – Bd. 2 – Oktober 1972–5.12.1974, Bonn, 13.11.1974.

PAT O25 (1974g), Hans Tietmeyer, Wirtschaftspolitik im Spannungsfeld zwischen Globalsteuerung und sektoraler Wirtschaftspolitik (Vortrag bei der IHK in Mönchengladbach am 5. Dezember 1974). Ordner 25: Bundesministerium für Wirtschaft – Abteilung 1 – Reden und Artikel – Eigenvorträge und Artikel – Bd. 2 – Oktober 1972–5.12.1974, Mönchengladbach, 5.12.1974.

PAT O26 (1975a), Hans Tietmeyer, Der Einfluss wirtschaftspolitischer Instanzen auf die Willensbildung im Unternehmen – Vortrag im Rahmen der Arbeitstagung 1975 der Gesellschaft für Wirtschafts- und Sozialwissenschaften – Verein für Socialpolitik – in Aachen (25. bis 27. September 1975), Arbeitskreis C. Ordner 26: Bundesministerium für Wirtschaft – Abteilung 1 – Reden und Artikel – Eigenvorträge und Artikel – Bd. 3–23.1.1975–17.10.1976, Aachen, 25.9.1975.

PAT O26 (1975b), Hans Tietmeyer, Ordnungspolitische Probleme bei der Bewältigung des Strukturwandels und der Sicherung der Ressourcen – Vortrag von Ministerialdirektor Dr. Tietmeyer im Rahmen des XIV. Kolloquiums der Walter-Raymond-Stiftung „Wohlstand und Stabilität bei begrenztem Wachstum" am 29. Oktober 1975 in Neu-Isenburg bei Frankfurt/Main. Ordner 26: Bundesministerium für Wirtschaft – Abteilung 1 – Reden und Artikel – Eigenvorträge und Artikel – Bd. 3–23.1.1975–17.10.1976, Neu-Isenburg, 29.10.1975.

PAT O26 (1976), Hans Tietmeyer, Die Grenzen zwischen systemkonformer und dirigistischer Staatsintervention – Referat beim IX. FIW-Symposium am 4. März 1976 in Innsbruck. Ordner 26: Bundesministerium für Wirtschaft – Abteilung 1 – Reden und Artikel – Eigenvorträge und Artikel – Bd. 3–23.1.1975–17.10.1976, Innsbruck, 4.3.1976.

PAT O27 (1977a), Hans Tietmeyer, Analyse der Wirtschaftssituation – Perspektiven für die deutsche Wirtschaft. Referat auf dem 31. Deutschen Betriebswirtschaftertag in Berlin am 19. September 1977. Ordner 27: Bundesministerium für Wirtschaft – Abteilung 1 – Reden und Artikel – Eigenvorträge und Artikel – Bd. 4–22.10.1976–1.12.1977, Berlin, 19.9.1977.

PAT O27 (1977b), Hans Tietmeyer, Konjunkturlage und Konjunkturpolitik in Deutschland. Referat im Rahmen des Seminars des privaten Bankgewerbes am 3. November 1977 in Frankfurt/Main. Ordner 27: Bundesministerium für Wirtschaft – Abteilung 1 – Reden und Artikel – Eigenvorträge und Artikel – Bd. 4–22.10.1976–1.12.1977, Frankfurt am Main, 3.11.1977.

PAT O27 (1977c), Hans Tietmeyer, Analyse der Wirtschaftssituation – Perspektiven für die deutsche Wirtschaft. Kurzfassung des Referates im Rahmen der Betriebswirtschaftlichen Unternehmenstagung der GROHAG am 28.11.1977 in Berlin. Ordner 27: Bundesministerium für Wirtschaft – Abteilung 1 – Reden und Artikel – Eigenvorträge und Artikel – Bd. 4–22.10.1976–1.12.1977, Berlin, 28.11.1977.

PAT O28 (1978a), Hans Tietmeyer, Droht uns eine Stagnation? Referat im Rahmen der Mitgliederversammlung des Wirtschaftsverbandes der Kautschukindustrie e. V. in Hamburg am 3. Mai 1978. Ordner 28: Bundesministerium für Wirtschaft – Abteilung 1 – Reden und Artikel – Eigenvorträge und Artikel – Bd. 5–2.2.1978–25.5.1979, Hamburg, 3.5.1978.

PAT O28 (1978b), Hans Tietmeyer, Wirtschaftspolitische Herausforderungen heute. Referat im Rahmen der Jahrestagung der Lebensmittel-Filialbetriebe am 9. Juni 1978 in Timmendorf/Ostsee. Ordner 28: Bundesministerium für Wirtschaft – Abteilung 1 – Reden und Artikel – Eigenvorträge und Artikel – Bd. 5–2.2.1978–25.5.1979, Timmendorf, 9.6.1978.

PAT O29 (1981a), Hans Tietmeyer, Wirtschaftsentwicklung und Wirtschaftspolitik – Konzepte, Konflikte, Krisen. Referat am 13. März 1981 in Bad Dürkheim beim Wochenendkolleg der Daimler-Benz AG. Ordner 29: Bundesministerium für Wirtschaft – Abteilung 1 – Reden und Artikel – Eigenvorträge und Artikel – Bd. 6–6.9.1979–15.5.1981, Bad Dürkheim, 13.3.1981.

PAT O29 (1981b), Hans Tietmeyer, Aktuelle wirtschaftspolitische Fragen – Vortrag anläßlich der Eröffnung des Sommersemesters 1981 der mittelrheinischen Verwaltungs- und Wirtschafts-Akademie Bonn. Ordner 29: Bundesministerium für Wirtschaft – Abteilung 1 – Reden und Artikel – Eigenvorträge und Artikel – Bd. 6–6.9.1979–15.5.1981, Bonn, 30.4.1981.

PAT O31 (1982a), Brief von Tietmeyer an Steinjen, Dick, Mühl und Zeppernick: Erster Entwurf für ein Programm zur Überwindung der Wachstumsschwäche und zur Bekämpfung der Arbeitslosigkeit (Königsweg). Ordner 31: Lambsdorff-Papier – Kopien aus Bundesarchiv Koblenz, Bonn, 27.7.1982.

PAT O31 (1982b), Brief von Tietmeyer an Lambsdorff: Politik zur Überwindung der Wachstumsschwäche und zur Bekämpfung der Arbeitslosigkeit. Ordner 31: Lambsdorff-Papier – Kopien aus Bundesarchiv Koblenz, Bonn, 5.8.1982.

PAT O31 (1982c), Hans Tietmeyer, Konzept für eine Politik zur Überwindung der Wachstumsschwäche und zur Bekämpfung der Arbeitslosigkeit. Ordner 31: Lambsdorff-Papier – Kopien aus Bundesarchiv Koblenz, Bonn, 5.8.1982.

PAT O31 (1982d), Brief von Lambsdorff an Tietmeyer. Ordner 31: Lambsdorff-Papier – Kopien aus Bundesarchiv Koblenz, Bonn, 27.9.1982.

PAT O33 (1983a), Tischvorlage für die Sitzung des Bundeskabinetts am 26. Oktober 1983. Bundesministerium der Finanzen – Büro St. Dr. Tietmeyer – Privatdienstlich – C–E – November 1982 – Dezember 1984, Bonn, 25.10.1983.

PAT O33 (1983b), Brief von Tietmeyer an den Präsidenten des Bundesrechnungshofes Karl Wittrock, Reduzierung der Bundesbeteiligung der VEBA AG. Ordner 33: Bundesministerium der Finanzen – Büro St. Dr. Tietmeyer – Privatdienstlich – C–E – November 1982 – Dezember 1984, Bonn, 26.10.1983.

PAT O33 (1984), Schuldenstand des Bundes und des öffentlichen Gesamthaushalts. Ordner 33: Bundesministerium der Finanzen – Büro St. Dr. Tietmeyer – Privatdienstlich – C–E – November 1982 – Dezember, Bonn, 31.7.1984.

PAT O38 (1983), Brief von Herbert Wolf (Commerzbank AG) an Tietmeyer. Ordner 38: Bundesministerium der Finanzen – Büro St. Dr. Tietmeyer – Privatdienstlich – T–Z – November 1982 – Dezember 1984, Frankfurt am Main, 14.12.1983.

PAT O39 (1986), Brief von Tietmeyer an einen Bürger zur Veräußerung der Bundesbeteiligungen an VW und VEBA. Ordner 39: Bundesministerium der Finanzen – Büro St. Dr. Tietmeyer – Privatdienstlich – A–B – ab Januar 85 – Dezember 87, Bonn, 21.7.1986.

PAT O39 (1987a), Brief von Tietmeyer an den Präsidenten der Industrie- und Handelskammer Hannover – Hildesheim. Ordner 39: Bundesministerium der Finanzen – Büro St. Dr. Tietmeyer – Privatdienstlich – A–B – ab Januar 85 – Dezember 87, Bonn, 5.3.1987.

PAT O39 (1987b), Brief von Tietmeyer an einen Bürger hinsichtlich der Abschaffung des Freibetrags zur Pflege des Eltern-Kind-Verhältnisses. Ordner 39: Bundesministerium der Finanzen – Büro St. Dr. Tietmeyer – Privatdienstlich – A–B – ab Januar 85 – Dezember 87, Bonn, 16.12.1987.

PAT O5 (o. D.), Hans Tietmeyer, Chronik zur Deutsch-Deutschen Währungsunion. Ordner 5: Loseblattsammlung, Frankfurt am Main.

PAT O5 (o. D.), Hans Tietmeyer, Persönlicher Rückblick auf die Vertragsverhandlungen zur Schaffung einer Währungs-, Wirtschafts- und Sozialunion in Deutschland. Ordner 5: Loseblattsammlung, Königstein im Taunus.

PAT O5 (1990), Börsen-Zeitung, Tietmeyer: Staatsvertrag ist solide. „D-Mark bleibt weiterhin eine der stabilsten Währungen". Ordner 5: Loseblattsammlung, Frankfurt am Main, 31.5.1990.

PAT O5 (1993), Hans Tietmeyer, Von der Kommandowirtschaft zur Marktwirtschaft – Ordnungspolitik und Praxis. Rede auf dem Symposion des Wirtschaftsrates der CDU e. V. Ordner 5: Loseblattsammlung, Bonn, November 1993.

PAT O5 (2003), Hans Tietmeyer, Soziale Marktwirtschaft – Erbe und Auftrag. Cognos Banken- und Assekuranz in Wiesbaden. Ordner 5: Loseblattsammlung, Königstein im Taunus, 24.6.2003.

PAT O5 (2004), Hans Tietmeyer, Fels oder Brandung? Gerhard Stoltenberg – Der verkannte Visionär (Vorstellung des Buches von Wolfgang Börnsen in Berlin am 16. 12. 04). Ordner 5: Loseblattsammlung, Königstein im Taunus, 16.12.2004.

PAT O5 (2010), Hans Tietmeyer, From the Werner-Report to the Euro. Some remarks by Hans Tietmeyer at the meeting on the 29. November 2010, organised by the Institute for Monetary and Financial Stability in Frankfurt/Main. Ordner 5: Loseblattsammlung, Frankfurt am Main, 29.11.2010.

PAT O5 (2013), Hans Tietmeyer, Der Werner-Bericht als Wegweiser für die Wirtschafts- und Währungsunion (Vortrag im Rahmen eines wissenschaftlichen Forschungskolloquiums zu Ehren von Pierre Werner). Ordner 5: Loseblattsammlung. International Conference in Luxemburg, Luxemburg, 27.11.2013.

PAT O5 (2015), Theo Waigel, Der Vertrag über die Wirtschafts-, Währungs- und Sozialunion – Die Vorstufe zur Deutschen Einheit. Ordner 5: Loseblattsammlung, Leipzig, 1.7.2015.

PAT O50 (1988), Brief von Tietmeyer an Volkmar Köhler (Parlamentarischer Staatssekretär), Zur Veräußerung der Bundesbeteiligung an der Volkswagen AG. Ordner 50: Bundesministerium der Finanzen – Büro St. Dr. Tietmeyer – Privatdienstlich – K – ab Januar 88, Bonn, 21.3.1988.

PAT O56 (1985), Brief von Bundeskanzler Kohl an den Präsidenten der Republik östlich des Uruguay Dr. Julio Maria Sanguinetti, Montevideo. Bundesministerium der Finanzen – Büro St. Dr. Tietmeyer – Privatdienstlich – S-Sch-St – Januar 85 – Dez. 87, Bonn, 21.5.1985.

PAT O56 (1986), Brief von Tietmeyer an Saßmannshausen. Bundesministerium der Finanzen – Büro St. Dr. Tietmeyer – Privatdienstlich – S-Sch-St – Januar 85 – Dez. 87, Bonn, 2.6.1986.

PAT O56 (1987), Brief von Tietmeyer an den Vorstand der Shearson Lehman Brothers AG. Bundesministerium der Finanzen – Büro St. Dr. Tietmeyer – Privatdienstlich – S-Sch-St – Januar 85 – Dez. 87, Bonn, 19.11.1987.

PAT O57 (1989), Brief von Tietmeyer an Kurt Steves (Bundesverband der Deutschen Industrie), Thesen zum Weltwirtschaftsgipfel. Ordner 57: Bundesministerium der Finanzen – Büro St. Dr. Tietmeyer – Privatdienstlich – S-Sch-St – ab Januar 88 – Oktober 89, Bonn, 25.7.1989.

PAT O59 (1982), Hans Tietmeyer, Rede zur Einführung BMF-Staatssekretär. Bundesministerium der Finanzen – Büro St. Dr. Tietmeyer – Vorträge – 3.11.82 – August 83, Bonn, 3.11.1982.

PAT O59 (1983a), Hans Tietmeyer, Neue Perspektiven für den Mittelstand im Bereich der Wirtschaftspolitik durch die neue Bundesregierung. Bundesministerium der Finanzen – Büro St. Dr. Tietmeyer – Vorträge – 3.11.82 – August 83, Offenburg, 22.1.1983.

PAT O59 (1983b), Hans Tietmeyer, Krise der Wirtschaft. Bundesministerium der Finanzen – Büro St. Dr. Tietmeyer – Vorträge – 3.11.82 – August 83, Bonn, 30.1.1983.

PAT O59 (1983c), Hans Tietmeyer, Aktuelle Wirtschafts- und Finanzpolitik, Perspektiven zu Beginn der 10. Legislaturperiode. Bundesministerium der Finanzen – Büro St. Dr. Tietmeyer – Vorträge – 3.11.82 – August 83, Bonn, 28.4.1983.

PAT O59 (1983d), Hans Tietmeyer, Internationales Bankgeschäft und weltwirtschaftliche Entwicklungen. Vortrag von Staatssekretär Dr. Hans Tietmeyer am Institut für Bankwirtschaft und Bankrecht der Universität Köln am 23. Juni 1983. Bundesministerium der Finanzen – Büro St. Dr. Tietmeyer – Vorträge – 3.11.82 – August 83, Köln, 23.6.1983.

PAT O59 (1983e), Hans Tietmeyer, Interview mit „Medical Tribune". Bundesministerium der Finanzen – Büro St. Dr. Tietmeyer – Vorträge – 3.11.82 – August 83, Wiesbaden, 27.6.1983.

PAT O59 (1983f), Hans Tietmeyer, Die Kreditaufnahmepolitik des Bundes in der Bundesrepublik Deutschland. Beitrag für die Quartalszeitschrift „Wirtschaftsanalysen" der Ersten Österreichischen Sparkassen. Bundesministerium der Finanzen – Büro St. Dr. Tietmeyer – Vorträge – 3.11.82 – August 83 4, Bonn, 22.8.1983, S. 1–12.

PAT O60 (1983), Hans Tietmeyer, Wie tragfähig ist der Aufschwung? Bundesministerium der Finanzen – Büro St. Dr. Tietmeyer – Vorträge, Beiträge, Interviews – 14.9.83–6.1.84, Bonn, 23.11.1983.

PAT O61 (1984), Hans Tietmeyer, „Entstaatlichung" als ordnungspolitische Aufgabe. Bundesministerium der Finanzen – Büro St. Dr. Tietmeyer – Vorträge, Beiträge, Interviews – 27.1.84–5.5.84, Bonn, 25.4.1984.

PAT O62 (1984a), Hans Tietmeyer, Aktuelle Fragen und Perspektiven der Finanzpolitik – Notwendigkeit der Konsolidierung der öffentlichen Haushalte (Referat vor der KPV der CDU/CSU in Mainz am 26.5.1984). Bundesministerium der Finanzen – Büro St. Dr. Tietmeyer – Vorträge, Beiträge, Interviews – 11.5.84–3.9.84, Mainz, 26.5.1984.

PAT O62 (1984b), Hans Tietmeyer, Die Wirtschaftspolitik der Bundesregierung. Konzept und Realität. Rede vor dem 85. Verbandstag des bayerischen Raiffeisenverbandes in München am 19. Juli 1984. Bundesministerium der Finanzen – Büro St. Dr. Tietmeyer – Vorträge, Beiträge, Interviews – 11. 5. 84–3. 9. 84, München, 19.7.1984.

PAT O62 (1984c), Hans Tietmeyer, Fragenbeantwortung: Teilprivatisierung von bundeseigenen Gesellschaften. Bundesministerium der Finanzen – Büro St. Dr. Tietmeyer – Vorträge, Beiträge, Interviews – 11. 5. 84–3. 9. 84, Berlin (West), 9.8.1984.

PAT O63 (1984a), Hans Tietmeyer, Privatisierung öffentlicher Unternehmen. Zeitschrift „Wirtschaftsstudium". Bundesministerium der Finanzen – Büro St. Dr. Tietmeyer – Vorträge, Beiträge, Interviews – 14. 9. 84–12. 12. 84, Bonn, 19.11.1984.

PAT O63 (1984b), Hans Tietmeyer, Die Soziale Marktwirtschaft erneuern. Soziale Sicherung, Vermögen, Familie. Eröffnungsrede von Staatssekretär Dr. Tietmeyer auf dem Fachkongress der Konrad-Adenauer-Stiftung am 22. November 1984 in Bonn. Bundesministerium der Finanzen – Büro St. Dr. Tietmeyer – Vorträge, Beiträge, Interviews – 14. 9. 84–12. 12. 84, Bonn, 22.11.1984.

PAT O64 (1985a), Hans Tietmeyer, Aktuelle Fragen der Wirtschafts- und Finanzpolitik. Stichworte für Referat Mannesmann AG Düsseldorf. Bundesministerium der Finanzen – Büro St. Dr. Tietmeyer – Vorträge, Beiträge, Interviews – 1. 1. 85–22. 6. 86, Bonn, 29.1.1985.

PAT O64 (1985b), Hans Tietmeyer, Ansprache von Staatssekretär Dr. Hans Tietmeyer anläßlich der Barbara-Feier der Saarbergwerke AG am 4. Dezember 1985 in Saarbrücken. Bundesministerium der Finanzen – Büro St. Dr. Tietmeyer – Vorträge, Beiträge, Interviews – 1. 1. 85–22. 6. 86, Saarbrücken, 4.12.1985.

PAT O64 (1986), Hans Tietmeyer, Wirtschafts-, gesellschafts- und finanzpolitische Perspektiven. Eröffnungsrede von Staatssekretär Dr. Hans Tietmeyer auf der Geschäftsführerkonferenz der Bundesvereinigung der Deutschen Arbeitgeberverbände am 22. Mai 1986 in Berlin. Bundesministerium der Finanzen – Büro St. Dr. Tietmeyer – Vorträge, Beiträge, Interviews – 1. 1. 85–22. 6. 86, Berlin, 22.5.1986.

PAT O65 (1986a), Hans Tietmeyer, Rückzug der Bundesbeteiligung auch bei den Banken – Zum Stand der Privatisierungsüberlegungen bei der DSL Bank und der Deutschen Pfandbriefanstalt. Bundesministerium der Finanzen – Büro St. Dr. Tietmeyer – Vorträge, Beiträge, Interviews – Sept. 86 – Okt. 86, Bonn, 29.8.1986.

PAT O65 (1986b), Hans Tietmeyer, Perspektiven der Finanz- und Steuerpolitik. Vortrag vor dem Bundesvorstand des Wirtschaftsrates der CDU e. V. am 18. September 1986. Bundesministerium der Finanzen – Büro St. Dr. Tietmeyer – Vorträge, Beiträge, Interviews – Sept. 86 – Okt. 86, Bonn, 18.9.1986.

PAT O67 (1987a), Hans Tietmeyer, Interview am 12. Mai 1987, ca. 19.30 Uhr mit Herrn Galli-Zugaro. Bundesministerium der Finanzen – Büro St. Dr. Tietmeyer – Vorträge, Beiträge, Interviews – ab Febr. 87 – Sept. 87, Bonn, 13.5.1987.

PAT O67 (1987b), Hans Tietmeyer, Aktuelle Fragen der Finanz- und Steuerpolitik. Gedankenskizze für Referat vor der Wirtschaftsvereinigung Grafschaft Bentheim am 27. Mai 1987 in Nordhorn. Bundesministerium der Finanzen – Büro St. Dr. Tietmeyer – Vorträge, Beiträge, Interviews – ab Febr. 87 – Sept. 87, Bonn, 27.5.1987.

PAT O67 (1987c), Hans Tietmeyer, Deutsche Finanzpolitik vor großen Herausforderungen. Rede von Staatssekretär Dr. Hans Tietmeyer vor der CDU Essen am 3. Juni 1987. Bundesministerium der Finanzen – Büro St. Dr. Tietmeyer – Vorträge, Beiträge, Interviews – ab Febr. 87 – Sept. 87, Essen, 3.6.1987.

PAT O70 (1988), Rede Staatssekretär Dr. Tietmeyer anläßlich Seminar der Deutschen Bank für institutionelle Anleger am 26. Mai 1988 in Düsseldorf. „Finanzpolitik in der laufenden Legislaturperiode". Bundesministerium der Finanzen – Büro St. Dr. Tietmeyer – Vorträge, Beiträge, Interviews – ab Juni 88 – Okt. 88, Düsseldorf, 26.5.1988.

PAT O72 (1989a), Hans Tietmeyer, Vortrag anläßlich der deutsch-französischen Konferenz des Wirtschafsrates der CDU und der Association Economie et Progès am 31. Januar 1989 in Paris. Bundesministerium der Finanzen – Büro St. Dr. Tietmeyer – Vorträge, Beiträge, Interviews – ab Juni 89 – Dez. 89, Paris, 31.1.1989.

PAT O72 (1989b), Hans Tietmeyer, Rede anläßlich seiner Verabschiedung im Bundesministerium der Finanzen am 20. Dezember 1989. Bundesministerium der Finanzen – Büro St. Dr. Tietmeyer – Vorträge, Beiträge, Interviews – ab Juni 89 – Dez. 89, Bonn, 20.12.1989.

PAT O73 (1983a), Vermerk für den Bundesminister der Finanzen, z. Hd. Herrn Sts. Dr. Hans Tietmeyer. Ordner 73: Bundesministerium der Finanzen – Büro St. Dr. Tietmeyer – VW, Salzgitter – ab Juli 1983, Bonn, 20.4.1983.

PAT O73 (1983b), Brief von Tietmeyer an Stoltenberg. Lage bei VW. Ordner 73: Bundesministerium der Finanzen – Büro St. Dr. Tietmeyer – VW, Salzgitter – ab Juli 1983, Bonn, 22.4.1983.

PAT O73 (1984a), Kurzbericht über das Anteilseignergespräch der Volkswagenwerk AG am 30.10.1984 in Kronberg. Ordner 73: Bundesministerium der Finanzen – Büro St. Dr. Tietmeyer – VW, Salzgitter – ab Juli 1983, Kronberg, 5.11.1984.

PAT O73 (1984b), Brief von Kiep an Stoltenberg. Volkswagenwerk AG – Sitzungen von Präsidium (22.11.1984) und Aufsichtsrat (23.11.1984). Ordner 73: Bundesministerium der Finanzen – Büro St. Dr. Tietmeyer – VW, Salzgitter – ab Juli 1983, Bonn, 30.11.1984.

PAT O73 (1985), Kurzbericht über das Gespräch zwischen den Vertretern der Anteilseigner im Aufsichtsrat der Volkswagenwerk AG und dem Vorstand am 11. März 1985 in Hannover. Ordner 73: Bundesministerium der Finanzen – Büro St. Dr. Tietmeyer – VW, Salzgitter – ab Juli 1983, Bonn, 12.3.1985.

PAT O73 (1986), Änderung der Beteiligungsstruktur an der Volkswagen AG. Ordner 73: Bundesministerium der Finanzen – Büro St. Dr. Tietmeyer – VW, Salzgitter – ab Juli 1983, Hannover, 11.3.1986.

PAT O73 (1988a), Kurzbericht über die Sitzung des Finanz- und Investitionsausschusses des Aufsichtsrats der Volkswagen AG sowie über die 128. Sitzung des Aufsichtsrats der Volkswagen AG am 26. Februar 1988 in Wolfsburg. Ordner 73: Bundesministerium der Finanzen – Büro St. Dr. Tietmeyer – VW, Salzgitter – ab Juli 1983, Bonn 1988, 29.2.1988.

PAT O73 (1988b), Salzgitter AG, Aufsichtsratssitzung am 3. März 1988 in Salzgitter. Ordner 73: Bundesministerium der Finanzen – Büro St. Dr. Tietmeyer – VW, Salzgitter – ab Juli 1983, Bonn, 7.3.1988.

PAT O73 (1989a), Kurzbericht über die 149. Aufsichtsratssitzung der Salzgitter AG am 16. März 1989 in Salzgitter. Ordner 73: Bundesministerium der Finanzen – Büro St. Dr. Tietmeyer – VW, Salzgitter – ab Juli 1983, Bonn, 21.3.1989.

PAT O73 (1989b), Kurzbericht über die Präsidiums- und Aufsichtsratssitzung der Salzgitter AG am 23. Juni 1989 in Braunschweig. Ordner 73: Bundesministerium der Finanzen – Büro St. Dr. Tietmeyer – VW, Salzgitter – ab Juli 1983, Bonn, 26.6.1989.

PAT O73 (1989c), Kurzbericht über die Sitzung der 151. Aufsichtsratssitzung der Salzgitter AG am 10. November 1989 in Düsseldorf. Ordner 73: Bundesministerium der Finanzen – Büro St. Dr. Tietmeyer – VW, Salzgitter – ab Juli 1983, Bonn, 13.11.1989.

PAT O73 (1989d), Brief von Saßmannshausen an Tietmeyer. Ordner 73: Bundesministerium der Finanzen – Büro St. Dr. Tietmeyer – VW, Salzgitter – ab Juli 1983, Hannover, 14.12.1989.

PAT O74 (1984a), Bericht über die Aufsichtsratssitzung der VIAG AG am 20.01.1984 in Bonn. Ordner 74: Bundesministerium der Finanzen – Büro St. Dr. Tietmeyer – VJAG – ab August 82, Bonn, 23.1.1984.

PAT O74 (1984b), Kurzbericht über die Sitzung des Aufsichtsrats der VIAG am 16. November 1984. Ordner 74: Bundesministerium der Finanzen – Büro St. Dr. Tietmeyer – VJAG – ab August 82, Bonn, 16.11.1984.

PAT O74 (1988), Kurzbericht über die Sitzung des Aufsichtsrats der VIAG am 27. Januar 1988. Ordner 74: Bundesministerium der Finanzen – Büro St. Dr. Tietmeyer – VJAG – ab August 82, Bonn, 28.1.1988.

PAT O76 (1982a), Brief von Gamerdinger an den Bundeskanzler, Benennung von St. Dr. Tietmeyer, BMF, als Persönlichen Beauftragten für den Wirtschaftsgipfel 1983 in Williamsburg. Ordner 76: Bundesministerium der Finanzen – Büro St. Dr. Tietmeyer – WWG Williamsburg – 28.–30.5.1983, Bonn, 16.11.1982.

PAT O76 (1982b), Auszug aus dem Vermerk über das Telefongespräch des Bundeskanzlers mit Staatspräsident Mitterrand am Montag, dem 22. November 1982. Ordner 76: Bundesministerium der Finanzen – Büro St. Dr. Tietmeyer – WWG Williamsburg – 28.–30.5.1983, Bonn, 22.11.1982.

PAT O76 (1982c), Auszug aus dem Vermerk über das Telefongespräch des Bundeskanzlers mit PM Thatcher am Dienstag, dem 23. November 1982, 09.30 Uhr, Dauer: etwa ¼ Stunde. Ordner 76: Bundesministerium der Finanzen – Büro St. Dr. Tietmeyer – WWG Williamsburg – 28.–30.5.1983, Bonn, 23.11.1982.

PAT O83 (1982a), Terminkalender Hans Tietmeyer: Dienstag, 20. Juli 1982. Ordner 83: Terminkalender von Hans Tietmeyer (1982), Bonn, 20.7.1982.

PAT O83 (1982b), Terminkalender Hans Tietmeyer: Montag, 2. August 1982. Ordner 83: Terminkalender von Hans Tietmeyer (1982), Bonn, 2.8.1982.

PAT O83 (1982c), Terminkalender Hans Tietmeyer: Samstag, 14. August – Freitag, 27. August 1982. Ordner 83: Terminkalender von Hans Tietmeyer (1982), Bonn, 14.8.1982.

PAT O83 (1982d), Terminkalender Hans Tietmeyer: Mittwoch, 6. Oktober 1982. Ordner 83: Terminkalender von Hans Tietmeyer (1982), Bonn, 6.10.1982.

PAT O83 (1982e), Terminkalender Hans Tietmeyer: Montag, 1. November 1982. Ordner 83: Terminkalender von Hans Tietmeyer (1982), Bonn, 1.11.1982.

PAT O84 (1983), Terminkalender Hans Tietmeyer: März 1983. Ordner 84: Terminkalender von Hans Tietmeyer (1983), Bonn, 19.3.1983.

Tietmeyer, Hans (2009), Arbeiten für und mit Ludwig Erhard, Königstein im Taunus (Manuskript).

Tietmeyer, Hans (2010), Einige persönliche Daten und Erinnerungen (Rückblick aus 2010), Königstein im Taunus (Manuskript).

二 期刊文章

Albrecht, Richard (2010), „Einmal Emigrant – Immer Emigrant“, *soziologie heute* 10/3, 36–39.

Angerer, Thomas / Foscht, Thomas / Swoboda, Bernhard (2006), „Mixed Methods: Ein neuer Zugang in der empirischen Marketingforschung“, *Der Markt* 3/45, 115–127.

Berger, Helge / de Haan, Jakob / Eijffinger, Sylvester (2001), „Central Bank Independence: An Update of Theory and Evidence“, *Journal of Economic Surveys* 1/15, 3–40.

Berger, Wolfram / Pickhardt, Michael / Pitsoulis, Athanassios / Prinz, Aloys / Sardà, Jordi (2014), „The hard shadow of the Greek economy: new estimates of the size of the underground economy and its fiscal impact“, *Applied Economics* 18/46, 2190–2204.

Besenthal, Andrea (2004), „Tripartistische Bündnisse im Deutschen Modell“, *WSI-Mitteilungen* 10/57, 555–560.

Borger, Klaus / Müller, Martin (2014), „In der Normalität angekommen – Deutschland 25 Jahre nach dem Mauerfall“, *KfW Economic Research* 73, 1–6.

Brandt, Willy (1970), „Erklärung von Willy Brandt auf dem Haager Gipfel am 1. Dezember 1969“, *Bulletin der Europäischen Gemeinschaft* 2, 39–46.

Brenke, Karl (2015), „Die deutsch-deutsche Währungsunion: ein kritischer Rückblick“, *DIW-Wochenbericht* 27, 629–638.

Buchheim, Christoph (1988), „Die Währungsreform 1948 in Westdeutschland“, *Vierteljahrshefte für Zeitgeschichte 2/*36, 189–231.

Buchheim, Christoph (2008), „Das NS-Regime und die Überwindung der Weltwirtschaftskrise in Deutschland“, *Vierteljahrshefte für Zeitgeschichte* 3/56, 381–414.

Bundeswertpapierverwaltung (2003), „Gastbeitrag: 27. Februar 2003–50 Jahre Londoner Schuldenabkommen“, *Monatsbericht Bundesministerium der Finanzen* 2, 91–95.

Ehrenberg, Herbert (1963), „Lohnpolitik, in: *Gewerkschaftliche Monatshefte*“ 8, 454–460.

Feld, Lars P. (2013), „Zur Bedeutung des Manifests der Marktwirtschaft oder das Lambsdorff-Papier im 31. Jahr“, *Freiburger Diskussionspapiere zur Ordnungsökonomik* 9/13, 1–24.

Fels, Joachim (1988), „1966/67: Anatomie einer Rezession“, *Kiel Working Papers* 320, 1–21.

Gillingham, John (1987), „Die französische Ruhrpolitik und die Ursprünge des Schuman-Plans. Eine Neubewertung“, *Vierteljahrshefte für Zeitgeschichte* 1/35, 1–24.

Goschler, Constantin / Buchheim, Christoph / Bührer, Werner (1989), „Der Schumanplan als Instrument französischer Stahlpolitik“, *Vierteljahrshefte für Zeitgeschichte* 2/37, 171–206.

Graml, Hermann (1981), „Die Legende von der verpaßten Gelegenheit. Zur sowjetischen Notenkampagne des Jahres 1952“, *Vierteljahrshefte für Zeitgeschichte* 3/29, 307–341.

Harryvan, Anjo / van der Harst, Jan (2003), „Swan Song or Cock Crow? The Netherlands and the Hague Conference of December 1969“, *Journal of European Integration History* 2/9, 27–40.

Hausner, Karl Heinz (2005), „Der neue Stabilitäts- und Wachstumspakt und die deutsche Staatsverschuldung“, *Wirtschaftsdienst* 4, 238–243.

Hehl, Ulrich von (1998), „Der Politiker als Zeitzeuge. Heinrich Krone als Beobachter der Ära Adenauer“, *Historisch-Politische Mitteilungen* 1/5, 83–104.

Hobe, Stephan / End, Andrea (2007), „50 Jahre Römische Verträge. Vorreiter einer modernen Rechtsentwicklung“, *Integration: Vierteljahreszeitschrift des Instituts für Europäische Politik in Zusammenarbeit mit dem Arbeitskreis Europäische Integration* 2/30, 140–149.

Institut für Konjunkturforschung (1932), „Die Weltwirtschaft Ende 1932. Die Wirtschaftslage in Deutschland“, *Wochenbericht des Instituts für Konjunkturforschung*, 151.

Kantzenbach, Erhard (1990), „Ein Umstellungskurs von 2:1 oder 1:1?“, *Wirtschaftsdienst* 70, 166–167.

Karau, Sören (2013), „Irland: Rückkehr mit Risiken“, *KfW Economic Research* 36, 1–4.

Kiesinger, Kurt Georg (1966), „Regierungserklärung vor dem Deutschen Bundestag am 13. Dezember 1966“, *Bulletin des Presse- und Informationsamtes der Bundesregierung* 157, 1265–1270.

Kohl, Helmut (1996), „Rede anläßlich des Empfangs zum 65. Geburtstag des Präsidenten der Deutschen Bundesbank, Prof. Dr. Dr. h. c. Hans Tietmeyer, im Gästehaus der Deutschen Bundesbank in Frankfurt am Main“, *Bulletin der Bundesregierung* 69.

König, Klaus (1988), „Developments in Privatization in the Federal Republic of Germany: Problems, Status, Outlook“, *International Review of Administrative Sciences* 54, 517–551.

Körner, Heiko (2004), „Globalsteuerung heute“, *Wirtschaftsdienst* 12/84, 798–804.

Kromphardt, Jürgen / Bruno, Gesa (1990), „Vorteile und Risiken der Währungsunion“, *Gewerkschaftliche Monatshefte* 5, 309–315.

Kühlem, Kordula (2013), „Wie die Bundesrepublik kreditwürdig wurde. Das Londoner Schuldenabkommen 1953“, *Die politische Meinung* 520/58, 62–68.

Lange-von Kulessa, Jürgen / Renner, Andreas (1998), „Die soziale Marktwirtschaft Alfred Müller-Armacks und der Ordoliberalismus der Freiburger Schule: Zur Unvereinbarkeit zweier Staatsauffassungen“, *Ordo: Jahrbuch für die Ordnung von Wirtschaft und Gesellschaft* 49, 79–104.

Lappenküper, Ulrich (2000), „Den Bau des „europäischen Hauses“ vollenden. Die Europapolitik Ludwig Erhards“, *Historisch-Politische Mitteilungen* 7, 239–267.

Loth, Wilfried (2007), „Der Weg nach Rom – Entstehung und Bedeutung der Römischen Verträge“, *Integration: Vierteljahreszeitschrift des Instituts für Europäische Politik in Zusammenarbeit mit dem Arbeitskreis Europäische Integration* 1, 36–43.

Meltzer, Allan (2005), „Origins of the Great Inflation“, *Federal Reserve Bank of St. Louis Review* 2/87, 145–175.

Nuscheler, Franz (1988), „Schuldenerlaß für die Dritte Welt. Ist er möglich und vernünftig?“, *Gewerkschaftliche Monatshefte* 8, 449–458.

Overy, Richard (1988), „Blitzkriegswirtschaft. Finanzpolitik, Lebensstandard und Arbeitseinsatz in Deutschland 1939–1942“, *Vierteljahrshefte für Zeitgeschichte* 3/36, 379–435.

Pehl, Günther (1989), „Deutsche Wirtschaft 1988/89. Trotz wachsender Arbeitslosigkeit tritt Regierung erneut auf die Bremse“, *Gewerkschaftliche Monatshefte* 2, 65–75.

Ritschl, Albrecht (2003), „Hat das Dritte Reich wirklich eine ordentliche Beschäftigungspolitik betrieben?“, *Jahrbuch für Wirtschaftsgeschichte* 1, 125–140.

Ritschl, Albrecht / Spoerer, Mark (1997), „Das Bruttosozialprodukt in Deutschland nach den amtlichen Volkseinkommens- und Sozialproduktstatistiken 1901–1995“, *Jahrbuch für Wirtschaftsgeschichte* 2, 27–54.

Rueff, Jacques (1950), „L'Europe se fera par la monnaie, ou ne se fera pas", *Syntheses* 45, 267.

Scharsach, Gilbert (1997), „Die europäische Verteidigungsgemeinschaft und die Maastricht-EU. 40 Jahre Integration und kein bißchen weiter?", *Zeitgeschichte* 3/24, 103–130.

Schildt, Axel (2004), „Die Kräfte der Gegenreform sind auf breiter Front angetreten. Zur konservativen Tendenzwende in den Siebzigerjahren", *Archiv für Sozialgeschichte* 44, 449–478.

Seim, Carsten (2006), Metelen – Wo die westfälischen Eichen wachsen, *Euro – Eine Sonderausgabe zum 75. Geburtstag von Hans Tietmeyer*, 44–49.

Schmidt, Manfred G. (2008), „Sozialpolitik 1982–1989", *Historisch-politische Mitteilungen* 15, 241–254.

Schröder, Christoph (2005), „Produktivität und Lohnstückkosten der Industrie im internationalen Vergleich", *IW-Trends – Vierteljahresschrift zur empirischen Wirtschaftsforschung aus dem Institut der deutschen Wirtschaft Köln* 3/32.

Schröder, Christoph (2015), „Lohnstückkosten im internationalen Vergleich. Deutschland Wettbewerbsfähigkeit erodiert", *Vierteljahresschrift zur empirischen Wirtschaftsforschung* 4/42, 91–110.

Schütterle, Volker (2013), „Vor 50 Jahren – Das Ende der Ära Adenauer", *Wissenschaftliche Dienste – Deutscher Bundestag* 13/32.

Siebert, Horst (1990), „The economic integration of Germany", *Kieler Diskussionsbeiträge* 160, 1–30.

Sohn, Andreas (2011), „Ein Westfale im Dienst von Politik, Wirtschaft, Finanz und Kirche", *Die politische Meinung* 500/501/56, 117–122.

Sprenger, Bernd (1998), „50 Jahre. 1948 und die wirtschaftspolitischen Folgen", *Historisch-politische Mitteilungen* 5, 201–218.

Tietmeyer, Hans (1963), „Objektivierung der Wirtschaftspolitik", *Ordo Socialis. Carl-Sonnenschein-Blätter. Zeitschrift für christliche Soziallehre und -Arbeit* 6/11, 283–284.

Tietmeyer, Hans (1963), „Staatliche Planung in der Marktwirtschaft", *Ordo Socialis. Carl-Sonnenschein-Blätter. Zeitschrift für christliche Soziallehre und -Arbeit* 2/11, 61–69.

Tietmeyer, Hans (1969), „‚Konzertierte Aktion' – Konzept, Praxis und Erfahrungen", *Kredit und Kapital* 2/2, 179–198.

Tietmeyer, Hans (1971), „Europäische Wirtschafts- und Währungsunion – eine politische Herausforderung", *Europa-Archiv* 12/26, 409–420.

Tietmeyer, Hans (1972), „Die Europäische Währungsunion zwischen nationalem Krisenmanagement und währungs- und wirtschaftspolitischer Zusammenarbeit", *Internationale Währungsordnung am Scheideweg, Veröffentlichung der Europa-Union*, 17–33.

Tietmeyer, Hans (1983), „Neukonzeption der Beteiligungspolitik des Bundes (Ansprache auf der gemeinsamen Veranstaltung der Gesellschaft für öffentliche Wirtschaft und Gemeinwirtschaft e. V. und der Konrad-Adenauer-Stiftung in Bonn am 27. Oktober 1983)", *Bulletin. Presse- und Informationsdienst der Bundesregierung* 118, 1079–1083.

Tietmeyer, Hans (1986), „Verschuldungskrisen in der Dritten Welt – Ursachen, Lösungen und Aufgaben der Industrieländer", *Universitas – Zeitschrift für Wissenschaft, Kunst und Literatur* 3/41, 299–310.

Tietmeyer, Hans (1990), „Voraussetzungen eines Europäischen Zentralbanksystems“, *Außenwirtschaft* 3/45, 301–311.

Tietmeyer, Hans (2011), „Der deutsche Sachverständigenrat und sein Einfluss auf die Wirtschafts-, Finanz- und Währungspolitik“, *Vierteljahreshefte zur Wirtschaftsforschung* 1/80, 35–43.

Tietmeyer, Hans / Schreiber, Rolf (1964), „Planung in der Sozialen Marktwirtschaft“, *Vortrags- und Lehrunterlage der wirtschafts- und sozialpolitischen Grundinformationen* 7, 1–28.

Voggenauer, Martin (2013), „Lohnkosten in der Eurozone“, *ifo Schnelldienst* 5/66, 47–48.

Wagemann, Ernst (1935), „Die Industriewirtschaft“, *Vierteljahreshefte zur Konjunkturforschung* 37, 78.

Werner, Pierre (1970), „L'Europe en route vers l'Union Monétaire“, *Dokumentationsbulletin* 1/26, 5–12.

Wilke, Manfred (2011), „Die Berliner Mauer – das Symbol deutscher Teilung“, *Die politische Meinung* 500/501/56, 5–12.

Wissenschaftlicher Beirat beim Bundesministerium für Wirtschaft (1976), „Kosten und Preise öffentlicher Unternehmen“, *Bulletin. Presse- und Informationsamt der Bundesregierung* 4, 36.

Zohlnhöfer, Werner / Zohlnhöfer, Reimut (2001), „Die Wirtschaftspolitik der Ära Kohl 1982–1989/90. Eine Wende im Zeichen der Sozialen Marktwirtschaft?“, *Historisch-Politische Mitteilungen* 1/8, 153–174.

三 报纸文章

Bastasin, Carlo (1993), Tietmeyer e la religione del marco. Domani il governatore Helmut Schlesinger lascia la Bundesbank dopo aver gestito l'unificazione tedesca e los hock recessivo, *Il sole-24 Ore*, 29.9.1993.

Baum, Gerhart (2012), FDP feiert „Manifest der Sezession“, *Handelsblatt Online*, 10.9.2012.

Berger, Alois (1997), Der Euro-Apostel: Wim Duisenberg will Präsident der Europäischen Zentralbank werden, *Die Woche*, 29.8.1997.

Braunschweig, Linda (2010), Geschichte quillt aus der Dose, *Tageblatt für den Kreis Steinfurt*, 8.9.2010.

Delattre, Lucas (1995), Hans Tietmeyer, der Hohepriester der D-Mark (Übersetzung), *Le Monde*, 21.3.1995.

Einecke, Helga (1997), Die Herrschaft des Dieners. Für den Altkanzler Helmut Schmidt ist der Bundesbankpräsident der wichtigste Gegner der Währungsunion – andere sind froh, daß er hart ist wie die Mark, *Süddeutsche Zeitung*, 4.11.1997.

Fack, Fritz-Ullrich (1968), Herrschen die Verbände?, *Frankfurter Allgemeine Zeitung*, 8.6.1968.

Fleischhauer, Jan (1997), Der Erzbischof aus Frankfurt. Die einen verehren den Bundesbankpräsidenten als Hüter der Mark, die anderen hassen ihn als Symbol des kalten Kapitalismus: Hans Tietmeyer ist die Idealbesetzung eines Amtes, das seinem Inhaber höchste Autorität im Land verleiht, *Der Spiegel*, 2.6.1997.

Gehler, Michael (2016), Über das Öffnen und Schließen von Grenzen, *Die Presse*, 25.2.2016.

Glotz, Peter (1995), John Wayne der D-Mark, *Die Woche*, 1.9.1995.

Glotz, Peter (1998), Der Kardinal des Geldes. Auch Bundesbank-Präsident Hans Tietmeyer hat grünes Licht für den Euro-Start gegeben, *Die Woche*, 3.4.1998.

Grunenberg, Nina (1988), „Endlich wieder ein Pilot im Flugzeug". Aus Angst vor Europas Abstieg in die Zweitklassigkeit drängt Helmut Kohl auf Fortschritte, *Die Zeit*, 24.6.1988.

Grunenberg, Nina (1997), Prediger der harten Mark. Hans Tietmeyer: Fest im Glauben an die Stabilität, gewaschen mit allen Wassern der praktischen Politik, *Die Zeit*, 24.1.1997.

Hoffmann, Wolfgang (1986), Bonner Kulisse, *Die Zeit*, 31.1.1986.

Hutter, Hans (1999), Tietmeyer im Club: „Wir sollten nicht vergessen", *VWD – Finanz- und Wirtschaftsspiegel*, 27.7.1999.

Jeske, Jürgen (1996), Alter Ärger und späte Rache, *Frankfurter Allgemeine Zeitung*, 14.11.1996.

Jungbluth, Rüdiger / Mahler, Armin / Pauly, Christoph (1996), „Der Termin steht im Vertrag". Bundesbank-Präsident Hans Tietmeyer über die Mark, den Euro und die Rolle der Frankfurter Währungshüter, *Der Spiegel*, 2.12.1996.

Kellerhoff, Sven Felix (2012), Wie ein „Gruselkatalog" zum Jobwunder führte, *Die Welt Online*, 8.9.2012.

Kral, Fritz (1993), Tietmeyer und Gaddum sollen in Zukunft die Deutsche Bundesbank führen. Hohe Erwartung an neues Spitzenduo, *Handelsblatt*, 24.6.1993.

Lessenich, Stephan (2015), Mexikaner Europas. Die Vorbilder der „Dr. Schäuble"-Strategie und warum sie einen neuen Kolonialismus etabliert, *Süddeutsche Zeitung*, 27.7.2015.

Littmann, Konrad (1986), Parteien verhindern Gerechtigkeit. Am politischen Egoismus scheitert in der Bundesrepublik eine Steuerreform nach US-Vorbild, *Die Zeit*, 17.10.1986.

Martens, Heiko / Reiermann, Christian (1998), Maßgebend ist die Stabilität. Bundesbankpräsident Hans Tietmeyer über den Abschied von der Mark, die Risiken des beginnenden Euro-Zeitalters und die Finanzpolitik der neuen Bonner Regierung, *Der Spiegel*, 28.12.1998.

Nahrendorf, Rainer (1996), Tietmeyer: Hoffentlich wird die EWWU kein Alptraum. „Ritter Hans" kämpft für eine Stabilitätsunion, *Handelsblatt*, 21.3.1996.

O. A. (1952), Hans Tietmeyer, *Münstersche Zeitung*, 1952.

O. A. (1969), Kritik an Prof. Schillers Wirtschaftspolitik, *Hamburger Abendblatt*, 27.6.1969.

O. A. (1972), In Bonn hat ein Schlachtfest begonnen: Das Bundesministerium für Wirtschaft, unter Erhard und Schiller Hochburg der Marktwirtschaft, wird aufgeteilt, *Welt am Sonntag*, 25.11.1972.

O. A. (1973a), Feuertaufe für Friderichs, *Wirtschaftswoche*, 19.1.1973.

O. A. (1973b), Johann B. Schöllhorn und seine Nachfolger, *Die Welt*, 24.2.1973.

O. A. (1975), Bonner Kulisse, *Die Zeit*, 5.12.1975.

O. A. (1976), „Ich bin hier das federführende Ressort". Freidemokrat Hans Friderichs – der selbsternannte Nebenkanzler in Bonn, *Der Spiegel*, 31.5.1976.

O. A. (1977a), FDP. Salat geliefert, *Der Spiegel*, 11.7.1977.

O. A. (1977b), Minister: Hör auf. Wirtschaftsminister Hans Friderichs nutzte einmal mehr eine Chance zum eigenen Fortkommen, *Der Spiegel*, 12.9.1977.

O. A. (1979), Emminger-Nachfolge. Pöhl gewinnt an Boden, *Handelsblatt*, 17.7.1979.

O. A. (1980), Erfahrung dämpft, *Wirtschaftswoche*, 21.3.1980.

O. A. (1982a), „Koalition: Der will da raus", *Der Spiegel*, 13.9.1982.

O. A. (1983a), „Kein Anlaß zur Aufwertung", *Kölner Stadtanzeiger*, 10.3.1983.

O. A. (1983b), Der Währungsverbund – eine politische Realität für Bonn, *Neue Zürcher Zeitung*, 14.3.1983.

O. A. (1983c), Gesamtkonzept zur Privatisierung, *Börsen-Zeitung*, 10.11.1983.

O. A. (1983d), Veba – ein erster Schritt, *Die Welt*, 3.12.1983.

O. A. (1983e), Tietmeyer: Verkauf der VEBA-Aktien ab Januar, *General-Anzeiger Bonn*, 22.12.1983.

O. A. (1983f), Dr. Hans Tietmeyer: Auf ein Wort, *Die Welt*, 23.12.1983.

O. A. (1984a), Dr. Tietmeyer in Burgsteinfurt: „Bürger haben großes Vertrauen zur CDU", *Westfälische Nachrichten*, 9.1.1984.

O. A. (1984b), „Sanierungspolitik keine Sprintstrecke, sondern verlange einen langen Atem". Staatssekretär Dr. Tietmeyer: Konsolidierungspolitik besser als ihr Ruf, *Meller Kreisblatt*, 19.9.1984.

O. A. (1984c), Viele Posten für Christdemokraten. Die Bonner Regierung rückt von der versprochenen Privatisierung von Bundesunternehmen ab, *Der Spiegel*, 8.10.1984.

O. A. (1984d), Bundeswirtschaftsministerium: Probleme mit Gewicht, *Wirtschaftswoche*, 2.11.1984.

O. A. (1984e), Privatisierung: Die guten ins Töpfchen ...?, *Die Zeit*, 9.11.1984.

O. A. (1984f), Tietmeyer fordert „Mut zur Entstaatlichung", *Frankfurter Allgemeine Zeitung*, 23.11.1984.

O. A. (1985a), Porträt der Woche: Hans Tietmeyer, *Stuttgarter Zeitung*, 4.5.1985.

O. A. (1985b), Staatssekretäre. Das letzte Wort, *Der Spiegel*, 24.6.1985.

O. A. (1985c), Subventionskatalog soll durchforstet werden, *Süddeutsche Zeitung*, 5.11.1985.

O. A. (1985d), Tietmeyer: Steuersenkung dank Konsolidierung, *Börsen-Zeitung*, 21.12.1985.

O. A. (1986), Sherpa für den Gipfel, *Hamburger Abendblatt*, 8.5.1986.

O. A. (1987), Tietmeyer: Erlaß der Schulden kein Mittel. Bischöfe rufen Industriestaaten zur Verantwortung, *Kölner Stadtanzeiger*, 25.2.1987.

O. A. (1988a), Tietmeyer verteidigt Welt-Finanzinstitute, *General-Anzeiger Bonn*, 15.9.1988.

O. A. (1988b), Ein sinnloses Attentat, *Bonner Rundschau*, 21.9.1988.

O. A. (1988c), Nervosität vor der Weltbanktagung in Berlin, *General-Anzeiger Bonn*, 21.9.1988.

O. A. (1988d), Düsseldorf „Schutzherr" von Tietmeyer, *Mannheimer Morgen*, 22.9.1988.

O. A. (1988e), RAF wollte Tietmeyer entführen, *Bonner Rundschau*, 22.9.1988.

O. A. (1988f), Tietmeyer sollte ermordet werden. Weiteres Selbstbezichtigungsschreiben der RAF eingetroffen, *General-Anzeiger Bonn*, 23.9.1988.

O. A. (1988g), Viele Fragen, *Rheinische Post*, 23.9.1988.

O. A. (1988h), Weiterhin Unklarheit über Versäumnisse beim Schutz für Tietmeyer. Widersprüchliche Angaben in Bonn über Zuständigkeit für Sonderfahrzeuge, *Der Tagesspiegel*, 23.9.1988.

O. A. (1988i), Verantwortung für Schutz Tietmeyers umstritten, *Rheinische Post*, 24.9.1988.
O. A. (1988j), Wir mußten mit einem Anschlag rechnen. Schüsse, Schläge, Brandsätze: Die IWF-Tagung mobilisiert Terroristen, *Der Spiegel*, 26.9.1988.
O. A. (1988k), Gefährdet, aber nicht geschützt, *Stern*, 6.10.1988.
O. A. (1988l), Trampelpfade und Gucklöcher im Busch, *Der Spiegel*, 31.10.1988.
O. A. (1989a), Fragebogen – Hans Tietmeyer, *Frankfurter Allgemeine Magazin*, 12.5.1989.
O. A. (1989b), Tietmeyer per 1. Januar zur Bundesbank, *Börsen-Zeitung*, 7.9.1989.
O. A. (1990a), Ab sofort Umtausch 2:1. Bonn und Ost-Berlin einig über Währung, *Hamburger Abendblatt*, 4.5.1990.
O. A. (1990b), Tietmeyer: Staatsvertrag ist solide. „D-Mark bleibt weiterhin eine der stabilsten Währungen", *Börsen-Zeitung*, 31.5.1990.
O. A. (1990c), Pöhl warnt vor Verzögerung der Währungsunion. Finanzierung über den Kapitalmarkt hätte „erhebliche Konsequenzen für die Zinsen", *Börsen-Zeitung*, 1.6.1990.
O. A. (1990d), The liaison man: Can he repair the rift between Bonn and Frankfurt?, *Institutional Investor*, 25.6.1990.
O. A. (1990e), Tietmeyer Vorrang für Stabilität. Längerfristig weltweite Vorteile durch die Vereinigung, *Börsen-Zeitung*, 3.7.1990.
O. A. (1990f), Tietmeyer: Geldwertstabilität hat Vorrang, *VWD – Finanz- und Wirtschaftsspiegel*, 1.11.1990.
O. A. (1990g), Tietmeyer warnt vor EWWU-Verbalkompromissen, *VWD – Finanz- und Wirtschaftsspiegel*, 7.11.1990.
O. A. (1990h), „Das Dornröschen küssen" – es schlummert im Osten, *Südkurier*, 8.11.1990.
O. A. (1991a), Gerüchte, *Stuttgarter Nachrichten*, 14.4.1991.
O. A. (1991b), Bundesbankchef Pöhl geht. Lukrative Angebote in der Wirtschaft / Kein Dissens mit Waigel / Nachfolge offen, *Die Welt*, 14.5.1991.
O. A. (1991c), Die frühere Kanzler-Nähe könnte ein Problem werden, *Handelsblatt*, 16.5.1991.
O. A. (1991d), Pöhl beendet Rätselraten, *Basler Zeitung*, 16.5.1991.
O. A. (1991e), Der Stellvertreter und der Währungsexperte, *Frankfurter Allgemeine Zeitung*, 17.5.1991.
O. A. (1991f), Pöhls Schritt, *Stuttgarter Zeitung*, 17.5.1991.
O. A. (1991g), Auf Tietmeyer kommt Amt früher oder später zu, *Kölner Stadtanzeiger*, 22.5.1991.
O. A. (1991h), Währungsunion: Fragen an Hans Tietmeyer, der den Vertrag vor einem Jahr aushandelte, *Rheinischer Merkur*, 28.6.1991.
O. A. (1991i), Deutsche Bundesbank warnt vor europäischer „Inflationsunion", *Deutsche Sparkassenzeitung*, 20.9.1991.
O. A. (1991j), Tietmeyer kritisiert WWU-Plan, *Der Tagesspiegel*, 16.11.1991.
O. A. (1993a), Neue Abhängigkeit, *Forbes Magazin*, Februar 1993.
O. A. (1993b), Kontroverse über Tempo, *Handelsblatt*, 12.2.1993.
O. A. (1993c), Le mark en dissidence, *Le Figaro Magazine*, 20.2.1993.
O. A. (1993d), Die neuen Währungshüter bis 1998: Dr. Hans Tietmeyer und J. W. Gaddum, *Czerwensky intern*, 14.6.1993.

O. A. (1993e), ‚Mr. D-Mark geht nach 26 Monaten‘. Bundesbank: Tietmeyer löst Schlesinger ab, *Münchner Merkur*, 21.8.1993.

O. A. (1995a), Fünf Deutsche in der „Weltelite“, *Focus*, 9.1.1995.

O. A. (1995b), „Das Zieldatum 1997 halte ich für unrealistisch“, Deutschlands Notenbankchef Hans Tietmeyer über die EU-Währungsunion, *Neue Zürcher Zeitung*, 16.4.1995.

O. A. (1996), Tietmeyer nennt die Europäische Währungsunion „im wirtschaftlichen Sinne nicht absolut notwendig“. Stabilität wichtiger als Einhaltung des Zeitplans / Europapolitisches Symposion des Auswärtigen Amtes, *Frankfurter Allgemeine Zeitung*, 21.3.1996.

O. A. (1997a), Regierung: Vom Euro gejagt. Verschieben heißt verhindern – trotz aller Bedenken der Ökonomen halten Helmut Kohl und Theo Waigel am Terminplan zur Einführung der Währungsunion fest. Mit dem Drei-Prozent-Kriterium allerdings nimmt es der Kanzler nicht mehr so genau, *Der Spiegel*, 16.6.1997.

O. A. (1997b), Tietmeyer heizt Euro-Diskussion an. Bundesbank-Chef: Bei EWU-Verschiebung stürzt Europas Himmel nicht ein, *Die Welt*, 4.9.1997.

O. A. (1997c), Tietmeyer spricht, aber was sagt er?, *Süddeutsche Zeitung*, 4.9.1997.

O. A. (1997d), Der Warner, *Die Zeit*, 12.9.1997.

O. A. (1997e), Bundesbank: „Nicht bereit zum Dialog“. Das Verhältnis zwischen der Regierung und den Frankfurter Währungshütern ist gespannt. Jetzt droht ein neuer Konflikt: Bundesbankpräsident Tietmeyer scheint fest entschlossen, seine Unabhängigkeit zu beweisen – und die Zinsen zu erhöhen, *Der Spiegel*, 29.9.1997.

O. A. (1998a), „Times“ sieht in Deutschland den Rostgürtel Europas, *Welt am Sonntag*, 15.2.1998.

O. A. (1998b), Abschied von Mark und Macht. Die Bundesbank übergibt ihre Befugnisse an die Europäische Zentralbank, bleibt aber weiter bestehen. Zu tun hat sie künftig wenig, *Der Spiegel*, 15.6.1998.

O. A. (1999), Interview mit Hans Tietmeyer, „Mir ist wohl manches gelungen“, *General-Anzeiger Bonn*, 27.8.1999.

O. A. (2011), Nach 18 Jahren: Ex-RAF-Mitglied Hogefeld aus Haft entlassen, *Der Spiegel*, 21.6.2011.

Obertreis, Rolf (1997a), Streit um die Goldreserve. „Ein Mann, der steht“. Warum Hans Tietmeyer nicht der Goldesel der Republik sein will: Der prinzipienfeste Bundesbankpräsident bringt die Bonner Regierung ins Wanken, *Sonntagsblatt*, 6.6.1997.

Obertreis, Rolf (1997b), Harter Mann für harten Euro. Die Worte von Bundesbankchef Hans Tietmeyer haben ein besonderes Gewicht. Mit seinen Äußerungen zum Euro hat er Verwirrung gestiftet – und die Bundesregierung deutlich verärgert, *Der Tagesspiegel*, 6.9.1997.

Oppermann, Christiane (1996), Tightmeyers vs. Eurosofties. Der Euro-Streit im deutschen Zentralbankrat: Wie hart sind die Maastrichter Kriterien?, *Die Woche*, 27.9.1996.

Plickert, Philip (2015), Wie groß ist die griechische Schattenwirtschaft?, *Frankfurter Allgemeine Zeitung*, 22.4.2015.

Pöhl, Karl Otto (1997), Frankreichs Mißtrauen in die Märkte ist gefährlich. Die künftige Europäische Notenbank muss frei von politischen Pressionen bleiben, *Frankfurter Allgemeine Zeitung*, 18.1.1997.

Rödder, Andreas (2014), Die Entstehung der Europäischen Währungsunion. Primat der Politik? – Schaffung des Euro hat Kräfte entfesselt, die nicht beherrschbar sind, *Börsen-Zeitung*, 11.1.2014.

Salchow, Burkhart (1993), Der letzte Hüter der Mark? Am 1. Oktober wird Hans Tietmeyer neuer Bundesbankpräsident. Bringt er die Notenbank auf Europakurs?, *Rheinischer Merkur*, 24.9.1993.

Salchow, Burkhart (1997), Geldpolitik: Interview mit dem Präsidenten der Deutschen Bundesbank. Hart wie die D-Mark, *Rheinischer Merkur*, 10.1.1997.

Sauga, Michael / Simmons, Stefan / Wiegefe, Klaus (2010), Der Preis der Einheit, *Der Spiegel*, 27.9.2010.

Schäfer, Wolf (1998), Der Streit um den Euro in zehn Thesen, *Welt am Sonntag*, 15.2.1998.

Schmid, Klaus-Peter (1989), Hans Tietmeyer – Fast ein Überminister. Der Bonner Staatssekretär wechselt zur Deutschen Bundesbank, *Die Zeit*, 15.12.1989.

Schmidt, Helmut (1996), Die Bundesbank – kein Staat im Staate. Offener Brief an Bundesbankpräsident Hans Tietmeyer, *Die Zeit*, 8.11.1996.

Schmitt, J. H./Maertin, C. (1995), Härter als Granit. Die Währungen spielen verrückt. Nur einer bleibt gelassen: Bundesbankchef Hans Tietmeyer, der Hüter der starken Mark, *Forbes Magazin*, April 1995.

Schumacher, Oliver (1997), Nicht um jeden Preis. Französische Politiker wollen die Unabhängigkeit der Europäischen Zentralbank beschneiden. Haben sie damit Erfolg, wird der Euro zum unkalkulierbaren Risiko, *Die Zeit*, 24.1.1997.

Seibel, Karsten / Zdrzalek, Lukas / Zschäpitz, Holger (2016), Mario Draghi liebäugelt mit dem nächsten Tabu-Bruch, *Die Welt*, 13.3.2016.

Sheppard, Robert (1988), Kohl urges rewards if countries protect tropical rain forests, *The Globe and Mail*, 20.6.1988.

Stoll, Wolfried (1991), Einführung der D-Mark im Osten hat die Geldwertstabilität nicht gefährdet, *Handelsblatt*, 20.6.1991.

Tietmeyer, Hans (1995), Der Bundesbankpräsident über die Erfolge der Währungsunion: Die Bilanz ist positiv, *Die Wirtschaft (Sonderausgabe)*, März 1995.

Tietmeyer, Hans (1998), Stabiles Geld ist keine Selbstverständlichkeit, *Rheinischer Merkur*, 1.1.1998.

Tietmeyer, Hans (1998), Die Währungsunion – ein Meilenstein Europas. Chancen und Risiken bei fehlender politischer Union, *Neue Zürcher Zeitung*, 30.6.1998.

Tietmeyer, Hans (2001), Ein politisches Dach für das europäische Haus. Der ehemalige Bundesbankpräsident Hans Tietmeyer über die Anfänge der europäischen Währungsunion, ein geheimes Treffen in Bonn und die Perspektive Euro, *General-Anzeiger Bonn*, 31.12.2001.

Tigges, Gert (1990), Der richtige Mann am richtigen Platz. Ein Porträt von Hans Tietmeyer, in: *NRZ*, 8.6.1990.

Weidmann, Jens / Villeroy de Galhau, François (2016), Europa am Scheideweg, *Süddeutsche Zeitung*, 8.2.2016.

Wittkowski, Bernd (1993), Nicht alles aus Bonn muss schlecht sein. Mit Hans Tietmeyer tritt heute der siebte Präsident der Bundesbank sein Amt an, *Frankfurter Rundschau*, 1.10.1993.

Wolf-Doettinchem, Lorenz (1993a), EWS: Rezept für ein Desaster. Frankreich versucht Deutschland in eine schnelle Währungsunion zu locken, *Wirtschaftswoche*, 19.2.1993.

Wolf-Doettinchem, Lorenz (1993b), Bundesbank: Wie beim Lotto. Zwei Kohl-Gefährten rücken an die Spitze der Währungshüter. Wie unabhängig sind Hans Tietmeyer und Johann Wilhelm Gaddum?, *Wirtschaftswoche*, 25.6.1993.

Wolf-Doettinchem, Lorenz (1993c), Bundesbank: Ein kantiger Charakter. Hans Tietmeyer übernimmt als Chef der Frankfurter Währungshüter ein geordnetes, aber schwieriges Erbe, *Wirtschaftswoche*, 24.9.1993.

Zaunitzer-Haase, Ingeborg / Ulrich, Sigrid (1994), „Wir sind keine Job-Vernichter". Bundesbank-Präsident Hans Tietmeyer über die Aufgaben der Regierung und die Zukunft der Mark, *Die Woche*, 28.10.1994.

四 互联网资料

Buchheim, Christoph (2005), Rezension zu: Rombeck-Jaschinski, Ursula: Das Londoner Schuldenabkommen. Die Regelung der deutschen Auslandsschulden nach dem Zweiten Weltkrieg, http://hsozkult.geschichte.hu-berlin.de/rezensionen/2005-2-020 (12.8.2014).

Bund Neudeutschland (2002), Das Hirschbergprogramm, in der zurzeit gültigen Würzburger Fassung von 1994, vom ND-Bundesrat aktualisiert 2002, http://www.kath.de/nd/hb_prg.htm (14.4.2014).

Deutsche Bundesbank (2012), Inflation – Lehren aus der Geschichte, Frankfurt am Main 2012, http://www.bundesbank.de/Redaktion/DE/Themen/2012/2012_10_15_inflation_lehren_aus_der_geschichte.html?nsc=true&nn=151264&view=render[Druckversion] (15.10.2015).

Deutsche Bundesbank (2018), Zeitreihe: Diskontsatz des Deutschen Bundesbank / Stand am Monatsende, https://www.bundesbank.de/Navigation/DE/Statistiken/Zeitreihen_Datenbanken/Makrooekonomische_Zeitreihen/its_details_value_node.html?https=1&https=1&https=1&https=1&listId=www_s11b_mb02&tsId=BBK01.SU0112 (7.8.2018).

Dörnemann, Maria / Jung, Ruth / Legutke, Daniel / Mertens, Anette / Reitinger, Barbara / Voges, Stefan (2006), Historia Cusanorum – 50 Jahre Bischöfliche Studienförderung Cusanuswerk, http://www.cusanuswerk.de/fileadmin/files/PDFs/%C3%BCber_uns/Geschichte/Historia-Cusanorum.pdf (15.10.2014).

Eurostat (2018), Daten, Luxemburg 2018, http://ec.europa.eu/eurostat/de/data/database (7.8.2018).

Gaul, Claus-Martin (2008), Konjunkturprogramme in der Geschichte der Bundesrepublik Deutschland: Einordnung und Bewertung der Globalsteuerung von 1967 bis 1982, https://www.bundestag.de/blob/190470/cdd58467a0b827cc6cd3d366fe96383f/konjunkturprogramme-data.pdf (14.12.2015).

inflation.eu (2014), Historische Inflation Deutschland – VPI Inflation, http://de.inflation.eu/inflationsraten/deutschland/historische-inflation/vpi-inflation-deutschland.aspx (16.10.2014).

Kaiser, Jürgen (2013), 60 Jahre Londoner Schuldenabkommen. Hintergründe und Aktionen zum Jubiläum, http://www.erlassjahr.de/cms/upload/2013/london/Broschre_60_Jahre_London_web.pdf (12.11.2014).

Köhler, Horst (2011), „Apropos Tietmeyer" – Ansprache von Bundespräsident a. D. Horst Köhler beim Festabend anlässlich des 80. Geburtstages von Prof. Dr. Dr. h. c. mult. Hans Tietmeyer am 12. September 2011, http://www.insm.de/insm/dms/insm/text/soziale-marktwirtschaft/endfassung-rede-tietmeyer/Endfassung%20Rede%20 Tietmeyer.pdf (13.6.2015).

Maddison, Angus (2003), Historical Statistics for the World Economy: 1–2003 AD, www.historicalstatistics.org (12.7.2015).

Möller, Horst (2010), 1982–1989: Wendezeiten, Shttp://www.kas.de/wf/de/71.8760/ (5.6.2015).

OECD (2018), Main Economic Indicators – complete database, http://stats.oecd.org/Index.aspx?DataSetCode=PDBI_I4 (7.8.2018).

OECD (2012), Revenue Statistics, http://www.oecd.org/berlin/revenueStatistics2012_Grafiken.xlsx (8.8.2018).

Statistisches Bundesamt (2018), Arbeitsmarkt 1950 bis 2017, https://www.destatis.de/DE/ZahlenFakten/Indikatoren/LangeReihen/Arbeitsmarkt/lrarb003.html (7.8.2018).

Statistisches Bundesamt (2018), Deutschland: Anteil der Sozialausgaben des Staats am Bruttoinlandsprodukt von 1980 bis 2005, https://de.statista.com/statistik/daten/studie/18390/umfrage/deutschland-anteil-sozialausgaben-des-staats-am-bruttoin landsprodukt/ (7.8.2018).

Statistisches Bundesamt (2012), Finanzen und Steuern. Rechnungsergebnisse des öffentlichen Gesamthaushalts, https://www.destatis.de/DE/Publikationen/Thematisch/FinanzenSteuern/OeffentlicheHaushalte/AusgabenEinnahmen/RechnungsergebnisO effentlicherHaushalt2140310107004.pdf?__blob=publicationFile (7.8.2018).

Statistisches Bundesamt (2018), Schulden des Öffentlichen Gesamthaushalts beim nicht-öffentlichen Bereich insgesamt, https://www.destatis.de/DE/ZahlenFakten/GesellschaftStaat/OeffentlicheFinanzenSteuern/OeffentlicheFinanzen/Schulden/Tabellen/SchuldenNichtOeffentlich_Insgesamt.html (7.8.2018).

Statistisches Bundesamt (2018), Verbraucherpreisindizes für Deutschland, https://www.destatis.de/DE/Publikationen/Thematisch/Preise/Verbraucherpreise/Verbrau cherpreisindexLangeReihenPDF_5611103.pdf?__blob=publicationFile (6.8.2018).

Statistisches Bundesamt (2018), Volkswirtschaftliche Gesamtrechnung. Inlandsproduktberechnung, Lange Reihen ab 1970, https://www.destatis.de/DE/Publikationen/Thematisch/VolkswirtschaftlicheGesamtrechnungen/Inlandsprodukt/Inlandsprodukts berechnungLangeReihenPDF_2180150.pdf?__blob=publicationFile (7.8.2018).

Statistisches Bundesamt (2009), Wirtschaft und Statistik, https://www.destatis.de/DE/Publikationen/WirtschaftStatistik/VGR/RezessionBetrachtung.pdf?__blob=pub licationFile (7.8.2018).

Tietmeyer, Hans (1998), 50 Jahre Deutsche Mark. Festakt der Deutschen Bundesbank, http://www2.hu-berlin.de/linguapolis/ConsIV99-00/Tietmeyer.htm (15.8.2015).

World Bank (2015), Data. GDP Growth (annual %), http://data.worldbank.org/indicator/NY.GDP.MKTP.KD.ZG/countries/1W?display=graph (15.7.2015).

五 著作

Abeler, Thomas (2009), *Von der Not zur Normalität: Ernährungssituation und Gesundheitszustand von Kindern und Jugendlichen im Westfalen der Nachkriegszeit mit Beispielen aus den Städten Gütersloh und Münster*, Münster.

Abelshauser, Werner (2004), *Deutsche Wirtschaftsgeschichte seit 1945*, Bonn.

Abelshauser, Werner (2011), *Deutsche Wirtschaftsgeschichte. Von 1945 bis zur Gegenwart*, München.

Adebahr, Hubertus (1990), *Währungstheorie und Währungspolitik*, Berlin.

Adenauer, Konrad (1966), *Erinnerungen 1953–1955*, Stuttgart.

Adenauer, Konrad (1969), *Erinnerungen 1955–1959*, Frankfurt am Main.

Altmann, Jörn (1993), *Au-enwirtschaft für Unternehmen*, Stuttgart.

Altvater, Elmar / Hübner, Kurt / Stanger, Michael (1983), *Alternative Wirtschaftspolitik jenseits des Keynesianismus. Wirtschaftspolitische Optionen der Gewerkschaften in Westeuropa*, Wiesbaden.

Andersen, Uwe / Woyke, Wichard (2003), *Handwörterbuch des politischen Systems der Bundesrepublik Deutschland*, Opladen.

Apolte, Thomas / Bender, Dieter / Berg, Hartmut / Cassel, Dieter / Erlei, Mathias / Grossekettler, Heinz / Hartwig, Karl-Hans / Hübl, Lothar / Kerber, Wolfang / Nienhaus, Volker (2012), *Vahlens Kompendium der Wirtschaftstheorie und Wirtschaftspolitik*, München.

Arens, Tobias (2009), *Inter- und intragenerative Umverteilung im deutschen Steuer-Transfer-System: langfristige Wirkungen im Lebenszyklus*, Frankfurt am Main.

Armbruster, Thomas (2008), *Rückerstattung der Nazi-Beute. Die Suche, Bergung und Restitution von Kulturgütern durch die westlichen Alliierten nach dem Zweiten Weltkrieg*, Berlin.

Bahr, Egon (1996), *Zu meiner Zeit*, München.

Bank deutscher Länder (1956), *Geschäftsbericht*, Frankfurt am Main.

Baring, Arnulf (1982), *Machtwechsel: Die Ära Brandt – Scheel*, Stuttgart.

Fuest, Clemens / Becker, Johannes (2017), *Der Odysseus-Komplex: Ein pragmatischer Vorschlag zur Lösung der Eurokrise*, München.

Beinhocker, Eric (2007), *Die Entstehung des Wohlstands*, Landsberg am Lech.

Benkhoff, Werner (2010), *Hans Tietmeyer*, Münster.

Bennewitz, Inge / Potratz, Rainer (2002), *Zwangsaussiedlungen an der innerdeutschen Grenze. Analysen und Dokumente*, (Forschungen zur DDR-Geschichte 4), Berlin.

Benz, Wolfgang / Scholz, Michael (2009), *Deutschland unter alliierter Besatzung 1945–1949, Die DDR 1949–1990*, Stuttgart.

Berger, Helge (1997), *Konjunkturpolitik im Wirtschaftswunder: Handlungsspielräume und Verhaltensmuster von Bundesbank und Regierung in den 1950er Jahren*, Tübingen.

Berner, Knut / Hattenbach, Almuth (2003), *Individualität in Russland und Deutschland* (Villigst-Profile: Schriftenreihe des Evangelischen Studienwerks e. V. Villigst 2), Münster.

Biedermann, Thomas (2011), *Deutschland in der Nachkriegszeit 1945–49. Neubeginn oder Restauration?*, Hamburg.

Blatter, Joachim / Janning, Frank / Wagemann, Claudius (2007), *Qualitative Politikanalyse*, Wiesbaden.

Boelcke, Willi A. (1986), *Der Schwarzmarkt 1945–1948. Vom Überleben nach dem Kriege*, Braunschweig.

Bofinger, Peter (1991), *Festkurssysteme und geldpolitische Koordination* (Schriften zur monetären Ökonomie 29), Baden-Baden.

Bökenkamp, Gérard (2010), *Das Ende des Wirtschaftswunders. Geschichte der Sozial-, Wirtschafts- und Finanzpolitik in der Bundesrepublik 1969–1998*, Stuttgart.

Bölling, Klaus (1982), *Die letzten 30 Tage des Kanzlers Helmut Schmidt. Ein Tagebuch*, (Spiegel-Buch 38(, Reinbek.

Bontrup, Heinz-Josef (2004), *Volkswirtschaftslehre. Grundlagen der Mikro- und Makroökonomie*, München.

Borchert, Manfred (2003), *Geld und Kredit. Einführung in die Geldtheorie und Geldpolitik*, München.

Börnsen, Wolfgang (2004), *Fels oder Brandung? Gerhard Stoltenberg, der verkannte Visionär*, Sankt Augustin.

Bracher, Karl Dietrich / Schulz, Gerhard / Sauer, Wolfgang (1974), *Die nationalsozialistische Machtergreifung. Studien zur Errichtung des totalitären Herrschaftssystems in Deutschland 1933/34*, Frankfurt am Main.

Bräuer, Christian (2005), *Finanzausgleich und Finanzbeziehungen im wiedervereinten Deutschland*, Wiesbaden.

Bruhn, Ralf (2009), *Die Wirtschaftsverfassung der Europäischen Union aus deutscher Perspektive*, Berlin.

Bundesministerium der Justiz (1963), *Gesetz über die Bildung eines Sachverständigenrates zur Begutachtung der gesamtwirtschaftlichen Entwicklung*, Bonn.

Bundesministerium für Wirtschaft (1967), *Reden zur Wirtschaftspolitik 2 von Professor Dr. Karl Schiller – Bundesminister für Wirtschaft. BMWI-Texte*, Bonn.

Bundesministerium für Wirtschaft (1968a), *Reden zur Wirtschaftspolitik 3 von Professor Dr. Karl Schiller – Bundesminister für Wirtschaft. BMWI-Texte*, Hameln.

Bundesministerium für Wirtschaft (1968b), *Reden zur Wirtschaftspolitik 4 von Professor Dr. Karl Schiller – Bundesminister für Wirtschaft. BMWI-Texte*, Hameln.

Bundesministerium für Wirtschaft (1968c), *Wirtschaftspolitik in Daten von Dezember 1966 bis Mai 1968. BMWI-Texte*, Bonn.

Bundesministerium für Wirtschaft (1969), *Überwindung der Rezession und zwei Jahre kräftiger, stetiger Aufschwung. Rede von Bundeswirtschaftsminister Professor Dr. Karl Schiller am 19. Juni 1969 im Deutschen Bundestag und Sonderdruck aus dem Jahresbericht 1968 der Bundesregierung. BMWI-Texte*, Köln.

Bundesministerium für Wirtschaft (1969), *Wirtschaftspolitik in Daten von Dezember 1966 bis Juli 1969. BMWI-Texte*, Würzburg.

Butterwegge, Christoph (2011), *Krise und Zukunft des Sozialstaates*, Wiesbaden.

Clay, Lucius (1950), *Entscheidung in Deutschland*, Frankfurt am Main.

Cusanuswerk e. V. (1963), *Ein neuer Weg der Begabtenförderung*, Bonn.

CVCE (2012), *Memorandum der Beneluxstaaten an die sechs Länder der Montanunion (18. Mai 1955)*, Brüssel.

Dabrowski, Martin / Eschenburg, Rolf / Gabriel, Karl (2000), *Lösungsstrategien zur Überwindung der internationalen Schuldenkrise* (Volkswirtschaftliche Schriften 509), Berlin.

Danescu, Elena Rodica (2013), *Neubewertung des Werner-Berichts vom 8. Oktober 1970 im Zuge der Öffnung der Pierre Werner-Familienarchive*, Sassenheim (Luxemburg).

Deutsche Bundesbank (1976), *Deutsches Geld- und Bankwesen in Zahlen, 1876–1975*, Frankfurt am Main.

Deutsche Bundesbank (2008), *Die Europäische Wirtschafts- und Währungsunion*, Frankfurt am Main.

Dietl, Ralph (2006), *Emanzipation und Kontrolle. Europa in der westlichen Sicherheitspolitik 1948–1963: eine Innenansicht des westlichen Bündnisses* (Historische Mitteilungen Beihefte 64), Stuttgart.

Döring, Nicola / Bortz, Jürgen (2016), *Forschungsmethoden und Evaluation*, Berlin / Heidelberg.

Echternkamp, Jörg (2013), *Die Bundesrepublik Deutschland 1945/49–1969*, Paderborn.

Ellwein, Thomas (1993), *Krisen und Reformen. Die Bundesrepublik seit den sechziger Jahren*, München.

Engelkamp, Paul / Sell, Friedrich L. (2013), *Einführung in die Volkswirtschaftslehre*, Berlin / Heidelberg.

Erhard, Ludwig (1957), *Wohlstand für Alle*, Düsseldorf.

Erhard, Ludwig (1962), *Deutsche Wirtschaftspolitik*, Düsseldorf.

Erhard, Ludwig (1966), *Wirken und Reden*, Ludwigsburg.

Eucken, Walter (1959), *Grundlagen der Nationalökonomie*, Berlin / Heidelberg.

Eucken, Walter (1960), *Grundsätze der Wirtschaftspolitik*, Tübingen.

Europäische Wirtschaftsgemeinschaft (1957), *Vertrag zur Gründung der Europäischen Wirtschaftsgemeinschaft*, Rom.

Europäisches Währungsinstitut 1998), *Konvergenzbericht*, Frankfurt am Main.

Fabian, Christine / Rössel, Uta (2009), *Die Kabinettsprotokolle der Bundesregierung: 1966*, München.

Fally, Vincent (1992), *Le Grand-Duché de Luxembourg et la construction européenne*, Luxembourg.

Farmer, Karl / Stadler, Ingeborg (2005), *Marktdynamik und Umweltpolitik: ein Beitrag zur gleichgewichts- und ordnungstheoretischen Fundierung umweltorientierter Volkswirtschaftslehre*, Wien.

Faulenbach, Bernd (2011), *Das sozialdemokratische Jahrzehnt. Von der Reformeuphorie zur neuen Unübersichtlichkeit. Die SPD 1969–1982*, Bonn.

Feindt, Peter H. (2008), *Nachhaltige Agrarpolitik als reflexive Politik: Plädoyer für einen neuen Diskurs zwischen Politik und Wissenschaft*, Berlin.

Flessau, Kurt-Ingo (1984), *Schule der Diktatur. Lehrpläne und Schulbücher des Nationalsozialismus*, Frankfurt am Main.

Franz, Wolfgang (2013), *Arbeitsmarktökonomik*, Berlin / Heidelberg.

Friedman, Milton (1969), *The Optimum Quantity of Money and other Essays*, Chicago.

Fürst-Pfeifer, Gabriele (2013), *Biographie und unbewusste Berufswahlmotive von Psychotherapeuten*, Münster.

Gagel, Walter (2005), *Geschichte der politischen Bildung in der Bundesrepublik Deutschland 1945–1989/90*, Wiesbaden.

Ganghof, Steffen (2004), *Wer regiert in der Steuerpolitik? Einkommenssteuerreform zwischen internationalem Wettbewerb und nationalen Verteilungskonflikten* (Schriften des Max-Planck-Instituts für Gesellschaftsforschung 50), Frankfurt am Main.

Gawel, Erik / Grünewald, Markus / Thöne, Michael (1994), *Die deutsch-deutsche Währungsunion. Verlauf und geldpolitische Konsequenzen* (Schriften zur monetären Ökonomie 37), Baden-Baden.

Gehler, Michael (2010), *Europa. Ideen – Institutionen – Vereinigung*, München.

Geigant, Friedrich (2002), *Die Euro-Flagge über der Festung Europa: Deutschlands Weg zur einheitlichen Währung im gemeinsamen Markt*, Berlin.

Geiger, Hermann (1996), *Das Währungsrecht im Binnenmarkt der Europäischen Union* (Beiträge zum Privat- und Wirtschaftsrecht 97), Karlsruhe.

George, Christian (2010), *Studieren in Ruinen. Die Studenten der Universität Bonn in der Nachkriegszeit (1945–1955)* (Bonner Schriften zur Universitäts- und Wissenschaftsgeschichte 1), Göttingen.

Gerhards, Jürgen (1993), *Neue Konfliktlinien in der Mobilisierung öffentlicher Meinung. Eine Fallstudie. Studien zur Sozialwissenschaft*, Opladen.

Gerken, Lüder (2000), *Walter Eucken und sein Werk: Rückblick auf den Vordenker der sozialen Marktwirtschaft*, Tübingen.

Giegerich, Thomas (2003), *Europäische Verfassung und deutsche Verfassung im transnationalen Konstitutionalisierungsprozess. Wechselseitige Rezeption, konstitutionelle Evolution und föderale Verflechtung* (Beiträge zum ausländischen öffentlichen Recht und Völkerrecht 157), Berlin.

Gläser, Jochen / Laudel, Grit (2010), *Experteninterviews und qualitative Inhaltsanalyse*, Wiesbaden.

Glaessner, Gert-Joachim (2006), *Politik in Deutschland*, Wiesbaden.

Görtemaker, Manfred (1999), *Geschichte der Bundesrepublik Deutschland. Von der Gründung bis zur Gegenwart*, Frankfurt am Main.

Görtemaker, Manfred (2002), *Kleine Geschichte der Bundesrepublik Deutschland*, München.

Grebing, Helga / Pozorski, Peter / Schulze, Rainer (1980), *Die Nachkriegsentwicklung in Westdeutschland, 1945–1949* (Studienreihe Politik 7), Stuttgart.

Grunder, Hans-Ulrich / Schweitzer, Friedrich (1999), *Texte zur Theorie der Schule. Historische und aktuelle Ansätze zur Planung und Gestaltung von Schule* (Grundlagentexte Pädagogik), Weinheim.

Grüner, Stefan (2009), *Geplantes „Wirtschaftswunder"? Industrie- und Strukturpolitik in Bayern 1945 bis 1973*, München.

Haffner, Sebastian (2000), *Geschichte eines Deutschen. Die Erinnerungen 1914–1933*, München.

Hansmann, Marc (2012), *Vor dem dritten Staatsbankrott? Der deutsche Schuldenstaat in historischer und internationaler Perspektive*, München.

Hansmeyer, Karl-Heinrich / Caesar, Rolf (1976), *Währung und Wirtschaft in Deutschland 1876–1975*, Frankfurt am Main.

Heck, Axel (2016), *Macht als soziale Praxis. Die Herausbildung des transatlantischen Machtverhältnisses im Krisenjahr 1989*, Wiesbaden.

Heine, Michael / Herr, Hansjörg (2012), *Volkswirtschaftslehre. Paradigmenorientierte Einführung in die Mikro- und Makroökonomie*, München.

Hellmann, Rainer (1972), *Europäische Wirtschafts- und Währungsunion. Eine Dokumentation* (Schriftenreihe europäische Wirtschaft 63), Baden-Baden.

Hentges, Gudrun (2013), *Staat und politische Bildung. Von der Zentrale für Heimatdienst zur Bundeszentrale für politische Bildung*, Wiesbaden.

Hentschel, Volker (1996), *Ludwig Erhard. Ein Politikerleben*, München.

Herbert, Ulrich (2001), *Geschichte der Ausländerpolitik in Deutschland. Saisonarbeiter, Zwangsarbeiter, Gastarbeiter, Flüchtlinge*, München.

Herrmann-Pillath, Carsten (1994), *Marktwirtschaft als Aufgabe: Wirtschaft und Gesellschaft im Übergang vom Plan zum Markt*, Frankfurt am Main.

Hiepel, Claudia (2012), *Willy Brandt und Georges Pompidou: Deutsch-französische Europapolitik zwischen Aufbruch und Krise*, München.

Hildebrand, Klaus (1984), *Von Erhard zur Großen Koalition 1963–1969* (Geschichte der Bundesrepublik Deutschland in fünf Bänden 4), Stuttgart.

Hinrichs, Jutta (2002), *Die Verschuldung des Bundes 1962–2001*, Sankt Augustin.

Hishow, Ognian N. (2014), *Divergenz statt Konvergenz in der Wirtschafts- und Währungsunion*, Berlin.

Howest, Sigrid (1989), *Metelen. Unsere Heimat*, Metelen.

Humburg, Martin (1998), *Das Gesicht des Krieges. Feldpostbriefe von Wehrmachtssoldaten aus der Sowjetunion 1941–1944*, Opladen / Wiesbaden.

Hunn, Karin (2005), *„Nächstes Jahr kehren wir zurück ...": die Geschichte der türkischen „Gastarbeiter" in der Bundesrepublik*, Göttingen.

Hutzschenreuter, Thomas (2011), *Allgemeine Betriebswirtschaftslehre*, Wiesbaden.

Illing, Falk (2013), *Die Euro-Krise. Analyse der europäischen Strukturkrise*, Wiesbaden.

Imhof, Arthur Erwin / Kamke, Hans-Ulrich (1994), *Lebenserwartungen in Deutschland, Norwegen und Schweden im 19. und 20. Jahrhundert*, Berlin.

James, Harold (2012), *Making the European Monetary Union*, Cambridge MA.

Jones, Erik / Menon, Anand / Weatherill, Stephen (2012), *The Oxford Handbook of the European Union*, Oxford.

Juncker, Jean-Claude / Tusk, Donald / Dijsselbloem, Jeroen / Draghi, Mario / Schulz, Martin (2015), *Die Wirtschafts- und Währungsunion vollenden*, Brüssel.

Kalter, Frank (2008), *Migration und Integration*, Wiesbaden.

Kämmerer, Jörn Axel (2001), *Privatisierung. Typologie – Determinanten – Rechtspraxis – Folgen* (Jus publicum: Beiträge zum Öffentlichen Recht 73), Tübingen.

Kendrick, John W. (1961), *Productivity Trends in the United States*, Princeton.

Kette, Sven (2008), *Bankenregulierung als Cognitive Governance*, Wiesbaden.

Kimmel, Adolf / Jardin, Pierre (2002), *Die deutsch-französischen Beziehungen seit 1963. Eine Dokumentation* (Frankreich Studien 6), Wiesbaden.

Klein, Heribert (1995), *Könner in Karos. Das Anti-Nietenbuch*, Köln.

Klundt, Michael (2008), *Von der Sozialen zur Generationenagerechtigkeit? Polarisierte Lebenslagen und ihre Deutung in Wissenschaft, Politik und Medien*, Wiesbaden.

Knauss, Fritz (1988), *Privatisierungspolitik in der Bundesrepublik Deutschland* (Beiträge zur Wirtschafts- und Sozialpolitik 160), Köln.

Knauss, Fritz (1990), *Privatisierung in der Bundesrepublik Deutschland, 1983–1990. Bilanz und Perspektiven* (Beiträge zur Wirtschafts- und Sozialpolitik 183), Köln.

Koerfer, Daniel (1987), *Kampf ums Kanzleramt. Erhard und Adenauer*, Stuttgart.

Kohl, Helmut (2005), *Erinnerungen 1982–1990*, München.

Kohl, Helmut (2007), *Erinnerungen 1990–1994*, München.

König, Jörg (2018), *Mehr Transfer als Stabilität? Bewertung aktueller Reformvorschläge für die Eurozone*, Berlin.

Körner, Torsten / Henßel, Silke (2000), Die Geschichte des Dritten Reiches, Frankfurt am Main.

Kowalczuk, Ilko-Sascha (1997), *Legitimation eines neuen Staates: Parteiarbeiter an der historischen Front. Geschichtswissenschaft in der SBZ/DDR 1945 bis 1961*, Berlin.

Krägenau, Henry / Wetter, Wolfgang (1993), *Europäische Wirtschafts- und Währungsunion. Vom Werner-Plan zum Vertrag von Maastricht: Analysen und Dokumentation* (Veröffentlichungen des HWWA-Instituts für Wirtschaftsforschung-Hamburg 1), Baden-Baden.

Kraul, Margret (1980), *Gymnasium und Gesellschaft im Vormärz: Neuhumanistische Einheitsschule, städtische Gesellschaft und soziale Herkunft der Schüler* (Studien zum Wandel von Gesellschaft und Bildung im neunzehnten Jahrhundert 18), Göttingen.

Kreft, Michael (2002), *Die Europäische Union als Sicherheitsinstitution: Die gemeinsame Außen- und Sicherheitspolitik und die Europäische Verteidigungsgemeinschaft im kulturell-institutionellen Kontext der europäischen Integration*, Osnabrück.

Krelle, Wilhelm / Schunck, Johann / Siebke, Jürgen (1978), *Überbetriebliche Ertragsbeteiligung der Arbeitnehmer am Produktivkapital*, Tübingen.

Küsters, Hanns Jürgen (1982), *Die Gründung der Europäischen Wirtschaftsgemeinschaft*, Baden-Baden.

Laitenberger, Volkhard (1986), *Ludwig Erhard, der Nationalökonom als Politiker*, Göttingen.

Langguth, Gerd (2007), *Horst Köhler. Biografie*, München.

Lappenküper, Ulrich (2001), *Die deutsch-französischen Beziehungen 1949–1963* (Quellen und Darstellungen zur Zeitgeschichte 49) München.

Lemke, Michael (2001), *Einheit oder Sozialismus? Die Deutschlandpolitik der SED 1949–1961*, (Zeithistorische Studien 17), Köln.

Leuschner, Udo (2005), *Die Geschichte der FDP. Metamorphosen einer Partei zwischen rechts, sozialliberal und neokonservativ*, Münster.

Lindlar, Ludger (1997), *Das mißverstandene Wirtschaftswunder: Westdeutschland und die westeuropäische Nachkriegsprosperität*, Tübingen.

Löffler, Bernhard (2002), *Soziale Marktwirtschaft und administrative Praxis. Das Bundeswirtschaftsministerium unter Ludwig Erhard*, Wiesbaden.

Lohse, Eckart (1995), *Östliche Lockungen und westliche Zwänge. Paris und die deutsche Teilung 1949 bis 1955* (Studien zur Zeitgeschichte 46), München.

Loth, Wilfried (2014), *Europas Einigung: Eine unvollendete Geschichte*, Frankfurt am Main.

Loth, Wilfried (1990), *Der Weg nach Europa: Geschichte der europäischen Integration 1939–1957*, Göttingen.

Loth, Wilfried (2009), *Experiencing Europe. 50 years of European construction 1957–2007* (Veröffentlichungen der Historiker-Verbindungsgruppe bei der Kommission der Europäischen Gemeinschaften 12), Baden-Baden.

Lucchesi, Rossana (2013), *RAF und Rote Brigaden – Deutschland und Italien von 1970 bis 1985*, Berlin.

Ludewig, Johannes (2015), *Unternehmen Wiedervereinigung. Von Planern, Machern, Visionären*, Hamburg.

Mager, Ute (2009), *Staatsrecht I. Staatsorganisationsrecht unter Berücksichtigung der europarechtlichen Bezüge*, Stuttgart.

Magnifico, Giovanni (1977), *Eine Währung für Europa. Ein Weg zur europäischen Währungsvereinigung* (Wirtschaftsrecht und Wirtschaftspolitik 44), Baden-Baden.

Maiolino, Angelo (2014), *Politische Kultur in Zeiten des Neoliberalismus. Eine Hegemonieanalyse*, Bielefeld.

Mammen, Gerhard (1978), *Grundzüge differenzierter Stabilisierungspolitik in der Bundesrepublik Deutschland*, Göttingen.

Marsh, David (1995), *Die Bundesbank. Geschäfte mit der Macht*, München.

Mastny, Vojtech (2001), *Learning from the enemy. NATO as a model for the Warsaw Pact* (Zürcher Beiträge zur Sicherheitspolitik und Konfliktforschung 58), Zürich.

Maurer, Annette (1993), *Die europäische Antwort auf die soziale Frage. Eine Analyse zur europäischen Binnenmarktdynamik und ihrer sozialpolitischen Implikationen* (Marburger wissenschaftliche Beiträge 4), Marburg.

Mayer-Kramer, Florian (2006), *Vom Niedergang des unternehmerisch tätigen Staates. Privatisierungspolitik in Großbritannien, Frankreich, Italien und Deutschland*, (Gesellschaftspolitik und Staatstätigkeit 27), Wiesbaden.

Mayring, Philipp (2010), *Qualitative Inhaltsanalyse. Grundlagen und Techniken*, Weinheim / Basel.

Menzel, Hans-Joachim (1980), *Legitimation staatlicher Herrschaft durch Partizipation Privater? Dargestellt am Beispiel der Beteiligung von Gewerkschaften in Gremien der Wirtschaftsverwaltung* (Schriften zum Öffentlichen Recht 385), Berlin.

Möller, Horst / Hildebrand, Klaus / Wilkens, Andreas (1997), *Die Bundesrepublik Deutschland und Frankreich. Dokumente 1949–1963*, München.

Möller, Horst / Pautsch, Ilse Dorothee / Schöllgen, Gregor / Wentker, Hermann / Wirsching, Andreas (2015), *Die Einheit. Das Auswärtige Amt, das DDR-Außenministerium und der Zwei-Plus-Vier-Prozess*, Göttingen.

Moosa, Imad (2012), *The US-China Trade Dispute: Facts, Figures and Myths*, Cheltenham.

Müller, Edith (2000), *Lohn- und Fiskalpolitik in einer Währungsunion*, Wiesbaden.

Nathan, Otto (1944), *The Nazi Economic System. Germany's mobilization for war*, Durham.

Noack, Hans-Joachim (2008), *Helmut Schmidt. Die Biographie*, Berlin.

Nörr, Knut Wolfgang (2007), *Die Republik der Wirtschaft. Recht, Wirtschaft und Staat in der Geschichte Westdeutschlands* (Beiträge zur Rechtsgeschichte des 20. Jahrhunderts 53), Tübingen.

Nützenadel, Alexander (2005), *Stunde der Ökonomen. Wissenschaft, Politik und Expertenkultur in der Bundesrepublik 1949–1974* (Kritische Studien zur Geschichtswissenschaft 166), Göttingen.

Oppermann, Thomas (1969), *Kulturverwaltungsrecht: Bildung, Wissenschaft, Kunst*, Tübingen.

Oppermann, Thomas (1991), *Europarecht – Ein Studienbuch*, München.

Orlik, Peter (1967), *Kritische Untersuchungen zur Begabtenförderung*, Meisenheim am Glan.

Osterheld, Horst (1992), *Außenpolitik unter Bundeskanzler Ludwig Erhard, 1963–1966. Ein dokumentarischer Bericht aus dem Kanzleramt* (Forschungen und Quellen zur Zeitgeschichte 23), Düsseldorf.

Overy, Richard (1994), *War and economy in the Third Reich*, Oxford.

Petzina, Dietmar (1968), *Autarkiepolitik im Dritten Reich: Der nationalsozialistische Vierjahresplan von 1936* (Schriftenreihe der Vierteljahrshefte für Zeitgeschichte 16), Stuttgart.

Peyrefitte, Alain (1997), *C'était De Gaulle*, Paris.

Picker, Rolf (1987), *Europäisches Währungssystem / ECU*, Hildesheim.

Pietersen, Pit (2006), *Kriegsverbrechen der alliierten Siegermächte. Terroristische Bombenangriffe auf Deutschland und Europa 1939–1945*, Norderstedt.

Pilz, Frank / Ortwein, Heike (2007), *Das politische System Deutschlands: Systemintegrierende Einführung in das Regierungs-, Wirtschafts- und Sozialsystem*, München.

Pitsoulis, Athanassios (2004), *Entwicklungslinien ökonomischen Denkens über Systemwettbewerb*, Marburg.

Plato, Alexander von (2009), *Die Vereinigung Deutschlands – ein weltpolitisches Machtspiel. Bush, Kohl, Gorbatschow und die internen Gesprächsprotokolle*, Berlin.

Pridham, Geoffrey (1977), *Christian democracy in Western Germany. The CDU/CSU in Government and Opposition 1945–1976*, London.

Prim, Rolf (2000), *Praktische Sozialwissenschaft, Lebenslagenforschung und Pädagogik bei Gerhard Weisser*, Weingarten.

Putnam, Robert D./Bayne, Nicholas (1985), *Weltwirtschaftsgipfel im Wandel,* Bonn.

Randel, Edgar (1966), *Das Bundesministerium für Wirtschaft. Ämter und Organisationen der Bundesrepublik Deutschland*, Frankfurt am Main.

Recker, Marie-Luise (2009), *Geschichte der Bundesrepublik Deutschland* (Beck'sche Reihe 2471), München.

Reichel, Peter/Schmid, Harald/Steinbach, Peter (2009), *Der Nationalsozialismus, die zweite Geschichte: Überwindung, Deutung, Erinnerung*, München.

Reichs-Kredit-Gesellschaft (1939), *Deutschlands wirtschaftliche Lage in der Jahresmitte 1939*, Berlin.

Reupke, Markus (2000), *Die Wirtschafts- und Währungsunion. Die Bedeutung für die Europäische Union unter politischer und internationaler Berücksichtigung* (European studies 6), Oldenburg.

Richter, Rudolf (1999), *Deutsche Geldpolitik 1948–1998*, Tübingen.

Robert, Rüdiger (1976), *Konzentrationspolitik in der Bundesrepublik*, Berlin.

Rödder, Andreas (2009), *Deutschland einig Vaterland. Die Geschichte der Wiedervereinigung*, München.

Rödder, Andreas (2004), *Die Bundesrepublik Deutschland 1969–1990*, München.

Rohwer, Bernd (1988), *Konjunktur und Wachstum. Theorie und Empirie der Produktionsentwicklung in der Bundesrepublik Deutschland seit 1950*, Berlin.

Rombeck-Jaschinski, Ursula (2005), *Das Londoner Schuldenabkommen. Die Regelung der deutschen Auslandsschulden nach dem Zweiten Weltkrieg* (Veröffentlichungen des Deutschen Historischen Instituts London 58), München.

Rossnagel, Alexander (1981), *Die Änderungen des Grundgesetzes. Eine Untersuchung der politischen Funktion von Verfassungsänderungen*, Frankfurt am Main.

Rübel, Gerhard (2013), *Außenwirtschaft: Grundlagen der realen und monetären Theorie*, München.

Rudolph, Hagen (1982), *Die verpaßten Chancen. Die vergessene Geschichte der Bundesrepublik*, München.

Rundel, Otto (2006), *Kurt Georg Kiesinger: Sein Leben und sein politisches Wirken*, Stuttgart.

Rupp, Hans Karl (2009), *Politische Geschichte der Bundesrepublik Deutschland*, München.

Sachverständigenrat zur Begutachtung der gesamtwirtschaftlichen Entwicklung (1990), *Brief des Sachverständigenrates vom 9. Februar 1990 an den Bundeskanzler: Zur Frage einer Währungsunion zwischen der Bundesrepublik Deutschland und der DDR. Sondergutachten*, Wiesbaden.

Sachverständigenrat zur Begutachtung der gesamtwirtschaftlichen Entwicklung (1965), *Jahresgutachten 1964/65. Stabiles Geld – Stetiges Wachstum*, Stuttgart.

Sachverständigenrat zur Begutachtung der gesamtwirtschaftlichen Entwicklung (1967), *Jahresgutachten 1967/68. Stabilität im Wachstum*, Stuttgart.

Sachverständigenrat zur Begutachtung der gesamtwirtschaftlichen Entwicklung (1968), *Jahresgutachten 1968/69. Alternativen außenwirtschaftlicher Anpassung*, Stuttgart.

Sachverständigenrat zur Begutachtung der gesamtwirtschaftlichen Entwicklung (1973), *Jahresgutachten 1973/74. Mut zur Stabilisierung*, Bonn.
Sachverständigenrat zur Begutachtung der gesamtwirtschaftlichen Entwicklung (1974), *Jahresgutachten 1974/75. Vollbeschäftigung für morgen*, Bonn.
Sachverständigenrat zur Begutachtung der gesamtwirtschaftlichen Entwicklung (1975), *Jahresgutachten 1975/76. Vor dem Aufschwung*, Bonn.
Sachverständigenrat zur Begutachtung der gesamtwirtschaftlichen Entwicklung (1976), *Jahresgutachten 1976/77. Zeit zum Investieren*, Bonn.
Sachverständigenrat zur Begutachtung der gesamtwirtschaftlichen Entwicklung (2017), *Jahresgutachten 2017/18. Für eine zukunftsorientierte Wirtschaftspolitik*, Wiesbaden.
Sander, Wolfgang (2004), *Politik in der Schule. Kleine Geschichte der politischen Bildung in Deutschland*, Marburg.
Schallmoser, Ulrich (1994), *Statik und Dynamik der deutschen Frage*, Marburg.
Schanetzky, Tim (2007), *Die große Ernüchterung. Wirtschaftspolitik, Expertise und Gesellschaft in der Bundesrepublik 1966 bis 1982* (Wissenskultur und gesellschaftlicher Wandel 17), Berlin.
Scherf, Harald (2002), *Enttäuschte Hoffnungen – vergebene Chancen. Die Wirtschaftspolitik der Sozial-Liberalen Koalition 1969–1982* (Kleine Vandenhoeck-Reihe 1516), Göttingen.
Schild, Joachim/Uterwedde, Henrik (2006), *Frankreich: Politik, Wirtschaft, Gesellschaft*, Wiesbaden.
Schiller, Karl (1955), *Der Ökonom und die Gesellschaft. Rede anläßlich der Feier zum Beginn des neuen Amtsjahres des Rektors am 9. November 1955*, Hamburg.
Schiller, Karl (1964), *Der Ökonom und die Gesellschaft. Das freiheitliche und das soziale Element in der modernen Wirtschaftspolitik. Vorträge und Aufsätze*, Stuttgart.
Schnell, Rainer/Hill, Paul/Esser, Elke (2011), *Methoden der empirischen Sozialforschung*, München.
Schöllgen, Gregor (2001), *Willy Brandt. Die Biographie*, Berlin.
Scholtyseck, Joachim (2001), *Der Aufstieg der Quandts. Eine deutsche Unternehmerdynastie*, München.
Schönhoven, Klaus (2004), *Wendejahre. Die Sozialdemokratie in der Zeit der großen Koalition 1966–1969* (Die deutsche Sozialdemokratie nach 1945 2), Bonn.
Schöpsdau, Walter/Schuck, Martin (2006), *Angenommenes Leben: Beiträge zu Ethik, Philosophie und Ökumene*, Göttingen.
Schrüfer, Klaus (2010), *Allgemeine Volkswirtschaftslehre*, Berlin.
Schwarz, Hans-Peter (1991), *Adenauer. Der Staatsmann, 1952–1967*, Stuttgart.
Schwarz, Hans-Peter (2010), *Das Gesicht des 20. Jahrhunderts. Monster, Retter, Mediokritäten*, München.
Schwarz, Hans-Peter (2012), *Helmut Kohl. Eine politische Biographie*, Stuttgart.
Siegel, Tilla (1989), *Leistung und Lohn in der nationalsozialistischen „Ordnung der Arbeit"*, (Schriften des Zentralinstituts für Sozialwissenschaftliche Forschung der Freien Universität 57), Opladen.
Simons-Kaufmann, Claudia (2003), *Transformationsprozess von Entwicklungsländern. Das Beispiel Mosambik*, Wiesbaden.
Singleton, John (2011), *Central Banking in the Twentieth Century*, New York.
Sinn, Hans-Werner (2015), *Der Euro: Von der Friedensidee zum Zankapfel*, München.

Sontheimer, Kurt (1991), *Die Adenauer-Ära. Grundlegung der Bundesrepublik* (Deutsche Geschichte der neuesten Zeit vom 19. Jahrhundert bis zur Gegenwart), München.

Statistisches Reichsamt (1934), *Statistisches Jahrbuch für das Deutsche Reich*, Berlin.

Statistisches Reichsamt (1938), *Statistisches Jahrbuch für das Deutsche Reich*, Berlin.

Steenblock, Volker (2013), *Philosophische Bildung. Einführung in die Philosophiedidaktik und Handbuch: praktische Philosophie* (Münsteraner philosophische Arbeitsbücher 1), Berlin.

Stein, Katrin (2009), *Die Verantwortlichkeit politischer Akteure*, Tübingen.

Steininger, Rolf/Böhler, Ingrid (1994), *Der Umgang mit dem Holocaust. Europa-USA-Israel* (Schriften des Instituts für Zeitgeschichte der Universität Innsbruck und des Jüdischen Museums Hohenems 1), Wien.

Stekeler-Weithofer, Pirmin (2011), *Sinn*, Berlin.

Stock, Walter (1972), *Die europäische Wirtschafts- und Währungsunion. Eine integrationspolitische Perspektive?*, Berlin.

Stoltenberg, Gerhard (1997), *Wendepunkte. Stationen deutscher Politik 1947 bis 1990*, Berlin.

Strauß, Franz Josef (1989), *Die Erinnerungen*, Berlin.

Stuberger, Ulf G. (2008), *Die Akte RAF. Taten und Motive, Täter und Opfer*, München.

Stüwe, Klaus (2002), *Die großen Regierungserklärungen der deutschen Bundeskanzler von Adenauer bis Schröder*, Opladen.

Sturm, Roland (1993), *Staatsverschuldung: Ursachen, Wirkungen und Grenzen staatlicher Verschuldungspolitik*, Opladen.

Thieme, Hans Jörg (1994), *Soziale Marktwirtschaft: Ordnungskonzeption und wirtschaftspolitische Gestaltung*, München.

Thorun, Walter (2006), *Jugendhilfe und Sozialarbeit im lebensgeschichtlichen Rückblick. Erinnerungen, Perspektiven*, Norderstedt.

Tietmeyer, Hans (1961), *Die soziale Lage der Studierenden an den Ingenieurschulen in der Bundesrepublik und Berlin-West und die Förderungsmaßnahmen der öffentlichen Hand*, Köln.

Tietmeyer, Hans (2005), *Herausforderung Euro. Wie es zum Euro kam und was er für Deutschlands Zukunft bedeutet*, München.

Vargas, Mauricio (2012), *Bedeutung der finanziellen Entwicklung im Aufholprozess von Entwicklungs- und Schwellenländern: eine vergleichende Analyse der chilenischen und mexikanischen Erfahrungen*, Stuttgart.

Walter, Franz (2009), *Charismatiker und Effizienzen. Porträts aus 60 Jahren Bundesrepublik*, Frankfurt am Main.

Wandel, Eckhard (1980), *Die Entstehung der Bank deutscher Länder und die deutsche Währungsreform 1948. Die Rekonstruktion des westdeutschen Geld- und Währungssystems 1945–1949 unter Berücksichtigung der amerikanischen Besatzungspolitik*, (Schriftenreihe des Instituts für Bankhistorische Forschung 3), Frankfurt am Main.

Warloski, Ronald (1970), *Neudeutschland. German Catholic Students 1919–1939*, Den Haag.

Wasner, Benjamin (2009), *Oswald von Nell-Breuning. Eine biographische Übersicht*, München.

Wehler, Hans-Ulrich (2007), *Notizen zur deutschen Geschichte*, München.

Wehler, Hans-Ulrich (2008), *Deutsche Gesellschaftsgeschichte*, (Bundesrepublik und DDR 1949–1990 5), München.

Weidenfeld, Werner / Wessels, Wolfgang (1998), *Jahrbuch der Europäischen Integration 1997/98*, Bonn.

Welfens, Paul J. J. (2005), *Grundlagen der Wirtschaftspolitik. Institutionen – Makroökonomik – Politikkonzepte*, Berlin.

Wellenstein, Andreas (1992), *Privatisierungspolitik in der Bundesrepublik Deutschland. Hintergründe, Genese und Ergebnisse am Beispiel des Bundes und vier ausgewählter Bundesländer*, (Beiträge zur Politikwissenschaft 51), Frankfurt am Main.

Werner, Pierre (1992), *Itinéraires luxembourgeois et européens. Évolutions et souvenirs, 1945–1985*, Bd. 2, Luxembourg.

Wettig, Gerhard (1999), *Bereitschaft zu Einheit in Freiheit? Die sowjetische Deutschland-Politik 1945–1955*, München.

Wienecke-Janz, Detlef / Becker, Ute / Ebert, Johannes (2006), *Die Chronik. Geschichte des 20. Jahrhunderts bis heute*, Gütersloh / München.

Wiese, Jörg A. (2000), *Public Debt Management in der Europäischen Union. Langfristige Wirkungen staatlicher Finanzierungsstrategien*, Wiesbaden.

Wilke, Gerhard (2012), *John Maynard Keynes: Eine Einführung*, Frankfurt am Main.

Winkler, Dörte (1977), *Frauenarbeit im „Dritten Reich"* (Reihe historische Perspektiven 9), Hamburg.

Winkler, Heinrich August (2002), *Der lange Weg nach Westen* (Deutsche Geschichte vom „Dritten Reich" bis zur Wiedervereinigung 2), München.

Wissenschaftlicher Beirat beim Bundesministerium der Finanzen (1994), *Zur Bedeutung der Maastricht-Kriterien für die Verschuldungsgrenzen von Bund und Ländern*, Bonn.

Wolfrum, Edgar (2006), *Die geglückte Demokratie: Geschichte der Bundesrepublik Deutschland von ihren Anfängen bis zur Gegenwart*, Stuttgart.

Woltering, Tobias (2010), *Die europäische Energieaußenpolitik und ihre Rechtsgrundlagen* (Europäische Hochschulschriften. Reihe II, Rechtswissenschaft 5068), Frankfurt am Main.

Wunschik, Tobias (1997), *Baader-Meinhofs Kinder. Die zweite Generation der RAF*, Opladen.

Zinn, Karl Georg (1992), *Soziale Marktwirtschaft. Idee, Entwicklung und Politik der bundesdeutschen Wirtschaftsordnung*, Mannheim.

Zohlnhöfer, Reimut (2001), *Die Wirtschaftspolitik der Ära Kohl. Eine Analyse der Schlüsselentscheidungen in den Politikfeldern Finanzen, Arbeit und Entstaatlichung: 1982–1998*, Opladen.

Zugehör, Rainer (2003), *Die Zukunft des rheinischen Kapitalismus. Unternehmen zwischen Kapitalmarkt und Mitbestimmung*, Opladen.

Zumaquero, Amalia Morales (2006), *International Macroeconomics: Recent Developments*, New York.

六 论文集

Abelshauser, Werner / Fisch, Stefan u. a. (Hgg.) (2016), *Das Bundeswirtschaftsministerium in der Ära der Sozialen Marktwirtschaft. Der Deutsche Weg der Wirtschaftspolitik*, (Wirtschaftspolitik in Deutschland 1917–1990 4), Berlin / Boston.

Aschinger, Gerhard / Seidenfus, Hellmuth (Hgg.) (1989), *Deregulierung – eine Herausforderung an die Wirtschafts- und Sozialpolitik in der Marktwirtschaft* (Schriften des Vereins für Socialpolitik 184), Berlin.

Beckerath, Erwin von / Giersch, Herbert / Lampert, Heinz (Hgg.) (1963), *Probleme der normativen Ökonomik und der wirtschaftspolitischen Beratung*, Berlin.

Bohn, Robert / Elvert, Jürgen (Hgg.) (1995), *Kriegsende im Norden: Vom heißen zum kalten Krieg*, Stuttgart.

Bökenkamp, Gérard / Doering, Detmar / Frölich, Jürgen / Grothe, Ewald (Hgg.) (2012), *30 Jahre „Lambsdorff-Papier": Text und Dokumente zum „Konzept für eine Politik zur Überwindung der Wachstumsschwäche und zur Bekämpfung der Arbeitslosigkeit" (9. September 1982)*, Berlin.

Börsch-Supan, Axel / Schnabel, Reinhold (Hgg.) (1998), *Volkswirtschaft in fünfzehn Fällen. Studien in angewandter Mikro- und Makroökonomie*, Wiesbaden.

Bofinger, Peter / Collignon, Stephan / Lipp, Ernst-Moritz (Hgg.) (1993), *Währungsunion oder Währungschaos? Was kommt nach der D-Mark*, Wiesbaden.

Bredow, Wilfried von / Jäger, Thomas (Hgg.) (1994), *Japan, Europa, USA. Weltpolitische Konstellationen der 90er Jahre*, Opladen.

Brokmann-Noreen, Christiane / Grieb, Ina / Raapke, Hans (Hgg.) (1995), *NQ-Materialien Handbuch Erwachsenenbildung*, Weinheim / Basel.

Buchstab, Günter / Kleinmann, Hans-Otto / Küsters, Hanns Jürgen (Hgg.) (2010), *Die Ära Kohl im Gespräch: eine Zwischenbilanz*, Köln / Weimar / Wien.

Bundesamt für Bauwesen und Raumordnung (Hg.) (2000), *Regionale Aspekte des wirtschaftlichen und sozialen Wandels in den neuen Ländern. Regionalbarometer neue Länder*, Bonn.

Bundesministerium für Wirtschaft und Finanzen (Hg.) (1972), *Aufbruch zur Wirtschafts- und Währungsunion. Eine Dokumentation zu den Beschlüssen des Ministerrats der Europäischen Gemeinschaften* (BMWF-Texte), Köln-Nippes.

Depkat, Volker / Graglia, Piero (Hgg.) (2010), *Entscheidung für Europa. Erfahrung, Zeitgeist und politische Herausforderungen am Beginn der europäischen Integration* (Reihe der Villa Vigoni 23), Berlin.

Der Wissenschaftliche Beirat beim Bundesministerium der Finanzen (Hg.) (1988), *Gutachten und Stellungnahmen 1974–1987*, Tübingen.

Deutsche Bundesbank (Hg.) (1969), *Auszüge aus Presseartikeln. Nr. 68 vom 17.9.1969*, Frankfurt am Main.

Deutsche Bundesbank (Hg.) (1999), *Fifty years of the Deutsche Mark. Central Bank and the currency in Germany since 1948; with 41 tables*, Oxford.

Diedrich, Torsten / Heinemann, Winfried / Ostermann, Christian F. (Hgg.) (2009), *Der Warschauer Pakt. Von der Gründung bis zum Zusammenbruch: 1955 bis 1991* (Militärgeschichte der DDR 16), Berlin.

Eckey, Hans-Friedrich / Hecht, Dieter / Junkernheinrich, Martin / Karl, Helmut / Werbeck, Nicola / Wink, Rüdiger (Hgg.) (2001), *Ordnungspolitik als konstruktive Antwort auf wirtschaftspolitische Herausforderungen: Festschrift zum 65. Geburtstag von Paul Klemmer*, Stuttgart.

Ehmer, Josef / Pierenkemper, Toni (Hgg.) (2008), *Arbeit im Lebenszyklus / Work in the Life-Cycle*, Berlin.

Falter, Jürgen W./Gabriel, Oscar W./Weßels, Bernhard (Hgg.) (2005), *Wahlen und Wähler: Analysen aus Anlass der Bundestagswahl 2002*, Wiesbaden.

Feld, Lars P./Köhler, Ekkehard A. (Hgg.) (2015), *Wettbewerbsordnung und Monopolbekämpfung. Zum Gedenken an Leonhard Miksch (1901–1950)*, Tübingen.

Friebertshäuser, Barbara / Prengel, Annedore (Hgg.) (1997), *Handbuch qualitative Forschungsmethoden in der Erziehungswissenschaft*, Weinheim.

Frowen, Stephen / Holscher, Jens (Hgg.) (1997), *The German Currency Union of 1990. A Critical Assessment*, Basingstoke.

Garz, Detlef / Kraimer, Klause (Hgg.) (1991), *Qualitativ-empirische Sozialforschung: Konzepte, Methoden, Analysen*, Opladen.

Gehler, Michael / Gonschor, Marcus / Meyer, Hinnerk (Hgg.) (2015), *Banken, Finanzen und Wirtschaft im Kontext europäischer und globaler Krisen*, (Historische Europa-Studien 11), Hildesheim.

Gehler, Michael / Kaiser, Wolfram / Wohnout, Helmut (Hgg.) (2001), *Christdemokratie in Europa im 20. Jahrhundert*, Wien / Köln / Weimar.

Goldschmidt, Nils / Wohlgemuth, Michael (Hgg.) (2008), *Grundtexte zur Freiburger Tradition der Ordnungsökonomik*, Tübingen.

Grube, Frank / Richter, Gerhard (Hgg.) (1977), *Der SPD-Staat* (Serie Piper 164), München.

Hankel, Wilhelm / Schachtschneider, Karl Albrecht / Starbatty, Joachim (Hgg.) (2003), *Der Ökonom als Politiker: Europa, Geld und die soziale Frage*, Stuttgart.

Hüpen, Rolf / Werbeck, Thomas (Hgg.) (1998), *Wirtschaftslehre zwischen Modell und Realität*, Stuttgart.

Hrbek, Rudolf / Groeben, Hans von der (Hgg.) (1998), *40 Jahre Römische Verträge: der deutsche Beitrag. Dokumentation der Konferenz anläßlich des 90. Geburtstages von Dr. h. c. Hans von der Groeben*, Baden-Baden.

Jesse, Eckhard / Sturm, Roland (Hgg.) (2003), *Demokratien des 21. Jahrhunderts im Vergleich: Historische Zugänge, Gegenwartsprobleme, Reformperspektiven*, Opladen.

Junker, Detlef (Hg.) (2001), *Die USA und Deutschland im Zeitalter des Kalten Krieges, 1945–1990* (Bd. II 1968–1990), Stuttgart.

Kantzenbach, Erhard (Hg.) (1990), *Probleme der internationalen Koordination der Wirtschaftspolitik* (Schriften des Vereins für Socialpolitik), Berlin.

Konrad-Adenauer-Stiftung (Hg.) (2008), *Währungsreform und Soziale Marktwirtschaft. Weichenstellungen in die Zukunft*, Berlin.

Körner, Heiko / Meyer-Dohm, Peter / Tuchtfeld, Egon / Uhlig, Christian (Hgg.) (1976), *Wirtschaftspolitik, Wissenschaft und politische Aufgabe. Festschrift zum 65. Geburtstag von Karl Schiller* (Beiträge zur Wirtschaftspolitik 25), Bern / Stuttgart.

Kraushaar, Wolfgang (Hg.) (2008), *Die RAF. Entmythologisierung einer terroristischen Organisation* (Schriftenreihe der Bundeszentrale für Politische Bildung 657), Bonn.

Krüger, Heinz-Hermann / Marotzki, Winfried (Hgg.) (1996), *Erziehungswissenschaftliche Biographieforschung*, Opladen.

Kühl, Stefan / Strodtholz, Petra / Taffertshofer, Andreas (Hgg.) (2009), *Handbuch Methoden der Organisationsforschung. Quantitative und Qualitative Methoden*, Wiesbaden.

Lorenz, Robert / Micus, Matthias (Hgg.) (2009), *Seiteneinsteiger*, Wiesbaden.

Möller, Horst / Vaïsse, Maurice (Hgg.) (2005), *Willy Brandt und Frankreich* (Schriftenreihe der Vierteljahrshefte für Zeitgeschichte), München.

Neue Deutsche Biographie (Hg.) (1957), *Neue Deutsche Biographie*, Bürklein – Ditmar, Bd. 3, Berlin.

Nienhaus, Volker / van Suntum, Ulrich (Hgg.) (1988), *Grundlagen und Erneuerung der Marktwirtschaft*, Baden-Baden.

Nohlen, Dieter (Hg.) (2007), *Kleines Lexikon der Politik*, München.

Nohlen, Dieter / Schultze. Rainer-Olaf (Hgg.) (2010), *Lexikon der Politikwissenschaft*, München.

Nölling, Wilhelm / Schachtschneider, Karl Albrecht / Starbatty, Joachim (Hgg.) (1999), *Währungsunion und Weltwirtschaft: Festschrift für Wilhelm Hankel zum 70. Geburtstag*, Stuttgart.

Nörr, Knut / Starbatty, Joachim (Hgg.) (1999), *Soll und Haben – 50 Jahre Soziale Marktwirtschaft*, Stuttgart.

OECD (Hg.) (2000), *Economic Surveys and Data Analysis*, Paris.

Ronge, Volker (Hg.) (1980), *Am Staat vorbei: Politik der Selbstregulierung von Kapital und Arbeit*, Frankfurt am Main.

Rudolph, Bernd / Wilhelm, Jochen (Hgg.) (1988), *Bankpolitik, finanzielle Unternehmensführung und die Theorie der Finanzmärkte. Festschrift für Hans-Jacob Krümmel zur Vollendung des 60. Lebensjahres*, Berlin.

Rüden, Peter von / Wagner, Hans-Ulrich (Hgg.) (2006), *Nordwestdeutsche Hefte zur Rundfunkgeschichte*, Hamburg.

Sachverständigenrat zur Begutachtung der gesamtwirtschaftlichen Entwicklung (Hg.) (2003), *40 Jahre Sachverständigenrat. 1963–2003*, Wiesbaden.

Schildt, Axel / Siegfried, Detlef / Lammers, Karl Christian (Hgg.) (2000), *Dynamische Zeiten. Die 60er Jahre in den beiden deutschen Gesellschaften* (Hamburger Beiträge zur Sozial- und Zeitgeschichte 37), Hamburg.

Schmoeckel, Reinhard / Kaiser, Bruno (Hgg.) (1991), *Die vergessene Regierung. Die große Koalition 1966 bis 1969 und ihre langfristigen Wirkungen* (Bouvier Forum 6), Bonn.

Schneider, Hans / Wittmann, Waldemar / Würgler, Hans (Hgg.) (1975), *Stabilisierungspolitik in der Marktwirtschaft. Verhandlungen auf der Tagung des Vereins für Socialpolitik, Gesellschaft für Wirtschafts- und Sozialwissenschaften, in Zürich 1974*, Berlin.

Schwarz, Hans-Peter (Hg.) (2008), *Die Bundesrepublik Deutschland. Eine Bilanz nach 60 Jahren*, Köln.

Seidel, Eberhard (Hg.) (1999), *Betriebliches Umweltmanagement im 21. Jahrhundert. Aspekte, Aufgaben, Perspektiven*, Berlin / Heidelberg.

Sieg, Martin / Wagner, Helmut / Timmermann, Heiner (Hgg.) (2010), *Internationale Dilemmata und europäische Visionen: Festschrift zum 80. Geburtstag von Helmut Wagner*, Münster.

Sohn-Kronthaler, Michaela / Höfer, Rudolf (Hgg.) (2009), *Laien gestalten Kirche. Diskurse – Entwicklungen – Profile; Festgabe für Maximilian Liebmann zum 75. Geburtstag* (Theologie im kulturellen Dialog 18), Innsbruck.

Stiftung Bundeskanzler-Adenauer-Haus (Hg.) (2004), *Petersberger Perspektiven. „Plisch und Plum". Karl Schiller und Franz Josef Strauß – Ein Streit über Wirtschaft und Finanzen*, Bad Honnef.

Teichmann, Ulrich (Hg.) (1978), *Probleme der Wirtschaftspolitik. Zwei Bände* (Wege der Forschung 519), Darmstadt.

Valentin, Jean-Marie / Robert, Catherine (Hgg.) (2005), L*e commerce de l'esprit. Économie et culture en Allemagne aujourd'hui. Histoires et cultures*, Paris.

Vanberg, Viktor J. / Gehrig, Thomas / Tscheulin, Dieter (Hgg.) (2010), *Freiburger Schule und die Zukunft der sozialen Marktwirtschaft*, Berlin.

Vogel, Bernhard / Kutsch, Matthias (Hgg.) (2008), 4*0 Jahre 1968. Alte und neue Mythen – eine Streitschrift*, Freiburg.

von Alemann, Ulrich (Hg.) (1995), *Politikwissenschaftliche Methoden*, Wiesbaden.

von Amerongen, Otto Wolff (Hgg.) (1976), *Rechtsfragen der Integration und Kooperation in Ost und West*, Berlin.

von Weizsäcker, Carl Christian (Hg.) (1979), *Staat und Wirtschaft*, Berlin.

Waigel, Theodor/Schell, Manfred (Hgg.) (1994), *Tage, die Deutschland und die Welt veränderten. Vom Mauerfall zum Kaukasus. Die deutsche Währungsunion*, München.

Walter-Eucken-Institut (Hg.) (1992), *Ordnung in Freiheit. Symposium aus Anlass des 100. Jahrestages des Geburtstages von Walter Eucken am 17. Januar 1991: mit Walter Eucken-Bibliographie* (Wirtschaftswissenschaftliche und wirtschaftsrechtliche Untersuchungen 29), Tübingen.

Wehling, Hans-Georg (Hg.) (2002), *Deutschland Ost – Deutschland West. Eine Bilanz*, Opladen.

Wrona, Thomas/Fandel, Günter (Hgg.) (2010), *Mixed Methods in der Managementforschung*, Wiesbaden.

Zentralbankrat der Deutschen Bundesbank (Hg.) (1996), *Hans Tietmeyer – Währungsstabilität für Europa. Beträge, Reden und Dokumente zur europäischen Währungsintegration aus vier Jahrzehnten*, Baden-Baden.

七 论文集论文

Apel, Hans (2004), „Podiumsgespräch", in: Stiftung Bundeskanzler-Adenauer-Haus (Hg.), *Petersberger Perspektiven. „Plisch und Plum". Karl Schiller und Franz Josef Strauß – Ein Streit über Wirtschaft und Finanzen*, Bad Honnef, 31–54.

Blümle, Gerold/Goldschmidt, Nils (2010), „Zur Aktualität der Euckenschen Ordnungsethik für eine Erneuerung der Sozialen Marktwirtschaft", in: Viktor J. Vanberg/Thomas Gehrig/Dieter Tscheulin (Hgg.), *Freiburger Schule und die Zukunft der sozialen Marktwirtschaft*, Berlin, 13–33.

Bökenkamp, Gérard/Frölich, Jürgen (2012), „Das „Lambsdorff-Papier" – entscheidende Wendemarke in der bundesdeutschen Wirtschafts- und Gesellschaftspolitik", in: Gérard Bökenkamp/Detmar Doering/Jürgen Frölich/Ewald Grothe (Hgg.), *30 Jahre „Lambsdorff-Papier": Text und Dokumente zum „Konzept für eine Politik zur Überwindung der Wachstumsschwäche und zur Bekämpfung der Arbeitslosigkeit" (9. September 1982)*, Berlin, 7–13.

Bonss, Wolfgang (1980), „Gewerkschaftliches Handeln zwischen Korporatismus und Selbstverwaltung: die Konzertierte Aktion und ihre Folgen", in: Volker Ronge (Hg.), *Am Staat vorbei: Politik der Selbstregulierung von Kapital und Arbeit*, Frankfurt am Main, 125–169.

Börner, Bodo (1976), „Rechtsformen und besondere Wesenszüge der Integration Westeuropas", in: Otto Wolff von Amerongen (Hg.), *Rechtsfragen der Integration und Kooperation in Ost und West*, Berlin, 11–32.

Burschel, Carlo (1999), „Nachhaltiges Wirtschaften in KMU – Förderziele und -politik der Deutschen Bundesstiftung Umwelt", in: Eberhard Seidel (Hg.), *Betriebliches Umweltmanagement im 21. Jahrhundert. Aspekte, Aufgaben, Perspektiven*, Berlin/Heidelberg, 27–38.

Commun, Patricia (2008), „Zur Einführung: Ludwig Erhard (1897–1977)", in: Nils Goldschmidt/Michael Wohlgemuth (Hgg.), *Grundtexte zur Freiburger Tradition der Ordnungsökonomik*, Tübingen, 497–504.

Czada, Roland (2007), „Privatisierungspolitik", in: Dieter Nohlen (Hg.), *Kleines Lexikon der Politik*, München, 452–457.

Eisel, Stephan (2008), „Gewaltverharmlosung als 68er Erbe", in: Bernhard Vogel / Matthias Kutsch (Hgg.), 40 *Jahre 1968. Alte und neue Mythen – eine Streitschrift*, Freiburg, 65–84.

Freiberger, Thomas (2010), „Der friedliche Revolutionär: Walter Hallsteins Epochenbewusstsein", in: Volker Depkat / Piero Graglia (Hgg.), *Entscheidung für Europa. Erfahrung, Zeitgeist und politische Herausforderungen am Beginn der europäischen Integration*, Berlin, 205–242.

Geiger, Tim (1998), „Ludwig Erhard und die Anfänge der Europäischen Wirtschaftsgemeinschaft", in: Rudolf Hrbek / Hans von der Groeben (Hgg.), *40 Jahre Römische Verträge: der deutsche Beitrag. Dokumentation der Konferenz anlässlich des 90. Geburtstages von Dr. h. c. Hans von der Groeben*, Baden-Baden, 50–64.

Gesetz über Leitsätze für die Bewirtschaftung und Preispolitik nach der Geldreform vom 24. Juni 1948 („Leitsätzegesetz") (2015), in: Lars P. Feld / Ekkehard A. Köhler (Hgg.), *Wettbewerbsordnung und Monopolbekämpfung. Zum Gedenken an Leonhard Miksch (1901–1950)*, Tübingen, 127–131.

Gillessen, Christina / Eith, Ulrich (2009), „Ludwig Erhard – parteiloser Berufspolitiker und gescheiterter Volkskanzler", in: Robert Lorenz / Matthias Micus (Hgg.), *Seiteneinsteiger*, Wiesbaden, 390–401.

Gieseke, Wiltrud / Siebers, Ruth (1995), „Biographie, Erfahrung und Lernen", in: Christiane Brokmann-Noreen / Ina Grieb / Hans Raapke (Hgg.), *NQ-Materialien Handbuch Erwachsenenbildung*, Weinheim / Basel, 311–357.

Goldschmidt, Nils (2015), „Leonhard Mikschs Beitrag zur Ordnungstheorie und -politik. Einsichten in sein Tagebuch", in: Lars P. Feld / Ekkehard A. Köhler (Hgg.), *Wettbewerbsordnung und Monopolbekämpfung. Zum Gedenken an Leonhard Miksch (1901–1950)*, Tübingen, 37–52.

Grossekettler, Heinz (1999), „Kritik der Sozialen Marktwirtschaft aus der Perspektive der Neuen Institutionenökonomik", in: Knut Nörr / Joachim Starbatty (Hgg.), *Soll und Haben – 50 Jahre Soziale Marktwirtschaft*, Stuttgart, 53–82.

Grossekettler, Heinz (2008), „40 Jahre Stabilitäts- und Wachstumsgesetz. Theoretische Analyse und statistische Evolution einer verfassungsökonomischen Innovation", in: Josef Ehmer / Toni Pierenkemper (Hgg.), *Arbeit im Lebenszyklus / Work in the Life-Cycle*, Berlin, 227–256.

Helmstädter, Ernst (1988), „Die Vorgeschichte des Sachverständigenrates und ihre Lehren", in: Volker Nienhaus / Ulrich van Suntum (Hgg.), *Grundlagen und Erneuerung der Marktwirtschaft*, Baden-Baden, 155–184.

Hesse, Jan-Otmar (2016), „Wissenschaftliche Beratung der Wirtschaftspolitik", in: Werner Abelshauser / Stefan Fisch u. a. (Hgg.), *Das Bundeswirtschaftsministerium in der Ära der Sozialen Marktwirtschaft. Der Deutsche Weg der Wirtschaftspolitik (Wirtschaftspolitik in Deutschland 1917–1990, Band 4)*, Berlin / Boston, 390–481.

Holtfrerich, Carl-Ludwig (1999), „Monetary Policy under Fixed Exchange Rates (1948–70)", in: Deutsche Bundesbank (Hg.), *Fifty years of the Deutsche Mark. Central Bank and the currency in Germany since 1948*, Oxford, 307–401.

Huber, Florian (2006), „Re-education durch Rundfunk – Die Umerziehungspolitik der britischen Besatzungsmacht am Beispiel des NWDR 1945–1948", in: Peter von Rüden / Hans-Ulrich Wagner (Hgg.), *Nordwestdeutsche Hefte zur Rundfunkgeschichte*, Hamburg, 1–140.

Köhler, Claus (1997), „The Privatisation of the East German Economy and the Role of the Treuhandanstalt", in: Stephen Frowen/Jens Holscher (Hgg.), *The German Currency Union of 1990. A Critical Assessment*, Basingstoke, 151–168.

Korte, Karl-Rudolf (2008), „Die deutsche Wiedervereinigung", in: Hans-Peter Schwarz (Hg.), *Die Bundesrepublik Deutschland. Eine Bilanz nach 60 Jahren*, Köln, 181–204.

Kruse, Jörn (1989), „Ordnungstheoretische Grundlagen der Deregulierung", in: Gerhard Aschinger/Hellmuth Seidenfus (Hgg.), *Deregulierung – eine Herausforderung an die Wirtschafts- und Sozialpolitik in der Marktwirtschaft*, Berlin, 9–35.

Liebold, Renate/Trinczek, Rainer (2009), „Experteninterview", in: Stefan Kühl/Petra Strodtholz/Andreas Taffertshofer (Hgg.), *Handbuch Methoden der Organisationsforschung. Quantitative und Qualitative Methoden*, Wiesbaden, 32–57.

Löffler, Bernhard (2016), „Personelle und institutionelle Strukturen des Bundeswirtschaftsministeriums 1945/49 bis 1990", in: Werner Abelshauser/Stefan Fisch u. a. (Hgg.), *Das Bundeswirtschaftsministerium in der Ära der Sozialen Marktwirtschaft. Der Deutsche Weg der Wirtschaftspolitik (Wirtschaftspolitik in Deutschland 1917–1990)*, Berlin/Boston, 95–192.

Macha, Hildegard/Klinkhammer, Monika (1997), „Auswertungsstrategien methodenkombinierter biographischer Forschung", in: Barbara Friebertshäuser/Annedore Prengel (Hgg.), *Handbuch qualitative Forschungsmethoden in der Erziehungswissenschaft*, Weinheim, 569–583.

Maretzke, Steffen (2000), „Einleitung", in: Bundesamt für Bauwesen und Raumordnung (Hg.), *Regionale Aspekte des wirtschaftlichen und sozialen Wandels in den neuen Ländern. Regionalbarometer neue Länder*, Bonn, 3–6.

Marotzki, Winfried (1996), „Forschungsmethoden der erziehungswissenschaftlichen Biographieforschung", in: Heinz-Hermann Krüger/Winfried Marotzki (Hgg.), *Erziehungswissenschaftliche Biographieforschung*, Opladen, 55–89.

Meuser, Michael/Nagel, Ulrike (1991), „ExpertInneninterviews – vielfach erprobt, wenig bedacht: ein Beitrag zur qualitativen Methodendiskussion", in: Detlef Garz/Klaus Kraimer (Hgg.), *Qualitativ-empirische Sozialforschung: Konzepte, Methoden, Analysen*, Opladen, 441–447.

Müller, Markus (2003), „Wirtschaftsordnung", in: Eckhard Jesse/Roland Sturm (Hgg.), *Demokratien des 21. Jahrhunderts im Vergleich: Historische Zugänge, Gegenwartsprobleme, Reformperspektiven*, Opladen, 371–402.

Nölling, Wilhelm/Schachtschneider, Karl Albrecht/Starbatty, Joachim (1999), „Wilhelm Hankel – homo politicus, homo contemplativus", in: dies. (Hgg.), *Währungsunion und Weltwirtschaft: Festschrift für Wilhelm Hankel zum 70. Geburtstag*, Stuttgart, XI–XXII.

Nünlist, Christian (2009), „Die westliche Allianz und Chruscevs Außenpolitik im Jahr 1955", in: Torsten Diedrich/Winfried Heinemann/Christian F. Ostermann (Hgg.), *Der Warschauer Pakt. Von der Gründung bis zum Zusammenbruch: 1955 bis 1991*, Berlin, 9–26.

Oswald, Hans (1997), „Was heißt qualitativ forschen? Eine Einführung in Zugänge und Verfahren", in: Barbara Friebertshäuser/Annedore Prengel (Hgg.), *Handbuch qualitative Forschungsmethoden in der Erziehungswissenschaft*, Weinheim, 71–88.

Pohl, Hans (1988), „Zwischen Kreditnot und Kapitalerhöhung: Zum Finanzierungsverhalten eines Unternehmens der metallverarbeitenden Investitionsgüterindustrie nach der Währungsreform, der Felten & Guilleaume Carlswerk AG", in: Bernd Rudolph/Jochen Wilhelm (Hgg.), *Bankpolitik, finanzielle Unternehmensführung und die Theorie der Finanzmärkte. Festschrift für Hans-Jacob Krümmel zur Vollendung des 60. Lebensjahres*, Berlin, 337–350.

Ragnitz, Joachim (2002), „Die Wirtschaft in Deutschland Ost und in Deutschland West", in: Hans-Georg Wehling (Hg.), *Deutschland Ost – Deutschland West. Eine Bilanz*, Opladen, 222–236.

Rau, Walter (1963), „Der Wirtschaftswissenschaftler als ständiger Mitarbeiter in Ministerien", in: Erwin von Beckerath/Herbert Giersch/Heinz Lampert (Hgg.), *Probleme der normativen Ökonomik und der wirtschaftspolitischen Beratung*, Berlin, 325–339.

Reh, Werner (1995), „Quellen- und Dokumentenanalyse in der Politikfeldforschung: Wer steuert die Verkehrspolitik?", in: Ulrich von Alemann (Hg.), *Politikwissenschaftliche Methoden*, Wiesbaden, 201–246.

Ruck, Michael (2000), „Ein kurzer Sommer der konkreten Utopie – Zur westdeutschen Planungsgeschichte der langen 60er Jahre", in: Axel Schildt/Detlef Siegfried/Karl Christian Lammers (Hgg.), *Dynamische Zeiten. Die 60er Jahre in den beiden deutschen Gesellschaften*, Hamburg, 362–401.

Sarrazin, Thilo (1994), „Die Entstehung und Umsetzung des Konzepts der deutschen Wirtschafts- und Währungsunion", in: Theodor Waigel/Manfred Schell (Hgg.), *Tage, die Deutschland und die Welt veränderten. Vom Mauerfall zum Kaukasus. Die deutsche Währungsunion*, München, 160–225.

Schiller, Karl (1972), „Diskussionsbeitrag von Bundeswirtschaftsminister Schiller vor dem Deutschen Bundestag. Auszug aus dem Protokoll des Deutschen Bundestages, 77. Sitzung am 6. November 1970", in: Bundesministerium für Wirtschaft und Finanzen (Hg.), *Aufbruch zur Wirtschafts- und Währungsunion. Eine Dokumentation zu den Beschlüssen des Ministerrats der Europäischen Gemeinschaften* (BMWF-Texte), Köln-Nippes.

Schlecht, Otto (1976), „Hat die Globalsteuerung versagt?", in: Heiko Körner/Peter Meyer-Dohm/Egon Tuchtfeld/Christian Uhlig (Hgg.), *Wirtschaftspolitik, Wissenschaft und politische Aufgabe. Festschrift zum 65. Geburtstag von Karl Schiller*, Bern/Stuttgart, 297–318.

Schlecht, Otto (1992), „Der Freiburger Imperativ – Wirtschaftspolitische Erfahrungen und Perspektiven für Deutschland und Europa", in: Walter-Eucken-Institut (Hg.), *Ordnung in Freiheit. Symposium aus Anlass des 100. Jahrestages des Geburtstages von Walter Eucken am 17. Januar 1991: mit Walter Eucken-Bibliographie*, Tübingen, 89–103.

Schmitt, Hermann (2010), „Befragung", in: Dieter Nohlen/Rainer-Olaf Schultze (Hgg.), *Lexikon der Politikwissenschaft*, München, 68.

Schmoeckel, Reinhard (1991), „Von der Rezession zur Hochkonjunktur", in: Reinhard Schmoeckel/Bruno Kaiser (Hgg.), *Die vergessene Regierung. Die große Koalition 1966 bis 1969 und ihre langfristigen Wirkungen*, Bonn, 291–312.

Schöllhorn, Johann (1972), „23. November 1970: Staatssekretär Dr. Schöllhorn gibt als Vertreter der Bundesregierung folgende Erklärung ab", in: Bundesministerium für Wirtschaft und Finanzen (Hg.), *Aufbruch zur Wirtschafts- und Währungsunion. Eine Dokumentation zu den Beschlüssen des Ministerrats der Europäischen Gemeinschaften* (BMWF-Texte), Köln-Nippes, 37–42.

Schulz, Günther (2004), „Die Große Koalition 1966–1969", in: Stiftung Bundeskanzler-Adenauer-Haus (Hg.), *Petersberger Perspektiven. „Plisch und Plum". Karl Schiller und Franz Josef Strauß – Ein Streit über Wirtschaft und Finanzen*, Bad Honnef, 11–30.

Sievert, Olaf (1979), „Die Steuerbarkeit der Konjunktur durch den Staat“, in: Carl Christian von Weizsäcker (Hg.), *Staat und Wirtschaft*, Berlin, 809–846.

Sievert, Olaf (1993), „Geld, das man nicht selbst herstellen kann – Ein ordnungspolitisches Plädoyer für die Europäische Währungsunion“, in: Peter Bofinger / Stephan Collignon / Ernst-Moritz Lipp (Hgg.), *Währungsunion oder Währungschaos? Was kommt nach der D-Mark*, Wiesbaden, 13–24.

Sohn, Andreas (2009), „Ein Westfale im Dienst von Politik, Wirtschaft, Finanz und Kirche“, in: Michaela Sohn-Kronthaler / Rudolf Höfer (Hgg.), *Laien gestalten Kirche. Diskurse – Entwicklungen – Profile; Festgabe für Maximilian Liebmann zum 75. Geburtstag*, Innsbruck, 423–433.

Sprenger, Bernd (2008), „60 Jahre Währungsreform – 1948 und die wirtschaftspolitischen Folgen“, in: Konrad-Adenauer-Stiftung (Hg.), *Währungsreform und Soziale Marktwirtschaft. Weichenstellungen in die Zukunft*, Berlin, 7–29.

Starbatty, Joachim (1999), „Begrüßung“, in: Knut Nörr / Joachim Starbatty (Hgg.), *Soll und Haben – 50 Jahre Soziale Marktwirtschaft*, Stuttgart, 3–6.

Stoltenberg, Gerhard (2010), „‚Die wirtschaftliche Gesamtentwicklung war ermutigend …‘. Eine Bilanz der Wirtschafts- und Finanzpolitik 1982–1990“, in: Günter Buchstab / Hans-Otto Kleinmann / Hanns Jürgen Küsters (Hgg.), *Die Ära Kohl im Gespräch: eine Zwischenbilanz*, Köln / Weimar / Wien, 15–22.

Straßner, Alexander (2008), „Die Dritte Generation der RAF. Terrorismus und Öffentlichkeit“, in: Wolfgang Kraushaar (Hg.), *Die RAF. Entmythologisierung einer terroristischen Organisation*, Bonn, 200–232.

Strauß, Franz Josef (1996), „Protokoll Deutscher Bundestag, 162. Sitzung vom 19.01.1972“, in: Zentralbankrat der Deutschen Bundesbank (Hg.), *Hans Tietmeyer – Währungsstabilität für Europa. Beträge, Reden und Dokumente zur europäischen Währungsintegration aus vier Jahrzehnten*, Baden-Baden, 132–133.

Tidten, Markus (1994), „Japans Gipfeldiplomatie – ein mühsamer Weg zu internationaler Anerkennung“, in: Wilfried von Bredow / Thomas Jäger (Hgg.), *Japan, Europa, USA. Weltpolitische Konstellationen der 90er Jahre*, Opladen, 161–182.

Tietmeyer, Hans (1969), „Europa-Währung eine Fata Morgana?“, in: Deutsche Bundesbank (Hg.), *Auszüge aus Presseartikeln*, Frankfurt am Main, 11–13.

Tietmeyer, Hans (1975), „Stabilisierungspolitik: von der Diagnose zum Programm“, in: Hans Schneider / Waldemar Wittmann / Hans Würgler (Hgg.), Stabilisierungspolitik in der Marktwirtschaft, Berlin, 503–520.

Tietmeyer, Hans (1978), „Stabilisierungspolitik: von der Diagnose zum Programm“, in: Ulrich Teichmann (Hg.), *Probleme der Wirtschaftspolitik*, Darmstadt, 91–111.

Tietmeyer, Hans (1994), „Erinnerungen an die Vertragsverhandlungen“, in: Theodor Waigel / Manfred Schell (Hgg.), *Tage, die Deutschland und die Welt veränderten. Vom Mauerfall zum Kaukasus.Die deutsche Währungsunion*, München, 57–117.

Tietmeyer, Hans (2003), „Der Bericht der Werner-Gruppe von 1970 und der Bericht der Delors-Gruppe von 1989 – Ein Vergleich“, in: Wilhelm Hankel / Karl Albrecht Schachtschneider / Joachim Starbatty (Hgg.), *Der Ökonom als Politiker: Europa, Geld und die soziale Frage*, Stuttgart, 345–358.

Tietmeyer, Hans (2003), „Die Gründung des Sachverständigenrates aus Sicht der Wirtschaftspolitik“, in: Sachverständigenrat zur Begutachtung der gesamtwirtschaftlichen Entwicklung (Hg.), *40 Jahre Sachverständigenrat. 1963–2003*, Wiesbaden, 22–33.

Tietmeyer, Hans (2004), „Podiumsgespräch, in: Stiftung Bundeskanzler-Adenauer-Haus (Hg.), *Petersberger Perspektiven. „Plisch und Plum". Karl Schiller und Franz Josef Strauß – Ein Streit über Wirtschaft und Finanzen"*, Bad Honnef, 31–54.

Tietmeyer, Hans (2005), „Die deutsch-deutsche Währungsunion: Zehn Jahre danach", in: Jean-Marie Valentin / Catherine Robert (Hgg.), *Le commerce de l'esprit. Économie et culture en Allemagne aujourd'hui. Histoires et cultures*, Paris, 29–47.

Tietmeyer, Hans (2015), „Der Euro ist nicht nur ein Ergebnis, sondern auch eine Herausforderung für alle", in: Michael Gehler / Marcus Gonschor / Hinnerk Meyer (Hgg.), *Banken, Finanzen und Wirtschaft im Kontext europäischer und globaler Krisen*, Hildesheim, 122–162.

Timmermann, Heiner (2010), „Die Westpolitik der Bundesrepublik Deutschland 1949–1957", in: Martin Sieg / Helmut Wagner / Heiner Timmermann (Hgg.), *Internationale Dilemmata und europäische Visionen: Festschrift zum 80. Geburtstag von Helmut Wagner*, Münster, 151–178.

Veit, Reinhold (2008), „Zur Einführung: Otto Schlecht", in: Nils Goldschmidt / Michael Wohlgemuth (Hgg.), *Grundtexte zur Freiburger Tradition der Ordnungsökonomik*, Tübingen, 587–592.

Walter, Franz (2009), „Ludger Westrick und Horst Ehmke – Wirtschaft und Wissenschaft an der Spitze des Kanzleramts", in: Robert Lorenz / Matthias Micus (Hgg.), *Seiteneinsteiger*, Wiesbaden, 303–319.

Watrin, Christian (2008), „Zur Einführung: Alfred Müller-Armack", in: Nils Goldschmidt / Michael Wohlgemuth (Hgg.), *Grundtexte zur Freiburger Tradition der Ordnungsökonomik*, Tübingen, 451–456.

Wissenschaftlicher Beirat beim Bundesministerium der Finanzen (1988), „Gutachten zur Lage und Entwicklung der Staatsfinanzen in der Bundesrepublik Deutschland vom 5. Juli 1975", in: Der Wissenschaftliche Beirat beim Bundesministerium der Finanzen (Hg.), *Gutachten und Stellungnahmen 1974–1987*, Tübingen, 1–30.

Wrona, Thomas / Wappel, Sebastian (2010), „Mixed Methods in der Strategieforschung. Eine Analyse der Verwendung und Indikation methodenintegrativer Forschungsdesigns", in: Thomas Wrona / Günter Fandel (Hgg.), *Mixed Methods in der Managementforschung*, Wiesbaden, 1–30.

Wulf, Peter (1995), „Die Flüchtlinge in Schleswig-Holstein 1945–1955. Belastungen und Chance", in: Robert Bohn / Jürgen Elvert (Hgg.), *Kriegsende im Norden: Vom heißen zum kalten Krieg*, Stuttgart, 95–104.

Ziegerhofer-Prettenthaler, Anita (2001), „Europäische Christdemokraten und die Paneuropa-Bewegung von Richard Nikolaus Coudenhove-Kalergie", in: Michael Gehler / Wolfram Kaiser / Helmut Wohnout (Hgg.), *Christdemokratie in Europa im 20. Jahrhundert*, Wien / Köln / Weimar, 574–604.

图书在版编目(CIP)数据

汉斯·蒂特迈尔：构建德国和欧洲经济秩序的一生 /（德）约阿辛姆·阿尔格米森著；胡琨等译. --北京：社会科学文献出版社，2021.12
（思想会）
ISBN 978-7-5201-8850-0

Ⅰ.①汉…　Ⅱ.①约…②胡…　Ⅲ.①经济史-研究-德国-1962-1999　Ⅳ.①F151.695.3

中国版本图书馆 CIP 数据核字（2021）第 167061 号

·思想会·
汉斯·蒂特迈尔：构建德国和欧洲经济秩序的一生

著　　者 / ［德］约阿辛姆·阿尔格米森（Joachim Algermissen）
译　　者 / 胡　琨　周旺旺　钟佳睿　李梦璐

出 版 人 / 王利民
责任编辑 / 吕　剑　祝得彬
责任印制 / 王京美

出　　版 / 社会科学文献出版社·当代世界出版分社（010）59367004
地址：北京市北三环中路甲 29 号院华龙大厦　邮编：100029
网址：www.ssap.com.cn
发　　行 / 市场营销中心（010）59367081　59367083
印　　装 / 三河市东方印刷有限公司

规　　格 / 开　本：880mm×1230mm　1/32
印　张：18.125　字　数：454 千字
版　　次 / 2021 年 12 月第 1 版　2021 年 12 月第 1 次印刷
书　　号 / ISBN 978-7-5201-8850-0
著作权合同登记号 / 图字 01-2020-3902 号
定　　价 / 98.00 元